Grobshäuser/Endlich/Radeisen/Barzen/Hellmer/Hammes/Lechner

Die mündliche Steuerberaterprüfung 2015/2016

8. überarbeitete und aktualisierte Auflage

2015
HDS-Verlag
Weil im Schönbuch

Bibliografische Information der Deutschen Nationalbibliothek
Die Deutsche Nationalbibliothek verzeichnet diese Publikation
in der Deutschen Nationalbibliografie; detaillierte bibliografische Daten
sind im Internet über http://dnb.de abrufbar

Gedruckt auf säure- und chlorfreiem, alterungsbeständigem Papier

ISBN: 978-3-95554-141-5

Dieses Werk einschließlich aller seiner Teile ist urheberrechtlich geschützt. Jede Verwertung außerhalb der engen Grenzen des Urheberrechtsgesetzes ist ohne Zustimmung des Verlages unzulässig und strafbar. Das gilt insbesondere für Vervielfältigungen, Übersetzungen, Mikroverfilmungen und die Einspeicherung und Verarbeitung in elektronischen Systemen.

© 2015 HDS-Verlag
www.hds-verlag.de
info@hds-verlag.de

Layout und Einbandgestaltung: Peter Marwitz – etherial.de
Druck und Bindung: STANDARTU SPAUSTUVE Druckerei

Printed in Lithuania
2015

HDS-Verlag Weil im Schönbuch

Die Autoren

Arno Barzen, Diplom-Finanzwirt, Oberregierungsrat beim Rechnungsprüfungsamt für Steuern Nordrhein-Westfalen. Absolvent der Steuerberaterprüfung; seit Jahren in der Steuerberaterausbildung tätig.

Günter Endlich, Rechtsanwalt, Wirtschaftsprüfer, Steuerberater in Mosbach; seit vielen Jahren Referent in Seminaren zur Vorbereitung auf die schriftliche und mündliche Steuerberaterprüfung.

Prof. Dr. Uwe Grobshäuser, Professor für Steuerrecht an der Fachhochschule Ludwigsburg, Hochschule für öffentliche Verwaltung und Finanzen. Er ist Autor verschiedener Fach- und Lehrbücher zum Steuerrecht und seit Jahren in der Steuerberateraus- und -fortbildung tätig.

Felix Hammes, Diplom-Betriebswirt, Rechtsanwalt, Steuerberater. Partner der Kanzlei Schuka Hammes & Partner, Düsseldorf. Er ist schwerpunktmäßig tätig im Bereich Steuerstreit, Steuergestaltung und Zivilrecht und Dozent im Rahmen der Steuerberaterausbildung und der Mitarbeiterfortbildung. Dort sind die fachlichen Schwerpunktthemen: Zivilrecht, BWL, VWL und Umsatzsteuer.

Philipp Hammes, Diplom-Finanzwirt, Rechtsanwalt, Steuerberater. Partner der Kanzlei Schuka Hammes & Partner, Düsseldorf, spezialisiert auf Steuerstreit, Steuergestaltung und Steuerstrafrecht. Er ist Dozent im Rahmen der Steuerberaterfort- und Steuerberaterausbildung. In der Steuerberaterausbildung sind die fachlichen Schwerpunktthemen: Verfahrensrecht, Erbschaftsteuer, Umsatzsteuer sowie Grunderwerbsteuer.

Dr. Jörg W. Hellmer, Steuerberater, Diplom-Kaufmann und Diplom-Finanzwirt. War Leiter des Fachbereichs Steuern an einer Fachhochschule für Steuerrecht. Er ist Dozent im Rahmen der Steuerberater-, Wirtschaftsprüfer- und Fachanwaltsausbildung mit den fachlichen Schwerpunkten: Bilanzsteuerrecht, Körperschaftsteuer, Einkommensteuer und Umwandlungssteuerrecht sowie fachlicher Leiter der Steuerfachschule Hemmer-Econect in Frankfurt. Mitinhaber der Steuerkanzlei Deist und Hellmer in Frankfurt am Main und Rotenburg an der Fulda.

Nicole Lechner, Rechtsanwältin in Mosbach, seit Jahren in der Partnerschaftsgesellschaft Endlich Brauch Hess mit den Schwerpunkten Handels-, Gesellschafts- und Steuerrecht tätig.

Prof. Rolf-Rüdiger Radeisen, Diplom-Kaufmann, Steuerberater in Berlin. Er ist Herausgeber und Autor bei verschiedenen Umsatzsteuerkommentaren und Fachbüchern, Honorarprofessor an der HTW – Hochschule für Technik und Wirtschaft in Berlin und seit Jahren für die GFS Gesellschaft zur Fortbildung im Steuerrecht mbH bundesweit in der Aus- und Fortbildung von Steuerberatern tätig.

Bearbeiterübersicht

Themenbereich	Verfasser
Vorwort	Uwe Grobshäuser
Kurzvortrag/Prüfungsgespräch	Uwe Grobshäuser
Einkommensteuer	Uwe Grobshäuser
Körperschaftsteuer/Gewerbesteuer	Uwe Grobshäuser
Umwandlung	Uwe Grobshäuser
Umsatzsteuer	Rolf-Rüdiger Radeisen
Steuerliches Verfahrensrecht und Steuerstrafrecht	Günter Endlich
Bilanzsteuerrecht	Arno Barzen
Erbschaftsteuer	Günter Endlich
Betriebswirtschaftslehre	Jörg W. Hellmer
Volkswirtschaftslehre	Jörg W. Hellmer
Berufsrecht	Günter Endlich
Bürgerliches Recht	Felix Hammes/Philipp Hammes
Handelsrecht	Nicole Lechner/Jörg W. Hellmer
Gesellschaftsrecht	Nicole Lechner
Europarecht	Felix Hammes/Philipp Hammes
Insolvenzrecht	Günter Endlich
Stichwortregister	HDS-Verlag

Vorwort zur 8. Auflage

Mit der 8. Auflage wurde das Buch **„Die Mündliche Steuerberaterprüfung"** für das Examen 2015/2016 aktualisiert. Viele Anregungen von Examenskandidaten konnten eingearbeitet und berücksichtigt werden. Aus der Reaktion der Leser sehen wir, dass das Buch auch verstärkt für die Vorbereitung auf die mündlichen Bachelor- oder Masterprüfungen verwendet wird.

In die **Neuauflage** wurden wieder die neuen Gesetze und Verwaltungserlasse sowie die prüfungsrelevanten aktuellen Urteile des BFH und der Finanzgerichte eingearbeitet. Die sich daraus ergebenden Neuerungen müssen bekannt sein. Aktuelles Wissen ist bei der mündlichen Prüfung eine unabdingbare Voraussetzung für den Erfolg.

Wie schon in den Vorauflagen, empfehlen wir den Kandidatinnen und Kandidaten, den Prüfungsstoff auf die Zeit bis zur mündlichen Prüfung aufzuteilen und jeden Tag Teilbereiche abzuarbeiten. Ein optimaler Lernerfolg stellt sich ein, wenn zuerst versucht wird, die Fragen selbst zu beantworten und wenn es erst danach an die Musterantworten geht. Hierbei entdeckte Lücken sollten schwerpunktmäßig nachgearbeitet werden.

Wir wünschen den Nutzern dieses Buches für das bevorstehende Examen viel Erfolg, starke Nerven, angenehme Prüfer und die richtigen Prüfungsthemen.

Berlin, Düsseldorf, Köln, Ludwigsburg, Mosbach, Rotenburg a.d. Fulda im September 2015
Die Autoren

Inhaltsverzeichnis

Die Autoren	III
Bearbeiterübersicht	IV
Vorwort zur 8. Auflage	V

Themenbereich Kurzvortrag ... 1
1. Phase bis zum Prüfungstag ... 1
2. Der Prüfungstag ... 2
3. Die Prüfungsthemen ... 2
4. Die Vorbereitung ... 3
5. Der Vortrag ... 4

Themenbereich Prüfungsgespräch ... 5

Themenbereich Einkommensteuer ... 6
Problembereich 1: Verluste ... 6
Problembereich 2: Mitunternehmerschaft/Gründung ... 10
Problembereich 3: Mitunternehmerschaft/Laufende Gewinnermittlung ... 13
Problembereich 4: Sonderformen der Mitunternehmerschaft ... 17
Problembereich 5: Betriebsveräußerung (§ 16 EStG) ... 19
Problembereich 6: Dividenden/Veräußerung von Beteiligungen ... 26
Problembereich 7: Betriebsaufspaltung ... 31
Problembereich 8: Einkünfte aus Kapitalvermögen ... 34
Problembereich 9: Renten ... 38
Problembereich 10: Familienleistungsausgleich ... 41
Problembereich 11: Vorweggenommene Erbfolge ... 44
Problembereich 12: Erbauseinandersetzung ... 47

Themenbereich Körperschaftsteuer/Gewerbesteuer ... 50
Problembereich 1: Ermittlung des Einkommens ... 50
Problembereich 2: Verdeckte Gewinnausschüttungen ... 54
Problembereich 3: Einlagen ... 59
Problembereich 4: Zinsschranke ... 63
Problembereich 5: Beteiligung an anderen Körperschaften und Personenvereinigungen (§ 8b KStG) ... 65
Problembereich 6: Verlustabzug bei Körperschaften ... 71
Problembereich 7: Steuersatz ... 74
Problembereich 8: Liquidation ... 75
Problembereich 9: Organschaft ... 77

Themenbereich Umwandlung ... 81
Problembereich 1: Einführung/Umwandlungsgesetz ... 81
Problembereich 2: Umwandlung einer Kapitalgesellschaft in eine Personengesellschaft ... 82
Problembereich 3: Einbringung eines Betriebs, Teilbetriebs oder Mitunternehmeranteils in eine Kapitalgesellschaft ... 85

Problembereich 4: Einbringung eines Betriebs, Teilbetriebs oder
Mitunternehmeranteils in eine Personengesellschaft 89

Themenbereich Umsatzsteuer 92
Problembereich 1: Lieferungen im Umsatzsteuerrecht 92
Problembereich 2: Sonstige Leistungen im Umsatzsteuerrecht 96
Problembereich 3: Umsatzsteuer im Drittlandsverkehr 102
Problembereich 4: Umsatzsteuer im Gemeinschaftsgebiet 106
Problembereich 5: Steuerbefreiungen 110
Problembereich 6: Steuer und Steuerentstehung 114
Problembereich 7: Vorsteuer und Vorsteuerberichtigung 118
Problembereich 8: Umsatzsteuerliche Meldepflichten 122
Problembereich 9: Immobilien und Umsatzsteuer 125
Problembereich 10: Rechnung und Rechnungsinhalte 130

Themenbereich Steuerliches Verfahrensrecht und Steuerstrafrecht 135
Problembereich 1: Allgemeines – Steuerschuldverhältnis 135
Problembereich 2: Schulden und Haften für Steuerverbindlichkeiten 137
Problembereich 3: Durchführung der Besteuerung und Erhebungsverfahren 140
Problembereich 4: Die Korrektur von Verwaltungsakten 142
Problembereich 5: Außergerichtliches und gerichtliches Rechtsbehelfsverfahren 144
Problembereich 6: Steuerstraf- und Bußgeldsachen 151

Themenbereich Bilanzsteuerrecht 156
Problembereich 1: Kaufmannseigenschaft, grundlegende Verpflichtungen
des Kaufmanns, Inventur und Jahresabschluss (Teil I) 156
Problembereich 2: Inventur und Jahresabschluss (Teil II) 162
Problembereich 3: Ansatz- und Bewertungsvorschriften in der Handels- und Steuerbilanz/
Maßgeblichkeit und Wegfall der umgekehrten Maßgeblichkeit 166
Problembereich 4: Grundstücke/Grundstücksteile 173
Problembereich 5: Anschaffungskosten/Herstellungskosten 178
Problembereich 6: Rechnungsabgrenzungsposten/Schwebende Geschäfte/Verbindlichkeiten . 182
Problembereich 7: Rückstellungen und Rücklagen 187
Problembereich 8: Personengesellschaften (Sonderbilanzen/
Ergänzungsbilanzen)/Kapitalgesellschaften 194
Problembereich 9: Grundlagen und Neuerungen im Bereich der Bilanzierung 198
Problembereich 10: Latente Steuern 205
Problembereich 11: Konzernbilanzierung 207
Problembereich 12: Teilwertabschreibung/Wertaufholung 211
Problembereich 13: E-Bilanz 215

Themenbereich Erbschaftsteuer 219
Problembereich 1: Steuerpflichtige Vorgänge und Steuerpflicht 219
Problembereich 2: Erwerb von Todes wegen und Schenkungen 220
Problembereich 3: Die Entscheidungen des BVerfG vom 07.11.2006 und vom 17.12.2014 224
Problembereich 4: Wertermittlung für die Besteuerung beim Erwerb von Betriebsvermögen
und beim Erwerb von Grundvermögen 227

Problembereich 5:	Besteuerung des Erwerbs von Betriebsvermögen	230
Problembereich 6:	Besteuerung des Erwerbs von Grundbesitzwerten	233
Problembereich 7:	Berechnung der Steuer	234

Themenbereich Betriebswirtschaftslehre ... 237

Problembereich 1:	Finanzierung und Investition	237
Problembereich 2:	Kosten- und Leistungsrechnung	245
Problembereich 3:	Unternehmensbewertung	253
Problembereich 4:	Jahresabschlussanalyse	255

Themenbereich Volkswirtschaftslehre ... 258

Problembereich 1:	Allgemeine Volkswirtschaftslehre	258
Problembereich 2:	Makroökonomie und Wirtschaftspolitik	259
Problembereich 3:	Geld und Währung	264

Themenbereich Berufsrecht ... 270

Problembereich 1:	Rechtsgrundlagen für die Berufsausübung	270
Problembereich 2:	Die Hilfeleistung in Steuersachen	271
Problembereich 3:	Steuerberater, Steuerberatungsgesellschaften und sonstige Personenzusammenschlüsse	274
Problembereich 4:	Die Rechte und Pflichten der Steuerberater	277
Problembereich 5:	Die Organisation des Berufes	282
Problembereich 6:	Sanktionen auf Pflichtverletzungen	283
Problembereich 7:	Die Vergütung für Hilfeleistungen in Steuersachen	285

Themenbereich Bürgerliches Recht ... 289

Problembereich 1:	Allgemeines zum BGB, Vertragsschluss – Angebot und Annahme, Invitatio ad offerendum, Internet und E-Mail, Absenden und Zugang von Willenserklärungen, Allgemeine Geschäftsbedingungen	289
Problembereich 2:	Vertragsschluss unter Beteiligung von Minderjährigen, Abstraktions- und Trennungsprinzip	294
Problembereich 3:	Vertragsschluss – Anfechtung, Widerruf und Nichtigkeit von Verträgen, Formvorschriften, Verjährung	297
Problembereich 4:	Vertragsschluss – Stellvertretung	303
Problembereich 5:	Schuldverhältnisse – Leistungsstörungen	306
Problembereich 6:	Erlöschen von Schuldverhältnissen – Übergang von Forderungen	311
Problembereich 7:	Kauf und Verbrauchsgüterkauf	313
Problembereich 8:	Dienstvertrag versus Werkvertrag und Steuerberatungsvertrag	317
Problembereich 9:	Begründung und Beendigung von Arbeitsverhältnissen	319
Problembereich 10:	Darlehen und Verbraucherkreditvertrag	322
Problembereich 11:	Bereicherungsrecht und Deliktsrecht	323
Problembereich 12:	Eigentum und Besitz – Erwerb und Verlust	325
Problembereich 13:	Kreditsicherung	331
Problembereich 14:	Familienrecht und Güterstände	332
Problembereich 15:	Erbfolge und Verfügungen von Todes wegen	336

Themenbereich Handelsrecht ... 345
Problembereich 1: Die Kaufmannseigenschaft ... 345
Problembereich 2: Das Handelsregister ... 347
Problembereich 3: Die Prokura und die Handlungsvollmacht ... 349
Problembereich 4: Der Kaufmann als Absatzmittler ... 351
Problembereich 5: Die Haftung des Erwerbers bei Firmenfortführung, die Haftung des Erben bei Geschäftsfortführung und die Haftung bei Eintritt in das Geschäft eines Einzelkaufmanns ... 353
Problembereich 6: Der Handelsbrauch und die Handelsgeschäfte ... 356

Themenbereich Gesellschaftsrecht ... 360
Problembereich 1: Gründung, Beiträge, Haftung und Vertretung bei GbR, OHG und KG ... 360
Problembereich 2: Die richtige Rechtsformwahl für Steuerberater ... 364
Problembereich 3: Vertretung und Haftung bei GmbH und AG ... 366
Problembereich 4: Die Gründung(-sphasen) einer GmbH ... 368
Problembereich 5: Die Übertragung und Vererbung von Gesellschafts- bzw. Geschäftsanteilen ... 372
Problembereich 6: Der gutgläubige Erwerb von Beteiligungen ... 374

Themenbereich Europarecht ... 376
Problembereich 1: Europarecht, die EU und ihre Entstehung ... 376
Problembereich 2: Organe der EU und deren Funktionen ... 377
Problembereich 3: Rechtsquellen des Gemeinschaftsrechts – Rechtssetzung, Geltung, Anwendung, Haftung und Verhältnis zum nationalen Recht ... 378
Problembereich 4: Rechtsschutz in der EU ... 380
Problembereich 5: Die Grundfreiheiten des EG-Vertrags ... 381

Themenbereich Insolvenzrecht ... 383
Problembereich 1: Die Voraussetzungen für die Eröffnung eines Insolvenzverfahrens ... 383
Problembereich 2: Insolvenzmasse und Insolvenzbeteiligte ... 385
Problembereich 3: Die Insolvenzanfechtung ... 388
Problembereich 4: Insolvenzplan und Eigenverwaltung ... 390
Problembereich 5: Restschuldbefreiung und Verbraucherinsolvenz ... 391

Stichwortverzeichnis ... 393

Themenbereich Kurzvortrag

1. Phase bis zum Prüfungstag

Wir werden immer wieder gefragt, ob man sich auf den Kurzvortrag vorbereiten kann. Dies kann man auf jeden Fall und man sollte die letzten Tage bis zum Examenstermin unbedingt dafür nutzen.

Zum einen gibt es typische Kurzvortragsthemen. Es lohnt sich daher, Absolventen früherer Prüfungen anzusprechen oder Prüfungsprotokolle früherer Prüfungen durchzuarbeiten. Viele Anbieter von Steuerberaterkursen stellen diese für ihre Teilnehmer zur Verfügung. Sicher wird man im Ernstfall nicht dieselben Themen präsentiert bekommen. Es ist aber wichtig, ein gewisses Gefühl für die Themen zu entwickeln.

Häufig haben die **Kurzvortragsthemen auch aktuelle Probleme** zum Gegenstand. Sie sollten sich daher über die aktuelle Rechtsprechung (empfehlenswert: www.bundesfinanzhof.de) und die neuesten Verwaltungserlasse (Pflichtlektüre: www.bundesfinanzministerium.de) auf dem Laufenden halten. Besonders wichtig sind neu verabschiedete Gesetze oder derzeit laufende Gesetzgebungsvorhaben; hilfreich ist hier der sogenannte Reformradar auf www.nwb.de. Selbst wenn die Materie nicht Gegenstand der Kurzvortragsthemen ist, dreht sich häufig die mündliche Prüfung selbst um diese aktuellen Fragen.

Neben der fachlichen Vorbereitung ist die **persönliche Vorbereitung** ein wichtiger Baustein. Wer die Möglichkeit hat, einen Rhetorikkurs zu besuchen, sollte dies tun. Auf jeden Fall sollten Sie testen, wie die eigene Rede bei anderen Personen ankommt. Wichtig sind hier insbesondere folgende Punkte:

- Rede ich zu schnell? Können die Zuhörer meinem Tempo folgen? Bedenken Sie, dass Sie ein fachlich schwieriges Thema vortragen und der Zuhörer Zeit zum Überlegen benötigt;
- Rede ich zu leise? Nicht jeder Prüfer verfügt über ein gutes Gehör. Ein zu leiser Vortrag strengt unerhört an und führt häufig dazu, dass die Zuhörer „abschalten";
- Ist mein Vortrag interessant? Kann ich die Zuhörer fesseln? Auch ein langweiliges Thema kann mithilfe von Beispielen, Sprachmodulation, rhetorischen Fragen etc. für die Zuhörer zum Genuss werden;
- Ist ein roter Faden erkennbar? Der Zuhörer sollte den Aufbau des Vortrags erkennen und nachvollziehen können.

Sie können die rhetorischen Übungen mittels jeden Themas und gegenüber jeder Zuhörergruppe durchführen. Als **hervorragende Übung** bietet es sich an, ein Thema aus einer Tageszeitung zu entnehmen (oder noch besser: sich von den Zuhörern geben zu lassen). Jedes Thema ist hier geeignet (egal ob Sport, Wirtschaft oder der Bericht aus dem Gemeinderat). Man sollte dann – ohne Vorbereitung – spontan zehn Minuten über dieses Thema reden. Als Zuhörer eignen sich Kolleginnen und Kollegen ebenso wie Partner, Verwandte oder Freunde. Lassen Sie sich am Ende Ihres Vortrags ehrlich (!) beurteilen. Mit dieser Übung erlangen Sie die rhetorische Routine, um mit einem schwierigen Prüfungsvortrag fertig zu werden.

Ein wesentlicher Punkt der persönlichen Vorbereitung ist die mentale und körperliche Vorbereitung. Sie sollten den Prüfungstermin wie ein sportliches Ereignis angehen. Wer kurz vor der Prüfung noch bis in die Nacht hinein arbeitet, braucht sich nicht zu wundern, wenn er zum richtigen Zeitpunkt nicht fit ist. Treiben Sie vor der Prüfung mäßig Sport, gehen Sie spazieren oder schwimmen. Sorgen Sie für eine optimale Ernährung. Vermeiden Sie eine Erkältung, diese hat schon manchen Prüfling aus der Bahn geworfen.

Bereiten Sie sich auch psychisch optimal vor. Übernehmen Sie die Methoden erfolgreicher Spitzensportler. Diese gehen in Gedanken ihren Abfahrtslauf, ihren Boxkampf, ihr Fußballspiel immer wieder durch. Sie stellen sich jede einzelne Phase ihrer sportlichen Prüfung vor. Sie sehen sich, wie sie die letzten Reserven mobilisieren und als Sieger durchs Ziel gehen. Wer nicht an sich selbst glaubt, kann nicht erfolgreich sein. Übertragen Sie diese Technik auf Ihre Prüfung. Stellen Sie sich vor, wie Sie vor dem Prüfungsteam stehen, wie Sie souverän Ihren Vortrag meistern, wie der Vorsitzende Sie lobt, wie Ihnen die gewünschte Prüfungsnote mitgeteilt wird.

2. Der Prüfungstag

Klären Sie schon lange vor Ihrer Prüfung ab, welche **Hilfsmittel** Sie benutzen dürfen. Lassen Sie nicht zugelassene Hilfsmittel zu Hause oder im Auto. Es gab schon Fälle, in denen Prüflingen ein Betrugsversuch unterstellt wurde, weil sich in der Tasche im Prüfungsvorbereitungsraum ein abgeschaltetes Handy befand.

Schalten Sie alle planbaren Fehlerquellen aus. Wir haben schon erlebt, dass ein Prüfling zu spät kam, weil er den falschen Zug zum Prüfungsort genommen hatte. Hätte der Prüfling am Prüfungsort im Hotel übernachtet, wäre ihm das nicht passiert.

Machen Sie sich (spätestens am Tag vor der Prüfung) kundig, an welchem Ort genau die Prüfung stattfindet. Herumirrende Prüflinge in unübersichtlichen Behördengebäuden sind keine Seltenheit. Die Prüfungsräume sind mitunter nicht leicht zu finden.

Soweit möglich, sollten Sie Ihre Mitprüflinge kennenlernen. Es vermittelt eine gewisse Sicherheit, wenn man weiß, mit wem man sein Schicksal in diesen Stunden teilt.

Nehmen Sie auf keinen Fall Medikamente, um Ihre Nerven zu beruhigen. Sie sind dann garantiert nicht mehr fähig, schnell und schlagkräftig der Prüfung zu folgen. Stehen Sie zu Ihrer Nervosität. Atmen Sie tief durch und machen Sie sich klar, dass Ihre Kolleginnen und Kollegen auch in höchstem Maße angespannt sein werden.

3. Die Prüfungsthemen

Generationen von Prüfungskandidaten erzählen, dass Sie Pech mit den Themen hatten. Die Themen der Kandidaten vor ihnen hätten Sie problemlos bearbeiten können. Die eigenen Themen seien „abwegig", „seltsam", „unklar formuliert" oder „ungeeignet" gewesen (so Originalton von Prüflingen). Auch bei Ihnen wird dies der Fall sein. Sie müssen aber eines der drei angebotenen Themen bearbeiten. Dazu gibt es keine Alternative. Im Folgenden werden einige Ratschläge zur Themenwahl gegeben:

- Gehen Sie unbefangen an alle drei Vorschläge heran;
- Prüfen Sie, ob Sie aufgrund Ihrer Vorbildung eine besondere Präferenz für ein Thema haben (ein Jurist wird vielleicht eher ein gesellschaftsrechtliches Thema wählen, die Betriebswirtin neigt vielleicht eher zu einem Thema aus der Kostenrechnung);
- Haben Sie ein derartiges Thema vielleicht in der Praxis schon bearbeitet oder eine Fortbildung zu diesem Thema besucht, so können Sie Ihre Erfahrungen nutzen;
- Haben Sie keine Angst vor schwierigen oder exotischen Themen. Die Messlatte für einen guten Kurzvortrag ist umso niedriger, je problematischer das Thema ist (beim Thema Organschaft über die Grenze wird man Ihnen z.B. eher einen Fehler verzeihen als beim Thema Abschreibung von Gebäuden);
- Wenn Sie sich nicht eindeutig entscheiden können, schreiben Sie zu jedem Thema fünf Stichpunkte auf. Sie werden schnell merken, bei welchem Thema dies am leichtesten gelingt.

Wenn Sie sich für ein Thema entschieden haben, sollten Sie das Thema auf keinen Fall mehr wechseln. Wer das Thema nach zehn Minuten Vorbereitungszeit wechselt, hat das erste Thema nicht fertig und wird das zweite Thema in der restlichen Zeit nicht mehr erfolgreich abschließen können.

Machen Sie sich Folgendes klar: Wer das schriftliche Examen geschafft hat, hat auf jeden Fall das Wissen und die Fähigkeit, um mit jedem Kurzvortragsthema Erfolg zu haben.

4. Die Vorbereitung

Nutzen Sie Ihre **30-minütige Vorbereitungszeit** optimal. Erstellen Sie zuerst eine Sammlung von ca. zehn Problemkomplexen zu Ihrem Thema („brainstorming"). Sie müssen angesichts der kurzen Vortragszeit klare Schwerpunkte setzen. Zeigen Sie Ihr Wissen. Für allgemeine Aussagen bekommen Sie keine Punkte. Haben Sie z.B. das Thema „Rücklage nach § 6b EStG", so werden es die Prüfer kaum honorieren, wenn Sie Ihre Zeit damit füllen, darzustellen, dass stille Reserven bei der Veräußerung von Wirtschaftsgütern des Betriebsvermögens versteuert werden müssen (so im Original ein Prüfling). Suchen Sie interessante Punkte: Was geschieht mit der 6b-Rücklage bei einer Betriebsveräußerung, bei einer Umwandlung mit Zwischenwertansatz etc.

Formulieren Sie Ihren Vortrag nicht aus. Zum einen reicht Ihnen dafür die Vorbereitungszeit nicht; zum anderen werden Sie garantiert nicht mehr frei sprechen, wenn Sie ausformulierte Sätze vorbereitet haben.

Bewährt hat sich folgendes Verfahren: Halbieren Sie Ihr Manuskript; auf der linken Hälfte notieren Sie groß und deutlich lesbar Stichworte. Auf der rechten Seite können Sie die Stichworte durch Paragrafenangaben, Zahlenbeispiele u.ä. erläutern. Im Vortrag schauen Sie dann primär auf das Stichwort und erläutern dieses in freier Rede.

Nummerieren Sie Ihr Manuskript. Wir haben schon Kandidaten erlebt, die ihre eigenen Unterlagen nicht mehr in der richtigen Reihenfolge zur Hand hatten.

Bilden Sie Beispiele. Mit einem kleinen Beispiel können Sie häufig schwierige Komplexe einfach darstellen. Die Beispiele sollten aber stets kurz, prägnant und einfach sein.

> **Beispiel:** Die X-GmbH mit Sitz in Deutschland unterhält eine Betriebsstätte in Frankreich, die Verluste erzielt; fraglich ist, ob die Verluste in Deutschland berücksichtigt werden können.

Bedenken Sie, dass Ihre Prüfer die Beispiele nicht mitschreiben.

Gliedern Sie Ihren Kurzvortrag grob in „Einleitung", „Hauptteil" und „Schluss" sowie in eine Feingliederung. Die Feingliederung sollte nicht mehr als eine Ebene haben. Welche Gliederungsart Sie wählen, bleibt Ihnen überlassen (A, B, C … oder I, II, III … oder 1, 2, 3 …).

Die Einleitung sollte nicht mehr als 10 % des Vortrags ausmachen. Bringen Sie hier eine Übersicht über das Thema.

> **Beispiel:** „… Ich werde im Folgenden über das Thema die Gründung von Personengesellschaften reden …"

Gehen Sie das Thema nicht zu schnell an; bedenken Sie, dass die ersten Sätze des Vortrags die schwierigsten sind und Ihre Nervosität am größten ist. Es bietet sich daher eine allgemeine Einführung an.

> **Beispiel:** „… In Deutschland werden die meisten Gesellschaften als Personengesellschaft gegründet …"

Der Hauptteil sollte ca. 80 % des Vortrags umfassen. Bauen Sie eine Spannung auf (vom einfachen zum komplizierten Problem). Fassen Sie den jeweiligen Problemkomplex zusammen.

> **Beispiel:** „… Wie ich dargestellt habe, ist bei der Übertragung von Wirtschaftsgütern des Privatvermögens auf eine Gesamthand § 23 EStG zu beachten …"

Der Prüfer bekommt dann noch einmal plakativ Ihre Leistung dargestellt.

Dem **Schlussteil** bleiben maximal ca. 10 % vorbehalten. Lassen Sie Ihren Kurzvortrag ausklingen. Zeigen Sie den Prüfern, dass Sie sich dem Ende nähern.

> **Beispiel:** „… Zum Ende meines Vortrags möchte ich noch auf das Problem ausländischer Gesellschafter bei der Gründung eingehen …"

Fassen Sie die Kernaussage Ihres Vortrags noch einmal zusammen.

> **Beispiel:** „… Möchte ich feststellen, dass bei der Gründung einer Personengesellschaft zahlreiche Probleme des Gesellschafts-, Steuer- und Bilanzrechts zu bewältigen sind …"

5. Der Vortrag

Vieles wurde bereits gesagt. Hier nennen wir noch einmal einige **wichtige Leitlinien**:

- Bleiben Sie ruhig (soweit das geht); fangen Sie Ihren Vortrag nicht überhastet an; der Prüfungsvorsitzende wird Sie in der Regel auffordern („Frau … beginnen Sie bitte mit Ihrem Vortrag …").
- Nutzen Sie die Vortragszeit von zehn Minuten voll aus. Viele Prüfer sehen es als negativ an, wenn Sie bereits nach fünf oder sechs Minuten (wie in der Prüfungspraxis häufig anzutreffen) fertig sind; legen Sie sich eine Uhr zurecht, um die Zeit zu überprüfen; üben Sie, die Vortragszeit abzuschätzen (Faustregel: eine Seite Manuskript = zwei bis drei Minuten Vortrag);
- Halten Sie sich Themen in Reserve. Sollten Sie merken, dass Sie zu früh fertig sind, können Sie diese in Ihren Vortrag einbauen. Beispielsweise könnte man bei einem Vortrag über die Gründung von Personengesellschaften auf die Folgen einer fehlerhaften Gründung oder die Zukunft der Personengesellschaft in Europa eingehen; reicht die Zeit dafür nicht mehr aus, kann auf das Thema verwiesen werden (Beispiel: „… angesichts der fortgeschritten Zeit kann ich auf das Thema der fehlerhaften Gründung leider nicht mehr eingehen …") oder man lässt es ersatzlos weg;
- Beachten Sie die rhetorischen Ratschläge (siehe oben);
- Lassen Sie sich nicht stören, wenn einzelne Prüfer miteinander reden (auch das hat es schon gegeben), mit dem Kopf schütteln oder Notizen machen;
- Suchen Sie sich einen Prüfer, der Sie wohlwollend anblickt (auch das gibt es);
- Halten Sie unbedingt Blickkontakt zum Prüferteam;
- Reden Sie frei; lösen Sie sich vom Manuskript so weit wie möglich. Sie können das garantiert. Stellen Sie sich vor, Sie seien in einer Besprechung mit Mandanten. Auch hier werden Sie sicherlich nicht von einem Manuskript ablesen;
- Geben Sie den Prüfern die Chance, Ihre Ausführungen zu „verdauen"; bauen Sie Pausen ein;
- Beenden Sie Ihren Vortrag mit einer freundlichen Schlussformel („Bedanke ich mich für Ihre Aufmerksamkeit …");
- Machen Sie Ihren eigenen Vortrag nicht nachträglich durch Negativbemerkungen schlecht („… Ich weiß, dass ich das Thema nicht richtig getroffen habe, aber …").

> **Tipp!** Zur Vorbereitung auf den Kurzvortrag s. Fränznick/Grobshäuser/Radeisen/Hellmer/Pientka/Trabold/Hendricks/Dürr, Der Kurzvortrag in der mündlichen Steuerberaterprüfung 2015/2016, 7. Auflage, HDS-Verlag.

Themenbereich Prüfungsgespräch

Haben Sie einen guten Kurzvortrag gehalten, konnten Sie bereits einen Teilerfolg verbuchen. Aber selbst dann, wenn der Kurzvortrag nach Ihrer Ansicht nicht optimal gelaufen ist, bleibt das Rennen noch offen. Die folgende Aufzählung enthält einige Punkte, auf die die **Prüfer immer wieder großen Wert legen**:

- Zeigen Sie, dass Sie um Ihren Erfolg kämpfen. Bringen Sie sich ein; zeigen Sie, dass Sie inhaltlich etwas beizutragen zu haben. Wer sich aufgibt, hat bereits verloren;
- Schreiben Sie Sachverhalte auf, auch wenn ein anderer Prüfling gefragt wurde; häufig geben die Prüfer die Frage weiter; Sie sollten jederzeit bereit sein, die Aufgabe weiterzuführen;
- Fragen Sie, wenn Sie den Sachverhalt nicht verstanden haben („… handelt es sich um eine GmbH & Co. KG oder um eine GmbH …");
- Nutzen Sie Ihre Chance, wenn der Prüfer Ihnen einen Ball zuspielt; reden Sie, bis der Prüfer Sie unterbricht. Suchen Sie selbst Probleme und bringen Sie sie ins Gespräch ein („man könnte hier auch noch prüfen, ob Gesellschafter A überhaupt in Deutschland steuerpflichtig ist …");
- Halten Sie das Prüfungsgespräch auf einem hohen Niveau; als Warnzeichen gilt es, wenn der Prüfer Definitionen abfragt („… was ist eine Personengesellschaft …"). Versuchen Sie hier das Prüfungsgespräch in andere Bahnen zu lenken;
- Achten Sie auf den Prüfer. Verzieht dieser z.B. schmerzerfüllt das Gesicht, können Sie Ihre Antwort immer noch ändern („… natürlich könnte man auch der Meinung sein, Gesellschafter A sei kein Mitunternehmer … dann müsste man …");
- Nutzen Sie Gesprächspausen; bringen Sie sich durch diskrete Zeichen (z.B. Anheben der Hand; Anblicken des Prüfers) ins Gespräch;
- Blättern Sie nicht zu lange in den Gesetzen; das kostet viel Zeit und bringt keine Punkte; versuchen Sie die Lösung auswendig darzustellen;
- Unterbrechen Sie die anderen Kandidatinnen und Kandidaten nicht; unkollegiales Verhalten wird äußerst negativ gewertet;
- Werden Sie nicht nervös, wenn Sie besonders intensiv gefragt werden. Der Prüfer will Sie dann sehr häufig auf eine bessere Note bringen. Nutzen Sie diese Chance;
- Werden Sie nicht nervös, wenn Sie wenig gefragt wurden. Vielleicht waren Ihre bisherigen Antworten schon so gut, dass die Prüfer von Ihrer Leistung überzeugt sind.

Themenbereich Einkommensteuer

Problembereich 1: Verluste

Frage: Ein Steuerpflichtiger mit Wohnsitz in Deutschland ist Eigentümer einer Immobilie in den USA. Er erzielt aus der Vermietung einen Verlust in Höhe von 12.000 €. Liebhaberei ist nicht gegeben. Kann er den Verlust in Deutschland geltend machen?

Antwort: Der Steuerpflichtige ist nach § 1 Abs. 1 EStG i.V.m. § 8 AO in Deutschland unbeschränkt steuerpflichtig. Damit ist grundsätzlich sein Welteinkommen zu erfassen. Es ist aber zu prüfen, ob ein Doppelbesteuerungsabkommen das Besteuerungsrecht regelt. Nach Art. 6 Abs. 1 des DBA-USA sind Immobilieneinkünfte im Belegenheitsstaat zu versteuern. Damit wäre das deutsche Besteuerungsrecht ausgeschlossen.

Frage: Könnte sich dennoch eine Auswirkung auf die Besteuerung in Deutschland ergeben?

Antwort: Einkünfte, die nach einem DBA in Deutschland steuerfrei sind, unterliegen nach § 32b Abs. 1 Nr. 3 EStG dem Progressionsvorbehalt und beeinflussen damit den Steuersatz in Deutschland.

Frage: Gilt das auch für Verluste?

Antwort: Grundsätzlich ja. § 32b Abs. 1 Nr. 3 EStG findet auch in Form eines negativen Progressionsvorbehalts Anwendung (vgl. H 32b EStH „Ausländische Verluste"). In diesem Fall ist aber zu prüfen, ob § 2a EStG der Anwendung des negativen Progressionsvorbehalts entgegensteht. Nach § 2a Abs. 1 Nr. 6 Buchstabe a) EStG können Verluste aus ausländischen Immobilien nur mit künftigen Gewinnen aus ausländischen Immobilien desselben Staates verrechnet werden. Dies schließt damit auch den negativen Progressionsvorbehalt aus.

Frage: Nehmen Sie an, die Immobilie läge in Holland.

Antwort: Da Holland ein Mitgliedstaat der Europäischen Union ist, ist hier weder § 32b EStG noch § 2a EStG anzuwenden. Beide Vorschriften wurden durch das JStG 2009 rückwirkend ab dem Veranlagungszeitraum 2008 auf Drittstaaten begrenzt. Drittstaaten sind Staaten, die nicht Mitgliedstaaten der Europäischen Union sind (§ 2a Abs. 2a EStG).

Frage: Bleiben wir bei § 2a EStG. Ein Einzelunternehmer in Deutschland unterhält einen Produktionsbetrieb in der Türkei, in dem Kabelstränge für die Autoindustrie hergestellt werden. Er erzielt aus dem Betrieb (keine Personen- oder Kapitalgesellschaft) einen Verlust. Kann er den Verlust in Deutschland geltend machen?

Antwort: Auch hier ist wieder zu prüfen, welcher Staat das Besteuerungsrecht hat. Da der deutsche Unternehmer in der Türkei eine feste Einrichtung unterhält, die nicht lediglich untergeordneten Tätigkeiten dient, ist eine Betriebsstätte gegeben. Gewinne aus Betriebsstätten werden stets in dem Staat besteuert, in dem die Betriebsstätte liegt (vgl. Art. 7 Abs. 1 DBA-Türkei).

In Deutschland greift wieder der negative Progressionsvorbehalt des § 32b Abs. 1 Nr. 3 EStG, da die Betriebsstätte in einem Drittstaat (= Türkei) liegt. § 2a EStG erfasst zwar grundsätzlich nach dessen Abs. 1 Nr. 2 auch Verluste aus Betriebsstätten, wenn diese in einem Drittstaat liegen. Abs. 2 der Vorschrift schließt die Anwendung aber für produktiv tätige Betriebsstätten aus. Der Verlust ist daher im Wege des negativen Progressionsvorbehalts in die deutsche Veranlagung einzubeziehen.

Problembereich 1: Verluste

Frage: Wechseln wir das Thema. Ein Erblasser hinterlässt einen Handwerksbetrieb. Die Erben stellen fest, dass bis zum Todeszeitpunkt ein Verlust in Höhe von 75.000 € entstanden ist. Was geschieht mit dem Verlust?

Antwort: Die Erben sind nach § 1922 BGB Gesamtrechtsnachfolger geworden. Dies bedeutet, dass alle Rechte und Verpflichtungen auf sie übergegangen sind. Die Erben müssen daher für den Erblasser eine Einkommensteuererklärung abgegeben. Die Verluste aus Gewerbebetrieb sind nach § 2 EStG mit anderen Einkünften des Erblassers auszugleichen. Entsteht ein negativer Gesamtbetrag der Einkünfte, wird dieser automatisch nach § 10d Abs. 1 EStG in den unmittelbar vorangegangenen Veranlagungszeitraum zurückgetragen. Die Erben könnten auf den Rücktrag gemäß § 10d Abs. 1 Satz 5 EStG verzichten. Dies dürfte aber nicht sinnvoll sein, da ein Verlustvortrag beim Erblasser aufgrund des Todes nicht mehr möglich ist.

Frage: Was geschieht mit dem Verlust, wenn er im Rahmen des § 10d EStG beim Erblasser nicht verwertet werden kann?

Antwort: Der Große Senat hat entschieden, dass nicht ausgenutzte Verluste des Erblassers nicht auf die Erben übergehen (BFH GrS vom 17.12.2007, BStBl II 2008, 608). Die Verwaltung wendet diese neue Rechtsprechung an (BMF vom 24.07.2008, BStBl I 2008, 809; H 10d EStH „Verlustabzug im Erbfall"). Damit geht im vorliegenden Fall der Verlust des Erblassers verloren.

Frage: Nehmen Sie einmal an, der Erblasser sei als Kommanditist an einer GmbH und Co. KG beteiligt. Sein Kapitalkonto steht am Todestag auf ./. 100.000 €. Der verrechenbare Verlust des Erblassers nach § 15a Abs. 2 EStG beträgt 70.000 €. Der Erbe erbt den Kommanditanteil. Gehen die verrechenbaren Verluste über?

Antwort: Die Entscheidung des BFH bezieht sich lediglich auf vortragsfähige Verluste nach § 10d EStG. Es ist derzeit noch nicht entschieden, wie objektbezogene Verluste zu behandeln sind. Nach meiner Ansicht müsste der verrechenbare Verlust des Erblassers auf den Erben übergehen, da der Erbe mit künftigen Gewinnen das negative Kapitalkonto auffüllen muss. Es wäre hier systematisch nicht richtig, wenn der Erblasser seine Verluste nicht geltend machen konnte (vgl. § 15a Abs. 1 EStG), der Erbe aber das negative Kapitalkonto aus versteuerten Gewinnen auffüllen müsste.

Frage: Wir wechseln wieder das Thema. Ein Kapitalanleger möchte sich an einer GmbH & Co. KG beteiligen, die einen Kinofilm produziert. An der KG sollen sich Hunderte von Kommanditisten mit unterschiedlichen Einlagen beteiligen. Laut Verkaufsprospekt soll den Anlegern im ersten Jahr ein Verlust in Höhe von 80 % ihrer Einlage zugewiesen werden. Auch im zweiten und dritten Jahr sollen Verluste entstehen. Erst ab dem vierten Jahr sind Gewinne aus der Vermarktung des Films geplant. Welche steuerlichen Probleme sehen Sie (§ 15a EStG ist nicht zu prüfen)?

Antwort: Zuerst einmal ist zu prüfen, ob hier eine Gewinnerzielungsabsicht gegeben ist. Danach müssten die Kommanditisten einen Totalüberschuss für die Laufzeit der KG anstreben und dies anhand eines schlüssigen Konzeptes plausibel machen können (vgl. H 15.3 EStH „Verlustzuweisungsgesellschaft"). Dabei wäre ein Gewinn aus der Betriebsaufgabe der KG im Sinne des § 16 Abs. 3 EStG einzubeziehen (vgl. H 15.3 EStH „Totalgewinn").

Sollte keine Liebhaberei gegeben sein, müsste § 15b EStG geprüft werden (vgl. BMF vom 17.07.2007, BStBl I 2007, 542, Beck'sche Erlasse § 15b/1). Eine modellhafte Gestaltung liegt hier vor, da zahlreiche Gesellschafter aufgrund eines einheitlichen Verkaufsprospektes beigetreten sind. Die Erzielung steuerlicher Anfangsverluste war sicherlich ein Motiv für die Anleger. Da die Verluste bereits im ersten Jahr 80 % der Einlage (= eingesetztes Eigenkapital) betragen und damit die Grenze des § 15b Abs. 3 EStG (10 %) überschreiten, kann der einzelne Anleger seine Verluste nur mit späteren Gewinnen aus demselben Filmfonds verrechnen.

Frage: Bleiben wir bei der Kommanditgesellschaft und vertiefen das Thema der Verluste nach § 15a EStG. Welche zwei Arten von Verlusten kennt diese Vorschrift?

Antwort: Verluste nach § 15a Abs. 1 und 2 EStG können ausgleichsfähig oder lediglich verrechenbar sein. (Anmerkung: vgl. BMF vom 30.5.1997, BStBl I 1997, 627, Beck'sche Erlasse § 15a/1; BMF vom 15.12.1993, BStBl I 1993, 976, Beck'sche Erlasse § 15a/2).

Frage: Wann sind Verluste lediglich verrechenbar?

Antwort: Verluste sind nach § 15a Abs. 1 Satz 1 i.V.m. Abs. 2 EStG verrechenbar, soweit ein negatives Kapitalkonto des Kommanditisten entsteht oder sich erhöht. Als Kapitalkonto im Sinne von § 15a EStG gilt dabei das Gesamthandskonto einschließlich etwaiger Ergänzungsbilanzen, nicht aber das Sonderbilanzkonto (vgl. vom 30.05.1997 a.a.O. Tz. 4).

Verrechenbare Verluste werden nach § 15a Abs. 2 EStG festgestellt und mit künftigen Gewinnen aus derselben Beteiligung verrechnet.

Frage: Können Einlagen die Höhe der ausgleichsfähigen Verluste beeinflussen?

Antwort: Je höher das positive Kapitalkonto ist, umso höher sind die ausgleichsfähigen Verluste. Eine Einlage schafft damit zusätzliches Potenzial an ausgleichsfähigen Verlusten.

Frage: Ein Kommanditist hat am 01.01.2014 ein Kapitalkonto in Höhe von ./. 100 T€. Er legt in 2014 30 T€ ein. Sein Verlustanteil beträgt in 2014 150 T€. Wie ist der Verlust zu beurteilen?

Antwort: Nach § 15a Abs. 1 Satz 1 EStG ist ein Verlust verrechenbar, soweit ein Kapitalkonto entsteht oder sich erhöht. Unter Berücksichtigung der Einlage entwickelt sich das Kapitalkonto von ./. 100 T€ auf ./. 220 T€. Damit sind 120 T€ des Verlustes verrechenbar (= Betrag, um den sich das negative Kapitalkonto erhöht hat) und 30 T€ ausgleichsfähig. Die Einlage hat somit im Jahr der Einlage ein Potenzial an ausgleichsfähigen Verlusten geschaffen.

Frage: Wandeln wir den Fall ab. In 2014 entsteht ein Gewinn von 0 €. Der Verlustanteil in Höhe von 150 T€ entsteht nun in 2015. Welche Auswirkungen hat nun die Einlage?

Antwort: Die Einlage bleibt hier ohne Auswirkung. Das Kapitalkonto steht am 01.01.2015 auf ./. 70 T€. Durch den Verlust erhöht sich das negative Kapitalkonto um 150 T€. Damit ist der gesamte Verlust lediglich verrechenbar.

Die Einlage des Vorjahres wirkt sich nach § 15a Abs. 1a EStG steuerlich nicht aus. Damit entfaltet eine Einlage in ein negatives Kapitalkonto nur Wirkung in dem Jahr, in dem sie getätigt wird.

Frage: Welche Folgen haben Entnahmen im Rahmen des § 15a EStG?

Antwort: Eine Entnahme ist nach § 15a Abs. 3 Satz 1 EStG dem Kommanditisten als Gewinn hinzuzurechnen, soweit durch die Entnahme ein negatives Kapitalkonto entsteht oder sich erhöht. Dies gilt aber nur, soweit im Wirtschaftsjahr der Entnahme und in den zehn vorangegangenen Jahren Verluste ausgleichsfähig waren.

Problembereich 1: Verluste

> **Frage:** Gehen Sie von folgendem Sachverhalt aus: Das Kapitalkonto eines Kommanditisten steht am 01.01.2014 aufgrund von Verlusten (nicht Entnahmen) auf + 20 T€. Er entnimmt 80 T€. Die Hafteinlage beträgt 100 T€ und wurde in vollem Umfang einbezahlt. Wie hoch ist die Gewinnhinzurechnung nach § 15a Abs. 3 EStG?

Antwort: Durch die Entnahme entsteht ein negatives Kapitalkonto in Höhe von ./. 60 T€. Da das Kapitalkonto aufgrund von Verlusten auf + 20 T€ gesunken ist, müssen mindestens 80 T€ ausgleichsfähige Verluste in den Vorjahren entstanden sein (Hafteinlage 100.000 € abzüglich ausgleichsfähige Verluste i.H.v. 80.000 € = + 20.000 €). Allerdings ist nach § 15a Abs. 3 Satz 1 EStG keine Gewinnhinzurechnung vorzunehmen, soweit aufgrund der Entnahme eine Haftung des Kommanditisten entsteht oder wieder auflebt. Nach § 171 HGB haftet ein Kommanditist insoweit, als er seine Einlage durch Entnahmen wieder abzieht. Bei einem Stand des Kapitalkontos von 20 T€ führt jede Entnahme zu einer Haftung nach § 171 HGB, da der Kommanditist im vorliegenden Fall nur bei einem Kapitalkonto von über 100 T€ haftungsfreie Entnahmen tätigen dürfte. Die Entnahme führt daher nicht zu einer Gewinnhinzurechnung nach § 15a Abs. 1 Satz 1 EStG, obwohl durch Entnahmen ein negatives Kapitalkonto entstand.

> **Frage:** Welche Folgen hat es, wenn der Kommanditist in obigem Fall 200 T€ entnimmt?

Antwort: In diesem Fall entstünde ein negatives Kapitalkonto in Höhe von ./. 180 T€ (+ 20.000 € ./. 200.000 €). In Höhe von 100.000 € würde die Haftung nach § 171 HGB wieder aufleben. Insoweit entstünde keine Gewinnhinzurechnung nach § 15a Abs. 3 Satz 1 EStG. In Höhe von 80 T€ würde die Haftung nach § 171 HGB nicht (!) wieder aufleben, da ein Kommanditist maximal für die Hafteinlage geradestehen muss; dies sind hier 100 T€. Damit wäre dem Kommanditisten ein Gewinn in Höhe von 80 T€ zuzurechnen. Gleichzeitig wäre nach § 15a Abs. 3 Satz 4 EStG ein verrechenbarer Verlust in dieser Höhe festzustellen.

> **Tipp!** Sie sollten sich bei einer derartigen Frage unbedingt die Entwicklung des Kapitalkontos aufzeichnen, sonst verlieren Sie schnell den Überblick.

> **Frage:** Welche besondere Vorschrift ist für Verluste im Rahmen der Gewerbesteuer zu beachten?

Antwort: Für solche Verluste ist § 10a GewStG zu beachten. Aus haushaltstechnischen Gründen begrenzt § 10a GewStG – wie auch § 10d EStG – den Verlustvortrag auf 1 Mio. €. Der übersteigende Betrag ist im jeweiligen Jahr nur zu 60 % zu berücksichtigen. Der Verlust geht aber nicht verloren, sondern wird solange vorgetragen, bis er aufgebraucht ist. Einen Verlustrücktrag sieht § 10a GewStG – im Gegensatz zu § 10d EStG – nicht vor.

> **Frage:** Ein gewerbesteuerpflichtiges Einzelunternehmen erzielt einen steuerlichen Verlust i.H.v. 500.000 €. Im Betriebsvermögen befindet sich eine 20 %ige Beteiligung an einer GmbH. Die GmbH schüttete an den Einzelunternehmer eine Dividende i.H.v. 300.000 € aus. Die Dividende ist in obigem Verlust enthalten. Wie hoch ist der gewerbesteuerliche Verlustvortrag?

Antwort: Die Dividende ist nach § 3 Nr. 40 Buchstabe d) EStG im Wege der außerbilanziellen Korrektur um steuerfreie 40 % (Teileinkünfteverfahren) zu kürzen. Nach § 7 GewStG richtet sich der gewerbesteuerliche Ertrag nach dem Gewinn, der nach den Vorschriften des EStG bzw. KStG ermittelt wird.

Damit ist die Dividende in dem Verlust von 500.000 € lediglich i.H.v. (300.000 € × 60 % =) 180.000 € enthalten (= Gewinnermittlung nach Einkommensteuerrecht). Da § 10a GewStG auf den gewerbesteuerlichen Ertrag abstellt (vgl. R 10a. 1 GewStR), ist bezüglich der Dividende die Vorschrift des § 9 Nr. 2a GewStG zu berücksichtigen. Danach ist bei einer Beteiligungsquote von mindestens 15 % der gewerbesteuerliche Ertrag um die im Gewinn nach dem Teileinkünfteverfahren erfasste Dividende zu kürzen. § 9 Nr. 2a GewStG führt somit dazu, dass die Dividende im Falle eines Schachtelprivilegs (= Beteiligung von mindestens 15 %) gewerbesteuerlich überhaupt nicht angesetzt wird. Dies führt im vorliegenden Fall zu einer Erhöhung des Verlustes um (300.000 € × 60 % =) 180.000 €, sodass im Rahmen des § 10a GewStG ein Verlustvortrag von 680.000 € festzustellen ist.

Frage: Der Einzelunternehmer veräußert im nächsten Jahr sein Einzelunternehmen. Was geschieht mit dem Verlustvortrag?

Antwort: Nach R 10a. 1 Abs. 3 Satz 3 GewStR erfordert die Ausnutzung des gewerbesteuerlichen Verlustvortrags die Unternehmensidentität und die Unternehmeridentität. Letztere ist nach einer Veräußerung des Unternehmens nicht mehr gegeben. Daher kann weder der Erwerber noch der Veräußerer den Verlustvortrag nach § 10a GewStG nicht ausnutzen.

Problembereich 2: Mitunternehmerschaft/Gründung

Frage: Welche handelsrechtlichen Formvorschriften sind bei der Gründung einer Personengesellschaft zu beachten?

Antwort: Die Gründung einer Gesellschaft bürgerlichen Rechts ist nach §§ 705 ff. BGB formfrei möglich, also auch durch mündliche Vereinbarung. Grundsätzlich gilt dies nach §§ 105 ff. HGB auch für die Handelsgesellschaften. Die OHG ist zwar zum Handelsregister anzumelden, die Anmeldung ist aber nur deklaratorischer, nicht konstitutiver Natur. Lediglich die KG benötigt zum Wirksamwerden der Haftungsbeschränkung nach § 162 HGB eine Anmeldung zum Handelsregister.

Frage: Mit welchem Betrag haftet der Kommanditist im Falle einer Insolvenz?

Antwort: Bei der Gründung einer KG ist zwischen der Hafteinlage und der Pflichteinlage zu unterscheiden. Die Hafteinlage ist die im Handelsregister eingetragene maximale Haftsumme (§ 171 HGB). Die Pflichteinlage ist die im Gesellschaftsvertrag vereinbarte Kapitalzuführung. Sie kann höher oder niedriger sein als die Hafteinlage. Ist die Pflichteinlage niedriger als die Hafteinlage, so haftet der Kommanditist nach außen für die Differenz (§ 171 Abs. 1 HGB).

Frage: Muss ein Gesellschafter seinen Beitrag in Geld erbringen oder sind auch andere Formen denkbar?

Antwort: Nach § 705 BGB muss der Gesellschafter nur den Gesellschaftszweck fördern. Dies kann durch Geldleistungen, Übertragung oder Überlassung von Wirtschaftsgütern oder durch persönliche Dienstleistungen erfolgen.

Frage: Befassen wir uns einmal näher mit der Übertragung von Wirtschaftsgütern. Gehen Sie davon aus, dass ein Gesellschafter im Privatvermögen ein Gebäude hält, das er vor fünf Jahren für 500 T€ erworben und seitdem mit 2 % p.a. abgeschrieben hat. Der Wert des Gebäudes soll 600 T€ betragen. Der Gesellschafter überträgt in Erfüllung der Verpflichtung aus dem Gründungsvertrag das Gebäude auf die neu gegründete GmbH & Co. KG. Wie ist der Vorgang zu verbuchen? Welche Möglichkeiten gibt es dabei? Wie sind die Folgen im Privatvermögen? Das Grundstück soll außer Acht gelassen werden.

Antwort: Nach Ansicht des BFH und der Verwaltung (BMF vom 29.03.2000, BStBl I 2000, 462, Beck'sche Erlasse § 4/13; BMF vom 11.07.2011, BStBl I 2011, 713, Beck'sche Erlasse § 4/15 mit

Problembereich 2: Mitunternehmerschaft/Gründung

weiteren Hinweisen auf die Rechtsprechung) liegt ein tauschähnlicher Vorgang vor, wenn ein Wirtschaftsgut des Privatvermögens gegen Gewährung von Gesellschaftsrechten in das Gesamthandsvermögen überführt wird. Eine Gewährung von Gesellschaftsrechten liegt vor, wenn gegen Gesellschafter-Kapital gebucht wird (Buchungssatz: Gebäude 600 T€ an Kapital Gesellschafter 600 T€; vgl. BMF vom 11.07.2011 a.a.O., Tz. II 2. Buchstabe a)). In diesem Fall ist § 6 Abs. 1 Nr. 5 EStG nicht anzuwenden (vgl. BMF vom 29.03.2000 a.a.O., Tz. II 1. Buchstabe a)).

Da der Gesellschafter das Gebäude tauscht und damit veräußert, entsteht nach § 23 Abs. 1 Nr. 1 EStG ein privater Veräußerungsgewinn. Dieser errechnet sich aus der Differenz zwischen gemeinem Wert (= Kapital 600 T€) und den Anschaffungskosten abzüglich Abschreibung (= 450 T€), somit 150 T€.

Zwischenfrage: Kann der Gesellschafter die Entstehung eines privaten Veräußerungsgewinnes vermeiden?

Antwort: Ja. Er kann alternativ die Einbuchung über eine Kapitalrücklage vornehmen (Buchungssatz: Gebäude 600 T€ an Kapitalrücklage 600 T€). Da die Kapitalrücklage allen Gesellschaftern gesamthänderisch zusteht, stellt sie keine Gegenleistung für den einzelnen Gesellschafter dar. In diesem Fall liegt eine echte Einlage im Sinne des § 6 Abs. 1 Nr. 5 EStG vor (BMF vom 11.07.2011, a.a.O. Tz. II 2 Buchstabe b). Beim Gesellschafter entsteht dann kein Veräußerungsgewinn nach § 23 Abs. 1 Nr. 1 EStG. Zu beachten ist aber § 23 Abs. 1 S. 5 EStG.

Zwischenfrage: Was muss die Gesellschaft in diesem Fall bei der Abschreibung beachten?

Antwort: Da der Gesellschafter das Wirtschaftsgut vor der Einlage zur Erzielung von Einnahmen verwendete (sonst hätte er es ja nicht abschreiben können), erfolgt die Abschreibung nach § 7 Abs. 1 Satz 5 EStG.

Frage: Aus welcher Bemessungsgrundlage ist in diesem Fall abzuschreiben?

Antwort: Nach § 7 Abs. 1 Satz 5 EStG mindert sich der Einlagewert (= Teilwert gemäß § 6 Abs. 1 Nr. 5 EStG) um die bisher in Anspruch genommene AfA. Da die bisher in Anspruch genommene AfA (500.000 € × 2 % × 5 Jahre) 50.000 € beträgt und das Gebäude zum Teilwert i.H.v. 600.000 € eingelegt wurde, beträgt die künftige Bemessungsgrundlage (600.000 € ./. 50.000 € =) 550.000 €. Die Untergrenze stellen nach § 7 Abs. 1 Satz 5 EStG die fortgeführten Anschaffungskosten dar. Diese betragen im vorliegenden Fall (500.000 € ./. 50.000 € =) 450.000 €. Da die 550.000 € über den fortgeführten Anschaffungskosten liegen, stellen diese die maßgebliche Bemessungsgrundlage dar.

Zwischenfrage: Kann auch bei einer verdeckten Einlage (= Buchung über Kapitalrücklage) ein Veräußerungsgewinn nach § 23 EStG entstehen?

Antwort: Ja. Nach § 23 Abs. 1 Satz 5 EStG gilt die Einlage eines Wirtschaftsguts als Veräußerung. Dies führt aber nur dann zur Entstehung eines Spekulationsgewinns, wenn die Veräußerung innerhalb eines Zeitraums von zehn Jahren seit Anschaffung durch den Einbringenden erfolgt.

Frage: Wie ist obiger Fall zu beurteilen, wenn die KG folgende Buchung vornimmt: Gebäude 600 T€ an Kapital 100 T€ und Kapitalrücklage 500 T€?

Antwort: Die Verwaltung ging in diesem Fall bisher davon aus, dass die Übertragung in einen tauschähnlichen Vorgang und eine Einlage aufzuteilen sei (BMF vom 29.03.2000, a.a.O. Tz. II 1c – inzwischen kursiv –). Der BFH (Urteil vom 10.07.2008, BStBl II 2009, 464) entschied demgegenüber, dass insgesamt ein Veräußerungsgeschäft vorliege, wenn auch nur ein Teil der Einlage auf das Kapitalkonto gebucht werde. Die Verwaltung folgt dieser Auffassung (BMF vom 11.07.2011 a.a.O. Tz. II 2 Buchstabe a) am Ende).

Frage: Variieren wir den Fall. Der Gesellschafter hat das Gebäude in seinem Einzelunternehmen erworben und bilanziert; der Buchwert beträgt also 450 T€ (Anschaffungskosten 500.000 € abzüglich AfA i.H.v. 50.000 €). Kann er dann das Gebäude überhaupt wie oben dargestellt mit 2 % abschreiben?

Antwort: Nach § 7 Abs. 4 Nr. 1 EStG sind Gebäude im Betriebsvermögen grundsätzlich mit 3 % p.a. abzuschreiben. Sollte aber zum Beispiel der Bauantrag vor dem 31.03.1985 gestellt worden sein, wäre diese Vorschrift nicht anwendbar. Dann müsste die Abschreibung nach § 7 Abs. 4 Nr. 2 Buchstabe a) EStG mit 2 % p.a. erfolgen.

Fortführung der Frage: Welche Buchungen wären dann vorzunehmen, um das Gebäude auf die KG zu übertragen?

Antwort: In diesem Fall wäre § 6 Abs. 5 Satz 3 Nr. 1 EStG anwendbar (Details: s. BMF vom 08.12.2011, BStBl I 2011, 1279, Beck'sche Erlasse § 6/15). Danach müsste die Übertragung in das Gesamthandsvermögen zwingend zum Buchwert erfolgen. Im Einzelunternehmen müsste das Gebäude zum Buchwert ausgebucht werden (Buchungssatz: Kapital 450 T€ an Gebäude 450 T€). In der KG würde das Gebäude zum Buchwert eingebucht werden (Buchungssatz: Gebäude 450 T€ an Kapital Gesellschafter 450 T€).

Frage: Spielt es eine Rolle, ob die KG gegen Kapital oder Kapitalrücklage bucht?

Antwort: Gesellschaftsrechtlich ja; denn der Gesellschafter erhält nur insoweit Gesellschaftsanteile, als gegen Kapital gebucht wird. Steuerlich spielt dies aber keine Rolle, da § 6 Abs. 5 Satz 3 Nr. 1 EStG ausdrücklich davon spricht, dass die Übertragung unentgeltlich oder gegen Gewährung oder Minderung von Gesellschaftsrechten erfolgt. Insoweit ist der Vorgang anders zu beurteilen als bei der Übertragung aus dem Privatvermögen, bei der ja zwischen einer offenen und einer verdeckten Einlage zu differenzieren ist.

Frage: Wäre hier § 24 UmwStG anzuwenden?

Antwort: Nein. § 24 UmwStG erfordert die Übertragung eines Betriebs, d.h. die Überführung des betrieblichen Organismus mit allen wesentlichen Betriebsgrundlagen (BMF vom 11.11.2011, BStBl I 2011, 1314 – Umwandlungssteuererlass – Beck'sche Erlasse 130, Rz. 24.03 und 20.06). Hier wird aber nur ein einzelnes Wirtschaftsgut übertragen.

Frage: Variieren wir den Fall dahingehend, dass das Gebäude im Einzelunternehmen mit einem Buchwert von 450.000 € aktiviert ist, auf der Passivseite aber ein Darlehen i.H.v. 150.000 € passiviert ist, das der Einzelunternehmer zur Finanzierung des Kaufpreises aufgenommen hat. Dieses Darlehen soll von der KG – zusammen mit dem Gebäude – übertragen werden.

Antwort: Wird ein Wirtschaftsgut nach § 6 Abs. 5 Satz 3 EStG übertragen und wird im Gegenzug eine Verbindlichkeit übernommen, so stellt dies ein Entgelt dar (BMF vom 8.12.2011 a.a.O., Beck'sche Erlasse § 6/15 Rz. 15). Die Übertragung ist in einen voll entgeltlichen (150.000 € im Verhältnis zum aktuellen Wert 600.000 €) und in einen unentgeltlichen Teil (450.000 €/600.000 €) aufzusplitten (BMF a.a.O.; sog. Trennungstheorie). Damit gehen Buchwerte nach § 6 Abs. 5 Satz 3 Nr. 1 EStG i.H.v. (450.000 € × 450/600 =) 337.500 € über. Im Übrigen liegen Anschaffungskosten i.H.v. 150.000 €

vor. Somit bilanziert die KG das Gebäude mit (337.500 € + 150.000 € =) 487.500 €. In Höhe von (487.500 € ./. 450.000 € =) 37.500 € entsteht im Einzelunternehmen ein laufender Gewinn.

Frage: Wir variieren den Fall dahingehend, dass der Gesellschafter ein Patent im Betriebsvermögen seines Einzelunternehmens hält, bevor er es auf die KG überträgt. Die KG hat aber ihren Sitz in Österreich.

Antwort: Wird das Wirtschaftsgut ins Ausland verbracht und verliert Deutschland das Besteuerungsrecht für die stillen Reserven, so sind nach § 6 Abs. 5 Sätze 1 und 3 i.V.m. § 4 Abs. 1 Satz 3 EStG die stillen Reserven aufzudecken.

Zwischenfrage: Verliert Deutschland in unserem Fall das Besteuerungsrecht?

Antwort: Das richtet sich nach den Bestimmungen des Österreichischen DBA. Nach Art. 7 dieses DBA dürfen Gewinne eines Unternehmens (hier also die österreichische KG) nur in dem Staat besteuert werden, in dem das Unternehmen seinen Sitz hat. Damit würde Deutschland sein Besteuerungsrecht für das Patent verlieren.

Frage: Greift § 4 Abs. 1 Satz 3 EStG auch, wenn die Übertragung auf eine Personengesellschaft mit Sitz in einem Mitgliedstaat der EU erfolgt?

Antwort: Ja. § 4 Abs. 1 Satz 4 EStG sieht nur für die Societas Europaea (SE) eine Ausnahme vor. Allerdings sieht § 4g EStG die Möglichkeit vor, den Gewinn durch Buchung eines steuerlichen Ausgleichspostens zu neutralisieren, wenn die Übertragung in ein Mitgliedsland der EU erfolgt. Der Ausgleichsposten ist nach § 4g Abs. 2 EStG über fünf Jahre linear aufzulösen. Diese Regelung ist jedoch nach meiner Ansicht europarechtlich im Hinblick auf die Kapitalverkehrsfreiheit und das Diskriminierungsverbot bedenklich. Eine Überprüfung des § 4 Abs. 1 Satz 4 EStG durch den Europäischen Gerichtshof bleibt abzuwarten.

Problembereich 3: Mitunternehmerschaft/Laufende Gewinnermittlung

Frage: Welche Besonderheiten gelten für den Steuertarif ab dem Veranlagungszeitraum 2008?

Antwort: Nach § 34a EStG kann der gesamte oder ein Teil des Gewinns bei bilanzierenden Betrieben auf Antrag mit einem besonderen Steuersatz in Höhe von 28,25 % besteuert werden, soweit der Gewinn thesauriert wird (vgl. BMF vom 11.08.2008, BStBl I 2008, 838, Beck'sche Erlasse § 34a/1). Dies gilt auch für Mitunternehmer. Jeder Mitunternehmer, der zu mehr als 10 % beteiligt ist oder dessen Gewinnanteil 10.000 € übersteigt, kann den Antrag für seinen Anteil und für jeden Veranlagungszeitraum individuell stellen.

Frage: Gilt dies auch für den Gewinn aus Sonderbetriebsvermögen?

Antwort: Ja. §§ 15 Abs. 1 Nr. 2, 34a EStG unterscheiden für Zwecke der Einkommensteuer nicht zwischen Gesamtvermögen und Sonderbetriebsvermögen.

Frage: Kann auch ein im Ausland ansässiger Mitunternehmer den Antrag auf die besondere Versteuerung stellen?

Antwort: Da der Gewinn einer Gesellschaft nach den DBA (vgl. Art. 7 des OECD-Musterabkommens) grundsätzlich in dem Staat besteuert wird, in dem die Gesellschaft ihren Sitz hat, muss ein im Ausland ansässiger Gesellschafter den Gewinn nach § 15 Abs. 1 Nr. 2 EStG in Deutschland versteuern. Nach § 49 Abs. 1 Nr. 2a EStG ist der Gesellschafter in Deutschland beschränkt steuerpflichtig, da die Personengesellschaft eine Betriebsstätte in Deutschland hat. Da § 50 EStG die Anwendung des § 34a EStG nicht ausschließt, ist die sog. Thesaurierungsbesteuerung auch für im Ausland ansässige Gesellschafter anwendbar.

> **Frage:** Kann auch ein Freiberufler mit Einkünften nach § 18 EStG einen Antrag nach § 34a EStG stellen?

Antwort: Grundsätzlich ja. Er muss aber seinen Gewinn nach § 4 Abs. 1 Satz 1 EStG ermitteln.

> **Frage:** Ein bilanzierender Einzelunternehmer mit Einkünften nach § 15 EStG erzielt im Wirtschaftsjahr 2014 einen vorläufigen Gewinn von 100 T€. Noch nicht berücksichtigt ist die Gewerbesteuer. Wie hoch ist die Gewerbesteuerrückstellung? Nehmen Sie einen Hebesatz von 400 % an.

Antwort: Nach § 7 GewStG ist Gewerbeertrag der nach den Vorschriften des EStG ermittelte Gewinn aus dem Gewerbebetrieb vermehrt und vermindert um die in den §§ 8 und 9 GewStG bezeichneten Beträge. Unterstellt, dass keine Kürzungen oder Hinzurechnungen vorzunehmen sind, beträgt der Gewerbeertrag 100 T€. Nach § 11 Abs. 1 Satz 3 GewStG ist der Gewerbeertrag auf volle 100 € nach unten abzurunden. Dies ist hier nicht erforderlich. Nach Abzug eines Freibetrags von 24.500 € beträgt der Gewerbeertrag 75.500 €. Ab dem Erhebungszeitraum 2008 beträgt die Steuermesszahl 3,5 %. Die Staffelung für Gewerbebetriebe von natürlichen Personen oder Personengesellschaften wurde abgeschafft. In unserem Beispiel ist der Steuermessbetrag mit 2.643 € anzusetzen. Bei einem Hebesatz von 400 % sind dies 10.572 €. Da die Gewerbesteuer nach § 4 Abs. 5b EStG nicht mehr als Betriebsausgabe abgezogen werden kann, ist die Rückstellung mit der Gewerbesteuerschuld identisch.

Der endgültige Gewinn im Sinne des § 4 Abs. 1 EStG beträgt nach Buchung der Gewerbesteuerrückstellung im Beispielsfall 89.428 €. Der zu versteuernde Gewinn nach § 15 EStG ist allerdings mit 100 T€ anzusetzen, da die Gewerbesteuerrückstellung außerbilanziell wegen § 4 Abs. 5b EStG wieder zu neutralisieren ist.

> **Frage:** Muss für die Gewerbesteuer in der Steuerbilanz eine Rückstellung gebildet werden, wenn sie doch steuerlich keine Betriebsausgabe darstellt?

Antwort: Nach § 249 HGB muss für die Gewerbesteuer in der Handelsbilanz eine Rückstellung gebildet werden. Aufgrund des Maßgeblichkeitsgrundsatzes (§ 5 Abs. 1 EStG) muss diese Rückstellung auch in der Steuerbilanz gebildet werden.

> **Frage:** Wurde der Maßgeblichkeitsgrundsatz nicht durch das BilMoG abgeschafft?

Antwort: Der Maßgeblichkeitsgrundsatz ist weiterhin in § 5 Abs. 1 EStG normiert; abgeschafft wurde im Zuge des BilMoG lediglich der sogenannte umgekehrte Maßgeblichkeitsgrundsatz (vgl. BMF vom 12.03.2010, BStBl I 2010, 239, Beck'sche Erlasse § 5/14).

> **Frage:** Was verstehen Sie unter dem Grundsatz der umgekehrten Maßgeblichkeit?

Antwort: Nach dem früheren § 5 Abs. 1 Satz 2 EStG durfte ein steuerliches Wahlrecht (z.B. die Bildung einer Rücklage nach § 6b EStG) in der Steuerbilanz nur ausgeübt werden, wenn der entsprechende Bilanzposten auch in der Handelsbilanz gebildet wurde (z.B. der durch das BilMoG abgeschaffte Sonderposten mit Rücklagenanteil).

Frage: Gehen wir also davon aus, dass die nach § 15 EStG zu versteuernden Einkünfte 100 T€ betragen. Unterstellen Sie, dass in 2014 weder Einlagen noch Entnahmen getätigt werden. Wie hoch wäre dann die mögliche Thesaurierungssteuer nach § 34a EStG?

Antwort: Da § 34a Abs. 2 EStG an den Gewinn im Sinne des § 4 Abs. 1 Satz 1 EStG anknüpft, können in unserem Beispiel lediglich 89.428 € der Thesaurierungsbesteuerung unterliegen. Die Gewerbesteuer muss zwingend mit dem allgemeinen Tarif versteuert werden.

Frage: Was geschieht, wenn der Gewerbetreibende den Gewinn 2014 in den nächsten Jahren entnimmt?

Antwort: Für das Wirtschaftsjahr 2014 wird nach § 34a Abs. 3 EStG ein nachversteuerungspflichtiger Betrag festgestellt. Dieser errechnet sich aus dem Gewinn im Sinne des § 34a Abs. 2 EStG abzüglich der Einkommensteuer in Höhe von 28,25 % und des SolZ in Höhe von 5,5 %.

Auf den Gewinn in Höhe von 89.428 € entfällt eine Einkommensteuer in Höhe von 25.263 € und ein SolZ in Höhe von 1.389 €. Der nachversteuerungspflichtige Betrag beträgt danach (89.428 € ./. 25.263 € ./. 1.389 € =) 62.776 €.

Wird dieser Betrag in den folgenden Wirtschaftsjahren entnommen, so muss er nach § 34a Abs. 4 EStG mit einem Steuersatz von 25 % zuzüglich 5,5 % nachversteuert werden.

Frage: Führen wir unseren Fall fiktiv weiter. Der Gewerbetreibende erzielt in 2015 einen Gewinn nach § 4 Abs. 1 EStG in Höhe von 80 T€. Welche Möglichkeiten hat er für die Besteuerung dieses Gewinns?

Antwort: Er kann für jeden Veranlagungszeitraum neu wählen, ob er den Gewinn regulär oder nach § 34a EStG besteuern will.

Frage: Der Gewerbetreibende wählt die reguläre Versteuerung. In diesem Jahr entnimmt er 30 T€. Löst dies die Nachversteuerung aus?

Antwort: Eine Nachversteuerung wird nach § 34a Abs. 4 EStG erst ausgelöst, wenn eine Überentnahme vorliegt. Eine Überentnahme ist aber erst gegeben, wenn die Entnahmen größer sind als der Gewinn und die Einlagen des laufenden Jahres. Dies ist hier nicht der Fall. Daher kommt es zu keiner Nachversteuerung.

Frage: Gehen wir davon aus, dass unser Gewerbetreibender im Jahr 2015 einen Gesamtbetrag der Einkünfte in Höhe von ./. 60 T€ erzielt. Welche Möglichkeiten hat er, um diesen negativen Gesamtbetrag zu verwerten?

Antwort: In diesem Fall kommt ein Verlustrücktrag nach § 10d Abs. 1 EStG in Frage. Allerdings erfasst dieser nach § 34a Abs. 8 EStG nicht den nach § 34a EStG besteuerten Gewinn. Regulär zu besteuernde Einkommensteile dürfen nicht mit begünstigt besteuerten Gewinnanteilen verrechnet werden.

Frage: Wechseln wir das Thema. Gehen Sie von folgendem Fall aus: An einer KG sind die drei Kommanditisten A, B und C beteiligt. Komplementärin ist die D-GmbH. Wer ist nach dem HGB Geschäftsführer der KG?

Antwort: Nach § 164 HGB sind die Kommanditisten von der Geschäftsführung grundsätzlich ausgeschlossen. Geborene Geschäftsführerin ist daher die D-GmbH. Von dieser Vorschrift kann durch vertragliche Vereinbarung abgewichen werden. In der Praxis geschieht dies häufig, indem ein Kommanditist zum Geschäftsführer bestellt wird.

> **Frage:** Sind die Kommanditisten dann überhaupt Mitunternehmer im Sinne des § 15 Abs. 1 Nr. 2 EStG?

Antwort: Grundsätzlich ja. Mitunternehmerschaft erfordert das Vorliegen von Mitunternehmerrisiko und die Möglichkeit, Mitunternehmerinitiative auszuüben (H 15.8 Abs. 1 EStH „Allgemeines"). Als Mitunternehmerinitiative reicht aber bereits die Möglichkeit aus, die Einsichts- und Kontrollrechte nach § 166 HGB auszuüben.

> **Frage:** Nehmen Sie an, die KG betreibt als einzigen Geschäftszweck die Vermietung eines Gebäudes. Welche Einkunftsart erzielt die KG?

Antwort: Da die KG ausschließlich vermögensverwaltend tätig ist, sind die Voraussetzungen des § 15 Abs. 2 EStG nicht gegeben (R 15.7 Abs. 1 EStR). Zu prüfen ist aber, ob die KG gewerblich geprägt im Sinne des § 15 Abs. 3 Nr. 2 EStG ist. Die Voraussetzungen der gewerblichen Prägung liegen vor, wenn der Komplementär ausschließlich eine Kapitalgesellschaft ist und nur die Komplementärin oder fremde Dritte zur Geschäftsführung berufen sind. Dies ist in dem vorliegenden Fall gegeben.

> **Frage:** Ein Steuerpflichtiger hat vor 2 Jahren ein Geschäftsgebäude erworben und es vermietet (§ 21 EStG). Die Abschreibung erfolgte mit 2 % p.a. Der Steuerpflichtige erzielte in den beiden Jahren erhebliche Verluste aus Vermietung und Verpachtung. In 2014 veräußert der Steuerpflichtige das Gebäude an eine GmbH & Co. KG, an der er zu 25 % als Kommanditist beteiligt ist. Die GmbH & Co. KG erzielt gewerbliche Einkünfte. Welche Probleme entstehen aus der Veräußerung?

Antwort: Grundsätzlich können zwischen einer Personengesellschaft und ihren Gesellschaftern zivilrechtlich wirksame Verträge geschlossen werden. Diese Verträge sind auch steuerlich wirksam, wie die Vorschrift des § 15 Abs. 1 Nr. 2 EStG zeigt. Problematisch könnte hier sein, dass der Steuerpflichtige innerhalb von weniger als 5 Jahren die Immobilie bereits wieder veräußerte. Die Verwaltung (BMF vom 08.10.2004, BStBl I 2004, 933, Beck'sche Erlasse § 21/5) geht davon aus, dass der Eigentümer einer vermieteten Immobilie einen Totalüberschuss während eines durchschnittlichen Zeitraums von 30 Jahren anstreben muss. Veräußert der Steuerpflichtige seine Immobilie innerhalb eines Zeitraums von bis zu 5 Jahren, so geht die Verwaltung (BMF a.a.O. Rz. 7) typisierend davon aus, dass eine Einkünfteerzielungsabsicht von Anfang an nicht gegeben war (= Liebhaberei). Die Verluste des Steuerpflichtigen sind daher nicht anzuerkennen (Anmerkung: So auch BFH vom 09.03.2011, IX R 50/10, www.bundesfinanzhof.de).

> **Frage:** In der Praxis wird die gewerbliche geprägte Personengesellschaft zur vorbeugenden Gestaltung eingesetzt. Können Sie sich Fälle denken, in denen dies sinnvoll ist?

Antwort: Ja. Zum Beispiel im Falle einer Betriebsaufspaltung. Hier besteht die Gefahr, dass die Betriebsaufspaltung dadurch endet, dass die personelle Verflechtung z.B. durch Erbschaft oder Schenkung wegfällt oder die sachliche Verflechtung z.B. durch Kündigung des Mietvertrages endet. Dies hätte zur Folge, dass die Besitzgesellschaft nicht mehr gewerblich tätig wird und die stillen Reserven nach § 16 Abs. 3 EStG aufgedeckt werden müssten. Dies kann dadurch verhindert werden, dass die Gewerblichkeit nach § 15 Abs. 3 Nr. 2 EStG konserviert wird.

> **Frage:** Welche gewerbesteuerlichen Vorteile bietet eine ausschließlich vermögensverwaltende Personengesellschaft? Gehen Sie bitte davon aus, dass die Personengesellschaft gewerbliche Einkünfte erzielt (z.B. durch gewerbliche Prägung).

Antwort: Nach § 9 Abs. 1 Nr. 1 Satz 1 GewStG wird der Gewinn um 1,2 % des Einheitswerts von Immobilien gekürzt. Diese Kürzung soll die Belastung des Grundbesitzes mit Grundsteuer mildern.

Nach § 9 Abs. 1 Nr. 1 Satz 2 GewStG werden bei ausschließlich vermögensverwaltenden Gewerbebetrieben die Gewinne um die Erträge aus Immobilien gekürzt (sog. erweiterte Kürzung). Voraussetzung dafür ist allerdings, dass der Gewerbebetrieb ausschließlich vermögensverwaltend tätig ist (BFH Beschluss vom 24.01.2012, I B 136/11, www.bundesfinanzhof.de).

> **Frage:** Greift die Kürzungsvorschrift des § 9 Abs. 1 Nr. 1 Satz 2 GewStG auch für das Besitzunternehmen im Rahmen einer Betriebsaufspaltung, da ja das Besitzunternehmen in der Regel ausschließlich vermögensverwaltend tätig ist (Überlassung von mindestens einer wesentlichen Betriebsgrundlage; vgl. H 15.7 Abs. 4 EStH „Allgemeines")?

Antwort: Die Rechtsprechung (BFH vom 24.01.2012, a.a.O.) wendet die Vorschrift des § 9 Abs. 1 Nr. 1 Satz 2 GewStG auf das Besitzunternehmen nicht an, da dieses aufgrund der Gewerblichkeit der Betriebsaufspaltung nicht ausschließlich vermögensverwaltend tätig ist (so auch: H 9.2 Abs. 2 GewStH „Betriebsaufspaltung").

Problembereich 4: Sonderformen der Mitunternehmerschaft

> **Frage:** Gesellschafter G ist Geschäftsführer und an der X-GmbH zu 60 % beteiligt. Die Anschaffungskosten der Anteile betrugen 50 T€. Der aktuelle Wert steht bei 200 T€. G beteiligt sich atypisch still mit einer Einlage in Höhe von 500 T€ an der GmbH. Zeigen Sie bitte die handels- und steuerrechtlichen Folgen auf.

Antwort: Handelsrechtlich wird gemäß § 230 HGB nicht zwischen einer atypischen und einer typisch stillen Beteiligung unterschieden. Die Einlage geht nach § 230 HGB in das Vermögen des Inhabers des Handelsgeschäfts über. Die Gewinnanteile des Stillen sind handelsrechtlich als Betriebsausgabe zu verbuchen. Dies gilt nach dem Maßgeblichkeitsgrundsatz auch für die Steuerbilanz. Im Falle einer atypisch stillen Beteiligung wird der Gewinnanteil des Stillen nach § 15 Abs. 1 Nr. 2 EStG im Rahmen der einheitlichen und gesonderten Gewinnfeststellung (§§ 179 AO) erfasst.

Auch der Gesellschafter einer Kapitalgesellschaft kann sich an seiner Gesellschaft atypisch still beteiligen. Wir sprechen dann z.B. von der GmbH & atypisch Still. Für die Beteiligung an der GmbH hat dies zur Folge, dass die Anteile an der Gesellschaft in das Sonderbetriebsvermögen II der atypisch stillen Gesellschaft einzulegen sind (vgl. H 4.2 Abs. 2 EStH „Anteile an Kapitalgesellschaften-Einzelfälle" 4. Spiegelstrich). Die Einlage hat nach § 6 Abs. 1 Nr. 5 EStG grundsätzlich zum Teilwert zu erfolgen. Wird aber eine Beteiligung i.S.v. § 17 Abs. 1 S. 1 EStG eingelegt, dann sind nach § 6 Abs. 1 Nr. 5 Buchstabe b) EStG im Betriebsvermögen die Anschaffungskosten der Beteiligung anzusetzen (hier: 50 T€), da sonst stille Reserven, die im Privatvermögen entstanden sind, unversteuert verloren gingen.

> **Frage:** Welche Folgen hat die GmbH & atypisch Still für die Besteuerung der Dividenden und des Geschäftsführergehalts?

Antwort: Das Geschäftsführergehalt wäre grundsätzlich nach § 19 EStG zu versteuern, die Dividenden nach § 20 Abs. 1 Nr. 1 EStG. Dadurch, dass die Beteiligung im Sonderbetriebsvermögen aktiviert ist, werden die Einnahmen aber zu Sonderbetriebseinnahmen i.S.v. § 15 Abs. 1 Nr. 2 EStG. Damit werden die Einkünfte z.B. gewerbesteuerpflichtig und unterliegen nicht der Abgeltungsteuer (vgl. § 20 Abs. 8 und § 32d Abs. 1 EStG). Allerdings ist in diesem Fall das Teileinkünfteverfahren anzuwenden (§ 3 Nr. 40 Buchstabe d) EStG).

> **Frage:** Bitte beurteilen Sie folgenden Fall: Gesellschafter G ist als Kommanditist an der X-KG beteiligt. Diese ist ihrerseits Kommanditistin der A-KG. G ist bei der A-KG als Geschäftsführer angestellt und bezieht ein entsprechendes Gehalt. Wie ist das Gehalt zu versteuern?

Antwort: Grundsätzlich ist das Gehalt nach § 19 EStG zu versteuern. Eine Ausnahme gilt, wenn G das Gehalt als Mitunternehmer gemäß § 15 Abs. 1 Nr. 2 EStG bezieht. G ist direkt Mitunternehmer der X-KG. Mit dieser Gesellschaft hat aber G keinen Arbeitsvertrag. G ist eigentlich nicht Mitunternehmer der A-KG. Hier sieht aber § 15 Abs. 1 Nr. 2 Satz 2 EStG vor, dass die mittelbare Beteiligung der unmittelbaren gleich gestellt ist, wenn alle vermittelten Beteiligungen eine Mitunternehmerschaft i.S.v. § 15 Abs. 1 Nr. 2 EStG darstellen. Damit erzielt G im Rahmen der doppelstöckigen Personengesellschaft Sonderbetriebseinnahmen in der A-KG, obwohl er nicht deren Gesellschafter ist.

> **Frage:** Angenommen, die A-KG gewährt dem G eine Pensionszusage. Die jährliche Zuführung beträgt 10 T€ (aus Vereinfachungsgründen sowohl in der Handels- als auch in der Steuerbilanz). Welche bilanzsteuerlichen Folgen hat dies?

Antwort: Auf Ebene der Gesamthand muss die A-KG in der Handelsbilanz nach § 249 HGB eine Pensionsrückstellung bilden. Nach dem Maßgeblichkeitsgrundsatz, der aber durch § 6a EStG modifiziert wird, ist die Pensionsrückstellung auch in der Steuerbilanz zu passivieren (Anmerkung: Die Verwaltung geht hier von einem Wahlrecht in der Steuerbilanz aus; dies erscheint rechtlich sehr fragwürdig; vgl. BMF vom 12.03.2010, BStBl I 2010, 239, Beck'sche Erlasse § 5/14).

Handelsrechtlich gibt es kein Sonderbetriebsvermögen. In der Steuerbilanz muss aber für G eine Sonderbilanz erstellt werden. In dieser ist korrespondierend zur Pensionsrückstellung eine Forderung auf die Pension zu aktivieren. Damit wird erreicht, dass die Pensionszusage entsprechend § 15 Abs. 1 Nr. 2 EStG den Gewinn nicht mindert.

> **Frage:** Nehmen wir an, die Pensionsrückstellung ist in der Steuerbilanz der A-KG mit 100 T€ passiviert. Im Zuge einer Betriebsprüfung stellt sich heraus, dass sich der Versicherungsmathematiker verrechnet hat und der richtige Ansatz nur 80 T€ beträgt. Kann die Rückstellung geändert werden?

Antwort: Ein falscher Bilanzansatz ist zwingend nach § 4 Abs. 2 Satz 1 EStG in der ersten offenen Bilanz zu ändern; damit sind 80 T€ anzusetzen. Der Gewinn ist um 20 T€ zu erhöhen.

> **Frage:** Variieren wir den Fall dahingehend, dass der richtige Ansatz 120 T€ wäre.

Antwort: Grundsätzlich gilt auch hier der Zwang, einen falschen Bilanzansatz zu korrigieren. Dem könnte aber § 6a Abs. 4 Satz 1 EStG entgegenstehen. Nach dieser Vorschrift kann eine Pensionsrückstellung nur um den jährlichen Teilwertzuwachs erhöht werden. Diese Vorschrift ist aber auf den vorliegenden Fall nicht anwendbar, da sie davon ausgeht, dass eine Pensionsrückstellung wahlweise gebildet werden kann. § 6a Abs. 4 EStG wollte die missbräuchliche Anwendung des Wahlrechtes ausschließen. Da nach dem heutigen HGB die Bildung einer Pensionsrückstellung nach § 249 HGB zwingend ist, ist eigentlich kein Raum mehr für § 6a Abs. 4 EStG. Der BFH wendet diese Passivierungssperre aber dennoch an (s. Urteil des BFH vom 13.02.2008, BFH/NV 2008, 1232).

> **Frage:** Wir wenden uns einem neuen Thema zu. In der Wirtschaftspresse stand neulich, dass ein großer deutscher Konzern in der Rechtsform einer Stiftung & Co. KG betrieben wird. Was ist das für eine Gesellschaftskonstruktion?

Antwort: Es handelt sich hier im Grundsatz um eine Personengesellschaft (KG). Deren Komplementär kann auch eine Körperschaft sein. Die bekannteste Form ist sicher die GmbH & Co. KG.

Die Stiftung hat nicht nur erbschaftsteuerliche Vorteile. Sie ermöglicht es auch, die Gewinne für bestimmte Verwendungen (z.B. gemeinnütziger Art) zu sichern. Außerdem wird das Unternehmen durch Erbgänge nicht zersplittert.

> **Frage:** Muss die Stiftung & Co. KG ihre Bilanzen veröffentlichen?

Antwort: Nach § 264a HGB muss auch eine KG ihre Bilanzen veröffentlichen, wenn nicht mindestens ein persönlich haftender Gesellschafter eine natürliche Person ist. Da die Bilanzen im Internet öffentlich einsehbar sind, hat dies für die Unternehmen eine erhebliche Bedeutung erlangt.

> **Frage:** Kann die KG Organträger im Rahmen eines Konzerns sein?

Antwort: Nach § 14 KStG muss die Organgesellschaft eine Kapitalgesellschaft sein. Organträger kann aber jedes gewerbliche Unternehmen sein, somit auch eine Personengesellschaft.

Problembereich 5: Betriebsveräußerung (§ 16 EStG)

> **Frage:** Einzelunternehmer U möchte seinen Betrieb veräußern. Das Kapitalkonto steht auf 100 T€, der Wert des Betriebs liegt bei 250 T€. U ist 60 Jahre alt. Wie ist der Veräußerungsgewinn zu behandeln?

Antwort: Wenn U seinen Betrieb mit allen wesentlichen Betriebsgrundlagen veräußert, erfüllt das den Tatbestand des § 16 Abs. 1 Nr. 1 EStG (vgl. R 16 Abs. 1 EStR i.V.m. H 16 Abs. 8 EStH „Begriff der wesentlichen Betriebsgrundlage"). Der Gewinn beträgt vorläufig 150 T€. Da U das 55. Lebensjahr vollendet hat, kann er einmal im Leben einen Freibetrag nach § 16 Abs. 4 EStG in Anspruch nehmen. Es wird unterstellt, dass er den Freibetrag bisher noch nicht in Anspruch genommen hat. Der Freibetrag beträgt 45 T€. Er vermindert sich um den Betrag, um den der Gewinn (hier: 150 T€) den Grenzbetrag von 136 T€ überschreitet (hier: 14 T€). Damit beträgt der Freibetrag (45 T€ ./. 14 T€ =) 31 T€ und der steuerpflichtige Gewinn (150 T€ ./. 31 T€ =) 119 T€. Für diesen Gewinn kann U auf Antrag den Tarifvorteil des § 34 Abs. 3 EStG in Anspruch nehmen. Die Voraussetzungen dieser Vorschrift sind identisch mit denen des § 16 Abs. 4 EStG.

> **Frage:** U hat im Jahr vor der Betriebsveräußerung ein Grundstück veräußert und den Gewinn in eine Rücklage nach § 6b EStG eingestellt. Muss U die Rücklage nach § 6b EStG bei der Betriebsveräußerung auflösen und wie ist der Gewinn aus der Auflösung gegebenenfalls zu behandeln?

Antwort: Da die Rücklage nach § 6b EStG personenbezogen ist, kann die Rücklage nicht auf den Erwerber übergehen. Dies ist schon deshalb nicht möglich, weil eine Rücklage nach § 6b EStG letztlich „gespeicherte stille Reserven" darstellt und die stillen Reserven i.R.d. § 16 EStG aufgedeckt werden müssen. Der Gewinn aus der Auflösung der Rücklage rechnet nach R 6b.2 Abs. 10 Satz 5 EStR zum begünstigten Veräußerungsgewinn. Der Veräußerer kann allerdings nach R 6b. 2 Abs. 10 Satz 1 EStR die Rücklage außerhalb des veräußerten Betriebs als sog. „Restbetriebsvermögen" bis zum Ablauf der Reinvestitionsfrist weiterführen. Er kann dann allerdings für den Veräußerungsgewinn den Freibetrag nach § 16 Abs. 4 EStG und eine Tarifermäßigung nach § 34 EStG nur in Anspruch nehmen, wenn die Rücklage keine stillen Reserven enthält, die bei der Veräußerung einer wesentlichen Betriebsgrundlage aufgedeckt worden sind (R 6b.2 Abs. 10 Satz 3 EStR).

Frage: Im Betriebsvermögen befindet sich ein Geschäftshaus mit Lager, Büro und Sozialräumen. Von dem Veräußerungsgewinn sollen 130 T€ auf die stillen Reserven dieses Gebäudes entfallen. Kann U für den Veräußerungsgewinn eine Rücklage nach § 6b EStG bilden und wie sind die Folgen?

Antwort: Die Veräußerung eines Betriebs ist steuerlich wie die Veräußerung einzelner Wirtschaftsgüter zu behandeln (vgl. § 6 Abs. 1 Nr. 7 EStG). Veräußert ein Unternehmer ein Gebäude, so kann er nach § 6b Abs. 1 und 3 EStG den Gewinn in eine 6b-Rücklage einstellen (s. R 6b.2 Abs. 10 EStR). Insoweit führt er auch nach der Betriebsveräußerung ein Restbetriebsvermögen weiter. In diesem Fall kann er aber nach § 34 Abs. 1 Satz 4, 3 Satz 6 EStG keine Tarifvergünstigung erhalten. Der Freibetrag nach § 16 Abs. 4 EStG ist aber wohl zu gewähren, da lediglich § 34 EStG eine Regelung für die 6b-Rücklage vorsieht und § 16 EStG insoweit nicht ausgeschlossen wird (streitig).

Frage: Nehmen wir den Grundfall an (U bildet keine 6b-Rücklage). Wie gestaltet sich der Fall, wenn U in Österreich ansässig ist?

Antwort: In diesem Fall ist zu prüfen, ob U den Veräußerungsgewinn in Deutschland oder in Österreich versteuern muss. Nach Art. 7 des DBA Österreich wird der Gewinn eines Unternehmens in dem Land besteuert, in dem das Unternehmen seinen Sitz hat. Da der Gewinn des Unternehmens bei Personengesellschaften dem Mitunternehmer zuzurechnen ist (§ 15 Abs. 1 Nr. 2 EStG) muss U den Gewinn in Deutschland versteuern. Desweiteren ist zu prüfen, ob U mit dem Veräußerungsgewinn unter die beschränkte Steuerpflicht fällt. Nach § 49 Abs. 1 Nr. 2a EStG fällt die Betriebsveräußerung in den Katalog der beschränkt steuerpflichtigen Einkünfte. Nach § 50 EStG ist – nach der Änderung durch das JStG 2008 – § 34 EStG ohne Einschränkung anwendbar. Nach § 50 Abs. 1 Satz 2 EStG gilt für beschränkt Steuerpflichtige die Grundtabelle (§ 32a Abs. 1 EStG) mit der Besonderheit, dass das zu versteuernde Einkommen um den Grundfreibetrag erhöht wird.

Frage: Warum wird beschränkt Steuerpflichtigen der Grundfreibetrag verwehrt?

Antwort: Der Grundfreibetrag des § 32a Abs. 1 Nr. 1 soll das soziale Existenzminimum steuerfrei stellen. Personen, die im Ausland leben, benötigen in Deutschland keine Grundsicherung im Sinne des sozialen Existenzminimums. Dies ist Aufgabe ihres Ansässigkeitsstaats. Aus diesem Grund wird bei beschränkt Steuerpflichtigen (= also Personen, die im Ausland leben und lediglich Einkünfte in Deutschland erzielen) der Grundfreibetrag wieder dem zu versteuernden Einkommen hinzugerechnet.

Frage: Ist § 16 EStG auch anwendbar, wenn ein Freiberufler mit Einkünften nach § 18 EStG seine Praxis veräußert?

Antwort: Nach § 18 Abs. 3 EStG sind die Grundsätze des § 16 EStG auch für Freiberufler anzuwenden. Ermittelt der Freiberufler seinen Gewinn nach § 4 Abs. 3 EStG, so muss er zur Bilanzierung übergehen, da nur so der Wert des Betriebsvermögens errechnet werden kann (vgl. Wortlaut des § 16 Abs. 2 EStG: „... Wert des Betriebsvermögens ..."). Der Übergang zur Bilanzierung löst in der Regel durch die Aktivierung von Forderungen (z.B. Rechnungen an Kunden, Mandanten oder Patienten) einen Gewinn aus (vgl. H 4.6 EStH „Gewinnberichtigungen beim Wechsel der Gewinnermittlungsart"). Ein eventuell entstehender Übergangsgewinn kann nicht kann nicht auf 3 Jahre verteilt werden (vgl. H 4.6 EStH „keine Verteilung des Übergangsgewinns").

Frage: Welche besonderen Voraussetzungen müssen nach Ansicht der Rechtsprechung und der Verwaltung erfüllt sein, damit ein Freiberufler die §§ 18 Abs. 3, 16 EStG in Anspruch nehmen kann? Sie können gerne in H 18.3 EStH nachschlagen.

Problembereich 5: Betriebsveräußerung (§ 16 EStG)

> **Tipp!** Sie sollten während der Prüfung nur in Einzelfällen in Gesetzen und Richtlinien nachschlagen; versuchen Sie stets die Lösung selbst zu entwickeln. Das Nachschlagen wird Ihnen häufig als Schwäche ausgelegt.

Antwort: Da der Wert der Freiberuflerpraxis sehr stark von der Person des Inhabers abhängt, muss der Freiberufler seine Praxis im örtlichen Wirkungskreis für eine gewisse Zeit (ca. drei Jahre) einstellen. Wie weit der örtliche Wirkungskreis geht, ist individuell zu bestimmen. Er wird bei einem Anwalt, der sich bundesweit auf Kartellrecht spezialisiert hat sicher weiter gehen als bei einem Zahnarzt mit überwiegendem Patientenstamm aus der Gegend.

> **Frage:** Nehmen wir folgenden Fall an. Ein Arzt ist freiberuflich für ein Pharmaunternehmen in der Forschung und als Gutachter tätig. Daneben unterhält er noch eine Praxis, in der Patienten behandelt werden. Diese Praxis möchte er gerne veräußern. Welches Problem entsteht?

Antwort: Es ist zu prüfen, ob die Praxis – neben der Gutachtertätigkeit – einen Teilbetrieb darstellt. Der Begriff des Teilbetriebs ist in § 16 Abs. 1 Nr. 1 EStG ausdrücklich erwähnt. Man versteht darunter einen organisatorisch abgeschlossenen und für sich lebensfähigen Teil eines Betriebs (vgl. R 16 Abs. 3 EStR mit weiteren Nachweisen). Dies wäre bei der Praxis durchaus gegeben, da diese auch ohne die Gutachtertätigkeit betrieben werden kann.

Bei Freiberuflern stellt die Rechtsprechung aber aufgrund des persönlichen Einsatzes erhöhte Anforderungen (vgl. H 18.3 EStH „Veräußerung ... Teilbetrieb"). Ein Freiberufler kann nach dem Tierarzturteil des BFH (Anmerkung: s. BFH vom 29.10.1992, BStBl II 1993, 182) nur dann einen Teilbetrieb haben, wenn die beiden Tätigkeiten örtlich und fachlich getrennt sind und der Teilbetrieb organisatorisch selbstständig geführt wird. Die Tätigkeiten „Gutachter" und „Inhaber einer Praxis" könnte man in diesem Sinne als Teilbetriebe beurteilen. Damit wäre der Gewinn aus der Veräußerung der Praxis nach §§ 18 Abs. 3, 16 Abs. 1 Nr. 1 EStG begünstigt.

> **Frage:** Kommen wir zu einem neuen Fall. An der X-GmbH sind die Gesellschafter A, B und C zu je 1/3 beteiligt. Alle drei Gesellschafter halten die Beteiligung im Betriebsvermögen. Wie ist der Gewinn aus der Veräußerung der GmbH zu beurteilen?

Antwort: Die Veräußerung der Anteile an einer GmbH fällt grundsätzlich unter § 17 EStG. § 17 EStG ist aber nur anzuwenden, wenn die Anteile im Privatvermögen gehalten werden. Da sich im vorliegenden Fall alle Anteile im Betriebsvermögen befinden und in engem zeitlichen Zusammenhang veräußert werden, ist § 16 Abs. 1 Nr. 1 EStG anzuwenden, wonach die GmbH-Beteiligungen als Teilbetrieb gelten.

> **Frage:** Unter welchen Voraussetzungen ist die Veräußerung eines Mitunternehmeranteils nach § 16 EStG begünstigt?

Antwort: Der Mitunternehmer muss nach § 16 Abs. 1 Nr. 2 EStG den ganzen Mitunternehmeranteil veräußern. Hierzu gehört auch das funktional wesentliche Sonderbetriebsvermögen (BMF vom 03.03.2005, BStBl I 2005, 458 Rz. 4 ff., Beck'sche Erlasse § 6/18 für den vergleichbaren Fall des § 6 Abs. 3 EStG). Bei der Berechnung des Veräußerungsgewinns ist auch das Kapital der Ergänzungsbilanz zu berücksichtigen.

> **Frage:** Gehen wir von folgendem Fall aus. A ist als Kommanditist zu 80 % an der K-KG beteiligt. Auf der Aktivseite ist nur ein Gebäude mit 100 T€ bilanziert, das mit 4 % p.a. abgeschrieben wird. Die Teilwerte betragen für das Gebäude 300 T€ und für den Firmenwert 500 T€. Schulden etc. sind nicht vorhanden. K verkauft seinen Anteil für 640 T€. Sind für den Verkauf Formvorschriften zu beachten?

Antwort: Die Veräußerung einer Beteiligung an einer KG ist grundsätzlich formlos möglich. Da die Immobilie nach §§ 124, 161 HGB im Eigentum der KG steht, ändert sich an den Eigentumsverhältnissen nichts. Eine Beurkundung nach § 311b EStG ist daher nicht erforderlich. Für die Eintragung des Gesellschafterwechsels ins Handelsregister wird ein schriftlicher Nachweis verlangt.

> **Frage:** Wie hoch ist in obigem Fall der Veräußerungsgewinn?

Antwort: Da auf der Aktivseite lediglich das Gebäude aktiviert ist, beträgt das Kapital des A 100 T€ × 80 %, also 80 T€. Der Gewinn errechnet sich damit mit (640 T€ ./. 80 T€ =) 560 T€.

> **Frage:** In welcher Weise aktiviert der Erwerber seine Anschaffungskosten?

Antwort: Die Anschaffungskosten sind handelsrechtlich nach § 253 HGB und steuerrechtlich nach § 6 Abs. 1 Nr. 7 EStG zu aktivieren. Da die bisherigen Mitunternehmer von der Veräußerung nicht betroffen sind, haben sie kein Interesse, die Werte der Gesamthandsbilanz zu ändern. Der Erwerber wird daher regelmäßig eine Ergänzungsbilanz erstellen müssen. Gesamthandsbilanz und Ergänzungsbilanz bilden letztlich eine Einheit. In der Ergänzungsbilanz aktiviert der Erwerber 80 % der stillen Reserven des Gebäudes; dies sind hier 160 T€. Der Rest der stillen Reserven entfällt auf den Firmenwert; hier: (500.000 € × 80 % =) 400.000 €.

> **Frage:** Muss der Firmenwert aktiviert werden?

Antwort: Handelsrechtlich bestand vor Verabschiedung des BilMoG ein Wahlrecht bezüglich der Aktivierung eines entgeltlich erworbenen Firmenwerts. Mit dem BilMoG wurde dieses Wahlrecht aufgegeben. Nach § 248 Abs. 2 HGB besteht ein Aktivierungswahlrecht nur bezüglich selbstgeschaffener immaterieller Vermögensgegenstände. Nach § 5 Abs. 2 EStG war ein entgeltlich erworbener Firmenwert in der Steuerbilanz schon immer aktivierungspflichtig.

> **Frage:** Wie ist das Gebäude künftig abzuschreiben?

Antwort: Da der Erwerber eines Mitunternehmeranteils steuerlich Anteile an den einzelnen Wirtschaftsgütern erwirbt, muss er seine individuellen Anschaffungskosten abschreiben. Für das Gebäude hat der Erwerber (300.000 € × 80 % =) 240.000 € bezahlt (Teilwert = Kaufpreis). Da § 7 Abs. 4 Nr. 1 EStG in der aktuellen Fassung nur noch eine Abschreibung in Höhe von 3 % zulässt, beträgt die AfA für den Erwerber (240 T€ × 3 % =) 7.200 €. Damit entsteht das Problem, dass der Erwerber auch an den Abschreibungen in der Gesamthand teilnimmt. Er schreibt daher in der Ergänzungsbilanz die Mehr- oder Minder-AfA ab, die sich aus der Differenz zwischen der Gesamthands-AfA und der AfA aus seinen Anschaffungskosten ergibt.

> **Frage:** Welches Problem entsteht, wenn Anteile an einer GmbH & Co. KG inklusive der Anteile an der Komplementär-GmbH veräußert werden?

Antwort: Bei einer GmbH & Co. KG befinden sich die Anteile an der Komplementär-GmbH im Sonderbetriebsvermögen II der KG (vgl. H 4.2 Abs. 2 EStH „Anteile an Kapitalgesellschaften – 2. Spiegelstrich"). Damit gehört der Gewinn, der auf die Veräußerung der GmbH-Anteile entfällt, wirtschaftlich zum Veräußerungsgewinn nach § 16 Abs. 1 Nr. 2 EStG. Dabei ist aber nach § 3 Nr. 40 Buchstabe b) EStG das Teileinkünfteverfahren zu beachten. Nach der Rechtsprechung ist der Freibetrag vorrangig mit dem Veräußerungsgewinn zu verrechnen, auf den das Teileinkünfteverfahren anzuwenden ist (vgl. BFH vom 14.07.2010, BStBl II 2010, 1011). Die Verwaltung wendet die Rechtsprechung an (H 16 Abs. 13 „Teileinkünfteverfahren EStH").

> **Frage:** Stellen die Anteile an der Komplementär-GmbH immer Sonderbetriebsvermögen dar?

Problembereich 5: Betriebsveräußerung (§ 16 EStG)

Antwort: Die Frage, ob die Anteile an der Komplementär-GmbH eine wesentliche Betriebsgrundlage darstellen, war bisher streitig. Mit Urteil vom 16.4.2015, IV R 1/12 hat der BFH nun entschieden, dass eine Minderheitsbeteiligung des Kommanditisten von weniger als 10 % an der Komplementär-GmbH regelmäßig kein notwendiges Sonderbetriebsvermögen II darstellt. Somit ist die Beteiligung des Kommanditisten in diesem Fall nicht in der Sonderbilanz zu aktivieren. Sie stellt sonach Privatvermögen dar. Wenn die Beteiligung an der Komplementär-GmbH aber dem Privatvermögen zuzuordnen ist, kann die Beteiligung auch keine wesentliche Betriebsgrundlage des Gesellschafters darstellen. Damit greift § 16 Abs. 1 Nr. 2 EStG auch in dem Fall, in dem der Kommanditist seine Beteiligung an der Komplementär-GmbH von weniger als 10 % nicht mit veräußert. Dieser Fall wird in der Praxis sicher nicht allzu häufig vorkommen, da der Käufer eines Kommanditanteils regelmäßig den Einfluss auf die Verwaltung der KG über eine Beteiligung an der Komplementär-GmbH sichern will.

Frage: **Unter welchen Voraussetzungen fällt der Gewinn aus der Veräußerung eines Anteils an einer KGaA unter § 16 EStG. Was ist das für eine Gesellschaftsform?**

Antwort: Die KGaA ist eine äußerst seltene Gesellschaftsform. Nach §§ 278 ff. AktG ist die KGaA eine Gesellschaft mit eigener Rechtspersönlichkeit, bei der mindestens ein Gesellschafter den Gesellschaftsgläubigern unbeschränkt haftet (persönlich haftender Gesellschafter) und die Übrigen an dem in Aktien zerlegten Grundkapital beteiligt sind, ohne persönlich für die Verbindlichkeiten der Gesellschaft zu haften (Kommanditaktionäre). Die KGaA ist eine Zwischenform zwischen Personen- und Kapitalgesellschaft. Die Rechte und Pflichten des persönlich haftenden Gesellschafters bestimmen sich nach den Vorschriften des HGB über die Kommanditgesellschaft. Die Rechte und Pflichten der Kommanditaktionäre entsprechen denen der Gesellschafter einer Kapitalgesellschaft.

Veräußert der persönlich haftende Gesellschafter seine Anteile an der KGaA, so ist § 16 Abs. 1 Nr. 3 EStG anzuwenden. Die Kommanditaktionäre fallen unter § 17 EStG.

Frage: **Welche Voraussetzungen sind zu erfüllen, damit eine Betriebsaufgabe unter §§ 16, 34 EStG fällt?**

Antwort: Die stillen Reserven sind innerhalb kurzer Zeit entweder durch Verkauf der Wirtschaftsgüter oder durch Entnahme des Betriebsvermögens aufzudecken. Für die Aufgabe lässt die Rechtsprechung einen Zeitraum von maximal 36 Monaten zu (R 16 Abs. 2 EStR). Wird dieser überschritten, so liegt eine allmähliche Abwicklung vor, die nach § 15 EStG zu besteuern ist. Nach der Betriebsaufgabe darf der Betrieb als wirtschaftlicher Organismus nicht mehr existieren.

Frage: **Worin besteht der Unterschied zwischen einer Realteilung einer Personengesellschaft und dem Ausscheiden eines Mitunternehmers gegen Sachwertabfindung?**

Antwort: Im Falle des Ausscheidens gegen Sachwertabfindung veräußert der Mitunternehmer seinen Anteil an die verbleibenden Gesellschafter. Diese bezahlen den Kaufpreis mittels Hingabe eines Wirtschaftsguts aus dem Betriebsvermögen der Gesamthand. Die Realteilung ist demgegenüber ein Unterfall der Betriebsaufgabe und daher in § 16 Abs. 3 Satz 2 EStG geregelt. Bei der Realteilung wird die Personengesellschaft stets aufgelöst. Hierin besteht ein wesentlicher Unterschied zum Ausscheiden gegen Sachwertabfindung.

Frage: **Was sind die steuerlichen Folgen einer Realteilung?**

Antwort: Werden die Wirtschaftsgüter vom Gesamthandsvermögen in ein Betriebsvermögen des Gesellschafters übertragen, so sind nach § 16 Abs. 3 S. 2 EStG zwingend die Buchwerte anzusetzen. Die Übertragung muss aber in ein Betriebsvermögen des Gesellschafters erfolgen. Es ist z.B. nicht möglich, ein Wirtschaftsgut zum Buchwert aus dem Gesamthandsvermögen der aufgelösten Gesellschaft in ein Gesamthandsvermögen einer anderen Personengesellschaft zu übertragen (vgl. BMF vom 28.02.2006, BStBl I 2006, 228, Beck'sche Erlasse § 16/3).

> **Frage:** An einer OHG sind die Gesellschafter A, B und C beteiligt. Im Betriebsvermögen der OHG befinden sich drei Wirtschaftsgüter, Buchwert jeweils 100.000 €, Teilwert jeweils 300.000 €. Im Zuge der Realteilung soll jeder der Gesellschafter ein Wirtschaftsgut erhalten. Zwei Gesellschafter überführen das Wirtschaftsgut in ihr Betriebsvermögen, der dritte Gesellschafter möchte das Wirtschaftsgut künftig privat nutzen. Wie sind hier die steuerlichen Folgen?

Antwort: Man könnte hier von einer Betriebsaufgabe des dritten Gesellschafters ausgehen. Sein Erlös nach § 16 Abs. 3 S. 7 EStG beträgt 300.000 €; abzüglich eines Kapitals von 100.000 € ergäbe sich ein Gewinn von 200.000 €, der nach §§ 16, 34 EStG begünstigt wäre. Die Verwaltung geht hier einen anderen Weg (vgl. BMF a.a.O.). Nach ihrer Ansicht liegt eine Entnahme des Wirtschaftsguts vor. Der Entnahmegewinn (= 200.000 €) ist allen Gesellschaftern nach dem Gewinnverteilungsschlüssel zuzurechnen, soweit die Gesellschafter nicht etwas anderes vereinbaren (Vertragsfreiheit).

> **Frage:** Können Sie mir die Vorschrift des § 16 Abs. 3a EStG erläutern?

Antwort: Die Vorschrift des § 16 Abs. 3a EStG ist durch Gesetz vom 8.12.2010 eingefügt worden und nach § 52 Abs. 34 Satz 5 EStG in allen offenen Fällen anzuwenden. § 16 Abs. 3a EStG beinhaltet den gleichen Rechtsgedanken wie § 4 Abs. 1 Satz 4 EStG. Stille Reserven müssen versteuert werden, wenn sie durch eine Verlagerung ins Ausland der deutschen Besteuerung entzogen werden. Dabei ist zu berücksichtigen, dass nach Art. 7 des OECD-Musterabkommens Gewinne eines Unternehmens stets in dem Land besteuert werden, in dem das Unternehmen seinen Sitz bzw. eine Betriebsstätte hat. Überträgt daher ein Unternehmen mit Sitz in Deutschland ein Wirtschaftsgut auf eine ausländische Betriebsstätte, so werden die stillen Reserven der deutschen Besteuerung entzogen, da ja ein Veräußerungsgewinn im Betriebsstättenstaat besteuert wird. In diesem Fall greift die Vorschrift des § 4 Abs. 1 Satz 4 EStG. Verlagert ein Unternehmen i.S.v. § 16 EStG seinen Sitz ins Ausland so hat dies die gleichen Rechtsfolgen. Ein Veräußerungsgewinn i.S.v. § 16 EStG stünde dem ausländischen Sitzstaat zu. Aus diesem Grund fingiert § 16 Absatz 3a EStG die Aufgabe des Betriebs.

> **Frage:** Kommen wir zum Abschluss dieses Problemkomplexes zu folgender aktueller Frage: Ein Einzelunternehmer hält in seinem Betriebsvermögen unter anderem ein Gebäude, das eine wesentliche Betriebsgrundlage darstellt. Er möchte das Einzelunternehmen – mit Ausnahme des Gebäudes – veräußern. Da § 16 Abs. 1 Nr. 1 EStG nur greift, wenn sämtliche wesentlichen Betriebsgrundlagen auf den Erwerber übergehen, wählt der Einzelunternehmer folgende Gestaltungen: Am 15.1.2013 gründete er eine GmbH & Co. KG und überführt auf diese das Gebäude. Am 28.1.2013 veräußert er dann sein Einzelunternehmen (jetzt ohne das Gebäude). Wie ist dieser Fall zu beurteilen?

Antwort: Ich gehe davon aus, dass einziger Zweck der GmbH & Co. KG das Halten des Gebäudes ist. Aufgrund von § 15 Abs. 3 Nr. 2 EStG ist die KG gewerblich geprägt, da die GmbH als Komplementärin nach § 164 HGB grundsätzlich alleinige Geschäftsführerin ist. Die Übertragung des Gebäudes erfolgt zwingend zum Buchwert nach § 6 Abs. 5 Satz 3 Nr. 1 EStG.

Da im Zeitpunkt der Veräußerung des Einzelunternehmens alle wesentlichen Betriebsgrundlagen auf den Erwerber übergehen, müsste man davon ausgehen, dass die Vorschrift des § 16 Abs. 1 Nr. 1 EStG erfüllt ist. Verwaltung und (bisherige) Rechtsprechung wendeten allerdings in diesem Fall die sog. Gesamtplanrechtsprechung an (vgl. sinngemäß H 16 Abs. 4 EStH „Sonderbetriebsvermögen" und BMF vom 03.03.2005, BStBl I 2005, 458, Beck'sche Erlasse § 6/18 Rz. 7). Danach ist § 16 EStG

Problembereich 5: Betriebsveräußerung (§ 16 EStG)

nicht anzuwenden, wenn im Rahmen eines Gesamtplans eine wesentliche Betriebsgrundlage zum Buchwert ausgelagert wird, um anschließend die Voraussetzungen des § 16 Abs. 1 Nr. 1 EStG zu schaffen. Dies würde im vorliegenden Fall bedeuten, dass zwar das Gebäude zum Buchwert auf die neu gegründete GmbH & Co. KG übertragen werden kann, die anschließende Veräußerung dann aber nach § 15 EStG (laufender Gewinn) zu versteuern ist.

Mit Urteil vom 02.08.2012, IV R 41/11, www.bundesfinanzhof.de hat die Rechtsprechung die Gesamtplanrechtsprechung zumindest für den Fall aufgegeben, dass zuerst ein Wirtschaftsgut nach § 6 Abs. 5 EStG aus dem Betrieb herausgelöst wird und anschließend der Betrieb nach § 6 Abs. 3 EStG übertragen werden soll. Die Verwaltung hat auf dieses Urteil bisher noch nicht reagiert. Es bleibt daher abzuwarten, ob diese Rechtsprechung (die ja zu § 6 Abs. 3 EStG ergangen ist) auf § 16 EStG überhaupt anwendbar ist.

> **Frage:** Wechseln wir noch einmal das Thema. Gehen Sie bitte von folgendem Fall aus (vgl. BFH vom 18.12.2014, IV R 40/10). Der Steuerpflichtige betrieb ein Omnibusunternehmen mit mehreren angestellten Fahrern. Auf seinem Betriebsgelände befand sich eine Halle, in der die Omnibusse abgestellt, gereinigt und repariert wurden. Darüber hinaus befand sich auf dem Gelände ein Bürogebäude sowie eine betriebliche Tankstelle. In 2010 veräußerte der Unternehmer die Omnibusse und entließ alle Mitarbeiter. Die Halle vermietete er an die X-GmbH, das Verwaltungsgebäude vermietete er an die Y-AG; die Tankstelle wurde stillgelegt. Beim Gewerbeamt meldete der Unternehmer sein Gewerbe als Omnibusunternehmen ab. Gegenüber dem Finanzamt erklärte er keine Betriebsaufgabe und versteuerte die mit Einnahmen in der Folgezeit als Einnahmen nach § 15 EStG.

Antwort: Es ist zu prüfen, ob der Steuerpflichtige sein Einzelunternehmen nach § 16 Abs. 3 EStG aufgab. Grundsätzlich erfordert eine Aufgabe eine ausdrückliche Aufgabeerklärung, die hier nicht erfolgt ist. Die Abmeldung des Gewerbes hat auf die steuerliche Beurteilung keinen Einfluss. Damit könnte hier eine Betriebsverpachtung vorliegen. Eine Betriebsverpachtung erfordert aber die Vermietung aller wesentliche Betriebsgrundlagen an einen Pächter mit der Möglichkeit, dass der verpachtete Betrieb vom Verpächter objektiv wieder aufgenommen werden kann. Im vorliegenden Fall könnte nach Kündigung des Pachtverhältnisses jederzeit der Omnibusbetrieb wieder aufgenommen werden. Der notwendige Erwerb neuer Omnibusse spielt insoweit keine Rolle, da diese jederzeit und einfach wieder beschafft werden können und somit keine wesentlichen Betriebsgrundlagen darstellen (vgl. BFH vom 18.8.2009, X R 20/06, BStBl II 2010, 222). Die Voraussetzungen einer Betriebsverpachtung liegen hier aber nicht vor, da die Wirtschaftsgüter an verschiedene Pächter vermietet werden. Vorliegend könnte aber eine Betriebsunterbrechung (vgl. H 16 Abs. 2 EStH „Betriebsunterbrechung") vorliegen. Eine Betriebsunterbrechung erfordert, dass zwar die werbende Tätigkeit eingestellt ist, der Betrieb aber in gleichartiger oder ähnlicher Weise jederzeit wieder aufgenommen werden kann. In diesem Fall müssen die stillen Reserven nicht aufgedeckt werden. Der Gewerbetreibende erzielt weiterhin Einnahmen nach § 15 EStG. Eine Betriebsunterbrechung ist auch in der Weise möglich, dass die wesentlichen Betriebsgrundlagen (hier: Halle und Verwaltungsgebäude) an verschiedene Gewerbetreibende verpachtet werden. Entscheidend ist lediglich, dass objektiv die Wiederaufnahme des Betriebs möglich ist. Wie oben dargestellt, kann das Omnibusunternehmen jederzeit wieder reaktiviert werden. Ob dies der Gewerbetreibende subjektiv vorhat oder nicht, spielt insoweit keine Rolle.

> **Frage:** Führen wir den Fall weiter. Im Jahre 2013 kündigt der Mieter der Halle. Der Steuerpflichtige kann das Gelände an einen Konzern vermieten, der das Recht erhält, die Halle abzubrechen und einen Baumarkt zu errichten. Der Abbruch erfolgt noch im Jahre 2013. In der Steuererklärung für den VZ 2013 macht der Steuerpflichtige die Abbruchkosten als Betriebsausgaben geltend.

Antwort: Mit dem Abbruch der Halle endet die Möglichkeit der objektiven Wiederaufnahme des Omnibusunternehmens, da nunmehr eine wesentliche Betriebsgrundlage nicht mehr zur Verfügung steht (vgl. H 16 Abs. 5 EStH „Umgestaltung wesentlicher Betriebsgrundlagen"). Damit liegt grundsätzlich eine Betriebsaufgabe i.S.v. § 16 Abs. 3 EStG vor.

Das Ende der Betriebsunterbrechung führt aber nach dem mit Wirkung ab VZ 2011 neu eingeführten § 16 Abs. 3b EStG nicht automatisch zu einer Betriebsaufgabe (= Aufdeckung aller stiller Reserven). Erforderlich ist, dass der Steuerpflichtige die Betriebsaufgabe ausdrücklich erklärt. Ich unterstelle, dass dies bisher nicht geschehen ist. Alternativ sieht § 16 Abs. 3b EStG vor, dass die Wirkungen einer Betriebsaufgabe dann eintreten, wenn das Finanzamt von den Tatsachen der Betriebsaufgabe Kenntnis erhält. Eine Tatsache, die zu einer Betriebsaufgabe führt, ist hier der Abbruch der Halle. Spätestens mit Abgabe der Steuererklärung für 2013 in 2014 erhält das Finanzamt Kenntnis vom Abbruch (Geltendmachung als Betriebsausgabe). Damit treten die Wirkungen des § 16 Abs. 3 EStG spätestens ab dem Veranlagungszeitraum 2014 ein.

Problembereich 6: Dividenden/Veräußerung von Beteiligungen

Frage: Gesellschafter G ist zu 75 % an einer GmbH beteiligt. Er hat die Anschaffungskosten der Beteiligung in Höhe von 100 T€ über ein Darlehen finanziert (Zinssatz 7 % p.a.). In 2014 erhält er 20 T€ Dividende. Wie sind die steuerlichen Folgen?

Antwort: Im Veranlagungszeitraum 2014 werden die Dividenden nach § 20 Abs. 1 Nr. 1 EStG besteuert. Nach § 32d Abs. 1 EStG gilt aber ein besonderer Steuersatz in Höhe von 25 % (= Abgeltungsteuer). Dieser gilt mit Einbehaltung und Abführung der Kapitalertragsteuer nach §§ 43 Abs. 1 Nr. 1, Abs. 5, 43a Abs. 1 Nr. 1 EStG als abgegolten.

Nach § 20 Abs. 9 EStG können die Finanzierungskosten nicht als Werbungskosten abgezogen werden, da § 20 Abs. 9 EStG lex specialis zu § 9 Abs. 1 Nr. 1 EStG ist. Abziehbar ist lediglich ein Sparerpauschbetrag in Höhe von 801 €.

Allerdings kann der Gesellschafter nach § 32d Abs. 2 Nr. 3 EStG einen Antrag auf Anwendung des regulären Steuertarifs stellen. Die Grenze von mindestens 25 % ist im vorliegenden Fall überschritten. Der Antrag würde sich für den Gesellschafter lohnen, da zwar seit Veranlagungszeitraum 2009 im Rahmen des § 3 Nr. 40 Buchstabe d) EStG 60 % der Dividende zu versteuern sind. Im Gegenzug können aber die Werbungskosten nach § 3c Abs. 2 EStG in Höhe von 60 % geltend gemacht werden.

Frage: Angenommen die Dividende wird im August 2014 für den Gewinn des laufenden Jahres ausgeschüttet (sog. Vorabausschüttung). Im Februar 2015 stellt sich heraus, dass der Gewinn 2014 geringer als erwartet ausfällt. Die Gesellschafter zahlen die Dividende wieder zurück. Welche Folgen hat dies?

Antwort: Eine vollzogene Dividende kann nicht rückgängig gemacht werden (vgl. H 20.2 EStH „Rückgängigmachung einer Gewinnausschüttung"). Die Rückzahlung stellt eine verdeckte Einlage dar. Der Gesellschafter muss die Dividende – wie oben beschrieben – versteuern. Die Rückzahlung ist bei der GmbH in der Handels- und Steuerbilanz entweder als Ertrag oder als Kapitalrücklage zu buchen. Erfolgt die Buchung über Ertrag, muss das Einkommen nach § 8 Abs. 3 Satz 3 KStG außerbilanziell wieder gekürzt werden. Auf jeden Fall stellt die Rückzahlung gemäß § 27 KStG einen Zugang im steuerlichen Einlagekonto dar. Im Übrigen erhöhen sich die Anschaffungskosten der Beteiligung. Dies beeinflusst einen künftigen Veräußerungsgewinn gemäß § 17 Abs. 2 EStG.

Problembereich 6: Dividenden/Veräußerung von Beteiligungen

Frage: Wie ist die Ausschüttung aus dem Einlagekonto beim Gesellschafter zu besteuern? Wann liegt eine Ausschüttung aus dem Einlagekonto vor?

Antwort: Eine Ausschüttung aus dem Einlagekonto ist nach § 27 KStG gegeben, wenn die Ausschüttung den ausschüttbaren Gewinn übersteigt. Ausschüttbarer Gewinn ist das Eigenkapital im Sinne des § 266 HGB abzüglich Stammkapital, abzüglich Einlagekonto.

Die Ausschüttung aus dem Einlagekonto fällt kraft ausdrücklicher Regelung nicht unter § 20 Abs. 1 Nr. 1 EStG, sondern unter § 17 Abs. 4 EStG. Im Regelfall entsteht hier kein Gewinn, da verdeckte Einlagen, die das Einlagekonto erhöhen, zu nachträglichen Anschaffungskosten im Sinne des § 17 EStG führen.

Daran ändert auch die Neuregelung der Besteuerung der Kapitaleinkünfte ab dem Veranlagungszeitraum 2009 nichts.

Frage: Was sind die Voraussetzungen einer Veräußerung nach § 17 Abs. 1 Satz 1 EStG?

Antwort: Der Gesellschafter muss die Beteiligung im Privatvermögen halten und an dieser innerhalb der letzten fünf Jahre mindestens zu 1 % beteiligt gewesen sein.

Frage: Gilt § 17 Abs. 1 EStG auch, wenn die Beteiligung an einer englischen Limited mit Sitz in Deutschland veräußert wird?

Antwort: § 17 Abs. 1 EStG spricht nur von „Kapitalgesellschaft". Es ist daher zu prüfen, ob die Limited in ihrer Grundstruktur einer deutschen Kapitalgesellschaft entspricht. Dies ist zu bejahen, da die Limited eine juristische Person ist, ein Stammkapital hat, kein Gesellschafter persönlich haftet und der Gewinn in Form von Dividenden ausgeschüttet wird (Anmerkung: Eine Übersicht ausländischer Rechtsformen finden Sie in Tabelle 1 als Anhang zum sog. Betriebsstättenerlass, Beck'sche Erlasse 800 § 12/1). Der Veräußerungsgewinn ist auch in Deutschland zu erfassen, da Art. 13 Abs. 5 des Doppelbesteuerungsabkommens zwischen Deutschland und Großbritannien Veräußerungsgewinne aus der Veräußerung von Beteiligungen ausdrücklich dem Staat zuweist, in dem der Gesellschafter ansässig ist.

Frage: Nehmen wir einmal an, der Gesellschafter habe die Anteile an der englischen Limited in 2011 für 100.000 £ erworben; der Kurs betrug zu diesem Zeitpunkt 1 € = 0,6 £. In 2014 veräußert der Gesellschafter die Anteile für 120.000 £; der Kurs beträgt zu diesem Zeitpunkt 1 € = 0,8 £. Wie hoch ist der Veräußerungsgewinn?

Antwort: Die Anschaffungskosten sind in 2011 nach dem damaligen Kurs zu berechnen; sie betragen somit (100.000 £/0,6 =) 166.667 €. Der Veräußerungserlös ist ebenfalls im Veräußerungszeitpunkt umzurechnen und beträgt somit (120.000 £/0,8 =) 150.000 € (so ausdrücklich: BFH vom 24.01.2012, IX R 62/10). Somit beträgt der Veräußerungsverlust nach §§ 17 Abs. 1 Satz 1, 3 Nr. 40 Buchstabe c), 3c Abs. 2 EStG (150.000 € ./. 166.667 €) × 60 %, somit ./. 10.000 €.

Frage: Ein Gesellschafter der zu 70 % an der A-GmbH beteiligt ist, überführt die Beteiligung auf die B-GmbH, an der er ebenfalls beteiligt ist. Muss er die stillen Reserven, die in seinem Gesellschaftsanteil stecken aufdecken?

Antwort: Es liegt eine Einlage einer Beteiligung in eine Kapitalgesellschaft vor. Dabei ist zwischen einer offenen und einer verdeckten Einlage zu differenzieren (vgl. BMF vom 29.3.2000, BStBl I 2000, 462, Beck'sche Erlasse § 4/13; das BMF-Schreiben ist zwar zur Einlage in ein Gesamthandsvermögen ergangen, gibt aber auch für die Einlage in eine Kapitalgesellschaft die entsprechenden Grundsätze wider).

Eine offene Einlage liegt vor, wenn dem Einbringenden im Gegenzug für die Einlage Gesellschaftsanteile (= Stammkapital) gewährt werden. Dies ist nur bei der Gründung oder bei einer Kapitalerhöhung möglich. Die offene Einlage stellt grundsätzlich einen Tausch und damit einen entgeltlichen Vorgang dar. Damit greift grundsätzlich § 17 Abs. 1 Satz 1 EStG. Erlös ist der gemeine Wert der neuen Anteile (§ 6 Abs. 6 EStG).

Ausnahmsweise kann nach § 21 UmwStG die Aufdeckung der stillen Reserven vermieden werden, wenn die übernehmende Gesellschaft nach der Einbringung aufgrund ihrer Beteiligung einschließlich der eingebrachten Anteile nachweisbar unmittelbar die Mehrheit der Stimmrechte an der erworbenen Gesellschaft hat. Dies ist hier der Fall, da die B-GmbH nach der Einbringung über 70 % der Anteile verfügt. Damit kann die B-GmbH wählen, ob sie die Beteiligung mit dem gemeinen oder einem niedrigeren Wert ansetzt. Setzt sie den Buchwert an, entsteht für den Gesellschafter kein Einbringungsgewinn. Setzt sie einen höheren Wert an, so entsteht ein Einbringungsgewinn, der unter § 17 EStG fällt (vgl. § 21 Abs. 2 und 3 UmwStG).

Erfolgt die Überführung der Anteile an der A-GmbH im Wege einer verdeckten Einlage, so führt dies nach § 17 Abs. 1 Satz 2 EStG zwingend zur Aufdeckung der stillen Reserven. § 21 UmwStG ist in diesem Fall grundsätzlich nicht anwendbar, da die Übertragung nach § 21 UmwStG „gegen Gewährung neuer Anteile" erfolgen muss. Dies ist aber im Fall einer (ausschließlich) verdeckten Einlage aber gerade nicht der Fall.

Frage: Wie sind die Rechtsfolgen zu beurteilen, wenn die aufnehmende B-GmbH ihren Sitz in Frankreich hat und eine offene Einlage erfolgt?

Antwort: Im Falle der offenen Einlage sind nach § 21 Abs. 2 Satz 2 UmwStG die stillen Reserven in dem Anteil an der A-GmbH zwingend aufzudecken. Eine Ausnahme gilt nach § 21 Abs. 2 Satz 3 UmwStG in Verbindung mit der Europäischen Fusionsrichtlinie nur, wenn der Gesellschafter in Deutschland ansässig bleibt und damit Deutschland weiterhin das Recht auf die Besteuerung und die aufnehmende Gesellschaft ihren Sitz in der EU hat. In diesem Fall sind nämlich nicht nur die Dividenden, sondern auch die Veräußerungserlöse aus der Veräußerung einer ausländischen Kapitalgesellschaft stets im Ansässigkeitsstaat des Gesellschafters zu versteuern (vgl. Art. 10 OECD-Musterabkommen).

Frage: Gesellschafter G ist zu 15 % an der X-GmbH beteiligt. Er erwarb die Beteiligung in 1995 für (umgerechnet) 100.000 €. In 2005 verbürgt sich G gegenüber der B-Bank für ein Darlehen der GmbH. In 2013 gerät die GmbH in finanzielle Schwierigkeiten und kann einzelne Rechnungen nur verzögert bezahlen. Im Februar 2014 stellt die GmbH einen Antrag auf Insolvenz, der aber im März 2014 mangels Masse abgewiesen wird. Die Bank wendet sich an G und fordert ihn zur Zahlung der Bürgschaftssumme auf. G verhandelt mit der Bank, da er die gesamte Bürgschaftssumme nicht begleichen kann. Im Juli 2015 einigt er sich mit der Bank auf eine vergleichsweise Zahlung i.H.v. 300.000 €. Im August 2015 wird die GmbH im Handelsregister gelöscht. Wie ist der Fall einkommensteuerlich zu würdigen?

Antwort: Im Falle der Auflösung einer GmbH ist § 17 Abs. 4 EStG zu beachten. Die Stellung des Insolvenzantrags führt nach § 60 GmbHG zur Auflösung der GmbH. Fraglich ist im vorliegenden Fall, in welchem Jahr der Auflösungsverlust anzusetzen ist (vgl. hierzu BFH vom 3.12.2014, IX B 90/14 und vom 2.12.2014, IX R 9/14). Grundsätzlich ist der Auflösungsverlust spätestens mit Löschung der GmbH geltend zu machen. Ausnahmsweise kann der Zeitpunkt aber auch schon früher liegen, wenn feststeht, wie viel die Gesellschafter vom Stammkapital zurückbekommen und wie hoch sich die nachträglichen Anschaffungskosten belaufen. Mit Ablehnung des Insolvenzantrags mangels Masse war klar, dass die Gesellschafter ihr Kapital vollständig verloren haben. Aufgrund der Verhandlungen mit der Bank war aber im Veranlagungszeitraum 2014 noch nicht absehbar, mit welchem Betrag der Gesellschafter aus der Bürgschaft in Anspruch genommen würde. Somit kann der Auflösungsverlust erst im Veranlagungszeitraum 2015 angesetzt werden.

Die Zahlung der Bürgschaftssumme führt zu nachträglichen Anschaffungskosten, da der Bürgenregress-Anspruch nach § 774 BGB wertlos ist. Somit beläuft sich der Verlust auf (100.000 € + 300.000 €) × 60 % und somit auf 240.000 €.

Frage: Führen wir den Fall weiter. Der Gesellschafter hat in 2010 der GmbH ein Darlehen i.H.v. 800.000 € gewährt. Aufgrund der Insolvenz ist sein Darlehensanspruch im Zeitpunkt der Löschung der GmbH wertlos. Wie ist der Fall einkommensteuerlich zu würdigen?

Antwort: Gewährt der Gesellschafter einer GmbH dieser ein Darlehen, so wird er nach § 39 InsO mit seinen Ansprüchen nachrangig nach den übrigen Gläubigern behandelt. Er wird letztlich so behandelt, als habe er der GmbH Eigenkapital gewährt. Daher wird der Ausfall derartiger Darlehensansprüche im Rahmen des § 17 Abs. 4 EStG als nachträgliche Anschaffungskosten auf die Beteiligung behandelt (vgl. BMF vom 21.10.2010, BStBl I 2010, 832, Beck'sche Erlasse § 17/1). Somit erhöht sich der Liquidationsverlust des G um (800.000 € × 60 % =) 480.000 €.

Frage: Die Beteiligung wurde ja bereits 1995 erworben. Muss man bei diesem Fall nicht die partielle Verfassungswidrigkeit des § 17 EStG berücksichtigen?

Antwort: Das BVerfG erklärte § 17 EStG insoweit als verfassungswidrig, als die Beteiligung noch unter dem alten Recht (Grenze des § 17 EStG: Mehr als 25 %) erworben wurde und beim Erwerb die Grenze des § 17 EStG nicht erreicht wurde. Im vorliegenden Fall konnte der Gesellschafter bis zum 31.3.1999 (Herabsetzung der Grenze auf mindestens 10 %) davon ausgehen, dass er seine Beteiligung steuerfrei veräußern könnte. Nach Ansicht des BVerfG ist in derartigen Fällen der Veräußerungsgewinn aufzuteilen. Soweit der Gewinn auf die Zeit bis zum 31.3.1999 entfällt, ist ein Veräußerungsgewinn nicht zu erfassen. Im Übrigen unterliegt der Veräußerungsgewinn § 17 Abs. 1 Satz 1 EStG in der heutigen Fassung (vgl. BMF vom 20.12.2010, BStBl I 2011, 16, Beck'sche Erlasse § 17/2). Die Verwaltung will aber zugunsten der Steuerpflichtigen die neue Rechtsprechung auf Veräußerungsverluste nicht anwenden (BMF a.a.O. Tz. C II 2.). Daher ändert sich an dem oben dargestellten Ergebnis nichts.

Frage: Welche Voraussetzungen müssen für die Anerkennung eines Verlustes im Rahmen des § 17 EStG gegeben sein? Entwickeln Sie diese Frage bitte anhand des oben genannten Falles.

Antwort: Nach § 17 Abs. 2 Satz 6 EStG ist ein Veräußerungsverlust nur anzuerkennen, wenn eine Beteiligung von mindestens 1 % fünf Jahre lang gehalten wurde. Da der Gesellschafter die Beteiligung bereits in 1995 erwarb, sind die Voraussetzungen dieser Vorschrift erfüllt.

Frage: Variieren wir den obigen Fall dahingehend, dass der Gesellschafter an der GmbH lediglich zu 8 % beteiligt ist. Ändert sich etwas an unserem bisherigen Ergebnis?

Antwort: Die Regelung in § 39 InsO (= Nachrangigkeit von Gesellschafterdarlehen im Falle der Insolvenz) gilt nicht für Gesellschafter, die nicht Geschäftsführer sind und zu 10 % oder weniger am Stammkapital beteiligt sind. Diese Regelung schützt sog. Kleinanleger, da sie in der Regel nur einen geringen Einfluss auf die Geschicke der GmbH haben. Die Verwaltung (BMF vom 21.10.2010, a.a.O.) will diese Regelung auch im Rahmen des § 17 EStG anwenden. Danach liegen bei sog. Kleinanlegern i.S.v. § 39 InsO keine eigenkapitalersetzenden Darlehen vor; der Ausfall der Darlehensansprüche soll somit nicht zu nachträglichen Anschaffungskosten i.S.v. § 17 EStG führen.

Darüber hinaus hat die Beteiligungshöhe auch Auswirkungen auf die Frage der Verfassungswidrigkeit. Für Beteiligungen von unter 10 % beginnt die Grenze der Verfassungswidrigkeit erst mit dem 23.10.2000, also dem Datum, in dem die Beteiligungshöhe des § 17 EStG von 10 % auf die heutigen 1 % abgesenkt wurde (vgl. BMF a.a.O. Tz. D). Da aber die Verfassungswidrigkeit im Rahmen von Veräußerungsverlusten keine Rolle spielt, hat die Beteiligungshöhe insoweit keine weiteren Auswirkungen.

Frage: Variieren wir unseren Fall noch einmal. Bei der Gesellschaft handelt es sich nun um eine Aktiengesellschaft. Unser Gesellschafter soll wiederum zu 8 % beteiligt sein.

Antwort: Da die Rechtsfigur der eigenkapitalersetzenden Darlehen ursprünglich aus § 32a GmbHG hergeleitet wurde, gab es eigenkapitalersetzenden Darlehen nur bei einer GmbH. Nach Ansicht der Verwaltung gibt es auch unter der Geltung des § 39 InsO bei einer Aktiengesellschaft keine eigenkapitalersetzenden Darlehen (BMF vom 21.10.2010, a.a.O.). Lediglich für sog. unternehmerische Beteiligungen, das sind Beteiligungen von mehr als 25 % sollen die Grundsätze der eigenkapitalersetzenden Darlehen nach Ansicht der Rechtsprechung analog anwendbar sein (vgl. BFH vom 02.04.2008, BStBl II 2008, 706).

Frage: Kommen wir zu einem neuen Fall. Ein Gesellschafter ist seit dem VZ 2002 an einer GmbH zu 75 % beteiligt. Die Anschaffungskosten betrugen 50 T€. Der Gesellschafter verlegt in 2013 seinen Wohnsitz nach Spanien. Zu diesem Zeitpunkt ist die Beteiligung 200 T€ wert. Hat dies steuerliche Folgen?

Antwort: Nach § 6 Abs. 1 AStG führt der Wegzug aus Deutschland dazu, dass die stillen Reserven einer Beteiligung in Form einer fiktiven Veräußerung nach § 17 EStG zu versteuern sind. Damit wäre ein Gewinn in Höhe von (150 T€ × 60 % =) 90 T€ steuerpflichtig. Diese Regelung ist aber mit der Freizügigkeit in der EU nicht vereinbar. Aus diesem Grund wird bei einem Wegzug in ein Mitgliedsland der EU die Steuer zwar festgesetzt, aber bis auf weiteres zinslos gestundet. Die Stundung wird nach § 6 Abs. 5 AStG widerrufen, wenn der Steuerpflichtige entweder den Hoheitsbereich der EU verlässt, oder aber seine Beteiligung veräußert.

Frage: Drehen wir den Spieß um. Der Gesellschafter ist weiterhin in Deutschland unbeschränkt steuerpflichtig. Die Gesellschaft, eine GmbH deutschen Rechts verlegt aber ihren Sitz nach Spanien. Welche Folgen hat dies?

Antwort: Nach § 4a GmbHG in der Fassung des MoMiG muss der statuarische Sitz einer GmbH im Inland liegen. Damit führt die Sitzverlegung gesellschaftsrechtlich zur Auflösung der GmbH. Dies hat nach § 11 KStG und § 17 Abs. 4 EStG die Liquidation zur Folge.

Frage: Wie verträgt sich Ihre Lösung mit § 12 Abs. 3 KStG?

Antwort: Nach § 12 Abs. 3 KStG führt die Verlegung des Sitzes oder der Geschäftsleitung grundsätzlich zu einer Liquidation im Sinne des § 11 KStG, wenn dadurch die unbeschränkte Steuerpflicht der Kapitalgesellschaft in Deutschland endet. Dies gilt aber nicht, wenn die Verlegung des Sitzes oder der Geschäftsleitung in einen Mitgliedstaat der EU erfolgt. § 12 Abs. 3 KStG ist aber nur dann anzuwenden, wenn die Körperschaft nach der Sitzverlegung gesellschaftsrechtlich weiter existiert. Dies ist derzeit nur bei der europäischen Aktiengesellschaft (societas europaea oder SE) der Fall.

Frage: Wann ist dann § 17 Abs. 5 EStG anwendbar, wonach die Sitzverlegung in ein außereuropäisches Land als Veräußerung der Anteile zum gemeinen Wert gilt?

Antwort: Die Vorschrift hat derzeit kaum einen Anwendungsbereich. Wie oben dargestellt, führt die Sitzverlegung der GmbH – auch innerhalb der EU – stets zur Auflösung nach §§ 11 KStG, 17 Abs. 4

EStG. Die Sitzverlegung einer SE in ein Land außerhalb der EU führt auch bereits gesellschaftsrechtlich zur Auflösung und damit zu den Folgen des § 11 KStG.

Bei einer Sitzverlegung innerhalb der EU ist weitere Voraussetzung der Entstehung eines fiktiven Veräußerungsgewinnes, dass das Besteuerungsrecht Deutschlands aufgrund der Sitzverlegung verloren gehen muss.

Wird z.B. der Sitz einer SE nach Spanien verlegt, so geht das Besteuerungsrecht Deutschlands nicht verloren, da sowohl Dividenden als auch Veräußerungsgewinne nach den DBA (hier: Art. 10 DBA-Spanien) stets im Ansässigkeitsstaat des Gesellschafters – also in Deutschland – versteuert werden.

Ist allerdings ein Gesellschafter nur beschränkt steuerpflichtig, so ist der Gewinn aus der Veräußerung der Beteiligung nach § 49 Abs. 1 Nr. 2 Buchstabe e) EStG nur dann in Deutschland zu versteuern, wenn die Gesellschaft Sitz oder Geschäftsleitung im Inland hat. § 17 Abs. 5 EStG könnte damit greifen, wenn ein beschränkt steuerpflichtiger Gesellschafter an einer SE beteiligt ist und diese ihren Sitz in eine anderes Land der EU verlegt.

Problembereich 7: Betriebsaufspaltung

Frage: Was sind die Voraussetzungen und die Folgen einer Betriebsaufspaltung?

Antwort: Eine Betriebsaufspaltung liegt vor, wenn ein Besitzunternehmen mit einem Betriebsunternehmen personell und sachlich verflochten ist. Eine personelle Verflechtung ist gegeben, wenn eine Person oder eine Personengruppe beide Unternehmen beherrscht. Eine sachliche Verflechtung liegt vor, wenn das Besitzunternehmen mindestens eine wesentliche Betriebsgrundlage an das Betriebsunternehmen überlässt. Durch die Betriebsaufspaltung erzielt das Besitzunternehmen Einkünfte aus Gewerbebetrieb (vgl. H 15.7 Abs. 4 EStH „Allgemeines").

Tipp! Allgemeine Grundlagen – wie hier die Voraussetzungen einer Betriebsaufspaltung – sollten nur kurz angerissen werden. Punkte bekommen Sie nur für die Lösung von Problemen.

Frage: Nehmen Sie an, dass am Betriebsunternehmen – einer GmbH – zwei Gesellschafter A und B je hälftig beteiligt sind. Am Besitzunternehmen – einer GbR – sind A, B und C je zu einem Drittel beteiligt. Die Beschlüsse der GbR erfolgen mit der Mehrheit der Stimmen. Das Besitzunternehmen vermietet ein Geschäftsgebäude an die GmbH. Welche Folgen hat dies für C?

Antwort: Da hier eine klassische Betriebsaufspaltung vorliegt, erzielt die GbR Einkünfte nach § 15 EStG, obwohl sie eigentlich vermögensverwaltend tätig ist (vgl. R 15.7 Abs. 1 EStR). Obwohl C nicht am Betriebsunternehmen beteiligt ist, wirkt sich die Betriebsaufspaltung auch auf ihn aus, da die GbR nur eine Einkunftsart erzielen kann (§ 15 Abs. 3 Nr. 1 EStG).

Frage: Angenommen, die Gesellschafter der GbR wollen eine Betriebsaufspaltung vermeiden. Welche Konstruktion würden Sie empfehlen?

Antwort: Hier sehe ich zwei Möglichkeiten. Zum einen könnte man für alle Geschäfte des laufenden Betriebs Einstimmigkeitsbeschlüsse vereinbaren. Dann würden A und B die GbR nicht mehr beherrschen, da sie gegen C ihren Willen nicht mehr durchsetzen könnten. Zum anderen könnte man den C zum Geschäftsführer der GbR bestellen. Nach der Rechtsprechung entscheidet der Geschäftsführer über die laufenden Geschäfte. Insoweit ist eine Beherrschung der Besitzgesellschaft durch die Gesellschafter nicht mehr gegeben (s. BFH vom 01.07.2003, BStBl II 2003, 757).

Frage: Gehen Sie bitte in obigem Fall von einer Betriebsaufspaltung aus. Die ortsübliche Miete für die Halle soll bei 100 T€ im Jahr liegen. Die Betriebsausgaben belaufen sich auf 150 T€. Die A, B und C-GbR vereinbart mit dem Betriebsunternehmen eine Miete in Höhe von 60 T€ im Jahr. Welche Folgen hat dies?

Antwort: Grundsätzlich können Betriebsausgaben nur insoweit geltend gemacht werden, als sie durch den Betrieb verursacht sind. Soweit ein Wirtschaftsgut im Rahmen einer Betriebsaufspaltung unentgeltlich überlassen wird, können daher grundsätzlich keine Betriebsausgaben angesetzt werden. § 21 Abs. 2 EStG ist nicht anwendbar, da diese Vorschrift nur für Privatvermögen und nur für die Überlassung von Wohnraum gilt. Soweit die Miete unter dem ortsüblichen Niveau liegt, sind die Betriebsausgaben beim Besitzunternehmen nur so weit zu gewähren, als Einnahmen erzielt werden (hier also nur i.H.v. 60/100).

Damit hat die GbR Einnahmen in Höhe von 60 T€ und Betriebsausgaben in Höhe von (150 T€ × 60 % =) 90 T€. Allerdings profitieren A und B von der geringeren Miete, da dadurch das Betriebsunternehmen einen höheren Jahresüberschuss und damit eine höhere Dividendenausschüttung erzielen kann. A und B verzichten damit letztlich auf einen Teil der Miete, um (später) eine höhere Dividende aus der Betriebskapitalgesellschaft zu erzielen. Daher können A und B die fehlenden 40 % anteilig als Aufwendungen auf ihre Beteiligung geltend machen. Da sich die GmbH-Anteile aufgrund der Betriebsaufspaltung im Sonderbetriebsvermögen der GbR befinden, sind die 40 % als Sonderbetriebsausgabe zu behandeln. Dabei ist aber das Teileinkünfteverfahren nach § 3c Abs. 2 EStG zu beachten. Damit können A und B je (150 T€ × 40 % × $\frac{1}{3}$ × 60 % =) 12 T€ geltend machen. Da Gesellschafter C an der GmbH nicht beteiligt ist, gehen bei ihm die Betriebsausgaben bezüglich der unentgeltlichen Überlassung verloren.

Mit Urteil vom 28.02.2013, IV R 49/11, BStBl II 2013, 802 bestätigte der BFH grundsätzlich diese Lösung. Allerdings will er für Aufwendungen, die die Substanz des verpachteten Wirtschaftsguts betreffen (AfA, Erhaltungsaufwendungen) das Teileinkünfteverfahren nicht anwenden. Die Verwaltung folgte dieser Lösung (BMF vom 23.10.2013, BStBl I 2013, 1269).

Mit Wirkung ab dem Veranlagungszeitraum 2015 wurde nun § 3c Abs. 2 Satz 6 EStG dahingehend geändert, dass im Falle einer unentgeltlichen oder teilentgeltlichen Überlassung für die Betriebsausgaben stets das Teilabzugsverbot anzuwenden ist.

Frage: Nehmen Sie einmal an, dass vom Besitzunternehmen (oder dessen Gesellschafter) dem Betriebsunternehmen ein Darlehen gewährt wird und dieses Darlehen aufgrund von Zahlungsschwierigkeiten der Betriebs-Kapitalgesellschaft abgeschrieben werden muss. Ist auch in diesem Fall das Teilabzugsverbot anzuwenden?

Antwort: Die Verwaltung ging zunächst auch in diesem Fall davon aus, dass der Abschreibungsaufwand im Besitzunternehmen dem Teilabzugsverbot unterliege. Dem widersprach der BFH mit Urteilen vom 18.4.2012, X R 5/10, BStBl II 2013, 705 und X R 7/10, BStBl II 2013, 791. Nach seiner Ansicht stellt die Darlehensforderung ein eigenständiges Wirtschaftsgut dar, das mit der Beteiligung an der Betriebs-Kapitalgesellschaft wirtschaftlich nichts zu tun hat. Die Verwaltung folgte dem mit Schreiben vom 23.10.2013, BStBl I 2013, 1269.

Mit Wirkung ab dem Veranlagungszeitraum 2015 wurde nun § 3c Abs. 2 EStG dahingehend geändert, dass der Abschreibungsaufwand dem Teilabzugsverbot unterliegt, wenn der Gesellschafter zu mehr als einem Viertel an der Gesellschaft beteiligt ist und das Darlehen einem Fremdvergleich nicht standhält.

Problembereich 7: Betriebsaufspaltung

> **Frage:** Nehmen wir einmal an, die GbR überlässt in obigem Betriebsaufspaltungsfall dem Betriebsunternehmen auch eine Maschine (Anschaffung im Januar 2014; Anschaffungskosten = Wiederbeschaffungskosten 100.000 €; betriebsgewöhnliche Nutzungsdauer 10 Jahre) Die GmbH ist verpflichtet, nach Ablauf der zehn Jahre die Betriebsvorrichtung gegen eine neue auszutauschen. Welche bilanziellen Folgen ergeben sich für das Betriebsunternehmen?

Antwort: Zwischen Besitz- und Betriebsunternehmen wurde eine sog. Substanzerhaltungsverpflichtung vereinbart. Daher muss das Betriebsunternehmen über die zehn Jahre Nutzungsdauer ratierlich eine Rückstellung für Ersatzbeschaffung aufbauen. Handelsrechtlich ergibt sich dies aus § 249 HGB. Steuerlich gilt insoweit der Maßgeblichkeitsgrundsatz (§ 5 Abs. 1 EStG).

Nach § 253 HGB ist die Rückstellung in der Handelsbilanz entsprechend dem durchschnittlichen Marktzinssatz der vergangenen sieben Geschäftsjahre abzuzinsen. In der Steuerbilanz erfolgt die Abzinsung nach § 6 Abs. 1 Nr. 3 Buchstabe e) EStG nach Bewertungsrecht mit 5,5 % p.a.

> **Zwischenfrage:** Wie hoch wäre die Rückstellung in der Steuerbilanz zum 31.12.2014?

Antwort: Wenn man davon ausgeht, dass die Wiederbeschaffungskosten 100 T€ betragen, ergibt sich nach Tabelle 1 zu § 12 Abs. 3 BewG unter Berücksichtigung einer Restlaufzeit von neun Jahren ein Rückstellungsbetrag in Höhe von (10 T€ × 0,618 =) 6.180 €.

> **Frage:** Wie muss das Besitzunternehmen den Vorgang bilanzieren?

Antwort: Bisher ging die herrschende Meinung davon aus, dass das Besitzunternehmen ratierlich eine Forderung auf Ersatz der Maschine aktivieren müsse. Streitig war lediglich, ob diese Forderung abzuzinsen sei. Da die Frage der Abzinsung in § 6 Abs. 1 EStG geregelt ist und diese Vorschrift den Maßgeblichkeitsgrundsatz als lex spezialis außer Kraft setzt, ist eine derartige Forderung nicht abzuzinsen, da die Abzinsung von Forderungen in § 6 Abs. 1 EStG – im Gegensatz zu Rückstellungen – ausdrücklich nicht geregelt ist. Das bewertungsrechtliche Abzinsungsgebot gilt insoweit nicht, da § 1 Abs. 2 BewG ausdrücklich einen Vorbehalt enthält, wenn in anderen Steuergesetzen besondere Bewertungsvorschriften (hier: § 6 Abs. 1 EStG) enthalten sind.

Mit Urteil vom 12.2.2015, IV R 29/12 entschied der BFH nun, dass eine derartige Forderung des Besitzunternehmens nicht aktiviert werden dürfe, da das Besitzunternehmen insoweit keine Anschaffungskosten habe (§ 253 HGB i.V.m. § 5 Abs. 1 EStG). Die Reaktion der Finanzverwaltung auf dieses Urteil liegt noch nicht vor.

> **Frage:** Was verstehen Sie im Zusammenhang mit Mitunternehmerschaften unter dem Begriff des Korrespondenzprinzips?

Antwort: Gewährt zum Beispiel eine Personengesellschaft ihrem Gesellschafter eine Pensionszusage, so muss sie nach §§ 249 HGB, 5 Abs. 1, 6a EStG eine Pensionsrückstellung in der Gesamthandsbilanz bilden. Spiegelbildlich muss der Gesellschafter nach § 15 Abs. 1 Nr. 2 EStG in seiner Sonderbilanz eine Forderung auf Altersversorgung aktivieren.

> **Frage:** Angenommen, B würde in unserem obigen Fall seinen Anteil an der Betriebs-GmbH an einen Dritten (D) veräußern. Was wäre die Folge?

Antwort: Da nun keine personelle Verflechtung mehr besteht, endet die Betriebsaufspaltung. Die GbR erzielt Einkünfte nach § 21 EStG, da sie lediglich ihr eigenes Vermögen verwaltet (vgl. R 15.7 Abs. 1 EStR). Dies hat eine Betriebsaufgabe der GbR nach § 16 Abs. 1 Nr. 2, Abs. 3 EStG für alle Gesellschafter zur Folge (vgl. H 16 Abs. 2 EStH „Beendigung einer Betriebsaufspaltung"). Für B rechnet der Gewinn aus der Veräußerung der GmbH-Anteile nach § 16 Abs. 3 Satz 6 EStG zum begünstigten Gewinn, wobei nach § 3 Nr. 40 Buchstabe b) EStG das Teileinkünfteverfahren gilt.

> **Frage:** Wie könnte die Aufdeckung der stillen Reserven in der GbR vermieden werden?

Antwort: Ein sicherer Weg würde darin bestehen, die GbR gewerblich zu prägen, sodass der Wegfall der Betriebsaufspaltung nicht zu Einkünften nach § 21 EStG führen kann. Dazu müsste die GbR in eine KG umgewandelt werden. Steuerrechtlich wäre dies nach § 24 UmwStG ohne Aufdeckung der stillen Reserven möglich, indem A, B und C ihre Mitunternehmeranteile an der GbR in die neue KG nach § 24 UmwStG einbringen. Komplementärin der KG wäre eine GmbH. Hierzu könnte sogar die Betriebs-GmbH verwendet werden. Aus Haftungsgründen wäre es aber anzuraten, eine neue GmbH zu gründen. Geschäftsführerin der KG wäre nach § 164 HGB die Komplementär-GmbH. Damit wären dann die Voraussetzungen des § 15 Abs. 3 Nr. 2 EStG erfüllt. Der Wegfall der Betriebsaufspaltung bliebe ohne negative steuerliche Folgen.

Problembereich 8: Einkünfte aus Kapitalvermögen

> **Frage:** Ein Steuerpflichtiger erwirbt in 2008 diverse Sparbriefe im Nominalwert von 100 €. Die Sparbriefe werden mit jährlich 4 % verzinst. Wie sind die Zinsen im VZ 2014 zu versteuern? Gehen Sie bitte auch auf die Kapitalertragsteuer ein.

Antwort: Bei den Zinsen handelt es sich um Einnahmen i.S.v. § 20 Abs. 1 Nr. 7 EStG. Die Bank hat nach § 43 Abs. 1 Nr. 7 EStG i.V.m. § 43a Abs. 1 Nr. 1 Kapitalertragsteuer in Höhe von 25 % zuzüglich 5,5 % Solidaritätszuschlag und eventuell Kirchensteuer einzubehalten. Die Einnahmen unterliegen bei dem Anleger nach § 32d Abs. 1 EStG der Abgeltungsteuer, die nach § 52 Abs. 28 EStG erstmals für Kapitalerträge anzuwenden ist, die nach dem 31.12.2008 zufließen. Im Gegensatz zur Versteuerung von Veräußerungsgewinnen (vgl. § 52a Abs. 10 EStG) kommt es bei der Versteuerung von Zinserträgen und Ähnlichem auf den Erwerb der Wertpapiere nicht an. Die Geltendmachung von Werbungskosten ist seit dem Veranlagungszeitraum 2009 nicht mehr möglich (§ 20 Abs. 9 EStG). Es ist nur noch ein Sparerpauschbetrag i.H.v. 801 € abzuziehen. Soweit für Kapitalerträge i.S.d. § 20 EStG Kapitalertragsteuer abgeführt wurde, gilt die Einkommensteuer mit dem Steuerabzug als abgegolten (§ 43 Abs. 5 EStG). Sollte der individuelle Steuersatz des Steuerpflichtigen geringer als die Abgeltungsteuer sein, so steht es ihm frei, nach § 32d Abs. 6 EStG eine Veranlagung zu beantragen (weitere Details zur Abgeltungsteuer finden Sie in dem äußerst ausführlichen Erlass des BMF vom 09.10.2012, BStBl I 2012, 953, Beck'sche Erlasse § 43/1).

> **Frage:** Angenommen der Steuerpflichtige veräußert die Sparbriefe in 2014 für jeweils 109 € (= aktueller Kurswert). Muss er den Veräußerungsgewinn versteuern?

Antwort: Veräußerungsgewinne sind nach § 20 Abs. 2 EStG n.F. grundsätzlich ohne zeitliche Beschränkung steuerpflichtig. Eine Ausnahme gilt nach § 52 Abs. 28 S. 15 f. EStG, wenn das Wertpapier vor dem 01.01.2009 erworben wurde. In diesem Fall gilt der alte § 23 Abs. 1 Nr. 2 EStG weiter. Da im vorliegenden Fall die Sparbriefe in 2008 erworben wurden und die einjährige Spekulationsfrist abgelaufen ist, ist die Veräußerung nicht steuerbar (Anmerkung: § 23 Abs. 1 Nr. 2 EStG a.F. stimmt im Wesentlichen mit § 23 Abs. 1 Nr. 2 Satz 1 EStG in der heutigen Fassung überein).

> **Frage:** Ein Anleger zeichnet eine Unternehmensanleihe, die das Unternehmen selbst ausgibt. In 2014 werden Zinsen in Höhe von 20.000 € ausbezahlt. Muss das Unternehmen Kapitalertragsteuer abführen? Wie muss der Anleger die Zinsen versteuern?

Antwort: Bei Unternehmensanleihen ist zu differenzieren: Werden die Anleihen als „Teilschuldverschreibungen" begeben, so muss das Unternehmen nach § 43 Abs. 1 Nr. 7 Buchstabe a) EStG die Kapitalertragsteuer einbehalten und abführen. Eine Teilschuldverschreibung ist eine besondere Form von Schuldverschreibungen. Hierbei wird der Gesamtbetrag (benötigter Kredit) des Unternehmens (Emittent) nicht als eine Anleihe, sondern gestückelt in Teilbeträgen (z.B. 100 €, 500 €, 1.000 € etc.) ausgegeben. Wird die Unternehmensanleihe in einem Betrag begeben und können sich die Anleger an dieser Anleihe mit beliebigen Beträgen beteiligen, so fällt keine Kapitalertragsteuer an, da nach § 43 Abs. 1 Nr. 7 Buchstabe b) EStG nur Kreditinstitute oder inländische Finanzdienstleistungsinstitute zur Abführung von Kapitalertragsteuer verpflichtet sind.

> **Frage:** Gehen Sie von folgendem Fall aus. Die Eltern schenken ihrem minderjährigen Kind 100.000 €. Anschließend vereinbaren sie, dass das Kind den Geldbetrag den Eltern als Darlehen zum Erwerb einer vermieteten Eigentumswohnung zur Verfügung stellt.

Antwort: Die Schenkung des Geldbetrags ist zivilrechtlich und steuerlich nicht besonders problematisch, da das Kind durch die Schenkung lediglich Vorteile erlangt. Daher ist insbesondere auch die Einschaltung eines Ergänzungspflegers nicht erforderlich. Bei der Darlehensgewährung ist grundsätzlich zu beachten, dass das Darlehen einem Drittvergleich standhält (Zinssatz, Sicherheiten etc.). Da das Darlehen dem minderjährigen Kind nicht lediglich rechtliche Vorteile bringt, muss für den Abschluss des Darlehensvertrags ein Ergänzungspfleger bestellt werden, da die Eltern nicht mit sich selbst als Vertreter des Kindes Verträge abschließen können (vgl. § 181 BGB; weitere Details siehe BMF vom 23.12.2010, BStBl I 2011, 37, Beck'sche Erlasse § 4/3).

Das minderjährige Kind muss die erhaltenen Zinsen nach § 20 Abs. 1 Nr. 7 EStG versteuern. Grundsätzlich ist nach § 32d Abs. 1 EStG die Abgeltungsteuer-Regelung anzuwenden. § 32d Abs. 2 Nr. 1 Buchstabe a) EStG sieht aber den Ausschluss der Abgeltungsteuer vor, wenn Darlehensgeber und Darlehensnehmer einander nahe stehende Personen sind und die Zinsen beim Darlehensnehmer Betriebsausgaben oder Werbungskosten (hier: vermietete Wohnung) sind.

Die Verwaltung ging zunächst davon aus, dass Angehörige stets nahestehende Personen i.S.v. § 32d EStG seien. Der BFH sieht dies nun anders (BFH vom 29.4.2014, VIII R 9/13 und VIII R 35/13). Nach seiner Ansicht liegt ein Nahestehen bei Angehörigen nur vor, wenn eine wirtschaftliche Abhängigkeit gegeben ist. Dies ist im Einzelfall zu prüfen, bei einem minderjährigen Kind aber wohl zu bejahen. Damit scheidet die Anwendung der Abgeltungsteuer im vorliegenden Fall auch nach der neuen Rechtsprechung aus. Das Kind muss die Zinseinnahmen nach dem Einkommensteuertarif versteuern.

> **Frage:** Ein Steuerpflichtiger ist an einer GmbH zu 75 % beteiligt. Er hat die Anschaffungskosten in Höhe von 500 T€ zu 7 % fremdfinanziert. Die jährliche Dividende beläuft sich auf 50 T€. Wie ist der Fall zu beurteilen?

Antwort: Seit dem Veranlagungszeitraum 2009 gilt für Dividenden die Abgeltungssteuer (§§ 32d Abs. 1 i.V.m. § 20 Abs. 1 Nr. 1 EStG). § 3 Nr. 40 d) EStG ist in diesem Fall nicht (mehr) anzuwenden, da nach § 3 Nr. 40 Satz 2 EStG das Teileinkünfteverfahren nur noch für Dividenden gilt, die nach § 15 EStG versteuert werden (Hinweis auf § 20 Abs. 8 EStG). Die Kapitalertragsteuer beträgt nach §§ 43 Abs. 1 Nr. 1, 43a Abs. 1 Nr. 1 EStG n.F. 25 % zuzüglich 5,5 % SolZ. Werbungskosten können nach § 20 Abs. 9 EStG n.F. grundsätzlich nicht mehr geltend gemacht werden.

Nach § 32d Nr. 3 EStG gibt es aber eine Sonderregelung, wenn der Gesellschafter entweder zu mindestens 25 % an der Kapitalgesellschaft beteiligt ist oder zu mindestens 1 % beteiligt und für die Kapitalgesellschaft beruflich tätig ist. In diesem Fall kann ein Antrag auf Besteuerung im Teileinkünfteverfahren gestellt werden. Der Gesellschafter wird dann so gestellt, als wäre seine Beteiligung

Betriebsvermögen. In diesem Fall sind die Dividenden in Höhe von 60 % = 30 T€ zu versteuern. Die Finanzierungskosten können nach § 3c Abs. 2 EStG zu 60 % abgezogen werden. Der Antrag wirkt grundsätzlich für fünf Jahre. Er kann mit der Steuererklärung für den jeweiligen VZ widerrufen werden. Im Falle eines Widerrufs kann ein Antrag nach § 32d Nr. 3 EStG nie mehr gestellt werden.

Der Antrag muss nach § 32d Abs. 2 Satz 4 EStG spätestens mit der Einkommensteuererklärung für den jeweiligen Veranlagungszeitraum gestellt werden. Er gilt, solange er nicht widerrufen wird, auch für die folgenden vier Veranlagungszeiträume, ohne dass die Antragsvoraussetzungen erneut zu belegen sind. Die Widerrufserklärung muss dem Finanzamt spätestens mit der Steuererklärung für den Veranlagungszeitraum zugehen, für den die Sonderregelung des § 32d Abs. 2 Nr. 3 EStG nicht mehr angewandt werden soll. Nach einem Widerruf ist ein erneuter Antrag des Steuerpflichtigen für diese Beteiligung an der nämlichen Kapitalgesellschaft nicht mehr zulässig.

Frage: Wie werden die Erträge aus Lebensversicherungen besteuert? Welche Besonderheiten gelten seit dem Alterseinkünftegesetz?

Antwort: Der steuerpflichtige Ertrag aus einer Kapitallebensversicherung errechnet sich aus der Differenz zwischen dem Auszahlungsbetrag und den eingezahlten Beiträgen. Die Erträge aus Lebensversicherungen, die vor dem 01.01.2005 abgeschlossen wurden, sind grundsätzlich nach § 20 Abs. 1 Nr. 6 EStG bei Auszahlung steuerpflichtig. Allerdings sind die Erträge aus sog. Altverträgen steuerfrei, wenn die Beiträge als Sonderausgaben abgezogen werden können. Die Beiträge zu Altverträgen können nach § 10 Abs. 1 Nr. 3b EStG ohne zeitliche Begrenzung weiterhin abgezogen werden (weitere Details siehe BMF vom 01.10.2009, BStBl I 2009, 1172).

Die Erträge aus Neuverträgen sind nach § 20 Abs. 1 Nr. 6 EStG stets steuerpflichtig. Erfolgt die Auszahlung nach Vollendung des 60. Lebensjahres und nach Ablauf von mindestens zwölf Jahren seit Vertragsabschluss, so sind die Erträge nur zur Hälfte zu besteuern. Die Abgeltungsteuer ist in diesem Fall nach § 32d Abs. 2 Nr. 2 EStG nicht anzuwenden.

Frage: Wie sieht die Versteuerung aus, wenn die Auszahlung der Kapitallebensversicherung in Form von Rentenzahlungen erfolgt?

Antwort: In diesem Fall spielt die Unterscheidung zwischen Alt- und Neuverträgen keine Rolle. Die Renten sind nach § 22 Nr. 1 Satz 3 Buchstaben a) bb) EStG stets mit dem Ertragsanteil zu versteuern.

Frage: Fallen auch verdeckte Gewinnausschüttungen in den Anwendungsbereich der Abgeltungsteuer?

Antwort: Verdeckte Gewinnausschüttungen werden grundsätzlich wie Dividenden besteuert (§ 20 Abs. 1 Nr. 1 Satz 2 EStG). Da § 32d Abs. 1 für alle Einkünfte aus Kapitalvermögen anwendbar ist, die nicht unter § 20 Abs. 8 EStG (Betriebsvermögen) fallen, unterliegen auch verdeckte Gewinnausschüttungen der Abgeltungsteuer. Mit Wirkung ab dem Veranlagungszeitraum 2011 wurde allerdings eine Nr. 4 in die Vorschrift des § 32d Abs. 2 EStG aufgenommen. Danach unterliegen verdeckte Gewinnausschüttungen nicht der Abgeltungsteuer, soweit sie das Einkommen der leistenden Körperschaft gemindert haben. Da verdeckte Gewinnausschüttungen nach § 8 Abs. 3 Satz 2 KStG außerbilanziell dem Einkommen der Körperschaft wieder hinzugerechnet werden, mindern verdeckte Gewinnausschüttungen normalerweise das Einkommen der Körperschaft nicht. Die Nr. 4 des § 32d Abs. 2 EStG ist z.B. nur dann anzuwenden, wenn die Veranlagung der Kapitalgesellschaft bestandskräftig, eine außerbilanzielle Korrektur nach § 8 Abs. 3 Satz 2 KStG somit nicht möglich, die Veranlagung des Gesellschafters aber noch offen ist.

Problembereich 8: Einkünfte aus Kapitalvermögen

> **Frage:** Ein Steuerpflichtiger beteiligt sich an einer GmbH als stiller Gesellschafter mit einer Einlage von 1 Mio. €. Er soll im Gegenzug 5 % des Gewinns vor Steuern erhalten. Für das Wirtschaftsjahr 2014 ermittelt die GmbH einen vorläufigen Jahresüberschuss vor Steuern und vor Berücksichtigung der stillen Beteiligung i.H.v. 8 Mio. €. Beurteilen Sie bitte die Beteiligung sowohl bezüglich der GmbH als auch bezüglich des Steuerpflichtigen.

Antwort: Die stille Beteiligung ist gesellschaftsrechtlich in § 230 HGB geregelt. Das HGB unterscheidet dabei nicht zwischen einer typisch stillen Beteiligung (§ 20 Abs. 1 Nr. 4 EStG) und einer atypisch stillen Beteiligung (§ 15 Abs. 1 Nr. 2 EStG). Da der Sachverhalt nichts darüber aussagt, dass der Steuerpflichtige an den stillen Reserven der GmbH beteiligt sein soll, gehe ich im Folgenden von einer atypisch stillen Beteiligung aus.

Auf der Ebene der GmbH ist die stille Beteiligung als Fremdkapital zu passivieren. Die Zahlung des Beteiligungsertrags an den Stillen führt zu Betriebsausgaben und mindert den Jahresüberschuss. Daher vermindert sich der Jahresüberschuss um (8 Mio. € × 5 % =) 400.000 €.

Die 400.000 € stellen beim Stillen Einnahmen aus Kapitalvermögen nach § 20 Abs. 1 Nr. 4 EStG dar und unterliegen der Abgeltungsteuer. Dabei ist aber die Ausnahmeregelung in § 32d Abs. 2 Nr. 1 Buchstabe b) EStG zu beachten. Sollte der Stille an der GmbH zu mindestens 10 % beteiligt sein, schließt dies die Anwendung des § 32d EStG aus.

> **Frage:** Wie ist der Fall zu beurteilen, wenn eine atypisch stille Beteiligung vereinbart wurde?

Antwort: Auf die Handelsbilanz hat dies keine Auswirkung, da – wie schon erwähnt – § 230 HGB nicht zwischen der typisch stillen und der atypisch stillen Beteiligung unterscheidet. Aufgrund des Maßgeblichkeitsgrundsatzes bleibt es auch in der Steuerbilanz bei einem vorläufigen Jahresüberschuss i.H.v. (8 Mio. €./. 400.000 € =) 7,6 Mio. €. Von diesem Betrag ist noch die Steuerrückstellung abzuziehen.

> **Zwischenbemerkung des Prüfers:** Gehen Sie von 2 Mio. € aus.

Antwort: Dann beläuft sich der endgültige Jahresüberschuss auf 5,6 Mio. €.

Da die atypisch stille Personengesellschaft eine Mitunternehmerschaft darstellt, muss nach §§ 179 ff. AO eine einheitlich und gesonderte Feststellung des Gewinns der Mitunternehmerschaft erstellt werden. Bei der Ermittlung des Gesamtgewinns der Mitunternehmerschaft ist zu berücksichtigen, dass die KSt und die GewSt keine Betriebsausgaben im steuerlichen Sinne darstellen. Außerdem ist zu berücksichtigen, dass der Gewinnanteil des Stillen nach § 15 Abs. 1 Nr. 2 EStG zu erfassen ist. Daher sind die 400.000 € dem Jahresüberschuss hinzuzurechnen. Damit entfällt auf die GmbH ein Gewinnanteil i.H.v. (8 Mio. € × 95 % =) 7,6 Mio. € und auf den Stillen ein Gewinnanteil i.H.v. (8 Mio. € × 5 % =) 400.000 €. Die GmbH versteuert ihren Gewinnanteil im Rahmen ihres körperschaftsteuerlichen Einkommens (§ 8 KStG), der atypisch Stille im Rahmen seiner Einkommensteuererklärung (§ 15 Abs. 1 Nr. 2 EStG).

> **Frage:** Gehen Sie davon aus, dass der Stille an der GmbH als Gesellschafter beteiligt ist. Welche steuerlichen Auswirkungen hat dies?

Antwort: Auf die stille Beteiligung hat dies zunächst keinen Einfluss. Da der Gesellschafter aber im Rahmen einer Mitunternehmerschaft (= atypisch stille Beteiligung) an der GmbH beteiligt ist, muss er die Anteile an der GmbH in das Sonderbetriebsvermögen der atypisch stillen Beteiligung einlegen (vgl. H 4.2 Abs. 2 EStH). Die Einlage hat nach § 6 Abs. 1 Nr. 5 Buchstabe b) EStG mit den Anschaffungskosten zu erfolgen. Erhält der Gesellschafter von der GmbH und atypisch Still eine Dividende, so muss diese im Rahmen des § 15 Abs. 1 Nr. 2 EStG i.V.m. §§ 3 Nr. 40 Buchstabe d) EStG versteuert werden. Die Abgeltungsteuer greift nicht (Verweis in § 32d Abs. 1 EStG auf § 20 Abs. 8 EStG).

> **Frage:** Ändert sich etwas, wenn der Gesellschafter im Ausland ansässig ist?

Antwort: Dividenden sind nach Art. 10 des OECD-Musterabkommens stets in dem Staat zu versteuern, in dem der Gesellschafter ansässig ist. Dies ist regelmäßig der Staat, in dem der Gesellschafter seinen Wohnsitz hat. Aufgrund der atypisch stillen Beteiligung werden die Dividenden aber als Erträge einer Personengesellschaft erfasst (§ 15 Abs. 1 Nr. 2 EStG). Der Gewinn einer Personengesellschaft wird nach Art. 7 des OECD-Musterabkommens aber in dem Land besteuert, in dem diese eine Betriebsstätte unterhält. Betriebsstätte ist hier aber der Sitz der GmbH (Verwaltung etc.). Damit wird die Dividende in Deutschland versteuert.

Damit entsteht im internationalen Steuerrecht aber das Problem eines Kompetenzkonfliktes. Deutschland greift auf die Dividende nach Art. 7 OECD-Musterabkommen zu, der ausländische Staat nach Art. 10 OECD-Musterabkommen. Hier greifen zum Teil zwischenstaatliche Vereinbarungen (z.B. mit der USA).

Problembereich 9: Renten

> **Frage:** Die Mutter ist seit 20 Jahren Eigentümerin einer Eigentumswohnung. Die monatliche Miete beträgt 800 €, die monatlichen Kosten (inkl. Abschreibung) sind mit 300 € anzusetzen. Sie überträgt die Wohnung auf ihre volljährige Tochter gegen eine monatliche Rente in Höhe von 600 €. Die Tochter vermietet die Wohnung anschließend. Wie sind die steuerlichen Folgen?

Antwort: Da sog. Versorgungsleistungen nach dem Wortlaut des § 10 Abs. 1a EStG im Zusammenhang mit der Übertragung einer Immobilie nicht vereinbart werden können, kann es sich im vorliegenden Fall nur um eine Veräußerungsrente handeln (Details siehe BMF vom 11.03.2010, BStBl I 2010, 227, Beck'sche Erlasse § 10/5. Damit liegen Anschaffungskosten in Höhe des Barwerts der Rente vor. Die Tochter kann die Anschaffungskosten (zzgl. eventueller Anschaffungsnebenkosten) nach § 7 Abs. 4 Nr. 2 EStG abschreiben. Den nach § 22 Nr. 1 S. 3 a) bb) EStG zu ermittelnden Ertragsanteil kann die Tochter nach § 9 Abs. 1 Nr. 1 EStG als Werbungskosten geltend machen. Die Mutter muss die Rente nach § 22 Nr. 1 S. 3 a) bb) EStG versteuern.

> **Frage:** Die Mutter ist Inhaberin eines Einzelunternehmens. Das Unternehmen hat in den letzten Jahren durchwegs Verluste erzielt, da die Mutter aus gesundheitlichen Gründen nur eingeschränkt arbeiten konnte. In 2014 überträgt die Mutter das Unternehmen auf ihre Tochter gegen eine lebenslange monatliche Versorgung in Höhe von 300 €. Kann die Tochter diese Rente als Versorgungsleistung abziehen?

Antwort: Da die Mutter einen Betrieb i.S.d. § 10 Abs. 1a EStG überträgt, ist vorrangig das Vorliegen eines Übergabevertrags zu prüfen (Vermutung der Unentgeltlichkeit bei Übertragung auf Abkömmlinge; vgl. BMF vom 13.01.1993, BStBl I 1993, 80, Beck'sche Erlasse § 7/3 Rz. 5). Nach BMF vom 11.03.2010 a.a.O. Rz. 26 ff. muss die übertragene Wirtschaftseinheit grundsätzlich geeignet sein, genügend Erträge zu erwirtschaften, um die Versorgung zu finanzieren. Hiervon macht die Verwaltung aber nach Rz. 29 eine Ausnahme, wenn der Übernehmer des Betriebs diesen selbst fortführt. In diesem Fall ist zu unterstellen, dass die Gewinne in den folgenden Jahren entsprechend gesteigert werden können. Daher kann im vorliegenden Fall von einer Versorgungsleistung ausgegangen

Problembereich 9: Renten

werden. Die Tochter kann die Zahlungen in Höhe von 3.600 € im Jahr nach § 10 Abs. 1a EStG als Sonderausgaben geltend machen. Die Mutter muss die Versorgungsleistungen nach § 22 Nr. 1b EStG in Höhe von 3.600 € im Jahr als sonstige Einkünfte versteuern. Sie kann nach § 9a Nr. 3 EStG einen Werbungskosten-Pauschbetrag i.H.v. 102 € geltend machen.

> **Frage:** Angenommen die Tochter veräußert in einigen Jahren den Betrieb, zahlt aber weiterhin die Versorgungsleistungen.

Antwort: Grundsätzlich endet mit der Veräußerung des Betriebs der Zusammenhang zwischen der Übertragung und der Gewährung der Versorgungsleistung. Ab diesem Zeitpunkt sind die Zahlungen der Tochter nur noch als Unterhaltsrente abzuziehen (BMF vom 11.03.2010 a.a.O. Rz. 37). Erwirbt die Tochter mit dem Erlös allerdings wieder ein Wirtschaftsgut i.S.d. § 10 Abs. 1 Nr. 1a EStG, so kann sie die Versorgungsleistungen weiterhin als Sonderausgabe abziehen (vgl. BMF vom 11.3.2010 a.a.O. Rz. 41 sowie BFH vom 08.12.2010, X R 35/10, www.bundesfinanzhof.de).

> **Frage zu einem neuen Thema:** Ein Betrieb möchte seinen Mitarbeitern eine betriebliche Altersversorgung gewähren. Welche Möglichkeiten gibt es? Welches sind die Vor- und Nachteile für den Arbeitnehmer? Berücksichtigen Sie bitte auch die Sozialversicherung.

Antwort: Hier kommen im Wesentlichen zwei Modelle infrage. Zum einen könnte der Betrieb seinen Mitarbeitern eine Direktzusage gewähren. In diesem Fall müsste der Betrieb für die Verpflichtung aus der Altersversorgung nach §§ 249 HGB, 5 Abs. 1, 6a EStG eine Pensionsrückstellung bilden. Der Mitarbeiter muss die Altersversorgung erst mit Auszahlung nach § 19 EStG versteuern. Die Auszahlung ist als Teil des Gehalts auch sozialversicherungspflichtig.

Der Betrieb könnte für die Pensionsverpflichtung eine Rückdeckungsversicherung abschließen. Das ist eine Kapitallebensversicherung auf das Leben des Arbeitnehmers. Der Arbeitgeber muss die angesammelten Sparanteile aktivieren und kann die monatlichen Beiträge als Lohnaufwand geltend machen.

Der Betrieb könnte seine Altersversorgungszusage aber auch über eine Unterstützungskasse laufen lassen. In diesem Fall würde sich für den Arbeitnehmer nichts ändern. Der Betrieb würde allerdings keine Rückstellung bilden, sondern müsste monatliche Zahlungen an die Unterstützungskasse leisten, die dann als Lohnaufwand zu verbuchen wären (siehe § 4d Abs. 1 EStG).

> **Zwischenfrage:** Angenommen der Betrieb soll verkauft werden und die Pensionsverpflichtung soll extern ausgelagert werden. Welche Probleme entstehen dabei?

Antwort: Grundsätzlich fließt dem Arbeitnehmer nach § 11 Abs. 1 Satz 1 EStG die gesamte Altersversorgung zu, wenn der Schuldner der Altersversorgung wechselt. Der Fall wird so behandelt, als ob die Altersversorgung ausbezahlt und bei dem externen Träger neu angelegt wird (vgl. § 19 Abs. 1 Nr. 3 EStG). Für den Arbeitnehmer kann die Versteuerung nach § 3 Nr. 66 EStG vermieden werden, wenn der Arbeitgeber den Aufwand aus der Auslagerung nach § 4e Abs. 3 EStG auf zehn Jahre verteilt.

> **Frage:** Welche Möglichkeiten bestehen neben der Direktzusage noch?

Antwort: Der Arbeitnehmer kann die sog. Gehaltsumwandlung nach § 3 Nr. 63 EStG in Anspruch nehmen. Er kann bis zu 4 % der Beitragsbemessungsgrenze in der Rentenversicherung in eine Direktversicherung, einen Pensionsfonds oder eine Pensionskasse einbezahlen. Der Lohn unterliegt dann im aktiven Erwerbsleben weder der Lohnsteuer noch der Sozialversicherung (vgl. § 1 Nr. 9 der Verordnung über die sozialversicherungsrechtliche Beurteilung von Zuwendungen des Arbeitgebers als Arbeitsentgelt – SvEV, Beck'sche Steuergesetze 21). Zusätzlich kann er 1.800 € pro Jahr lohnsteuerfrei – aber nicht sozialversicherungsfrei, da in § 1 Nr. 9 SvEV nicht aufgeführt – einbezahlen. Im Alter erfolgt dann eine sog. nachgelagerte Besteuerung nach § 22 Nr. 5 EStG. Hierbei fallen Lohnsteuer und Sozialversicherung an.

> **Frage:** Was geschieht mit der Altersversorgung bei einem Arbeitgeberwechsel?

Antwort: Hier sieht § 3 Nr. 55 EStG die steuerfreie Übertragung vor, wenn die betriebliche Altersversorgung sowohl beim alten als auch beim neuen Arbeitgeber über einen Pensionsfonds, eine Pensionskasse oder eine Direktversicherung durchgeführt wird.

> **Frage:** Ein Arbeitgeber vereinbart mit seinem Arbeitnehmer, dass monatlich 200 € in einen Pensionsfonds i.S.v. § 3 Nr. 63 EStG einbezahlt werden. 150 € übernimmt der Arbeitgeber als freiwillige Leistung zusätzlich zum ohnehin geschuldeten Arbeitslohn. 50 € muss der Arbeitnehmer aus seinem Arbeitslohn beisteuern. Greift hier die Regelung des § 3 Nr. 63 EStG? Gehen Sie bitte davon aus, dass die Grenze von 4 % der Beitragsbemessungsgrenze nicht überschritten wird.

Antwort: Dies könnte problematisch sein, da § 3 Nr. 63 EStG von „Beiträgen des Arbeitgebers aus dem ersten Dienstverhältnis" spricht. Hier erfolgt aber i.H.v. 50 € eine Zahlung zu Lasten des Arbeitnehmers. § 3 Nr. 63 EStG verlangt aber nicht, dass die Einzahlungen in den Pensionsfonds, die Pensionskasse oder eine Direktversicherung zusätzlich zum ohnehin geschuldeten Arbeitslohn erfolgen müssen (wie z.B. § 3 Nr. 33 EStG). Erforderlich ist lediglich, dass die Beiträge technisch vom Arbeitgeber überwiesen werden (so auch BFH vom 09.12.2010, VI R 57/08 www.bundesfinanzhof.de). In obigem Fall können daher 200 € monatlich lohnsteuerfrei und sozialversicherungsfrei in den Pensionsfonds eingezahlt werden.

> **Frage:** Kann die betriebliche Altersversorgung auch über eine private Rentenversicherung (keine Direktversicherung) laufen?

Antwort: Im Prinzip schon. Der Arbeitgeber müsste dem Arbeitnehmer Lohn zahlen, den dieser dann in eine private Rentenversicherung einzahlt. Dies bringt aber für die Lohnsteuer keine Vorteile, da die Beiträge voll steuerpflichtig sind. Der Arbeitnehmer kann die Beiträge allerdings nach § 10 Abs. 1 Nr. 3b EStG als Sonderausgaben geltend machen, wenn der Versicherungsvertrag vor dem 01.01.2005 abgeschlossen wurde. Der Vorteil derartiger privater Rentenversicherungen liegt darin, dass – sowohl bei Alt- als auch bei Neuverträgen – die Renten im Alter nach § 22 Nr. 1 Satz 3 a) bb) EStG nur mit dem Ertragsanteil besteuert werden müssen und auf diesen Betrag auch keine Sozialversicherung mehr anfällt.

> **Frage:** Was versteht man in diesem Zusammenhang unter einer sog. Rürup-Rente?

Antwort: Eine Rürup-Rente ist eine besondere Form der privaten kapitalgedeckten Rentenversicherung. Die Beiträge können unter den näheren Voraussetzungen des § 10 Abs. 1 Nr. 2 Buchstabe b) EStG wie Beiträge zur gesetzlichen Rentenversicherung geltend gemacht werden. Der Vorteil gegenüber der allgemeinen privaten Rentenversicherung liegt darin, dass die Abzugsfähigkeit der Beiträge nach § 10 Abs. 1 Nr. 2 EStG höher ist (§ 10 Abs. 3 EStG; 20 T€ × 76 % für den Veranlagungszeitraum 2013) als im Rahmen des § 10 Abs. 1 Nr. 3 EStG (1.900 €/2.800 €). Die Versteuerung erfolgt allerdings im Alter wie bei der gesetzlichen Rentenversicherung nach § 22 Nr. 1 Satz 3 a) aa) EStG.

> **Frage:** Woher weiß das Finanzamt, ob die Voraussetzungen des § 10 Abs. 1 Nr. 2 Buchstabe b) EStG in jedem Einzelfall erfüllt sind?

Antwort: Dies war bisher ein erhebliches Problem. Das Finanzamt musste in jedem Einzelfall anhand der konkreten Vertragsunterlagen prüfen, ob die Zahlung einer lebenslangen Leibrente nicht vor Vollendung des 62. Lebensjahres etc. vorgesehen war. Mit Wirkung ab dem Veranlagungszeitraum 2010 bestimmt nun § 5a AltZertG, dass jeder Rürup-Vertrag zertifiziert sein muss. Wird die Zertifizierung dem Finanzamt nicht vorgelegt bzw. liegt sie diesem nicht vor, so können die Beiträge – wie bei den Riesterverträgen – nicht als Sonderausgaben abgezogen werden.

> **Frage:** Nehmen wir einmal den Fall an, dass ein Arbeitnehmer im Alter eine Rente von der deutschen Rentenversicherung und eine betriebliche Altersversorgung aus einer Direktzusage erhält. Da es ihm in Deutschland zu kalt ist, verlegt er seinen Wohnsitz nach Italien. In welchem Land muss er die Rente versteuern?

Antwort: Da der Rentner in Deutschland keinen Wohnsitz oder gewöhnlichen Aufenthalt mehr hat, ist er nach § 1 Abs. 1 EStG nicht mehr unbeschränkt steuerpflichtig. Für die Prüfung einer möglichen beschränkten Steuerpflicht ist auf das DBA-Italien abzustellen. Die meisten Staaten folgen bei den Sozialversicherungsrenten dem sog. Kassenstaatsprinzip, wonach der Staat, der die Leistungen aus seinen Kassen erbringt, auch das Recht der Besteuerung haben soll. In Italien regelt dies Art. 19 Abs. 4 des DBA ausdrücklich. Danach steht Deutschland das Besteuerungsrecht zu, wenn der Rentner deutscher Staatsbürger ist. Der Rentner ist nach § 49 Abs. 1 Nr. 7 EStG in Deutschland beschränkt steuerpflichtig.

Betriebliche Renten werden im internationalen Steuerrecht wie Arbeitslöhne behandelt. Arbeitslöhne werden grundsätzlich im Ansässigkeitsstaat besteuert. Dies sieht auch Art. 18 des DBA-Italien so vor.

Problembereich 10: Familienleistungsausgleich

> **Frage:** Eine alleinstehende Mutter hat ein Kind im Alter von acht Jahren. Sie ist Angestellte. Der Vater zahlt keinen Unterhalt. Das Kind befindet sich in einer Kindertagesstätte, für die die Mutter im Jahr 9.000 € bezahlt. Bitte gehen Sie davon aus, dass der Kinderfreibetrag für die Mutter günstiger ist als die Gewährung von Kindergeld. Was ist zu prüfen? Wie ist die Rechtslage für den Veranlagungszeitraum 2013?

Antwort: Als Erstes ist hier zu prüfen, ob der Mutter ein Kinderfreibetrag gemäß § 32 EStG zusteht. Dies ist hier nach § 32 Abs. 1 Nr. 1 und Abs. 3 EStG zu bejahen, da es sich um ein leibliches Kind der Steuerpflichtigen handelt. Fraglich ist, ob die Mutter den Freibetrag des Vaters beanspruchen kann.

Nach § 32 Abs. 6 Satz 6 EStG kann die Mutter die Übertragung des Freibetrags des Vaters auf sich beantragen, da der Vater seiner Unterhaltspflicht nicht im Wesentlichen (d.h. mindestens zu 75 %) nachkommt. Damit stehen der Mutter zwei Kinderfreibeträge in Höhe von je 2.184 € zu.

Zusätzlich kann die Mutter einen Freibetrag für Betreuung, Erziehung und Ausbildung beanspruchen. Auch hier kann sie nach § 32 Abs. 6 Satz 6 EStG die Übertragung des Freibetrags des Vaters auf sich beantragen, da das Kind in ihrer Wohnung gemeldet ist. Damit stehen ihr weitere 2 × 1.320 € zu.

> **Zwischenfrage:** Könnte der Vater der Übertragung der Freibeträge widersprechen?

Antwort: Gegen die Übertragung des Kinderfreibetrags kann der Vater rechtlich nicht vorgehen, da die Mutter bei Nichtzahlung des Unterhalts einen rechtlichen Anspruch auf Übertragung des Kinderfreibetrags hat. Allerdings kann der Vater grundsätzlich der Übertragung des Freibetrags für Betreuung, Erziehung und Ausbildung nach § 32 Abs. 6 Satz 9 EStG widersprechen. Hierzu müsste er aber entweder Kinderbetreuungskosten tragen oder das Kind regelmäßig in einem nicht unwesentlichen Umfang betreuen. Dies ist nach dem Sachverhalt wohl nicht der Fall.

> **Bemerkung:** Gehen Sie im Folgenden davon aus, dass der Vater weder Unterhalt zahlt noch sich in sonstiger Weise um das Kind kümmert. Welche weiteren steuerlichen Begünstigungen könnte die Mutter dann beanspruchen?

Antwort: Da zu dem Haushalt der Mutter ein Kind gehört, für das sie Anspruch auf Kindergeld oder einen Kinderfreibetrag hat, kann die Mutter – wenn sie nicht mit einem Lebenspartner oder einer anderen volljährigen Person im Haushalt zusammenlebt – einen Entlastungsbetrag für Alleinerziehende nach § 24b EStG in Höhe von 1.308 € bekommen. Für die Gewährung des Entlastungsbetrags muss die Mutter lediglich nachweisen, dass sich das Kind in Ihrem Haushalt befindet. Der Nachweis konkreter Aufwendungen ist nicht erforderlich.

Die Kosten der Kindertagesstätte kann die Mutter nach § 10 Abs. 1 Nr. 5 EStG in Höhe von ²/₃ der Aufwendungen (= 6.000 €) aber maximal in Höhe von 4.000 € als Sonderausgaben geltend machen. Mit Wirkung ab VZ 2012 wurde der bisherige § 9c EStG durch die Regelung des § 10 Abs. 1 Nr. 5 EStG ersetzt. Ab VZ 2012 ist eine Erwerbstätigkeit des Steuerpflichtigen als Anspruchsvoraussetzung nicht mehr erforderlich. Im Übrigen entspricht § 9c EStG im Wesentlichen der Regelung des § 10 Abs. 1 Nr. 5 EStG.

> **Frage:** Kann die Mutter die im Rahmen des § 10 Abs. 1 Nr. 5 EStG nicht abziehbaren Beträge nach § 35a EStG geltend machen?

Antwort: Nach § 35a Abs. 5 EStG ist die Anwendung des § 35a EStG für Aufwendungen, die dem Grunde nach unter 10 Abs. 1 Nr. 5 EStG fallen ausdrücklich ausgeschlossen.

> **Frage:** Kind K hat nach dem Abitur ein Studium an der Universität in Tübingen aufgenommen. Das Kind arbeitet am Lehrstuhl und erhält hierfür 300 € im Monat. Bekommen die Eltern dennoch Kinderfreibeträge?

Antwort: Im Rahmen des § 32 Abs. 4 Nr. 2 Buchstabe a) EStG spielen die Einkünfte und Bezüge des Kindes keine Rolle. Der Arbeitslohn hat daher keine steuerlich schädlichen Auswirkungen.

> **Frage:** Variieren wir den Fall. Das Kind hat nach dem Abitur eine 3-jährige Banklehre absolviert.

Antwort: Bei dem Studium an der Universität in Tübingen handelt es sich um eine Zweitausbildung i.S.v. § 32 Abs. 3 Satz 2 EStG. Die Eltern bekommen die Kinderfreibeträge nur, wenn das Kind keiner Erwerbstätigkeit nachgeht. Eine Erwerbstätigkeit mit bis zu 20 Stunden regelmäßiger wöchentlicher Arbeitszeit ist dabei unschädlich. Da der Arbeitslohn 300 € im Monat beträgt, ist davon auszugehen, dass die Arbeitszeit unter dieser Grenze liegt.

> **Frage:** Welche weiteren steuerlichen Förderungen können die Eltern in Anspruch nehmen?

Antwort: Neben den Kinderfreibeträgen können die Eltern nach § 33a Abs. 2 EStG einen Ausbildungsfreibetrag in Höhe von 924 € abziehen. Auch im Rahmen dieser Vorschrift spielen die Einkünfte und Bezüge des Kindes ab VZ 2012 keine Rolle mehr. Da allerdings § 33a Abs. 2 EStG die Gewährung eines Kinderfreibetrags oder von Kindergeld voraussetzt, muss wieder geprüft werden, ob eine Erstausbildung vorliegt bzw. ob im Falle einer Zweitausbildung das Kind einer schädlichen Erwerbstätigkeit nachgeht. Dies haben wir bei der obigen Lösung ausgeschlossen.

Problembereich 10: Familienleistungsausgleich

> **Frage:** Die Eltern sind unbeschränkt steuerpflichtig und werden zusammen veranlagt. Der Sohn hat das 25. Lebensjahr vollendet und studiert derzeit – nach Absolvierung eines Bundesfreiwilligendienstes an einer deutschen Hochschule. Können die Eltern Kinderfreibeträge beanspruchen?

Antwort: Grundsätzlich besteht ein Anspruch auf einen Kinderfreibetrag nach § 32 Abs. 4 Nr. 2 EStG nur, wenn das Kind das 25. Lebensjahr noch nicht vollendet hat. Allerdings sieht § 32 Abs. 5 EStG im Falle der Absolvierung des Bundesfreiwilligendienstes eine entsprechende Verlängerung der Anspruchsvoraussetzungen vor (beachte die Änderung des Wortlautes durch das AmtshilfeRLUmsG).

> **Zwischenfrage:** Wie wäre der Fall zu sehen, wenn die Eltern nicht zusammen veranlagt werden? Welche Veranlagung käme dann infrage, wenn die Eltern nicht dauernd getrennt leben?

Antwort: Bis zum VZ 2012 kam in diesem Fall entweder eine getrennte Veranlagung oder eine Zusammenveranlagung infrage. Mit Wirkung ab 2013 sieht § 26 Abs. 1 nur noch die Zusammenveranlagung vor. Als Alternative zur Zusammenveranlagung sieht § 26 Abs. 2 EStG nun die Einzelveranlagung der jeweiligen Ehegatten vor. Für die Gewährung der Kinderfreibeträge hat dies keine konkreten Folgen, da jedem Elternteil jeweils ein Kinderfreibetrag zusteht.

> **Frage:** Unterstellen wir einmal, dass der Student für sein Studium Aufwendungen wie z.B. Studiengebühren, Fahrten zur Hochschule etc. hat; kann der Student diese Kosten im Hinblick auf seine spätere Erwerbstätigkeit als (vorweggenommene) Werbungskosten geltend machen?

Antwort: Grundsätzlich dienen die Aufwendungen für ein Studium der Erzielung späterer Einkünfte aus nichtselbständiger Tätigkeit und stellen somit Werbungskosten dar. Allerdings können nach § 12 Nr. 5 EStG die Aufwendungen für ein Studium nur unter bestimmten Voraussetzungen als Werbungskosten geltend gemacht werden. Im Falle eines Erststudiums ist der Abzug von Werbungskosten grundsätzlich ausgeschlossen, es sei denn, es handelt sich um ein Studium im Rahmen eines Dienstverhältnisses (z.B. Studium an der dualen Hochschule).

> **Frage:** Gehen Sie davon aus, dass das Kind bisher eine Lehre abgeschlossen hat.

Antwort: In der ursprünglichen Fassung differenzierte § 12 Nr. 5 EStG strikt zwischen einer Berufsausbildung und einem Studium und gewährte den Abzug von Werbungskosten im Falle eines Studiums nur, wenn dem Zweitstudium ein abgeschlossenes Erststudium vorausging. Der BFH (Urteil vom 18.06.2009, VI R 14/07, BStBl II 2010, 816) erklärte diese Unterscheidung für rechtswidrig und gewährte den Werbungskostenabzug auch dann, wenn einem Erststudium eine abgeschlossene Ausbildung (Lehre) vorausging. Der Gesetzgeber hat diese Rechtsprechung nunmehr im Wege einer Änderung des § 12 Nr. 5 EStG mit Rückwirkung seit dem Veranlagungszeitraum 2004 berücksichtigt.

Somit kann im vorliegenden Fall das Kind die besonderen Studienkosten nach § 9 EStG geltend machen; also z.B. Studiengebühren, Bücher, Fahrtkosten, Verpflegungsmehraufwendungen etc. Die Kosten der allgemeinen Lebensführung (z.B. Essen, Unterkunft) sind dagegen nach § 12 EStG nicht abzugsfähig.

Problembereich 11: Vorweggenommene Erbfolge

Frage: G ist zu 50 % an der X-GmbH beteiligt (Anschaffungskosten in 1999: 100 T€; Wert 500 T€). Er überträgt den Gesellschaftsanteil auf seine minderjährige Tochter. Diese verpflichtet sich an die Schwester 200 T€ zu bezahlen. Gehen Sie auf die zivil- und steuerrechtlichen Aspekte der Übertragung ein.

Antwort: Soweit eine Schenkung vorliegt, muss das Schenkungsversprechen nach § 518 Abs. 2 BGB notariell beurkundet werden. Der Formmangel wird allerdings durch die Bewirkung der versprochenen Leistung – hier die Eintragung des Gesellschafterwechsels im Handelsregister – geheilt. Nach § 15 Abs. 3 GmbHG bedarf die Übertragung der Gesellschaftsanteile – unabhängig davon ob entgeltlich oder unentgeltlich – eines in notarieller Form geschlossenen Vertrages.

Der Vertrag zwischen Vater und Tochter muss aber auch den strengen Vorschriften über Verträge mit Minderjährigen genügen. Danach kann der Vater den Vertrag nicht als Vertreter der Tochter mit sich selbst abschließen. Insoweit steht das Verbot von In-Sich-Geschäften nach § 181 BGB entgegen. Eine Ausnahme würde nur gelten, wenn die Übertragung der GmbH-Anteile dem Minderjährigen ausschließlich rechtliche Vorteile bringen würde. Dies ist hier sicherlich nicht der Fall. Mit der Gesellschafterstellung sind z.B. gewisse Haftungsgefahren verbunden. Damit müsste der Vater einen Ergänzungspfleger ausschließlich für den Vertragsabschluss nach § 1909 BGB bestellen lassen.

Im Übrigen bedarf die Übertragung einer Genehmigung nach §§ 1643, 1822 BGB. Die Genehmigung kann erst erteilt werden, wenn der Übertragungsvertrag abgeschlossen wurde. Sie wirkt aber zivilrechtlich und steuerrechtlich auf den Abschlusszeitpunkt zurück.

Sind diese zivilrechtlichen Hürden genommen, stellt sich die Frage nach den steuerlichen Folgen. Ausgleichszahlungen an Geschwister werden nach dem Erlass zur vorweggenommenen Erbfolge (s. BMF vom 13.01.1993, BStBl I 1993, 80 Rz. 7, Beck'sche Erlasse § 7/3) als Entgelt behandelt. Wird ein Wirtschaftsgut des Privatvermögens teilentgeltlich übertragen, ist der Vorgang in einen voll entgeltlichen und einen voll unentgeltlichen Teil aufzuspalten (BMF, a.a.O., Rz. 14).

Damit erfolgt die Übertragung zu 200/500 voll entgeltlich. Dies hat für den Vater zur Folge, dass er insoweit einen Veräußerungsgewinn nach §§ 17 Abs. 1 Satz 1, 3 Nr. 40 Buchstabe c), 3c Abs. 2 EStG realisiert. Der Gewinn beträgt (200 T€ × 60 %) abzüglich (100 T€ × 60 % × $^{200}/_{500}$) somit 96 T€.

Frage: Ergibt sich möglicherweise eine andere Lösung nach der neuen Rechtsprechung des BFH?

Antwort: Mit Urteil vom 19.09.2012, IV R 11/12 www.bundesfinanzhof.de hat der BFH für den (vergleichbaren) Fall des § 6 Abs. 5 EStG die sog. Trennungstheorie aufgegeben.

Die Verwaltung wendet das Urteil vom 19.9.2012 a.a.O. derzeit noch nicht an und hat daher ihren Erlass vom 8.12.2011, BStBl I 2011, 1279, Beck'sche Erlasse § 6/15 Rz. 15 noch nicht geändert. Inwieweit die neue Rechtsprechung auf die Übertragung von Privatvermögen anwendbar ist, ist derzeit noch nicht absehbar.

Frage: Der Vater betreibt eine Bauunternehmung, das Kind ein Immobilienbüro. Im Betriebsvermögen des Vaters befindet sich ein Pkw (Buchwert: 1 €; Teilwert: 30 T€). Der Vater schenkt den Pkw seinem Kind, welches das Fahrzeug künftig im Betriebsvermögen des Immobilienbüros hält. Was sind die steuerlichen Folgen?

Antwort: Die Übertragung einzelner Wirtschaftsgüter zum Buchwert wird in § 6 Abs. 5 EStG geregelt. In dieser Vorschrift ist die Übertragung von einem Betriebsvermögen in das Betriebsvermögen einer anderen Person aber nicht enthalten. Somit muss der Vater den Pkw gewinnwirksam entneh-

Problembereich 11: Vorweggenommene Erbfolge

men. Die Schenkung erfolgt anschließend im Privatvermögen. Das Kind muss den Pkw nach § 6 Abs. 1 Nr. 5 EStG zum Teilwert einlegen.

> **Frage:** Variieren wir den Fall. Vater und Kind sind beide Gesellschafter der Baubetreuungs-GbR. Der Vater hat das Fahrzeug bisher im Sonderbetriebsvermögen bilanziert. Das Kind will nach der Schenkung das Fahrzeug ausschließlich für Zwecke der GbR nutzen.

Antwort: In diesem Fall greift § 6 Abs. 5 Satz 3 Nr. 3 EStG. Danach ist bei einer Übertragung zwischen den Sonderbetriebsvermögen verschiedener Mitunternehmer derselben Mitunternehmerschaft der Buchwert anzusetzen.

> **Frage:** Das Kind veräußert zwei Jahre nach der Übertragung den Pkw. Welche Folgen hat dies?

Antwort: Nach § 6 Abs. 5 Satz 4 EStG ist rückwirkend der Teilwert anzusetzen, wenn das verschenkte Wirtschaftsgut innerhalb einer dreijährigen Sperrfrist entnommen oder veräußert wird. Der Vater hat damit rückwirkend die stillen Reserven aufzudecken.

> **Frage:** Die Mutter ist an einer KG zu 60 % beteiligt (Kapital der Mutter: 100 T€; Teilwert: 600 T€). Sie überträgt die Hälfte ihres Anteils unentgeltlich auf ihren Sohn. Wie sieht das Kapitalkonto des Sohnes nach der Übertragung aus?

Antwort: Nach § 6 Abs. 3 EStG sind bei der unentgeltlichen Übertragung eines Betriebs, Teilbetriebs oder Mitunternehmeranteils zwingend die Buchwerte anzusetzen (Details siehe BMF vom 03.03.2005, BStBl I 2005, 458, Beck'sche Erlasse § 6/18). Problematisch ist hier, dass nur ein Teil eines Mitunternehmeranteils übertragen wird. Hier sieht aber § 6 Abs. 3, 2. HS EStG vor, dass auch in diesem Fall die Buchwerte anzusetzen sind. Auf den Sohn geht daher ein Kapital in Höhe von 50 T€ über.

> **Frage:** Nehmen Sie an, der Sohn wohnt in Italien. Ändert sich etwas an der o.g. Lösung?

Antwort: § 6 Abs. 3 EStG enthält keine ausdrückliche Regelung für den Fall, dass der Beschenkte seinen Wohnsitz im Ausland hat. Dies ist auch nicht nötig, da die DBA (vgl. Art. 7 des OECD-Musterabkommens) vorsehen, dass der Gewinn eines Unternehmens in dem Land versteuert wird, in dem das Unternehmen seinen Sitz hat. Dies wäre hier Deutschland. Der Wohnsitz des Gesellschafters spielt insoweit keine Rolle. Der Gesellschafter ist mit dem Gewinn aus der Mitunternehmerschaft nach §§ 15 Abs. 1 Nr. 2, 49 Abs. 1 Nr. 2a EStG in Deutschland beschränkt steuerpflichtig, wenn er seinen ausschließlichen Wohnsitz im Ausland hat.

> **Frage:** Die Mutter ist in obigem Fall Eigentümerin eines Bürogebäudes (Buchwert: 200 T€; Teilwert: 500 T€), das sie an die KG vermietet. Das Gebäude soll nicht an den Sohn übertragen und weiterhin an die KG vermietet werden.

Antwort: Grundsätzlich erfordert die Übertragung eines Mitunternehmeranteils auch die Übertragung des Sonderbetriebsvermögens, wenn es eine wesentliche Betriebsgrundlage darstellt (BMF vom 03.03.2005, a.a.O. Rz. 4 ff.). Das Bürogebäude stellt nach der Rechtsprechung eine wesentliche Betriebsgrundlage dar, da die KG auf die Immobilie angewiesen ist. § 6 Abs. 3 Satz 2 EStG erlaubt es aber, dass der Schenker das Sonderbetriebsvermögen (noch) nicht überträgt, wenn das zurückbehaltene Wirtschaftsgut weiterhin Sonderbetriebsvermögen derselben Mitunternehmerschaft bleibt (sog. unterquotale Übertragung, BMF vom 03.03.2005, a.a.O. Rz. 10 ff.). Dies ist hier der Fall, da die Mutter ja nur einen Teil ihres Mitunternehmeranteils übertragen hat.

Frage: Wie wäre der Fall zu beurteilen, wenn die Mutter das gesamte Gebäude an ihren Sohn übertragen würde?

Antwort: Hier nimmt die Verwaltung eine Aufteilung vor. Soweit die Übertragung quotal erfolgt (hier: 50 %), geht das Gebäude nach § 6 Abs. 3 EStG zum Buchwert über. Soweit eine überquotale Übertragung vorliegt, ist § 6 Abs. 5 EStG anzuwenden (BMF vom 03.03.2005, a.a.O. Rz. 16). Das Gebäude würde demnach zum Buchwert übergehen.

Frage: Gibt es auch zu dieser Frage eine neue Rechtsprechung?

Antwort: Der BFH lehnt die Aufteilung in § 6 Abs. 3 EStG (soweit quotale Übertragung) und § 6 Abs. 5 EStG (soweit überquotale Übertragung) ab (BFH vom 02.08.2012, IV R 41/11 www.bundesfinanzhof.de). Nach seiner Ansicht ist der Fall insgesamt nach § 6 Abs. 3 EStG zu beurteilen. Die Verwaltung hat diese neue Rechtsprechung bisher noch nicht übernommen und daher das BMF-Schreiben vom 3.3.2005, a.a.O. bisher noch nicht geändert.

Frage: Der Vater ist Inhaber einer Anwaltskanzlei (Buchwert: 100 T€; Teilwert: 300 T€). Er überträgt die Kanzlei auf seine Tochter, die ebenfalls Anwältin ist. Die Tochter soll als Gegenleistung eine Hypothek übernehmen, die auf dem Privathaus des Vaters lastet und mit 30 T€ valutiert ist. Müssen stille Reserven aufgedeckt werden?

Antwort: Die Übertragung einer Freiberuflerpraxis fällt unter § 6 Abs. 3 EStG, auch wenn § 18 Abs. 3 EStG lediglich auf § 16 EStG verweist. Die Übernahme einer privaten Verbindlichkeit stellt im Rahmen der vorweggenommenen Erbfolge eine Gegenleistung dar. Im Gegensatz zur Übertragung einzelner Wirtschaftsgüter gilt bei der Übertragung einer ganzen Praxis aber die sog. Einheitstheorie (s. BMF vom 13.01.1993, a.a.O., Rz. 35). Die Übertragung wird daher nicht in einen voll entgeltlichen und einen voll unentgeltlichen Teil aufgespalten. Liegt die Gegenleistung unter dem Wert des Kapitalkontos, so liegt nach Verwaltungsansicht insgesamt eine unentgeltliche Übertragung vor. Damit geht das Kapital der Kanzlei zum Buchwert auf die Tochter über.

Frage: Angenommen die Hypothek beläuft sich auf 120 T€. Wie sieht die Lösung dann aus?

Antwort: In diesem Fall subsumiert die Verwaltung den Tatbestand unter die Vorschrift des § 16 Abs. 1 Nr. 1 EStG. Dem Erlös in Höhe von 120 T€ stehen Buchwerte in Höhe von 100 T€ gegenüber. Der Vater kann für den Gewinn in Höhe von 20 T€ den Freibetrag nach § 16 Abs. 4 EStG in Anspruch nehmen, wenn er das 55. Lebensjahr vollendet hat oder dauernd berufsunfähig ist. Erfüllt er diese Voraussetzung, so kann er den besonderen Steuersatz nach § 34 Abs. 3 EStG in Anspruch nehmen; wenn nicht, bleibt die $1/5$-Regelung des § 34 Abs. 1 EStG.

Frage: Wie behandelt die Tochter den Vorgang?

Antwort: Der Fall ist vergleichbar mit einer Einbringung nach § 24 UmwStG, bei der ein Zwischenwert gewählt wird. Daher müssen die aufgedeckten stillen Reserven (hier: 20 T€) verhältnismäßig zu den gesamten stillen Reserven (hier: 20 T€/200 T€) aktiviert werden (vgl. BMF vom 13.01.1993 a.a.O. Rz. 35).

Problembereich 12: Erbauseinandersetzung

Frage: Erben der E sind die Kinder K1 und K2 zu je 1/2. Im Nachlass befinden sich ein Betrieb (Buchwert: 100 T€; Teilwert: 800 T€) und ein Mehrfamilienhaus (MFH, Wert: 300 T€). Die Erben einigen sich dahingehend, dass K1 den Betrieb und K2 das MFH erhält. K1 zahlt an K2 einen Ausgleich in Höhe von 250 T€. Stellen Sie bitte die zivilrechtlichen und steuerlichen Folgen für K1 und K2 dar.

Antwort: Mit dem Erbfall sind K1 und K2 nach § 1922 BGB Gesamtrechtsnachfolger der E geworden. K1 und K2 bilden eine Erbengemeinschaft gemäß § 2032 BGB. Bezüglich des Betriebs bedeutet dies, dass K1 und K2 Mitunternehmer im Sinne des § 15 Abs. 1 Nr. 2 EStG wurden – unabhängig davon, wer den Betrieb später übernimmt (BMF vom 14.03.2006, BStBl I 2006, 253 Rz. 3, Beck'sche Erlasse § 7/2). Die Erbengemeinschaft ist nach § 2042 BGB auf Auseinandersetzung angelegt. Die Auseinandersetzung erfolgt im Wege der Realteilung. Hier werden die Eigentumsverhältnisse an den Wirtschaftsgütern neu geordnet. Soweit ein Erbe wertmäßig mehr an Wirtschaftsgütern erhält, als ihm nach seiner Erbquote zusteht, kann eine Ausgleichszahlung vereinbart werden. Dies sind hier 250 T€. Soweit eine Ausgleichszahlung geleistet wird, liegt ein Anschaffungs- bzw. Veräußerungsgeschäft vor (BMF vom 14.03.2006, a.a.O. Rz. 14 ff.).

Für Erbe K1 bedeutet dies, dass er den Betrieb zu $250/800$ entgeltlich und zu $550/800$ unentgeltlich im Wege der Gesamtrechtsnachfolge erhält. Soweit er den Betrieb erbt, sind aufgrund der Gesamtrechtsnachfolge die Buchwerte anzusetzen. Soweit er den Betrieb entgeltlich erwirbt, sind die Anschaffungskosten nach §§ 253 HGB, 6 Abs. 1 Nr. 7 EStG zu aktivieren.

Auf den gekauften Teil entfällt ein Kapital von (100 T€ × $250/800$ =) 31.250 €. Für diesen Teil des Betriebs wurden 250 T€ gezahlt, sodass stille Reserven in Höhe von (250.000 € ./. 31.250 € =) 218.750 € aktiviert werden müssen.

K2 hat sein Kapital von 50 % (= 50 T€) auf $250/800$ (= 31.250 €) steuerneutral zugunsten von K1 umzubuchen. Da er diesen Mitunternehmeranteil an K1 veräußert, erzielt er insoweit einen Veräußerungsgewinn in Höhe von (250.000 € ./. 31.250 € =) 218.750 €.

Das MFH geht zu 100 % unentgeltlich auf K2 über, da K2 keine Ausgleichszahlung leistet. Dies hat zur Folge, dass K2 die AfA der Erblasserin nach § 11d EStDV fortführt.

Frage: Variieren wir den Fall dahingehend, dass K1 und K2 den Betrieb nicht weiterführen wollen. Im Betriebsvermögen befinden sich zwei Wirtschaftsgüter: Wirtschaftsgut 1 (Buchwert: 10 T€; Teilwert: 550 T€) und Wirtschaftsgut 2 (Buchwert: 90 T€; Teilwert: 250 T€). K1 erhält Wirtschaftsgut 1, K2 Wirtschaftsgut 2 und das MFH. Ausgleichszahlungen werden keine geleistet. Wirtschaftsgut 1 und 2 werden künftig privat genutzt.

Antwort: Es liegt hier eine Realteilung ohne Ausgleichszahlung vor. Bezüglich des Betriebs liegt eine Betriebsaufgabe im Sinne des § 16 Abs. 3 EStG vor (vgl. BMF vom 14.03.2006, a.a.O. Rz. 11). Der Aufgabegewinn beträgt 700 T€ und ist den beiden Erben zu je 1/2 zuzurechnen, da sie zu jeweils 50 % Mitunternehmer der Personengesellschaft wurden (= Betrieb des Erblassers).

Frage: Wie wäre der Fall zu entscheiden, wenn K1 und K2 künftig die Wirtschaftsgüter im Rahmen eines Betriebsvermögens nutzen?

Antwort: Dann liegt eine Realteilung des Betriebs nach § 16 Abs. 3 Satz 2 EStG vor. K1 und K2 müssen zwingend die Buchwerte fortführen.

Frage: Wie erfolgt die Übertragung der Wirtschaftsgüter bilanztechnisch?

Antwort: K1 und K2 müssen zuerst ihre Kapitalkonten steuerneutral anpassen. K1 müsste ein Kapital von 10 T€, K2 eines von 90 T€ bekommen. Die Wirtschaftsgüter sind dann gegen das Kapital auszubuchen (Buchungssatz: Kapital K1 10 T€ an Wirtschaftsgut 1 10 T€). Im nächsten Schritt muss K1 das Wirtschaftsgut in sein Einzelunternehmen einbuchen (Buchungssatz: Wirtschaftsgut 1 10 T€ an Kapital 10 T€). In gleicher Weise hat K2 zu verfahren.

Frage: Der Erblasser (E) ist Gesellschafter einer GbR. Im Gesellschaftsvertrag ist für den Fall des Todes eines Gesellschafters keine Regelung getroffen. Erben werden die Kinder K1 und K2 zu je 1/2. Was geschieht mit dem Mitunternehmeranteil des E?

Antwort: Auch wenn die Erben nach § 1922 BGB Gesamtrechtsnachfolger werden, müssen sie sich an gesellschaftsrechtliche Abreden halten. Es ist daher zuerst zivilrechtlich zu prüfen, welche Folgen der Tod eines GbR-Gesellschafters hat. Nach § 727 BGB wird die Gesellschaft durch den Tod eines Gesellschafters aufgelöst, sofern sich nicht aus dem Gesellschaftsvertrag etwas anderes ergibt. Hier könnte z.B. geregelt werden, dass die GbR unter den übrigen Gesellschaftern fortgesetzt wird (Fortsetzungsklausel) oder alle Erben (Nachfolgeklausel) oder nur einzelne von mehreren Erben (qualifizierte Nachfolgeklausel) Gesellschafter werden. Mangels einer entsprechenden Regelung gilt die Gesellschaft als aufgelöst. Da die Auflösung in der Sekunde des Todes geschieht, wurden die Erben nie Mitunternehmer. Daher muss der Auflösungsgewinn nach § 16 Abs. 3 EStG vom Erblasser versteuert werden (BMF, a.a.O. Rz. 69 ff.).

Frage: Wie wäre der Fall zu lösen, wenn der Erblasser an einer OHG beteiligt gewesen wäre?

Antwort: Bei einer OHG sieht das Gesetz in § 131 Abs. 3 Nr. 1 HGB eine andere Lösung vor. Hier besteht die Gesellschaft mangels einer anderweitigen Regelung mit den übrigen Gesellschaftern fort. Für die Erben ändert sich insoweit aber nichts. Auch hier realisiert der Erblasser einen Aufgabegewinn. Die Abfindung, die an die Erben gezahlt wird, ist bei diesen als nicht steuerbarer privater Vermögenszufluss zu behandeln.

Frage: Nach dem Tod des Vaters wird der Sohn Alleinerbe. In der Erbmasse befindet sich ein Mehrfamilienhaus. Das Testament enthält eine Klausel, wonach einem Freund des Erblassers ein Vermächtnis in Höhe von 200.000 € zu gewähren sei. Zur Finanzierung dieser Summe nimmt der Erbe ein Darlehen auf. Kann er die Zinsen als Werbungskosten bei den Einkünften aus Vermietung und Verpachtung geltend machen?

Antwort: Ein Vermächtnis ist ein schuldrechtlicher Anspruch des Vermächtnisnehmers gegen den Erben. Die Erfüllung eines Vermächtnisses führt nicht zu Anschaffungskosten (vgl. BMF, a.a.O. Rz. 60). Die Zahlung des Vermächtnisses ist ein Vorgang auf der Vermögensebene. Daher können Zinsen zur Finanzierung des Vermächtnisses auch dann nicht als Werbungskosten abgezogen werden, wenn der Erbe eine Immobilie erhält.

Frage: Der Erblasser war Rechtsanwalt und ermittelte seinen Gewinn nach § 4 Abs. 3 EStG. Kurz vor seinem Tod schrieb er einem Mandanten eine Rechnung über 20.000 €. Der Mandant überwies den Betrag nach dem Tod des Rechtsanwalts an dessen Erben. Müssen die Erben das Honorar versteuern? Welche Folgen hat die Rechnung bei der Erbschaftsteuer?

Antwort: Da die Rechnung eine Forderung darstellt, unterliegt sie grundsätzlich der Erbschaftsteuer. Die Erben müssen die Honorareinnahmen nach § 24 Nr. 2 i.V.m. § 18 EStG versteuern. Damit werden die 20.000 € letztlich doppelt besteuert. Hier sieht § 35b EStG die Möglichkeit vor, die Erbschaftsteuer, die auf das Honorar entfällt, bei der Einkommensteuer der Erben anzurechnen.

Problembereich 12: Erbauseinandersetzung

> **Frage:** In einem Testament findet sich die Anordnung des Erblassers, dass sein gesamtes Vermögen in eine gemeinnützige Stiftung einzubringen ist. Nach dem Tode des Erblassers gründet der Testamentsvollstrecker, der das Erbe treuhänderisch verwaltet, entsprechend dem Wunsch des Erblassers eine gemeinnützige Stiftung. In diese Stiftung bringt er das gesamte Vermögen ein. Kann die Stiftung bei der Veranlagung des Erblassers im Todesjahr steuerlich berücksichtigt werden?

Antwort: Grundsätzlich können Spenden in den Vermögensstock einer gemeinnützigen Stiftung nach § 10b Abs. 1a EStG als Sonderausgaben abgezogen werden. Für Sonderausgaben gilt aber das Abflussprinzip des § 11 Abs. 2 Satz 1 EStG. Danach müsste der Erblasser noch zu Lebzeiten die Zahlungen geleistet haben. Dies kann aber schon deshalb nicht der Fall sein, weil die Stiftung erst nach dem Tod des Erblassers errichtet wurde (so auch BFH vom 16.02.2011, X R 46/09 www.bundesfinanzhof.de).

Themenbereich Körperschaftsteuer/Gewerbesteuer

Problembereich 1: Ermittlung des Einkommens

Frage: Eine englische Limited mit statutarischem Sitz in London hat ihren Verwaltungssitz in Frankfurt. Ist die Gesellschaft in Deutschland steuerpflichtig?

Antwort: § 1 Abs. 1 KStG statuiert die unbeschränkte Steuerpflicht, wenn eine Körperschaft ihren Sitz oder die Geschäftsleitung in Deutschland hat. Für die Limited ist aber in einem ersten Schritt zu prüfen, ob sie überhaupt unter die Vorschrift des § 1 KStG fällt. § 1 Abs. 1 Nr. 1 KStG ist auszuschließen, da dieser die Kapitalgesellschaften (GmbH etc.) explizit aufführt. Hier ist die Limited nicht enthalten. Man könnte sie aber unter die Nummer 4 subsumieren, wenn sie eine sonstige juristische Person des privaten Rechts ist. Dies hat man früher anhand des deutschen Rechts geprüft (sog. Sitztheorie) und bei der Limited bejaht, da sie eine körperschaftliche Struktur hat, vom Gesellschafterbestand unabhängig ist und ihren Gewinn in Form einer Dividende ausschüttet. Der EuGH hat aber in mehreren Entscheidungen festgestellt, dass es nur auf das Recht des Staates ankommt, in dem die Gesellschaft gegründet wurde (sog. Gründungstheorie). Ist die Gesellschaft nach dem Recht des Gründungsstaates eine Kapitalgesellschaft, muss sie in jedem Staat der Europäischen Union entsprechend anerkannt werden.

Da somit die Limited eine Kapitalgesellschaft ist und ihre Geschäftsleitung (also ihr Verwaltungssitz) sich in Deutschland befindet, gilt sie als unbeschränkt steuerpflichtig (eine Übersicht über die europäischen Gesellschaftsformen finden Sie in BMF vom 24.12.1999, BStBl I 1999, 1076 – Betriebsstättenerlass – Tabelle 1 im Anhang).

Frage: Gehen wir einmal davon aus, die Limited betreibe in Deutschland ein Immobilienbüro. Sitz und Geschäftsleitung der Gesellschaft befinden sich in London. Unterliegt die Limited dann der deutschen Körperschaftsteuer?

Antwort: In diesem Fall ist zu prüfen, ob die Limited in Deutschland beschränkt steuerpflichtig im Sinne des § 2 KStG ist. Dies ist der Fall, wenn die Limited Einkünfte in Deutschland erzielt. Da sie in Deutschland ein Immobilienbüro (= Betriebsstätte i.S.v. Art. 7 Abs. 1 DBA Großbritannien) betreibt, ist dies zu bejahen. Der Unterschied zwischen der unbeschränkten und der beschränkten Steuerpflicht besteht im Körperschaftsteuerrecht lediglich darin, dass bei der unbeschränkten Steuerpflicht das Welteinkommen, bei der beschränkten Steuerpflicht nur die in Deutschland erzielten Einkünfte erfasst werden. Der Steuersatz beträgt in beiden Fällen 15 %. Insoweit besteht ein wesentlicher Unterschied zu den §§ 49, 50 EStG.

Frage: Muss die Betriebsstätte der Limited in Deutschland eine Handels- und Steuerbilanz erstellen?

Antwort: Die Pflicht zur handelsrechtlichen Buchführung ergibt sich aus §§ 238, 1 ff. HGB. Da die Betriebsstätte in Deutschland ein Handelsgewerbe betreibt, ist sie Kaufmann im Sinne des § 1 Abs. 1 HGB. Die Rechtsform spielt insoweit keine Rolle. Als Kaufmann ist die Betriebsstätte aber nach § 238 HGB buchführungspflichtig.

Die Pflicht zur Aufstellung einer Steuerbilanz ergibt sich aus § 140 AO, da die Betriebsstätte nach anderen Vorschriften – nämlich denen des HGB – zur Buchführung verpflichtet ist.

Völlig unabhängig von der Frage der deutschen Buchführungspflicht besteht in Großbritannien eine Buchführungspflicht für die Limited nach englischem Recht. Das Problem der Buchführungspflicht in zwei Staaten besteht für Betriebsstätten regelmäßig.

Problembereich 1: Ermittlung des Einkommens

Frage: Könnte die Limited Organgesellschaft i.S.d. §§ 14 ff. KStG sein?

Antwort: Nach dem bisherigen Wortlaut des § 14 Abs. 1 KStG musste die Organgesellschaft sowohl Geschäftsleitung als auch Sitz im Inland haben. Damit sollte insbesondere vermieden werden, dass die Verluste einer im Ausland ansässigen Kapitalgesellschaft über die Organschaft nach Deutschland transferiert werden. Diese Regelung war europarechtlich höchst umstritten. Durch das Unternehmensteuerreformgesetz 2013 wurde daher § 14 Abs. 1 KStG dahingehend geändert, dass die Geschäftsleitung im Inland sein muss, der Sitz aber in einem Mitgliedstaat der Europäischen Union sein muss. Damit liegen die Voraussetzungen einer unbeschränkten Steuerpflicht nach § 1 KStG vor, da nach dieser Vorschrift die Kapitalgesellschaft ihre Geschäftsleitung oder (!) ihren Sitz im Inland haben muss.

Frage: Eine GmbH hat Geschäftsleitung und statutarischen Sitz in Deutschland. Seit einigen Jahren unterhält sie in Belgien eine Betriebsstätte. Da die Betriebsstätte über mehrere Jahre ausschließlich Verluste produzierte, schließt die GmbH die Betriebsstätte in Belgien. Kann die GmbH die Verluste der Betriebsstätte in Deutschland steuerlich verwerten?

Antwort: Die Definition einer Betriebsstätte findet sich in Art. 5 des DBA Belgien (**Anmerkung:** Sie können davon ausgehen, dass der Prüfer Ihnen ein einschlägiges DBA zur Verfügung stellt – niemand erwartet von Ihnen, dass Sie die Doppelbesteuerungsabkommen auswendig kennen). Nach Art. 7 Abs. 1 i.V.m. Art. 23 des DBA Belgien (entspricht weitgehend dem OECD-Musterabkommen) werden die Gewinne einer Betriebsstätte ausschließlich in dem Staat besteuert, in dem die Betriebsstätte liegt. Der andere Staat (hier: Deutschland) verzichtet insoweit auf die Besteuerung. Damit werden die Verluste der belgischen Betriebsstätte ausschließlich in Belgien versteuert und können grundsätzlich in Deutschland nicht verwertet werden. Verluste die in der laufenden Besteuerung nicht verwertet werden können, werden nach belgischem Steuerrecht – wie auch in Deutschland – auf die folgenden Veranlagungszeiträume vorgetragen (vergleichbar § 10d EStG).

Die Frage eines Progressionsvorbehalts (§ 32b EStG) braucht hier nicht geprüft zu werden. Zwar fallen nach § 32b Abs. 1 Nr. 3 EStG steuerfreie ausländische Einkünfte grundsätzlich unter den Progressionsvorbehalt. § 32b Abs. 1 Satz 2 Nr. 2 EStG schließt den Progressionsvorbehalt nur für Betriebsstätten innerhalb der Europäischen Union aus, die die Aktivitätsklausel des § 2a Abs. 2 Satz 1 EStG nicht erfüllen (die Vorschrift ist nach allgemeiner Ansicht sprachlich verunglückt). Mit anderen Worten: Gewinne und Verluste einer Betriebsstätte in der europäischen Union unterliegen dem Progressionsvorbehalt. Die Vorschrift des § 32b EStG gilt aber im Körperschaftsteuerrecht nicht (vgl. R 32 KStR – § 32b EStG ist hier nicht aufgeführt).

Wird die Betriebsstätte geschlossen, so ist eine Verwertung des Verlustvortrags in dem entsprechenden Staat nicht mehr möglich. Bereits in dem Urteil „Lidl Belgium" (EuGH vom 15.05.2008, BStBl II 2009, 692) hat der EuGH entschieden, dass die Verluste dann in dem anderen Staat berücksichtigt werden müssen, wenn im Sitzstaat der Betriebsstätte die Verluste endgültig (z.B. durch Aufgabe) nicht mehr verwertet werden können. Dies bedeutet, dass die deutsche GmbH die Verluste der belgischen Betriebsstätte – entgegen der Regelung in Art. 7 des DBA – in Deutschland verwerten kann (bestätigt durch BFH vom 05.02.2014, I R 48/11, www.bundesfinanzhof.de).

Frage: § 14 KStG spricht nur von der Europäischen Gesellschaft, der Aktiengesellschaft oder der Kommanditgesellschaft auf Aktien. Fällt daher die Limited überhaupt unter diese Vorschrift?

Antwort: § 14 KStG wird durch § 17 KStG ergänzt. Danach kann eine Organgesellschaft auch eine andere Kapitalgesellschaft (z.B. eine GmbH oder eben eine Limited sein).

Frage: Sie haben gerade eben dargelegt, dass Verluste aus dem Ausland nicht nach Deutschland transferiert werden dürfen. Wir haben nun gesehen, dass die Organgesellschaft in Deutschland unbeschränkt steuerpflichtig sein muss. Wäre es möglich, deutsche Gewinne mittels einer Organschaft auf einen im Ausland ansässigen Organträger zu übertragen?

Antwort: § 14 Abs. 1 KStG regelt nur die Frage, ob die Organgesellschaft ihren Sitz oder ihre Geschäftsleitung im Inland hat. Mit Wirkung ab VZ 2012 wurde aber in § 14 Abs. 1 Nr. 2 Satz 6 KStG eine (klarstellende) Regelung aufgenommen, wonach das Einkommen der Organgesellschaft einer inländischen Betriebsstätte des Organträgers zugerechnet werden muss. Es ist daher grundsätzlich möglich, dass der Organträger seinen Sitz im Ausland hat. Er muss aber über eine Betriebsstätte (vgl. § 12 AO sowie die entsprechenden Regelungen in den Doppelbesteuerungsabkommen) in Deutschland verfügen und daher der deutschen Besteuerung unterliegen (vgl. Art. 7 OECD-Musterabkommen).

Frage: Gehen wir im Folgenden von einer in Deutschland ansässigen GmbH aus. Bitte erklären Sie den Unterschied zwischen Jahresüberschuss und Einkommen.

Antwort: Der Begriff des Jahresüberschusses ergibt sich aus § 266 Abs. 3 A. V. HGB. Der Jahresüberschuss ist das Betriebsergebnis der GmbH, das nach handelsrechtlichen Vorschriften ermittelt wird. Der Jahresüberschuss ist aufgrund der Maßgeblichkeit des § 5 Abs. 1 EStG auch in der Steuerbilanz auszuweisen.

Aus dem Jahresüberschuss ist außerbilanziell das steuerliche Einkommen (§ 8 Abs. 1 KStG) zu berechnen. Hierbei müssen Korrekturen vorgenommen werden, die sich aufgrund der steuerlichen Vorschriften ergeben.

Zwischenfrage: Können Sie mir dafür Beispiele nennen?

Antwort: Ein typisches Beispiel ist die Vorschrift des § 8b Abs. 1 KStG. In der Handelsbilanz sind Dividenden, die eine Kapitalgesellschaft aus der Beteiligung an einer anderen Kapitalgesellschaft erzielt, in voller Höhe zu erfassen (Buchungssatz: Geld an Beteiligungsertrag). Dementsprechend umfasst der Jahresüberschuss den vollen Beteiligungsertrag. Damit wird auch in der Steuerbilanz im Jahresüberschuss dieser volle Beteiligungsertrag ausgewiesen. Erst auf der Ebene der Einkommensermittlung wird nun der Beteiligungsertrag außerbilanziell in voller Höhe abgezogen (§ 8b Abs. 1 KStG) und 5 % als nicht abziehbare Betriebsausgabe wieder dem Einkommen hinzugerechnet (§ 8b Abs. 3 KStG).

Ein weiteres Beispiel wäre z.B. eine Parteispende durch eine Kapitalgesellschaft. In der handelsrechtlichen Buchführung muss die Parteispende als Aufwand verbucht werden (Buchungssatz: Spendenaufwand an Bank). Die Spende mindert damit den Jahresüberschuss sowohl in der Handels- als auch in der Steuerbilanz. Bei der Ermittlung des Einkommens muss dann die Parteispende nach § 9 Abs. 1 Nr. 2 KStG i.V.m. § 4 Abs. 6 EStG wieder hinzugerechnet werden, da sie unter den abziehbaren Spenden nicht aufgeführt ist.

Frage: Welche Bedeutung hat in diesem Zusammenhang der Begriff des Bilanzgewinnes?

Antwort: Der Jahresüberschuss kann nach § 268 Abs. 1 HGB auch unter Verwendung des Jahresergebnisses ausgewiesen werden. In diesem Fall ist ein Posten „Bilanzgewinn" zu erstellen, der den Jahresüberschuss und Gewinnvorträge aus den Vorjahren umfasst.

Für die Ermittlung des Einkommens im Sinne des § 8 Abs. 1 KStG ist dieser Ausweis aber ohne Bedeutung. Grundlage der Ermittlung des Einkommens ist und bleibt der Jahresüberschuss.

Problembereich 1: Ermittlung des Einkommens

> **Frage:** Sie haben vorher richtigerweise erwähnt, dass der in der Handelsbilanz ausgewiesene Jahresüberschuss aufgrund der Maßgeblichkeit mit dem Jahresüberschuss in der Steuerbilanz identisch sein muss. Nehmen wir einmal an, eine GmbH bildet für das Wirtschaftsjahr 2014 eine Drohverlustrückstellungen i.H.v. 500.000 €. Wie erfolgt die Bilanzierung nach Handels- und Steuerrecht?

Antwort: Nach § 249 Abs. 1 HGB ist für drohende Verluste aus schwebenden Geschäften eine entsprechende Rückstellung in der Handelsbilanz zu bilden. Insoweit vermindert sich in unserem Fall der Jahresüberschuss um 500.000 €. Nach § 5 Abs. 4a EStG darf in der Steuerbilanz eine Rückstellung für drohende Verluste aus schwebenden Geschäften nicht gebildet werden. Insoweit ist der Maßgeblichkeitsgrundsatz durch eine Spezialregelung außer Kraft gesetzt. Damit ergibt sich das Problem, dass der Jahresüberschuss um die Rückstellung gemindert wurde und dessen Höhe in der Steuerbilanz nicht geändert werden darf. Da jedoch in der Steuerbilanz auf der Passivseite ein Betrag i.H.v. 500.000 € fehlt, muss ein sog. passiver steuerlicher Ausgleichsposten i.H.v. 500.000 € gebildet werden. Bei der Ermittlung des steuerlichen Einkommens der GmbH muss dann der Jahresüberschuss durch Hinzurechnung von 500.000 € korrigiert werden. Damit wirkt sich die Drohverlustrückstellung auf die Berechnung der Körperschaftsteuer nicht aus.

> **Frage:** Gehen wir doch einmal von folgendem ähnlichen Problem aus: Eine GmbH erhält von ihrem Gesellschafter in 2012 ein Darlehen über 500.000 € zu einem angemessenen Zinssatz. In 2014 tritt der Gesellschafter – auf Druck der Bank – im Rang hinter alle Gläubiger zurück und vereinbart mit der GmbH, dass die Verbindlichkeit ausschließlich aus künftigen Gewinnen zu erfüllen sei. Welche bilanzsteuerlichen Folgen hat der Rangrücktritt in der Bilanz zum 31.12.2014?

Antwort: In der Handelsbilanz ist in 2012 eine Verbindlichkeit i.H.v. 500.000 € auszuweisen. Aufgrund der Maßgeblichkeit gilt dies auch für die Steuerbilanz. Eine Abzinsung der Verbindlichkeit unterbleibt, da eine Verzinsung vereinbart ist. Die Vereinbarung des Rangrücktritts hat als reine Sicherheitsvereinbarungen keine Auswirkungen auf die Bilanzierung in der Handelsbilanz. Die Verbindlichkeit bleibt weiter mit dem Nominalbetrag passiviert. In der Steuerbilanz ist allerdings die Vorschrift des § 5 Abs. 2a EStG zu beachten. Danach darf für Verpflichtungen, die nur zu erfüllen sind, soweit künftig Einnahmen oder Gewinne anfallen, eine Verbindlichkeit nicht ausgewiesen werden. Damit ist die Darlehensverbindlichkeit in der Bilanz zum 31.12.2014 gewinnerhöhend auszubuchen. Da der handelsrechtliche Jahresüberschuss aufgrund der Maßgeblichkeit nicht verändert werden darf, muss auch hier wieder ein passiver steuerlicher Ausgleichsposten gebucht werden. Der (steuerliche) Gewinn aus der Ausbuchung ist dem Jahresüberschuss bei der Ermittlung des (steuerlichen) Einkommens hinzuzurechnen.

Antwort des Prüfers: Diese Lösung entspricht auch der Rechtsprechung des BFH (vgl. BFH vom 30.11.2011, I R 100/10, www.bundesfinanzhof.de).

> **Frage:** Kommen wir zu den Steuerrückstellungen. Muss ein Unternehmen Rückstellungen für Steuern überhaupt bilden, obwohl diese ja erst im Rahmen der Veranlagung anfallen?

Antwort: Bei Erstellung der Bilanz liegt zwar noch keine Steuerverbindlichkeit vor, da die Körperschaftsteuer, der Solidaritätszuschlag und die Gewerbesteuer erst auf der Grundlage der Bilanz veranlagt werden können. Gleichwohl verpflichtet § 249 HGB das Unternehmen, für künftige Steuern, deren Entstehung bei der Bilanzaufstellung der Höhe nach absehbar sind, eine Rückstellung zu bilden, da der Steueraufwand wirtschaftlich zu dem Jahr gehört, das veranlagt wird.

> **Frage:** Eine Kapitalgesellschaft bildet in ihrer Handelsbilanz eine Gewerbesteuerrückstellung. Welche Auswirkungen hat dies auf den Jahresüberschuss und das steuerliche Einkommen?

Antwort: Die Bildung der Rückstellung vermindert den handelsrechtlichen Jahresüberschuss. Nach § 4 Abs. 5b EStG ist die Gewerbesteuer aber keine Betriebsausgabe. Da die Steuerrückstellung aufgrund des Maßgeblichkeitsgrundsatzes auch in der Steuerbilanz gebildet werden muss, muss der Betrag der Rückstellung bei der Berechnung des Einkommens außerbilanziell wieder hinzugerechnet werden.

> **Frage:** Im Zusammenhang mit Steuerrückstellungen fällt immer wieder der Begriff „Latente Steuern"; können Sie das bitte etwas näher erläutern?

Antwort: Der Begriff „Latente Steuern" ist in § 274 HGB geregelt. Bestehen zwischen den handelsrechtlichen Wertansätzen und ihren steuerlichen Wertansätzen Differenzen, die sich in späteren Geschäftsjahren voraussichtlich abbauen, so ist eine sich daraus insgesamt ergebende Steuerbelastung in der Handelsbilanz als passive latente Steuern auszuweisen. Eine sich daraus insgesamt ergebende Steuerentlastung kann als aktive latente Steuern in der Handelsbilanz angesetzt werden (Wahlrecht). Ein typisches Beispiel hierfür wäre die Bildung einer Drohverlustrückstellung in der Handelsbilanz. Als Beispiel möchte ich von der Handelsbilanz einer GmbH ausgehen, die eine Drohverlustrückstellung i.H.v. 200.000 € und einen Jahresüberschuss i.H.v. 500.000 € ausweist. Für die Berechnung der Steuerrückstellung ist von einem Einkommen (§ 8 KStG) i.H.v. 500.000 € zuzüglich der Hinzurechnung der Drohverlustrückstellung (steuerliches Passivierungsverbot nach § 5 Abs. 4a EStG), also von 700.000 € auszugehen. Unter Zugrundelegung einer durchschnittlichen Steuerbelastung einer Kapitalgesellschaft von 30 % ergibt dies eine Steuerrückstellung i.H.v. 210.000 €. Bezogen auf den handelsrechtlichen Jahresüberschuss ist dieser Wert zu hoch (500.000 € × 30 % = 150.000 €). Daher kann die GmbH in ihrer Handelsbilanz aktive latente Steuern i.H.v. (200.000 € × 30 % =) 60.000 € ausweisen, da sich die Drohverlustrückstellung mit Realisierung des Verlustes auch steuerlich auswirkt.

> **Frage:** Sie erwähnen eine Vorschrift des Einkommensteuergesetzes, nämlich § 5 Abs. 4a EStG. Ist diese Vorschrift für Kapitalgesellschaften überhaupt anwendbar?

Antwort: Nach § 8 Abs. 1 KStG bestimmt sich die Ermittlung des Einkommens nach den Vorschriften des Einkommen- und des Körperschaftsteuerrechts. Die Vorschriften des Einkommensteuergesetzes sind aber nicht uneingeschränkt auf eine Kapitalgesellschaft anwendbar. Es ist jeweils zu prüfen, ob die Einkommensteuer-Vorschrift ihrem Wesen nach überhaupt auf eine Kapitalgesellschaft anwendbar ist. So sind z.B. die Vorschriften über Sonderausgaben, Kinderfreibeträge oder außergewöhnliche Belastungen auf Kapitalgesellschaften nicht anwendbar. Die Vorschrift des § 5 Abs. 4a EStG, die die steuerliche Gewinnermittlung zum Gegenstand hat, ist demgegenüber über § 8 Abs. 1 KStG uneingeschränkt im Körperschaftsteuerrecht zu berücksichtigen.

Problembereich 2: Verdeckte Gewinnausschüttungen

> **Frage:** Was versteht man unter einer verdeckten Gewinnausschüttung und welche Folgen hat sie für die Gesellschaft und den Gesellschafter?

Antwort: Da die Kapitalgesellschaft mit ihren Gesellschaftern Verträge schließen kann, könnte sie ihren Jahresüberschuss dadurch verringern, dass sie überhöhte Entgelte an den Gesellschafter zahlt.

Der Gesellschafter muss zwar die erhöhten Entgelte unter Umständen auch versteuern (z.B. im Falle von Mietzahlungen). Seine Einkünfte unterliegen aber in der Regel nicht der Gewerbesteuer. Daher werden die überhöhten Entgeltanteile so behandelt, als seien sie Gewinnausschüttungen. Da Gewinnausschüttungen das Einkommen der Gesellschaft nicht mindern, wirkt sich der unangemessene Teil auf der Ebene der Kapitalgesellschaft ertragsmäßig nicht aus. Wurde das überhöhte Entgelt bereits gewinnwirksam verbucht (z.B. als Mietaufwand), so bleibt der Jahresüberschuss unverändert, da es handelsrechtlich das Institut der verdeckten Gewinnausschüttung nicht gibt. Steuerlich wird bei der Ermittlung des Einkommens der unangemessene Teil außerbilanziell nach § 8 Abs. 3 Satz 2 KStG hinzugerechnet.

Auf der Ebene des Gesellschafters ändern sich die Einkünfte. Während dieser z.B. die überhöhte Miete als Einnahme nach § 21 EStG erfasste, muss er nun die Miete – soweit sie unangemessen ist – als verdeckte Gewinnausschüttung und somit nach §§ 20 Abs. 1 Nr. 1 S. 2 EStG versteuern. Bis zum Veranlagungszeitraum 2010 unterlagen verdeckte Gewinnausschüttungen uneingeschränkt der Abgeltungsteuer nach § 32d Abs. 1 EStG. Mit Wirkung ab dem Veranlagungszeitraum 2011 wurde § 32d Abs. 2 Nr. 4 EStG neu eingefügt. Danach unterliegt eine verdeckte Gewinnausschüttung nicht der Abgeltungsteuer, sondern wird mit dem regulären Tarif versteuert, soweit die verdeckte Gewinnausschüttung das Einkommen der leistenden Körperschaft gemindert hat. Dieser Fall wird in der Praxis regelmäßig nicht vorkommen, da ja die außerbilanzielle Hinzurechnung nach § 8 Abs. 3 Satz 2 KStG gerade dazu führt, dass die verdeckte Gewinnausschüttung das Einkommen der Körperschaft nicht mindert. Der Tatbestand des § 32d Abs. 2 Nr. 4 EStG greift z.B. dann, wenn bei einem Gesellschafter eine verdeckte Gewinnausschüttung erkannt wird, die Veranlagung der Körperschaft aber wegen der Bestandskraft des Körperschaftsteuerbescheids nicht mehr geändert werden kann.

Eine Ausnahme gilt nach § 32d Abs. 2 Nr. 4 EStG, wenn die verdeckte Gewinnausschüttung zwar das Einkommen der Körperschaft gemindert hat, gleichzeitig aber das Einkommen einer dem Gesellschafter nahe stehenden Person erhöht hat. Dies kann z.B. der Fall sein, wenn eine GmbH dem Kind des Gesellschafters ein überhöhtes Gehalt bezahlt. Grundsätzlich muss in diesem Fall der Gesellschafter i.H.d. unangemessenen Gehaltes eine verdeckte Gewinnausschüttung nach § 20 Abs. 1 Nr. 1 Satz 2 EStG versteuern; auf der Ebene des Kindes wird das Gehalt (§ 19 EStG) um den unangemessenen Teil vermindert. Ist die Veranlagung des Kindes aber bestandskräftig, so kann das (überhöhte) Gehalt nicht mehr vermindert werden. In diesem Fall steht dem Gesellschafter dann die Abgeltungsteuer zu.

> **Frage:** Wie ist die verdeckte Gewinnausschüttung auf der Ebene des Gesellschafters zu behandeln, wenn sich die Beteiligung an einer Kapitalgesellschaft im Betriebsvermögen befindet? Können Sie mir ein Beispiel dafür nennen, in dem der Gesellschafter die Beteiligung zwingend als Betriebsvermögen behandeln muss?

Antwort: Eine Beteiligung an einer Kapitalgesellschaft muss zum Beispiel im Betriebsvermögen aktiviert werden, wenn die Voraussetzungen einer Betriebsaufspaltung vorliegen. Ein weiteres Beispiel ist die Komplementär-GmbH im Rahmen einer GmbH & Co. KG. Hier müssen die Kommanditisten die Beteiligung an der Komplementär-GmbH als Sonderbetriebsvermögen II aktivieren, da die Komplementär-GmbH der Verwaltung der KG dient (vgl. H 4.2 Abs. 2 EStH „Anteile an Kapitalgesellschaften – Einzelfälle"). Eine zwingende Behandlung als Betriebsvermögen kann des Weiteren vorliegen, wenn die Beteiligung an einer Kapitalgesellschaft unmittelbar betrieblichen Zwecken dient. Dies kann zum Beispiel bei einem Architekten der Fall sein, der an einer Baugesellschaft GmbH beherrschend beteiligt ist und über diese Gesellschaft zahlreiche Aufträge erhält. Im Übrigen können Anteile an einer Kapitalgesellschaft grundsätzlich auch als gewillkürtes Betriebsvermögen behandelt werden.

Befinden sich die Anteile an einer Kapitalgesellschaft im Betriebsvermögen, so unterliegt eine verdeckte Gewinnausschüttung nach §§ 20 Abs. 1 Nr. 1, Abs. 8, 32d Abs. 1 EStG nicht der Abgeltungsteuer. In diesem Fall ist nach §§ 3 Nr. 40 Buchstabe d) EStG das Teileinkünfteverfahren anzuwenden. Im Übrigen unterliegt die verdeckte Gewinnausschüttung – vorbehaltlich der §§ 8 Nr. 5, 9 Nr. 2a GewStG – grundsätzlich der Gewerbesteuer.

> **Frage:** Sie haben gerade einige wichtige Fälle genannt, in denen eine Beteiligung an einer Kapitalgesellschaft notwendiges Betriebsvermögen darstellt. Wie beurteilen Sie den folgenden Fall, der dem BFH vor kurzem vorlag: Die Klägerin ist als Kommanditistin an einer Kommanditgesellschaft beteiligt. Komplementärin ist die V-GmbH. Gesellschafterin der V-GmbH ist eine AG zu 100 %. An der AG ist die Klägerin zu 10 % beteiligt. Muss die Klägerin die Anteile an der AG im Sonderbetriebsvermögen II der KG aktivieren?

Antwort: Die Beteiligung an einer Kapitalgesellschaft stellt dann notwendiges Sonderbetriebsvermögen II dar, wenn das Halten der Beteiligung für die KG wirtschaftlich vorteilhaft ist. Dies kann z.B. gegeben sein, wenn zwischen beiden Unternehmen eine so enge wirtschaftliche Verflechtung besteht, dass die eine Gesellschaft eine wesentliche wirtschaftliche Funktion der anderen erfüllt (vgl. BFH vom 07.07.1992, VIII R 2/87, BStBl II 1993, 328). Dies könnte z.B. im Falle der Beteiligung eines Architekten an einer Baugesellschaft GmbH der Fall sein. Allerdings verlangt die Rechtsprechung für das Vorliegen von notwendigen Sonderbetriebsvermögen, dass der oder die Mitunternehmer der KG die Kapitalgesellschaft finanziell und organisatorisch beherrschen (vgl. BFH vom 17.11.2011, IV R 51/08, www.bundesfinanzhof.de). Im vorliegenden Fall beherrscht die Klägerin die AG aufgrund der geringen Beteiligung von 10 % nicht. Daher liegt kein notwendiges Sonderbetriebsvermögen vor.

> **Frage:** Gehen Sie einmal davon aus, dass die Klägerin die Anteile an der AG in 2010 für 500.000 € erwarb. In der Folgezeit fällt der Kurs der AG kontinuierlich. In 2014 möchte die Klägerin die Anteile als gewillkürtes Sonderbetriebsvermögen II aktivieren. Der Wert der Aktien ist bis zu diesem Zeitpunkt auf 100.000 € gefallen.

Antwort: Die Einlage der Anteile an der AG hat nach § 6 Abs. 1 Nr. 5 Buchstabe b) EStG grundsätzlich mit den Anschaffungskosten zu erfolgen. Liegt der Teilwert unter den Anschaffungskosten, so müsste nach § 6 Abs. 1 Nr. 5 Satz 1 EStG die Beteiligung mit dem niedrigeren Teilwert aktiviert werden. In diesem Fall ginge dem Gesellschafter die Möglichkeit verloren, die Verluste nach § 17 Abs. 1 oder 4 EStG steuerlich geltend zu machen. Aus diesem Grund sehen die Rechtsprechung und die Verwaltung (vgl. H 17 Abs. 8 EStH „Einlage einer wertgeminderten Beteiligung") vor, dass – entgegen dem Wortlaut des § 6 Abs. 1 Nr. 5 EStG – die Beteiligung mit den (höheren) Anschaffungskosten aktiviert wird.

Diese Problematik der Einlage kann im vorliegenden Fall aber dahingestellt bleiben, da der BFH vom 17.11.2011, a.a.O. die Möglichkeit von gewillkürtem Sonderbetriebsvermögen II ablehnt, wenn der Wert der Beteiligung kontinuierlich am Sinken ist. In diesem Falle könne die Beteiligung das Betriebsvermögen nicht stärken, was aber zwingend Voraussetzung für das Vorliegen von gewillkürtem Betriebsvermögen ist.

> **Frage:** Können Sie einige typische Problemfelder der verdeckten Gewinnausschüttung nennen?

Antwort: Es gibt eine kaum mehr überschaubare Rechtsprechung zu den verdeckten Gewinnausschüttungen. Sehr häufig finden Betriebsprüfer verdeckte Gewinnausschüttungen bei Geschäftsführergehältern, Pensionszusagen, Miet- und Kreditverträgen sowie bei Kaufverträgen.

Problembereich 2: Verdeckte Gewinnausschüttungen

Frage: Gehen Sie einmal von folgendem Fall aus: Eine GmbH bekommt eine Betriebsprüfung für die Jahre 2011 bis 2013. Die persönliche Einkommensteuerveranlagung des Gesellschafter-Geschäftsführers ist bestandskräftig. Die Betriebsprüfung stellt fest, dass die Tantieme, die der Gesellschafter-Geschäftsführer für 2011 erhielt, in Höhe von 50 T€ überhöht war und daher als verdeckte Gewinnausschüttung zu behandeln ist. Kann auch die Veranlagung des Gesellschafters geändert werden?

Antwort: Grundsätzlich sind der Körperschaftsteuerbescheid der Kapitalgesellschaft und der Einkommensteuerbescheid des Gesellschafters völlig unabhängig voneinander zu beurteilen. In der Vergangenheit trat daher immer wieder das Problem auf, dass bei der Kapitalgesellschaft die negativen Folgen einer verdeckten Gewinnausschüttung vollzogen wurden, beim Gesellschafter aber die positiven Folgen (Teileinkünfteverfahren bzw. Anwendung von § 32d Abs. 1 EStG) wegen der Bestandskraft seines Einkommensteuerbescheides nicht eintreten konnten.

Hier hat die Einführung des § 32a KStG Abhilfe geschaffen. Die Vorschrift ist nach § 34 Abs. 13c KStG für alle Steuerbescheide anwendbar, die nach dem 18.12.2006 geändert werden. Es kommt daher nicht auf das Jahr an, in dem die verdeckte Gewinnausschüttung entstand.

Im vorliegenden Fall bedeutet dies, dass die Einkommensteuerveranlagung 2011 zugunsten des Gesellschafters geändert werden kann. Aus Einkünften nach § 19 EStG werden Einkünfte nach § 20 Abs. 1 Nr. 1 EStG, die grundsätzlich der Abgeltungsteuer unterliegen (siehe oben). Auf der Ebene der Gesellschaft bleibt der Jahresüberschuss unverändert; d.h. es bleibt bei der Buchung der 50 T€ als Lohnaufwand. Außerbilanziell wird das Einkommen aber um 50 T€ erhöht. Auf diese 50 T€ fallen Körperschaftsteuer, SolZ und Gewerbesteuer an.

Frage: Drehen wir den obigen Fall um. Die Bescheide der GmbH für die Jahre 2011 bis 2013 sind bestandskräftig geworden, ohne dass eine verdeckte Gewinnausschüttung erkannt wurde. Die Betriebsprüfung findet beim Gesellschafter statt. Die Tantieme wird als verdeckte Gewinnausschüttung beurteilt. Welche Folgen hat dies?

Antwort: Beim Gesellschafter werden die Einkünfte nach § 19 EStG auf jeden Fall in Höhe der verdeckten Gewinnausschüttung in Einkünfte nach § 20 Abs. 1 Nr. 1 EStG umgewandelt. Fraglich ist, ob für die Veranlagung der GmbH auch die Vorschrift des § 32a KStG anwendbar ist. § 32a Abs. 1 KStG geht ausdrücklich nur davon aus, dass der Einkommensteuerbescheid des Gesellschafters in Folge einer Änderung des Körperschaftsteuerbescheides geändert werden kann. Der umgekehrte Fall ist in Abs. 1 nicht geregelt.

Die Änderung des Körperschaftsteuerbescheides in Folge einer Änderung des Einkommensteuerbescheides ist zwar in § 32a Abs. 2 KStG geregelt. Dies soll aber ausdrücklich nur für den Fall einer verdeckten Einlage gelten. Damit kann im Ergebnis der Körperschaftsteuerbescheid der GmbH aufgrund der Betriebsprüfung beim Gesellschafter nicht geändert werden.

Frage: Eine GmbH gewährt ihrem Gesellschafter-Geschäftsführer eine Pensionszusage. Im Wirtschaftsjahr 2012 erhöht sie die Pensionsrückstellung von bisher 150 T€ um 50 T€ auf nun 200 T€. Die Betriebsprüfung stellt in 2013 fest, dass die Pensionszusage teilweise überhöht war und die Zuführung (nur des Jahres 2012) in Höhe von 20 T€ als verdeckte Gewinnausschüttung zu beurteilen ist. Stellen Sie bitte die Folgen für die GmbH dar. Gehen Sie bitte davon aus, dass die Rückstellung sowohl nach Handelsrecht als auch nach Steuerrecht mit 200 T€ anzusetzen ist.

Antwort: Im Handelsrecht gibt es das Rechtsinstitut der verdeckten Gewinnausschüttung nicht. Die GmbH muss für die Pensionszusage – unabhängig davon, wie hoch diese ist – nach § 249 HGB eine

Rückstellung bilden. Die Höhe ist nach handelsrechtlichen Grundsätzen zu berechnen. Diese Rückstellung ist nach § 5 Abs. 1 EStG aufgrund des Maßgeblichkeitsgrundsatzes auch in die Steuerbilanz zu übernehmen. Dem könnte lediglich § 6a EStG als lex specialis zu § 5 Abs. 1 EStG entgegenstehen. § 6a EStG enthält aber keine Aussagen zur Angemessenheit.

Außerbilanziell ist nach § 8 Abs. 3 Satz 2 KStG das Einkommen der GmbH um 20 T€ zu erhöhen. Damit wird steuerlich der überhöhte Pensionsaufwand korrigiert (vgl. BMF vom 28.5.2002, BStBl I 2002, 603, Beck'sche Erlasse 100 § 8/13).

Frage: Wie sind die Folgen beim Gesellschafter?

Antwort: Beim Gesellschafter muss geprüft werden, ob die verdeckte Gewinnausschüttung zu Einnahmen nach § 20 Abs. 1 Nr. 1 EStG geführt hat. Nicht jede verdeckte Gewinnausschüttung auf Ebene der Kapitalgesellschaft führt automatisch zu Einnahmen des Gesellschafters. Auf der Ebene des Gesellschafters liegen steuerpflichtige Einnahmen nur vor, wenn sie ihm zugeflossen sind. Ein Zufluss ist aber nach § 11 Abs. 1 Satz 1 EStG nur anzunehmen, wenn der Gesellschafter über die Pensionsansprüche wirtschaftlich verfügen kann. Über seine Pensionsansprüche kann der Gesellschafter aber erst ab Beginn der Auszahlungsphase und nur in Höhe seines monatlichen Anspruchs wirtschaftlich verfügen. Daher muss der Gesellschafter seine Pension in der aktiven Berufsphase auch nicht nach § 19 EStG versteuern. Genauso verhält es sich, wenn die Zusage ganz oder teilweise als verdeckte Gewinnausschüttung zu beurteilen ist.

Frage: Muss der Gesellschafter die verdeckte Gewinnausschüttung dann nie versteuern?

Antwort: Doch. Aber erst mit Eintritt ins Pensionsalter. Enthalten seine Pensionsansprüche verdeckte Gewinnausschüttungen, so muss er später die Pensionszahlungen anteilsmäßig in Einkünfte nach § 19 und in solche nach § 20 Abs. 1 Nr. 1 EStG aufteilen. Dies kann zu erheblichen Schwierigkeiten führen, wenn die verdeckte Gewinnausschüttung vielleicht viele Jahre oder Jahrzehnte zurückliegt.

Frage: Gehen wir einmal davon aus, die 20 T€ waren bezüglich der Pensionsrückstellung die einzige verdeckte Gewinnausschüttung. Die GmbH verhält sich in den Folgejahren steuerlich absolut korrekt. In 2013 steht die Rückstellung bei 240 T€. Der Gesellschafter verzichtet auf die Pensionsansprüche gegenüber der GmbH. Die Pensionsansprüche sind zu diesem Zeitpunkt aufgrund finanzieller Schwierigkeiten der GmbH völlig wertlos. Welche bilanziellen und steuerlichen Folgen hat dies für die GmbH?

Antwort: Die GmbH muss die Pensionsrückstellung sowohl in der Handels- als auch in der Steuerbilanz gewinnwirksam ausbuchen (vgl. H 40 KStH „Verzicht auf Pensionsanwartschaftsrechte"; Buchungssatz: Pensionsrückstellung 240 T€ an Ertrag 240 T€). Dieser Ertrag könnte durch eine verdeckte Einlage außerbilanziell kompensiert werden (§ 8 Abs. 3 Satz 3 KStG). Die Bewertung verdeckter Einlagen hat grundsätzlich mit dem Teilwert zu erfolgen (R 40 Abs. 4 KStR). Da dieser hier bei 0 € liegt, bleibt es bei einem Ertrag in Höhe von 240 T€.

Frage: Damit würde ja die GmbH die verdeckte Gewinnausschüttung zweimal versteuern. Einmal als verdeckte Gewinnausschüttung und zum anderen bei der Ausbuchung der Pensionsrückstellung.

Antwort: Grundsätzlich ergibt sich tatsächlich eine doppelte Besteuerung. Das Problem liegt darin, dass die verdeckte Gewinnausschüttung die Bilanzposition nicht verändert. Man muss daher den Ertrag aus der Ausbuchung für Zwecke der Ermittlung des steuerlichen Einkommens um die bereits versteuerte verdeckte Gewinnausschüttung außerbilanziell wieder ändern, sodass lediglich 220 T€ als Ertrag übrig bleiben. Dieses Problem taucht übrigens in der gleichen Weise auf, wenn die Pensionszahlungen später geleistet werden. Hier wird die Rückstellung ebenfalls ertragswirksam aufgelöst und gegen den Pensionsaufwand verrechnet. Die – eventuell Jahrzehnte zurückliegende verdeckte Gewinnausschüttung – muss dann anteilig berücksichtigt werden (vgl. BMF vom 28.05.2002 a.a.O., Rz. 7 ff.).

> **Frage:** Gelten die Grundsätze der verdeckten Gewinnausschüttung auch für Gesellschafter, die im Ausland ansässig sind?

Antwort: Bei der Hinzurechnung auf der Ebene der GmbH geht es nur um die Ermittlung des Einkommens der GmbH. Ob die Gesellschafter in Deutschland oder im Ausland ansässig sind, spielt insoweit keine Rolle.

Auf der Ebene der im Ausland ansässigen Gesellschafter liegen – genauso wie bei den in Deutschland ansässigen Gesellschaftern – Einkünfte aus Kapitalvermögen nach § 20 Abs. 1 Nr. 1 EStG vor. Diese unterliegen nach § 49 Abs. 1 Nr. 5 EStG der beschränkten Steuerpflicht. Nach § 43 Abs. 1 Nr. 1 EStG muss die Kapitalgesellschaft auch für die im Ausland ansässigen Gesellschafter Kapitalertragsteuer auf die Ausschüttung einbehalten. Ob die ausländischen Gesellschafter die verdeckte Gewinnausschüttung dann tatsächlich in Deutschland versteuern müssen, richtet sich nach den Regelungen der entsprechenden Doppelbesteuerungsabkommen. Danach sind Dividenden ausschließlich in dem Staat zu versteuern, in dem der Dividendenempfänger ansässig ist (vgl. Art. 10 OECD-Musterabkommen). Der Quellenstaat kann eine Quellensteuer einbehalten, muss die Einkünfte aber im Übrigen von der Besteuerung freistellen (vgl. Art. 23 OECD-Musterabkommen).

> **Frage:** Kann auch im Verhältnis zwischen einer Muttergesellschaft (AG) und einer Tochtergesellschaft (GmbH) eine verdeckte Gewinnausschüttung vorliegen?

Antwort: Ja. Die Prinzipien der §§ 8 KStG und 20 Abs. 1 Nr. 1 EStG gelten auch hier ohne Einschränkung. Bei der Muttergesellschaft unterliegt die verdeckte Gewinnausschüttung aber der Sonderregelung des § 8b Abs. 1 KStG. Die Dividende ist handelsrechtlich als Ertrag zu erfassen und außerbilanziell bei der Ermittlung des Einkommens wieder zu kürzen. 5 % der Dividende sind dann als nicht abziehbare Betriebsausgabe nach § 8b Abs. 5 KStG wieder dem Einkommen hinzuzurechnen.

> **Frage:** Können auch im Rahmen einer Organschaft verdeckte Gewinnausschüttungen vorkommen?

Antwort: Bei einer Organschaft verpflichtet sich eine Organgesellschaft ihren gesamten Gewinn an einen Organträger abzuführen (vgl. §§ 14 ff. KStG). Die Organgesellschaft muss zwingend eine Kapitalgesellschaft sein. Der Organträger kann grundsätzlich jede Rechtsform haben. § 14 Abs. 1 Nr. 1 KStG verlangt außerdem, dass der Organträger an der Organgesellschaft beherrschend beteiligt sein muss (finanzielle Eingliederung). Somit muss der Organträger Gesellschafter der Organgesellschaft sein. Folglich ist auch im Verhältnis zwischen Organgesellschaft und Organträger eine verdeckte Gewinnausschüttung möglich (vgl. BFH vom 07.11.2001, I R 57/00, BStBl II 2002, 369).

Problembereich 3: Einlagen

> **Frage:** Was versteht man bei Kapitalgesellschaften unter Einlagen und welche Arten unterscheidet man?

Antwort: Unter Einlagen versteht man die Zuführung eines bilanzierungsfähigen Vorteils, der seine Ursache im Gesellschaftsverhältnis hat (vgl. R 40 KStR). Man differenziert zwischen offenen und verdeckten Einlagen. Eine offene Einlage liegt dann vor, wenn der Gesellschafter als Gegenleistung

Gesellschaftsrechte erhält. Dies ist nur möglich, wenn die Einlage in das Stammkapital gebucht wird, somit nur bei Gründung und Kapitalerhöhung. Im Übrigen liegen verdeckte Einlagen vor.

> **Frage:** Bei der Gründung einer GmbH beträgt das Stammkapital 100 T€. Gesellschafter A ist zu 50 % beteiligt. Er soll seine Einlage dergestalt erbringen, dass er ein Grundstück übereignet, das er vor fünf Jahren im Privatvermögen für 80 T€ erwarb und das aktuell einen Wert von 140 T€ hat. Die GmbH bucht: Grundstück 140 T€ an Stammkapital 50 T€ und Darlehensverbindlichkeit 90 T€.

Antwort: Es handelt sich um eine Sachgründung. Der Gegenstand der offenen Sacheinlage muss in der Satzung genau bestimmt werden (§ 5 Abs. 4 GmbHG). Da der Gesellschafter seine Sacheinlageverpflichtung erfüllen muss, werden 50 T€ auf das Stammkapital gebucht. Beim Gesellschafter ist die offene Einlage des Grundstücks als Tausch (§ 6 Abs. 6 EStG) zu behandeln. Dies löst bei ihm einen privaten Veräußerungsgewinn nach § 23 Abs. 1 Nr. 1 EStG aus. Erhält der Gesellschafter Darlehensansprüche, so liegt insoweit eine Veräußerung vor. Der Gesellschafter versteuert somit einen privaten Veräußerungsgewinn i.H.v. (140 T€ ./. 80 T€ =) 60 T€. Die Anschaffungskosten der Beteiligung betragen 50 T€, da der Gesellschafter neben seinen Gesellschaftsrechten weitere Wirtschaftsgüter (Darlehen) erhalten hat.

> **Frage:** Wie würde der Fall aussehen, wenn der Gesellschafter vor der Übertragung das Grundstück im Betriebsvermögen seines Einzelunternehmens hält (Buchwert: 80 T€/Teilwert 140 T€)?

Antwort: Eine Buchwertübertragung nach § 6 Abs. 5 EStG kommt schon deswegen nicht infrage, weil nach § 6 Abs. 5 Satz 5 EStG zwingend der Teilwert anzusetzen ist, soweit ein Wirtschaftsgut auf eine Kapitalgesellschaft übertragen wird. Daher ist das Wirtschaftsgut vor der Einlage in die GmbH aus dem Betriebsvermögen zu entnehmen; der Gewinn beträgt (140 T€ ./. 80 T€ =) 60 T€. Der Ansatz bei der GmbH ist dann wie im obigen Fall (Privatvermögen) vorzunehmen.

> **Frage:** Angenommen der Gesellschafter überträgt nicht ein Grundstück, sondern einen Betrieb (Kapital: 80 T€/Teilwert: 140 T€). Wie sind dann die Folgen?

Antwort: Hier greift § 20 UmwStG. Danach hat die Gesellschaft ein Wahlrecht, ob sie die Wirtschaftsgüter des Betriebs mit dem Buchwert, einem Zwischenwert oder dem gemeinen Wert ansetzt. Setzt die GmbH die Wirtschaftsgüter mit dem Buchwert an, entsteht beim Gesellschafter kein Einbringungsgewinn. Setzt die Gesellschaft einen Zwischenwert an (z.B. 100 T€), müssen die stillen Reserven, die in den einzelnen Wirtschaftsgütern stecken, gleichmäßig anteilig aufgestockt werden. Im Betrieb des einbringenden Gesellschafters entsteht ein laufender Gewinn (z.B. bei Ansatz von 100 T€ in Höhe von 20 T€). Setzt die GmbH den gemeinen Wert an, entsteht im Betrieb des einbringenden Gesellschafters ein Gewinn i.H.v. 60 T€. Dieser ist dann aber nach §§ 16, 34 EStG begünstigt.

Die Anschaffungskosten des Gesellschafters richten sich nach § 20 Abs. 3 UmwStG. Als Anschaffungskosten gelten die Werte, mit denen die GmbH die übernommenen Wirtschaftsgüter ansetzt; bei Buchwertansatz also hier 80 T€. Bekommt der Gesellschafter neben seinen Gesellschaftsanteilen weitere Wirtschaftsgüter (z.B. einen Darlehensanspruch für den über das Stammkapital hinausgehenden Teil), so mindert dies die Anschaffungskosten. Bei einem Buchwertansatz von 80 T€ und der Buchung von 50 T€ Stammkapital/30 T€ Darlehen würden die Anschaffungskosten somit (80 T€ ./. 30 T€ =) 50 T€ betragen.

Problembereich 3: Einlagen

> **Frage:** Es soll eine GmbH (Unternehmergesellschaft) mit einem Stammkapital von 5.000 € gegründet werden. Der Alleingesellschafter möchte das Stammkapital durch Übertragung eines Pkw erbringen, der unstreitig mindestens einen Wert von 5.000 € hat. Ist dies möglich?

Antwort: Eine Unternehmergesellschaft kann nach § 5a GmbHG mit einem Stammkapital von weniger als 25.000 € gegründet werden. Die Leistung einer Sacheinlage ist in diesem Fall allerdings nach § 5a Abs. 2 Satz 2 GmbHG ausgeschlossen. Der Gesellschafter muss daher die 5.000 € in bar aufbringen.

> **Frage:** Ein Gesellschafter verpflichtet sich, seiner GmbH ein Verwaltungsgebäude unentgeltlich zu überlassen. Die angemessene monatliche Miete beträgt 10 T€. Wie ist der Vorgang bei der GmbH zu verbuchen?

Antwort: Die bloße Nutzung eines Wirtschaftsguts stellt keinen bilanzierungsfähigen Vorteil für die GmbH dar (vgl. H 40 KStH „Einlagefähiger Vermögensvorteil"). Der Vorgang hat damit für die GmbH keine bilanzielle Auswirkung. Es liegt keine verdeckte Einlage vor.

> **Frage:** Angenommen der Gesellschafter hat für das Verwaltungsgebäude, das er im Privatvermögen hält, monatliche Aufwendungen in Höhe von 4.000 €. Wie behandelt er diese Aufwendungen?

Antwort: Würde er Mieteinnahmen erzielen, lägen Einnahmen nach § 21 EStG vor. Die Aufwendungen könnten als Werbungskosten im Rahmen des § 9 EStG aber nur insoweit geltend gemacht werden, als Einkunftserzielungsabsicht vorliegt. Eine solche ist hier aufgrund der unentgeltlichen Überlassung aber nicht gegeben. Die Rechtsprechung geht aber davon aus, dass der Gesellschafter mit der unentgeltlichen Überlassung des Gebäudes einen höheren Jahresüberschuss der GmbH und damit eine höhere Dividende erzielen will. Der Aufwand für das Gebäude stellt damit Aufwand auf die Beteiligung dar. Hält der Gesellschafter die Beteiligung im Privatvermögen, kann er nach § 20 Abs. 9 EStG keine Werbungskosten geltend machen. Somit kann er auch den Aufwand für das Gebäude steuerlich grundsätzlich nicht berücksichtigen. Eine Ausnahme gilt aber dann, wenn der Gesellschafter einen Antrag nach § 32d Abs. 2 Nr. 3 EStG stellt. In diesem Fall ist die Anwendung des § 20 Abs. 9 EStG ausdrücklich ausgeschlossen (vgl.: „Insoweit finden ... 20 Abs. 6 und 9 keine Anwendung..."). Damit stellt sich dann aber die Frage, ob für die Aufwendungen das Teilabzugsverbot nach § 3c Abs. 2 EStG anwendbar ist. In der Vergangenheit haben Rechtsprechung und Verwaltung derartige Aufwendungen grundsätzlich nur zu 60 % anerkannt. Mit Urteil des BFH vom 18.04.2012, X R 5/10, BStBl II 2013, 785 und X R 7/10, BStBl II 2013, 791 hat dieser entschieden, dass das Teilabzugsverbot des § 3c Abs. 2 EStG nicht für laufende Aufwendungen gilt, die sich auf die Substanz der überlassenen Wirtschaftsgüter beziehen (insbesondere AfA und Erhaltungsaufwendungen). Die Verwaltung folgt dieser Rechtsprechung mit BMF-Schreiben vom 23.10.2013, BStBl I 2013, 1269. Mit Wirkung ab dem Veranlagungszeitraum 2015 wurde § 3c Abs. 2 EStG geändert. Im Falle einer unentgeltlichen oder teilentgeltliche Überlassung unterliegen die Werbungskosten/Betriebsausgaben stets dem Teilabzugsverbot.

> **Frage:** G ist beherrschender Gesellschafter-Geschäftsführer der X-GmbH. Seit einigen Monaten wurde sein Gehalt nicht ausbezahlt. Zum Bilanzstichtag 31.12.2014 passiviert die GmbH zu Recht eine Gehaltsverbindlichkeit in Höhe von 80 T€. Die GmbH erfüllt ihre Zahlungsverpflichtungen zu 100 %. G verzichtet im Januar 2015 auf das ausstehende Gehalt. Stellen Sie bitte die Folgen für die GmbH dar.

Antwort: Die GmbH muss aufgrund des Verzichts die Verbindlichkeit ausbuchen. Insoweit entsteht bei ihr ein Ertrag in Höhe von 80 T€ (Buchungssatz: Verbindlichkeit 80 T€ an Ertrag 80 T€). Dieser Ertrag erhöht den Jahresüberschuss, wirkt sich also sowohl auf die Handels- als auch die Steuerbilanz aus. Da davon auszugehen ist, dass ein fremder Geschäftsführer nicht auf sein Gehalt verzichtet hätte, hat der Verzicht seine Ursache im Gesellschaftsverhältnis. Da G der GmbH auch einen bilanzierungsfähigen Vorteil zugewendet hat (Verminderung der Passiva) ist der Verzicht als verdeckte Einlage zu beurteilen. Eine verdeckte Einlage darf nach § 8 Abs. 3 Satz 3 KStG das Einkommen der GmbH nicht erhöhen. Daher muss der Ertrag aus der Ausbuchung außerbilanziell wieder um 80 T€ vermindert werden. Gleichzeitig muss die GmbH einen Zugang im steuerlichen Einlagekonto gemäß § 27 KStG verbuchen.

Frage: Hätte die GmbH die Ausbuchung der Verbindlichkeit auch anders buchen können?

Antwort: Die GmbH hätte die Ausbuchung auch über eine Kapitalrücklage buchen können; Buchungssatz: Verbindlichkeit 80 T€ an Kapitalrücklage 80 T€. Dies erlaubt § 272 Abs. 2 Nr. 4 HGB. In diesem Fall wäre die Ausbuchung gewinnneutral. Die außerbilanzielle Minderung nach § 8 Abs. 3 Satz 3 KStG wäre dann nicht vorzunehmen.

Durch den Verzicht des Gesellschafter-Geschäftsführers hat sich das Eigenkapital der Gesellschaft um 80 T€ erhöht. Diese 80 T€ können als Dividende ausgeschüttet werden. Dabei spielt es keine Rolle, ob die Ausbuchung der Verbindlichkeit über Ertrag oder Kapitalrücklage gebucht wurde. Dividenden sind aber grundsätzlich nach § 20 Abs. 1 Nr. 1 EStG beim Empfänger steuerpflichtig. G müsste damit den Betrag, den er der GmbH selbst in Form des Verzichtes zugeführt hat, noch einmal versteuern. Daher sieht § 20 Abs. 1 Nr. 1 Satz 3 EStG vor, dass Ausschüttungen aus dem Einlagekonto nicht als Dividende versteuert werden müssen. Es ist allerdings zu prüfen, ob sich ein Gewinn nach § 17 Abs. 4 EStG ergibt. Dies ist aber regelmäßig nicht der Fall, da die verdeckte Einlage beim Gesellschafter zu einer nachträglichen Erhöhung seiner Anschaffungskosten geführt hat (vgl. H 40 KStH „Behandlung beim Gesellschafter"). Eine Ausschüttung aus dem Einlagekonto kann aber nach § 27 KStG erst erfolgen, wenn das übrige freie Eigenkapital – der sogenannte ausschüttbare Gewinn – vollständig ausgeschüttet ist.

Frage: Wie sind die Folgen des Verzichts für den Gesellschafter?

Antwort: Die Rechtsprechung geht davon aus, dass der Verzicht eines beherrschenden Gesellschafter-Geschäftsführers auf eine Gehaltsforderung wie eine wirtschaftliche Verfügung über das Gehalt zu beurteilen ist (z.B. BFH vom 14.06.1985, BStBl II 1986, 62). Wenn der Gesellschafter aber über sein Gehalt wirtschaftlich verfügt, liegt darin ein Zufluss im Sinne des § 11 Abs. 1 Satz 1 EStG (vgl. H 40 KStH „Forderungsverzicht"). G muss daher in 2015 80 T€ Geschäftsführergehalt versteuern, da der Gehaltsanspruch voll werthaltig war. Allerdings erhöhen sich durch den Verzicht die Anschaffungskosten des G für seine Beteiligung an der GmbH. Dies hat Auswirkungen im Rahmen des § 17 EStG bei einem Verkauf oder einer Ausschüttung aus dem Einlagekonto (siehe oben).

Frage: Gehen Sie bitte von folgendem Fall aus: Der beherrschende Gesellschafter-Geschäftsführer einer GmbH erhält (zulässigerweise) ein Weihnachtsgeld in Höhe eines (angemessenen) Monatslohns. Das Weihnachtsgeld ist am 31.12.2014 fällig. In der Bilanz zum 31.12.2014 unterlässt es die GmbH, eine Verbindlichkeit i.H.d. Weihnachtsgeldes zu passivieren. Im Februar 2015 verzichtet der Gesellschafter auf die Auszahlung des Weihnachtsgeldes. Liegt beim Gesellschafter der Zufluss von Arbeitslohn vor bzw. ist der Verzicht als verdeckte Einlage zu werten?

Problembereich 4: Zinsschranke

Antwort: Nach meiner Ansicht müsste die Bilanz der GmbH berichtigt und in Höhe des ausstehenden Weihnachtsgeldes eine Verbindlichkeit passiviert werden. Verzichtet der Gesellschafter bevor das Weihnachtsgeld ausbezahlt wurde, so muss auf Ebene der GmbH die Verbindlichkeit gewinnwirksam ausgebucht werden. Ist die GmbH finanziell voll leistungsfähig, so ist außerbilanziell nach § 8 Abs. 3 Satz 3 KStG in Höhe des Weihnachtsgeldes das Einkommen wieder zu mindern, da der Verzicht eine verdeckte Einlage darstellt. Auf der Ebene des Gesellschafters führt der Verzicht nach der Rechtsprechung des Großen Senats zu einem Zufluss von Arbeitslohn in 2015. Der Verzicht des Gesellschafters ändert an der Besteuerung des Gehalts (§ 19 EStG) nichts. Allerdings erhöhen sich die Anschaffungskosten der Beteiligung um die verdeckte Einlage.

> **Kommentar des Prüfers:** Ich würde Ihrer Lösung zustimmen; anders allerdings der BFH in seinem Urteil vom 03.02.2011, VI R 4/10 www.bundesfinanzhof.de.

> **Frage:** Variieren wir unseren Fall; der Gesellschafter soll für das Jahresergebnis 2014 eine Tantieme erhalten, die als solche angemessen und üblich ist. Im Februar 2015 verzichtet der Gesellschafter auf die Tantieme. Im April 2015 genehmigt die Gesellschafterversammlung die Bilanz und den Jahresabschluss der GmbH zum 31.12.2014.

Antwort: Problematisch ist in diesem Fall die Frage, wann die Tantieme fällig wird. Da die Höhe der Tantieme erst berechnet werden kann, wenn das Wirtschaftsjahr abgelaufen und die Bilanz erstellt ist, kann sie auf keinen Fall zum 31.12.2014 fällig gewesen sein. Da der Jahresabschluss der GmbH von den Gesellschaftern nach § 42a Abs. 2 GmbHG festgestellt werden muss, kann die Tantieme eigentlich erst mit der Feststellung des Jahresabschlusses fällig sein, da vorher theoretisch Änderungen am Jahresabschluss vorgenommen werden müssen. Da sonach der Gesellschafter-Geschäftsführer noch vor Fälligkeit der Tantieme auf diese verzichtete, liegt kein Zufluss von Arbeitslohn vor. Die Gesellschaft musste zum 31.12.2014 keine Verbindlichkeit passivieren (= werterhellende Tatsache). Somit entfällt auch eine Ausbuchung der Verbindlichkeit mit der Folge einer verdeckten Einlage.

> **Kommentar des Prüfers:** In diesem Sinne entschied auch der Bundesfinanzhof in seinem Urteil vom 03.02.2011, VI R 66/09 www.bundesfinanzhof.de.

> **Frage:** Können Sie mir ein Beispiel für § 8 Abs. 3 Satz 4 KStG nennen, wonach das Einkommen der GmbH sich erhöht, soweit eine verdeckte Einlage das Einkommen eines Gesellschafters gemindert hat?

Antwort: Die Vorschrift hat nur einen geringen Anwendungsbereich. Hält z.B. ein Gesellschafter die Beteiligung an der GmbH im Betriebsvermögen und verfügt er z.B. über eine Forderung aus Lieferung oder Leistung gegenüber der GmbH, so würde ein Verzicht auf diese Forderung beim Gesellschafter das Einkommen mindern (Buchungssatz: Wertberichtigung auf Forderung an Forderung). In diesem Fall entstünde bei der GmbH ein Ertrag aus der Ausbuchung der Verbindlichkeit. Dieser Ertrag dürfte dann außerbilanziell aber nicht mehr korrigiert werden, sonst würde sich der Verzicht zweimal steuerlich auswirken.

Problembereich 4: Zinsschranke

> **Frage:** Was war für den Gesetzgeber das Motiv, die Vorschrift des § 4h EStG einzuführen?

Antwort: Insbesondere große Kapitalgesellschaften mit Sitz in Deutschland ließen sich von ihren Muttergesellschaften mit Sitz in einem Niedrigsteuerland Kredite gewähren. Die Zinsen minderten in Deutschland den hoch besteuerten Gewinn der Tochtergesellschaft. Die Zinsen wurden von der Muttergesellschaft entweder überhaupt nicht (z.B. in Kuwait) oder aber nur zu einem sehr niedrigen Steuersatz (z.B. in Zypern oder Irland) versteuert. Mit der Vorschrift des § 8a KStG a.F. stand der Finanzverwaltung zumindest für Kapitalgesellschaften eine Gegenmaßnahme zur Verfügung. Die in Deutschland gezahlten Zinsen wurden als verdeckte Gewinnausschüttung behandelt und erhöhten somit das Einkommen der in Deutschland ansässigen Tochtergesellschaft. Die Vorschrift des § 8a KStG war aber nicht sehr effektiv und im Übrigen europarechtlich höchst bedenklich. Aus diesem Grund wurde mit dem Unternehmensteuerreformgesetz 2008 § 4h EStG eingeführt. Die Regelung gilt nun rechtsformunabhängig für alle Unternehmen. (Anmerkung: vgl. umfassend BMF vom 04.07.2008, BStBl I 2008, 718).

Frage: Ein Unternehmen hat im Wirtschaftsjahr 2014 Zinsaufwendungen i.H.v. 7,5 Mio. €. Das EBITDA beträgt 6 Mio. €. Bitte stellen Sie die Auswirkung auf das Jahr 2014 und die folgenden Wirtschaftsjahre dar.

Antwort: Nach § 4h Abs. 1 EStG sind Zinsaufwendungen eines Betriebs maximal bis zu 30 % des EBITDA abziehbar. In unserem Fall wären dies maximal 1,8 Mio. €. Die darüber hinausgehenden Zinsaufwendungen i.H.v. 5,7 Mio. € sind nach § 4h Abs. 1 S. 2 EStG in die folgenden Wirtschaftsjahre vorzutragen.

Frage: Variieren wir den obigen Fall dahingehend, dass das EBITDA 30 Mio. € beträgt.

Antwort: In diesem Fall können die Zinsaufwendungen in 2014 in vollem Umfang abgezogen werden, da sie weniger als 30 % des EBITDA betragen.

Frage: Was geschieht mit dem nicht ausgenutzten EBITDA?

Antwort: 30 % des EBITDA sind 9 Mio. €. Davon wurden in 2014 7,5 Mio. € an Zinsen „verbraucht". Somit sind 1,5 Mio. € an EBITDA übrig. Diese können in die folgenden 5 Wirtschaftsjahre vorgetragen werden (sog. verrechenbares EBITDA).

Frage: In welchen Fällen ist die sog. Zinsschranke nicht anwendbar?

Antwort: § 4h Abs. 2 EStG enthält mehrere Ausnahmetatbestände. So ist die Abzugssperre zum einen nicht anwendbar, wenn der Zinsaufwand im Wirtschaftsjahr weniger als 3 Mio. € beträgt (Freigrenze). Überschreiten die Zinsaufwendungen die Grenze von 3 Mio. €, so fallen sie komplett unter die 30 %-Grenze.

Zum anderen gilt die 30 %-Grenze nach § 4h Abs. 2b EStG nur für Betriebe, die ganz oder anteilsmäßig zu einem Konzern gehören („Stand-alone-Klausel"). Dies erklärt sich daraus, dass die internationalen Zinsverlagerungen regelmäßig nur in Konzernen vorkamen.

Für konzernabhängige Unternehmen sieht § 4h Abs. 2 Buchstabe c) EStG eine weitere Ausnahme vor. Die Abzugsbeschränkung greift nicht, wenn bei einem zu einem Konzern gehörenden Betrieb ein Eigenkapitalvergleich ergibt, dass seine Eigenkapitalquote um nicht mehr als zwei Prozentpunkte unter der des Konzerns liegt („Escape-Klausel").

Frage: Gilt die Vorschrift des § 4h EStG auch für Kapitalgesellschaften?

Antwort: Grundsätzlich ja; allerdings modifiziert § 8a KStG § 4h EStG dahingehend, dass an die Stelle des maßgeblichen Gewinns (§ 4 Abs. 1 EStG) das maßgebliche Einkommen (§ 8 KStG) tritt.

Außerdem ist nach § 8a Abs. 2 KStG die „Stand-alone-Klausel" (§ 4h Abs. 2 Buchstabe b) EStG) nur anwendbar, wenn die Zinsen, die an einen zu mehr als 25 % beteiligten Gesellschafter gezahlt werden, nicht mehr als 10 % der Nettozinsaufwendungen ausmachen.

Eine weitere Modifizierung enthält § 8a Abs. 3 KStG. Danach ist auch die Escape-Klausel (§ 4h Abs. 2 Buchstabe c) EStG) nur anzuwenden, wenn die Zinsen, die an einen zu mehr als 25 % beteiligten Gesellschafter gezahlt werden, nicht mehr als 10 % der Nettozinsaufwendungen ausmachen (Details siehe BMF vom 04.07.2008, BStBl I 2008, 718, Beck'sche Erlasse § 4h/1).

> **Frage: Eine GmbH hat von ihrer Hausbank ein Darlehen i.H.v. 50 Mio. € bekommen. Für das Darlehen bürgt der Gesellschafter G, der zu 60 % beteiligt ist. Die weiteren Gesellschafter sind die natürlichen Personen A und B zu je 20 %. Im Wirtschaftsjahr 2014 betragen die Zinsaufwendungen 4 Mio. €. Greift die Zinsschranke?**

Antwort: Die GmbH gehört keinem Konzern an; danach wäre nach § 4h Abs. 2 Buchstabe b) EStG die Zinsschranke nicht anzuwenden. Nach § 8a KStG greift die Regelung des § 4h Abs. 2 Buchstabe b) EStG für Kapitalgesellschaften nicht, wenn die Vergütungen für Fremdkapital an einen Dritten (hier: Hausbank) gezahlt werden und dieser Dritte auf einen Gesellschafter zurückgreifen kann, der zu mehr als einem Viertel am Stammkapital beteiligt ist (hier: Gesellschafter G). Die Möglichkeit des Rückgriffs ergibt sich hier aus der Bürgschaft des Gesellschafters.

Der BFH (Beschluss vom 13.03.2012, I B 111/11 www.bundesfinanzhof.de) hält diese Regelung des § 8a KStG für verfassungswidrig, da die Bürgschaft des Gesellschafters regelmäßig nicht zum Zwecke der Steuerverlagerung, sondern aus wirtschaftlichem Zwang erfolgt. Der BFH hat daher die Frage der Verfassungsmäßigkeit nach Art. 100 GG dem BVerfG vorgelegt.

> **Frage: Welche besonderen Regelungen gibt es bei der Gewerbesteuer für Finanzierungsaufwendungen?**

Antwort: Nach § 8 Nr. 1 GewStG werden ein Viertel der Summe aus Zinsaufwendungen und anderen Aufwendungen (z.B. Miete) dem gewerbesteuerlichen Ertrag wieder hinzugerechnet. Im Gegensatz zur bisherigen Regelung werden nun alle Zinsaufwendungen erfasst; es wird z.B. nicht mehr zwischen Dauerschulden und sonstigen Finanzierungen unterschieden. § 8 Nr. 1 GewStG enthält eine Mittelstandskomponente, wonach eine Summe von bis zu 100 T€ von der Hinzurechnung ausgenommen ist.

Problembereich 5: Beteiligung an anderen Körperschaften und Personenvereinigungen (§ 8b KStG)

> **Frage: Warum wurde mit der Abschaffung des Anrechnungsverfahrens für Dividenden die Vorschrift des § 8b Abs. 1 KStG eingeführt?**

Antwort: Unter der Geltung des Anrechnungsverfahrens wurde das Einkommen zuletzt mit 40 % Körperschaftsteuer belastet (sog. EK 40). Im Falle einer Ausschüttung wurde die Steuerbelastung auf 30 % reduziert. Damit konnten von 100 € Gewinn 70 € ausgeschüttet werden. Der Empfänger der Dividende konnte sich bei der Besteuerung der Dividende die von der ausschüttenden Kapitalgesellschaft bezahlte Körperschaftsteuer anrechnen lassen. War Gesellschafter der ausschüttenden Gesellschaft wiederum eine Kapitalgesellschaft, musste diese die Dividende zwar als Gewinn versteuern, konnte aber die Körperschaftsteuer der ausschüttenden Gesellschaft anrechnen lassen. Damit war es ohne Bedeutung, über wie viele Stufen die Dividende letztlich ausgeschüttet wurde (z.B. von der Enkelgesellschaft an die Tochtergesellschaft und von dieser an die Muttergesellschaft etc.). Erst wenn die Dividende an eine natürliche Person ausgeschüttet wurde, unterlag sie endgültig der individuellen Einkommensteuer des Gesellschafters.

Mit dem Wechsel zur Definitivbesteuerung fiel die Anrechnung der Körperschaftsteuer weg. Die ausschüttende Gesellschaft muss nun den Gewinn mit 15 % besteuern. Danach können von 100 € Gewinn 85 € ausgeschüttet werden (SolZ außer Acht gelassen). Wäre nun Gesellschafterin eine Kapitalgesellschaft, müsste diese die 85 € wieder mit 15 % KSt belasten. Der Ausschüttungsbetrag würde damit immer weniger werden, je mehr Kapitalgesellschaften hintereinander geschaltet wären (sog. Kaskadeneffekt). Um dies zu verhindern, wurde die Dividende nach § 8b Abs. 1 KStG steuerfrei gestellt.

Ursprünglich war mit der Steuerfreiheit ein Abzugsverbot für Betriebsausgaben verbunden, die wirtschaftlich mit der Beteiligung zusammenhingen (Gedanke des § 3c Abs. 1 EStG). Mit Wirkung ab Veranlagungszeitraum 2004 wurde die Steuerfreiheit zwar beibehalten, der Betriebsausgabenabzug aber ausdrücklich zugelassen (§ 8b Abs. 5 Satz 2 KStG). Dafür werden nun aber 5 % der Einnahmen pauschal als nicht abziehbare Betriebsausgaben behandelt (§ 8b Abs. 5 Satz 1 KStG). Faktisch sind daher 95 % der Dividende steuerfrei (weitere Details siehe BMF vom 28.04.2003, BStBl I 2003, 292, Beck'sche Erlasse 100 § 8b/3).

Frage: Warum führt § 8b Abs. 1 und 5 KStG zu einer außerbilanziellen Korrektur?

Antwort: Nach § 266 HGB muss der Jahresüberschuss ermittelt werden. Eine Kapitalgesellschaft muss die eingehende Dividende handelsrechtlich in vollem Umfang verbuchen (Buchungssatz: Geld an Beteiligungserträge), sonst würde das Geldkonto nicht mit der GuV bzw. Bilanz übereinstimmen. Nach dem Grundsatz der Maßgeblichkeit muss der Jahresüberschuss unverändert in die Steuerbilanz übernommen werden. Damit enthält die Steuerbilanz stets die gesamte Dividende. Rein technisch gibt es daher nur die Möglichkeit, die Steuerfreiheit außerbilanziell herzustellen. Daher wird nach § 8b Abs. 1 KStG der Jahresüberschuss um die enthaltenen Dividenden gekürzt und 5 % als nicht abziehbare Betriebsausgabe hinzugerechnet.

Frage: Werden die 5 % auch dann hinzugerechnet, wenn die Kapitalgesellschaft nachweislich gar keine Aufwendungen auf die Beteiligung in ihrer GuV enthalten hat?

Antwort: Ja. Es handelt sich hier um eine pauschale Regelung. Der Gesetzgeber hat es aus Gründen der Verwaltungsökonomie hingenommen, dass es im Einzelfall eventuell zu einer unberechtigten Hinzurechnung kommt.

Frage: Gilt § 8b Abs. 1 KStG auch, wenn eine in Deutschland ansässige Kapitalgesellschaft von einer ausländischen Kapitalgesellschaft eine Dividende erhält?

Antwort: Ja. Da Dividenden nach den Doppelbesteuerungsabkommen stets im Sitzstaat des Empfängers versteuert werden (vgl. Art. 10 des OECD-Musterabkommens), ist für die deutsche Kapitalgesellschaft das deutsche Körperschaftsteuerrecht maßgeblich.

Frage: Art. 10 des von Ihnen erwähnten Musterabkommens sieht die Möglichkeit vor, dass der Staat, in dem die ausschüttende Gesellschaft ihren Sitz hat, eine Quellensteuer erheben darf. Wie wird diese Quellensteuer in Deutschland behandelt?

Antwort: § 26 Abs. 1 KStG in Verbindung mit § 34c EStG sieht grundsätzlich die Anrechnung ausländischer Steuern bei der deutschen Körperschaftsteuer vor. Die Anrechnung darf aber nicht höher sein als die Körperschaftsteuer, die auf diese ausländischen Einkommensteile entfällt. Da nach § 8b Abs. 1 KStG die ausländische Dividende in Deutschland steuerfrei ist, kann auch keine deutsche Körperschaftsteuer auf diese Einkommensteile entfallen. Damit ist eine Anrechnung ausländischer

Problembereich 5: Beteiligung an anderen Körperschaften und Personenvereinigungen

Quellensteuer regelmäßig nicht möglich. Dies führt zu einer wirtschaftlichen Doppelbelastung. Hier hat die Europäische Mutter-Tochter-Richtlinie eine gewisse Erleichterung geschaffen. Danach wird nach Art. 5 keine Quellensteuer erhoben, wenn eine Muttergesellschaft eines Mitgliedstaates an einer Tochtergesellschaft eines Mitgliedstaates zu mindestens 10 % beteiligt ist.

> **Frage:** An einer deutschen Aktiengesellschaft ist eine in Frankreich ansässige Kapitalgesellschaft zu 8 % beteiligt. Die deutsche Aktiengesellschaft belastet die Dividende mit der deutschen Kapitalertragsteuer nach § 43 Abs. 1 Nr. 1 EStG, da die Mindestbeteiligung der europäischen Mutter-Tochter-Richtlinie nicht erreicht wird. Gehen Sie bitte davon aus, dass Frankreich die Dividende – vergleichbar dem deutschen § 8b Abs. 1 KStG – steuerfrei stellt. Welches europarechtliche Problem ergibt sich?

Antwort: Gehen wir davon aus, dass Frankreich ausländische Steuern – vergleichbar dem deutschen § 34c EStG – anrechnet. Dann könnte grundsätzlich die französische Kapitalgesellschaft die in Deutschland gezahlte Kapitalertragsteuer (Quellensteuer) anrechnen. Eine Anrechnung ist aber nur möglich, soweit auf die im Ausland erzielten Einkünfte eine französische Ertragsteuer anfällt. Dies ist aber gerade nicht der Fall, da Frankreich – ebenso wie Deutschland – die Dividende, die eine Kapitalgesellschaft an eine andere Kapitalgesellschaft ausschüttet steuerfrei stellt. Damit kann die französische Gesellschafterin die in Deutschland gezahlte Kapitalertragsteuer nicht anrechnen. Damit steht sie aber schlechter da als eine deutsche Gesellschafterin. Eine deutsche Gesellschafterin in der Rechtsform einer Kapitalgesellschaft müsste zwar auch die Dividende nicht versteuern (abgesehen von den 5 % nicht abzugsfähige Betriebsausgabe), könnte sich aber die Kapitalertragsteuer im Rahmen ihrer deutschen Körperschaftsteuerveranlagung anrechnen lassen. Damit würde sich die Kapitalertragsteuer für die deutsche Gesellschafterin nicht belastend auswirken, wohingegen die französische Gesellschafterin wirtschaftlich voll belastet wäre. In dieser Ungleichbehandlung sah der europäische Gerichtshof eine Diskriminierung ausländischer Gesellschafter und forderte Deutschland auf, diese Diskriminierung zu beenden. Deutschland reagierte auf dieses Urteil, indem es für Gesellschafter, die zu weniger als 10 % beteiligt sind (für die also die europäische Mutter-Tochter-Richtlinie nicht gilt) die volle Steuerpflicht der Dividenden einführte. Diese Regelung ist für Bezüge anwendbar, die nach dem 28.02.2013 zu fließen (§ 34 Abs. 7a Satz 2 KStG).

Damit werden nun Gesellschafter, die die Rechtsform einer Kapitalgesellschaft haben, schlechter gestellt als Gesellschafter, die die Rechtsform einer Personengesellschaft haben. Für Erstere ist die Dividende zu 100 % steuerpflichtig, für Letztere gilt das Teileinkünfteverfahren. Darüber hinaus stellt sich nun die Frage der nationalen Diskriminierung (Verstoß gegen Art. 3 GG), wenn ein Gesellschafter nur deshalb die Dividende voll versteuern muss, weil er eine Mindestbeteiligung nicht überschreitet. Auch bei einem zu weniger als 10 % beteiligten Gesellschafter hat die ausschüttende Kapitalgesellschaft den Gewinn mit ca. 30 % versteuert, sodass von 100 € Gewinn lediglich ca. 70 € als Dividende zur Verfügung stehen. Diese 70 € muss der Gesellschafter nun nach § 8b Abs. 4 KStG wiederum mit ca. 30 % versteuern, sodass der Gewinn letztlich nur zu ca. 50 % beim Gesellschafter ankommt (sog. Kaskadeneffekt).

> **Frage:** Gehen Sie bitte von folgender Konstellation aus. Die Muttergesellschaft (A-AG) ist zu 100 % an den Töchtern X-GmbH und Y-GmbH beteiligt. Auf Geheiß der A-AG gewährt die X-GmbH der Y-GmbH ein zinsloses Darlehen über 20 Mio. €. Der angemessene Zinssatz wäre 7 % gewesen.

Antwort: Hier muss man differenzieren. Aus der Sicht der X-GmbH handelt es sich um eine verdeckte Gewinnausschüttung an ihre Muttergesellschaft, da sie auf die Erzielung von Zinseinnahmen verzichtet und dieser Verzicht seine Ursache im Gesellschaftsverhältnis zur Muttergesellschaft hat.

Damit sind die Einnahmen der X-GmbH nach § 8 Abs. 3 Satz 2 KStG außerbilanziell um (7 % × 20 Mio. € =) 1,4 Mio. € zu erhöhen.

Aus Sicht der Muttergesellschaft handelt es sich ebenfalls um eine verdeckte Gewinnausschüttung im Sinne des §§ 20 Abs. 1 Nr. 1 EStG, 8b Abs. 1 und 3 KStG (Anmerkung: siehe BFH vom 26.10.1987, BStBl II 1988, 348). Im Jahresüberschuss sind die 1,4 Mio. € nicht erhalten. Grundsätzlich müsste die verdeckte Gewinnausschüttung zu einer außerbilanziellen Hinzurechnung führen. Da die verdeckte Gewinnausschüttung aber – wie eine Dividende – bei der Muttergesellschaft steuerfrei ist, unterbleibt insoweit eine außerbilanzielle Korrektur. Allerdings werden (5 % × 1,4 Mio. € =) 70 T€ als nicht abziehbare Betriebsausgabe außerbilanziell bei der Berechnung des Einkommens der A-AG hinzugerechnet.

Die Y-GmbH hätte die Zinszahlungen als Betriebsausgabe abziehen können. Da aufgrund der verdeckten Gewinnausschüttung bei der X-GmbH fiktiv Einnahmen angesetzt werden, geht man davon aus, dass auch der Y-GmbH fiktiv Betriebsausgaben zugebilligt werden müssen (sog. Fiktionstheorie). Die beiden Töchter müssen so gestellt werden, wie sie stünden, wenn ein Zins von 7 % wirksam vereinbart worden wäre. Allerdings unterliegen die fiktiv hinzugerechneten Zinsausgaben der Zinsschranke nach §§ 4h EStG, 8a KStG und der Hinzurechnung nach § 8 Nr. 1 GewStG.

> **Frage:** Eine Muttergesellschaft (M-GmbH) ist zu 75 % an der Tochtergesellschaft (T-GmbH) beteiligt. Sie erhält im Wirtschaftsjahr 2014 eine Dividende in Höhe von 2 Mio. €. Unterliegt die Dividende der Gewerbesteuer? Wenn ja in welcher Höhe (der Gewerbesteuerhebesatz ist mit 400 % zu unterstellen)?

Antwort: Ertragsteuerlich ist die Dividende nach § 8b Abs. 1 und 5 KStG steuerfrei bzw. in Höhe von 5 % als nicht abziehbare Betriebsausgabe anzusetzen. Gewerbesteuerlich gilt nach § 7 GewStG grundsätzlich der nach dem KStG ermittelte Gewinn als Gewerbeertrag, soweit dem keine besonderen Vorschriften des Gewerbesteuergesetzes entgegenstehen.

In diesem Zusammenhang ist die Vorschrift des § 9 Nr. 2a GewStG zu beachten. Damit ist der Gewinn eines Gewerbetreibenden (hier: M-GmbH) um Gewinne aus Anteilen an einer inländischen Kapitalgesellschaft (hier: T-GmbH) zu kürzen, wenn die Beteiligung mindestens 15 % beträgt (hier: 75 %) und die Gewinnanteile bei der Ermittlung des Gewinns (§ 7 GewStG) angesetzt worden sind. Da aufgrund der Vorschriften der §§ 7 GewStG, 8 und 8b Abs. 1 KStG die Dividende außerbilanziell zu 100 % bei der Ermittlung des Einkommens abgezogen wurden, verbleibt es bei dem Einkommen (die Dividende wird also im Gewerbeertrag mit 0 € erfasst). Allerdings wurde das Einkommen der M-GmbH nach § 8b Abs. 5 KStG um 5 % der Dividende erhöht. Diese 5 % bleiben aber nach § 9 Nr. 2a Satz 4 GewStG im Gewerbeertrag ungekürzt.

> **Frage:** Nehmen wir einmal an, die T-GmbH betreibt ein Altenheim. Was würde sich dann ändern?

Antwort: Die Kürzungsvorschrift des § 9 Nr. 2a GewStG greift nur für Gewinne aus Anteilen an einer nicht steuerbefreiten inländischen Kapitalgesellschaft. Da der Betrieb eines Altenheims nach § 3 Nr. 20 GewStG von der GewSt befreit ist, fällt die Dividende nicht unter die Vorschrift des § 9 Nr. 2a GewStG und unterliegt damit der Hinzurechnungsvorschrift des § 8 Nr. 5 GewStG (vgl. BFH Beschluss vom 24.01.2012, I B 34/11, www.bundesfinanzhof.de).

> **Frage:** Wie ist dann die Dividende bei der M-GmbH gewerbesteuerlich zu erfassen?

Antwort: Nach § 8 Nr. 5 GewStG sind dem Gewinn aus Gewerbebetrieb (§ 7 GewStG) die nach § 8b Abs. 1 KStG außer Ansatz bleibenden Gewinnanteile (Dividenden) wieder hinzuzurechnen, soweit sie nicht die Voraussetzungen des § 9 Nr. 2a GewStG erfüllen. Da die Dividenden nach § 8b Abs. 1

Problembereich 5: Beteiligung an anderen Körperschaften und Personenvereinigungen

und 5 KStG im Einkommen i.H.v. 5 % enthalten sind, sind 95 % der Dividende bei der Ermittlung des Gewerbeertrags hinzuzurechnen. Damit unterliegt die Dividende i.H.v. 2 Mio. € der Gewerbesteuer.

Nach § 11 Abs. 1 Satz 2 GewStG ist dieser Gewerbeertrag auf volle hundert Euro abzurunden. Dies entfällt bei einem Betrag von 2 Mio. €. Der Freibetrag nach § 11 Satz 2 Nr. 1 GewStG in Höhe von 24.500 € wird nur Personengesellschaften und natürlichen Personen gewährt, ist hier somit also nicht anzusetzen. Nach § 11 Abs. 2 GewStG beträgt die Steuermesszahl 3,5 %, somit hier 70 T€. Bei einem Hebesatz von 400 % ergibt sich für die Dividende eine Gewerbesteuer von 280 T€, die nach §§ 8 KStG, 4 Abs. 5b EStG ab dem Wirtschaftsjahr 2008 nicht mehr als Betriebsausgabe angesetzt werden kann.

> **Frage:** Die A-AG mit Sitz in Deutschland hält 30 % der Anteile an der Pierre Pernond S.A. mit Sitz in Lyon. Sie hat die Anteile in 1990 für 10 Mio. € erworben. In 2014 veräußert sie die Anteile für 12 Mio. € an einen privaten Investor.

Antwort: Handelsrechtlich ist ein Ertrag in Höhe von 2 Mio. € zu buchen (Buchungssatz: Geld 12 Mio. € an Beteiligung 10 Mio. € und Ertrag 2 Mio. €). Dieser Ertrag ist nach dem Maßgeblichkeitsgrundsatz auch im Jahresüberschuss der Steuerbilanz auszuweisen. Steuerlich ist nun zu prüfen, ob der Veräußerungsgewinn nach § 8b Abs. 2 KStG steuerfrei ist. Dann müsste es sich bei der Pierre Pernond S.A. um eine Kapitalgesellschaft handeln. Nach der Rechtsformübersicht in Tabelle 1 zum Betriebsstättenerlass (BMF vom 24.12.1999, BStBl I 1999, 1076) entspricht die französische societé anonyme der deutschen AG. Damit ist im nächsten Schritt zu prüfen, ob der Veräußerungsgewinn in Deutschland zu versteuern ist. Gewinne aus der Veräußerung von Anteilen an Kapitalgesellschaften werden nach Art. 19 Abs. 5 DBA Frankreich ausschließlich in dem Staat versteuert, in dem der Veräußerer ansässig ist. Damit hat Deutschland das Besteuerungsrecht, da die veräußernde A-AG in Deutschland ansässig ist.

Der Veräußerungsgewinn ist nach § 8b Abs. 2 KStG steuerfrei. Nach § 8b Abs. 3 KStG sind auch hier wieder 5 % des Veräußerungsgewinnes, also 100 T€ als nicht abzugsfähige Betriebsausgaben zu behandeln.

> **Frage:** Nehmen wir an, die A-AG hat die Beteiligung an der S.A. zwar für 10 Mio. € erworben, diese aber in 1995 auf 1 Mio. € abgeschrieben (von einer dauernden Wertminderung war damals auszugehen). In 2014 wird überraschenderweise ein Erlös in Höhe von 12 Mio. € erzielt. Beurteilen Sie bitte zuerst die Abschreibung in 1995 (Hinweis: In diesem Jahr gab es weder § 8b KStG noch eine vergleichbare Vorschrift).

Antwort: Da die Beteiligung an der S.A. nach § 266 Abs. 2 A III Nr. 3 HGB Anlagevermögen darstellt, ist eine Teilwertberichtigung nach § 253 Abs. 2 HGB zwingend vorzunehmen, wenn die Wertminderung von Dauer ist (so die Aufgabenstellung). Dies ist hier geschehen. Steuerlich besteht nach § 6 Abs. 1 Nr. 2 Satz 2 EStG ein Wahlrecht; insoweit ist der Maßgeblichkeitsgrundsatz durchbrochen. Ich gehe davon aus, dass die Abschreibung auch in der Steuerbilanz vorgenommen wurde. Somit ist die Beteiligung auch in der Steuerbilanz mit 1 Mio. € anzusetzen. Der Abschreibungsaufwand in Höhe von 9 Mio. € ist grundsätzlich in voller Höhe gewinnwirksam, da in 1995 die Vorschrift des § 8b Abs. 3 Satz 3 KStG noch nicht existierte. Nach dieser Vorschrift dürfen Teilwertberichtigungen von Beteiligungen den Gewinn nicht mindern.

Allerdings ist noch die Vorschrift des § 2a Abs. 1 Nr. 3a EStG zu beachten, die über § 8 Abs. 1 KStG auch im Körperschaftsteuerrecht gilt. § 2a EStG ist europarechtlich höchst umstritten und wurde mit Wirkung ab dem Veranlagungszeitraum 2008 dahingehend geändert, dass er nur noch für

Drittstaaten (also nicht EU-Staaten) anwendbar ist. Für das hier maßgebliche Jahr 1995 ist § 2a EStG somit grundsätzlich anzuwenden.

Nach § 2a Abs. 1 Nr. 3a EStG a.F. durften Gewinnminderungen, die aus einer Teilwertberichtigung einer ausländischen Beteiligung resultierten, den Gewinn des deutschen Unternehmens nicht mindern. Somit musste die A-AG zwar die Beteiligung handelsrechtlich abschreiben, musste den Jahresüberschuss aber außerbilanziell bei der Ermittlung des steuerlichen Einkommens wieder um 9 Mio. € erhöhen.

Allerdings waren diese 9 Mio. € nach § 2a Abs. 1 Satz 3 EStG mit späteren Gewinnen aus der Beteiligung an der Pernod S.A. zu verrechnen.

> **Frage:** Wie ist nun die Veräußerung in 2014 zu beurteilen?

Antwort: Handelsrechtlich entsteht ein Gewinn in Höhe von (12 Mio. € ./. 1 Mio. € =) 11 Mio. €. Steuerrechtlich ist dieser Gewinn grundsätzlich nach §§ 8b Abs. 2 und 3 KStG wieder in Höhe von 95 % zu korrigieren. Dabei ist aber nun zu berücksichtigen, dass die Abschreibung in 1995 grundsätzlich gewinnwirksam erfolgte. Nach § 8b Abs. 2 Satz 4 KStG ist ein Veräußerungsgewinn insoweit nicht steuerfrei, als er auf einer gewinnwirksam vorgenommenen früheren Teilwertberichtigung beruht. Damit ist im vorliegendem Fall der Veräußerungsgewinn in Höhe von 9 Mio. € steuerpflichtig, im Übrigen steuerfrei.

Allerdings greift nun der Verlustvortrag des § 2a Abs. 1 Satz 3 EStG. Der steuerlich nicht wirksame Abschreibungsverlust aus 1995 (9 Mio. €) ist mit dem Veräußerungsgewinn des Jahres 2013 (= 9 Mio. €) zu verrechnen und wird folglich neutralisiert.

> **Frage: Neuer Fall:** Die M-GmbH ist an der T-GmbH zu 75 % beteiligt. Die M-GmbH gewährte der T-GmbH in 2007 ein Darlehen über 5 Mio. € ohne Sicherheiten und zu einem Zinssatz von 1,5 %. Im Geschäftsjahr 2014 befindet sich die T-GmbH in ernsthaften finanziellen Schwierigkeiten. Die M-GmbH muss das Darlehen auf 1 € abschreiben. Wie ist die Abschreibung zu beurteilen?

Antwort: Darlehensansprüche gehören zum Umlaufvermögen und sind daher nach § 253 Abs. 3 HGB – unabhängig von der Frage einer dauernden Wertminderung – zwingend auf den Wert am Bilanzstichtag abzuschreiben (strenges Niederstwertprinzip). Steuerrechtlich ist grundsätzlich § 6 Abs. 1 Nr. 2 Satz 2 EStG zu beachten. Danach ist eine Teilwertberichtigung in der Steuerbilanz nur zulässig, wenn eine dauernde Wertminderung vorliegt. Die Verwaltung geht allerdings bei Umlaufvermögen davon aus, dass bei einer Wertminderung, die bis zum Zeitpunkt der Aufstellung der Bilanz vorhanden ist, grundsätzlich von einer dauernden Wertminderung auszugehen ist (BMF vom 16.07.2014; www.bundesfinanzministerium.de).

Der steuerlichen Anerkennung des Abschreibungsaufwands könnte nun aber die Vorschrift des § 8b Abs. 3 Sätze 4 ff. KStG entgegenstehen. Danach kann grundsätzlich der Aufwand aus der Abschreibung der Beteiligung steuerlich nicht geltend gemacht werden. Umstritten war bisher, ob dies auch für eigenkapitalersetzende Darlehen gelten soll. Ein eigenkapitalersetzendes Darlehen liegt hier unstreitig vor, da kein fremder Dritter ein Darlehen ohne Sicherheiten und zu einem Zinssatz von 1,5 % gewährt hätte. Mit Wirkung ab dem Veranlagungszeitraum 2008 wurde § 8b KStG dahingehend geändert, dass die Abschreibung eigenkapitalersetzender Darlehen unter das Abzugsverbot fällt, wenn der Gesellschafter, der das Darlehen gewährte, mindestens zu 25 % beteiligt ist. Die M-GmbH muss daher das Darlehen zwar in der Steuerbilanz mit 1 € ansetzen. Der Abschreibungsaufwand ist aber außerbilanziell wieder zu neutralisieren.

Frage: Angenommen, die M-GmbH ist in späteren Jahren wieder zahlungskräftig und das Darlehen wieder voll werthaltig. Wie sind dann die bilanziellen und steuerlichen Folgen?

Antwort: Eine Zuschreibung nach einer vorhergehenden Teilwertberichtigung ist handelsrechtlich nach § 253 Abs. 5 HGB nicht zwingend. Die M-GmbH könnte daher den Wertansatz von 1 € beibehalten. Unabhängig von dem handelsrechtlichen Wahlrecht ist der Nominalbetrag der Forderung nach § 6 Abs. 1 Nr. 2 Satz 3, Nr. 1 Satz 4 EStG nach Wegfall der Voraussetzungen für die Teilwertberichtigung anzusetzen (zwingende Wertaufholung). Der daraus resultierende Zuschreibungsgewinn ist allerdings nach § 8b Abs. 3 Satz 8 KStG steuerfrei, da die Abschreibung steuerlich nicht berücksichtigt wurde.

Problembereich 6: Verlustabzug bei Körperschaften

Frage: Eine GmbH verfügt über steuerliche Verlustvorträge in Höhe von 500 T€. Wie stellt sich ein Verlust in der Bilanz dar?

Antwort: Nach § 266 Abs. 3 HGB ist der Verlust des laufenden Jahres als Jahresfehlbetrag auszuweisen. Der Verlust aus Vorjahren muss als Verlustvortrag passiviert werden. Ist das Eigenkapital aufgebraucht und übersteigen die Passivposten die Aktivposten, so ist auf der Aktivseite ein Posten „nicht durch Eigenkapital gedeckter Fehlbetrag" zu buchen.

Frage: Gilt § 10d EStG auch für Kapitalgesellschaften?

Antwort: Ja über die Verweisung des § 8 Abs. 1 KStG ist die Vorschrift des § 10d EStG auch im Körperschaftsteuerrecht anzuwenden (vgl. R 32 Abs. 1 KStR). Damit kann ein negatives Einkommen eines Jahres in das Vorjahr bis zu einem Betrag in Höhe von 1 Mio. € zurückgetragen werden. Dies kann zu einer Erstattung von Körperschaftsteuer für das Rücktragsjahr führen. Soweit ein Rücktrag nicht möglich ist oder auf Antrag ganz oder teilweise davon abgesehen wird, ist zwingend ein Vortrag in künftige Veranlagungszeiträume vorzunehmen. Dieser Vortrag erfolgt bis zu 1 Mio. € unbeschränkt, im Übrigen nur bis zu 60 % des 1 Mio. € übersteigenden Einkommens. Die Anwendung des § 10d EStG findet außerhalb der Bilanz statt. In der Steuerbilanz ist unabhängig davon aufgrund des Maßgeblichkeitsgrundsatzes ein Jahresfehlbetrag bzw. ein Verlustvortrag auszuweisen. Der Jahresfehlbetrag bzw. Verlustvorträge lösen sich in der Bilanz dadurch auf, dass sie mit dem Jahresüberschuss bzw. mit Gewinnvorträgen verrechnet werden.

Frage: An der oben erwähnten GmbH ist der Gesellschafter G zu 80 % beteiligt. Er veräußert in 2014 10 % des Stammkapitals an E. Was geschieht mit den Verlustvorträgen?

Antwort: Mit Wirkung ab dem Veranlagungszeitraum 2008 wurde der bisherige § 8 Abs. 4 KStG (sog. Mantelkauf) durch § 8c KStG abgelöst. Nach § 8c KStG bleiben die Verlustvorträge in vollem Umfang erhalten, wenn nicht mehr als 25 % der Anteile veräußert werden (Details siehe BMF vom 04.07.2008, BStBl I 2008, 736, Beck'sche Erlasse 100 § 8c/1).

Frage: Was geschieht, wenn G in 2015 weitere 20 % des Stammkapitals an E veräußert und bis zur Veräußerung weitere 100 T€ Verluste aufgelaufen sind?

Antwort: Werden innerhalb von fünf Jahren mehr als 25 % des gezeichneten Kapitals an einen Erwerber veräußert, so gehen die steuerlichen Verlustvorträge anteilig verloren. Da hier im Veranlagungszeitraum 2015 die Grenze von 25 % überschritten ist, gehen Verluste in Höhe von (600 T€ ×

30 % =) 180 T€ verloren. Sowohl in der Handels- als auch in der Steuerbilanz verändert sich aber durch die Anwendung des § 8c KStG der Betrag des Verlustvortrages nicht, da durch den Verkauf der Anteile die Gesellschaft nicht mehr Kapital für Ausschüttungen zur Verfügung hat. § 8c KStG ist lediglich außerbilanziell auf der Ebene der Einkommensermittlung zu beachten.

> **Frage:** Nehmen wir einmal an, G veräußert in 2014 seine gesamte 80 %-Beteiligung? Wie sind dann die Folgen?

Antwort: In diesem Fall sieht § 8c KStG den völligen Verlust der bis zur Veräußerung aufgelaufenen Verluste vor.

> **Frage:** G möchte diese negativen steuerlichen Folgen vermeiden. Er veräußert daher lediglich 25 % an E, 25 % an die Ehefrau des E sowie je 15 % an die beiden Kinder des E. Nach seiner Ansicht ist damit der Tatbestand des § 8c KStG nicht verwirklicht. Funktioniert dies?

Antwort: Der Gesetzgeber hat derartige Gestaltungen vorhergesehen und rechnet die einem Erwerber nahestehenden Personen insgesamt zusammen. Unter dem Begriff des „Nahestehens" in § 8c KStG wird man das Gleiche verstehen wie z.B. bei der verdeckten Gewinnausschüttung. Da Ehefrau und Kinder dem E auf jeden Fall nahestehen, wurden insgesamt 80 % des Stammkapitals schädlich übertragen. Die Verluste der GmbH sind daher nicht mehr abziehbar.

> **Frage:** Variieren wir den Fall; G veräußert jeweils 10 % des Stammkapitals an E1 bis E8. Wie sieht der Fall nun aus?

Antwort: Grundsätzlich bezieht sich die Grenze des § 8c KStG immer nur auf den Erwerb durch eine einzelne Person (bzw. dieser Person nahestehende Dritte). Bei einem Erwerb von jeweils 10 % durch acht Personen gehen die Verluste grundsätzlich nicht verloren. Der Gesetzgeber hat aber auch hier ein erhebliches Missbrauchspotenzial vorhergesehen und eine Zusammenrechnung verschiedener Erwerber vorgesehen, wenn diese eine Gruppe mit gleichgerichteten Interessen darstellen (§ 8c Abs. 1 Satz 3 KStG). Die bloße Tatsache eines gemeinsamen Erwerbs wird dabei noch nicht als gleichgerichtete Interessen gewertet werden können, da sonst alle Splitterverkäufe unter die Missbrauchsregelung des § 8c KStG fielen. Gleichgerichtete Interessen könnten z.B. vorliegen, wenn acht Steuerberater zusammen 80 % einer Steuerberatungs-GmbH erwerben und diese zusammen betreiben wollen.

> **Frage:** Einer Mutter gehören 50 % der Anteile an einer GmbH. Sie möchte diese Anteile ihrer Tochter im Wege der vorweggenommenen Erbfolge schenken. Besteht auch hier die Gefahr, dass Verluste nach § 8c KStG untergehen?

Antwort: Ja. Tatbestand des § 8c KStG ist nicht die Veräußerung, sondern nur die Übertragung von Anteilen an einer Kapitalgesellschaft. Eine Übertragung kann aber entgeltlich oder unentgeltlich erfolgen. Damit gehen durch eine Schenkung von 50 % des Stammkapitals 50 % der Verluste verloren. Der vollständige Verlust tritt erst bei einer Übertragung von mehr als 50 % ein.

> **Frage:** Wie ist der Fall zu beurteilen, wenn die Tochter die Anteile von der Mutter erbt?

Antwort: Im Falle einer Erbschaft geht das Vermögen als Ganzes im Wege der Gesamtrechtsnachfolge nach § 1922 BGB auf den oder die Erben über. Ein derartiger gesetzlicher Eigentumsübergang ist keine Übertragung. Damit ist § 8c KStG im Falle der Erbschaft nicht anwendbar.

> **Frage:** § 8c KStG ist auch für Sachverhalte anwendbar, die einer Übertragung vergleichbar sind. Können Sie hierfür ein Beispiel nennen?

Antwort: Wenn zum Beispiel ein Gesellschafter A an der A-GmbH zu 100 % beteiligt ist und diese Anteile offen in die B-GmbH einlegt (Anteilstausch), an der die Gesellschafter A, B, C und D zu je

Problembereich 6: Verlustabzug bei Körperschaften

einem Viertel beteiligt sind. Hier wird der Sachverhalt so beurteilt, als habe A je 25 % der Anteile an B, C und D veräußert. Da B, C und D innerhalb der B-GmbH eine Gruppe von Erwerbern mit gleichgerichteten Interessen sind, gehen die Verluste der A-GmbH vollständig verloren.

Frage: Welche gesetzgeberische Änderung gab es bei § 8c KStG?

Antwort: Durch das Bürgerentlastungsgesetz wurde (rückwirkend) für die Jahre 2008 und 2009 § 8c KStG dahingehend modifiziert, dass eine Veräußerung nicht zum Verlust des Verlustvortrags führt, wenn sie der Sanierung des Unternehmens dient (§ 8c Abs. 1a KStG).

Frage: Kann der Gesetzgeber überhaupt eine rückwirkende Regelung für ein abgelaufenes Jahr verabschieden?

Antwort: Aus Art. 20 GG ergibt sich das Verbot rückwirkender Eingriffe in abgeschlossene Sachverhalte. Daher kann in 2009 grundsätzlich kein Gesetz verabschiedet werden, das die Rechtslage 2008 ändert. Eine Ausnahme gilt aber dann, wenn die Änderung – wie im vorliegenden Fall – zugunsten der Steuerpflichtigen erfolgt.

Frage: Welche neuen Entwicklungen gibt es bei der Anwendung der Sanierungsklausel?

Antwort: Die Europäische Kommission hat der Bundesregierung mitgeteilt, dass sie europarechtliche Bedenken gegen die Sanierungsklausel in § 8c KStG hat. Das Bundesfinanzministerium hat daher mit Schreiben vom 30.04.2010, BStBl I 2010, 488 die Finanzämter angewiesen, die Anwendung der Sanierungsklausel bis auf weiteres auszusetzen.

Frage: Kann ein Verlustvortrag auch bei einem Verkauf von mehr als 25 % bzw. 50 % der Anteile dennoch erhalten bleiben? Lesen Sie bitte hierzu § 8c Abs. 1 Satz 6 ff. KStG.

Antwort: Ein Verlustvortrag geht nicht anteilig (Verkauf mehr als 25 %) bzw. vollständig (Verkauf mehr als 50 %) unter, soweit er die anteiligen oder gesamten stillen Reserven der Kapitalgesellschaft nicht übersteigt. Die stillen Reserven sind die Differenz zwischen dem gemeinen Wert der Anteile und dem (ggf. anteiligen) Eigenkapital der Kapitalgesellschaft.

Frage: Gehen Sie bitte von folgendem Sachverhalt aus: Eine GmbH verfügt zum Bilanzstichtag am 31.12.2013 über einen Verlustvortrag i.H.v. 2 Mio. €. Am 13.07.2014 veräußert ein Gesellschafter 75 % des Stammkapitals an den Erwerber D. Der Gewinn bis zum 13.07.2014 beläuft sich auf 800.000 €. Vernachlässigen Sie bitte die Berücksichtigung der stillen Reserven nach § 8c Abs. 1 Satz 6 KStG. Was geschieht mit dem Verlustvortrag in 2014?

Antwort: Der Gewinn eines Unternehmens kann jeweils nur zum Bilanzstichtag ermittelt werden. Da die Veräußerung vor dem Bilanzstichtag 31.12.2014 erfolgte, müsste dies zur Folge haben, dass nach § 8c Abs. 1 KStG der gesamte Verlustvortrag i.H.v. 2 Mio. € untergeht (so auch BMF vom 04.07.2008 a.a.O. Rz. 28 ff.). Die höchstrichterliche Rechtsprechung (BFH vom 30.11.2011, I R 14/11, www.bundesfinanzhof.de) sieht dies anders. Sinn und Zweck des § 8c KStG sei es, Verluste nicht auf einen Erwerber übergehen zu lassen. Es dürfe aber dem bisherigen Gesellschafter nicht verwehrt sein, die Verluste noch bis zu seinem Ausscheiden zu verwerten. Daher müsste nach dieser Ansicht im vorliegenden Fall der Verlustvortrag mit dem bis zum Veräußerungszeitpunkt entstandenen Gewinn verrechnet werden. Damit geht nur noch ein Verlustvortrag i.H.v. (2 Mio. € ./. 800.000 € =) 1,2 Mio. € verloren.

Problembereich 7: Steuersatz

Frage: Wie hoch ist der Körperschaftsteuersatz?

Antwort: Nach § 23 KStG beträgt der Steuersatz 15 % zuzüglich 5,5 % Solidaritätszuschlag.

Frage: Wird die Kapitalgesellschaft damit nicht gegenüber der Personengesellschaft privilegiert? Der Thesaurierungssatz beträgt doch bei den Gesellschaftern der Personengesellschaft 28,25 %?

Antwort: Durch die Unternehmenssteuerreform 2008 sollen die Gewinne von Personengesellschaften und von Kapitalgesellschaften in vergleichbarer Weise belastet werden. Dabei ist zu berücksichtigen, dass die Gesellschafter der Personengesellschaft die Gewerbesteuer nach § 35 EStG bei ihrer persönlichen Einkommensteuer anrechnen lassen können. Diese Möglichkeit besteht bei den Gesellschaftern einer Kapitalgesellschaft nicht.

Bei einem Einkommen von 100 € fallen daher 15 € Körperschaftsteuer zuzüglich Solidaritätszuschlag (15 € × 5,5 % =) 0,83 € zuzüglich Gewerbesteuer in Höhe von durchschnittlich (100 € × 3,5 % × z.B. 400 % =) 14 €, somit insgesamt 29,83 € an. Damit entspricht die Belastung der Kapitalgesellschaft annähernd derjenigen einer Personengesellschaft mit Thesaurierungssatz.

Frage: Woher stammt eigentlich das Körperschaftsteuerguthaben des § 37 KStG und wie wird es behandelt?

Antwort: Nach dem alten Körperschaftsteuersystem (sog. Anrechnungsverfahren) wurde das Einkommen grundsätzlich mit 40 % Körperschaftsteuer belastet. Wurde das Eigenkapital ausgeschüttet, wurde die Belastung von 40 % auf 30 % verringert (sog. Ausschüttungsbelastung). Im Falle der Ausschüttung bekam also die Kapitalgesellschaft 10 % Körperschaftsteuer wieder zurück. Bei der Umstellung auf die Definitivbesteuerung wurde die verringerte Ausschüttungsbelastung abgeschafft. Da Unternehmen aber weiterhin über Eigenkapital verfügten, das bereits mit 40 % besteuert war, hätte eine Abschaffung der 10 %igen Ausschüttungsminderung wie eine Enteignung gewirkt. Daher hat sich der Gesetzgeber entschlossen, dieses Körperschaftsteuerguthaben den Kapitalgesellschaften zu erstatten. Da es sich hier aber um erhebliche Milliardensummen handelte, musste die Auszahlung des Guthabens aus fiskalischen Gründen zeitlich gestreckt werden. Nach mehreren Änderungen wird nun das Körperschaftsteuerguthaben letztmalig auf den 31.12.2006 festgestellt und dann nach § 37 Abs. 5 KStG in zehn Jahresraten ab 2008 erstattet bzw. verrechnet. Die Erstattung ist dabei unabhängig von einer Ausschüttung und wird von Amts wegen vorgenommen.

Frage: Woraus resultiert die Körperschaftsteuererhöhung des § 38 KStG und wie wird sie behandelt?

Antwort: Nach dem alten Körperschaftsteuersystem gab es unversteuerte Eigenkapitaltöpfe (z.B. Investitionszulage). Wurde dieses Eigenkapital ausgeschüttet, so musste es mit 30 % nachversteuert werden (Herstellung der Ausschüttungsbelastung). Diese Nachversteuerungspflicht wurde für Eigenkapital, das noch nach dem alten System gebildet wurde in das neue System übernommen.

§ 38 Abs. 4 KStG sieht eine letztmalige Feststellung des sog. EK 02 zum 31.12.2006 vor. Die Körperschaftsteuererhöhung wird pauschaliert mit $3/100$ angesetzt und muss in zehn gleichen Jahresbeträgen ab 2008 entrichtet werden.

Problembereich 8: Liquidation

> **Frage:** Gehen Sie bitte von folgendem Fall aus: Die G-GmbH, die 1990 gegründet wurde, soll liquidiert werden. Wie läuft der Vorgang gesellschaftsrechtlich ab?

Antwort: Nach § 60 GmbH gibt es verschiedene Auflösungsgründe. In der Regel erfolgt die Auflösung mittels eines Gesellschafterbeschlusses, der einer Mehrheit von drei Vierteln der abgegebenen Stimmen bedarf.

> **Frage:** Ist der Antrag im vorliegenden Fall möglich?

Antwort: § 60 Abs. 1 Nr. 2 GmbH verwendet die Formulierung: „… soweit nicht ein anderes bestimmt ist …"; daraus schließe ich, dass auch andere Vereinbarungen möglich sind, die z.B. höhere Anforderungen an die Mehrheiten stellen. Dies müsste dann im Gesellschaftsvertrag (der Satzung) geregelt sein. § 3 GmbHG regelt die zwingenden Gegenstände der Satzung. Darüber hinaus können alle Fragen, die die Gesellschaft betreffen geregelt werden (dispositives Recht).

> **Frage:** Gehen wir im Folgenden davon aus, dass ein wirksamer Gesellschafterbeschluss vorliegt. Bedeutet dies dann automatisch das Ende der Gesellschaft?

Antwort: Nein. Mit dem Auflösungsbeschluss geht die GmbH in eine Liquidationsphase; sie trägt nun nach außen die Bezeichnung GmbH i.L. Erst wenn alle Schulden getilgt, Verträge erfüllt und das Aktivvermögen verwertet ist, kann die Löschung im Handelsregister beantragt werden (§ 65 HGB). Nach der Löschung existiert die GmbH nicht mehr.

> **Frage:** Welche steuerlichen Folgen hat es, wenn die GmbH in die Liquidationsphase tritt?

Antwort: Nach § 11 KStG unterliegt die Besteuerung in der Liquidationsphase besonderen Regeln. Zu Beginn der Liquidationsphase ist eine Liquidationsanfangsbilanz zu erstellen. Der Besteuerungszeitraum ist ab diesem Zeitpunkt nicht mehr das Wirtschaftsjahr (§ 4a EStG), sondern ein in der Regel dreijähriger Zeitraum. An diesen dreijährigen Zeitraum können sich weitere Liquidationszeiträume anschließen, die in der Regel dann ein Jahr umfassen. Zum Ende der Liquidationsphase ist eine Liquidationsschlussbilanz zu erstellen. Die Differenz zwischen Liquidationsanfangsbilanz und Liquidationsendbilanz ist der Liquidationsgewinn (§ 11 Abs. 6 KStG i.V.m. § 4 Abs. 1 EStG). Dieser unterliegt dem normalen Körperschaftsteuersatz (§ 23 KStG).

> **Frage:** Nehmen Sie einmal an, die GmbH hat ihrem Gesellschafter-Geschäftsführer eine Pension zugesagt; in der Liquidationsanfangsbilanz ist dafür eine Rückstellung in Höhe von 150.000 € passiviert. Kann die GmbH die Pensionsverpflichtung auf eine andere Gesellschaft auslagern und welche steuerlichen Folgen hat dies?

Antwort: Zivilrechtlich ist die Übertragung auf einen anderen Rechtsträger grundsätzlich möglich; dabei sind die Grundsätze des Gesetzes über die betriebliche Altersversorgung zu beachten. Das Ausbuchen der Rückstellung führt bei der GmbH zu einem Ertrag in Höhe von 150.000 €. Der Rechtsträger, der die Pensionsverpflichtung übernimmt, wird dies nicht unentgeltlich tun. Der Betrag, den die GmbH dem neuen Rechtsträger bezahlt, stellt Personalaufwand dar. Nach § 4e Abs. 3 EStG kann der Betrag, der sich aus dem Saldo von Ausbuchung und Zahlung an den Übernehmer ergibt, auf Antrag zehn Jahre verteilt werden, wenn die Auslagerung auf einen Pensionsfonds erfolgt.

> **Frage:** Gehen Sie davon aus, dass der Teilwert des Pensionsanspruchs 170.000 € beträgt. Stellen Sie bitte die Folgen für den Gesellschafter-Geschäftsführer dar.

Antwort: Grundsätzlich wird die Übertragung steuerlich so behandelt, als habe die GmbH dem Gesellschafter seine komplette Altersversorgung ausbezahlt und dieser eine neue Altersversorgung beim Pensionsfonds begründet. Dies bedeutet aber, dass die Altersversorgung in Höhe des Teilwerts dem Gesellschafter auf einen Schlag zufließt (§ 11 Abs. 1 Satz 1 EStG). Ausnahmsweise ist der Arbeitslohn aber nach § 3 Nr. 66 EStG steuerfrei, wenn die GmbH den Antrag nach § 4e Abs. 3 EStG stellt.

Frage: Ist der Antrag im vorliegenden Fall möglich?

Antwort: Nein, da die GmbH liquidiert werden soll, und daher der Aufwand nicht auf zehn Jahre verteilt werden kann. Für den Gesellschafter ist damit die Versteuerung unvermeidlich. Er kann allenfalls den besonderen Steuersatz des § 34 Abs. 2 Nr. 4 EStG in Anspruch nehmen.

Frage: Die Liquidationsschlussbilanz soll nun vorliegen; die Bilanz weist neben einem Stammkapital in Höhe von 50.000 € eine Kapitalrücklage in Höhe von 100.000 € und Gewinnrücklagen von 70.000 € aus. Die Beträge sollen an den Gesellschafter ausgezahlt werden.

Antwort: Die Rückzahlung des Stammkapitals fällt unter § 17 Abs. 4 EStG. Nach § 17 Abs. 2 EStG in Verbindung mit § 3 Nr. 40 Buchstabe c) EStG ist der Erlös in Höhe von 60 % anzusetzen, somit mit 30.000 €. Abzuziehen sind die Anschaffungskosten. Diese betragen im Normalfall ebenfalls 50.000 €, da der Betrag bei der Gründung erbracht werden musste. Nach § 3c Abs. 2 EStG sind auch die Anschaffungskosten in Höhe von 60 % zu berücksichtigen, sodass insoweit der Gewinn 0 € beträgt.

Frage: Welche Vorschrift sollten Sie neben § 17 Abs. 4 EStG noch ins Auge fassen?

Antwort: Nach § 17 Abs. 4 Satz 3 EStG gilt § 17 Abs. 4 EStG nicht, wenn die Bezüge nach § 20 Abs. 1 Nr. 1 bzw. Nr. 2 EStG zu den Einnahmen aus Kapitalvermögen gehören. Hierzu müsste ich aber den Stand des steuerlichen Einlagekontos kennen.

Frage: Gehen Sie von 40.000 € aus.

Antwort: Nach § 27 KStG gilt das Eigenkapital (hier: 220.000 €) abzüglich des Stammkapitals (hier: 50.000 €) abzüglich des steuerlichen Einlagekontos (hier: 40.000 €) als ausschüttbarer Gewinn. Soweit die Rückzahlung des Kapitals als ausschüttbarer Gewinn gilt (hier: 130.000 €), ist die Rückzahlung als Dividende nach § 20 Abs. 1 Nr. 1 EStG zu versteuern. Die Dividende ist zu 100 % anzusetzen und unterliegt nach § 32d EStG der Abgeltungsteuer. Soweit die Rückzahlung den ausschüttbaren Gewinn übersteigt, fällt sie unter § 17 Abs. 4 EStG.

Frage: Wie hoch ist dann der Gewinn?

Antwort: Da dem Einlagekonto verdeckte Einlagen des Gesellschafters zugeführt werden und verdeckte Einlagen die Anschaffungskosten im Sinne des § 17 Abs. 2 EStG erhöhen, ist davon auszugehen, dass den restlichen 40.000 € auch entsprechende Anschaffungskosten gegenüberstehen, sodass der Gewinn wieder 0 € betragen wird.

Frage: Eine GmbH soll liquidiert werden. Das Stammkapital beträgt 100.000 €. In 2009 erfolgte eine Kapitalerhöhung um 75.000 €. Welche Möglichkeiten der Kapitalerhöhung gibt es nach dem GmbHG?

Antwort: Die Kapitalerhöhung kann zum einen dadurch erfolgen, dass die Gesellschafter das neue Stammkapital einzahlen (Kapitalerhöhung aus Gesellschaftermitteln; § 55 GmbHG). Die Einzahlung kann in Form von Geld oder als Sacheinlage (§ 56 GmbHG) erfolgen. Es ist aber auch möglich, die

Kapitalerhöhung nach § 57c GmbHG aus Gesellschaftsmitteln durchzuführen. Bei diesem Verfahren werden Rücklagen in Stammkapital umgewandelt.

> **Frage: Welche steuerlichen Folgen kann eine Kapitalerhöhung aus Gesellschaftsmitteln haben? Gehen Sie bitte in unserem Fall davon aus, dass die Kapitalerhöhung in 2009 durch Umwandlung einer Gewinnrücklage erfolgte.**

Antwort: Wäre die Gewinnrücklage aufgelöst und ausgeschüttet worden, hätte dies eine steuerpflichtige Dividende nach § 20 Abs. 1 Nr. 1 EStG zur Folge gehabt. Die Rückzahlung des Stammkapitals unterliegt dagegen der Besteuerung nach § 17 Abs. 4 EStG. In der Regel entsteht hier kein Gewinn, da die Einzahlung des Stammkapitals (auch im Wege einer Kapitalerhöhung) die Anschaffungskosten der Beteiligung erhöht hat. Um die Versteuerung der Dividenden sicherzustellen, sieht § 28 Abs. 1 KStG vor, dass im Falle einer Kapitalerhöhung durch Umwandlung von Gewinnrücklagen ein sog. Sonderausweis gebildet wird. Wird dieser Sonderausweis ausgeschüttet, so liegen nach §§ 28 Abs. 2 KStG, 20 Abs. 1 Nr. 2 EStG steuerpflichtige Dividenden vor. Im vorliegenden Fall erfolgt damit i.H.v. 25.000 € die Rückzahlung des Stammkapitals nach § 17 Abs. 4 EStG. Im Übrigen muss die Rückzahlung nach § 20 Abs. 1 Nr. 2 EStG versteuert werden.

Problembereich 9: Organschaft

> **Frage: Was sind in der Praxis die Motive, eine Organschaft i.S.d. §§ 14 ff. KStG zwischen zwei Unternehmen zu vereinbaren?**

Antwort: Eine Organschaft kann begründet werden, um Verluste oder Gewinne einer Organgesellschaft mit Verlusten oder Gewinnen eines Organträgers verrechnen zu können. Diese Konstruktion ist insbesondere dann interessant, wenn ein Unternehmen auf längere Sicht Verluste erzielen wird, die nach § 10d EStG nicht ausgenutzt werden können. Man findet diese Gestaltung zum Beispiel bei öffentlichen Betrieben, wenn die Gewinne der Stadtwerke mit den Verlusten eines kommunalen Freibades verrechnet werden können.

> **Frage: Die A-KG ist Organträger, die B-GmbH Organgesellschaft. Die B-GmbH ist an der C-AG beteiligt und bezieht eine Dividende in Höhe von 2 Mio. €. Wie ist die Dividende im Organkreis zu versteuern?**

Antwort: Grundsätzlich führt die Organschaft nach §§ 14, 17 KStG dazu, dass das Einkommen der Organgesellschaft vom Organträger zu versteuern ist. Da die Dividende auf Ebene der B-GmbH nach § 8b KStG steuerfrei ist, würde die Organschaft bewirken, dass eine Personengesellschaft (die A-KG) von § 8b KStG profitiert. Um dies zu verhindern, sieht § 15 Nr. 2 KStG vor, dass § 8b KStG auf der Ebene der Organgesellschaft nicht anzuwenden ist. Damit wird die Dividende auf Ebene der B-GmbH zu 100 % erfasst. Auf Ebene der A-KG sind dann aber die §§ 3 Nr. 40 Buchstabe d), 3c Abs. 2 EStG anzuwenden, wenn die Mitunternehmer der KG (Organträger) natürliche Personen sind. Damit wird die Dividende zu 60 % (= 600 T€) besteuert. Sind die Mitunternehmer der KG ihrerseits Kapitalgesellschaften, so ist auf Ebene des Organträgers § 8b Abs. 1 KStG anzuwenden.

> **Frage: Könnte in dem obigen Fall die B-GmbH auch eine B-GmbH & Co. KG sein?**

Antwort: Nein. Eine GmbH & Co. KG ist eine Personengesellschaft. Organgesellschaft muss nach § 14 KStG aber stets eine Kapitalgesellschaft sein.

> **Frage:** Wie stellt die Organgesellschaft die Gewinnabführungsverpflichtung in ihrer Bilanz dar? Nehmen wir einmal an, die oben erwähnte B-GmbH habe – vor Berücksichtigung der Organschaft – einen vorläufigen Jahresüberschuss in Höhe von 8 Mio. €.

Antwort: Unter der Voraussetzung, dass die B-GmbH keine Gewinnrücklage im Sinne des § 14 Abs. 1 Nr. 4 KStG bildet, müsste sie 8 Mio. € abführen. Dies ergibt sich daraus, dass Basis der Gewinnabführung der Gewinn nach Handelsrecht ist. Die Gewinnabführungsverpflichtung ist sowohl in der Handels- als auch in der Steuerbilanz als Verbindlichkeit auszuweisen. Damit beträgt der endgültige Jahresüberschuss 0 €.

Der Organträger muss korrespondierend sowohl in der Handels- auch in der Steuerbilanz eine Forderung auf Gewinnabführung in Höhe von 8 Mio. € aktivieren.

> **Frage:** Wie kann dem Organträger (der A-KG) ein Einkommen zugewiesen werden, wenn aufgrund der Gewinnabführungsverpflichtung der Jahresüberschuss der B-GmbH 0 € beträgt?

Antwort: Hier sieht man wieder deutlich den Unterschied zwischen Jahresüberschuss und Einkommen. Bei der Ermittlung des Einkommens der Organgesellschaft muss außerbilanziell die Gewinnabführungsverbindlichkeit wieder herausgerechnet werden, sodass das zuzurechnende Einkommen 8 Mio. € beträgt. Dies steht zwar nicht explizit in den §§ 14 ff. KStG, muss aber nach Sinn und Zweck in die Organschaftsvorschriften hinein interpretiert werden.

Umgekehrt muss beim Organträger die Gewinnabführungsforderung neutralisiert werden. Diese ist bereits im Jahresüberschuss enthalten (Forderung auf Gewinnabführung). Würde man zusätzlich das Einkommen der Organgesellschaft hinzurechnen, würden die 8 Mio. € doppelt erfasst werden.

> **Frage:** Nehmen wir einmal an, Gesellschafter der B-GmbH seien zu 95 % die A-KG und zu 5 % eine natürliche Person P. Kann der Gewinnabführungsvertrag eine Abführung von lediglich 95 % des Gewinns vorsehen?

Antwort: Nein. Die Gewinnabführung muss immer den ganzen Gewinn erfassen, so ausdrücklich § 14 Abs. 1 KStG.

> **Frage:** Wird dann P gesellschaftsrechtlich nicht beteiligt. Aufgrund des Gewinnabführungsvertrages wird P nie eine Dividende erhalten können?

Antwort: Hier sieht das Gesellschaftsrecht nach Treu und Glauben vor, dass P eine sog. Ausgleichszahlung erhalten muss, die seinen entgangenen Dividendenanspruch ausgleichen soll. Bei der Organgesellschaft mindert die Ausgleichszahlung den Jahresüberschuss, da sie als Verbindlichkeit ausgewiesen werden muss.

> **Frage:** Wie versteuert der Gesellschafter die Ausgleichszahlung?

Antwort: Die Ausgleichszahlung ist den besonderen Bezügen i.S.v. § 20 Abs. 1 Nr. 1 EStG zuzurechnen, wird also vom Gesellschafter P wie eine Dividende versteuert.

> **Frage:** Dann wird die B-GmbH bei Bezahlung einer Ausgleichszahlung besser gestellt als bei Bezahlung einer Dividende. Die Dividendenzahlung kann nicht als Betriebsausgabe gebucht werden. Der Organträger versteuert die Ausgleichszahlung ebenfalls nicht, da beim zuzurechnenden Einkommen die Ausgleichszahlung bereits abgezogen ist.

Antwort: Hier sieht § 16 KStG zum Ausgleich vor, dass die Organgesellschaft ein fiktives Einkommen in Höhe von $20/17$ der Ausgleichszahlung selbst versteuern muss. Damit wird die Leistung einer Ausgleichszahlung letztlich der Leistung einer Dividende gleichgestellt.

Problembereich 9: Organschaft

Frage: Sie haben oben erwähnt, dass die Gewinnabführung im Rahmen der Organschaft nach Handelsrecht zu ermitteln ist. Wie bilanziert die A-KG, wenn die B-GmbH handelsrechtlich einen Jahresüberschuss in Höhe von 8 Mio. € erzielt, ihr steuerliches Einkommen aber z.B. lediglich 6 Mio. € beträgt?

Antwort: Eine solche Differenz kann sich z.B. ergeben, wenn in der Handelsbilanz eine Rückstellung für drohende Verluste i.H.v. 2 Mio. € gebildet wurde. Diese ist nach § 5 Abs. 4a EStG steuerlich nicht anzuerkennen, somit auch in der Steuerbilanz nicht zu bilden. Insoweit ist der Maßgeblichkeitsgrundsatz durchbrochen. Im Rahmen der Organschaft wird sonach mehr Gewinn abgeführt, als steuerlich an Einkommen zugerechnet wird. Es handelt sich hier um das Problem der sog. Mehr- oder Minderabführungen. Die A-KG erhält einen Gewinnabführungsanspruch in Höhe von 8 Mio. €, während das zuzurechnende Einkommen lediglich 6 Mio. € beträgt. Diese Differenz wird dadurch ausgeglichen, dass auf der Passivseite der Bilanz ein Ausgleichsposten in Höhe von 2 Mio. € gebucht wird. Dies sieht der neu gefasste § 14 Abs. 4 KStG vor, der nach § 34 Abs. 9 Nr. 5 KStG auch für Veranlagungszeiträume vor 2008 anzuwenden ist.

Umgekehrt ist im Falle einer Minderabführung ein aktiver Ausgleichsposten zu bilden. Die aktiven und passiven Ausgleichsposten sind spätestens im Falle der Veräußerung der Organbeteiligung aufzulösen (Details siehe BMF vom 26.08.2003, BStBl I 2003, 437, Beck'sche Erlasse 100 § 14/5 Rz. 40 ff.).

Frage: Was geschieht, wenn der Jahresabschluss der Organgesellschaft fehlerhafte Bilanzansätze enthält?

Antwort: In diesem Fall kann die Organschaft gefährdet sein, da der Gewinnabführungsvertrag unter Umständen nicht als vollständig durchgeführt gilt. Aus diesem Grund hat der Gesetzgeber § 14 Abs. 1 Nr. 3 Satz 4 KStG rückwirkend für alle noch nicht bestandskräftig veranlagten Fälle dahingehend geändert, dass der Gewinnabführungsvertrag auch dann als durchgeführt gilt, wenn der abgeführte Gewinn auf einem Jahresabschluss beruht, der fehlerhafte Bilanzansätze enthält. Dies gilt aber nur, sofern (a) der Jahresabschluss wirksam festgestellt ist, (b) die Fehlerhaftigkeit bei Erstellung des Jahresabschlusses unter Anwendung der Sorgfalt eines ordentlichen Kaufmanns nicht hätte erkannt werden müssen und (c) der Fehler spätestens im nächsten Jahresabschluss korrigiert wird.

Frage: Gehen wir davon aus, dass der Sitz der Organgesellschaft in München ist, der Sitz des Organträgers in Berlin. Die Organgesellschaft wird im Rahmen einer Betriebsprüfung geprüft und es werden diverse Änderungen des Einkommens vorgenommen. Welche Problematik entsteht?

Antwort: Unter Umständen ist die Veranlagung des Organträgers bereits bestandskräftig. Sie muss dann geändert werden (neue Tatsachen). Um diese Änderungen und andere mögliche Streitfragen im Verhältnis zwischen Organgesellschaft und Organträger zu regeln, sieht § 14 Abs. 5 KStG mit Wirkung ab VZ 2014 die gesonderte und einheitliche Feststellung des dem Organträger zuzurechnenden Einkommens der Organgesellschaft vor. Damit können derartige Probleme nicht mehr entstehen, da die Feststellung die Wirkung eines Grundlagenbescheids hat.

Frage: In den letzten Jahren hat man immer wieder gehört, dass das Recht der Organschaft umfassend neu geregelt werden soll, um es insbesondere an europäische Erfordernisse anzupassen. Können Sie etwas dazu sagen?

Antwort: Dieses Thema war Gegenstand mehrerer Kommissionen, die aber zu keinem allseits akzeptierten Gesetzentwurf führten. Als „Minimallösung" wurden im Rahmen des Unternehmensteuerreformgesetzes 2013 einige europarechtlich zwingende Änderungen vorgenommen (siehe insbesondere die oben bereits erwähnte Änderung des § 14 Abs. 1 KStG, wonach der Organträger grundsätzlich seinen Sitz im Ausland haben kann, wenn sich die Geschäftsleitung in Deutschland befindet).

Themenbereich Umwandlung

Problembereich 1: Einführung/Umwandlungsgesetz

Frage: In welchem Verhältnis stehen das Umwandlungsgesetz und das Umwandlungssteuergesetz zueinander?

Antwort: Das Umwandlungsgesetz regelt die zivilrechtlichen Fragen einer Umwandlung. Hier geht es insbesondere um die Frage, ob durch die Umwandlung die Rechtspersönlichkeit des Umwandlungssubjektes verloren geht oder ob diese im neuen Rechtssubjekt weiterlebt. Geregelt sind hier auch die gesellschaftsrechtlichen Fragen (z.B. Zustimmungserfordernisse der Gesellschafterversammlung u.ä.), formale Fragen (z.B. Handelsregistereintragung) sowie technische Fragen (z.B. Erstellung eines Verschmelzungsberichts, Bestellung von Verschmelzungsprüfern etc.).

Das Umwandlungssteuergesetz stellt eine eigenständige Rechtsmaterie dar. Insbesondere baut das UmwStG nicht auf dem UmwG auf. Es gibt Umwandlungen, die nicht unter das UmwG, aber unter das UmwStG fallen.

Frage: Können Sie dafür ein Beispiel nennen?

Antwort: Eine Gesellschaft bürgerlichen Rechtes (z.B. eine Anwaltssozietät) soll in eine GmbH umgewandelt werden. Zivilrechtlich kommen hier nach § 1 UmwG die Verschmelzung, die Spaltung oder der Formwechsel infrage. Im Regelfall wird man zuerst die GmbH gründen. Dann stellt sich die Frage, ob die GbR auf die GmbH verschmolzen werden kann. Dies hätte zivilrechtlich den Vorteil, dass die GmbH Gesamtrechtsnachfolgerin der GbR wäre. Ein Mietvertrag würde dann z.B. ohne Weiteres für die GmbH weiter gelten.

Als übertragendes Unternehmen einer Verschmelzung kommen aber nach § 3 UmwG nur Personenhandelsgesellschaften infrage. Damit kann die GbR nicht auf eine GmbH verschmolzen werden.

Auch der Formwechsel scheidet aus, da die GbR im Katalog formwechselnder Rechtsträger (§ 191 UmwG) ebenfalls nicht enthalten ist.

Demgegenüber sieht § 20 UmwStG für steuerliche Zwecke die Einbringung von Mitunternehmeranteilen – auch solche einer GbR – in eine GmbH vor.

Zwischenfrage: Was geschieht in Ihrem Beispielsfall mit den Arbeitsverhältnissen der Kanzleimitarbeiter, da ja keine Gesamtrechtsnachfolge gegeben ist?

Antwort: Hier greift die Sondervorschrift des § 613a BGB. Da die Kanzlei als gesamter Organismus von der GmbH weitergeführt wird, gilt das als Betriebsübergang. Die Arbeitsverhältnisse gehen damit auf die neue GmbH über.

Frage: Die GmbH kann ja in Ihrem Beispiel die Wirtschaftsgüter mangels Gesamtrechtsnachfolge zivilrechtlich nicht zum Buchwert übernehmen, sondern muss nach § 253 HGB die Wirtschaftsgüter mit den Anschaffungskosten bzw. nach § 5 Abs. 4 GmbHG mit dem Sacheinlagewert (= Marktwert) in der Handelsbilanz aktivieren. Demgegenüber bietet § 20 UmwStG für die Steuerbilanz ein Bilanzierungswahlrecht. Läuft dieses Wahlrecht aufgrund der Maßgeblichkeit der Handelsbilanz für die Steuerbilanz (§ 5 Abs. 1 EStG) ins Leere?

Antwort: Die Frage, ob der Maßgeblichkeitsgrundsatz bei Umwandlungen gilt, war lange Jahre umstritten. Mit der Neufassung des UmwStG durch das SEStEG (Gesetz über steuerliche Begleitmaßnahmen zur Einführung der Europäischen Gesellschaft und zur Änderung weiterer steuerrechtlicher Vorschriften) hat sich der Gesetzgeber dazu entschieden, den Maßgeblichkeitsgrundsatz nicht anzuwenden. Daher besteht das Bilanzierungswahlrecht des § 20 UmwStG unabhängig vom Bilanzansatz der Wirtschaftsgüter in der Handelsbilanz.

> **Frage:** Woraus können Sie dies im UmwStG ablesen. Es findet sich ja keine ausdrückliche Fundstelle, die Ihre – richtige – Aussage belegt?

Antwort: Man kann dies aus der Formulierung in § 20 Abs. 2 UmwStG herauslesen. Danach ist bei Einbringung eines Betriebs, Teilbetriebs oder Mitunternehmeranteils grundsätzlich der gemeine Wert anzusetzen. Im Anwendungsbereich des UmwG sind aber in Folge der Gesamtrechtsnachfolge grundsätzlich die Buchwerte zu übernehmen. Damit besteht eine Diskrepanz zwischen UmwG und UmwStG; § 20 UmwStG ist – ebenso wie § 24 UmwStG – eine lex specialis zu § 5 Abs. 1 EStG.

Problembereich 2: Umwandlung einer Kapitalgesellschaft in eine Personengesellschaft

> **Frage:** Aus welchen Gründen wird man in der Praxis eine Kapitalgesellschaft in eine Personengesellschaft umwandeln?

Antwort: Dies kann z.B. gewerbesteuerliche Gründe haben. Auch wenn nach § 11 Abs. 2 GewStG die Staffelbeträge für die Steuermesszahl seit dem Erhebungszeitraum 2008 abgeschafft wurden, wird der Personengesellschaft gem. § 11 GewStG weiterhin ein Freibetrag in Höhe von 24.500 € gewährt. Darüber hinaus haben die Gesellschafter die Möglichkeit, die von der Personengesellschaft gezahlte Gewerbesteuer nach § 35 EStG auf die individuelle Einkommensteuer anrechnen zu lassen. Damit ist die Gewerbesteuerbelastung bei der Personengesellschaft weitgehend kompensiert.

Zum anderen kann die Umwandlung im Hinblick auf einen geplanten Verkauf interessant sein. Hier steht insbesondere der Aspekt im Vordergrund, dass der Erwerber eines Mitunternehmeranteils den erworbenen Firmen- oder Geschäftswert abschreiben kann. Dadurch kann – insbesondere beim Verkauf von Freiberuflerpraxen – häufig ein höherer Kaufpreis erlöst werden. Beim Erwerb eines Anteils an einer Kapitalgesellschaft muss der Erwerber den in der Kapitalgesellschaft steckenden Firmenwert wirtschaftlich bezahlen, kann ihn aber nicht abschreiben.

Ein weiterer Grund für eine Umwandlung kann die Publizitätspflicht sein, die durch das Gesetz zur Einführung des elektronischen Handelsregisters (EHUG) erheblich verschärft wurde. So muss z.B. eine Anwalts-GmbH ihre Jahresabschlüsse elektronisch – und damit für jeden einsehbar – veröffentlichen (§ 325 HGB). Eine Anwalts-GbR unterliegt diesem Zwang nicht.

Auch das internationale Steuerrecht kann Motiv für eine derartige Umwandlung sein. Während die Dividenden grundsätzlich im Sitzstaat des Dividendenempfängers versteuert werden (Art. 10 des OECD-Musterabkommens), werden die Gewinnanteile eines Mitunternehmers am Sitz des Unternehmens versteuert (Art. 7 Abs. 1 des OECD-Musterabkommens). Je nach Interessenlage kann daher für einen ausländischen Gesellschafter die Beteiligung an einer Kapitalgesellschaft oder an einer Personengesellschaft steuerlich günstiger sein.

Auch die Möglichkeit, über § 15 Abs. 1 Nr. 2 EStG Verluste in die Sphäre des Gesellschafters übertragen zu können, kann ein Anreiz für eine Umwandlung sein.

> **Tipp!** Zur Einführung wird man Sie häufig nach wirtschaftlichen Hintergründen eines Gesetzes fragen. Nutzen Sie diese Chance und antworten Sie nicht zu „einsilbig". Hier können Sie das Prüfungsgespräch steuern. Bringen Sie – ohne Aufforderung durch die Prüfer – Ihr Wissen ins Spiel.

Problembereich 2: Umwandlung einer Kapitalgesellschaft in eine Personengesellschaft

Frage: Die X-GmbH mit den Gesellschaftern A und B (je 50 %) soll in eine KG umgewandelt werden, an der A und B wieder zu je 50 % beteiligt sind. Welche zivilrechtlichen Möglichkeiten gibt es?

Antwort: Infrage kommt die Gründung einer neuen KG und die Verschmelzung der GmbH auf die KG nach den §§ 2 ff. UmwG oder der Formwechsel nach §§ 190 ff. UmwG. Dabei sind handelsrechtlich die Buchwerte fortzuführen.

Frage: Die X-GmbH bilanziert auf der Aktivseite Wirtschaftsgüter mit 500 T€. Auf der Passivseite weist sie ein Stammkapital von 100 T€ und Gewinnrücklagen von 400 T€ aus. Wie kann die KG die Wirtschaftsgüter in der Steuerbilanz bilanzieren?

Antwort: Nach § 3 Abs. 1 UmwStG sind grundsätzlich in der Schlussbilanz der GmbH die Wirtschaftsgüter mit dem gemeinen Wert anzusetzen. Auf Antrag können nach § 3 Abs. 2 UmwStG aber auch der Buchwert oder ein Zwischenwert gewählt werden. Die KG hat dann die von der GmbH angesetzten Werte nach § 4 UmwStG zu übernehmen.

Frage: Wir gehen vom Buchwertansatz aus. Wie sieht dann die Bilanz der KG nach der Umwandlung aus?

Antwort: Auf der Aktivseite stehen die Wirtschaftsgüter mit dem Buchwert von 500 T€. Auf der Passivseite stehen die Kapitalkonten der beiden Gesellschafter A und B mit je 250 T€.

Frage: Hätte die GmbH die Gewinnrücklage ausgeschüttet, so hätten die Gesellschafter insoweit steuerpflichtige Dividenden erhalten. Wird das Kapital entnommen, so führt dies bei den Mitunternehmern zu keinen steuerpflichtigen Einnahmen. Ist die Umwandlung demnach für die Gesellschafter ein „Steuersparmodell"?

Antwort: Nein. § 7 UmwStG fingiert bei der GmbH eine Vollausschüttung. Die Gewinnrücklagen gelten als ausgeschüttet, ohne dass die 400 T€ ausbezahlt werden müssten.

Da allerdings die Anteile nach § 5 Abs. 2 UmwStG als Betriebsvermögen fingiert werden, erfolgt die Besteuerung der offenen Rücklagen nach §§ 15, 3 Nr. 40 Buchstabe d), 3c Abs. 2 EStG im Teileinkünfteverfahren.

Frage: Wie schreibt die KG im Falle der Buchwertfortführung die Wirtschaftsgüter weiter ab?

Antwort: Nach § 4 Abs. 3 UmwStG werden die Wirtschaftsgüter nach der bisherigen Bemessungsgrundlage und der bisherigen Abschreibungsmethode weiter abgeschrieben (sog. Fußstapfentheorie).

Frage: Die X-GmbH soll die Wirtschaftsgüter in ihrer Schlussbilanz mit ihrem gemeinen Wert in Höhe von 900 T€ ansetzen. Welche Folgen hat dies für die GmbH?

Antwort: Die GmbH erzielt durch die Höherbewertung einen steuerpflichtigen Gewinn in Höhe von 400 T€. Auf der Passivseite sind daher vor der Verschmelzung 100 T€ Stammkapital und Gewinnrücklagen in Höhe von 800 T€ auszuweisen.

Frage: Welche Folgen hat die Aufdeckung der stillen Reserven für die Gesellschafter?

Antwort: Die Gesellschafter A und B erzielen nun fiktive Dividendeneinnahmen nach § 7 UmwStG in Höhe von 800 T€, die – wie oben dargestellt – im Teileinkünfteverfahren zu versteuern sind.

Frage: Nehmen wir an, die Gesellschafter A und B hätten ihre Anteile an der GmbH für 1 € erworben und seitdem im Privatvermögen gehalten. Wie hoch wäre dann der Veräußerungsgewinn gewesen, wenn es nicht zu einer Verschmelzung gekommen wäre?

Antwort: Nach §§ 17, 3 Nr. 40 Buchstabe c, 3c Abs. 2 EStG hätte der Verkaufspreis jeweils 450 T€ (= gemeiner Wert der Wirtschaftsgüter) betragen; abzüglich der Anschaffungskosten von jeweils 1 € hätte sich nach dem Teileinkünfteverfahren ein steuerpflichtiger Gewinn von (gerundet) 269.999 € ergeben.

Frage: Wie hoch wäre der Veräußerungsgewinn nach § 16 EStG, wenn die Gesellschafter ihre Anteile an der KG für jeweils 450 T€ veräußern würden?

Antwort: Nach § 16 EStG ergibt sich der steuerpflichtige Gewinn aus der Differenz zwischen Kaufpreis (je 450 T€) und Kapital (je 450 T€); es würde daher kein Gewinn anfallen.

Frage: Wie lösen Sie diesen Widerspruch?

Antwort: § 4 Abs. 4 UmwStG sieht eine fiktive Veräußerung der GmbH-Anteile vor. § 4 Abs. 4 UmwStG geht dabei davon aus, dass sich die Anteile an der umzuwandelnden GmbH in einem Betriebsvermögen befinden. Sind sie Privatvermögen, so gelten sie nach § 5 Abs. 2 UmwStG fiktiv mit den Anschaffungskosten als eingelegt.

Da A und B die Anteile im Privatvermögen für je 1 € erwarben und ihre Anteile die Voraussetzungen des § 17 Abs. 1 EStG erfüllen (mindestens 1 % Anteil am Stammkapital), gelten ihre Anteile nach § 5 Abs. 2 UmwStG als mit 1 € in ein fiktives Betriebsvermögen eingelegt. Da die KG die Wirtschaftsgüter mit 900 T€ ansetzt, ergibt sich nach § 4 Abs. 4 UmwStG ein Übernahmegewinn in Höhe von (900 T€ abzüglich 2 € =) 899.998 €, der zu je ½ auf A und B entfällt.

Frage: Müssen A und B diesen Übernahmegewinn in voller Höhe versteuern? Im Falle der Veräußerung der GmbH-Anteile hätten A und B nach § 3 Nr. 40 EStG das Teileinkünfteverfahren anwenden können.

Antwort: Um insoweit eine Benachteiligung der Gesellschafter zu vermeiden, sieht § 4 Abs. 7 UmwStG die Anwendung des Teileinkünfteverfahrens auf den Übernahmegewinn vor.

Frage: Liegt hier nicht eine Doppelbesteuerung vor? Nach § 7 UmwStG müssen doch die Gesellschafter die offenen Rücklagen wie eine Dividende besteuern.

Antwort: Die Doppelbesteuerung wird dadurch vermieden, dass nach § 4 Abs. 5 UmwStG der Übernahmegewinn um die nach § 7 UmwStG zu besteuernden fiktiven Dividenden gekürzt wird. Im vorliegenden Fall betragen die offenen Rücklagen nach Aufdeckung der gesamten stillen Reserven 800 T€ (siehe oben). Damit vermindert sich der Übernahmegewinn auf (899.998 € abzüglich 800.000 € =) 99.998 €, der je zur Hälfte A und B zuzurechnen ist. A und B versteuern damit als Übernahmegewinn letztlich nur die Differenz zwischen dem Stammkapital und ihrem niedrigeren Kaufpreis.

Problembereich 3: Einbringung eines Betriebs, Teilbetriebs oder Mitunternehmeranteils in eine Kapitalgesellschaft

Frage: Ein Einzelunternehmen soll in eine GmbH umgewandelt werden. Welche zivilrechtlichen und steuerlichen Möglichkeiten gibt es?

Antwort: Eine Verschmelzung ist nicht möglich, da ein Einzelunternehmen im Katalog des § 3 UmwG nicht als verschmelzungsfähiger Rechtsträger aufgeführt ist (auf die Möglichkeit der Abspaltung nach § 124 UmwG soll hier nicht näher eingegangen werden). Aus diesem Grund ist auch ein Formwechsel nach § 191 UmwG nicht möglich. Zivilrechtlich kann daher das Einzelunternehmen nur die einzelnen Wirtschaftsgüter im Wege der Sachgründung auf die GmbH übertragen (sog. asset deal; Einzelrechtsnachfolge).

Steuerlich ist dagegen eine Einbringung nach § 20 UmwStG möglich, wenn der ganze Betrieb des Einzelunternehmens in die GmbH eingebracht wird (ausführlich: BMF vom 11.11.2011, BStBl I 2011, 1314 – Umwandlungssteuererlass – Rz. 20.01 ff.).

Frage: Was sind die Voraussetzungen einer derartigen Betriebsübertragung nach § 20 UmwStG?

Antwort: Der Betrieb muss mit allen seinen wesentlichen Betriebsgrundlagen auf die GmbH übergehen.

Frage: Was sind die Rechtsfolgen des § 20 UmwStG?

Antwort: Wie schon bei § 3 UmwStG gibt es auch in diesem Fall ein Wahlrecht. Die Wirtschaftsgüter des einzubringenden Betriebs sind nach § 20 Abs. 2 UmwStG grundsätzlich in der Eröffnungsbilanz der Kapitalgesellschaft mit den gemeinen Werten anzusetzen. Da nach § 20 Abs. 3 UmwStG der Wert mit dem die übernehmende Kapitalgesellschaft die Wirtschaftsgüter ansetzt, für den Einbringenden als Veräußerungspreis gilt, entsteht beim übertragenden Unternehmen ein Gewinn, auf den aber nach § 20 Abs. 4 UmwStG § 16 EStG anzuwenden ist.

Nach § 20 Abs. 2 Satz 2 UmwStG kann die Kapitalgesellschaft die Wirtschaftsgüter auch mit dem Buchwert oder einem Zwischenwert ansetzen. Der bei Zwischenwertansatz entstehende Gewinn ist allerdings als laufender Gewinn zu behandeln, da nicht alle stille Reserven aufgedeckt werden.

Frage: Angenommen, im Einzelunternehmen ist eine Rücklage nach § 6b EStG bilanziert. Was geschieht mit der Rücklage bei der Einbringung?

Antwort: Da eine Rücklage nach § 6b EStG nichts anderes ist als noch nicht aufgedeckte stille Reserven, geht sie im Falle des Buchwertansatzes unverändert auf die Kapitalgesellschaft über. Im Falle des Zwischenwertansatzes ist die Rücklage verhältnismäßig, bei Ansatz der gemeinen Werte vollständig gewinnerhöhend aufzulösen (vgl. § 23 Abs. 1 UmwStG).

Frage: Das einzubringende Einzelunternehmen hat ein Kapital von 10 T€ und einen gemeinen Wert von 100 T€. Im Wege der Sachgründung soll das Einzelunternehmen in die X-GmbH eingebracht werden. Die Aufdeckung stiller Reserven soll nach Möglichkeit vermieden werden. Welche Probleme entstehen hier? Einziger Gesellschafter soll der einbringende Einzelunternehmer U werden.

Antwort: Wählt die GmbH nach § 20 UmwStG den Buchwertansatz, so stehen auf der Aktivseite der GmbH lediglich Wirtschaftsgüter mit einem Buchwert von 10 T€ (= Kapital des Einzelunternehmens). Gründet U eine klassische GmbH (also keine Unternehmergesellschaft), so muss er in der Eröffnungsbilanz der GmbH nach § 5 Abs. 1 GmbHG ein Stammkapital von mindestens 25 T€ ausweisen. Handelsrechtlich ist dies kein Problem, da die Wirtschaftsgüter laut Aufgabenstellung 100 T€

wert sind. In der Steuerbilanz muss aufgrund des Maßgeblichkeitsgrundsatzes ein Stammkapital von mindestens 25 T€ bilanziert werden.

Dies erfordert aber nicht, dass auf die Buchwertfortführung verzichtet wird. Es ist möglich, in der Steuerbilanz der GmbH die Wirtschaftsgüter mit 10 T€ zu aktivieren und einen aktiven Ausgleichsposten in Höhe von 15 T€ zu bilden. Auf der Passivseite kann dann das Stammkapital mit 25 T€ ausgewiesen werden.

Die Gründung einer UG ist demgegenüber nicht möglich, da nach § 5a Abs. 2 Satz 2 GmbHG das Stammkapital nicht als Sacheinlage erbracht werden kann.

> **Frage:** Variieren wir den Fall dahingehend, dass das Einzelunternehmen ein negatives Kapital in Höhe von 10 T€ hat. Die gemeinen Werte sollen wieder 100 T€ betragen.

> **Tipp!** Viele Prüfer variieren einen Grundfall, um so verschiedene Szenarien durchzuspielen. Häufig wird für die Variante der Fall dann an einen anderen Kandidaten weitergegeben. Es ist daher unerlässlich, dass Sie stets darauf gefasst sind, den Fall weiter zu bearbeiten. Es wird äußerst negativ gewertet, wenn Sie hier den Faden nicht sofort aufnehmen können.

Antwort: Nach § 20 Abs. 2 Satz 2 UmwStG ist eine Buchwertfortführung nicht möglich, wenn das Kapital des einzubringenden Betriebes – oder Mitunternehmeranteils – negativ ist. Die stillen Reserven müssen daher mindestens so weit aufgedeckt werden, dass das Kapital 0 € beträgt. Im vorliegenden Fall müssen daher 10 T€ der stillen Reserven aktiviert werden. Die Steuerbilanz der GmbH könnte dann auf der Aktivseite Wirtschaftsgüter mit einem Buchwert von 0 € und einen steuerlichen Ausgleichsposten in Höhe von 25 T€ ausweisen. Auf der Passivseite wäre ein Stammkapital von mindestens 25 T€ zu bilanzieren.

Beim Einzelunternehmen entsteht ein laufender Gewinn in Höhe von 10 T€.

> **Frage:** Wäre ein derartiger Zwischenwertansatz auch möglich, wenn der einbringende Einzelunternehmer seinen ausschließlichen Wohnsitz in der Schweiz hätte, das Einzelunternehmen aber eine Betriebsstätte in Deutschland?

Antwort: Wenn das Einzelunternehmen eine Betriebsstätte in Deutschland unterhält, unterliegt diese Betriebsstätte nach Art. 7 Abs. 1 DBA-Schweiz der deutschen Buchführungs- und Steuerpflicht. Das Wahlrecht des § 20 Abs. 2 UmwStG ist nur dann gegeben, wenn sichergestellt ist, dass die stillen Reserven der eingebrachten Wirtschaftsgüter der deutschen Körperschaftsteuer unterliegen. Da im vorliegenden Fall die GmbH ihren Sitz in Deutschland hat, ist sie nach § 1 KStG unbeschränkt steuerpflichtig. Es spielt insoweit keine Rolle, ob der Gesellschafter im Ausland ansässig ist.

> **Tipp!** Es wird von Ihnen nicht erwartet, dass Sie DBA einzelner Länder im Detail kennen. Der Prüfer wird Ihnen unter Umständen das einschlägige DBA vorlesen oder vorlegen. Die Grundzüge der DBA – also insbesondere das OECD-Musterabkommen – sollten allerdings beherrscht werden.

> **Frage:** Gehen wir von folgendem Fall aus: Einzelunternehmer U (Kapital 100.000 €/Teilwert des Einzelunternehmens 500.000 €) möchte sein Einzelunternehmen in eine GmbH umwandeln. Welche gesellschaftsrechtlichen Probleme entstehen, wenn er seinen Betrieb als Sacheinlage einbringt?

Antwort: In diesem Fall handelt es sich um eine sog. Sachgründung. Die Sacheinlagen müssen nach § 5 Abs. 4 GmbHG in der Gründungssatzung exakt benannt werden. Außerdem haben die Gesellschafter in einem Sachgründungsbericht die für die Angemessenheit der Leistungen für Sacheinlagen wesentlichen Umstände darzulegen. Erreicht der Wert einer Sacheinlage im Zeitpunkt der

Problembereich 3: Einbringung eines Betriebs, Teilbetriebs oder Mitunternehmeranteils...

Anmeldung der Gesellschaft zur Eintragung in das Handelsregister nicht den Nennbetrag des dafür übernommenen Geschäftsanteils, haftet der Gesellschafter nach § 9 Abs. 1 GmbHG auf die Differenz. Nach § 9c Abs. 1 GmbHG prüft das Registergericht regelmäßig die Bewertung der Sacheinlagen. Dies zeigt, dass es verfahrensmäßig wesentlich einfacher ist, eine Bargründung durchzuführen.

> **Frage:** Stellen wir uns vor, dass der Einzelunternehmer nach dieser Beratung sich dazu entschließt, eine GmbH im Wege der Bargründung mit einem Stammkapital von 25.000 € zu gründen. Damit stellt sich nun das Problem, ob er für die Einbringung des Einzelunternehmens die Buchwertfortführung nach § 20 UmwStG wählen kann.

Antwort: § 20 UmwStG verlangt für die Buchwertfortführung, dass im Gegenzug für die Übertragung des Betriebs, Teilbetriebs oder Mitunternehmeranteils zumindest auch neue Anteile an der Gesellschaft gewährt werden (vgl. BMF a.a.O., Rz. E 20.09). Dies ist im vorliegenden Fall grundsätzlich nicht möglich, da ja die Gesellschaftsanteile im Gegenzug für die Einzahlung des Stammkapitals gewährt werden (Buchungssatz: Geld 25.000 € an Stammkapital 25.000 €). Allerdings ist es nach § 272 Abs. 4 Nr. 1 HGB möglich, ein (Sach-)Agio auf die Einlageverpflichtung zu vereinbaren. Der Einzelunternehmer könnte daher in der Gründungssatzung regeln, dass der Betrieb als Agio übertragen wird. Die Rechtsprechung hat diese Möglichkeit ausdrücklich gebilligt (BFH vom 01.12.2011, I B 127/11, www.bundesfinanzhof.de). Dem folgt auch die Verwaltung (BMF a.a.O., Rz. E 20.09).

Damit könnte die GmbH wie folgt buchen: Geld 25.000 € und Wirtschaftsgüter Einzelunternehmen 100.000 € an Stammkapital 25.000 € (= offene Einlage) und Kapitalrücklage 100.000 € (= verdeckte Einlage).

> **Frage:** Sie haben soeben darauf hingewiesen, dass es im Rahmen des § 20 UmwStG ausreicht, wenn zumindest i.H.v. 1 € ein neuer Gesellschaftsanteil gewährt wird. Gehen wir doch einmal von folgendem Fall aus: Eine GmbH soll im Wege der Sachgründung (Einbringung eines Betriebs; Kapitalkonto 100.000 €/Teilwert 500.000 €) mit einem Stammkapital von 25.000 € errichtet werden. In der Satzung ist vereinbart, dass Einlagen des Gesellschafters, die über das Stammkapital hinausgehen als Darlehen gewährt werden sollen. Steht dies einer Buchwertfortführung nach § 20 UmwStG entgegen?

Antwort: Da in diesem Fall neue Gesellschaftsanteile gewährt werden (= Stammkapital i.H.v. 25.000 €) sind die Voraussetzungen des § 20 UmwStG grundsätzlich gegeben. Die Gewährung von Darlehensansprüchen steht einer Buchwertfortführung im Rahmen des § 20 UmwStG nicht entgegen. Dies ergibt sich ausdrücklich aus § 20 Abs. 2 Satz 4 UmwStG, der die Möglichkeit vorsieht, dass der Einbringende neben den Gesellschaftsanteilen auch andere Wirtschaftsgüter (hier: einen Darlehensanspruch) erhalten kann. Die GmbH wird daher wie folgt buchen: Wirtschaftsgüter des Einzelunternehmens 100.000 € an Stammkapital 25.000 € und Darlehensverbindlichkeit gegenüber Gesellschafter 75.000 €.

> **Frage:** Wie hoch sind die Anschaffungskosten des Gesellschafters im vorliegenden Fall?

Antwort: Nach § 20 Abs. 3 UmwStG gilt der Wert, mit dem die übernehmende Gesellschaft (hier: die neu gegründete GmbH) das eingebrachte Betriebsvermögen ansetzt, als Anschaffungskosten der Gesellschaftsanteile. Demnach würden sich Anschaffungskosten i.H.v. 100.000 € ergeben. Nach § 20 Abs. 3 Satz 3 UmwStG sind die dem Gesellschafter im Rahmen der Einbringung gewährten anderen Wirtschaftsgüter (hier: Darlehensanspruch) bei der Bemessung der Anschaffungskosten abzuziehen. Damit betragen im vorliegenden Fall die Anschaffungskosten (100.000 € ./. 75.000 € =) 25.000 €.

> **Frage:** Ein Einzelunternehmer bringt am 1. Januar 2012 seinen Betrieb (Buchwert 100.000 € /Teilwert 800.000 €) nach § 20 UmwStG in eine neu gegründete GmbH ein. Die GmbH bucht (zulässigerweise): Wirtschaftsgüter Einzelunternehmen 100.000 € an Stammkapital 100.000 €. Am 31.12.2013 veräußert der Gesellschafter seine Anteile an der GmbH für 900.000 €. Wie ist der Veräußerungsgewinn zu versteuern?

Antwort: Durch die Einbringung des Betriebs zum Buchwert entstanden sog. sperrfristverhaftete Anteile nach § 22 UmwStG. Im Falle der Veräußerung dieser Anteile innerhalb von 7 Jahren ist nach § 22 Abs. 1 Satz 1 UmwStG rückwirkend im Wirtschaftsjahr der Veräußerung ein Gewinn i.S.v. § 16 Abs. 1 EStG anzusetzen (= Einbringungsgewinn I). Damit soll die missbräuchliche Inanspruchnahme des Teileinkünfteverfahrens durch Umwandlung eines Einzelunternehmens in eine Kapitalgesellschaft vermieden werden. Allerdings ist nach § 22 Abs. 1 Satz 3 UmwStG der Einbringungsgewinn I für jedes seit dem Einbringungszeitpunkt abgelaufene Zeitjahr um 1/7 zu verringern. Somit ergibt sich für den Veranlagungszeitraum 2012 rückwirkend ein Gewinn nach § 16 Abs. 2 EStG i.H.v. (800.000 € ./. 100.000 € =) 700.000 €, der für die Jahre 2012 und 2013 um 2/7 zu ermäßigen ist, sodass der endgültige Gewinn 500.000 € beträgt.

> **Frage:** Der Gesellschafter hat aber doch einen Veräußerungserlös i.H.v. 900.000 € erzielt.

Antwort: Soweit der Gewinn nicht nach § 16 EStG rückwirkend im Jahr der Einbringung besteuert wird, liegt eine Veräußerung nach § 17 Abs. 1 Satz 1 EStG i.V.m. § 3 Nr. 40 Buchstabe c) EStG vor. Zur Vermeidung einer Doppelbesteuerung ist der Einbringungsgewinn I nach § 22 Abs. 1 Satz 4 UmwStG als nachträgliche Anschaffungskosten der erhaltenen Anteile zu behandeln. Somit ergeben sich Anschaffungskosten i.H.v. (100.000 € = Stammkapital zuzüglich 500.000 € =) 600.000 €. Im Rahmen des § 17 Abs. 1 Satz 1 EStG ergibt sich sonach im Teileinkünfteverfahren ein Gewinn i.H.v. (900.000 € × 60 % = 540.000 €) abzüglich (600.000 € × 60 % = 360.000 €), somit 180.000 €.

> **Frage:** A ist zu 51 % Gesellschafter der A-GmbH. Seine Anschaffungskosten betragen 100 T€; der gemeine Wert der Anteile beläuft sich auf 800 T€. Im Zuge der Neugründung der B-GmbH überträgt A seine Anteile an der A-GmbH gegen Gewährung neuer Anteile auf die B-GmbH. Mit welchem Wert hat die B-GmbH die Anteile in ihrer Steuerbilanz zu aktivieren?

Antwort: Es handelt sich um einen sog. Anteilstausch, der in § 21 UmwStG geregelt ist. Danach hat die B-GmbH die Anteile grundsätzlich mit dem gemeinen Wert zu aktivieren (hier: 800 T€). Da A und nach der Übertragung die B-GmbH aber über 51 % der Stimmrechte verfügen, kann die B-GmbH die Anteile auch mit dem Buchwert oder einem Zwischenwert ansetzen (sog. qualifizierter Anteilstausch). Dem Buchwert entsprechen im vorliegenden Fall die Anschaffungskosten (§ 21 Abs. 2 Satz 5 UmwStG). Setzt die B-GmbH die Beteiligung mit dem Buchwert an, gehen die stillen Reserven unversteuert von der natürlichen Person A auf die Kapitalgesellschaft B über.

> **Frage:** Wie versteuert die B-GmbH im Falle des Buchwertansatzes den Veräußerungsgewinn aus der Veräußerung der Anteile an der A-GmbH? Welches Problem entsteht hier?

Antwort: Veräußert die B-GmbH die Anteile an der A-GmbH, so fällt der Veräußerungsgewinn unter § 8b Abs. 2 und 3 KStG. Er ist damit zu 95 % steuerfrei. Hätte A die Beteiligung veräußert, hätte er die stillen Reserven nach § 17 EStG im Teileinkünfteverfahren versteuern müssen.
Der Gesetzgeber hat dies aber hingenommen, da der Veräußerungsgewinn der B-GmbH von A entweder in Form einer Dividendenausschüttung nach § 20 Abs. 1 Nr. 1 EStG oder in Form eines Veräußerungsgewinnes nach § 17 Abs. 1 EStG versteuert werden muss. Gesellschafter A wird damit letztlich nicht aus der Steuerpflicht entlassen.

Problembereich 4: Einbringung eines Betriebs, Teilbetriebs oder Mitunternehmeranteils in eine Personengesellschaft

Frage: Einzelunternehmer U (Kapital 100 T€/gemeiner Wert 500 T€) möchte seinen bisherigen Mitarbeiter M an seinem Unternehmen beteiligen. M soll 500 T€ in bar in das künftige Unternehmen einbringen und paritätisch beteiligt sein. Kann U die Aufdeckung der stillen Reserven seines Einzelunternehmens vermeiden?

Antwort: Würde U die Hälfte seines Einzelunternehmens an M veräußern, müsste er die Hälfte seiner stillen Reserven aufdecken. Auf den Gewinn wäre § 16 EStG nicht anwendbar, da U nicht seinen ganzen Betrieb veräußert.

Im vorliegenden Fall veräußert U aber nicht die Hälfte seines Unternehmens. Dies zeigt sich schon daran, dass M eine Einlage in das neue Unternehmen und nicht einen Kaufpreis an U erbringt; dieser würde ja auch nicht 500 T€, sondern nur 250 T€ betragen.

Der Fall ist so zu beurteilen, als ob U und M eine Personengesellschaft (GbR oder OHG) neu gründen und U seinen Betrieb nach § 24 UmwStG einbringt (vgl. BMF vom 11.11.2011 – Umwandlungssteuererlass – a.a.O., Rz. 24.01 i.V.m. 01.47 ff.). Nach § 24 UmwStG kann die aufnehmende Personengesellschaft die Wirtschaftsgüter des eingebrachten Betriebs mit dem Buchwert, einem Zwischenwert oder maximal mit dem gemeinen Wert ansetzen. Setzt die Personengesellschaft die Wirtschaftsgüter des Betriebs zum Buchwert an, entsteht für U kein Einbringungsgewinn.

Frage: Welche steuerlichen Folgen hätte es für den einbringenden Einzelunternehmer U, wenn die aufnehmende Personengesellschaft die Wirtschaftsgüter mit einem Zwischenwert ansetzt?

Antwort: In diesem Fall muss der Einzelunternehmer diese Werte in seiner Bilanz aufstocken. Der insoweit entstehende Gewinn unterliegt nach § 24 Abs. 3 UmwStG der laufenden Besteuerung.

Frage: Und welche Folgen hat es, wenn die Personengesellschaft die Wirtschaftsgüter mit dem gemeinen Werten aktiviert?

Antwort: In diesem Fall kann der Einbringende den Einbringungsgewinn gem. § 24 Abs. 3 UmwStG nach § 16 EStG versteuern.

Frage: Angenommen die Personengesellschaft setzt die Buchwerte an. Wie würden dann die Kapitalkonten von U und M aussehen? Welches gesellschaftsrechtliche Problem tritt dann auf?

Antwort: Auf der Aktivseite der neuen Personengesellschaft würden die Wirtschaftsgüter des ehemaligen Betriebs mit 100 T€ und das eingebrachte Geld des M mit 500 T€ bilanziert. Für die Darstellung der Kapitalkonten gibt es nun mehrere Möglichkeiten. Man könnte das Kapital des M mit 500 T€ und das des U mit 100 T€ ansetzen. Trotzdem könnte die Gewinnverteilung paritätisch vereinbart werden. U wäre damit aber optisch in einer Minderheitsposition. Will er das nicht hinnehmen, so wäre es auch möglich, beide Kapitalkonten mit 300 T€ anzusetzen. Damit wäre das Kapital des M aber geringer als seine finanzielle Beteiligung. Daher hat sich in der Praxis die Handhabung durchgesetzt, dass in der Gesamthandsbilanz die eingebrachten Wirtschaftsgüter mit dem gemeinen Wert bilanziert werden (hier: 500 T€). Die Kapitalkonten würden dann für M und U je 500 T€ ausweisen. Damit wäre nach außen hin die Parität dokumentiert.

Da aber im Rahmen des § 24 UmwStG die Aufdeckung stiller Reserven vermieden werden soll, müssen die Bilanzansätze der Gesamthandsbilanz korrigiert werden. Dies geschieht in der Form, dass für den Gesellschafter M eine negative Ergänzungsbilanz erstellt wird, in der die eingebrachten Wirtschaftsgüter auf der Passivseite mit 400 T€ angesetzt werden. Auf der Aktivseite weist die Ergänzungsbilanz ein Minderkapital von 400 T€ aus.

Da die Ergänzungsbilanz eine individuelle Korrektur der Bilanzansätze der Gesamthandsbilanz darstellt, weist das steuerliche Kapitalkonto des M im Endeffekt (500 T€ abzüglich 400 T€ =) 100 T€ aus. Die Buchwertfortführung des § 24 UmwStG ist gewährleistet.

> **Tipp!** Skizzieren Sie in der Prüfung die Bilanzen kurz auf. Kein Prüfer nimmt Ihnen dies übel. Die Erfahrung zeigt, dass viele Kandidaten Probleme mit Ergänzungsbilanzen haben. Sie können den Prüfern jeden einzelnen Schritt erläutern, sollten dabei aber zügig vorgehen, sonst wird der Fall unter Umständen an Ihre Kollegen bzw. Kolleginnen weiter gereicht.

> **Frage:** In dem oben erwähnten Einzelunternehmen des U befindet sich ein Geschäftshaus (Buchwert 60 T€, gemeiner Wert 400 T€, Anschaffungskosten 300 T€, Abschreibung mit 3 % linear). Die Personengesellschaft setzt in der Gesamthandsbilanz alle Wirtschaftsgüter mit dem gemeinen Wert an. Eine Ergänzungsbilanz wird nicht erstellt. Welche Folgen hat dies für U? Wie ist das Gebäude nach der Einbringung abzuschreiben?

Antwort: Da der Wert, mit dem das eingebrachte Betriebsvermögen angesetzt wird, nach § 24 Abs. 3 UmwStG für den Einbringenden als Veräußerungspreis gilt, muss U die stillen Reserven seines Einzelunternehmens aufdecken. Da durch den Ansatz der gemeinen Werte sämtliche stillen Reserven realisiert werden, kann U §§ 16, 34 EStG in Anspruch nehmen.

Die weitere Abschreibung des Gebäudes richtet sich nach §§ 24 Abs. 4, 23 Abs. 4 UmwStG. Danach ist zu differenzieren, ob es sich bei der Einbringung um einen Fall der Einzel- oder der Gesamtrechtsnachfolge handelt. Eine Gesamtrechtsnachfolge liegt vor, wenn die Einbringung nach dem UmwG erfolgt. Da eine Verschmelzung eines Einzelunternehmens auf eine Personengesellschaft nach § 3 UmwG nicht möglich ist, kann zivilrechtlich die Einbringung nur im Wege der Einzelrechtsnachfolge, nämlich durch Übertragung jedes einzelnen Wirtschaftsgutes erfolgen.

Damit gilt das Gebäude als von der Personengesellschaft angeschafft. Die Anschaffungskosten im Sinne des § 253 HGB, § 7 Abs. 4 Nr. 1 EStG entsprechen dem gemeinen Wert, somit 400 T€. Die AfA ist mit 12.000 € jährlich anzusetzen.

> **Frage:** Wie würde das Gebäude abgeschrieben werden, wenn die Personengesellschaft einen Zwischenwert ansetzt und dementsprechend 75 % der stillen Reserven aufgedeckt werden?

Antwort: In diesem Fall würde die Personengesellschaft das Gebäude mit 60 T€ zuzüglich (75 % × 340 T€ =) 255 T€, also insgesamt mit 315 T€ aktivieren.

Die Abschreibung richtet sich dann nach §§ 24 Abs. 4, 23 Abs. 3 Nr. 1 UmwStG. Die neue Bemessungsgrundlage errechnet sich aus den Anschaffungskosten (= 300 T€) zuzüglich der aufgedeckten stillen Reserven (= 255 T€) und beträgt 555 T€. Der bisherige AfA-Satz ist beizubehalten, sodass die AfA (3 % × 555 T€ =) 16.650 € p.a. beträgt. Letztlich werden damit die aufgedeckten stillen Reserven wie nachträgliche Anschaffungskosten behandelt.

> **Tipp!** Müssen Sie – wie in dem obigen Fall – Berechnungen anstellen, sollten Sie unbedingt die einzelnen Schritte deutlich machen, also „laut rechnen". Jeder Rechenschritt muss für die Prüfer nachvollziehbar sein. Sie können sich für die Berechnungen jederzeit Notizen machen bzw. einen Taschenrechner benutzen.

> **Frage:** Gehen wir von folgendem Fall aus: A und B sind die Gesellschafter einer OHG. Die OHG bilanziert ein Grundstück mit 200.000 € (Gemeiner Wert 600.000 €). Der selbst

> geschaffene Firmenwert hat einen gemeinen Wert von 500.000 €. Auf der Passivseite befindet sich eine Rücklage nach § 6b EStG in Höhe von 100.000 €. Die Kapitalkonten von A und B betragen jeweils 50.000 €. A und B entschließen sich, den bisherigen Mitarbeiter C in die OHG aufzunehmen, da dieser über ausgezeichnete Fachkenntnisse verfügt. C soll aus diesem Grund kein Geld, sondern nur seine Arbeitskraft einbringen. Die Kapitalkonten sollen nach der Aufnahme des C paritätisch sein. A und B wollen 20 % der stillen Reserven im Zuge der Einbringung aufdecken.

Antwort: Die Aufnahme eines weiteren Gesellschafters in eine Personengesellschaft ist steuerlich wie die Gründung einer neuen Personengesellschaft zu behandeln (BMF a.a.O., Rz. 24.03). Dabei ist es nicht erforderlich, dass der neue Gesellschafter eine Einlage in Geld leistet, da nach § 705 BGB der Gesellschaftszweck auch durch eine Arbeitsleistung gefördert werden kann. Damit bringen die bisherigen Mitunternehmer A und B ihre Mitunternehmeranteile nach § 24 UmwStG in die neue OHG ein.

Nach § 24 UmwStG ist der Ansatz eines Zwischenwertes möglich. Bei Ansatz eines Zwischenwerts sind die in den Wirtschaftsgütern enthaltenen stillen Reserven gleichmäßig aufzudecken. Nach dem alten Umwandlungssteuererlass durften die stillen Reserven, die in einem selbst geschaffenen Firmenwert stecken, erst aufgedeckt werden, nachdem sämtliche stillen Reserven der übrigen Wirtschaftsgüter aufgedeckt wurden. Diese Regelung verstieß gegen § 5 Abs. 2 und § 6 Abs. 1 Nr. 7 EStG, da ein entgeltlich erworbener Firmenwert aktiviert werden muss. § 24 Abs. 3 UmwStG geht ausdrücklich davon aus, dass beim Einbringenden ein Veräußerungsvorgang vorliegt. Da die Rücklage nach § 6b EStG bisher unversteuerte stille Reserven enthält, muss die Rücklage ebenfalls anteilig aufgelöst werden. Damit ist das Grundstück mit (200.000 € zuzüglich 20 % von 400.000 € =) 280.000 € zu aktivieren. Der Firmenwert ist zwingend mit (500.000 € × 20 % =) 100.000 € anzusetzen. Die Rücklage nach § 6b EStG ist um 20 % auf 80.000 € zu reduzieren. Für die beiden bisherigen Gesellschafter ergibt sich ein Veräußerungsgewinn von (80.000 € + 100.000 € + 20.000 € =) 200.000 €, der auf jeden der Gesellschafter zur Hälfte entfällt.

> **Frage:** Können die Gesellschafter für die Aufdeckung der stillen Reserven des Grundstücks eine Rücklage nach § 6b EStG bilden?

Antwort: Da die Aufdeckung der stillen Reserven nach § 24 Abs. 3 UmwStG wie eine Veräußerung zu behandeln ist, können die Gesellschafter unter den weiteren Voraussetzungen des § 6b EStG für die aufgedeckten stillen Reserven des Grundstücks (80.000 €) eine Rücklage nach § 6b EStG bilden (vgl. R 6b. 2 Abs. 10 EStR analog). Da die Rücklage nur die beiden Gesellschafter A und B betrifft, empfiehlt es sich, die Rücklage in einer Ergänzungsbilanz des jeweiligen Gesellschafters zu bilden.

> **Frage:** Zum Schluss noch folgendes Problem. Ein Einzelunternehmer möchte seinen Betrieb (Buchwert 100.000 €/Gemeiner Wert 500.000 €) in eine neu gegründete GmbH & Co. KG einbringen. Die GmbH & Co. KG bucht wie folgt: Wirtschaftsgüter Einzelunternehmen 100.000 € an Kapitalkonto Gesellschafter 50.000 € und Darlehensverbindlichkeit 50.000 €. Was halten Sie von dieser Buchung?

Antwort: Im Gegensatz zu § 20 UmwStG (siehe Besprechung oben) ist im Rahmen des § 24 UmwStG die Gewährung von Wirtschaftsgütern wie eine Veräußerung zu behandeln (vgl. BMF a.a.O., Rz. 24.07). Damit ist der Einzelunternehmer so zu behandeln, als habe er die Hälfte seines Betriebs entgeltlich veräußert. Für ihn entsteht somit ein Veräußerungsgewinn i.H.v. (500.000 € × ½ =) 250.000 €. Dieser ist nach § 24 Abs. 3 UmwStG nach § 15 EStG zu versteuern. Allerdings kann der Einzelunternehmer wieder eine Rücklage nach § 6b EStG bilden, soweit in dem Betriebsvermögen Wirtschaftsgüter i.S.v. § 6b EStG enthalten sind.

Themenbereich Umsatzsteuer

Problembereich 1: Lieferungen im Umsatzsteuerrecht

> **Frage:** Geben Sie uns bitte zuerst eine Definition der Lieferung im Umsatzsteuerrecht. Nennen Sie dabei die wesentlichen Voraussetzungen.

Antwort: Die Lieferung ist in § 3 Abs. 1 UStG definiert. Danach liegt eine Lieferung vor, wenn der Unternehmer einem Anderen die Verfügungsmacht über einen Gegenstand verschafft. Als Gegenstände werden dabei alle Sachen und Tiere angesehen (§ 90 und § 90a BGB), aber auch Wirtschaftsgüter, die im Geschäftsverkehr wie Gegenstände gehandelt werden – z.B. Strom. Nach der Rechtsprechung des BFH wird die Verfügungsmacht an einem Gegenstand verschafft, wenn Wert, Substanz und Ertrag an einem Gegenstand auf den Erwerber übergehen, der Käufer muss also über den Gegenstand wirtschaftlich verfügen können.

> **Tipp!** Abstrakte Begriffe, wie die „Verschaffung der Verfügungsmacht" sollten in einer mündlichen Prüfung nicht nur verwendet, sie sollten auch erläutert oder umschrieben werden. Beachten Sie, dass nach der Rechtsprechung des EuGH (Urteil vom 22.10.2009, C-242/08 – Swiss Re, BFH/NV 2009, 2108) bei der Übertragung von Vertragsbündeln (hier Versicherungsverträgen) keine Lieferung vorliegt. Die Finanzverwaltung hat deshalb in Abschn. 3.1 Abs. 1 UStAE den „Firmenwert, Praxiswert und Kundenstamm" aus dem Katalog der Lieferungen gestrichen; diese werden im Rahmen einer sonstigen Leistung übertragen.

> **Frage:** Worauf stellt das Umsatzsteuerrecht mit seinem Lieferbegriff ab, wird hier eher auf das zivilrechtliche Eigentum oder eher auf das wirtschaftliche Eigentum Bezug genommen?

Antwort: Im Umsatzsteuerrecht wird auf das wirtschaftliche Eigentum abgestellt. Der Erwerber muss über den Gegenstand tatsächlich verfügen können. Das zivilrechtliche Eigentum ist dafür nicht entscheidend. Ein praktisches Beispiel ist der steuerbare und steuerpflichtige Verkauf eines Grundstücks. Zivilrechtlich wird der Käufer erst Eigentümer, wenn die Umschreibung im Grundbuch erfolgt ist, wirtschaftliches Eigentum erlangt er aber schon mit dem Nutzen- und Lastenwechsel. Damit ist zu diesem Zeitpunkt auch schon die Lieferung ausgeführt worden. Anders ist es bei einem Verkauf unter Eigentumsvorbehalt, hier wird die Verfügungsmacht an dem Gegenstand dem Kunden schon übertragen, obwohl sich der Verkäufer noch das zivilrechtliche Eigentum vorbehalten hat.

> **Frage:** Richtig, sehen Sie hier auch Auswirkungen dieser Grundüberlegung bei dem sog. „sale and lease back"?

Antwort: Ja, beim „sale and lease back" greifen diese Grundsätze genauso, allerdings kommt es hier gerade nicht zu einer Übertragung des wirtschaftlichen Eigentums. Lassen Sie mich erst einmal kurz auf den wirtschaftlichen Hintergrund dieses Vorgangs eingehen: Beim „sale and lease back" überträgt der Eigentümer eines oder mehrerer Gegenstände einem Leasinggeber das zivilrechtliche Eigentum daran und least den oder die übertragenen Gegenstände dann in der Regel langfristig wieder zurück. Zumindest in den Fällen, in denen die Wirtschaftsgüter dann ertragsteuerrechtlich weiter beim Leasingnehmer bilanziert werden, liegt keine Übertragung des wirtschaftlichen Eigentums vor, sodass keine Lieferung nach § 3 Abs. 1 UStG gegeben ist. Der BFH hat dazu festgestellt, dass in diesem Fall der Übertragung eine reine Sicherungsfunktion zukommt.

Problembereich 1: Lieferungen im Umsatzsteuerrecht

> **Tipp!** Die Finanzverwaltung hat dazu mit Schreiben vom 04.12.2008, BStBl I 2008, 1084 zu der Rechtsprechung des BFH, Urteil vom 09.02.2006, V R 22/03, BStBl II 2006, 727 Stellung genommen.

> **Frage:** Wie gehen Sie aber bei der Prüfung einer Leistung vor, wenn eine einheitliche Leistung sowohl Elemente der Lieferung wie auch Elemente einer sonstigen Leistung aufweist?

Antwort: Zuerst ist immer zu prüfen, ob es sich tatsächlich um eine einheitliche Leistung handelt, die Leistung also nicht in mehrere Einzelleistungen unterteilt werden kann. Wenn eine einheitliche Leistung vorliegt, muss geprüft werden, ob es sich um eine Werklieferung oder um eine Werkleistung handelt. Die gesetzliche Abgrenzung erfolgt dabei über § 3 Abs. 4 UStG, der die Werklieferung positiv definiert. Eine Werklieferung liegt vor, wenn der Unternehmer bei der von ihm ausgeführten Leistung nicht nur Nebensachen oder Zutaten verwendet. Allerdings muss hier auch die Rechtsprechung (hier insbesondere BFH, Urteil vom 09.06.2005, V R 50/02, BStBl II 2006, 98) mit beachtet werden. So sind unter Zutaten oder sonstigen Nebensachen Lieferungen zu verstehen, die bei einer Gesamtbetrachtung aus der Sicht des Durchschnittsbetrachters nicht das Wesen des Umsatzes bestimmen, die also bei einer qualitativen Abgrenzung von untergeordneter Bedeutung sind.

> **Tipp!** Grundsätzlich kann die Abgrenzung zwischen Werklieferung und Werkleistung nicht nach quantitativen Kriterien erfolgen, sondern muss nach qualitativen Kriterien vorgenommen werden. Aus Vereinfachungsgründen beanstandet es die Finanzverwaltung aber nicht, wenn bei der Reparatur an beweglichen körperlichen Gegenständen von einer Werklieferung ausgegangen wird, wenn mehr als die Hälfte des Gesamtentgelts auf das verwendete Material entfällt, Abschn. 3.8 Abs. 6 UStAE.

> **Frage:** Kommen wir zu einem kleinen Fall: Ein Unternehmer schenkt seiner Tochter ein Fahrzeug, das er vor vier Jahren unter Vorsteuerabzug erworben und seinem Unternehmen zugeordnet hatte. Welche Konsequenzen ergeben sich für den Unternehmer?

Antwort: Der Unternehmer hatte beim Kauf des Fahrzeugs den Vorsteuerabzug nach § 15 Abs. 1 Satz 1 Nr. 1 UStG, ein Ausschlussgrund – insbesondere nach § 15 Abs. 1a UStG wegen nicht abzugsfähiger Betriebsausgaben – ergibt sich nicht. Die Schenkung des Fahrzeugs an die Tochter gilt als Lieferung gegen Entgelt nach § 3 Abs. 1b Satz 1 Nr. 1 UStG, da das Fahrzeug für unternehmensfremde Zwecke aus dem Unternehmen entnommen wurde. Da der Unternehmer beim Kauf des Fahrzeugs auch zum Vorsteuerabzug berechtigt gewesen war, steht § 3 Abs. 1b Satz 2 UStG der Besteuerung auch nicht entgegen. Der Ort der Lieferung ist nach § 3f Satz 1 UStG dort, wo der Unternehmer sein Unternehmen betreibt. Damit ist die Leistung steuerbar nach § 1 Abs. 1 Nr. 1 UStG und auch nicht nach § 4 UStG steuerbefreit. Bemessungsgrundlage ist nach § 10 Abs. 4 Nr. 1 UStG das, was der Unternehmer für einen solchen Gegenstand zu diesem Zeitpunkt aufwenden müsste – dazu müsste der Wiederbeschaffungswert eines solchen Fahrzeugs in diesem Zustand ermittelt werden. Auf diesen Betrag würde die Umsatzsteuer mit 19 % heraufgerechnet werden.

> **Tipp!** Es ist in einer mündlichen Prüfung sicher nicht immer notwendig, alle hier angegebenen Rechtsvorschriften anzugeben. Sie sollten aber – soweit Sie diese sicher beherrschen – die grundlegenden Rechtsvorschriften mit angeben, dies macht einfach einen professionelleren Eindruck, raten Sie aber nicht bei den Rechtsvorschriften „ich glaube, das steht in § 3 Abs. 1b UStG" ist eine denkbar schlechte Aussage.

> **Frage:** Würde sich an Ihrer Lösung etwas ändern, wenn der Unternehmer das Fahrzeug von privat erworben hätte?

Antwort: Ja, die Lösung wäre anders. Wenn der Unternehmer das Fahrzeug von einem Nichtunternehmer gekauft hätte, wäre er nicht zum Vorsteuerabzug berechtigt gewesen. Wenn kein Vorsteuerabzug beim Erwerb des Fahrzeugs möglich war, kann sich grundsätzlich auch keine steuerbare Entnahme ergeben, da § 3 Abs. 1b Satz 2 UStG für eine steuerbare Entnahme ausdrücklich den Vorsteuerabzug voraussetzt. Allerdings muss dann noch geprüft werden, ob der Unternehmer aus Bestandteilen des Fahrzeugs zum Vorsteuerabzug berechtigt gewesen war. Soweit während der Zugehörigkeit des Fahrzeugs zum Unternehmen Teile in das Fahrzeug eingegangen sind, für die der Unternehmer zum Vorsteuerabzug berechtigt gewesen war und die zum Zeitpunkt der Entnahme noch nicht vollständig verbraucht sind, würde sich eine steuerbare Entnahme für diese Teile (bzw. den Restwert) ergeben.

> **Tipp!** Beachten Sie hier die Vereinfachungsregelungen der Finanzverwaltung in Abschn. 3.3 Abs. 2 ff. UStAE. Zumindest die Grundzüge dieser Vereinfachungsregelungen sollten in einer mündlichen Prüfung bekannt sein, damit bei eventuellen Nachfragen entsprechende Antworten gegeben werden können.

> **Frage:** Gehen Sie bitte jetzt von folgendem Sachverhalt aus: Ein Unternehmer aus Deutschland versendet an einen Abnehmer in der Schweiz einen Gegenstand auf Probe. Erst nach der Probephase entscheidet sich der Abnehmer, ob er den Gegenstand tatsächlich erwerben will. Wie beurteilen Sie den Sachverhalt, wenn der Abnehmer den Gegenstand tatsächlich erwirbt?

Antwort: Der Lieferer führt eine Lieferung nach § 3 Abs. 1 UStG als Unternehmer im Rahmen seines Unternehmens aus. Fraglich ist hier der Ort der Lieferung. Da der Gegenstand körperlich von Deutschland in die Schweiz transportiert wird, könnte eine Beförderungs- oder Versendungslieferung nach § 3 Abs. 6 UStG vorliegen, die dort ausgeführt wäre, wo die Beförderung beginnt. Der BFH (Urteil vom 06.12.2007, V R 24/05, BStBl II 2009, 490) hat aber zu dem Verkauf auf Probe festgestellt, dass die Verfügungsmacht an dem Gegenstand erst nach „der Probe" auf den Erwerber übergeht und damit eine unbewegte Lieferung i.S.d. § 3 Abs. 7 Satz 1 UStG vorliegt. Damit ist die Lieferung erst in der Schweiz ausgeführt und in Deutschland nicht steuerbar.

> **Frage:** Sehen Sie darin eine Möglichkeit für den Unternehmer, nachhaltig in Deutschland Umsatzsteuer zu sparen?

Antwort: Nein, auch wenn es sich um eine Beförderungslieferung in Deutschland handeln würde und damit die Lieferung nach § 1 Abs. 1 Nr. 1 UStG in Deutschland steuerbar wäre, würde sich im Regelfall eine Steuerbefreiung nach § 4 Nr. 1 Buchst. a i.V.m. § 6 Abs. 1 Satz 1 Nr. 1 UStG ergeben, wenn der Unternehmer den Gegenstand in das Drittlandsgebiet befördert oder versendet. Lediglich die Anforderungen an die Nachweispflichten sind bei einem im Inland nicht steuerbaren Umsatz geringer als bei einer steuerbefreiten Ausfuhrlieferung.

> **Frage:** Zum Abschluss dieser Prüfungsrunde noch folgender Fall: Ein Unternehmer aus der Schweiz bestellt beim Unternehmer B in Berlin Ware, die dieser nicht vorrätig hat. B bestellt diese Ware bei seinem Zulieferer A aus Aachen, der die Ware unmittelbar zu dem Kunden in die Schweiz transportiert. A hat sich verpflichtet, den Gegenstand in die Schweiz zu transportieren. Prüfen Sie bitte die umsatzsteuerrechtlichen Auswirkungen für A und B.

Antwort: In diesem Fall liegt ein Reihengeschäft nach § 3 Abs. 6 Satz 5 UStG vor, da mehrere Unternehmer über denselben Gegenstand Umsatzgeschäfte abschließen und der Gegenstand der Lieferung dabei unmittelbar von dem ersten Unternehmer in der Reihe zu dem letzten Unternehmer gelangt. Dabei liegt sowohl zwischen A und B wie auch zwischen B und dem Kunden in der Schweiz jeweils eine Lieferung nach § 3 Abs. 1 UStG vor. Die Besonderheit des Reihengeschäfts besteht in der Bestimmung des Orts der Lieferung, da immer nur eine der Lieferungen eine Beförderungs- oder Versendungslieferung nach § 3 Abs. 6 UStG sein kann. Da sich hier der erste Unternehmer verpflichtet hatte, den Gegenstand zu befördern oder zu versenden, ist die Beförderung der ersten Lieferung zuzuordnen. Damit liefert A mit einem Ort der Lieferung in Aachen, da dort die Beförderung beginnt (§ 3 Abs. 6 Satz 1 UStG). Die steuerbare Lieferung ist aber als Ausfuhrlieferung nach § 4 Nr. 1 Buchst. a und § 6 Abs. 1 Satz 1 Nr. 1 UStG steuerfrei, da A den Gegenstand in die Schweiz befördert oder versendet.

Die Lieferung des B an den Kunden in der Schweiz ist nach § 3 Abs. 7 Satz 2 Nr. 2 UStG eine ruhende Lieferung, die dort ausgeführt ist, wo sich der Gegenstand der Lieferung am Ende der Beförderung oder Versendung befindet. Die Lieferung ist damit in der Schweiz ausgeführt und in Deutschland nicht steuerbar.

> **Frage: Zwei kleine Nachfragen noch: Ist die Steuerbefreiung an den B nicht noch von weiteren Voraussetzungen abhängig?**

Antwort: Nein, wenn der liefernde Unternehmer den Gegenstand der Lieferung selbst in das Drittlandsgebiet befördert oder versendet, sind keine weiteren Tatbestandsvoraussetzungen nach § 6 Abs. 1 Satz 1 Nr. 1 UStG zu erfüllen. Insbesondere kommt es nicht darauf an, ob der Abnehmer ein Unternehmer oder kein Unternehmer ist und ob er ein ausländischer Abnehmer ist – die letzte Voraussetzung wäre nur zu erfüllen, wenn der Abnehmer den Gegenstand selbst in das Drittlandsgebiet befördern oder versenden würde. Selbstverständlich muss nachgewiesen werden, dass der Gegenstand tatsächlich „physisch" in die Schweiz gelangt ist.

> **Tipp!** Lassen Sie sich auch durch solche Nachfragen nicht verwirren. Die Frage, ob „es weitere Voraussetzungen gibt", muss nicht zwingend bedeuten, dass tatsächlich solche weiteren Voraussetzungen notwendig sind. Der Prüfer kann auch nur eine Konkretisierung der vorhergehenden Antwort provozieren.

> **Frage: Wie erfolgt die Besteuerung der Lieferung des B?**

Antwort: Die Lieferung des B ist in Deutschland nicht steuerbar, da der Ort der Lieferung nicht im Inland ist. Dies bestimmt sich aber nur aus deutscher Sicht so, ob die Lieferung auch nach Schweizer Recht in der Schweiz ausgeführt ist, kann sich nur nach dem Umsatzsteuergesetz der Schweiz bestimmen. Im Regelfall wird eine Umsatzsteuer aber bei drittlandsgrenzüberschreitenden Lieferungen im Bestimmungsland durch die Einfuhrumsatzsteuer erhoben.

> **Tipp!** Die Zuordnung der bewegten Lieferung und der ruhenden Lieferung im Reihengeschäft ist im Einzelfall problematisch. Der EuGH hat sich mehrfach mit dieser Frage auseinander setzen müssen (EuGH, Urteil vom 16.12.2010, C-430/09 – Euro Tyre Holding BV, BFH/NV 2011, 397; EuGH, Urteil vom 27.09.2012, C-587/10 – Vogtländische Straßen-, Tief- und Rohrleitungsbau GmbH, BFH/NV 2012, 1919). Danach ist die Zuordnung jeweils im Einzelfall zu prüfen. Die von der Finanzverwaltung vertretene Auffassung, dass es insbesondere darauf ankommt, wer die Gefahren und die Kosten des Transports tragen soll, ist vom EuGH ausdrücklich abgelehnt worden.

> Mittlerweile hat sich der BFH (Urteil vom 25.02.2015, XI R 15/14, BFH/NV 2015, 772 sowie BFH, Urteil vom 25.02.2015, XI R 30/13, BFH/NV 2015, 769) insbesondere mit der Frage beschäftigt, wie die Zuordnung der bewegten Lieferung erfolgt, wenn der mittlere Unternehmer den Gegenstand der Lieferung befördert oder versendet. Wenn die Verfügungsmacht an dem Gegenstand schon auf den letzten Abnehmer übergegangen ist, bevor der Gegenstand tatsächlich körperlich bewegt wird, kann die erste Lieferung nicht die bewegte Lieferung sein. Wenn aber der mittlere Unternehmer dem ersten Unternehmer versichert, die Verfügungsmacht nicht auf den nächsten Abnehmer zu übertragen, bevor der Gegenstand das Inland verlässt, ist die erste Lieferung die bewegte Lieferung und damit (unter den weiteren Voraussetzungen) die innergemeinschaftliche Lieferung.

Problembereich 2: Sonstige Leistungen im Umsatzsteuerrecht

Frage: Grenzen Sie bitte die sonstige Leistung von der Lieferung ab.

Antwort: Eine sonstige Leistung ist nach § 3 Abs. 9 Satz 1 UStG dann gegeben, wenn eine Leistung ausgeführt wird, die keine Lieferung ist. Somit gibt es im Umsatzsteuerrecht keine positive Definition der sonstigen Leistung, sondern nur eine „Umkehrdefinition". Damit ist gewährleistet, dass alle Leistungen im wirtschaftlichen Sinn unter das Umsatzsteuergesetz fallen.

Frage: Grenzen Sie bitte auch noch die Möglichkeiten ab, die sich bei der Ausführung unentgeltlicher sonstiger Leistungen ergeben.

Antwort: Unentgeltlich ausgeführte sonstige Leistungen sind in § 3 Abs. 9a UStG geregelt. Dabei ist zu unterscheiden, ob es sich um die Nutzung von Gegenständen (§ 3 Abs. 9a Nr. 1 UStG) oder um andere unentgeltlich ausgeführte sonstige Leistungen handelt (§ 3 Abs. 9a Nr. 2 UStG). Beide müssen für Zwecke, die außerhalb des Unternehmens liegen oder für den privaten Bedarf des Personals ausgeführt werden. Unterschieden wird dies deshalb, weil die Steuerbarkeit der Verwendung von Gegenständen für unternehmensfremde Zwecke einen Vorsteuerabzug – ganz oder teilweise – voraussetzt. Bei den anderen unentgeltlich ausgeführten Leistungen – also z.B. bei Personaldienstleistungen – kommt es für die Besteuerung dieser sonstigen Leistungen nicht darauf an, dass vorher ein Vorsteuerabzug vorhanden gewesen sein muss.

> **Tipp!** Auch hier könnte dies in der mündlichen Prüfung noch anhand praktischer Beispiele verdeutlicht werden (so könnte § 3 Abs. 9a Nr. 1 UStG am Beispiel der Privatnutzung eines Fahrzeugs dargestellt werden, § 3 Abs. 9a Nr. 2 UStG anhand von Reinigungsleistungen im Privathaushalt des Unternehmers, die von Mitarbeitern des Unternehmens ausgeführt werden). Dies sollte in der Prüfung aber von der jeweiligen Prüfungssituation abhängig gemacht werden. Bei Prüfern, die eher kurze Antworten bevorzugen, besteht die Gefahr, dass die Prüfungsrunde vorzeitig abgebrochen wird bzw. die Frage an einen anderen Kandidaten weitergegeben wird, bevor sie selbst zum „Höhepunkt" ihrer Aussage gekommen sind.
> Lesen Sie in der Vorbereitung auch die von der Finanzverwaltung in 2014 neu aufgenommenen ausführlichen Regelungen zur Privatnutzung von Fahrzeugen in Abschn. 15.23 UStAE – diese Anweisungen ersetzen die bisher sich aus einem Schreiben von 2004 ergebenden Rechtsfolgen.

Problembereich 2: Sonstige Leistungen im Umsatzsteuerrecht

Frage: Welche Besonderheiten ergeben sich, wenn ein Unternehmer Leistungen bezieht, die er unmittelbar für eine unentgeltliche Wertabgabe verwenden möchte? Verdeutlichen Sie dies bitte an einem von Ihnen gewählten Beispiel.

Antwort: Wenn ein Unternehmer eine Leistung bezieht, um sie für eine unentgeltliche Wertabgabe zu verwenden, ist der Unternehmer grundsätzlich nicht zum Vorsteuerabzug berechtigt. Während früher noch in bestimmten Fällen eine Zuordnung der Eingangsleistung zum Unternehmen möglich war, sich dann der Vorsteuerabzug ergab und der Unternehmer anschließend eine unentgeltliche Wertabgabe der Besteuerung unterwerfen musste, hatte der BFH (Urteil vom 09.12.2010, V R 17/10, BStBl 2012, 53) entschieden, dass der Unternehmer den Vorsteuerabzug nicht hat und dann auch keine Ausgangsleistung der Besteuerung unterwerfen muss. Die Finanzverwaltung (BMF, Schreiben vom 02.01.2012, BStBl I 2012, 60 und dazu ergänzend BMF, Schreiben vom 02.01.2014, BStBl I 2014, 119) wendet diese Grundsätze seit dem 01.01.2013 an. Bei der unentgeltlichen sonstigen Leistung kann dies z.B. Betriebsveranstaltungen betreffen, die im überwiegenden privaten Interesse der Arbeitnehmer ausgeführt werden. Früher hatte der Unternehmer in diesen Fällen den Vorsteuerabzug aus den Eingangsleistungen und musste die Leistung gegenüber dem Personal der Umsatzbesteuerung unterwerfen. Jetzt ergibt sich keine Vorsteuerabzugsberechtigung, der Unternehmer muss aber auch keine Ausgangsleistung der Besteuerung unterwerfen. Im Ergebnis kann dies für den Unternehmer sogar vorteilhaft sein, wenn die Eingangsleistung steuerfrei (z.B. Museumsbesuch) oder ermäßigt besteuert (z.B. Hotelübernachtung) ist, der Unternehmer die Leistung seinem Personal gegenüber aber mit dem Regelsteuersatz besteuern musste.

Tipp! Das BMF-Schreiben vom 02.01.2014, a.a.O. sollte unbedingt vor der mündlichen Steuerberaterprüfung gelesen werden. Es geht zurück auf die vom EuGH vertretene „3-Sphären-Theorie" (EuGH, Urteil vom 12.02.2009, C-515/07 – VNLTO, BFH/NV 2009, 682).
Bei den Betriebsveranstaltungen ist zu beachten, dass durch die ertragsteuerrechtliche Änderung zum 01.01.2015 die bisherige Abgrenzung für die Frage, ob die Veranstaltung im überwiegenden privaten Interesse des Personals ausgeführt wurde (die 110 €-Grenze) sich auch Auswirkungen für die Umsatzsteuer ergeben können. Da die 110 €-Grenze jetzt ertragsteuerrechtlich als Freibetrag ausgestaltet ist, kann fraglich sein, ob bei Überschreiten des Betrags tatsächlich der komplette Vorsteuerabzug ausgeschlossen ist. Die Finanzverwaltung hat sich dazu bisher noch nicht geäußert. Bis zur mündlichen Prüfung kann sich hier aber noch eine Änderung ergeben.

Frage: Kommen wir aber jetzt zu einem Gestaltungsfall: Sie haben einen Mandanten, der an der Ostseeküste ein Ferienhaus besitzt, das er an ständig wechselnde Feriengäste vermieten möchte. Stellen Sie bitte aus umsatzsteuerrechtlicher Sicht dar, wie eine solche Vermietung abgewickelt werden könnte, wenn er sich dabei eines eingeschalteten Unternehmers bedienen würde. Welche umsatzsteuerlichen Probleme können sich dabei für den eingeschalteten Unternehmer ergeben?

Antwort: Die Vermietung ist grundsätzlich eine steuerbare sonstige Leistung, die als kurzfristige Vermietung zu Beherbergungszwecken auch nicht steuerbefreit ist (Ausschluss der Steuerbefreiung nach § 4 Nr. 12 Satz 2 UStG) und nach § 12 Abs. 2 Nr. 11 UStG dem ermäßigten Steuersatz unterliegt. Wenn der Mandant einen anderen Unternehmer in die Ausführung der Vermietungsumsätze einbindet, muss geprüft werden, ob der eingeschaltete Unternehmer in eigenem Namen, aber für Rechnung des Auftraggebers tätig ist, oder ob der eingeschaltete Unternehmer in fremdem Namen für fremde Rechnung tätig wird. Im ersten Fall liegt eine sog. Leistungskommission nach § 3 Abs. 11 UStG vor, bei der im Rahmen einer Leistungskette die steuerbare und steuerpflichtige Vermietung von dem Eigentümer an den eingeschalteten Unternehmer und von diesem – ebenfalls steuerbar und steuerpflichtig – an den Feriengast ausgeführt wird. Allerdings hatte sich hier eine Änderung in der umsatzsteuerlichen Würdigung durch die Finanzverwaltung ergeben. Da der eingeschaltete Unternehmer eine Leistung gegenüber einem Nichtunternehmer ausführen wird, sieht die Finanzverwaltung diese Leistung als eine Reiseleistung nach § 25 UStG an, da der eingeschaltete Unternehmer eine Reisevorleistung in Anspruch nimmt, die unmittelbar dem Reisenden zugutekommt. Daraus ergibt sich, dass die Leistung des eingeschalteten Unternehmers nach § 3a Abs. 1 UStG dort ausgeführt ist, wo er sein Unternehmen betreibt und dass sich die Umsatzsteuer mit 19 % aus der Differenz (Marge) zwischen den erhaltenen Entgelt und den an den Eigentümer weitergeleiteten Betrag ergibt, ein Vorsteuerabzug für die erhaltene Reisevorleistung ist für den eingeschalteten Unternehmer nicht möglich (BMF, Schreiben vom 03.04.2012, BStBl I 2012, 486). Tritt der eingeschaltete Unternehmer aber in fremden Namen und für fremde Rechnung auf, erfolgt die steuerbare und steuerpflichtige Vermietung direkt von dem Eigentümer an den Feriengast. Der eingeschaltete Unternehmer führt dann nur eine Vermittlungsleistung aus, die ebenfalls steuerbar und steuerpflichtig ist und nicht dem ermäßigten Steuersatz unterliegt. Je nach Vertragsgestaltung kann diese Vermittlungsleistung an den Feriengast oder den Eigentümer des Ferienhauses erbracht werden.

> **Tipp!** Die Finanzverwaltung (BMF, Schreiben vom 14.06.2010, BStBl I 2010, 568) sieht die Vermittlung der kurzfristigen Vermietung von Zimmern in Hotels, Pensionen oder Ferienwohnungen nicht als Leistung i.Z.m. Grundstücken an. Der Ort bestimmt sich vielmehr nach den Grundregelungen des § 3a Abs. 1 oder Abs. 2 UStG.
> Beachten Sie auch zu den Reiseleistungen, dass nach der deutschen Fassung des § 25 UStG diese Regelung nur dann greift, wenn der Leistungsempfänger ein Nichtunternehmer ist. Nach dem Gemeinschaftsrecht ist dies aber nicht so einschränkend zu sehen, sodass der Unternehmer sich auch bei Leistungen gegenüber Unternehmern auf § 25 UStG berufen kann.

Frage: Ergibt sich an Ihrer Lösung bei der Leistungskommission eine Änderung, wenn der Eigentümer des Ferienhauses Kleinunternehmer ist?

Antwort: Ja, eine Änderung ergibt sich in der Rechtsbeziehung zwischen dem Eigentümer und dem eingeschalteten Unternehmer. Da der Ferienhausbesitzer jetzt Kleinunternehmer nach § 19 UStG ist, wird die Umsatzsteuer für seinen Umsatz nicht erhoben. Die Vermietung des eingeschalteten Unternehmers an den Feriengast bleibt davon aber unberührt. Die Eigenschaft „Kleinunternehmer" kann nicht im Rahmen einer Leistungskommission in der Leistungskette weitergegeben werden.

> **Tipp!** Bitte achten Sie darauf, dass bei einem Kleinunternehmer die Umsatzsteuer nicht erhoben wird. Aussagen wie „der Umsatz ist nicht steuerbar" oder „der Umsatz ist steuerfrei" zeugen von erheblichen systematischen Defiziten. Kleinunternehmereigenschaft liegt nach § 19 UStG vor, wenn der Gesamtumsatz des Unternehmers im vorangegangenen Jahr nicht mehr als 17.500 € betragen hat und voraussichtlich im laufenden Kalenderjahr nicht mehr als 50.000 € betragen wird – diese Umsatzgrenzen sollten in der mündlichen Prüfung auch ohne Nachblättern im Gesetz gewusst werden.

Frage: Nach welchen Grundregelungen bestimmt sich der Ort einer sonstigen Leistung?

Antwort: In § 3a Abs. 1 UStG ist einer der beiden allgemeinen Grundsätze für die Bestimmung des Orts einer sonstigen Leistung geregelt. Wird die sonstige Leistung an einen Nichtunternehmer oder an einen Unternehmer für dessen nichtunternehmerischen Bereich ausgeführt, ist der Ort der sonstigen Leistung dort, wo der leistende Unternehmer sein Unternehmen betreibt. Lediglich dann, wenn die Leistung von einer Betriebsstätte des leistenden Unternehmers ausgeführt wird, ist der Ort der Betriebsstätte maßgeblich. Der zweite Grundsatz ist in § 3a Abs. 2 UStG geregelt: Wird die sonstige Leistung an einen Unternehmer für dessen Unternehmen ausgeführt, ist der Ort der sonstigen Leistung dort, wo der Leistungsempfänger sein Unternehmen betreibt oder eine die Leistung empfangende Betriebsstätte unterhält. Darüber hinaus ergeben sich aber nach § 3a Abs. 3 ff., § 3b, § 3e und § 3f UStG Sonderfälle, bei denen der Ort der sonstigen Leistung nach anderen Grundsätzen bestimmt wird.

> **Tipp!** Die „B2B"-Grundregelung des § 3a Abs. 2 UStG gilt nicht nur dann, wenn die Leistung an einen Unternehmer für dessen Unternehmen ausgeführt wird, sondern auch bei Leistungen an eine juristische Person, die entweder insgesamt nicht unternehmerisch tätig ist, der aber eine USt-IdNr. erteilt worden ist oder die einen unternehmerischen und einen nichtunternehmerischen Bereich unterhält (z.B. juristische Person des öffentlichen Rechts, die einen Betrieb gewerblicher Art unterhält und auch hoheitlich tätig ist). Im zweiten Fall ist es nicht erforderlich, dass der juristischen Person eine USt-IdNr. erteilt worden ist.

Frage: Wie muss der Unternehmer nachweisen, dass er eine Leistung an einen Unternehmer und für dessen Unternehmen ausführt?

Antwort: Grundsätzlich muss unterschieden werden, wo der Leistungsempfänger ansässig ist. Wenn ein deutscher Unternehmer eine unter § 3a Abs. 2 UStG fallende Leistung gegenüber einem deutschen Unternehmer ausführt, ergeben sich keine besonderen Nachweispflichten. Bei grenzüberschreitend in der Europäischen Union ausgeführten Leistungen wird der Nachweis regelmäßig über die USt-IdNr. des Leistungsempfängers geführt. Ein Vertrauensschutz, dass der Leistungsempfänger ein Unternehmer ist und auch als Unternehmer handelt, sieht die Finanzverwaltung dabei nur dann vor, wenn die USt-IdNr. des Leistungsempfängers vom BZSt qualifiziert bestätigt worden ist. Außerdem muss beachtet werden, dass nach der Auffassung der Finanzverwaltung in den Fällen, in denen die ausgeführte Leistung typischerweise für nichtunternehmerisch (private) Zwecke verwendet wird, alleine die USt-IdNr. des Leistungsempfängers nicht ausreichend ist. In diesen Fällen soll durch weitere Nachweise (z.B. eine schriftliche Bestätigung des Leistungsempfängers) nachgewiesen werden, dass die Leistung für das Unternehmen des Leistungsempfängers bezogen wird, Abschn. 3a.2 Abs. 11a UStAE. Bei Leistungen gegenüber einem im Drittlandsgebiet ansässigen Unternehmer muss der Nachweis durch andere Unterlagen geführt werden. Dies kann z.B. eine Bescheinigung einer ausländischen Steuerbehörde sein. Allerdings kommt dem Nachweis nur dann eine besondere Bedeutung zu, wenn die Leistung, soweit sie an einen Nichtunternehmer ausgeführt wird, nicht auch im Ausland ausgeführt wird. Insbesondere bei den sog. Katalogleistungen (Leistungen, die abschließend in § 3a Abs. 4 UStG aufgeführt sind) ergibt sich auch bei Leistungen gegenüber einem Nichtunternehmer mit Sitz oder Wohnsitz im Drittlandsgebiet ein Ort am Sitz oder Wohnsitz des Leistungsempfängers, sodass dann keine besonderen Nachweise zu führen sind.

Frage: Welche Vorschriften sind Ihnen bekannt, die den Ort einer sonstigen Leistung regeln, die im Zusammenhang mit Messen und Ausstellungen ausgeführt wird?

Antwort: Bei den Vorschriften zur Bestimmung des Orts der sonstigen Leistung im Zusammenhang mit künstlerischen, kulturellen, wissenschaftlichen Leistungen, wie auch Leistungen im Zusammenhang mit Messen und Ausstellungen haben sich in den letzten Jahren verschiedene Änderungen ergeben. Wird eine solche Leistung an einen Nichtunternehmer ausgeführt, ist der Ort der sonstigen Leistung am Veranstaltungsort, § 3a Abs. 3 Nr. 3 Buchst. a UStG. Bei Ausführung einer Leistung an einen Unternehmer für dessen Unternehmen, ist der Ort der sonstigen Leistung grundsätzlich dort, wo der Leistungsempfänger sein Unternehmen betreibt oder eine die Leistung empfangende Betriebsstätte unterhält, § 3a Abs. 2 UStG. Ein besonderes Problem ergibt sich durch die Regelungen insbesondere bei der Feststellung des Orts der sonstigen Leistung im Zusammenhang mit Messen und Ausstellungen. Wenn es sich nur um die Überlassung eines Messestandplatzes handelt, ist dies eine Leistung i.Z.m. einem Grundstück und dort ausgeführt, wo das Grundstück liegt – dies ist dann immer der jeweilige Messeort. Handelt es sich hingegen um eine sog. komplexe Messedienstleistung, die aus einem Leistungsbündel besteht, ist der Ort der Leistung nach der B2B-Grundregelung des § 3a Abs. 2 UStG zu bestimmen. Damit ist der Ort der sonstigen Leistung dann dort, wo der Leistungsempfänger sein Unternehmen betreibt. Da gerade an Messen und Ausstellungen häufig auch ausländische Unternehmer teilnehmen, kann sich somit für einen deutschen Messedienstleister der Ort der Leistung in das Ausland verlagern. Wird aber eine Veranstaltungsleistung an einen Unternehmer für dessen Unternehmen mit Sitz in Deutschland ausschließlich im Drittlandsgebiet ausgeführt, wird die Leistung abweichend von § 3a Abs. 2 UStG als im Drittlandsgebiet ausgeführt angesehen, § 3a Abs. 8 Satz 1 UStG. Außerdem hat der EuGH (Urteil vom 27.10.2011, C-530/09 – Inter Mark Group, BStBl II 2012, 160) festgestellt, dass Leistungen, die der Planung, Gestaltung, Auf- oder Abbau eines Messestands dienen und die an einen Unternehmer für dessen Unternehmen ausgeführt werden, B2B-Grundleistungen darstellen, deren Ort dort ist, wo der Leistungsempfänger sein Unternehmen betreibt. Werden solche Leistungen an einen Nichtunternehmer ausgeführt, bestimmt sich der Ort der sonstigen Leistung nach dem wirtschaftlichen Gehalt der ausgeführten Leistung.

> **Tipp!** Beachten Sie in der Prüfung insbesondere die Vereinfachungsregelung des BMF in Abschn. 3a.4 Abs. 2 UStAE. Danach ist von einer komplexen Messedienstleistung auszugehen, wenn der leistende Unternehmer neben der Standplatzüberlassung noch mindestens drei der in der Verwaltungsvorschrift aufgenommenen typischen Messedienstleistungen ausgeführt hat.

> **Frage:** Wie erfolgt die Besteuerung von elektronischen Dienstleistungen innerhalb der Europäischen Union?

Antwort: Bei den elektronischen Dienstleistungen haben sich zum 01.01.2015 erhebliche Veränderungen ergeben. Elektronische Dienstleistungen (also z.B. der Download von Dateien etc.) gegenüber einem Unternehmer sind weiterhin – wie auch schon vor dem 01.01.2015 – immer dort ausgeführt, wo der Leistungsempfänger sein Unternehmen betreibt, § 3a Abs. 2 UStG. Auch bei Leistungen an Nichtunternehmer im Drittlandsgebiet gilt und galt das „Bestimmungslandprinzip", der Ort der Leistung ist dort, wo der Leistungsempfänger ansässig ist (bis 31.12.2014 über die sog. Katalogleistungen des § 3a Abs. 4 Satz 2 Nr. 13 i.V.m. Abs. 4 Satz 1 UStG geregelt; seit dem 01.01.2015 mit gleichem Ergebnis nach § 3a Abs. 5 UStG). Veränderungen haben sich bei den Leistungen gegenüber einem Nichtunternehmer im Gemeinschaftsgebiet ergeben. Während bis zum 31.12.2014 der Ort der sonstigen Leistung nach § 3a Abs. 1 UStG dort war, wo der leistende Unternehmer sein Unternehmen betrieben hat, wurde zum 01.01.2015 das Bestimmungslandprinzip auch für diese Fälle umgesetzt. Der leistende Unternehmer führt Leistungen am jeweiligen Wohnsitz des nichtunternehmerischen Leistungsempfängers aus und muss mit der Umsatzsteuer des jeweiligen Ziellands kalkulieren, § 3a Abs. 5 UStG. Darüber hinaus ist zum 01.01.2015 für diese Leistungen – wie auch für die Rundfunk- und Fernsehdienstleistungen und die Telekommunikationsdienstleistungen – die Möglichkeit der Erfassung dieser Leistungen über eine „Kleine Einzige Anlaufstelle" (KEA) eingeführt worden. Der deutsche Unternehmer kann diese in den anderen Mitgliedstaaten ausgeführten Leistungen zentral in Rahmen einer besonderen Steueranmeldung über das Bundeszentralamt für Steuern anmelden und über das Bundeszentralamt für Steuern auch die Zahlung dieser Steuern ausführen.

> **Tipp!** Die Veranlagung des Unternehmers über diese „Kleine einzige Anlaufstelle" wird auch als „Mini-One-Stop-Shop-Regelung" (MOSS) bezeichnet. Danach sind quartalsweise elektronische Anmeldungen bis zum jeweils 20. Tag nach Ablauf eines Quartals beim BZSt abzugeben. Bis zu diesem Stichtag hat auch die Zahlung der Steuer zu erfolgen.

Frage: Nach welchen Regelungen bestimmt sich der Ort von Beförderungsleistungen?

Antwort: Bei der Ausführung von Beförderungsleistungen muss unterschieden werden, welche Art Beförderungsleistung ausgeführt wird und wem gegenüber diese Beförderungsleistung erbracht wird.

Wird eine Personenbeförderung ausgeführt, ist diese Leistung immer dort erbracht, wo die Beförderungsstrecke zurückgelegt wird (§ 3b Abs. 1 UStG). Bei einer Beförderung von Gegenständen ist zu unterscheiden, ob die Leistung an einen anderen Unternehmer für dessen Unternehmen ausgeführt wird oder nicht. Wird die Leistung an einen Unternehmer ausgeführt, ist der Ort der Leistung immer dort, wo er sein Unternehmen betreibt oder eine die Leistung empfangende Betriebsstätte unterhält (§ 3a Abs. 2 UStG). Die Leistung ist damit nicht zwingend an die Beförderungsstrecke gebunden. Nur bei einer Beförderung von Gegenständen gegenüber einem Nichtunternehmer wird der Ort der Leistung nach den Regelungen des § 3b UStG bestimmt. Danach ist der Ort der Beförderungsleistung im Regelfall dort, wo die Beförderung bewirkt wird, nur bei einer innergemeinschaftlichen Beförderung eines Gegenstands gegenüber einem Nichtunternehmer ist der Ort immer dort, wo die Beförderung beginnt, § 3b Abs. 3 UStG.

> **Tipp!** Wenn Sie hier noch Zeit haben und der Prüfer nicht ungeduldig wirkt, können Sie dies auch noch mit dem einen oder anderen kleinen Beispiel illustrieren.

Frage: Sehen Sie bei der Bestimmung des Orts der Güterbeförderung gegenüber einem Unternehmer besondere Probleme in der Praxis und wie ergibt sich hier eine Lösung?

Antwort: Bei der Beförderung von Gegenständen gegenüber einem Unternehmer ist nach § 3a Abs. 2 UStG der Ort der Leistung dort, wo der Leistungsempfänger sein Unternehmen oder die die Leistung empfangende Betriebsstätte unterhält. Da mit dieser Regelung eine Abkoppelung von der tatsächlichen Beförderungsstrecke erfolgt, könnte sich insbesondere in Fällen, in denen Drittlandsgebiet berührt wird, die Gefahr einer Doppelbesteuerung oder einer Nichtbesteuerung ergeben. Beauftragt zum Beispiel ein deutscher Unternehmer einen Frachtführer aus Russland, einen Gegenstand innerhalb Russlands zu transportieren, wäre der Ort der Leistung nach § 3a Abs. 2 UStG in Deutschland – dabei ist noch zu beachten, dass der Auftraggeber zum Steuerschuldner nach § 13b UStG würde, da die Leistung in Deutschland steuerbar und steuerpflichtig von einem ausländischen Unternehmer ausgeführt wäre. Allerdings wird Russland nicht auf sein Besteuerungsrecht für diesen Umsatz verzichten, da es sich aus russischer Sicht um einen rein inländischen Umsatz handelt, damit würde für die Leistung zweimal Umsatzsteuer entstehen. Um in solchen Fällen eine Doppelbesteuerung zu vermeiden, wird über § 3a Abs. 8 Satz 1 UStG eine Beförderungsleistung, die ausschließlich im Drittlandsgebiet ausgeführt wurde, abweichend von § 3a Abs. 2 UStG als im Drittlandsgebiet ausgeführt behandelt, also genauso, wie es sich auch bei den schon besprochenen Veranstaltungsleistungen bei Messen und Ausstellungen ergibt. § 3a Abs. 8 UStG gilt aber nur bei Beförderungsleistungen, die ausschließlich im Drittlandsgebiet ausgeführt werden, bei einer drittlandsgrenzüberschreitenden Güterbeförderung bestimmt sich der Ort der Leistung nach § 3a Abs. 2 UStG. Allerdings ist in diesen Fällen – wenn der Ort der sonstigen Leistung im Inland ist – die Beförderungsleistung nach § 4 Nr. 3 Buchst. a UStG steuerfrei.

> **Tipp!** § 3a Abs. 8 UStG gilt nicht nur für Güterbeförderungsleistungen und mit Güterbeförderungsleistungen verbundene Umsätze, sondern neben den Veranstaltungsleistungen bei Messen und Ausstellungen z.B. auch für Arbeiten an beweglichen körperlichen Gegenständen gegenüber einem Unternehmer für dessen Unternehmen, wenn diese Leistungen ausschließlich im Drittlandsgebiet genutzt oder ausgewertet werden.

> **Frage:** Kommen wir noch zu einer abschließenden Frage: Ein Mandant von Ihnen betreibt auf einem Bahnhof eine Pizzabäckerei. Zusammen mit anderen Anbietern hat er eine Verzehrinsel eingerichtet, an der auch seine Kunden an Tischen die Pizzen verzehren können, andere Kunden nehmen die Pizzen aber mit. Wie erfolgt die Besteuerung dieser Umsätze?

Antwort: Hier muss geprüft werden, ob die Pizzen im Rahmen einer Lieferung (7 % Umsatzsteuer) abgegeben werden oder ob eine sonstige Leistung (Dienstleistung mit 19 % Umsatzsteuer) vorliegt. Nachdem der EuGH (Urteil vom 10.03.2011, C-497/09 – Bog u.a., BFH/NV 2011, 956) entschieden hatte, dass für die Abgrenzung zu berücksichtigen ist, ob individuell Speisen zubereitet werden und ob noch weitere Dienstleistungen (z.B. Bereitstellung von Sitzgelegenheiten, Überlassung von Geschirr, Abwaschen, Reinigungsleistungen etc.) ausgeführt werden, muss für alle seit dem 01.07.2011 ausgeführten Leistungen beachtet werden, dass hier Art. 6 MwStVO gilt – diese Regelung ist in Deutschland unmittelbar anwendbares Recht. Nach Art. 6 MwStVO kommt es nicht mehr auf die Intensität der Zubereitung der Speisen an, entscheidend ist nur noch, ob über die Zubereitung der Speisen und dem Transport zum Verbrauchsort hinaus weitere Dienstleistungen ausgeführt werden. Wenn der Unternehmer die Pizzen „außer-Haus" verkauft, handelt es sich um Lieferungen, die dem ermäßigten Steuersatz unterliegen. Die Zurverfügungstellung von Sitzgelegenheiten führt aber zur Annahme einer sonstigen Leistung, die dann mit dem Regelsteuersatz zu besteuern ist. Grundsätzlich werden einem Unternehmer zwar Verzehreinrichtungen eines Dritten nicht mehr zugerechnet. Da er die Verzehrinsel aber zusammen mit anderen Unternehmern betreibt, sind diese Sitzgelegenheiten ihm zuzurechnen.

> **Tipp!** Nach dem EuGH-Urteil und dem Inkrafttreten des Art. 6 MwStVO hat die Finanzverwaltung (rückwirkend zum 01.07.2011) ihre Rechtsauffassung in einem umfangreichen Schreiben vom 20.03.2013 dargelegt. Die Grundsätze sind in Abschn. 3.6 UStAE übernommen worden. Die Abgrenzungsgrundsätze zwischen der ermäßigt besteuerten Lieferung von Speisen und der regelbesteuerten Abgabe von Speisen als sonstige Leistung müssen in der mündlichen Prüfung beherrscht werden.

Problembereich 3: Umsatzsteuer im Drittlandsverkehr

> **Frage:** Gehen Sie bitte von folgendem Grundfall aus: Ein Unternehmer aus Deutschland verkauft einen Gegenstand an einen Kunden aus der Schweiz. Welche grundsätzlichen Möglichkeiten ergeben sich bei der Beurteilung der Lieferung?

Antwort: Der Unternehmer führt im Rahmen seines Unternehmens eine Lieferung aus. Da der Gegenstand offensichtlich befördert oder versendet wird, ist der Ort der Lieferung nach § 3 Abs. 6 UStG im Inland. Die Lieferung ist damit in Deutschland nach § 1 Abs. 1 Nr. 1 UStG steuerbar. Die Lieferung kann aber nach § 4 Nr. 1 Buchst. a UStG steuerfrei sein, wenn es sich um eine Ausfuhrlieferung nach § 6 Abs. 1 UStG handelt. Dazu ist es erforderlich, dass der Gegenstand tatsächlich in

Problembereich 3: Umsatzsteuer im Drittlandsverkehr

das Drittlandsgebiet – hier die Schweiz – gelangt. Weiterhin kommt es entscheidend darauf an, wer den Gegenstand der Lieferung in das Drittlandsgebiet transportiert.

> **Tipp!** Selbst wenn die Frage ganz offensichtlich auf die Steuerbefreiung abzielt, muss trotzdem kurz die Steuerbarkeit der Lieferung angesprochen werden, damit der systematische Zusammenhang dargestellt werden kann.

Frage: Gehen Sie bitte erst einmal davon aus, dass der liefernde Unternehmer den Gegenstand einem von ihm beauftragten Frachtführer übergibt, der den Gegenstand in die Schweiz transportiert. Welche Voraussetzungen müssen in diesem Fall erfüllt sein, damit es sich um eine Ausfuhrlieferung handeln kann?

Antwort: Nach § 6 Abs. 1 Satz 1 Nr. 1 UStG ist in den Fällen, in denen der liefernde Unternehmer den Gegenstand in das Drittlandsgebiet befördert oder versendet, keine weitere Voraussetzung zu erfüllen. Bei der Schweiz handelt es sich auch nicht um ein Gebiet i.S.d. § 1 Abs. 3 UStG; hier wären Sonderregelungen nach § 6 Abs. 1 Satz 1 Nr. 3 UStG zu berücksichtigen. Insbesondere kommt es bei § 6 Abs. 1 Satz 1 Nr. 1 UStG nicht auf die Person des Leistungsempfängers an, der liefernde Unternehmer muss nur nachweisen, dass der Gegenstand der Lieferung tatsächlich in das Drittlandsgebiet gelangt ist.

Frage: Wie kann oder muss denn der liefernde Unternehmer diesen Nachweis erbringen?

Antwort: Grundsätzlich muss der Nachweis über eine amtliche Ausfuhrbescheinigung geführt werden. Ausnahmen können sich nur in besonderen Fällen ergeben, wenn die Ware z.B. per Post oder per Päckchen in das Drittlandsgebiet versandt wird. Dabei muss beachtet werden, dass seit dem 01.07.2009 die Ausfuhrnachweise im kommerziellen Warenverkehr regelmäßig – bis auf Sonderfälle – nur noch elektronisch erteilt werden (ATLAS-Verfahren der Finanzverwaltung) und durch den elektronischen Ausgangsvermerk dokumentiert werden. Der buch- und belegmäßige Nachweis ist mit Wirkung zum 01.01.2012 in der UStDV an das elektronische Ausfuhrverfahren angepasst worden.

Frage: Würde sich an den von Ihnen geschilderten Voraussetzungen für die Ausfuhrlieferung etwas ändern, wenn der Gegenstand von dem Leistungsempfänger selbst in das Drittlandsgebiet befördert worden ist?

Antwort: Ja, in diesem Fall kann es sich nicht mehr um eine Ausfuhrlieferung nach § 6 Abs. 1 Satz 1 Nr. 1 UStG handeln, da dies nur infrage kommt, wenn der liefernde Unternehmer den Gegenstand befördert oder versendet. Allerdings kann sich hier eine Ausfuhrlieferung nach § 6 Abs. 1 Satz 1 Nr. 2 UStG ergeben, wenn der Abnehmer den Gegenstand der Lieferung in das Drittlandsgebiet befördert oder versendet. In diesem Fall muss der Abnehmer aber ein ausländischer Abnehmer sein; ob er als Unternehmer anzusehen ist oder nicht, ist dagegen nicht von Bedeutung.

Frage: Welches sind denn die Voraussetzungen, die ein Abnehmer erfüllen muss, um als ausländischer Abnehmer zu gelten?

Antwort: Nach § 6 Abs. 2 Nr. 1 UStG ist ein ausländischer Abnehmer ein Abnehmer, der seinen Wohnort oder Sitz im Ausland hat. Darüber hinaus kann auch eine Zweigniederlassung eines inländischen Unternehmers ausländischer Abnehmer sein, wenn die Zweigniederlassung das Umsatzgeschäft in eigenem Namen abgeschlossen hat. Es ist dabei ausreichend, wenn der Abnehmer aus dem Ausland kommt, er muss nicht unbedingt aus dem Drittlandsgebiet kommen, anders ist es lediglich im nichtkommerziellen Reiseverkehr.

> **Frage:** Definieren Sie bitte einmal den von Ihnen verwendeten Begriff des Wohnorts.

Antwort: Wohnort i.S.d. Regelung ist der zentrale Mittelpunkt der Lebensinteressen des Abnehmers. Der Begriff des Wohnorts darf nicht mit dem in § 8 AO verwendeten Begriff des Wohnsitzes verwechselt werden – ein Abnehmer kann mehrere Wohnsitze aber nur einen Wohnort i.S.d. § 6 Abs. 2 UStG haben.

> **Frage:** Aber sehen wir uns dies bitte einmal praktisch an, wie kann denn der liefernde Unternehmer sicher sein, dass sein Kunde seinen Lebensmittelpunkt im Ausland hat? Dies kann ja insbesondere bei den „Verkäufen über die Theke" schwierig sein!

Antwort: Dies ist in der Tat in der Praxis ein erhebliches Problem. Der liefernde Unternehmer muss grundsätzlich Aufzeichnungen über seinen Abnehmer anfertigen und auch Belege über das tatsächliche Gelangen des Gegenstands in das Drittlandsgebiet vorweisen können. Dabei kann die Eigenschaft des ausländischen Abnehmers auf dem Ausfuhrnachweis von der zuständigen Zolldienststelle bestätigt werden. Wenn der liefernde Unternehmer die Nachweise durch Kopien der Reisepapiere des Abnehmers führt, kann davon ausgegangen werden, dass der in dem Reisedokument (z.B. Reisepass) eingetragene Ort der Wohnort ist. Außerdem darf es sich bei dem gelieferten Gegenstand nicht um einen Ausrüstungs- oder Versorgungsgegenstand für ein Beförderungsmittel handeln, da ansonsten noch weitere Voraussetzungen nach § 6 Abs. 3 UStG für die Ausfuhrlieferung erfüllt werden müssten.

> **Tipp!** Die Einzelregelungen dazu finden Sie in Abschn. 6.11 UStAE. In einer mündlichen Prüfung ist es sicher nicht notwendig, eine solche Quelle genau angeben zu können. Beachten Sie aber, dass in mündlichen Prüfungen gerne auf solche „Praxisprobleme" Bezug genommen wird.

> **Frage:** Bleiben wir einmal bei der Praxis. Welchen Rat würden Sie einem Einzelunternehmer geben, bei dem gelegentlich Privatpersonen aus dem Drittlandsgebiet einkaufen, damit er ohne Risiko Ausfuhrlieferungen durchführen kann?

Antwort: In einem solchen Fall muss auf zwei Voraussetzungen besonders geachtet werden:
1. Wenn Privatpersonen Gegenstände in Deutschland einkaufen und in das Drittlandsgebiet ausführen, müssen auch noch die Voraussetzungen der Lieferungen im persönlichen Reisegepäck nach § 6 Abs. 3a UStG beachtet werden. Dazu muss der Abnehmer nicht nur seinen Wohnort im Ausland (dies ist Drittlandsgebiet oder das übrige Gemeinschaftsgebiet) haben, sondern er muss seinen Wohnort im Drittlandsgebiet haben. Zusätzlich muss die Ware bis zum Ablauf des dritten Monats, der auf den Monat der Lieferung folgt, ausgeführt werden.
2. Außerdem muss der liefernde Unternehmer darauf achten, dass eine Ausfuhrlieferung nur dann vorliegt, wenn die notwendige Ausfuhrbestätigung vorhanden ist. Deshalb sollte dem Mandanten geraten werden, erst einmal den Kaufpreis zuzüglich der deutschen Umsatzsteuer zu berechnen, damit er keinen wirtschaftlichen Nachteil erleidet, wenn der Käufer die Ausfuhrbescheinigung nicht nachreicht. Wenn der Käufer dann später die Ausfuhrbescheinigung vorlegt, ist dem Kunden die Umsatzsteuer zu erstatten.

Problembereich 3: Umsatzsteuer im Drittlandsverkehr

Frage: Gehen Sie jetzt bitte einmal davon aus, dass der liefernde Unternehmer die notwendigen Nachweise von seinem Kunden erhalten und die Lieferung als steuerfreie Lieferung erfasst hat. Bei einer später durchgeführten Umsatzsteuer-Sonderprüfung stellt sich jetzt aber heraus, dass die von seinem Abnehmer vorgelegten Nachweise gefälscht sind. Womit muss Ihr Mandant in diesem Fall rechnen?

Antwort: Das Problem ist, dass ohne den Ausfuhrnachweis nicht nachgewiesen werden kann, dass der Gegenstand tatsächlich in das Drittlandsgebiet gelangt ist. Damit liegt eigentlich keine steuerfreie Ausfuhrlieferung nach § 4 Nr. 1 Buchst. a UStG vor. Nach der Rechtsprechung des EuGH (EuGH, Urteil vom 21.02.2008, C-271/06 – Netto Supermarkt GmbH & Co. KG, DStR 2008, 450) hat der Unternehmer in diesen Fällen einen Vertrauensschutz, wenn er alles das getan hat, was einem ordentlichen und gewissenhaften Unternehmer zuzumuten ist und er nicht erkennen konnte, dass hier ein Betrug vorlag. Der Vertrauensschutz wird in Deutschland umgesetzt, indem die Steuer im Billigkeitswege erlassen wird.

Tipp! Bei den elektronischen Ausfuhrnachweisen ist allerdings mit durch einen Abnehmer gefälschten Ausfuhrnachweisen kaum zu rechnen.

Frage: Sehen Sie durch die Entscheidung des EuGH eine deutliche Verbesserung der Stellung des liefernden Unternehmers?

Antwort: Grundsätzlich sehe ich hier schon eine Verbesserung der Rechtsstellung des liefernden Unternehmers, da klargestellt ist, dass es einen Vertrauensschutz auch im Drittlandsverkehr geben kann. Allerdings muss beachtet werden, dass die Hürden für den Vertrauensschutz sehr hoch sind und der Unternehmer keinen Vertrauensschutz erlangen wird, wenn ihm Nachlässigkeiten oder Versäumnisse beim Führen der notwendigen Nachweise vorgehalten werden können.

Tipp! In mündlichen Prüfungen werden manchmal auch „Meinungen" gefragt. Scheuen Sie sich deshalb nicht, auf Fragen, für die es keine eindeutige rechtliche Antwort gibt, Ihre Meinung darzulegen.

Frage: Stellen Sie zum Abschluss bitte noch dar, ob alle diese genannten Regelungen auch dann gelten, wenn Ware in einen Freihafen geliefert wird.

Antwort: Ja, grundsätzlich kann eine steuerfreie Ausfuhrlieferung auch bei einer Lieferung in einen Freihafen vorliegen. Freihäfen gehören nach § 1 Abs. 2 UStG nicht zum Inland und stellen damit Drittlandsgebiet dar. Allerdings sind die Lieferungen in die Freihäfen ausdrücklich aus der Anwendung des § 6 Abs. 1 Satz 1 Nr. 1 und Nr. 2 UStG ausgenommen. Nach § 6 Abs. 1 Satz 1 Nr. 3 UStG kann eine steuerfreie Ausfuhrlieferung in diesem Fall aber dann vorliegen, wenn der Gegenstand an einen Unternehmer für dessen Unternehmen geliefert wird, der diese Gegenstände auch nicht für vorsteuerabzugsschädliche Ausgangsleistungen nach § 4 Nr. 8 bis Nr. 27 UStG verwendet – der Unternehmer muss also in vollem Umfang zum Vorsteuerabzug berechtigt sein. Außerdem kann auch die Lieferung an einen Nichtunternehmer in den Freihafen eine steuerfreie Ausfuhrlieferung sein, wenn der Gegenstand im Anschluss in das (übrige) Drittlandsgebiet gelangt.

Tipp! In den letzten Jahren sind mehrere Freihäfen aufgehoben worden, zuletzt zum 01.01.2013 der Freihafen Hamburg. Derzeit bestehen in Deutschland noch die Freihäfen Cuxhaven und Bremerhaven.

Problembereich 4: Umsatzsteuer im Gemeinschaftsgebiet

> **Frage:** Nach welchem Grundprinzip erfolgt im Binnenmarkt die Besteuerung grenzüberschreitender Lieferungen?

Antwort: Soweit es sich im Binnenmarkt umsetzen lässt, soll die Besteuerung einer Ware dort erfolgen, wo diese Ware ge- oder verbraucht wird – das sog. Bestimmungslandprinzip. Dieses Prinzip ist zumindest bei der Lieferung zwischen regelbesteuerten Unternehmern im Binnenmarkt dadurch umgesetzt worden, dass der Lieferer im Ausgangsmitgliedstaat eine steuerbare, aber nach § 4 Nr. 1 Buchst. b UStG steuerfreie innergemeinschaftliche Lieferung ausführt. Der Erwerber muss im Bestimmungsland einen innergemeinschaftlichen Erwerb besteuern, der Ort dieses Umsatzes befindet sich nach § 3d Satz 1 UStG dort, wo sich die Ware am Ende der Beförderung oder Versendung befindet.

> **Tipp!** Dieses Prinzip gilt nicht nur im Binnenmarkt. Nach demselben Prinzip werden auch Leistungen im Drittlandsverkehr besteuert. Dort wird die Besteuerung im Bestimmungsland durch die zu erhebende Einfuhrumsatzsteuer – in Deutschland nach § 1 Abs. 1 Nr. 4 UStG – sichergestellt. Das grundsätzlich andere denkbare Prinzip ist das Ursprungslandprinzip.

> **Frage:** Gibt es aber im Binnenmarkt bei grenzüberschreitenden Lieferungen auch Fälle, in denen das Bestimmungslandprinzip durchbrochen wird.

Antwort: Ja, in bestimmten Fällen kann es im Binnenmarkt zur Durchbrechung dieses Grundsatzes kommen. Ist der Erwerber kein Unternehmer, kann sich bei ihm grundsätzlich kein innergemeinschaftlicher Erwerb ergeben. In diesem Fall muss auf anderem Weg versucht werden, eine Besteuerung im Bestimmungsland umzusetzen. Es muss dann geprüft werden, ob der Ort der Lieferung für den Verkäufer im Bestimmungsland liegt. Dies kann sich nach § 3c UStG ergeben, danach ist der Ort der Lieferung dort, wo sich der Gegenstand am Ende der Beförderung oder Versendung befindet, wenn bestimmte Voraussetzungen erfüllt sind. Eine der wesentlichen Voraussetzung ist dafür aber, dass der Unternehmer die sog. Lieferschwelle im Bestimmungsland überschreitet. Überschreitet er diese Lieferschwelle nicht, bestimmt sich der Ort der Lieferung nicht nach § 3c UStG, sondern nach § 3 Abs. 6 UStG und ist dort, wo die Warenbewegung beginnt. Die Lieferung ist dann im Ursprungsland steuerbar und steuerpflichtig.

> **Tipp!** In einer mündlichen Prüfung ist es nicht immer möglich, alle notwendigen Voraussetzungen einer Rechtsvorschrift zu nennen. Wenn der Prüfer einem Teilnehmer/einer Teilnehmerin aber mehr Zeit einräumt, kann hier auch noch als Voraussetzung darauf hingewiesen werden, dass die Regelung des § 3c UStG nur dann greift, wenn der liefernde Unternehmer den Gegenstand der Lieferung in das übrige Gemeinschaftsgebiet befördert oder versendet – also nie, wenn es sich um Abhollieferungen handelt. Darüber hinaus kann der liefernde Unternehmer auch auf die Anwendung der Lieferschwellenregelung verzichten, sodass der Ort der Lieferung auch dann im Bestimmungsland ist, wenn die Schwelle nicht überschritten wird.

> **Frage:** Kommen wir noch einmal auf die Lieferung zwischen regelbesteuerten Unternehmern zurück. Welche Voraussetzungen müssen vorliegen, damit der leistende Unternehmer eine steuerfreie innergemeinschaftliche Lieferung ausführen kann?

Antwort: Nach § 4 Nr. 1 Buchst. b UStG ist eine innergemeinschaftliche Lieferung steuerfrei. In § 4 Nr. 1 Buchst. b UStG wird aber nicht definiert, welche Voraussetzungen an eine solche innergemeinschaftliche Lieferung zu stellen sind. Es wird nur auf die Voraussetzungen des § 6a UStG verwiesen. In dieser Rechtsvorschrift wird inhaltlich definiert, unter welchen Voraussetzungen eine innergemeinschaftliche Lieferung gegeben ist. Nach § 6a Abs. 1 UStG liegt diese vor, wenn der Gegenstand tatsächlich von einem Mitgliedstaat in einen anderen Mitgliedstaat gelangt (§ 6a Abs. 1 Satz 1 Nr. 1 UStG), wenn der Leistungsempfänger ein Unternehmer ist, der den Gegenstand für sein Unternehmen erwirbt (§ 6a Abs. 1 Satz 1 Nr. 2 Buchst. a UStG) und wenn die Besteuerung des Gegenstands in einem anderen Mitgliedstaat sichergestellt ist (§ 6a Abs. 1 Satz 1 Nr. 3 UStG). Es kann aber auch die Lieferung an eine juristische Person, die nicht Unternehmer ist oder den Gegenstand nicht für ihr Unternehmen erwirbt (§ 6a Abs. 1 Satz 1 Nr. 2 Buchst. b UStG) oder die Lieferung eines neuen Fahrzeugs an jeden anderen Erwerber (§ 6a Abs. 1 Satz 1 Nr. 2 Buchst. c UStG) erfolgen.

Frage: Wie muss der liefernde Unternehmer die Nachweise für diese Voraussetzungen führen?

Antwort: Wichtigste Voraussetzung ist, dass der liefernde Unternehmer die zutreffende USt-IdNr. des Leistungsempfängers vorweisen kann. Nur unter dieser Voraussetzung kann die Lieferung als steuerfreie Lieferung angesehen werden, da nur dann tatsächlich die Besteuerung des innergemeinschaftlichen Erwerbs in dem anderen Mitgliedstaat überwacht werden kann. Darüber hinaus muss der liefernde Unternehmer auch entsprechende Nachweise über das tatsächliche Gelangen des Gegenstands in den anderen Mitgliedstaat vorweisen können. Zum 01.10.2013 – mit einer Übergangsvorschrift bis zum 31.12.2013 – ist die UStDV geändert worden. Mit dieser Änderung wurden die Belegnachweise für die innergemeinschaftliche Lieferung neu geregelt; im Mittelpunkt dieser Änderungen stand die sog. Gelangensbestätigung. Die Gelangensbestätigung ist die bevorzugte Möglichkeit zum Nachweis der Voraussetzung des § 6a Abs. 1 Satz 1 Nr. 1 UStG. In dieser Gelangensbestätigung bestätigt der Erwerber, das der Gegenstand zu einem bestimmten Zeitpunkt (Monat) bei ihm in einem anderen Mitgliedstaat angekommen ist. Es ergeben sich aber noch alternative Nachweismöglichkeiten (z.B. durch einen vollständig ausgefüllten CMR Frachtbrief oder eine Spediteursbescheinigung, aus der sich der Ankunftsort und der Monat der Ankunft im anderen Mitgliedstaat ergibt). Auch bei Post- oder Kurierdiensten ergeben sich Vereinfachungsmöglichkeiten. Besonderes Problem sind aber die Abhollieferungen, bei denen der Kunde die Ware selbst in Deutschland abholt und die Ware dann in den anderen Mitgliedstaat mitnehmen will. Während bis zum 30.09.2013 (längstens bis zum 31.12.2013) der Nachweis noch durch eine bei Abholung ausgestellte Bestätigung geführt werden konnte, in der der Kunde bestätigte, den Gegenstand in den anderen Mitgliedstaat transportieren zu wollen, kann jetzt dieser Nachweis nur durch eine Bestätigung des Kunden geführt werden, in der der Monat des Ankommens des Gegenstands in dem anderen Mitgliedstaat enthalten ist. Damit hat der leistende Unternehmer solange das Risiko zu tragen, bis er die Bestätigung tatsächlich vorzuliegen hat.

Tipp! Die Nachweise für die innergemeinschaftlichen Lieferungen sind ein typisches Praxisproblem, das in der schriftlichen Steuerberaterprüfung kaum vorkommen kann. Deshalb sind solche Fragen in der mündlichen Prüfung zu erwarten.

Frage: Bleiben wir bitte noch einen Moment bei dem Nachweis der innergemeinschaftlichen Lieferung. Was ist Ihrer Meinung nach die Folge, wenn der Abnehmer zwar diese Bestätigung ordnungsgemäß abgibt, ein ordnungsgemäßer Nachweis der Identität des Abnehmers vorliegt, sich aber später herausstellt, dass diese Bestätigung inhaltlich unrichtig war?

Antwort: In diesem Fall liegen zwar formal die Voraussetzungen für eine innergemeinschaftliche Lieferung nicht vor, die Lieferung wird aber dennoch als steuerfrei behandelt. Allerdings schuldet dann der Leistungsempfänger die entstandene Umsatzsteuer (§ 6a Abs. 4 UStG). Es handelt sich hier um eine Vertrauensschutzregelung, da der leistende Unternehmer tatsächlich nicht überwachen kann, ob der Leistungsempfänger im Abholfall die Ware wirklich in einen anderen Mitgliedstaat transportiert hat. Gleiches würde auch gelten, wenn der Leistungsempfänger mit einer USt-IdNr. auftritt und damit zu erkennen gibt, dass er den Gegenstand für sein Unternehmen erwerben möchte, dies aber tatsächlich nicht tut.

> **Frage:** Muss der leistende Unternehmer die Unternehmereigenschaft des Leistungsempfängers zwingend durch eine USt-IdNr. nachweisen?

Antwort: Im Prinzip ja, ohne eine zutreffende USt-IdNr. kann sich für den leistenden Unternehmer kein Vertrauensschutz ergeben. Eine andere Möglichkeit, die Unternehmereigenschaft und den Bezug für das Unternehmen nachzuweisen, wird sich in der Praxis kaum ergeben. Allerdings hat der EuGH (Urteil vom 27.09.2012, C-587/10 – VSTR, BFH/NV 2012, 1919) in einem Verfahren, in dem der leistende Unternehmer nicht die USt-IdNr. des Leistungsempfängers vorlegen konnte, festgestellt, dass die Steuerbefreiung nicht alleine wegen des Fehlens der USt-IdNr. versagt werden darf, wenn der Lieferer redlicherweise und nachdem er alle ihm zumutbaren Maßnahmen ergriffen hat, diese USt-IdNr. nicht mitteilen kann und er außerdem Angaben macht, die hinreichend belegen können, dass der Erwerber ein Steuerpflichtiger ist, der bei dem betreffenden Vorgang als solcher gehandelt hat. Dies kann aber nur der absolute Ausnahmefall sein und eröffnet dem leistenden Unternehmer nicht die Möglichkeit, grundsätzlich ohne USt-IdNr. des Leistungsempfängers zu liefern.

> **Frage:** Was muss der leistende Unternehmer in seinem Heimatland alles anmelden, wenn er eine steuerfreie innergemeinschaftliche Lieferung ausgeführt hat?

Antwort: Der liefernde Unternehmer muss in seinem Heimatland – also dem Land, in dem die Beförderung oder Versendung des Gegenstands begann – den Vorgang separat in seiner USt-Voranmeldung (USt-VA) angeben (§ 18b UStG). Darüber hinaus muss er den Vorgang in seiner Zusammenfassenden Meldung (ZM) angeben (§ 18a UStG). In der ZM muss er die USt-IdNr. des Leistungsempfängers sowie die Bemessungsgrundlagen aller in diesem Meldezeitraum an diesen Abnehmer ausgeführten Lieferungen angeben. Hier ergibt sich auch noch ein besonderes Problem im Zusammenhang mit dem Urteil des EuGH im Verfahren VSTR. Ohne die USt-IdNr. des Leistungsempfängers kann der leistende Unternehmer seiner Meldeverpflichtung in der Zusammenfassenden Meldung nicht nachkommen. Alleine schon deshalb muss grundsätzlich der Leistungsempfänger mit seiner USt-IdNr. auftreten.

> **Frage:** Welchen Zweck soll denn die Zusammenfassende Meldung erfüllen?

Antwort: Im Rahmen eines europaweiten Datenaustauschs (MIAS – Mehrwertsteuer-Informations-Austausch-System) werden diese Informationen an den Mitgliedstaat übermittelt, aus dem die USt-IdNr. des Leistungsempfängers stammt. Damit kann in diesem Land geprüft werden, ob der Leistungsempfänger seiner Verpflichtung, einen innergemeinschaftlichen Erwerb der Besteuerung zu unterwerfen, auch nachgekommen ist. Dieses Kontrollsystem ist allerdings von der Vollständigkeit, Richtigkeit und der zeitnahen Erfassung der Daten abhängig. Darüber hinaus werden seit 2010 nicht nur innergemeinschaftliche Warenlieferungen in der Zusammenfassenden Meldung aufgenommen, es sind auch sonstige Leistungen mit anzugeben, die ein Unternehmer nach § 3a Abs. 2 UStG an einen Unternehmer in einem anderen Mitgliedstaat der Gemeinschaft ausführt.

Problembereich 4: Umsatzsteuer im Gemeinschaftsgebiet

> **Frage:** Welche Folgen könnten sich für einen leistenden Unternehmer ergeben, wenn er bewusst falsche Angaben über den Leistungsempfänger in der Zusammenfassenden Meldung aufnimmt?

Antwort: Gesetzlich ist dazu nichts Detailliertes geregelt. Deshalb war strittig, ob in diesem Fall lediglich eine Ordnungswidrigkeit vorliegt, für die nach § 26a UStG maximal ein Bußgeld von 5.000 € verhängt werden kann oder ob in diesem Fall die Steuerbefreiung als innergemeinschaftliche Lieferung versagt werden kann. Der EuGH (Urteil vom 07.12.2010, C-285/09 – R, BFH/NV 2011, 396) hat dazu entschieden, dass in diesem Fall keine Steuerbefreiung als innergemeinschaftliche Lieferung vorliegen kann. Allerdings ist das darauf gestützt, dass der leistende Unternehmer vorsätzlich falsche Angaben gemacht hat.

> **Frage:** Lassen Sie uns jetzt aber einmal die Seiten wechseln. Wie lösen Sie das Problem mit der grenzüberschreitenden Kontrolle, wenn der Leistungsempfänger eine USt-IdNr. aus einem anderen Mitgliedstaat verwendet, als dem Staat, in dem sich der Gegenstand am Ende der Beförderung oder Versendung befindet? Oder ist das im Binnenmarkt nicht zulässig?

Antwort: Doch, dies ist zulässig. Zur Umsetzung des Bestimmungslandprinzips ist der Ort des innergemeinschaftlichen Erwerbs immer dort, wo der Gegenstand am Ende der Beförderung oder Versendung sich tatsächlich befindet (§ 3d Satz 1 UStG). Verwendet der Leistungsempfänger aber eine USt-IdNr. aus einem anderen Mitgliedstaat, muss er auch in diesem anderen Mitgliedstaat einen innergemeinschaftlichen Erwerb besteuern (§ 3d Satz 2 UStG). Davon wird aber der Erwerb in dem Land, in der Gegenstand sich am Ende der Beförderung oder Versendung befindet, nicht berührt – diesem Land steht das Besteuerungsrecht immer zu. Um aber eine Doppelbesteuerung zu vermeiden, ist der innergemeinschaftliche Erwerb in dem Land, aus dem die USt-IdNr. stammt, nur solange zu besteuern, bis der Erwerber in diesem Land nachweisen kann, dass der innergemeinschaftliche Erwerb in dem richtigen Land – also dem Bestimmungsland – besteuert worden ist, sodass dann im Ergebnis ein steuerbarer Vorgang nur im Bestimmungsland vorhanden ist. Kann der Nachweis geführt werden, dass der innergemeinschaftliche Erwerb in dem Mitgliedstaat nach § 3d Satz 1 UStG besteuert worden ist, wird der Erwerb in dem Registrierungsland nach § 17 Abs. 2 Nr. 4 UStG rückgängig gemacht. Zu beachten ist dabei, dass ein Vorsteuerabzug für die Erwerbsteuer in dem Registrierungsland (§ 3d Satz 2 UStG) grundsätzlich nicht möglich ist; der die Ware erwerbende Unternehmer muss dann in dem Mitgliedstaat, aus dem die USt-IdNr. stammt, einen innergemeinschaftlichen Erwerb besteuern, die Steuer anmelden und abführen.

> **Tipp!** Die Besteuerung in dem Land, aus dem die USt-IdNr. stammt, erfolgt nicht alternativ, sondern zusätzlich. Die Versagung des Vorsteuerabzugs im Registrierungsland geht zurück auf ein Urteil des EUGH (Urteil vom 22.04.2010, C-536/08-„x", BFH/NV 2010, 1225). Der BFH hatte sich dieser Rechtsauffassung angeschlossen und auch nach nationalem Recht einen Vorsteuerabzug in dem Staat nach § 3d Satz 2 UStG ausgeschlossen (BFH, Urteil vom 01.09.2010, V R 39/08, BStBl II 2011, 533 und Urteil vom 08.09.2010, XI R 40/08, BStBl II 2011, 661). Mittlerweile ist dieser Rechtsgrundsatz auch in § 15 Abs. 1 Satz 1 Nr. 3 UStG mit aufgenommen worden.

> **Frage:** Abschließend bitte ich Sie noch um die Beratung Ihres Mandanten in folgendem Fall: Der Kinderarzt K, der nur steuerfreie Umsätze nach § 4 Nr. 14 UStG ausführt, hat ein besonders günstiges Ultraschallgerät für 8.000 € eines dänischen Lieferanten im Internet entdeckt, mit dem die Entwicklungsreife der Hüftgelenke von Säuglingen besonders gut kontrolliert

> werden kann. K möchte nun wissen, **welche Möglichkeiten sich für ihn umsatzsteuerrechtlich ergeben, da er bisher noch nie Waren aus anderen Mitgliedstaaten eingekauft hat. Der dänische Lieferant hat bisher noch keine deutschen Kunden beliefert und möchte auch nichts mit der deutschen Finanzverwaltung zu tun haben.**

Antwort: Der Kinderarzt erhält eine Lieferung von einem anderen Unternehmer. Zu prüfen ist der Ort der Lieferung. Da der Arzt ein sog. besonderer Unternehmer ist, der nur steuerfreie Umsätze ausführt, die den Vorsteuerabzug ausschließen, könnte er in die Abnehmergruppe des § 3c Abs. 2 Nr. 2 UStG fallen. Offensichtlich hat der K auch die deutsche Erwerbsschwelle nach § 1a Abs. 3 Nr. 2 UStG nicht überschritten. Allerdings hat der Lieferer nicht die deutsche Lieferschwelle überschritten (§ 3c Abs. 3 UStG) und will offensichtlich auch nicht auf die Anwendung der Lieferschwellenregelung verzichten (§ 3c Abs. 4 UStG), sodass der Ort der Lieferung nicht nach § 3c Abs. 1 UStG in Deutschland ist. Der Ort der Lieferung ist damit nach § 3 Abs. 6 Satz 1 UStG in Dänemark. Wenn der K keinen innergemeinschaftlichen Erwerbe besteuert, kann sich aus dänischer Sicht auch keine steuerfreie innergemeinschaftliche Lieferung ergeben. Damit wäre K mit 25 % dänischer Umsatzsteuer belastet. Wenn der K aber auf die Erwerbsschwellenregelung nach § 1a Abs. 4 UStG verzichtet, kann er einen innergemeinschaftlichen Erwerb nach § 1a UStG besteuern und der Däne kann den Gegenstand in Dänemark steuerfrei liefern. Dazu muss der K aber beim Bundeszentralamt für Steuern eine USt-IdNr. beantragen, da der Lieferer ansonsten nicht steuerfrei liefern kann. Wenn dies so abgewickelt wird, kann der Däne steuerfrei liefern und der K muss in Deutschland einen innergemeinschaftlichen Erwerb besteuern und auf die 8.000 € 19 % deutsche Umsatzsteuer abführen. Einen Vorsteuerabzug hat er wegen der steuerfreien Ausgangsumsätze nicht. Den Verzicht auf die Anwendung der Erwerbsschwellenregelung übt der Leistungsempfänger übrigens nicht schon durch die Beantragung einer USt-IdNr. aus, sondern dadurch, dass er diese gegenüber einem Lieferer verwendet.

> **Tipp!** Sie müssen nicht die Steuersätze aller Mitgliedstaaten der Europäischen Union kennen. Es bietet sich aber an, dass Sie sich zumindest einen Mitgliedstaat mit einem besonders hohen Steuersatz (z.B. Dänemark mit 25 %) und einen Mitgliedstaat mit einem besonders niedrigen Steuersatz (z.B. Luxemburg mit 17 %) merken. Anhand von kleinen Beispielen lassen sich manche komplexen Sachverhalte besser illustrieren.

Problembereich 5: Steuerbefreiungen

> **Frage: Grenzen Sie bitte die sog. „echte Steuerbefreiung" von der sog. „unechten Steuerbefreiung" ab.**

Antwort: Ob eine echte oder eine unechte Steuerbefreiung vorliegt, bestimmt sich in Abhängigkeit der Vorsteuerabzugsberechtigung des Unternehmers, der eine steuerbefreite Ausgangsleistung ausführt. Ist der Unternehmer – obwohl er eine steuerbefreite Ausgangsleistung bewirkt – zum Vorsteuerabzug berechtigt, liegt eine echte Steuerbefreiung vor, da er in diesem Fall die ihm berechnete Umsatzsteuer abziehen kann und damit die auf den Vorstufen entstandene Umsatzsteuer in vollem Umfang wieder zurückgezahlt wird. Bei einer unechten Steuerbefreiung führt der leistende Unternehmer eine steuerfreie Ausgangsleistung aus, ist aber für Vorbezüge nicht zum Vorsteuerabzug berechtigt. Damit wird die auf den Vorstufen entstandene Umsatzsteuer nicht wieder zurückgezahlt, sodass in der Endleistung gegenüber dem Leistungsempfänger die Umsatzsteuer der Vorstufen indirekt weiterbelastet wird.

Problembereich 5: Steuerbefreiungen

> **Tipp!** Grundsätzlich bietet es sich in mündlichen Prüfungen an, abstrakte Sachverhalte durch Zahlenbeispiele zu illustrieren. In diesem Fall würde aber die Gefahr bestehen, sich in vielen Zahlen zu verstricken und dann eher zur Verwirrung beizutragen. Deshalb sollten Zahlenbeispiele nur dann verwendet werden, wenn diese Beispiele auch konsequent zu Ende geführt werden können.

> **Frage:** Bitte prüfen Sie den folgenden Fall auf seine umsatzsteuerrechtliche Auswirkung: Ein Vermittler vermittelt gegenüber einem deutschen Unternehmer die Lieferung einer Maschine aus Deutschland nach Indien. Wie muss die Abrechnung der Vermittlungsprovision erfolgen?

Antwort: Der Vermittler führt als Unternehmer, im Rahmen seines Unternehmens eine sonstige Leistung entgeltlich aus. Der Ort der sonstigen Leistung bestimmt sich nach § 3a Abs. 2 UStG, da der Leistungsempfänger ein Unternehmer ist und die Leistung für sein Unternehmen bezieht. Somit ist der Ort der sonstigen Leistung dort, wo der Leistungsempfänger sein Unternehmen betreibt. Damit ist die Vermittlungsleistung in Deutschland steuerbar nach § 1 Abs. 1 Nr. 1 UStG. Da hier aber eine nach § 4 Nr. 1 Buchst. a i.V.m. § 6 Abs. 1 Satz 1 (wahrscheinlich) Nr. 1 UStG steuerfreie Ausfuhrlieferung gegeben ist, ist auch die Vermittlung nach § 4 Nr. 5 Buchst. a UStG steuerfrei.

> **Tipp!** Prüfen Sie Sachverhalte in der mündlichen Prüfung immer systematisch vollständig. Etwas anderes gilt nur, wenn der Prüfer die Frage ausdrücklich auf einen bestimmten Prüfungsaspekt beschränkt.

> **Frage:** Wäre die Lösung für die Vermittlungsleistung genauso, wenn der liefernde deutsche Unternehmer die Maschine nach Frankreich verkauft hätte und die Maschine dann auch nach Frankreich gelangt wäre?

Antwort: Nein, in diesem Fall würde zwar auch eine steuerbare Vermittlung vorliegen, es würde aber keine Steuerbefreiung gegeben sein. § 4 Nr. 5 Buchst. a UStG befreit ausdrücklich nicht die Vermittlung der nach § 4 Nr. 1 Buchst. b UStG steuerfreien Leistungen (innergemeinschaftliche Lieferungen). Damit entsteht eine Umsatzsteuer in dem Land, in dem der die Vermittlungsleistung empfangende Unternehmer sein Unternehmen betreibt bzw. eine die Vermittlungsleistung empfangende Betriebsstätte unterhält, § 3a Abs. 2 UStG.

> **Tipp!** Zum Verständnis: Die Steuerbefreiung der Vermittlung einer Ausfuhrlieferung und die Steuerpflicht der Vermittlung einer innergemeinschaftlichen Lieferung ist keine „Ungleichbehandlung" gleicher Vorgänge! Bei der Vermittlung einer Ausfuhrlieferung ist davon auszugehen, dass der Wert der Vermittlungsleistung werterhöhend bei der Ermittlung der Bemessungsgrundlage für eine Einfuhrumsatzsteuer zu erfassen ist. In Deutschland ist dies in § 11 Abs. 3 Nr. 3 UStG geregelt. Damit erfolgt bei der Vermittlung einer Ausfuhrlieferung eine indirekte Besteuerung durch die Einfuhrumsatzsteuer.

> **Frage:** Bitte stellen Sie dar, unter welchen Voraussetzungen ein Arzt steuerbefreite Umsätze ausführen kann.

Antwort: Die Steuerbefreiung für ärztliche Leistungen ist in § 4 Nr. 14 UStG geregelt. Dabei ist darauf zu achten, dass nicht der Beruf „Arzt" zu einer Steuerbefreiung führt, sondern nur bestimmte ärztliche Leistungen zu einer Steuerbefreiung führen können. Dabei muss es sich um eine Maßnahme handeln, bei der ein therapeutischer Zweck im Vordergrund steht. Ärztliche Leistungen, bei denen keine therapeutischen Zwecke vorhanden sind, können nicht steuerbefreit sein. Damit sind z.B. Gutachten ohne medizinische Handlungsanweisungen, Einstellungsuntersuchungen oder Schönheitsoperationen ohne medizinische Veranlassung immer steuerpflichtige Leistungen des Arztes. Aber auch weitere ärztliche Leistungen im Zusammenhang mit nicht steuerbegünstigten Leistungen unterliegen ebenfalls der Umsatzsteuer. So hat der BFH entschieden (BFH, Beschluss vom 06.09.2011, V B 64/11, UR 2011, 909), dass ein Anästhesist, der eine selbstständige Narkoseleistung im Zusammenhang mit einer nicht begünstigten Schönheitsoperation ausführt, auch eine steuerpflichtige Leistung ausführt.

> **Tipp!** Der EuGH (Urteil vom 21.03.2013, C-91/12 – PCF Clinic AB) hat im Ergebnis die auch in Deutschland maßgebliche Beurteilung der Schönheitsoperationen bestätigt. Nur medizinisch indizierte Schönheitsoperationen können steuerfrei sein. Dabei muss es sich objektiv um eine medizinische Indikation handeln, die subjektive Beurteilung des Patienten ist dabei nicht von Bedeutung.

Frage: Können ärztliche Leistungen, die der Schwangerschaftsverhütung dienen, auch unter die Steuerbefreiung nach § 4 Nr. 14 UStG fallen?

Antwort: Die Frage der Maßnahmen im Zusammenhang mit der Schwangerschaftsverhütung war längere Zeit umstritten (so verneinte das Niedersächsische FG, Urteil vom 18.10.2007, 5 K 282/06, EFG 2008, 339 die Steuerbefreiung des Einsetzens einer Spirale zur Schwangerschaftsverhütung). Nach Auffassung des Bundesfinanzministeriums sind Maßnahmen der Schwangerschaftsverhütung aber grundsätzlich Leistungen, die auch der Gesundheitsvorsorge dienen und damit nach § 4 Nr. 14 UStG steuerbefreit sind. Dies betrifft auch Maßnahmen im Bereich des Schwangerschaftsabbruchs, Abschn. 4.14.2 Abs. 3 UStAE.

> **Tipp!** Beachten Sie, dass durch das Jahressteuergesetz 2009 mit Wirkung zum 01.01.2009 die Vorschrift des § 4 Nr. 14 UStG verändert wurde. Gegenstand der Änderung war eine Anpassung der Vorschrift an die gefestigte gemeinschaftsrechtliche und nationale Rechtsprechung. Während früher die Tätigkeit als Arzt im Mittelpunkt der Regelung stand, muss tatsächlich auf eine Heilbehandlung (therapeutischer Zweck) abgestellt werden.

Frage: Bitte geben Sie für den folgenden Sachverhalt die umsatzsteuerrechtliche Lösung an: Ein Versicherungsvertreter hat ein Fahrzeug erworben, das er seinem Unternehmen zuordnet. Zwei Jahre später verkauft er das Fahrzeug an einen anderen Unternehmer.

Antwort: Beim Kauf des Fahrzeugs kann der Versicherungsvertreter dieses seinem Unternehmen zuordnen; soweit er das Fahrzeug ausschließlich für seine unternehmerischen Zwecke verwenden will, muss er das Fahrzeug seinem Unternehmen zuordnen (Zuordnungsgebot). Damit ist er nach § 15 Abs. 1 Satz 1 Nr. 1 UStG zum Vorsteuerabzug berechtigt. Da der Versicherungsvertreter aber nach § 4 Nr. 11 UStG steuerfreie Ausgangsumsätze ausführt, kann der Versicherungsvertreter den Vorsteuerabzug nach § 15 Abs. 2 Nr. 1 UStG nicht vornehmen. Eine Ausnahme nach § 15 Abs. 3 UStG liegt nicht vor. Der Verkauf zwei Jahre später ist eine steuerbare Lieferung, die der Unternehmer im Rahmen seines Unternehmens ausführt. Es handelt sich um ein sog. Hilfsgeschäft, das üblicherweise im Rahmen des Unternehmens ausgeführt wird, ohne selbst zu einer nachhaltigen Tätigkeit zu führen. Da der Versicherungsvertreter das Fahrzeug aber bisher ausschließlich für steuerfreie, den Vorsteuerabzug ausschließende Umsätze verwendet hat, ist der Verkauf des Fahrzeugs

Problembereich 5: Steuerbefreiungen

nach § 4 Nr. 28 UStG steuerfrei. Die Lieferung des Versicherungsvertreters ist damit steuerfrei, eine Optionsmöglichkeit ergibt sich nach § 9 Abs. 1 UStG für ihn nicht.

> **Frage:** Wäre Ihre Lösung entsprechend, wenn der Versicherungsvertreter nebenberuflich auch noch als Handelsvertreter tätig sein würde und dafür das Fahrzeug auch in geringfügigem Umfang verwenden würde?

Antwort: Nein, verwendet der Unternehmer das Fahrzeug auch für steuerpflichtige, den Vorsteuerabzug nicht ausschließende Umsätze, ist er in dem geringfügigen Umfang auch zum Vorsteuerabzug berechtigt. In diesem Fall kann der Verkauf des Fahrzeugs nach zwei Jahren nicht steuerfrei nach § 4 Nr. 28 UStG erfolgen. Allerdings ergibt sich nach Abschn. 4.28.1 Abs. 2 UStAE noch eine Vereinfachungsregelung. Danach kann der Unternehmer den Gegenstand, den er bis zu 5 % für den Vorsteuerabzug nicht ausschließende Umsätze verwendet, trotzdem nach § 4 Nr. 28 UStG steuerfrei verkaufen. Voraussetzung ist dafür aber, dass er dann auch auf den anteiligen Vorsteuerabzug verzichtet.

> **Tipp!** Sicher müssen Sie in der Prüfung nicht aus dem Kopf wissen, wo diese Vereinfachungsregelung genau geregelt ist. Aber der Inhalt dieser Vereinfachungsregelung sollte in einer mündlichen Prüfung schon geläufig sein.

> **Frage:** Wenn Sie davon ausgehen, dass der Versicherungsvertreter das Fahrzeug zu 7 % für den Vorsteuerabzug nicht ausschließende Zwecke verwendet, was ist in diesem Fall die umsatzsteuerrechtliche Lösung beim Verkauf des Fahrzeugs?

Antwort: In diesem Fall kann der Verkauf auch unter Anwendung einer Vereinfachungsregelung nicht mehr steuerfrei nach § 4 Nr. 28 UStG erfolgen. Der Verkauf ist damit insgesamt steuerpflichtig. Soweit der Verkauf aber innerhalb des maßgeblichen (hier maximal fünfjährigen) Vorsteuerberichtigungszeitraums erfolgt, ist eine Vorsteuerberichtigung nach § 15a Abs. 8 und Abs. 9 UStG vorzunehmen, da der Gegenstand durch den Verkauf jetzt, anders als zum Zeitpunkt des Leistungsbezugs, als für vorsteuerabzugsberechtigende Umsätze verwendet gilt.

> **Frage:** Welche Rechtsfolge würde sich ergeben, wenn der Versicherungsvertreter das bisher ausschließlich für steuerfreie Versicherungsvertreterumsätze genutzte Fahrzeug an einen Unternehmer für dessen unternehmerische Zwecke nach Belgien verkaufen würde?

Antwort: Jetzt würden zwei verschiede Steuerbefreiungsmöglichkeiten gleichzeitig zur Anwendung kommen. Einerseits würde es sich um eine steuerbefreite innergemeinschaftliche Lieferung nach § 4 Nr. 1 Buchst. b i.V.m. § 6a Abs. 1 UStG handeln. Andererseits würde aber auch eine Steuerbefreiung nach § 4 Nr. 28 UStG vorliegen. Interessant ist dies deshalb, da die Steuerbefreiung als innergemeinschaftliche Lieferung den Vorsteuerabzug nicht ausschließt und der Verkäufer deshalb eine Vorsteuerberichtigung (für drei Jahre) vornehmen könnte, da der Gegenstand auch in diesem Fall als bis zum Ende des Berichtigungszeitraums als für vorsteuerabzugsberechtigte Zwecke verwendet gilt. Die Steuerbefreiung nach § 4 Nr. 28 UStG schließt den Vorsteuerabzug aus, sodass eine Vorsteuerberichtigung ausscheidet. Der EuGH (Urteil vom 07.12.2006, C-240/05 – Eurodental, BFH/NV Beilage 2007, 204) hat dazu entschieden, dass die spezielle Steuerbefreiung – hier § 4 Nr. 28 UStG – vorrangig vor der allgemeinen Steuerbefreiung ist. Damit scheidet eine Vorsteuerberichtigung aus.

> **Frage:** Kennen Sie noch einen anderen Sachverhalt, nach dem ein Gegenstand steuerfrei nach § 4 Nr. 28 UStG verkauft werden kann?

Antwort: Ja, eine steuerfreie Lieferung nach § 4 Nr. 28 UStG kann auch dann gegeben sein, wenn der liefernde Unternehmer einen Gegenstand verkauft, bei dem er zum Zeitpunkt des Kaufs des Gegenstands nach § 15 Abs. 1a UStG nicht zum Vorsteuerabzug berechtigt gewesen war. So kann z.B. eine Motoryacht, die dem Unternehmen zugeordnet war, aber beim Leistungsbezug wegen § 15 Abs. 1a UStG nicht zum Vorsteuerabzug berechtigt hatte, im Rahmen eines Hilfsgeschäfts nach § 4 Nr. 28 UStG steuerfrei verkauft werden.

> **Tipp!** Der Vorsteuerausschluss nach § 15 Abs. 1a UStG ergibt sich hier in Abhängigkeit von § 4 Abs. 5 Nr. 4 EStG.

> **Frage: Kann sich die Steuerbefreiung nach § 4 Nr. 28 UStG in dem von Ihnen genannten Fall auch ergeben, wenn der Gegenstand nicht verkauft, sondern für unternehmensfremde Zwecke (z.B. Schenkung an ein Familienmitglied) aus dem Unternehmen entnommen wird?**

Antwort: Nein, wird der Gegenstand aus dem Unternehmen entnommen, muss zuerst geprüft werden, ob die Entnahme überhaupt steuerbar nach § 1 Abs. 1 Nr. 1 UStG ist. Die Entnahme ist nach § 3 Abs. 1b Satz 1 Nr. 1 UStG dann als Lieferung gegen Entgelt anzusehen, wenn der Gegenstand ganz oder teilweise zum Vorsteuerabzug berechtigt hatte (§ 3 Abs. 1b Satz 2 UStG). Da der Unternehmer beim Kauf der Motoryacht gerade wegen § 15 Abs. 1a UStG nicht zum Vorsteuerabzug berechtigt gewesen war, ist die Entnahme der Motoryacht gar nicht steuerbar nach § 1 Abs. 1 Nr. 1 UStG. Eine Steuerbefreiung ist demnach gar nicht mehr zu prüfen.

Problembereich 6: Steuer und Steuerentstehung

> **Frage: Unter welchen Voraussetzungen kann ein Taxifahrer bei seinen Fahrten den ermäßigten Steuersatz anwenden?**

Antwort: Eine steuerbare und steuerpflichtige Fahrt mit dem Taxi unterliegt dem ermäßigten Steuersatz, wenn eine der Voraussetzungen nach § 12 Abs. 2 Nr. 10 UStG erfüllt ist. Danach ist die Leistung begünstigt, wenn die Fahrt entweder im vollen Umfang in einer Gemeinde stattfindet oder wenn die Beförderungsstrecke nicht länger als 50 Kilometer ist. Liegt keine der beiden Möglichkeiten vor, muss die Beförderung mit dem Regelsteuersatz von 19 % besteuert werden.

> **Frage: Wie beurteilen Sie die Fahrt eines Taxifahrers, der einen Fahrgast im Inland aufnimmt, im Inland 30 Kilometer fährt und mit dem Fahrgast dann noch weitere 30 Kilometer in einem anderen Land zurücklegt?**

Antwort: Nur der im Inland zurückgelegte Streckenanteil ist nach § 3b Abs. 1 UStG im Inland steuerbar. Da eine Steuerbefreiung nicht gegeben ist, liegt auch insoweit ein steuerpflichtiger Umsatz vor. Auf den im Inland zurückgelegten Streckenteil ist der ermäßigte Steuersatz anzuwenden. Zwar ist die Beförderungsstrecke insgesamt länger als 50 Kilometer, der inländische Streckenanteil beträgt aber nicht mehr als 50 Kilometer – maßgeblich ist hier nur der inländische Streckenanteil.

> **Tipp!** Dies ergibt sich aus Abschn. 12.14 Abs. 2 UStAE. Wahrscheinlich ist einem Prüfling in einer mündlichen Prüfung diese Regelung nicht unbedingt geläufig. Sie müssen sich dann an das Problem herantasten; eine systematische Ableitung des Problems kann hier helfen. Es ist der Prüfungskommission wichtig, dass ersichtlich ist, dass – und wie – Sie sich an ein Problem heranarbeiten und Sie die Problemstellung erkennen.

Problembereich 6: Steuer und Steuerentstehung

> **Frage:** Bitte geben Sie in folgendem Fall an, wann bei dem leistenden Unternehmer die Umsatzsteuer entsteht. Es handelt sich um einen regelbesteuerten Unternehmer, der monatliche Voranmeldungen abgibt. Der Unternehmer hat den Auftrag übernommen, einen Rohbau zu errichten. Im Mai ist das erste Obergeschoss fertig und entsprechend stellt er eine Abschlagsrechnung über 100.000 € zuzüglich gesondert ausgewiesener Umsatzsteuer aus. Im Juni gehen bei dem Bauunternehmer 59.500 € ein.

Antwort: Bei der Regelbesteuerung entsteht die Umsatzsteuer nach vereinbarten Entgelten. Die Umsatzsteuer entsteht mit Ablauf des Voranmeldungszeitraums, in dem die Leistung ausgeführt worden ist (§ 13 Abs. 1 Nr. 1 Buchst. a Satz 1 UStG). Die Leistung (Rohbau) wurde weder im Mai noch im Juni ausgeführt. Auch eine Teilleistung liegt im Mai oder Juni noch nicht vor. Da der Unternehmer aber vor Ausführung der Leistung schon eine Zahlung erhält, entsteht insoweit die Umsatzsteuer mit dem Zahlungszufluss (§ 13 Abs. 1 Nr. 1 Buchst. a Satz 4 UStG). Da der Unternehmer im Juni 59.500 € erhält, muss er aus diesem Betrag 19 % Umsatzsteuer herausrechnen. Damit entstehen mit Ablauf des Voranmeldungszeitraums Juni 9.500 € Umsatzsteuer.

> **Tipp!** In einer mündlichen Prüfung sollten Sie sich die Eckdaten von Fällen (Zahlen, Daten) kurz mit notieren. Dazu liegt während der mündlichen Prüfung in der Regel Papier bereit.

> **Frage:** Der leistende Unternehmer hat aber in seiner Anzahlungsrechnung schon 19.000 € ausgewiesen. Warum stellt dieses keinen unrichtigen Steuerausweis dar?

Antwort: Die Anforderung einer Anzahlung kann grundsätzlich keinen zu hohen (unrichtigen) Steuerausweis nach § 14c Abs. 1 UStG darstellen, da die ausgewiesene Umsatzsteuer gerade dem Steuerbetrag entspricht, der für die Anzahlung entstehen soll. Darüber hinaus kann der Rechnungsempfänger die Umsatzsteuer erst dann abziehen, wenn er die Rechnung vorliegen hat und soweit er – bei einer Anzahlung – die Zahlung geleistet hat. Damit befinden sich Steuerentstehung und Vorsteuerabzug wieder im Gleichgewicht.

> **Frage:** Stellen Sie bitte an dem dargestellten Sachverhalt dar, unter welchen Voraussetzungen eine Teilleistung vorliegen kann.

Antwort: Eine Teilleistung liegt dann vor, wenn eine Gesamtleistung nach wirtschaftlicher Betrachtungsweise überhaupt teilbar ist und wenn zwischen den Vertragsparteien auch die Ausführung in Teilleistungen vereinbart worden war. Da der Bauunternehmer in dem Fall den Rohbau schuldet, muss geprüft werden, in welcher Form hier Teilleistungen vorliegen können. Einzelne Etagen bei der Errichtung eines Rohbaus stellen aber keine abgrenzbaren Teilleistungen dar, sodass selbst bei einer entsprechenden Vereinbarung keine Teilleistung vorliegen kann. Wenn der Unternehmer aber nicht nur den Rohbau, sondern die Erstellung des gesamten Gebäudes schulden würde, könnte in der Errichtung des Rohbaus eine Teilleistung gesehen werden. Diese Leistung ist wirtschaftlich abgrenzbar. Entscheidend wäre dann, ob die Vertragsparteien auch Teilleistungen vereinbart hätten. Es müsste dann auch entsprechend verfahren werden, d.h. der Leistungsempfänger müsste den Teil der Leistung entsprechend der Vereinbarung abnehmen.

> **Tipp!** Trennen Sie die beiden Voraussetzungen! Die Frage der wirtschaftlichen Teilbarkeit ist nach objektiven Kriterien zu prüfen. Ob auch Teilleistungen vereinbart worden sind, ist dagegen immer individuell aus dem Vertrag oder den Vereinbarungen und der tatsächlichen Durchführung zu entnehmen.

Frage: Kommen wir zu einem anderen Fall. Der Generalunternehmer B hat den Auftrag übernommen, an einem Gebäude in Singen die Fassade zu dämmen und neu zu streichen. Dazu beauftragt er den Gerüstbauer G aus Schaffhausen (CH) mit dem Aufbau eines Gerüsts und den Malermeister M aus Stuttgart (DE) mit den Dämm- und Malerarbeiten. Bitte beurteilen Sie diese an B ausgeführten Umsätze.

Tipp! Wegen der wirtschaftlichen Bedeutung des Reverse-Charge-Verfahrens und der in den letzten Jahren kontinuierlich ausgebauten Anwendungsfälle muss in einer mündlichen Prüfung immer mit solchen Fällen der Übertragung der Steuerschuldnerschaft gerechnet werden.
Gerade in Bezug auf die Übertragung der Steuerschuldnerschaft auf den Leistungsempfänger bei Bauleistungen ergaben sich 2013 und 2014 mehrere Änderungen. Nachdem der BFH (Urteil vom 22.08.2013, V R 37/10, BStBl II 2014, 128) entschieden hatte, dass der Leistungsempfänger nur dann zum Steuerschuldner für eine an ihn ausgeführte Bauleistung wird, wenn er diese Leistung selbst wieder unmittelbar für eine Bauleistung verwendet, hatte sich die Finanzverwaltung diesem anschließen müssen und Abschn. 13b.3 UStAE entsprechend geändert. Der Gesetzgeber hat dies nun aber wieder zum 01.10.2014 – entsprechend der früher von der Finanzverwaltung vertretenen Rechtsauffassung – verändert. Insbesondere ist für die Altfälle die Entwicklung eines Vertrauensschutzes für an Bauträger ausgeführte Bauleistungen zu beachten; diese Regelung ist verfassungsrechtlich umstritten (§ 27 Abs. 19 UStG).

Antwort: Der Gerüstbauer G ist Unternehmer, der im Inland eine steuerbare und steuerpflichtige sonstige Leistung ausführt – es handelt sich um eine Leistung i.Z.m. einem Grundstück nach § 3a Abs. 3 Nr. 1 UStG. Da es sich um einen ausländischen Unternehmer nach § 13b Abs. 7 UStG handelt, wird der Leistungsempfänger B nach § 13b Abs. 2 Nr. 1 i.V.m. Abs. 5 Satz 1 UStG zum Steuerschuldner für die ihm gegenüber ausgeführte Leistung. B muss die Umsatzsteuer auf den an den G bezahlten Betrag hinaufrechnen und bei seinem Finanzamt anmelden. Da er zum Vorsteuerabzug berechtigt sein dürfte, kann er diesen Betrag im selben Voranmeldungszeitraum als Vorsteuer nach § 15 Abs. 1 Satz 1 Nr. 4 UStG abziehen.

Malermeister M ist ebenfalls Unternehmer, der im Inland eine steuerbare und steuerpflichtige Werklieferung nach § 3 Abs. 4 UStG ausführt (es ist davon auszugehen, dass das Dämmmaterial insoweit qualitativ für die Leistung prägend ist). Da hier eine Bauleistung vorliegt, handelt es sich um eine ebenfalls unter § 13b UStG fallende Leistung, hier § 13b Abs. 2 Nr. 4 UStG. Da der Leistungsempfänger ein bauleistender Unternehmer nach § 13b Abs. 5 Satz 2 UStG ist (er führt selbst als Generalunternehmer unmittelbar „Bauleistungen" an einen anderen aus und wird auch über eine entsprechende Bescheinigung – USt 1 TG – verfügen), wird B zum Steuerschuldner für die ihm gegenüber ausgeführte Leistung. B muss auf den Zahlbetrag die Umsatzsteuer hinaufrechnen, gegenüber seinem Finanzamt anmelden und hat wiederum den Vorsteuerabzug.

Tipp! In diesem Fall geht die Steuerschuldnerschaft unabhängig der Änderungen durch Rechtsprechung und Gesetzgebung auf den Leistungsempfänger über. B verwendet diese Bauleistung unmittelbar für eine Bauleistung gegenüber einem anderem; andererseits führt er auch im Rahmen seines Unternehmens nachhaltig Bauleistungen aus.

Frage: Würde sich an Ihrer Lösung etwas ändern, wenn es sich bei dem Gerüstbauer um einen Unternehmer aus Deutschland handeln würde?

Antwort: Ja, die Lösung wäre anders. Es würde sich bei der Leistung des G weiterhin um einen steuerbaren und steuerpflichtigen Umsatz handeln. Allerdings würde B nicht mehr zum Steuerschuldner

Problembereich 6: Steuer und Steuerentstehung

nach § 13b UStG werden, da zwar B weiterhin bauleistender Unternehmer nach § 13b Abs. 5 Satz 2 UStG ist, die Leistung des Gerüstbauers aber keine Bauleistung i.S.d. Vorschrift ist (vgl. Abschn. 13b.2 Abs. 6 Nr. 9 UStAE). Damit würde der G Steuerschuldner für die von ihm ausgeführte Leistung sein. Soweit eine ordnungsgemäße Rechnung nach § 14 UStG vorliegt, könnte B den Vorsteuerabzug aus dieser Rechnung geltend machen.

> **Frage:** Kennen Sie noch weitere Regelungen, bei denen die Steuerschuldnerschaft auf den Leistungsempfänger in Abhängigkeit der Ausgangsumsätze des Leistungsempfängers übergeht?

Antwort: Ja, zum 01.01.2011 ist die Übertragung der Steuerschuldnerschaft auf den Leistungsempfänger in § 13b Abs. 2 Nr. 8 UStG bei der Reinigung von Gebäuden und Gebäudeteilen mit in das Reverse-Charge-Verfahren aufgenommen worden. Allerdings erfolgt die Übertragung der Steuerschuldnerschaft auf den Leistungsempfänger nur dann, wenn er selbst Unternehmer ist, der solche Leistungen am Markt ausführt. Auch hier ist durch gesetzliche Änderung zum 01.10.2014 geregelt worden, dass die Steuerschuldnerschaft auf den Leistungsempfänger übergeht, wenn er im vorangegangenen Kalenderjahr mehr als 10 % seiner weltweit ausgeführten Leistungen im Bereich von Gebäudereinigungsleistungen ausgeführt hat. Dazu muss der Leistungsempfänger dem leistenden Unternehmer nachweisen, dass er ein solcher Unternehmer ist. Dies erfolgt durch ein Formular (USt 1 TG), mit dem die Finanzverwaltung dem Leistungsempfänger die Gebäudereinigereigenschaft bestätigt.

> **Frage:** Regelt § 13b UStG nur die Frage der Steuerschuldnerschaft oder noch weitere Rechtsfragen?

Antwort: § 13b UStG ist nicht nur die Rechtsvorschrift zur Ermittlung des Steuerschuldners, sondern regelt in diesen Fällen auch den Zeitpunkt der Steuerentstehung. Dabei muss unterschieden werden, nach welcher Rechtsvorschrift die Steuerschuld auf den Leistungsempfänger übergeht. Wird in Deutschland eine sonstige Leistung von einem in einem anderen Mitgliedstaat ansässigen Unternehmer nach § 3a Abs. 2 UStG an einen Unternehmer für sein Unternehmen ausgeführt, entsteht die Umsatzsteuer beim Leistungsempfänger immer nach § 13b Abs. 1 UStG mit Ablauf des Voranmeldungszeitraums, in dem die Leistung ausgeführt worden ist. Wann die Rechnung ausgestellt wurde, ist in diesem Fall nicht von Bedeutung. In allen anderen Fällen des Reverse-Charge-Verfahrens – die dann alle in § 13b Abs. 2 UStG aufgeführt sind – entsteht die Umsatzsteuer nach § 13b Abs. 2 UStG mit Ausstellung der Rechnung, spätestens aber mit Ablauf des der Leistung folgenden Monats.

> **Frage:** Wenn § 13b Abs. 2 UStG den Zeitpunkt der Steuerentstehung und die meisten Vorgänge, die unter das Steuerschuldnerverfahren fallen, regelt, § 13b Abs. 5 UStG aber den Steuerschuldner bestimmt, kann dann die Steuerentstehung in den in § 13b Abs. 2 UStG genannten Fällen auch mit Ausstellung der Rechnung entstehen, wenn der Leistungsempfänger nicht zum Steuerschuldner für die ihm gegenüber ausgeführte Leistung nach Abs. 5 der Regelung wird?

Antwort: Nein, obwohl es sich nicht eindeutig aus dem Wortlaut des Gesetzes ergibt, besteht hier ein systematischer Zusammenhang zwischen der Steuerschuldnerschaft und dem Zeitpunkt der Steuerentstehung. Nur in den Fällen, in denen der Leistungsempfänger auch zum Steuerschuldner nach § 13b UStG wird, kann die Steuer auch nach den Vorgaben der Vorschrift entstehen.

> **Tipp!** Hier handelt es sich um einen nicht sehr gelungenen Gesetzesaufbau, in einer mündlichen Prüfung ist es sicher ausreichend, wenn zumindest das systematische Problem beschrieben wird, trauen Sie sich in solchen Grenzfällen auch einmal eine eigene Meinung zu!

> **Frage:** Welche Rechtsfolge ergibt sich bei einer ausgeführten Bauleistung an einen Unternehmer, der selbst bauleistender Unternehmer im Sinne der gesetzlichen Regelung ist, wenn die Leistung von einem Kleinunternehmer ausgeführt wird?

Antwort: In diesem Fall würde der Leistungsempfänger nicht zum Steuerschuldner nach § 13b UStG werden. Ist der leistende Unternehmer ein Kleinunternehmer, ist nach § 13b Abs. 5 Satz 8 UStG der Leistungsempfänger grundsätzlich nicht der Steuerschuldner.

> **Tipp!** Achten Sie aber bitte darauf, dass die Kleinunternehmereigenschaft nach § 19 Abs. 1 UStG einen im Inland ansässigen Unternehmer voraussetzt. Damit kann diese Ausnahmeregelung nie Anwendung finden, wenn es sich um eine steuerpflichtige Werklieferung oder sonstige Leistung eines ausländischen Unternehmers handelt.

> **Frage:** Zum Abschluss wollen Sie bitte noch den folgenden Sachverhalt umsatzsteuerlich würdigen: Steuerberater S fährt mit der Eisenbahn von Berlin zu einem Mandanten in Dresden. In dem Zug, der in Berlin gestartet war, isst er in dem tschechischen Speisewagen zu Abend. In Dresden übernachtet S in dem Bahnhofshotel für pauschal 100 € inklusive Frühstück.

Antwort: Hier ergeben sich zwei unterschiedliche Sachverhalte: S bekommt in dem Zug eine sonstige Leistung von einem anderen Unternehmer. Der Ort der Restaurationsleistung bestimmt sich nach § 3e Abs. 1 UStG und ist dort, wo der Zug gestartet ist. Die Leistung ist damit in Berlin ausgeführt und in Deutschland steuerbar und auch nicht steuerfrei. Da der leistende Unternehmer ein ausländischer Unternehmer nach § 13b Abs. 7 UStG ist, würde eigentlich S zum Steuerschuldner nach § 13b Abs. 2 Nr. 1 i.V.m. Abs. 5 Satz 1 UStG werden. Allerdings ist in § 13b Abs. 6 Nr. 6 UStG eine Ausnahme von der Umkehr der Steuerschuldnerschaft geregelt, sodass der S nicht zum Steuerschuldner wird. Die Umsatzsteuer für die Restaurationsleistung schuldet der tschechische Betreiber.

Bei der Übernachtungsleistung entsteht gegenüber dem S aufgrund einer steuerbaren und steuerpflichtigen Leistung Umsatzsteuer, eine Steuerbefreiung als Grundstücksvermietung kommt nicht infrage, da es sich um eine kurzfristige Vermietung zu Beherbergungszwecken handelt. Die Übernachtungsleistung ist aber nach § 12 Abs. 2 Nr. 11 UStG dem ermäßigten Steuersatz zu unterwerfen. Nach der gesetzlichen Regelung gilt dies aber nur für die Übernachtung und nicht für die Frühstücksleistung. Damit muss – auch bei einem Pauschalpreis – ein angemessener Anteil für das Frühstück heraus gerechnet werden, der dann dem Regelsteuersatz unterliegt.

Problembereich 7: Vorsteuer und Vorsteuerberichtigung

> **Frage:** § 15 Abs. 1 UStG enthält mehrere Anspruchsgrundlagen für den Vorsteuerabzug. Braucht der Unternehmer in jedem Fall eine ordnungsgemäße Rechnung, um den Vorsteuerabzug vornehmen zu können?

Antwort: Nein, die ordnungsgemäße Rechnung ist nur dann Voraussetzung, wenn der Unternehmer eine Leistung erhält, für die der leistende Unternehmer die Umsatzsteuer schuldet (§ 15 Abs. 1

Problembereich 7: Vorsteuer und Vorsteuerberichtigung

Satz 1 Nr. 1 UStG). Insbesondere in den Fällen, in denen sich eine Vorsteuerabzugsberechtigung nach einem innergemeinschaftlichen Erwerb oder bei der Steuerschuld des Leistungsempfängers nach § 13b UStG ergibt, braucht der Leistungsempfänger überhaupt keine Rechnung zu haben, deshalb kann sich bei einer nicht ordnungsgemäßen Rechnung kein Ausschluss des Vorsteuerabzugs ergeben.

> **Frage:** Welche Formen von Rechnungen kennen Sie?

Antwort: Zuerst muss unterschieden werden, wer die Rechnung ausstellt. Normalerweise stellt der leistende Unternehmer das Abrechnungspapier aus. Es kann aber auch sein, dass der Leistungsempfänger die Rechnung ausstellt. In diesem Fall wird von einer „Gutschrift" gesprochen (§ 14 Abs. 2 Satz 2 UStG). Diese Unterscheidung ist wichtig, da seit 30.06.2013 der Begriff der „Gutschrift" auf einer ordnungsgemäßen Rechnung mit angegeben sein muss, wenn der Leistungsempfänger das Abrechnungspapier ausstellt, § 14 Abs. 4 Nr. 10 UStG. Bei den Rechnungen kann aber auch noch in die Kleinbetragsrechnung und die „normale" Rechnung unterschieden werden. Eine Kleinbetragsrechnung liegt nach § 33 UStDV vor, wenn der Gesamtbetrag der Rechnung nicht mehr als 150 € beträgt. In diesen Fällen brauchen nicht alle normalen Rechnungsangaben in der Rechnung angegeben werden, um zu einer ordnungsgemäßen Rechnung nach § 15 Abs. 1 Satz 1 Nr. 1 UStG zu führen.

> **Tipp!** Beachten Sie, dass in der Praxis häufig der Begriff der Gutschrift – fälschlicherweise – in einem anderen Zusammenhang verwendet wird: Als „Gutschrift" wird danach die Berichtigung einer Rechnung bezeichnet, wenn dem Kunden ein „Betrag gutgeschrieben" wird (sog. kaufmännische Gutschrift). Dies ist aber keine Gutschrift im umsatzsteuerrechtlichen Sinne; Gutschrift ist immer nur die vom Leistungsempfänger ausgestellte Rechnung.

> **Frage:** Eine Privatperson aus Deutschland hat im Januar ein Fahrzeug fabrikneu für 50.000 € zuzüglich Umsatzsteuer erworben. Da ihr das Fahrzeug nicht gefiel, verkaufte sie das Fahrzeug noch im April an eine Privatperson nach Belgien für insgesamt 40.000 €. Welche umsatzsteuerrechtlichen Folgen ergeben sich in Deutschland für den Verkäufer?

Antwort: Bei dem verkauften Fahrzeug handelt es sich um ein neues Fahrzeug nach § 1b UStG, da seit der ersten Inbetriebnahme nicht mehr als sechs Monate vergangen sind. Die Privatperson ist nicht Unternehmer nach § 2 Abs. 1 UStG, wird aber, wenn sie ein neues Fahrzeug i.S.d. § 1b UStG liefert, nach § 2a UStG wie ein Unternehmer behandelt. Damit erbringt sie eine im Inland nach § 3 Abs. 6 Satz 1 UStG ausgeführte Lieferung, die nach § 1 Abs. 1 Nr. 1 UStG steuerbar ist. Die Lieferung ist nach § 4 Nr. 1 Buchst. b i.V.m. § 6a Abs. 1 Satz 1 Nr. 1, Nr. 2 Buchst. c und Nr. 3 UStG als innergemeinschaftliche Lieferung steuerfrei. Bei der Lieferung eines neuen Fahrzeugs kommt es auch nicht darauf an, dass der Abnehmer ein Unternehmer ist. Die steuerfreie Lieferung schließt nach § 15 Abs. 2 Nr. 1 i.V.m. § 15 Abs. 3 Nr. 1 UStG den Vorsteuerabzug nicht aus. Für die Lieferung eines solchen neuen Fahrzeugs sind aber in § 15 Abs. 4a UStG bestimmte Beschränkungen aufgenommen worden. So darf nur die Umsatzsteuer aus dem Kauf des Fahrzeugs – nicht aber aus den bisherigen laufenden Betriebskosten oder aus Verkaufskosten – als Vorsteuer abgezogen werden. Außerdem ist der Vorsteuerabzug auf den Betrag begrenzt, der sich als Umsatzsteuer ergeben würde, wenn der Verkauf des Fahrzeugs nicht steuerfrei wäre. Würde das Fahrzeug nicht steuerfrei verkauft werden, wären auf 40.000 € 19 % Umsatzsteuer, also i.H.v. 7.600 €, entfallen. Diesen Vorsteuerbetrag kann der Verkäufer, aber erst im Monat des Verkaufs – also im April – geltend machen.

Tipp! Soweit zwischen erster Inbetriebnahme und dem Verkauf nicht mehr als sechs Monate vergangen sind, kommt es auf die Kilometerlaufleistung des Fahrzeugs nicht an. Nur wenn mehr als sechs Monate vergangen wären, müsste geprüft werden, ob das Fahrzeug mehr als 6.000 Kilometer zurückgelegt hatte.

Frage: Wonach bestimmt sich der Umfang der Vorsteuerabzugsberechtigung, wenn ein Unternehmer einen Gegenstand für sein Unternehmen erwirbt?

Antwort: Wenn ein Unternehmer einen Gegenstand für sein Unternehmen erwirbt, muss er feststellen, ob er den Gegenstand für zum Vorsteuerabzug berechtigende oder nicht zum Vorsteuerabzug berechtigende Umsätze verwenden will. Dabei kommt es auf die Verwendungsabsicht zum Zeitpunkt des Leistungsbezugs an. Entsprechend dieser Verwendungsabsicht ergibt sich dann der Vorsteuerabzug. Will der Unternehmer den Gegenstand zum Zeitpunkt des Leistungsbezugs sowohl für zum Vorsteuerabzug berechtigende, wie auch für zum Vorsteuerabzug nicht berechtigende Leistungen verwenden, muss er entsprechend dieser Verwendungsabsicht den Vorsteuerbetrag nach § 15 Abs. 4 UStG aufteilen.

Frage: Welchen Vorsteuerabzug kann der Unternehmer vornehmen, der eine Leistung für eine unentgeltliche Wertabgabe nach § 3 Abs. 1b oder § 3 Abs. 9a UStG erwirbt?

Antwort: Nach der Rechtsprechung des BFH ist der Vorsteuerabzug nach § 15 Abs. 1 UStG auf die Sachverhalte begrenzt, in denen der Unternehmer Leistungen für seine wirtschaftliche Tätigkeit bezieht (BFH, Urteil vom 13.01.2011, V R 12/08, BStBl II 2012, 61 sowie BFH, Urteil vom 09.12.2010, V R 17/10, BStBl II 2012, 53). Dies gilt auch, wenn er mit dieser Entnahme mittelbar Ziele verfolgt, die ihn nach seiner wirtschaftlichen Gesamttätigkeit zum Vorsteuerabzug berechtigen würden. Wenn der Unternehmer Leistungen bezieht, um sie für solche unentgeltlichen Ausgangsleistungen zu verwenden, ergibt sich kein Bezug für das Unternehmen. Wenn aber die Leistungen nicht für die wirtschaftliche Tätigkeit des Unternehmens bezogen wurden, kann auch keine Besteuerung einer Ausgangsleistung erfolgen. Die Finanzverwaltung hatte ausführlich (BMF, Schreiben vom 02.01.2012, BStBl I 2012, 60 sowie BMF, Schreiben vom 02.01.2014, BStBl I 2014, 119) dazu Stellung genommen. Im Rahmen einer Nichtbeanstandungsregelung hatte es die Finanzverwaltung aber bei allen bis zum 31.12.2012 ausgeführten Umsätzen nicht beanstandet, wenn der Unternehmer die Leistung noch als für das Unternehmen bezogen erfasste und dann eine unentgeltliche Wertabgabe nach § 3 Abs. 1b oder § 3 Abs. 9a UStG der Besteuerung unterwarf (BMF, Schreiben vom 24.04.2012, BStBl I 2012, 533).

Frage: Wenn der Unternehmer eine Aufteilung des Vorsteuerabzugs nach der Verwendungsabsicht vorgenommen hat und die Umsatzsteuer entsprechend anteilig abgezogen hat, ist dann für ihn alles erledigt oder muss er auf weitere Dinge achten?

Antwort: Leider ist für ihn dann noch nicht alles erledigt, denn es ist noch die Vorsteuerberichtigung nach § 15a UStG zu beachten. Er muss über den gesamten Berichtigungszeitraum beobachten, ob er den Gegenstand auch tatsächlich wie geplant für vorsteuerabzugsberechtigende Umsätze verwendet. Führt die tatsächliche Verwendung zu einer höheren oder niedrigeren Verwendung der für den Vorsteuerabzug berechtigenden Zwecke, ergibt sich zugunsten oder zulasten des Unternehmers eine Vorsteuerberichtigung.

Problembereich 7: Vorsteuer und Vorsteuerberichtigung

> **Tipp!** Fragen zur Vorsteuerberichtigung werden sich im Regelfall in einer mündlichen Prüfung auf abstrakte Fragestellungen beschränken. Komplexe „Rechenaufgaben", wie sie in schriftlichen Prüfungen häufig vorkommen, können in einer mündlichen Prüfung kaum abgefragt werden.

> **Frage: Wie lange ist denn der Zeitraum, in dem der Unternehmer diese Vorsteuerberichtigung überprüfen muss? Kann sich eine Vorsteuerberichtigung auch schon im Jahr der Anschaffung ergeben oder ist dies auf die Folgejahre beschränkt?**

Antwort: Lassen Sie mich mit der ersten Frage beginnen. Der Vorsteuerberichtigungszeitraum ist bei Anlagevermögen auf fünf bzw. zehn Jahre begrenzt. Die zehn Jahre gelten bei Grundstücken und grundstücksgleichen Rechten, ansonsten gelten die fünf Jahre (§ 15a Abs. 1 UStG). Allerdings ist der Berichtigungszeitraum nach oben hin auf die betriebsgewöhnliche Nutzungsdauer des Gegenstands beschränkt, da eine kürzere Verwendungsdauer zu berücksichtigen ist (§ 15a Abs. 5 Satz 2 UStG). Zu Ihrer zweiten Frage: Der Berichtigungszeitraum beginnt mit der ersten unternehmerischen Verwendung. Damit kann sich eine Vorsteuerberichtigung auch schon im Jahr der Anschaffung ergeben. Hat der Unternehmer z.B. im März ein Fahrzeug erworben, das er zu 50 % für vorsteuerabzugsberechtigende Zwecke verwenden will, kann er beim Kauf 50 % der Umsatzsteuer als Vorsteuer abziehen. Stellt er nach Ablauf des Jahres fest, dass er das Fahrzeug tatsächlich aber zu 60 % für vorsteuerabzugsberechtigende Zwecke verwendet hat, ergibt sich zeitanteilig ($^{10}/_{60}$) für ihn eine Vorsteuerberichtigung von 10 %.

> **Frage: Wir haben bisher immer von dem Anlagevermögen gesprochen. Verwendet der Gesetzgeber diesen Begriff an dieser Stelle?**

Antwort: Nein, der Gesetzgeber hat den Begriff des Anlagevermögens im Gesetz damit umschrieben, dass er von Gegenständen spricht, die nicht nur einmalig für Ausgangsumsätze verwendet werden. Der Begriff des Anlagevermögens wurde nicht verwendet, um keine Analogien zum Ertragsteuerrecht zu ermöglichen.

> **Frage: Findet denn immer eine Vorsteuerberichtigung statt, wenn ein Unternehmer einen solchen Gegenstand anders für vorsteuerabzugsberechtigende Umsätze verwendet, als dies beim Leistungsbezug geplant war?**

Antwort: Im Grunde ja, es gibt aber über § 15a Abs. 11 UStG Vereinfachungsregelungen in der UStDV. Von diesen Vereinfachungsregelungen sind insbesondere zwei hier hervorzuheben. Eine Vorsteuerberichtigung setzt voraus:

1. dass aus dem Leistungsbezug eine Umsatzsteuer entstanden ist, die mehr als 1.000 € beträgt (§ 44 Abs. 1 UStDV). Kauft der Unternehmer z.B. einen Gegenstand für 5.000 € zuzüglich 950 € Umsatzsteuer ein, bestimmt sich der Vorsteuerabzug nach der zu diesem Zeitpunkt maßgeblichen Verwendungsabsicht. Änderungen in der Verwendung führen dann später nicht zu einer Vorsteuerberichtigung.
2. dass die Verwendungsänderung gewichtig sein muss. Hat sich die Nutzung des Gegenstands um weniger als 10 % geändert, kommt es nicht zu einer Vorsteuerberichtigung – eine Ausnahme besteht lediglich in den Fällen, in denen der Berichtigungsbetrag mehr als 1.000 € betragen würde.

> **Tipp!** Diese Grenzbeträge der UStDV sollten in der mündlichen Prüfung beherrscht werden! Beachten Sie auch, dass es in § 44 Abs. 3 UStDV a.F. noch eine weitere Vereinfachungsregelung gab: Hatte die Umsatzsteuer aus dem Leistungsbezug nicht mehr als 2.500 € betragen, erfolgt die Vorsteuerberichtigung erst am Ende des gesamten Berichtigungszeitraums. Diese Regelung ist aber zum 01.01.2012 aufgehoben worden, gilt aber für alle bis zum 31.12.2011 bezogenen Leistungen noch weiter, § 74a Abs. 2 UStDV.

> **Frage:** Gibt es neben der Vorsteuerberichtigung bei Anlagevermögen noch andere Fälle, die unter eine Vorsteuerberichtigung fallen?

Antwort: Ja, seit dem 01.01.2005 kommt es nicht nur bei Anlagevermögen, sondern auch bei Umlaufvermögen (im Gesetz: Gegenstände, die nur einmalig für Ausgangsumsätze verwendet werden), bei Arbeiten an Gegenständen – insbesondere bei Reparaturarbeiten an Gebäuden – sowie bei ausgeführten sonstigen Leistungen zu einer Vorsteuerberichtigung, wenn die tatsächliche Verwendung anders zu beurteilen ist, als dies zum Zeitpunkt des Leistungsbezugs geschehen war.

> **Tipp!** Je nach Prüfungsverlauf kann diese Frage kurz oder länger beantwortet werden und ggf. noch mit einem kleinen Beispiel „garniert" werden. In einer mündlichen Prüfung sollten Sie kurze, kleine Beispiele zu den Berichtigungsmöglichkeiten des § 15a UStG abrufen können – dies kann auch gegebenenfalls in einem Vortrag zu diesem Thema mit verwendet werden.

Problembereich 8: Umsatzsteuerliche Meldepflichten

> **Frage:** Welche umsatzsteuerlichen Meldepflichten können sich für einen Unternehmer bei der Ausführung von Leistungen ergeben?

Antwort: Soweit ein Unternehmer in Deutschland zur Umsatzsteuer registriert ist, muss er seine Umsätze in einer Umsatzsteuer-Voranmeldung angeben. Außerdem müssen die Umsätze in einer Jahressteuererklärung angemeldet werden. Bestimmte Umsätze, die im Europäischen Binnenmarkt ausgeführt werden, müssen darüber hinaus auch in einer Zusammenfassenden Meldung nach § 18a UStG angemeldet werden. Darüber hinaus kann ein deutscher Unternehmer auch noch Umsätze, die er in anderen Staaten ausführt, anmelden müssen. Insbesondere ist dies im Rahmen der sog. „Mini-One-Stop-Shop-Regelung" für bestimmte Umsätze an Nichtunternehmer in anderen Mitgliedstaaten seit 2015 möglich.

> **Frage:** Bleiben wir bitte erst einmal bei der Voranmeldung. Bis zu welchem Zeitpunkt müssen Unternehmer Voranmeldungen abgeben?

Antwort: Unternehmer müssen die Voranmeldungen jeweils bis zum zehnten Tag, der auf das Ende des Voranmeldungszeitraums folgt, bei ihrem Finanzamt abgeben. Bis zu diesem Zeitpunkt muss dann auch die Umsatzsteuer aus der Voranmeldung an das Finanzamt abgeführt werden. Allerdings kann der Unternehmer auch einen Antrag auf Dauerfristverlängerung stellen, § 18 Abs. 6 UStG. In diesem Fall verlängert sich die Frist zur Abgabe der Voranmeldung um einen Monat, sodass der Unternehmer die Voranmeldung bis zum zehnten Tag des übernächsten Monats abzugeben hat. Ist der Unternehmer – wie es der gesetzliche Regelfall ist – zur Abgabe vierteljährlicher Voranmeldungen verpflichtet, ist die Dauerfristverlängerung nicht an eine Sondervorauszahlung an das

Finanzamt gebunden. Muss der Unternehmer monatliche Voranmeldungen abgeben – dies ergibt sich nach § 18 Abs. 2 UStG, wenn die Steuer für das vergangene Jahr mehr als 7.500 € betragen hat –, muss er an das Finanzamt eine Sondervorauszahlung in Höhe von $1/11$ der Steuer des Vorjahrs zahlen, § 47 Abs. 1 UStDV.

> **Tipp!** Nicht nur für die Prüfungsrunden, sondern auch für mündliche Vorträge sollten die Grenzbeträge für die Verpflichtung zur Abgabe monatlicher bzw. vierteljährlicher Voranmeldungen beherrscht werden. Auch in den Fällen, in denen in der mündlichen Prüfung die Gesetze verwendet werden dürfen, macht es keinen guten Eindruck, wenn für derartige Grundfragen in das Gesetz geschaut werden muss!

> **Frage:** Bitte beurteilen Sie noch folgenden Fall: Ein Unternehmer mit monatlichen Voranmeldungen hatte für 2015 Dauerfristverlängerung beantragt und als Sondervorauszahlung 10.000 € gezahlt. In der Voranmeldung für November 2015, die bis zum 10.01.2016 abzugeben ist, wird sich eine Zahllast von 12.000 € ergeben, für Dezember 2015 gehen Sie wegen hoher Vorsteuerbeträge von einem geringen Guthaben bei Ihrem Unternehmer aus. Wozu würden Sie Ihren Mandanten raten?

Antwort: Grundsätzlich ist die Sondervorauszahlung in der Dezember-Voranmeldung anzurechnen, verzichtet der Unternehmer schon vorher auf die Dauerfristverlängerung, erfolgt die Anrechnung schon in dem Monat, in dem der Unternehmer auf die Dauerfristverlängerung verzichtet. Um hier die Nachzahlung für den November 2015 zu vermeiden, könnte darüber nachgedacht werden, die Dauerfristverlängerung schon für November 2015 zu widerrufen. Dies setzt dann aber voraus, dass die Voranmeldung für den Dezember 2015 dann auch bis zu 10.01.2016 abgegeben werden kann.

> **Tipp!** Nach der Rechtsprechung des BFH (Urteil vom 16.12.2008, BFH/NV 2009, 994) sollte bei der Anrechnung der Sondervorauszahlung ein eventuell daraus resultierendes Guthaben nicht in der Voranmeldung, sondern erst im Zusammenhang mit der Jahressteuererklärung auszuzahlen sein, wenn sich dort ein Guthaben ergibt. Dies wäre ein weiterer Grund, zu überlegen, auf die Dauerfristverlängerung schon in der Voranmeldung November 2015 zu verzichten, da es in der Voranmeldung für Dezember nicht zu einer Auszahlung des Guthabens kommen kann. Diese in einem Insolvenzverfahren gefällt Entscheidung wird aber von der Finanzverwaltung (noch) nicht angewendet.

> **Frage:** Wie muss der Unternehmer Umsatzsteuer-Voranmeldungen oder Jahressteuererklärungen an sein Finanzamt übermitteln?

Antwort: Grundsätzlich gilt, dass die Voranmeldungen wie auch die Jahressteuererklärung elektronisch an das Finanzamt zu übermitteln sind. Dabei gelten die Regelungen der Steuerdaten-Übermittlungsverordnung. Während der Unternehmer bis Ende 2012 die Voranmeldungen noch ohne Authentifizierung übermitteln konnte, sind seit 2013 nur noch authentifizierte Übermittlungen möglich (die Finanzverwaltung ließ aber bis Ende August 2013 Ausnahmen zu). Dies setzt eine Registrierung des Unternehmers voraus. Darüber hinaus kann in Ausnahmefällen die Finanzverwaltung zur Vermeidung unbilliger Härten dem Unternehmer gestatten, die Voranmeldungen und Jahressteuererklärungen auf Papier abzugeben. Dies wird aber die absolute Ausnahme bleiben.

> **Frage:** Stellen Sie jetzt bitte einmal die Grundsätze für die Verpflichtung zur Abgabe der Zusammenfassenden Meldung dar.

Antwort: In einer Zusammenfassenden Meldung muss der Unternehmer unterschiedliche Leistungen im Europäischen Binnenmarkt melden. Hauptsächlich wird dies die innergemeinschaftlichen Lieferungen betreffen, die er steuerfrei nach § 6a Abs. 1 UStG ausführt. Aber auch das innergemeinschaftliche Verbringen nach § 6a Abs. 2 UStG, die zweite Lieferung im Rahmen eines innergemeinschaftlichen Dreiecksgeschäfts nach § 25b Abs. 2 UStG oder bestimmte sonstige Leistungen nach § 3a Abs. 2 UStG an einen anderen Unternehmer in einem anderen Mitgliedstaat sind in einer Zusammenfassenden Meldung anzugeben. Unabhängig davon, ob dem Unternehmer für die Abgabe der Voranmeldung die Dauerfristverlängerung genehmigt wurde, sind Zusammenfassende Meldungen immer bis zum 25. Tag nach Ablauf des Meldezeitraums abzugeben. Außerdem sind Zusammenfassende Meldungen regelmäßig monatlich abzugeben.

Tipp! Die Grundsätze des § 18a UStG zur Abgabe der Zusammenfassenden Meldung sollten in der mündlichen Prüfung beherrscht werden.

Frage: **Müssen Zusammenfassende Meldungen immer monatlich abgegeben werden oder kennen Sie davon auch Ausnahmen?**

Antwort: Es gibt mehrere Ausnahmen von dieser Grundregelung. Hat der Unternehmer in den letzten vier Quartalen jeweils nicht für mehr als 50.000 € innergemeinschaftliche Lieferungen und innergemeinschaftliche Dreiecksgeschäfte ausgeführt, kann er quartalsweise Zusammenfassende Meldungen abgeben. Wird dann aber in einem Quartal diese Grenze überschritten, müssen schon für dieses Quartal monatliche Zusammenfassende Meldungen abgegeben werden – dabei kann der Unternehmer aber wählen, ob er für die bisher schon abgelaufenen Monate des Quartals separate Zusammenfassende Meldungen abgeben will oder ob er dies in einer Zusammenfassenden Meldung zusammenfasst. Außerdem sind sonstige Leistungen grundsätzlich nur quartalsweise anzumelden; gibt der Unternehmer wegen Überschreitens der genannten Grenzen bei den Lieferungen monatliche Zusammenfassende Meldungen ab, kann der Unternehmer die sonstigen Leistungen auch schon monatlich in der Zusammenfassenden Meldung angeben, § 18a Abs. 3 UStG. Eine weitere Ausnahme kann sich ergeben, wenn der Unternehmer keine Voranmeldungen abgeben muss. In diesen Fällen – und wenn bestimmte Umsatzgrenzen nicht überschritten sind, § 18a Abs. 9 UStG – kann eine jährliche Zusammenfassende Meldung bis zum 25.01. des Folgejahrs abgegeben werden.

Tipp! Bei der Prüfung der Umsatzgrenze von 50.000 € sind nur die innergemeinschaftlichen Lieferungen und die innergemeinschaftlichen Dreiecksgeschäfte mit zu berücksichtigen. Der Umfang der zu meldenden sonstigen Leistungen spielt keine Rolle.

Frage: **Kennen Sie neben der Voranmeldung, der Steuererklärung und der Zusammenfassenden Meldung noch weitere nationale umsatzsteuerliche Meldeverpflichtungen?**

Antwort: Ja, seit dem 01.07.2010 hat der Gesetzgeber die Fahrzeuglieferungs-Meldepflichtverordnung in Kraft gesetzt. Danach hat ein Unternehmer oder auch eine Person, die nach § 2a UStG für die Lieferung eines neuen Fahrzeugs als Unternehmer behandelt wird, bei der Lieferung eines solchen neuen Fahrzeugs an einen Nichtunternehmer in einem anderen Mitgliedstaat bestimmte individuelle Daten für das gelieferte Fahrzeug und den Erwerber zu melden.

Tipp! Zu melden sind die Daten des Lieferers, des Leistungsempfängers, die Daten des Kaufvertrags sowie Angaben zu dem Fahrzeug.

> **Frage:** Kann es auch dazu kommen, dass ein deutscher Unternehmer Umsätze, die er in einem anderen Mitgliedstaat ausführt, in Deutschland anmelden muss?

Antwort: Grundsätzlich muss ein Unternehmer die von ihm in einem anderen Staat ausgeführten Leistungen dort zur Umsatzsteuer anmelden. Zum 01.01.2015 ist aber für Telekommunikationsdienstleistungen, Rundfunk- und Fernsehdienstleistungen und auf elektronischem Weg ausgeführte sonstige Leistungen, die an einen Nichtunternehmer in einem anderen Mitgliedstaat ausgeführt werden, eine besondere Möglichkeit zur Anmeldung dieser Umsätze geschaffen worden („Mini-One-Stop-Shop-Regelung – MOSS" oder „Kleine Einzige Anlaufstelle – KEA"). Hintergrund dieser Regelung war, dass ab diesem Zeitpunkt diese Leistungen immer dort ausgeführt sind, wo der Leistungsempfänger ansässig ist, § 3a Abs. 5 UStG. Um es dem Unternehmer zu erleichtern – da es bei diesen Umsätzen auch keine Bagatellgrenzen gibt – kann er sich bei seinen lokalen Finanzbehörden (in Deutschland ist dies das Bundeszentralamt für Steuern) elektronisch registrieren lassen und dann jeweils quartalsweise (bis zum 20. des Folgemonats) eine elektronische Anmeldung dieser Umsätze für die einzelnen Länder abgeben.

> **Frage:** Zum Abschluss möchte ich noch wissen, ob in diesem von Ihnen geschilderten Verfahren auch andere als die genannten Umsätze angemeldet werden können und ob Vorsteuerbeträge geltend gemacht werden können?

Antwort: Nein, in der „Mini-One-Stop-Shop-Regelung" können weder Vorsteuerbeträge geltend gemacht werden noch andere Umsätze angemeldet werden. Führt der Unternehmer noch andere Umsätze steuerbar und steuerpflichtig in dem anderen Mitgliedstaat aus, für die er auch die Umsatzsteuer schuldet, muss er sich dort registrieren lassen und ist an das dortige Veranlagungsverfahren gebunden. Für Vorsteuerbeträge, die der Unternehmer in den anderen Mitgliedstaaten geltend machen kann, gibt es aber noch das elektronische Vorsteuervergütungsverfahren, das auch in Deutschland beim Bundeszentralamt für Steuern angesiedelt ist. Ist der deutsche Unternehmer in dem anderen Mitgliedstaat nicht für die Umsatzsteuer registriert, kann er nur über dieses Verfahren eine Vergütung der Vorsteuerbeträge aus diesem Land beantragen.

Problembereich 9: Immobilien und Umsatzsteuer

> **Frage:** Wie kann ein Unternehmer, der ein ihm gehörendes Gebäude sowohl für unternehmerische als auch für private Zwecke verwendet, dieses Gebäude umsatzsteuerrechtlich zuordnen?

Antwort: Der Unternehmer hat hier verschiedene Möglichkeiten der Zuordnung. Er kann das Gebäude insgesamt seinem nichtunternehmerischen Bereich zuordnen – diese Zuordnung wird jedoch in der Praxis nicht die gewünschte Alternative sein, da er dann komplett vom Vorsteuerabzug ausgeschlossen ist. Er kann das Gebäude aber auch teilweise (soweit unternehmerisch genutzt) dem Unternehmen und teilweise (soweit privat genutzt) dem nichtunternehmerischen Bereich zuordnen. In diesem Fall kann er den Vorsteuerabzug nur insoweit vornehmen, wie er das Gebäude auch dem Unternehmen zugeordnet hat. Die Besteuerung eines Ausgangsumsatzes (Eigenverbrauch) entfällt in diesen Fällen. Der Unternehmer kann das Gebäude aber auch insgesamt seinem Unternehmen zuordnen. Voraussetzung ist lediglich, dass er das Gebäude zu wenigstens 10 % für unternehmerische Zwecke verwendet (§ 15 Abs. 1 Satz 2 UStG). In diesem Fall konnte er, soweit das Gebäude aufgrund eines vor dem 01.01.2011 abgeschlossenen Kaufvertrags angeschafft wurde oder aufgrund eines vor dem 01.01.2011 gestellten Bauantrags errichtet wurde, den Vorsteuerabzug aus allen Eingangsleistungen abziehen, musste dann aber im Umfang der nichtunternehmerischen Verwendung eine Besteuerung nach § 3 Abs. 9a Nr. 1 UStG vornehmen. Ist das Gebäude nach diesem Stichtag errichtet worden (vgl. dazu § 27 Abs. 16 UStG), kann er das Gebäude zwar weiterhin in vollem Umfang dem Unternehmen zuordnen, er ist aber nur in dem Umfang zum Vorsteuerabzug berechtigt, wie er das Gebäude auch für vorsteuerabzugsberechtigende Zwecke verwendet, § 15 Abs. 1b UStG.

> **Tipp!** Diese Feststellung ergibt sich aus dem sog. „Seeling-Urteil" des EuGH (Urteil vom 08.05.2003, C-269/00 – Wolfgang Seeling, BStBl II 2004, 378). Der EuGH hatte festgestellt, dass die Eigennutzung nicht analog dem § 4 Nr. 12 Buchst. a UStG steuerfrei ist und somit den vollen Vorsteuerabzug bei voller Zuordnung zum Unternehmen ermöglichte (zur Zuordnung zum Unternehmen vgl. auch Abschn. 15.2c Abs. 2 UStAE). Beachten Sie aber, dass gemeinschaftsrechtlich durch eine Ergänzung der MwStSystRL in Art. 168a MwStSystRL der Vorsteuerabzug aus solchen privat wie unternehmerisch genutzten Gebäuden auf den tatsächlich für unternehmerische Zwecke verwendeten Teil des Gebäudes begrenzt worden ist. In Deutschland ist dies – für alle Gebäude, die aufgrund eines ab dem 01.01.2011 rechtswirksam abgeschlossenen obligatorischen Vertrags angeschafft worden sind oder mit deren Herstellung (maßgeblich ist der Bauantrag) ab dem 01.01.2011 begonnen wurde – in § 15 Abs. 1b UStG umgesetzt worden. Eine Besteuerung der Privatnutzung entfällt dann aber in diesen Fällen.

> **Frage:** Konnte sich diese Möglichkeit bei einem aufgrund eines bis zum 31.12.2010 gestellten Bauantrags errichteten Gebäude auch dann ergeben, wenn der Bauherr ein Doppelhaus errichtet hatte, bei dem er in die eine Hälfte des Hauses selbst einzieht und die andere Hälfte zu Wohnzwecken vermietet?

Antwort: Grundsätzlich kann der Unternehmer auch in diesem Fall das Gebäude in vollem Umfang seinem Unternehmen zuordnen. Die Unternehmereigenschaft besteht unabhängig von der Ausführung steuerpflichtiger Umsätze. Die Vermietung zu Wohnzwecken an Dritte ist dann eine steuerbare aber nach § 4 Nr. 12 Buchst. a UStG steuerfreie sonstige Leistung, bei der der Vermieter auch nicht auf die Steuerfreiheit nach § 9 Abs. 1 UStG verzichten kann (Mieter ist nicht Unternehmer). In diesem Fall ist die Eigennutzung ein nicht steuerbarer Umsatz, da § 3 Abs. 9a Nr. 1 UStG voraussetzt, dass der Unternehmer für den nichtunternehmerisch genutzten Gegenstand zum Vorsteuerabzug berechtigt gewesen sein muss – gerade dies liegt aber nicht vor, da die Vermietung zu Wohnzwecken den Vorsteuerabzug nach § 15 Abs. 2 Nr. 1 UStG ausschließt. Da der nichtunternehmerisch genutzte Teil des Gebäudes damit nicht steuerbar verwendet wird, ist auch insoweit ein Vorsteuerabzug ausgeschlossen. Damit kann eine nach § 3 Abs. 9a Nr. 1 UStG steuerbare Eigennutzung eines Gebäudeteils nur dann vorliegen, wenn der unternehmerisch genutzte Teil des Gebäudes zu einem vorsteuerabzugsberechtigten Ausgangsumsatz – wenigstens teilweise – verwendet wird.

> **Tipp!** Die schon seit 2004 von der Finanzverwaltung vertretene Auffassung ist auch durch den BFH (BFH, Urteil vom 08.10.2008, XI R 58/07, BStBl II 2009, 394; BFH, Urteil vom 11.03.2009, XI R 69/07, BStBl II 2009, 496) bestätigt worden.

> **Frage:** Welche Möglichkeiten ergeben sich für einen Unternehmer, der im Januar 2016 ein Gebäude aufgrund eines 2014 gestellten Bauantrags fertig stellt und dieses zu 50 % auch für private Wohnzwecke verwendet, wenn er ein oder zwei Jahre später das Gebäude insgesamt für unternehmerische Zwecke verwendet?

Problembereich 9: Immobilien und Umsatzsteuer

Antwort: Auch in diesem Fall hat der Unternehmer – wie vorhin schon dargestellt – das volle Zuordnungswahlrecht. Hat er das Gebäude dem Unternehmen in vollem Umfang zugeordnet, ist er nach § 15 Abs. 1b UStG nur zur Hälfte zum Vorsteuerabzug berechtigt. Wenn er dann später das Gebäude in vollem Umfang für unternehmerische Zwecke verwendet, ergibt sich nach § 15a Abs. 6a UStG eine Änderung der Verhältnisse, die zu einer Vorsteuerberichtigung führt. Der Unternehmer kann innerhalb des zehnjährigen Berichtigungszeitraums anteilig den Vorsteuerabzug berichtigen – also nachträglich noch Vorsteuerbeträge geltend machen. Dies gilt übrigens zugunsten wie auch zulasten des Unternehmers.

> **Tipp!** Da sich die Zuordnungsentscheidung des Unternehmers nicht mehr aus der Höhe des geltend gemachten Vorsteuerabzugs ergibt (er kann wegen § 15 Abs. 1b UStG die Vorsteuer nur insoweit abziehen, wie er das Gebäude für seine unternehmerischen Zwecke nutzt), muss die Zuordnungsentscheidung bis zum 31.05. des Folgejahrs auch gegenüber der Finanzverwaltung dokumentiert werden (BFH, Urteil vom 07.07.2011, V R 21/10, BFH/NV 2012, 143; BFH, Urteil vom 07.07.2011, V R 42/09; BFH/NV 2011, 1980). Diese Grundsätze hat die Finanzverwaltung mit Schreiben vom 02.01.2014 (BStBl I 2014, 119) auch in Abschn. 15.2c Abs. 14 ff. UStAE mit aufgenommen.

> **Frage:** Kommen wir zu folgendem Fall. Ein Unternehmer hat ein Gebäude errichtet, das er zum Teil an private Mieter, zum Teil an eine Versicherungsgesellschaft und zum Teil an eine Wirtschaftsprüfungsgesellschaft vermietet. Welche Möglichkeiten ergeben sich für den Unternehmer bezüglich der Vermietung?

Antwort: Der Unternehmer führt mit der Vermietung steuerbare Umsätze aus, die grundsätzlich nach § 4 Nr. 12 Buchst. a UStG steuerfrei sind. Er kann jedoch nach § 9 Abs. 1 UStG auf die Steuerfreiheit verzichten, soweit er die Vermietung an einen Unternehmer für dessen Unternehmen ausführt. Bei der Vermietung an die Versicherungsgesellschaft und an die Wirtschaftsprüfungsgesellschaft liegen die Voraussetzungen für den Verzicht auf die Steuerbefreiung nach § 9 Abs. 1 UStG vor. Bei der Vermietung eines Gebäudes, bei dem mit dem Bau ab dem 11.11.1993 begonnen wurde (zur Anwendung vgl. § 27 Abs. 2 UStG) muss aber darüber hinaus der Mieter bezüglich der ihm berechneten Umsatzsteuer zum Vorsteuerabzug berechtigt sein. Da die Versicherungsgesellschaft nach § 4 Nr. 10 UStG steuerfreie Umsätze ausführt, ist sie nach § 15 Abs. 2 Nr. 1 UStG vom Vorsteuerabzug ausgeschlossen. Damit scheidet die Optionsmöglichkeit bei der Vermietung an die Versicherungsgesellschaft nach § 9 Abs. 2 UStG aus. Der Vermieter kann deshalb nur bei der Vermietung an die Wirtschaftsprüfungsgesellschaft auf die Steuerfreiheit verzichten.

> **Tipp!** Wäre bei dem Gebäude vor dem 11.11.1993 mit dem Bau begonnen und das Gebäude auch bis zum 31.12.1997 fertiggestellt worden, hätte der Vermieter auch heute noch bei der Vermietung an die Versicherungsgesellschaft auf die Steuerfreiheit verzichten können, § 27 Abs. 2 UStG. Ob dies wirtschaftlich sinnvoll wäre, ist aber zu bezweifeln.

> **Frage:** Im welchem Verhältnis muss der Unternehmer aus dem Bau des Gebäudes die Vorsteuerbeträge aufteilen.

Antwort: Grundsätzlich soll die Vorsteueraufteilung nach § 15 Abs. 4 UStG nach einem wirtschaftlich vertretbaren Aufteilungsmaßstab erfolgen. Dabei ist auch eine Schätzung möglich. Nach § 15 Abs. 4 Satz 3 UStG ist aber eine Aufteilung im Verhältnis der Ausgangsumsätze nur dann möglich, wenn es keinen anderen Aufteilungsmaßstab gibt. Aus diesem Grund erfolgt die Aufteilung nach dem

Verhältnis der tatsächlichen Nutzflächen. Wenn sich aber die Anschaffungs- oder Herstellungskosten nicht annähernd gleichmäßig auf die Fläche verteilen – z.B. bei unterschiedlichen Raumhöhen oder unterschiedlichen Ausstattungsstandards – kann auch eine Aufteilung nach einem Umsatzschlüssel in Betracht kommen.

> **Tipp!** Ob diese Regelung mit dem Gemeinschaftsrecht vereinbar ist, war Gegenstand eines Vorabentscheidungsersuchens beim EuGH, in der mündlichen Prüfung sollte aber die gesetzliche Lösung in den Mittelpunkt gestellt werden. Der BFH hatte den EuGH angerufen, um klären zu lassen, ob die zwingende Aufteilung nach einem Flächenschlüssel gegen das Gemeinschaftsrecht verstößt. Der EuGH (EuGH, Urteil vom 08.11.2012, C-511/10 – BLC Baumarkt GmbH & Co. KG, DStR 2012, 2333) hat dazu entschieden, dass die Mitgliedstaaten zwar grundsätzlich vom Umsatzschlüssel abweichende Aufteilungsmaßstäbe vorgeben können, dies aber nur dann zulässig ist, wenn dies zu einem präziseren Aufteilungsverhältnis führt. Der BFH (Urteil vom 22.08.2013, V R 19/09, BFH/NV 2014, 278) war davon ausgegangen, dass grundsätzlich die Aufteilung nach einem Flächenmaßstab zu einem präziseren Aufteilungsverhältnis führt. Allerdings hat er dies in einer Folgeentscheidung (BFH, Urteil vom 07.05.2014, V R 1/10, BFH/NV 2014, 1177) wieder dahingehend relativiert, dass auch eine Aufteilung nach einem Umsatzschlüssel infrage kommen kann, wenn den einzelnen Gebäudeteilen unterschiedliche Anschaffungs- oder Herstellungskosten zuzurechnen sind.

Frage: Sind alle Aufwendungen aus dem Bau des Hauses nach diesem einheitlichen Aufteilungsmaßstab aufzuteilen?

Antwort: Nach der Rechtsprechung des BFH sollen alle Aufwendungen aus dem Bau eines Hauses einheitlich aufgeteilt werden. Ziel dieser einheitlichen Aufteilung soll es sein, eine einfache und für die Praxis umsetzbare Aufteilung der Vorsteuer zu ermöglichen (BFH, Urteil vom 22.11.2007, V R 43/06, BStBl II 2008, 770). Die Finanzverwaltung hatte hier lange eine andere Auffassung vertreten und wollte aus den Baukosten eine weitestgehende Zuordnung einzelner Bauleistungen zu einzelnen Gebäudeteilen vornehmen. Mittlerweile hat sich die Finanzverwaltung aber dieser Rechtsauffassung angeschlossen, hierzu ist aber derzeit ein Vorabentscheidungsersuchen beim EuGH anhängig.

> **Tipp!** In dem Vorabentscheidungsverfahren beim EuGH (anhängig unter C-332/14 – Wolfgang und Dr. Wilfried Rey Grundstücksgemeinschaft GbR) geht es zum einen um die Anwendung der sog. „Eintopftheorie", nach der alle Anschaffungs- oder Herstellungskosten nach einem einheitlichen Aufteilungsmaßstab aufzuteilen sind. Der XI. Senat des BFH bevorzugt offensichtlich eine Vorabzurechnung von Anschaffungs-/Herstellungskosten, die nur bestimmte Gebäudeteile betreffen. Zum anderen geht es auch noch einmal grundsätzlich um die Vorsteueraufteilung – mittelbar geht es also in die zweite Runde in dem Streit um Flächen- oder Umsatzschlüssel.

Frage: Kommen wir zu einem anderen Sachverhalt: Ein Unternehmer hatte im November 2004 ein unbebautes Grundstück erworben. Der Verkäufer des Grundstücks hatte bei dem Verkauf auf die Steuerfreiheit des Umsatzes zulässigerweise verzichtet. Der Käufer hatte die Vorsteuer aber nicht abgezogen, da er das Grundstück parzellieren und an private Erwerber zur Erstellung von Eigenheimen veräußern wollte. Allerdings zog sich die Aufstellung entsprechender Bebauungspläne hin, sodass der Unternehmer das Grundstück insgesamt an einen anderen Unternehmer verkaufte. Bei dem Verkauf verzichtete der Unternehmer ebenfalls auf die Steuerfreiheit. Welche Auswirkungen ergeben sich aus dem heutigen Verkauf für die damals entstandene Umsatzsteuer aus dem Ankauf?

Problembereich 9: Immobilien und Umsatzsteuer

Antwort: Dass in 2004 der Vorsteuerabzug aus dem Ankauf des Grundstücks nicht vorgenommen wurde, war richtig, da wegen der beabsichtigten Verwendung für zwingend nach § 4 Nr. 9 Buchst. a UStG steuerfreie Verkäufe – eine Option bei dem geplanten Verkauf der Grundstücke an Privatpersonen ist wegen § 9 Abs. 1 UStG nicht zulässig – ein Vorsteuerabzugsverbot nach § 15 Abs. 2 Nr. 1 UStG vorhanden war. Da jetzt der Verkauf des Grundstücks an einen anderen Unternehmer für dessen Unternehmen erfolgte, kann der Verkäufer auf die Steuerfreiheit des Verkaufsumsatzes nach § 9 Abs. 1 UStG verzichten. Damit ist grundsätzlich eine Änderung der Verhältnisse i.S.d. § 15a UStG gegeben. Bei dem Grundstück handelt es sich aber um einen Gegenstand, der nur einmalig (Verkauf) für Ausgangsumsätze verwendet werden soll. Eine Vorsteuerberichtigung könnte sich dann nur nach § 15a Abs. 2 UStG ergeben. § 15a Abs. 2 UStG in der aktuellen Fassung ist aber nach § 27 Abs. 11 UStG nur auf Rechtsvorgänge anzuwenden, bei denen der Eingangsumsatz ab dem 01.01.2005 stattgefunden hat. Da im vorliegenden Sachverhalt das Grundstück vor dem 01.01.2005 erworben wurde, ergibt sich nach der Altfassung des § 15a UStG keine Möglichkeit für eine Vorsteuerberichtigung – bestätigt auch durch BFH, Urteil vom 12.02.2009, V R 85/07, BStBl II 2010, 76.

> **Tipp!** Hätte der Unternehmer das Grundstück ab dem 01.01.2005 erworben, würde sich – in diesem Fall zu seinen Gunsten – ein Anspruch auf Vorsteuerberichtigung nach § 15a Abs. 2 UStG ergeben. Beachten Sie, dass bei Umlaufvermögen (Gegenstände, die nur einmalig für Ausgangsumsätze verwendet werden sollen) kein Vorsteuerberichtigungszeitraum zur Anwendung kommt und damit bei Verwendungsänderung die gesamte damals entstandene Umsatzsteuer berichtigungsfähig ist.

> **Frage:** Eine Vorsteuerberichtigung kann sich auch ergeben, wenn ein Unternehmer an einem Gebäude Instandsetzungsarbeiten durchführen lässt. Stellen Sie bitte kurz die Grundsätze dar, die bei einer solchen Vorsteuerberichtigung zu berücksichtigen sind.

Antwort: Seit dem 01.01.2005 kann sich nach § 15a Abs. 3 UStG eine Vorsteuerberichtigung auch bei Reparatur- oder Instandsetzungsarbeiten an einem Gebäude ergeben, wenn die beabsichtigte Nutzung zum Zeitpunkt des Leistungsbezugs bezogen auf den Umfang der Vorsteuerabzugsberechtigung von der tatsächlichen Verwendung zu einem späteren Zeitpunkt abweicht. Dabei muss beachtet werden, dass jede einzelne Maßnahme ein eigenständiges Berichtigungsobjekt darstellt. Seit dem 01.01.2007 ist nach § 15a Abs. 3 Satz 2 UStG zwingend vorgeschrieben, dass mehrere Leistungen im Zusammenhang mit einer Maßnahme zu einem Berichtigungsobjekt zusammenzufassen sind. Wenn also z.B. ein Vermieter in einer gerade leer stehenden Mieteinheit Malerarbeiten und Fliesenlegearbeiten von verschiedenen Unternehmern ausführen lässt, sind diese beiden Leistungen zu einer einheitlichen Maßnahme zusammenzufassen. Die Finanzverwaltung (Abschn. 15a.6 Abs. 11 UStAE) fasst alle, innerhalb von sechs Monaten an einem Gebäude ausgeführten Leistungen zu einem Berichtigungsobjekt zusammen. Voraussetzung für ein Berichtigungsobjekt ist aber, dass aus dieser Maßnahme mehr als 1.000 € Umsatzsteuer entstanden waren (§ 44 Abs. 1 UStDV). Liegt danach ein solches Berichtigungsobjekt vor, beträgt der Berichtigungszeitraum – da es sich um ein Gebäude handelt – zehn Jahre.

> **Frage:** Wie beurteilen Sie in dem von Ihnen dargestellten Sachverhalt den Vorsteuerabzug, wenn die Instandsetzungsmaßnahmen während der Zeit des Leerstands durchgeführt worden waren?

Antwort: Werden Leistungen während der Leerstandszeit ausgeführt, kommt es auch in diesem Fall wieder auf die Verwendungsabsicht zum Zeitpunkt der Leistungsbezugs an. Der Vermieter muss somit prüfen, wie er die Einheit oder das Gebäude, an dem die Leistung ausgeführt wurde, später für vorsteuerabzugsberechtigende oder nicht vorsteuerabzugsberechtigende Ausgangsumsätze verwenden will. Allerdings beginnt der Berichtigungszeitraum erst mit erstmaliger Verwendung des Gegenstands.

> **Frage:** Bitte stellen Sie abschließend noch dar, was umsatzsteuerrechtlich passiert, wenn der Unternehmer aus einer solchen Instandsetzungsmaßnahme anteilig den Vorsteuerabzug vorgenommen hat und dann fünf Jahre später die Immobilie veräußert.

Antwort: Zuerst ist zu prüfen, wie der Verkauf des Hauses mit Grundstück zu beurteilen ist. Es kann sich um eine nicht steuerbare Geschäftsveräußerung nach § 1 Abs. 1a UStG handeln. Voraussetzung ist, dass das Objekt entweder das gesamte Unternehmen des Verkäufers darstellte oder zumindest einen abgrenzbaren Teilbereich darstellt. Dazu muss der Erwerber das Unternehmen oder das Teilunternehmen so fortsetzen, wie der Verkäufer es betrieben hat. Liegt eine solche nicht steuerbare Geschäftsveräußerung vor, tritt der Erwerber in die Rechtsposition des Verkäufers ein, der Käufer muss den Vorsteuerberichtigungszeitraum fortsetzen (§ 15a Abs. 10 UStG). Ist keine nicht steuerbare Geschäftsveräußerung gegeben, ist der Verkauf der Immobilie steuerbar aber steuerfrei nach § 4 Nr. 9 Buchst. a UStG. Allerdings kann der Unternehmer unter den Voraussetzungen des § 9 Abs. 1 und Abs. 3 UStG auf die Steuerfreiheit verzichten. Dabei kann der Verkäufer auch auf abgrenzbare Teile des Gebäudes unterschiedlich optieren (Abschn. 9.1 Abs. 6 UStAE/Teiloption), wobei diese nur zusammen für die Gebäude oder Gebäudeteile und den dazugehörigen Grund und Boden ausgeübt werden kann. Erfolgt der Verkauf – bezogen auf die Berechtigung zum Vorsteuerabzug – anders, als das Gebäude zum Zeitpunkt der Instandsetzungsmaßnahme verwendet wurde, ergibt sich bei einem Verkauf ebenfalls eine Anspruchsgrundlage für eine Vorsteuerberichtigung nach § 15a Abs. 8 und Abs. 9 UStG. Soweit es danach zu einer solchen Vorsteuerberichtigung kommt, ist – wieder ausgehend von dem zehnjährigen Berichtigungszeitraum – der restliche Vorsteuerberichtigungszeitraum sofort in vollem Umfang zu berichtigen (§ 44 Abs. 4 UStDV) für alle bis zum 31.12.2011 bezogenen Leistungen; § 44 Abs. 3 UStDV n.F. für alle seit dem 01.01.2012 bezogenen Leistungen.

Problembereich 10: Rechnung und Rechnungsinhalte

> **Frage:** Bis zu welchem Betrag liegt eine sog. Kleinbetragsrechnung vor?

Antwort: Eine Kleinbetragsrechnung liegt nach § 33 UStDV vor, wenn die Rechnung den Gesamtbetrag – inklusive der Umsatzsteuer – von 150 € nicht übersteigt. Bei einer solchen Kleinbetragsrechnung gelten verschiedene Vereinfachungen. So muss insbesondere nicht der Leistungsempfänger und auch nicht der Nettobetrag und die darauf entfallende Umsatzsteuer angegeben werden, es ist dann nur der Gesamtbetrag und der angewendete Steuersatz anzugeben. Der Leistungsempfänger kann in diesem Fall die Umsatzsteuer aus dem Gesamtbetrag heraus rechnen. Auch die Steuernummer oder USt-IdNr. des leistenden Unternehmers muss nicht mit angegeben werden.

> **Frage:** Wie ist zu verfahren, wenn in einer Kleinbetragsrechnung über den Verkauf eines Fachbuchs im Gesamtpreis von 100 € der Steuersatz mit 19 % angegeben ist?

Antwort: Hier muss in die Rechtsfolgen beim leistenden Unternehmer und beim Leistungsempfänger unterschieden werden. Der leistende Unternehmer schuldet wegen der von ihm ausgeführten steuerbaren und steuerpflichtigen Lieferung des Fachbuchs Umsatzsteuer i.H.v. 7 % aus den 100 € (hier 6,54 €). Fachbücher unterliegen dem ermäßigten Steuersatz nach § 12 Abs. 2 Nr. 1 UStG i.V.m. der Anlage 2 zum Gesetz. Die Angabe des höheren – hier falschen - Steuersatzes von 19 % führt zu einem unrichtigen Steuerbetrag nach § 14c Abs. 1 UStG. Der leistende Unternehmer muss die Differenz zu den 7 % nach § 14c Abs. 1 UStG an sein Finanzamt abführen (hier 9,43 €). Grundsätzlich ist zwar eine Rechnungsberichtigung möglich, bei einer Kleinbetragsrechnung wird dies in der Praxis aber an Grenzen stoßen.

Der Leistungsempfänger kann – soweit er überhaupt zum Vorsteuerabzug berechtigt ist – nur die „ausgewiesene" Umsatzsteuer als Vorsteuer nach § 15 Abs. 1 Satz 1 Nr. 1 UStG abziehen. Dies sind hier die in 100 € enthaltenen 7 % (hier 6,54 €). Die Differenz ist als unrichtiger Steuerausweis nicht abzugsfähig.

> **Tipp!** Die Euro-Beträge sind hier nur zur Verdeutlichung angegeben. In einer mündlichen Prüfung wird – ohne Taschenrechner – eine solche Berechnung sicher nicht gefordert werden können.
> Der BFH (Urteil vom 25.09.2013, XI R 41/12, BFH/NV 2014, 134) hat entsprechend entschieden, das auch ein Kleinunternehmer, der in einer Kleinbetragsrechnung einen Steuersatz angibt, die Umsatzsteuer als unberechtigt ausgewiesene Steuer nach § 14c Abs. 2 UStG schuldet.

> **Frage:** Bitte beurteilen Sie noch folgenden Fall: Ein Handwerker kauft in einem Baumarkt ein technisches Gerät für insgesamt 250 €. Da die Kasse, an der ordnungsgemäße Rechnungen ausgestellt werden, gerade nicht besetzt ist, bittet er die Kassiererin, ihm eine Rechnung über 150 € und eine über 100 € als Teilrechnungen auszustellen. Welche Folgerungen ergeben sich aus diesem Sachverhalt?

Antwort: Für den Baumarkt ergeben sich keine besonderen Auswirkungen. Er hat ein Gerät für 250 € steuerbar und steuerpflichtig verkauft und schuldet daraus die in den 250 € enthaltene Umsatzsteuer. Der Handwerker hat jedoch keinen Vorsteuerabzug, da er keine ordnungsgemäße Rechnung hat. Da der Gesamtkaufpreis mehr als 150 € beträgt, kann nicht mit einer Kleinbetragsrechnung abgerechnet werden. Eine willkürliche Aufteilung eines Gesamtrechnungsbetrags in zwei oder mehrere Kleinbetragsrechnungen kann nicht zu einem anderen Ergebnis führen.

> **Frage:** Was wird in der Umsatzsteuer unter Gutschrift verstanden und unter welchen Voraussetzungen kann mit einer Gutschrift abgerechnet werden?

Antwort: Eine Gutschrift ist nach § 14 Abs. 2 Satz 2 UStG eine Rechnung, mit der ein Leistungsempfänger über eine ihm gegenüber ausgeführte Lieferung oder sonstige Leistung abrechnet. Voraussetzung dafür ist, dass dies zwischen den Vertragsparteien vereinbart ist und dass es sich bei dem abrechnenden Leistungsempfänger um einen Unternehmer oder um eine juristische Person handelt. In der Regel wird dies der Fall sein, wenn die Abrechnungslast beim Leistungsempfänger liegt, z.B. im Falle eines Kommissionsgeschäfts oder bei Vermittlungsleistungen.

> **Tipp!** Beachten Sie, dass umgangssprachlich der Begriff der Gutschrift häufig auch im Zusammenhang mit einer Rechnungsberichtigung verwendet wird (sog. kaufmännische Gutschrift). Umsatzsteuerrechtlich liegt eine Gutschrift aber nur dann vor, wenn der Leistungsempfänger die Abrechnung ausstellt.
> Zum 30.06.2013 ist in § 14 Abs. 4 Nr. 10 UStG eine neue Pflichtangabe für Rechnungen aufgenommen worden: Wird mit einer Gutschrift abgerechnet, muss in der Abrechnung auch der Begriff „Gutschrift" mit enthalten sein; die Finanzverwaltung lässt aber auch die Begriffe der Sprachfassungen der MwStSystRL der anderen Länder zu.

> **Frage:** Wie würden Sie den Fall beurteilen, wenn der Leistungsempfänger von dem leistenden Unternehmer eine Rechnung erhält, die der Leistungsempfänger nicht als vollständig ansieht. Aus diesem Grunde schickt er dem leistenden Unternehmer eine korrigierte Rechnung, die er als Gutschrift bezeichnet zu, der der leistende Unternehmer auch nicht widerspricht. Kann der Leistungsempfänger aus dieser Gutschrift den Vorsteuerabzug vornehmen?

Antwort: Nein, ein Vorsteuerabzug besteht nach § 15 Abs. 1 Satz 1 Nr. 1 UStG nicht, da er offensichtlich keine ordnungsgemäße Rechnung besitzt. Wenn davon ausgegangen wird, dass die vom leistenden Unternehmer ausgestellte Abrechnung tatsächlich nicht vollständig ist, kann sich daraus kein Vorsteuerabzug ergeben. Da keine Vereinbarung über die Abrechnung durch Gutschrift vorliegt, kann die vom Leistungsempfänger ausgestellte Rechnung nicht die Wirkung einer Rechnung erlangen. Dass der leistende Unternehmer der Abrechnung nicht widersprochen hat, ändert daran nichts. Der Leistungsempfänger müsste sich um eine vom leistenden Unternehmer korrigierte Rechnung bemühen.

> **Frage:** Wenn ein Unternehmer eine in Deutschland steuerbare und steuerpflichtige Leistung an einen anderen Unternehmer ausführt, richten sich dann die Anforderungen an die Rechnung immer nach deutschen Rechtsvorschriften?

Antwort: Nein, bis Mitte 2013 war dies zwar so, dass bei einer in Deutschland steuerbaren und steuerpflichtigen Leistung sich die Anforderungen an eine ordnungsgemäße Rechnung nach § 14 und § 14a UStG richteten. Damit musste auch ein ausländischer Unternehmer – selbst wenn er keine Umsatzsteuer in Deutschland schuldete, da die Steuerschuld nach § 13b UStG auf den Leistungsempfänger überging – die zwingend auszustellende Rechnung nach deutschen Rechtsnormen erstellen. Im Zuge der Änderungen zum 30.06.2013 (zwingend ab dem 01.01.2014 anzuwenden) hatten sich hier aber Änderungen in § 14 Abs. 7 UStG ergeben. Führt ein aus einem anderen Mitgliedstaat kommender Unternehmer in Deutschland Leistungen, für die der Leistungsempfänger die Steuer nach § 13b UStG schuldet, ist die Rechnung nach den Vorschriften des Mitgliedstaats auszustellen, aus dem der leistende Unternehmer stammt. Im Gegenzug kann dann aber auch ein deutscher Unternehmer, der in einem anderen Mitgliedstaat Leistungen ausführt, für die dort das Reverse-Charge-Verfahren gilt, seine Rechnung nach deutschem Recht ausstellen.

> **Frage:** Ein Unternehmer hat für sein Unternehmen ein Handy für 400 € erworben. In einer Steuerprüfung wird ihm der Vorsteuerabzug aus dem Kauf versagt, weil in der ansonsten vollständigen Rechnung keine Gerätenummer (IPEI-Nr. – International Portable Equipment Identifier) mit angegeben ist. Halten Sie die Versagung des Vorsteuerabzugs für zutreffend?

Antwort: Nein, die Angabe der Gerätenummer oder einer anderen Registrierungsnummer gehört nicht zu den Rechnungsbestandteilen nach § 14 Abs. 4 UStG. Zusätzliche – über die gesetzlichen Regelungen hinausgehende – Voraussetzungen dürfen nicht zur Versagung des Vorsteuerabzugs des Leistungsempfängers führen. Die Finanzverwaltung (BMF, Schreiben vom 01.04.2009, BStBl I 2009, 525) hatte ausdrücklich klargestellt, dass die Angabe einer Gerätenummer selbst dann keine notwendige Rechnungsvoraussetzung ist, wenn sie in der Praxis üblich ist.

> **Tipp!** Die Finanzverwaltung lässt sich aber eine Hintertür offen: Ist die Angabe von Gerätenummern in der Praxis üblich und sind diese in den Abrechnungsunterlagen nicht enthalten, können sich daraus grundsätzliche Zweifel an der Ausführung der Lieferung als solcher ergeben.

Problembereich 10: Rechnung und Rechnungsinhalte

> **Frage:** Gehen wir zu einem anderen Fall über. Der selbstständige Fensterputzer F putzt die Fenster des Rentners R. Welche Besonderheiten muss F bei der Erstellung seiner Rechnung beachten?

Antwort: Der Fensterputzer muss nach § 14 Abs. 2 Satz 1 Nr. 1 UStG eine Rechnung ausstellen, da er eine Leistung im Zusammenhang mit einem Grundstück ausführt. Da der Rentner nach § 14b Abs. 1 Satz 5 UStG die Rechnung (oder eine andere beweiskräftige Unterlage) zwei Jahre lang aufbewahren muss, hat der leistende Unternehmer in seiner Rechnung auf die Aufbewahrungspflicht auch des nichtunternehmerischen Leistungsempfängers hinzuweisen (§ 14 Abs. 4 Nr. 9 UStG). Sollte der Leistungsempfänger die Rechnung nicht aufbewahren, kann gegen ihn ein Bußgeld von bis zu 500 € verhängt werden.

> **Tipp!** Die Frist zur Aufbewahrung beginnt erst am Ende des Jahres zu laufen, in dem die Rechnung ausgestellt worden ist. Für Leistungen, die dem Grunde nach in § 4 Nr. 12 UStG aufgeführt sind, gilt diese Regelung aber nicht.

> **Frage:** Unternehmer U hat eine inhaltlich ordnungsgemäße Rechnung per E-Mail-Anhang (PDF-Dokument) erhalten, dieses Dokument ausgedruckt und abgeheftet. Kann U aus dieser Rechnung den Vorsteuerabzug geltend machen?

Antwort: Hier müssen mehrere Fragen voneinander getrennt beantwortet werden. Grundsätzlich können seit dem 01.07.2011 alle auf elektronischem Weg übertragenen Rechnungen als ordnungsgemäße Rechnungen anerkannt werden, dies gilt auch für eine als Anhang zu einer E-Mail übertragene Datei. Es müssen allerdings die in § 14 Abs. 1 UStG dargelegten allgemeinen Anspruchsgrundlagen an Rechnungen berücksichtigt werden. Allerdings muss eine elektronisch übertragene Rechnung auch elektronisch aufbewahrt werden. Die Aufbewahrung einer ausgedruckten, ursprünglich elektronisch übertragenen Rechnung reicht nicht aus. U hat damit gegen die Aufbewahrungsvorschriften verstoßen, dies kann als Ordnungswidrigkeit geahndet werden.

Davon ist aber zu trennen, ob U zum Vorsteuerabzug berechtigt ist. Grundsätzlich richten sich die Voraussetzungen für den Vorsteuerabzug nach § 15 UStG, dazu gehört die ordnungsgemäße Rechnung, nicht aber die korrekte Aufbewahrung. Der Vorsteuerabzug kann damit mit allen verfahrensrechtlichen Möglichkeiten geltend gemacht werden. Ein automatisches Abzugsverbot wegen der nicht ordnungsgemäßen Aufbewahrung ergibt sich nicht.

> **Tipp!** Elektronische Rechnungen spielen in der Praxis eine immer größere Rolle. Deshalb sollte auch in den mündlichen Prüfungen mit Fragen zu diesem Bereich gerechnet werden. Beachten Sie auch, dass zum 01.01.2015 die GoBD „Grundsätze zur ordnungsmäßigen Führung und Aufbewahrung von Büchern, Aufzeichnungen und Unterlagen in elektronischer Form sowie zum Datenzugriff" in Kraft getreten sind und sich daraus auch direkte Folgen für die Aufbewahrung elektronischer Rechnungen ergeben. Dies betrifft aber eher die technischen Aufbewahrungsmöglichkeiten als die materiellen Voraussetzungen für den Vorsteuerabzug.

> **Frage:** Zum Abschluss beantworten Sie bitte noch die folgende Frage: Der Computerhändler C verkauft an seine Tochter, die sich gerade als Rechtsanwältin selbstständig gemacht hat, ein Computernetzwerk für 5.000 € (netto), an fremde Dritte hätte er die Anlage für 10.000 € verkauft. Die Beschaffungskosten für die Geräte haben insgesamt 6.000 € (netto) betragen. Welche umsatzsteuerrechtlichen Auswirkungen ergeben sich und wie sieht die ordnungsgemäße Rechnung des C an seine Tochter aus?

Antwort: C führt eine steuerbare und steuerpflichtige Lieferung an seine Tochter aus. Da er von seiner Tochter ein Entgelt erhält, scheidet eine unentgeltliche Leistung nach § 3 Abs. 1b UStG aus. Allerdings ist die Mindestbemessungsgrundlage zu prüfen, da eine entgeltliche Lieferung an eine nahestehende Person ausgeführt wird. Mindestens ist danach das der Besteuerung zu unterwerfen, was sich bei einem unentgeltlichen Umsatz nach § 10 Abs. 4 Nr. 1 UStG ergeben hätte. Bei einer unentgeltlichen Wertabgabe würden die Anschaffungskosten der Gegenstände zum Zeitpunkt des Umsatzes der Besteuerung unterliegen, hier also 6.000 €. Da die Tochter nur 5.000 € netto gezahlt hat, muss der Vater mindestens die 6.000 € als Bemessungsgrundlage ansetzen. In seiner Rechnung hat er – neben dem zivilrechtlichen Kaufpreis – auch die Bemessungsgrundlage von 6.000 € und die darauf entfallende Umsatzsteuer anzugeben (§ 14 Abs. 4 Satz 2 UStG). Damit kann die Tochter die gesondert ausgewiesene Umsatzsteuer auf die 6.000 € als Vorsteuer nach § 15 Abs. 1 Satz 1 Nr. 1 UStG abziehen.

> **Tipp!** Bei der Anwendung der Mindestbemessungsgrundlage muss beachtet werden, dass zum 31.07.2014 eine Deckelung bei der Anwendung der Mindestbemessungsgrundlage in § 10 Abs. 5 UStG eingeführt worden ist. Maximal ist das der Besteuerung zu unterwerfen, was als marktübliches Entgelt anzusehen ist. Darüber hinaus ergibt sich noch ein Anwendungsproblem aus der Rechtsprechung des BFH. Der BFH (Urteil vom 05.06.2014, XI R 44/12, BFH/NV 2014, 1695) hat die Anwendung der Mindestbemessungsgrundlage in den Fällen verneint, in denen eine Leistung an eine zum Vorsteuerabzug berechtigte nahestehende Person ausgeführt wird, bei der sich auch keine Vorsteuerberichtigung nach § 15a UStG ergeben kann. Dies ist insbesondere in den Fällen gegeben, in denen z.B. Vermietungsleistungen (durch Option steuerpflichtig) an die nahe stehende Person ausgeführt werden. Bei der im obigen Sachverhalt angesprochenen Computeranlage könnte sich aber bei der Tochter später eine Vorsteuerberichtigung bei einer abweichenden Verwendung ergeben, sodass nach dieser Rechtsprechung die Mindestbemessungsgrundlage zur Anwendung kommen kann.

Themenbereich Steuerliches Verfahrensrecht und Steuerstrafrecht

Problembereich 1: Allgemeines – Steuerschuldverhältnis

Frage: Wenn wir uns über das steuerliche Verfahrensrecht unterhalten, welche Gesetze kommen dann zum Tragen und was regeln diese?

Antwort: Die maßgeblichen Gesetze sind die Abgabenordnung (AO) und die Finanzgerichtsordnung (FGO). Die Abgabenordnung ist seit dem 01.01.1977 in Kraft; die FGO gilt seit dem 01.01.1966. Während die FGO lediglich verfahrensrechtliche Vorschriften enthält (gerichtliches Rechtsbehelfsverfahren, vorläufiger Rechtsschutz etc.), regelt die AO auch andere Gebiete (z.B. das Steuerstrafrecht – §§ 369 ff. AO). Entscheidend ist, dass sowohl die AO als auch die FGO auf alle Steuern Anwendung finden, die durch Bundesrecht geregelt sind und durch die Bundesfinanzbehörden oder die Landesfinanzbehörden verwaltet werden. Nach § 1 Abs. 2 AO gilt die AO größtenteils auch für die Realsteuern (Grundsteuer und Gewerbesteuer, § 3 Abs. 2 AO).

Die Finanzverwaltung hat die Bestimmungen der Abgabenordnung ausführlich in einem Anwendungserlass kommentiert (AEAO). Der Anwendungserlass ist zuletzt am 31.01.2013 geändert worden. Er wurde umfassend ergänzt in der Kommentierung zu § 251 AO. Dort beleuchtet die Finanzverwaltung ausführlich ihre Stellung im Insolvenzverfahren der Steuerpflichtigen. Der Erlass wurde neugefasst am 31.01.2014.

Frage: Was sind Steuern, Gebühren und Beiträge und was sind steuerliche Nebenleistungen?

Antwort: Das ist in § 3 AO geregelt. Steuern sind nach § 3 Abs. 1 AO Geldleistungen eines Steuerpflichtigen (Bürgers) ohne Gegenleistung. Sie sind abzugrenzen von Gebühren und Beiträgen. Gebühren sind Geldleistungen für eine bestimmte Gegenleistung (z.B. für die Beglaubigung einer Kopie). Beiträge sind Geldleistungen für eine abstrakte Gegenleistung. Sie fallen auch dann an, wenn die mögliche Gegenleistung nicht in Anspruch genommen wird (Beitrag für die Müllabfuhr). Als steuerliche Nebenleistungen nennt § 3 Abs. 4 AO den Verspätungszuschlag (§ 152 AO), den Säumniszuschlag (§ 240 AO), die Zwangsgelder (§ 329 AO), die Kosten (§§ 89, 178, 178a, 337–345 AO) und die Zinsen (§§ 233–237 AO).

Frage: Wie verwirklicht die Finanzbehörde die Steuerforderungen oder die sonstigen Ansprüche gegen die Steuerpflichtigen?

Antwort: Überall dort, wo ein Überordnungsverhältnis der öffentlichen Hand (hier Finanzamt) gegenüber dem Bürger besteht und wo demnach die Behörde hoheitlich handelt, kann sie dies durch den Erlass von Verwaltungsakten verwirklichen. Ein Verwaltungsakt ist die Maßnahme einer Behörde auf dem Gebiet des öffentlichen Rechts zur Regelung eines Einzelfalles mit Außenwirkung (§ 118 AO). Die klassischen Verwaltungsakte einer Finanzbehörde sind die Steuerbescheide (§ 155 AO). Ein Steuerbescheid muss nach § 157 AO schriftlich ergehen. Die Finanzbehörden erlassen aber vielfach auch Verwaltungsakte, die keine Steuerbescheide sind wie z.B. Feststellungsbescheide (§§ 179 ff. AO), Steuermessbescheide (§ 184 AO) oder Haftungs- und Duldungsbescheide etc. (§ 191 AO).

Tipp! Im Prüfungsgebiet Verfahrensrecht kommt man ohne Gesetzestext nicht aus. Wenn bei der Prüfung ein Gesetzestext in Ihrer Reichweite liegt, greifen Sie danach und lesen Sie den einschlägigen Paragrafen. Das sollten Sie aber nur tun, wenn Sie den betreffenden Paragrafen kennen. Ein wildes Blättern auf der Suche nach etwas Tauglichem wirkt sich nachteilig aus. Wenn Sie nicht sicher sind, ob Sie auf den Gesetzestext zurückgreifen können, fragen Sie einfach die Prüfer.

> **Frage:** Die Finanzbeamten müssen die Steuerangelegenheiten diskret behandeln. Gibt es hierzu gesetzliche Bestimmungen?

Antwort: Die Interessen des Steuerpflichtigen auf eine vertrauliche und diskrete Bearbeitung der Steuerangelegenheiten ist durch § 3O AO geschützt. Danach haben Amtsträger (§ 7 AO) das Steuergeheimnis zu wahren. Ein Amtsträger verletzt das Steuergeheimnis, wenn er die Verhältnisse eines Steuerpflichtigen, die ihm im Rahmen der Veranlagung, im Rahmen einer Außenprüfung oder sonst bekannt werden, unbefugt offenbart. Darunter fallen auch private Verhältnisse des Steuerpflichtigen, die mit der Besteuerung nichts zu tun haben. Die Verletzung des Steuergeheimnisses führt zu disziplinarischen Maßnahmen gegen den betreffenden Amtsträger (i.d.R. Steuerbeamten). Die Verletzung des Steuergeheimnisses erfüllt aber auch einen Straftatbestand. Wer das Steuergeheimnis verletzt, kann nach § 355 StGB mit Freiheitsstrafe bis zu zwei Jahren oder mit Geldstrafe bestraft werden.

> **Frage:** Der zweite Teil der AO (§§ 33 bis 77 AO) ist mit „Steuerschuldrecht" überschrieben. Dort sind allgemeine Grundlagen beschrieben, die für das Steuerschuldverhältnis Gültigkeit haben. Können Sie auf einige Grundregeln und Grundsätze eingehen?

Antwort: Zum einen ist § 39 AO zu nennen, wonach im Steuerrecht die wirtschaftliche Betrachtungsweise gilt. Wirtschaftsgüter sind nicht dem rechtlichen sondern dem wirtschaftlichen Eigentümer zuzurechnen. § 40 AO stellt klar, dass ein Handeln gegen ein gesetzliches Verbot oder die Sittenwidrigkeit eines Handelns für die Besteuerung unbeachtlich ist. Dasselbe gilt nach § 41 AO dann, wenn ein Rechtsgeschäft zwar unwirksam ist, wenn die Beteiligten aber das wirtschaftliche Ergebnis dieses Rechtsgeschäfts gleichwohl eintreten und bestehen lassen. Die (zivilrechtliche) Nichtigkeit oder (zivilrechtliche) Unwirksamkeit eines solchen Rechtsgeschäfts ist für die Besteuerung ohne Belang. Andererseits können nach § 42 AO durch Missbrauch von Gestaltungsmöglichkeiten die Steuergesetze nicht umgangen werden.

> **Tipp!** Eine so allgemein gehaltene Frage ist für den Examenskandidaten eine große Chance. In einem solchen Fall hat er die Möglichkeit, das Prüfungsgespräch in eine ihm willkommene Richtung zu lenken. Er muss seine Antworten nur auf die Teilfragen konzentrieren und ausdehnen, zu denen er etwas (mehr) sagen kann.

> **Frage:** In den §§ 44 bis 46 AO sind Rechtsfolgen aus bestimmten Sachverhalten beschrieben, die auch in zivilrechtlichen Vorschriften geregelt sind: Gesamtschuldnerschaft (§ 44 AO), Gesamtrechtsnachfolge (§ 45 AO) und Abtretung, Verpfändung und Pfändung einer Forderung (§ 46 AO). Was besagen diese abgabenrechtlichen Bestimmungen und wie konkurrieren sie mit den zivilrechtlichen Vorschriften?

Antwort: Wer (neben anderen) als Gesamtschuldner nach § 44 AO eine Steuer schuldet oder gesamtschuldnerisch für sie haftet, kann von der Finanzbehörde über den gesamten Betrag in Anspruch genommen werden. In welchen Fällen eine Gesamtschuld entsteht, richtet sich nach den Einzelsteuergesetzen oder auch nach dem BGB (z.B. bei Miterben, bei Gesellschaftern einer GbR) oder nach dem HGB (z.B. bei OHG-Gesellschaftern). Der Ausgleich unter den Gesamtschuldnern (bei voller Inanspruchnahme nur eines Gesamtschuldners) wird über §§ 421 ff. BGB, § 44 AO abgewickelt.

Ähnliches gilt für die in § 45 AO geregelte Gesamtrechtsnachfolge. Auch diese Vorschrift sagt nichts darüber aus, in welchen Fällen eine Gesamtrechtsnachfolge eintritt. Das beantworten andere Gesetze (z.B. § 1922 BGB oder das UmwG). Mithin ergänzt § 45 AO das, was aus anderen Bestimmungen schon bekannt ist. § 45 AO ist allerdings zu eng gefasst; es gehen nicht nur die Forderungen und Schulden auf den Rechtsnachfolger über. Dieser tritt vielmehr in die gesamte abgabenrechtliche Rechtsstellung des Vorgängers ein.

> **Tipp!** Die Gesamtrechtsnachfolge nach § 45 AO (z.B. beim Todesfall nach § 1922 BGB) ist zu unterscheiden von der Einzelrechtsnachfolge, bei der ein Vermögen (Sachen, Sachgesamtheiten, Forderungen, Rechte etc.) nicht im Ganzen auf einen anderen Rechtsträger übergeht, sondern jeder einzelne Vermögensgegenstand übertragen werden muss.

§ 46 AO ermöglicht die Abtretung, Verpfändung und Pfändung von Steuererstattungsansprüchen. Die Abtretung ist jedoch gem. § 46 Abs. 2 AO nur wirksam, wenn sie auf einem amtlich vorgeschriebenen Vordruck dem Finanzamt angezeigt wird. Zudem muss der Erstattungsanspruch schon entstanden sein, bevor dem Finanzamt die Abtretung angezeigt wird. § 46 AO besagt jedoch nichts darüber, wie eine Steuererstattungsforderung abgetreten wird. Das richtet sich nach den Bestimmungen der §§ 389 ff. BGB.

> **Anmerkung!** Wenn im Themenbereich Steuerliches Verfahrensrecht und Steuerstrafrecht Kalendertage genannt werden, sind diese Angaben fiktiv. Wenn ein Fristende auf einen Samstag, Sonntag oder Feiertag fällt, ergibt sich dies aus dem Sachverhalt.

Problembereich 2: Schulden und Haften für Steuerverbindlichkeiten

> **Frage:** Was versteht man unter den Begriffen Haften und Schulden?

Antwort: Kraft des Schuldverhältnisses ist der Gläubiger berechtigt, von dem Schuldner eine Leistung zu fordern (§ 241 BGB). Hat das Finanzamt gegen den Steuerpflichtigen S (aus dem Steuerschuldverhältnis) einen Anspruch auf Zahlung von 10.000 € (z.B. Einkommensteuer 2011), dann schuldet S diesen Betrag. Damit ist aber noch nicht gesagt, dass S für diesen Zahlungsanspruch auch haftet, d.h. persönlich mit seinem Vermögen (im Falle von Vollstreckungsmaßnahmen) auch einzustehen hat. Es ist durchaus möglich, dass ein Schuldner z.B. einen Geldbetrag schuldet, für diese eigene Schuld aber nicht haftet, so z.B. im Erbfall, wenn auf den Erben die Verbindlichkeiten des Erblassers übergegangen sind, wenn aber über dessen Nachlass die Nachlassverwaltung oder die Nachlassinsolvenz angeordnet worden ist (§ 1975 BGB).

Wenn es im Steuerrecht um Haftungstatbestände geht, dann ist unter dem Begriff „Haften" nicht das Einstehen für eine eigene Verbindlichkeit zu verstehen sondern das Einstehen für eine fremde (Steuer-)Verbindlichkeit.

> **Frage:** Wie realisiert die Finanzbehörde die Haftung für eine Steuerschuld?

Antwort: Die Finanzbehörde kann den Haftenden (Haftungsschuldner), der kraft Gesetzes für eine Steuer haftet, nach § 191 Abs. 1 AO im Rahmen einer Ermessensentscheidung (§ 5 AO) per Haftungsbescheid (Verwaltungsakt) in Anspruch nehmen. Nach § 219 AO darf aus einem Haftungsbescheid nur vollstreckt werden, soweit die Vollstreckung in das bewegliche Vermögen des Schuldners ohne Erfolg geblieben ist oder wenn eine Vollstreckung aussichtslos erscheint.

> **Frage:** Was besagt § 191 Abs. 1 S. 1 AO, wonach der Haftende für eine Steuer „kraft Gesetzes" haften muss?

Antwort: Es muss eine gesetzliche Anspruchsgrundlage geben, aus der sich die Haftung ergibt. Gesetz i.S.d. § 191 AO heißt nicht (nur) „AO" oder „Einzelsteuergesetz". Die Haftung kann sich vielmehr aus allen möglichen Gesetzen ergeben (z.B. §§ 42d EStG, 25, 128 HGB, etc.). Eine Haftung kraft Gesetzes ist nicht gegeben, wenn sich ein Dritter aufgrund eines Vertrages verpflichtet hat, für die Steuer eines anderen einzustehen (Vater verbürgt sich z.B. gegenüber dem Finanzamt für die Umsatzsteuerschulden seines Sohnes i.H.v. 25.000 €). In diesem Fall gilt § 192 AO. Das Finanzamt kann danach seine Rechte nur nach den Vorschriften des bürgerlichen Rechts geltend machen (d.h. durch zivilrechtliche Klage vor dem zuständigen Landgericht und nicht per Haftungsbescheid).

> **Tipp!** Wenn Sie eine allgemeine Frage beantworten oder eine Vorschrift erklären sollen, ist es immer ratsam, nach einführenden und allgemein gehaltenen Worten ein treffendes Beispiel zu bilden. Das lockert das Prüfungsgespräch auf und bringt Ihnen Vorteile.

> **Frage:** Welche Haftungsnormen kennt die Abgabenordnung?

Antwort: Die Haftungstatbestände der Abgabenordnung sind in den §§ 69 bis 75 AO geregelt: Haftung der Vertreter (§ 69 AO), Haftung des Steuerhinterziehers (§ 71 AO), Haftung bei Organschaft (§ 73 AO), Haftung des Eigentümers von Gegenständen (§ 74 AO) und Haftung des Betriebsübernehmers (§ 75 AO).

> **Frage:** Was bedeutet im Rahmen der Haftung nach § 69 AO die Aussage, dass die Haftung für Steuerschulden akzessorisch sei und was besagt der Grundsatz anteiliger Tilgung?

Antwort: Ein Haftungsbescheid kann nur ergehen, wenn der Steueranspruch gegen den Steuerschuldner noch geltend gemacht werden kann (keine Erfüllung, kein Erlass, keine Festsetzungs- oder Zahlungsverjährung). Der Haftungsbescheid setzt aber nicht voraus, dass zuvor gegen den Steuerschuldner ein Steuerbescheid erlassen worden ist. Rückständige Steuern sind vom Geschäftsführer einer GmbH in dem gleichen Verhältnis zu tilgen wie die übrigen Verbindlichkeiten gegenüber anderen Gläubigern. Andernfalls liegt im Umfang des die durchschnittliche Tilgungsquote unterschreitenden Differenzbetrages eine schuldhafte Pflichtverletzung vor, für die der Geschäftsführer einzustehen hat (BFH vom 01.08.2000, BStBl II 2001, 271). Dieser Grundsatz gilt bei der Lohnsteuer nicht; diese ist vorrangig zu zahlen. Die getilgten Lohnsteuern werden zudem bei der Ermittlung der Tilgungsquote weder bei den Verbindlichkeiten noch bei den Zahlungen berücksichtigt. Das widerspräche der haftungsrechtlichen Sondersituation bei der Lohnsteuer, die den Geschäftsführer zur vorrangigen und ungekürzten Abführung an das Finanzamt vor der Begleichung sonstiger Verbindlichkeiten verpflichtet (BFH vom 27.02.2007, BStBl II 2008, 508).

> **Frage/Fall:** A war bis zum 31.12.2013 mit 30 % an der Sonnenschein GmbH beteiligt. 10 % seiner Beteiligung hatte er im Wege der vorweggenommenen Erbfolge ab dem 01.01.2014 seinem Sohn S übertragen. Er hat der GmbH ab dem 01.01.2012 einen MAN-LKW und ab dem 01.01.2014 einen Mercedes-LKW zur Nutzung überlassen. Im Januar 2015 wurde der Nutzungsvertrag über den MAN-LKW wieder beendet. A verkaufte diesen LKW am 16.02.2015 für 69.000 €. Die Sonnenschein GmbH hat beim Finanzamt Umsatzsteuerschulden aus 2011 bis 2014 in Höhe von jeweils 17.500 €. Das Finanzamt macht nach Zahlungsunfähigkeit der GmbH im August 2015 diese Steuern bei A als Haftendem geltend. Liegt ein Haftungsanspruch vor?

Problembereich 2: Schulden und Haften für Steuerverbindlichkeiten

> **Tipp!** Wenn im Mündlichen ein solcher Sachverhalt gestellt wird, scheuen Sie sich nicht, danach zu fragen, ob Sie den Fall kurz aufskizzieren können. Das ist insbesondere dann anzuraten, wenn – wie hier – Zeitspannen für die Lösung entscheidend sind.

Antwort: Eine Haftung des A für die Umsatzsteuerschuld der Sonnenschein GmbH kommt nach § 74 AO in Betracht. Danach haftet der an einer Gesellschaft wesentlich beteiligte Eigentümer (Beteiligung von mehr als einem Viertel am Grund- oder Stammkapital) mit seinen der Gesellschaft überlassenen (dienenden) Gegenständen. Die Haftung besteht aber nur für Steuern, bei denen sich die Steuerpflicht auf den Betrieb des Unternehmens gründet. Die überlassenen Gegenstände müssen – ohne dass dies dem Wortlaut des § 74 AO zu entnehmen ist – dem Unternehmen im Zeitpunkt der Steuerentstehung gedient haben (BFH vom 23.02.1988, BFH/NV 1988, 617). Der Haftungsbescheid muss die dingliche Haftungsbeschränkung aussprechen.

Die Umsatzsteuer ist zweifelsohne eine betriebliche Steuer im Rahmen des § 74 AO. Eine Haftung für die Umsatzsteuer 2011 scheidet aber dennoch aus, weil diese bereits am 31.12.2011 – und damit vor Überlassen der LKW – entstanden ist. Infrage kommt aber eine Haftung für die Umsatzsteuer 2012 bis 2014. Diese Steuern entstehen am 31.12.2012, am 31.12.2013 und am 31.12.2014. Zu diesem Zeitpunkt hatte A der GmbH den MAN-LKW überlassen. Die Haftung nach § 74 AO setzt aber weiter voraus, dass im Zeitpunkt der Haftungsinanspruchnahme der betreffende Gegenstand noch zum Vermögen des Haftenden gehört. Das ist nicht der Fall, nachdem A den MAN-LKW am 16.02.2015 veräußert hat. Nach alter Rechtslage sollte eine Haftung mit dem Erlös ausscheiden; eine vor Verwirklichung des Haftungstatbestandes und seiner Geltendmachung erfolgte Veräußerung (Eigentumsübertragung) bringe die Haftung zum Erlöschen (strittig, so auch FG Köln vom 17.09.1997, EFG 1998, 162 und FG Köln vom 09.12.1999, EFG 2000, 203). Nach dieser Rechtsauffassung haftet A nicht mit dem Erlös für die Umsatzsteuer 2012 bis 2014. Das sieht der BFH aber anders. Nach neuer Rechtsprechung des BFH (Urteil vom 22.11.2011, VII R 63/10, DStR 2012, 237) tritt anstelle des LKW der Veräußerungserlös (das Surrogat). Danach haftet A mit dem Surrogat für die Umsatzsteuer 2012 bis 2014.

Ab dem 01.01.2014 überlässt A der GmbH den Mercedes-LKW. Dieser steht im August 2015 noch im Eigentum des A, sodass grundsätzlich eine Haftung für die betrieblich bedingte Umsatzsteuer 2012 in Erwägung zu ziehen ist. Dabei bliebe aber unberücksichtigt, dass A im Zeitpunkt des Entstehens der Umsatzsteuer 2014 nur noch mit 20 % und damit nicht mehr wesentlich beteiligt war.

> **Frage:** Nach § 74 AO kann ein wesentlich beteiligter Gesellschafter für betriebliche Steuern mit Gegenständen haften, die ihm gehören, die er der Gesellschaft überlassen hat und die dieser dienen. Was sind „Gegenstände" im Sinne dieser Bestimmung?

Antwort: Gegenstände sind zum einen bewegliche und unbewegliche Sachen. Haftungsgegenstand i.S.d. § 74 AO kann aber auch ein Surrogat sein (Veräußerungserlös, Schadensersatz etc.), Ferner fallen unter den Gegenstandsbegriff auch immaterielle Wirtschaftsgüter. Dies ist aber nur der Fall, wenn ein Gläubiger in solche immateriellen Wirtschaftsgüter vollstrecken kann.

> **Frage:** Wird ein Unternehmen im Ganzen veräußert, so haftet der Erwerber nach § 75 AO für Steuern, bei denen sich die Steuerpflicht auf den Betrieb des Unternehmens gründet, und für Steuerabzugsbeträge. Diese Vorschrift korrespondiert mit § 25 HGB. Worin liegen die Unterschiede beider Vorschriften?

Antwort: Nach § 75 AO muss ein lebensfähiges Unternehmen oder ein gesondert geführter Betriebsteil auf den Haftenden übergehen. Bei § 25 HGB handelt es sich um das Geschäft eines Vollkaufmannes, dessen Firma der Übernehmer fortführt. Während bei § 75 AO ein zwischen dem Übergebenden und Übernehmenden vereinbarter Haftungsausschluss dem Finanzamt gegenüber nicht wirksam ist, kann dies bei § 25 HGB vereinbart werden. Allerdings muss diese Vereinbarung entweder in das Handelsregister eingetragen oder den einzelnen Gläubigern mitgeteilt werden. § 75 AO erfasst nur unternehmensbedingte Steuern und Steuerabzugsbeträge, die im Haftungszeitraum entstanden (seit Beginn des letzten Jahres vor der Übereignung) und im Festsetzungszeitraum festgesetzt oder angemeldet worden sind (bis spätestens ein Jahr nach Anmeldung des Betriebsübergangs). Diese Begrenzung kennt § 25 HGB nicht. Eine Haftung nach § 25 HGB ist zeitlich unbegrenzt. Erfasst werden alle steuerlichen Verbindlichkeiten, die als Betriebsausgaben abzugsfähig sind. Die Haftung bei § 75 AO ist auf das übernommene Vermögen beschränkt; § 25 HGB führt hingegen zu einer vollen persönlichen Haftung.

> **Frage:** Wie haften Gesellschafter einer GmbH, OHG, KG und GbR für Steuerschulden der Gesellschaft?

Antwort: GmbH-Gesellschafter haften für Steuerverbindlichkeiten der GmbH nicht. Nach § 13 Abs. 2 GmbHG haftet den Gläubigern der Gesellschaft nur das Gesellschaftsvermögen. OHG-Gesellschafter haften als Gesamtschuldner nach § 128 HGB persönlich und mit ihrem ganzen Vermögen für die Steuerverbindlichkeiten der OHG. Gleiches gilt für Gesellschafter einer GbR. Nach neuerer BGH-Rechtsprechung gelten die §§ 128 ff. HGB bei der GbR entsprechend (BGH vom 29.01.2001, DStR 2001, 310). Komplementäre einer KG haften wie OHG-Gesellschafter (§§ 161 Abs. 2, 128 ff. HGB). Gleiches gilt für Kommanditisten bis zur Höhe ihrer Einlagen; haben diese jedoch ihre Einlagen (Haftеinlagen) geleistet, ist eine Haftung ausgeschlossen (§§ 161 Abs. 2, 128, 171 Abs. 1 HGB). Die Haftung lebt aber wieder auf, wenn und soweit die Einlagen zurückgewährt werden (§ 172 Abs. 4 HGB).

Problembereich 3: Durchführung der Besteuerung und Erhebungsverfahren

> **Frage:** Um die Einnahmen und Ausgaben ordnungsgemäß für steuerliche Zwecke zu erfassen, müssen die Steuerpflichtigen mitwirken. Für bestimmte Steuerpflichtige gelten dafür besondere Vorschriften. Können Sie dazu etwas sagen?

Antwort: Kaufleute müssen nach §§ 238 ff. HGB Bücher führen. Die den Kaufleuten insoweit auferlegten Pflichten haben diese Personen auch für die Besteuerung zu erfüllen (§ 140 AO). Die §§ 141 ff. AO fordern, dass aber auch Nichtkaufleute unter bestimmten Voraussetzungen Bücher führen. Diese steuerliche Buchführungspflicht orientiert sich nach § 141 Abs. 1 AO an bestimmten Kriterien. Gewerbliche Unternehmer sind buchführungspflichtig, wenn sie mehr als 500.000 € Umsatz oder mehr als 50.000 € Gewinn im Wirtschaftsjahr erzielen. Zur ordnungsgemäßen Buchführung gehören die Aufzeichnung des Wareneingangs (§ 143 AO) und die gesonderte Aufzeichnung des Warenausgangs (§ 144 AO). Die Buchführung muss im Übrigen nach § 145 Abs. 1 AO so beschaffen sein, dass sie einem sachverständigen Dritten innerhalb angemessener Zeit einen Überblick über die Geschäftsvorfälle und über die Lage des Unternehmens vermitteln kann.

> **Frage:** Wann und wie sind Steuererklärungen abzugeben?

Antwort: Wer zur Abgabe von Steuererklärungen verpflichtet ist, bestimmt sich nach den Einzelgesetzen (z.B. § 56 EStDV). Soweit nichts anderes bestimmt ist, sind Steuererklärungen, die sich auf ein Kalenderjahr beziehen, spätestens fünf Monate danach abzugeben (§ 149 Abs. 2 S. 1 AO). Die Steuererklärungen sind nach amtlich vorgeschriebenem Muster abzugeben (§ 150 Abs. 1 AO). Sie sind zu unterschreiben, wenn dies in den Einzelsteuergesetzen vorgeschrieben ist. So hat z.B. der

Problembereich 3: Durchführung der Besteuerung und Erhebungsverfahren

Steuerpflichtige nach § 25 Abs. 3 S. 4 EStG die Einkommensteuererklärung eigenhändig zu unterschreiben. Solange keine eigenhändige Unterschrift vorliegt, kann z.B. auch die Festsetzungsfrist nach § 170 Abs. 2 S. 1 Nr. 1 AO nicht zu laufen beginnen.

> **Frage: Wie wird eine Steuer erhoben?**

Antwort: Soweit nichts anderes vorgeschrieben ist, werden Steuern von der Finanzbehörde durch Steuerbescheide erhoben. Steuerbescheide sind grundsätzlich schriftlich zu erlassen. Ihnen ist eine Belehrung darüber beizugeben, welcher Rechtsbehelf zulässig und binnen welcher Frist und bei welcher Behörde er einzulegen ist (§§ 155, 157 AO). Die Grundlage für den Erlass des Steuerbescheids sind die vom Steuerpflichtigen erhaltenen Informationen. Kann die Finanzbehörde die Besteuerungsgrundlagen – gleich aus welchen Gründen – nicht ermitteln, hat sie sie zu schätzen (§ 162 AO). Die Steuern können nach § 164 Abs. 1 AO auch unter Vorbehalt der Nachprüfung festgesetzt werden. Soweit ungewiss ist, ob bestimmte Voraussetzungen für die Entstehung einer Steuer eingetreten sind, kann die Steuer nach § 165 Abs. 1 AO vorläufig festgesetzt werden.

> **Frage: Welche Möglichkeiten hat die Finanzbehörde, wenn die Steuerbescheide ergangen und bestandskräftig sind und wenn der Steuerpflichtige gleichwohl seinen sich daraus ergebenden Zahlungspflichten nicht nachkommt?**

Antwort: Die Finanzbehörde kann Verwaltungsakte, mit denen – wie in der Regel im Steuerbescheid – eine (Geld-) Leistung gefordert wird, im Verwaltungsweg vollstrecken, wenn die Vollstreckung nicht ausgesetzt ist (§§ 249 Abs. 1, 251 Abs. 1 AO). Die Vollstreckung darf nach § 254 AO aber erst beginnen, wenn die Leistung fällig, der Vollstreckungsschuldner zur Leistung aufgefordert worden (Leistungsgebot) und wenn seit der Aufforderung eine Woche vergangen ist. Nach § 256 AO kann der Steuerpflichtige nur Einwendungen gegen die Vollstreckung selbst erheben. Deshalb sind z.B. bei Vollstreckungen aus einem Steuerbescheid Einwendungen gegen die Steuerschuld selbst außerhalb des Vollstreckungsverfahrens zu erheben (Einspruch gegen den Steuerbescheid nach §§ 347 ff. AO und Antrag auf Aussetzung der Vollziehung nach §§ 361 AO, 69 FGO). Wenn und soweit im Einzelfall die Vollstreckung unbillig ist, kann die Vollstreckungsbehörde sie allerdings einstweilen einstellen oder beschränken oder eine Vollstreckungsmaßnahme aufheben (§ 258 AO).

> **Frage: Der Sechste Teil der AO ist mit „Vollstreckung" überschrieben. Die vollstreckungsrechtlichen Bestimmungen sind in den §§ 249 bis 346 AO festgehalten. Welche Vollstreckungsmöglichkeiten hat danach das Finanzamt?**

Antwort: Im ersten Abschnitt des sechsten Teils der AO (§§ 249 bis 259 AO) sind die allgemeinen Fragen geregelt, wie sie die Antwort auf die Vorfrage aufzeigt. Der zweite Abschnitt (§§ 259 bis 327 AO) behandelt die Kernfragen des Vollstreckungsrechts. Hier geht es um die Vollstreckung wegen einer Geldforderung. Darunter fallen alle Zahlungsansprüche der Finanzbehörden, die sich aus den Steuerbescheiden ergeben. Wegen solcher Ansprüche (Geldforderungen) kann das Finanzamt nach §§ 281 bis 321 AO in das bewegliche Vermögen und nach §§ 322, 323 AO in das unbewegliche Vermögen des Steuerschuldners vollstrecken. Die Vollstreckung in das bewegliche Vermögen unterteilt sich in die Vollstreckung in Sachen (§§ 285 bis 308 AO) und in Forderungen und andere Vermögensrechte (§§ 309 bis 321 AO). Im Sprachgebrauch der AO zählen damit Forderungen und Rechte zum beweglichen Vermögen. Die Vollstreckung in das unbewegliche Vermögen (in Grundstücke, in Eigentumswohnungen etc.) regeln die §§ 322, 323 AO. Der dritte Abschnitt des sechsten Teils der AO behandelt in den §§ 328 bis 336 AO die Vollstreckung wegen anderer Leistungen als Geldforderungen (z.B. Vollstreckung des Anspruchs der Behörde auf Mitwirkung bei der Ermittlung eines Sachverhalts oder auf Anzeige bestimmter Sachverhalte oder auf Abgabe von Steuererklärungen etc.). Am Ende ist im vierten Abschnitt (§§ 337 bis 346 AO) geregelt, welche Kosten beim Vollstreckungsschuldner anfallen.

> **Frage/Fall:** Das Finanzamt erließ am 26.04.2015 gegen den Schriftsteller S den Einkommensteuerbescheid 2013 (Steuer 12.327 € und Leistungsgebot auf den 21.05.2015). Dagegen legte S Einspruch ein; einen Antrag auf Aussetzung der Vollziehung stellte er nicht. Das Finanzamt mahnte S am 21.06.2015 mit einer Zahlungsfrist von einer Woche. S reagierte auf nichts. Am 29.06.2015 schickte das Finanzamt eine Vollstreckungsankündigung an S. Am 15.07.2015 erschien V, der Vollstreckungsbeamte des Finanzamts, bei S und verlangte von ihm die Zahlung der ausstehenden Steuern. In der Wohnung des S pfändete V unter Anbringung von Pfandsiegeln einen PC und eine wertvolle Stereoanlage (Radio, CD etc.). Einen Schwarz-Weiß-Fernseher beachtete V nicht. Zutreffend weist S darauf hin, dass er den PC dringend brauche, um seine Manuskripte schreiben zu können und dass die Stereoanlage seiner Freundin F gehöre. Gleichwohl ließ V die Sachen am 14.08.2015 abholen, weil das Finanzamt Ende August 2015 die Sachen versteigern wollte.

Antwort: Die Pfändungen sind rechtswidrig, wenn bei S die Vollstreckungsvoraussetzungen nicht erfüllt waren. Der Steuerbescheid vom 26.04.2015 ist ein nach § 251 Abs. 1 AO vollstreckbarer Verwaltungsakt mit Leistungsgebot und Fristsetzung von mindestens einer Woche (§ 254 Abs. 1 AO). Die Einspruchseinlegung hindert die Vollstreckung nicht (§ 361 Abs. 1 AO). Aussetzung der Vollziehung hat S nicht beantragt. Ferner hat das Finanzamt die Vollstreckungsvoraussetzung des § 259 AO beachtet; es hat S am 21.06.2015 angemahnt. Damit liegen die allgemeinen Vollstreckungsvoraussetzungen vor.

Die Pfändung der beweglichen Sachen richtet sich nach den §§ 281 ff. AO. Nach § 286 Abs. 2 S. 2 AO hat V richtigerweise die Pfändung durch Anbringung von Siegeln ersichtlich gemacht. Für V ist nicht entscheidend, wer Eigentümer einer zu pfändenden Sache ist. V hat nur zu prüfen, ob sich die Sachen im Gewahrsam des Schuldners befinden. Aus diesem Grunde war die Pfändung der Stereoanlage rechtmäßig; die Eigentumslage spielt keine Rolle. § 295 AO verweist auf die §§ 811 bis 813 ZPO. Nach § 811 Abs. 1 Nr. 1 ZPO sind Sachen der Pfändung nicht unterworfen, die der Schuldner zu einer bescheidenen Lebensführung bedarf. Nachdem S der Schwarz-Weiß-Fernseher verblieb, konnte er sich über das Weltgeschehen weiterhin unterrichten. Deshalb war die Stereoanlage mit Radio etc. nicht nach § 295 AO, 811 Abs. 1 Nr. 1 ZPO unpfändbar. Die Eigentümerin F ist auf ihre Rechte nach § 262 Abs. 1 S. 1 AO zu verweisen. Sie muss eine Drittwiderspruchsklage nach § 771 ZPO erheben; Einspruch gegen die Pfändung kann sie nicht einlegen. Diese Pfändung ist ohnehin rechtmäßig. Hingegen ist die Pfändung des PC rechtswidrig. Nach §§ 295 S. 1 AO, 811 Abs. 1 Nr. 5 ZPO darf V keine Sachen pfänden, die der Schuldner zu der Ausübung seines Berufes benötigt. Ohne PC kann S keine Manuskripte mehr schreiben. Zu seinem schriftstellerischen Beruf benötigt er den gepfändeten PC. Deshalb ist er nach § 811 Abs. 1 Nr. 5 ZPO nicht pfändbar. S kann gegen diese Pfändung Einspruch einlegen. Zudem könnte oder sollte er noch die Aussetzung bzw. Aufhebung der Vollziehung beantragen.

Problembereich 4: Die Korrektur von Verwaltungsakten

> **Frage:** Wenn die Finanzbehörde per Verwaltungsakt gehandelt hat, stellt sich die Frage, wann ein solcher Verwaltungsakt wieder geändert werden kann. An welche Vorschriften der Abgabenordnung denken Sie hierbei?

Antwort: Wenn es um die Änderung von Verwaltungsakten geht, dann greifen zum einen die §§ 129 bis 131 AO und zum anderen die §§ 164, 165, 172 ff. AO.

Nach § 130 Abs. 1 AO kann ein (von Anfang an) rechtswidriger und belastender Verwaltungsakt jederzeit zurückgenommen werden. Ein (von Anfang an) rechtswidriger aber begünstigender Verwaltungsakt kann indes nur zurückgenommen werden, wenn eine der vier in § 130 Abs. 2 AO genannten Voraussetzungen erfüllt ist (unlautere Mittel, arglistige Täuschung, Drohung, Bestechung etc.).

Ein ursprünglich rechtmäßig belastender Verwaltungsakt kann nach § 131 Abs. 1 AO nur für die Zukunft widerrufen werden. Ein ursprünglich rechtmäßig begünstigender Verwaltungsakt darf aber nur unter den strengen Voraussetzungen des § 131 Abs. 2 AO zurückgenommen werden (Widerruf vorbehalten, neue Tatsachen etc.).

Nach § 129 AO kann ein Verwaltungsakt, der einen Schreibfehler, Rechenfehler oder eine ähnliche Unrichtigkeit enthält, jederzeit berichtigt werden.

Eine Änderung nach den §§ 129, 130 und 131 AO kann auch dann noch erfolgen, wenn der Verwaltungsakt unanfechtbar ist. Zu beachten ist, dass die §§ 130, 131 AO nur für Verwaltungsakte anzuwenden sind, die keine Steuerbescheide sind (z.B. Bescheide über Säumnis- und Verspätungszuschläge, Haftungs- und Duldungsbescheide, Steuererlasse, Steuerstundungen etc.). § 129 AO gilt hingegen bei allen Verwaltungsakten (auch bei Steuerbescheiden).

> **Frage:** Und nach welchen Vorschriften der Abgabenordnung kann die Finanzbehörde Steuerbescheide noch ändern?

Antwort: Ein Steuerbescheid, der nach § 164 Abs. 1 AO unter Vorbehalt der Nachprüfung steht, kann nach § 164 Abs. 2 AO jederzeit geändert werden. Gleiches gilt für eine vorläufige Steuerfestsetzung nach § 165 Abs. 1 AO. Soweit die Steuer vorläufig festgesetzt ist, kann die Finanzbehörde die Festsetzung nach § 165 Abs. 2 AO jederzeit aufheben oder ändern.

Steuerfestsetzungen, die weder unter Vorbehalt der Nachprüfung stehen noch vorläufig sind, kann das Finanzamt grundsätzlich nicht mehr ändern, wenn die Bescheide die Behörde verlassen haben. Wenn jedoch die in den §§ 129, 164, 165 und 172 bis 175 AO genannten Voraussetzungen vorliegen, kann ein Steuerbescheid stets geändert werden – selbst wenn er unanfechtbar geworden ist. Die Änderungsmöglichkeiten nach den §§ 172 ff. AO stehen allesamt unter dem Vorbehalt, dass die Festsetzungsfrist noch nicht abgelaufen ist.

> **Frage/Fall:** Der Sachbearbeiter SB des für den Steuerpflichtigen A zuständigen Finanzamts gibt den Einkommensteuerbescheid 2014 am 14.05.2015 zur Post. Der Bescheid geht am 17.05.2015 dem A zu. SB erkennt am 21.05.2015, dass er beim Erlass dieses Bescheides einen Rechtsfehler gemacht hat, der sich i.H.v. 2.860 € zugunsten des A ausgewirkt hat. Vor Ablauf der Einspruchsfrist stellt er dem A am 14.06.2015 einen geänderten Einkommensteuerbescheid 2014 zu, in dem die richtige, um den o.g. Betrag erhöhte Steuer festgesetzt wird. Konnte SB diesen Änderungsbescheid erlassen?

Antwort: Dass der Einkommensteuerbescheid vom 17.05.2015 noch nicht bestandskräftig ist, hilft dem Finanzamt nicht weiter. Wenn ein Steuerbescheid die Finanzbehörde verlassen hat und dem Steuerpflichtigen bekannt gegeben ist, kann dieser nur unter den – hier nicht gegebenen – Voraussetzungen der §§ 129, 164 Abs. 2, 165 Abs. 2, 172 ff. AO geändert werden. Solange ein Steuerbescheid noch nicht unanfechtbar ist, liegt es nur in der Hand des Steuerpflichtigen, den Bescheid offen und änderungsfähig zu halten. Das kann der Steuerpflichtige dadurch bewirken, dass er vor der Bestandskraft des Bescheides entweder einen Änderungsantrag nach § 172 Abs. 1 Nr. 2a Hs. 2 AO stellt oder Einspruch nach § 347 AO einlegt.

> **Frage/Fall:** Wie ist der Fall zu beurteilen, wenn der Sachbearbeiter SB die Steuer im Einkommensteuerbescheid deshalb um 2.860 € zu niedrig angesetzt hat, weil A in seiner Steuererklärung bewusst falsche Angaben gemacht hatte. Kann das Finanzamt den Bescheid noch ändern, wenn das Finanzamt (SB) davon Kenntnis erlangt?

Antwort: Eine dem § 130 Abs. 2 AO vergleichbare Änderungsmöglichkeit eröffnet sich nach § 172 Abs. 1 Nr. 2b–c AO. Hier hat A die zu niedrige Steuerfestsetzung durch unlautere Mittel oder durch arglistige Täuschung bewirkt. Die Finanzbehörde ist deshalb berechtigt, den Steuerbescheid – auch nachdem er unanfechtbar geworden ist – zu ändern und die richtige Steuer festzusetzen. Als weitere Berichtigungsnorm kommt § 173 Abs. 1 Nr. 1 AO in Betracht.

> **Tipp!** Lesen Sie § 172 Abs. 1 AO. Das ist die wichtige Einstiegsvorschrift in das Recht der Berichtigung von Steuerbescheiden. Achten Sie auch auf § 172 Abs. 1 Nr. 2d HS 2 AO: Die §§ 130, 131 AO gelten nicht.

> **Tipp!** Oftmals gestaltet sich ein Prüfungsgespräch deshalb schwierig, weil die Kandidaten zu schnell und zu konkret auf den Kern der gestellten Frage zusteuern. Insbesondere dann, wenn vom Prüfer ein Fall in das Prüfungsgespräch eingebracht wird, sollte immer „weit ausgeholt" werden. Dazu dienen die nachfolgenden Fallbeispiele.

> **Frage:** Die Änderungsvorschriften der §§ 129, 164, 165, 172 ff. AO kommen nicht (mehr) zur Anwendung, wenn die Festsetzungsfrist vor einem beabsichtigten Erlass eines Änderungsbescheides abgelaufen ist. Wann tritt für eine Steuer die Festsetzungsverjährung ein?

Antwort: Nach § 169 Abs. 2 S. 1 Nr. 2 AO beträgt die Steuerfestsetzungsfrist vier Jahre. Wenn eine Steuer hinterzogen worden ist, erweitert sich die Festsetzungsfrist auf zehn Jahre. Sie beträgt bei leichtfertiger Steuerverkürzung fünf Jahre. Hier sind jedoch zusätzlich die §§ 170 und 171 AO zu beachten. Bei Vorliegen bestimmter Voraussetzungen wird nach § 170 AO der Beginn der Festsetzungsfrist (Anlaufhemmung) und nach § 171 AO das Ende der Festsetzungsfrist (Ablaufhemmung) hinausgeschoben. Die wichtigste Anlaufhemmung enthält § 170 Abs. 2 S. 1 Nr. 1 AO (Hinausschieben des Fristbeginns bei Abgabe der Steuererklärungen) und § 170 Abs. 5 AO (Beginn der Festsetzungsverjährung bei der Schenkungsteuer erst ab Kenntniserlangung des Finanzamts von der unentgeltlichen Zuwendung). Die wichtigsten Ablaufhemmungen in § 171 AO sind: Ablaufhemmung bei Rechtsbehelfsverfahren (Abs. 3a), Ablaufhemmung bei Außenprüfung (Abs. 4), Ablaufhemmung bei Strafverfahren (Abs. 7), Ablaufhemmung bei vorläufiger Steuerfestsetzung (Abs. 8), Ablaufhemmung bei Selbstanzeige (Abs. 9), und Ablaufhemmung für Folgebescheide bei Erlass eines Grundlagenbescheids (Abs. 10).

Problembereich 5: Außergerichtliches und gerichtliches Rechtsbehelfsverfahren

> **Frage:** Oftmals wird geltend gemacht, im Vergleich zu anderen Rechtsgebieten bestehe im Steuerrecht ein eingeschränkter Rechtsschutz. Wie kommt man zu dieser Aussage?

Antwort: Das kann man am besten im Vergleich zum allgemeinen Verwaltungsrecht verdeutlichen. Dort hat der Bürger gegen einen belastenden Verwaltungsakt (z.B. Abrissverfügung des Bauamtes) die Möglichkeit, Widerspruch einzulegen. Der Widerspruch wird von der nächsthöheren Behörde verbeschieden (Devolutiveffekt, § 73 Abs. 1 Nr. 1 VwGO). Im Steuerrecht ist gegen einen Steuerbe-

Problembereich 5: Außergerichtliches und gerichtliches Rechtsbehelfsverfahren

scheid der Einspruch der richtige Rechtsbehelf, über den die erlassende Behörde selbst entscheidet (kein Devolutiveffekt, § 367 Abs. 1 S. 1 AO). Gegen eine ablehnende Widerspruchsentscheidung in verwaltungsrechtlichen Angelegenheiten hat der Bürger die Möglichkeit, beim Verwaltungsgericht zu klagen. Gegen das erstinstanzliche Urteil des Verwaltungsgerichts kann der Bürger beim Oberverwaltungsgericht/Verwaltungsgerichtshof Berufung einlegen, und gegen ein negatives Berufungsurteil gewährt die Verwaltungsgerichtsordnung das Rechtsmittel der Revision beim Bundesverwaltungsgericht. Im Steuerrecht hingegen beginnt der gerichtliche Rechtsschutz des Steuerpflichtigen beim Finanzgericht. Im Vergleich zur Verwaltungsgerichtsbarkeit ist dies die Berufungsinstanz (zweite Instanz). Gegen Urteile der Finanzgerichte ist somit nur noch die Revision zum BFH gegeben.

Frage: Was muss ein Steuerpflichtiger beachten, damit er zulässig Einspruch gegen einen Steuerverwaltungsakt einlegt?

Antwort: Nach § 358 AO prüft die Finanzbehörde, ob ein Einspruch zulässig, insbesondere in der vorgeschriebenen Form und Frist eingelegt ist. Die Einhaltung der Einspruchsfrist (ein Monat nach § 355 Abs. 1 AO) und die Beachtung der richtigen Form (nach § 357 Abs. 1 AO schriftlich, elektronisch oder zur Niederschrift) sind mithin die wichtigsten Zulässigkeitsvoraussetzungen für einen Einspruch. Das Wort „insbesondere" zeigt aber, dass auch noch andere Zulässigkeitsvoraussetzungen einzuhalten sind (ein anderes Wort für Zulässigkeitsvoraussetzungen ist Sachurteilsvoraussetzungen). So ist z.B. ein Einspruch nach § 350 AO unzulässig, wenn der Einspruchsführer nicht geltend macht, durch den Verwaltungsakt beschwert zu sein. Hat der Steuerpflichtige nach Erlass des Verwaltungsaktes auf die Einlegung eines Einspruchs verzichtet, wird dadurch ein Einspruch ebenfalls unzulässig (§ 354 Abs. 1 AO). Fehlt es an einer der o.g. Zulässigkeitsvoraussetzungen, weist die Finanzbehörde den Einspruch ab, ohne in die Prüfung einzusteigen, ob der (unzulässig) angefochtene Bescheid materiell rechtswidrig ist oder nicht.

Frage/Fall: Die Finanzbehörde hat am 05.03.2015 den Gewerbesteuermessbescheid 2013 des Unternehmers U zur Post gegeben. Der Bescheid wird vom Postboten am Freitag, dem 06.03.2015 in den Briefkasten geworfen. Bis wann muss U Einspruch einlegen?

Antwort: Die Einspruchsfrist beträgt nach § 355 Abs. 1 S. 1 AO einen Monat. Sie beginnt mit der Bekanntgabe des Verwaltungsaktes. Das ist am Freitag, dem 06.03.2015. Nach § 122 Abs. 2 Nr. 1 AO wird jedoch zugunsten des Steuerpflichtigen fingiert, dass die Bekanntgabe drei Tage nach Aufgabe zur Post erfolgt ist. Nachdem dies Sonntag, der 08.03.2015 ist, beginnt die Einspruchsfrist erst am Montag, dem 09.03.2015 zu laufen (BFH vom 14.10.2003, BStBl II 2003, 898). Der BFH sieht das Ende des Zeitraums nach § 122 Abs. 2 Nr. 1 AO als „Fristende". Fällt das Fristende auf einen Samstag, Sonntag oder Feiertag, dann endet die Frist des § 122 Abs. 2 Nr. 1 AO nach § 108 Abs. 3 AO mit Ablauf des nächstfolgenden Werktages. Mithin ist der Einspruch bis Donnerstag, den 09.04.2015 einzulegen.

Frage/Fall: Wie wäre der Fall zu beurteilen, wenn die Finanzbehörde den Bescheid am Dienstag, dem 07.07.2015 zur Post gegeben und wenn der Postbote den Bescheid erst am Samstag, dem 11.07.2015 in den Briefkasten des U geworfen hätte?

Antwort: Die Bekanntgabe des Bescheides erfolgte am Samstag, dem 11.07.2015. In diesem Fall endet an diesem Samstag keine Frist. § 108 Abs. 3 AO kommt deshalb nicht zur Anwendung. Damit muss U den Einspruch gegen den Gewerbesteuermessbescheid bis zum Dienstag, dem 11.08.2015 einlegen (BFH vom 09.11.2005, BStBl II 2000, 219).

> **Frage/Fall:** A hat am 18.02.2015 beim Finanzamt unter Vorlage neuer Werbungskostenbelege bei den Einkünften aus V + V einen Antrag auf Erlass eines neuen Steuerbescheides gestellt, in dem die bestandskräftig festgestellte Einkommensteuer 2011 geändert und um 12.280 € niedriger angesetzt werden soll. Am 31.08.2015 hat das Finanzamt sich dazu noch immer nicht geäußert. Was kann A tun?

Antwort: Im Normalfall wird ein Einspruch gegen einen belastenden Verwaltungsakt eingelegt. Hier gibt es aber keinen Verwaltungsakt. Erst der den Änderungsantrag ablehnende Bescheid des Finanzamts wäre ein solcher belastender Verwaltungsakt, gegen den Einspruch eingelegt werden könnte. Diesen Fall erfasst § 347 Abs. 1 S. 2 AO. Danach ist ein Einspruch außerdem statthaft, wenn geltend gemacht wird, dass über einen vom Einspruchsführer gestellten Antrag auf Erlass eines Verwaltungsaktes ohne Mitteilung eines zureichenden Grundes binnen angemessener Frist nicht entschieden worden ist. In Anlehnung an § 46 Abs. 1 S. 2 FGO ist dies nach Ablauf von sechs Monaten der Fall. A hat mithin die Möglichkeit, Einspruch einzulegen (Untätigkeitseinspruch). Sein Antrag auf Erlass eines geänderten Bescheides ist jetzt von der Rechtsbehelfsstelle des Finanzamts zu bearbeiten.

> **Frage:** U wohnt in Heidelberg und betreibt in Mannheim einen Gewerbebetrieb. Das Finanzamt Heidelberg gab am 09.07.2015 den aufgrund einer Betriebsprüfung des Finanzamts Mannheim nach § 175 Abs. 1 Nr. 1 AO geänderten Einkommensteuerbescheid 2012 zur Post. Hiergegen verfasste U bereits am 10.07.2015 ein Einspruchsschreiben. Das an das Finanzamt Heidelberg ordnungsgemäß adressierte Schreiben steckte er in ein Kuvert, schrieb darauf aber versehentlich die Adresse des Finanzamts Mannheim und gab es zur Post. Das Kuvert ging beim Finanzamt Mannheim am 11.07.2015 ein; das Einspruchsschreiben wurde aber erst am 27.08.2015 an das Finanzamt Heidelberg weitergeleitet. Ist rechtzeitig Einspruch gegen den geänderten Einkommensteuerbescheid 2012 eingelegt worden?

Antwort: Der Einspruch gegen den geänderten Einkommensteuerbescheid 2009 hätte nach §§ 122 Abs. 2 Nr. 1, 355 Abs. 1 AO bis zum 12.08.2015 beim Finanzamt Heidelberg eingelegt werden müssen. Nach § 357 Abs. 2 S. 2 AO kann zwar gegen einen Feststellungsbescheid auch Einspruch bei dem für den Folgebescheid zuständigen Finanzamt Frist wahrend eingelegt werden. Der obige Fall zeigt aber gerade den umgekehrten Sachverhalt auf. Ein Einspruch gegen den Steuerbescheid kann nur Frist wahrend beim Finanzamt Heidelberg eingelegt werden und nicht auch beim Finanzamt Mannheim. § 357 Abs. 2 S. 2 AO gilt nur für Grundlagenbescheide und nicht auch für Folgebescheide (Steuerbescheide). Wird der Rechtsbehelf bei einer unzuständigen Behörde eingelegt, trägt der Rechtsbehelfsführer das Risiko des verzögerten Eingangs bei der zuständigen Behörde. Demnach wäre der Einspruch verspätet (so BFH vom 19.12.2000, BStBl II 2001, 158). Wenn sich allerdings – wie hier geschehen – die unzuständige Behörde für die Weiterleitung zu viel Zeit lässt, kann der Rechtsbehelfsführer mit Erfolg nach § 110 AO mit Monatsfrist Wiedereinsetzung in den vorigen Stand beantragen. Dies gebietet die Gewährleistung des effektiven Rechtsschutzes durch Art. 19 Abs. 4 GG (BVerfG vom 02.09.2002, BStBl II 2002, 835). Diese Grundsätze müssen auch im gerichtlichen Verfahren gelten, wenn z.B. von einem Finanzgericht eine – dem ordnungsgemäßen Geschäftsgang entsprechende – fristgerechte Weiterleitung eines Rechtsmittels an den Bundesfinanzhof ohne Weiteres erwartet werden kann.

> **Frage/Fall:** Das Finanzamt hat S den Einkommensteuerbescheid 2013 am 26.11.2014 zugestellt. Hiergegen hat S Einspruch eingelegt. Während des Einspruchsverfahrens erlässt das Finanzamt am 31.03.2015 einen geänderten Einkommensteuerbescheid, in dem es die Steuer um 1.289 € niedriger ansetzt. S ist damit (noch) nicht einverstanden und legt auch gegen diesen Änderungsbescheid Einspruch ein. Wie ist die Rechtslage?

Problembereich 5: Außergerichtliches und gerichtliches Rechtsbehelfsverfahren

Antwort: Der Einspruch gegen den geänderten Einkommensteuerbescheid ist unzulässig. Wird ein angefochtener Verwaltungsakt geändert oder ersetzt, so wird der neue Verwaltungsakt vom 31.03.2015 gem. § 365 Abs. 3 AO Gegenstand des Einspruchsverfahrens. Damit muss bzw. kann S gegen den neuerlichen Bescheid nichts unternehmen. In dem anhängigen Rechtsbehelfsverfahren wird nunmehr geprüft, ob der die Steuer um 1.289 € niedriger festsetzende Änderungsbescheid immer noch rechtswidrig ist. Dasselbe würde gelten, wenn bei Erlass des Änderungsbescheides wegen des Einkommensteuerbescheides 2013 bereits eine finanzgerichtliche Klage anhängig wäre (§ 68 FGO). Der eingelegte Einspruch gegen den Bescheid vom 31.03.2015 ist unzulässig.

> **Frage/Fall:** Das Finanzamt erlässt gegen S am 26.05.2011 den Einkommensteuerbescheid 2010, in dem bestandskräftig eine Steuer von 17.830 € festgesetzt wird. Aufgrund einer Kontrollmitteilung werden der Finanzbehörde neue Tatsachen bekannt (Zinseinnahmen), weshalb sie am 26.07.2012 den Einkommensteuerbescheid 2010 ändert und die Steuer richtigerweise auf 19.285 € neu festsetzt. Hiergegen legt S form- und fristgerecht Einspruch ein. Im Einspruchsverfahren legt er Belege vor, insgesamt 4.316 €, die er bei der Ermittlung von Einkünften aus V + V vergessen, und die er erst kürzlich bei einem Großputz in seiner Garage wiedergefunden hatte. Dem Finanzamt gegenüber gestand er ein, dass er in steuerlichen Angelegenheiten zwar sehr unordentlich sei. Er habe aber in § 367 Abs. 2 S. 1 AO gelesen, dass bei Einspruchseinlegung die Sache in vollem Umfange erneut zu prüfen sei. Deshalb müsste das Finanzamt die verspätet eingereichten Belege anerkennen, sie bei der Einkommensteuerveranlagung 2010 noch berücksichtigen und die Steuer auf 12.275 € reduzieren. Wie ist die Rechtslage?

Antwort: Es ist richtig, dass nach § 367 Abs. 2 S. 1 AO die Finanzbehörde die Sache in vollem Umfang erneut zu prüfen hat. Damit hat S mit seinem Einwand zunächst recht. Dabei bliebe aber die Vorschrift des § 351 Abs. 1 AO unberücksichtigt. Danach können Verwaltungsakte, die unanfechtbare Verwaltungsakte ändern, nur insoweit angegriffen werden, als die Änderung reicht. Das bedeutet, dass der Änderungsbescheid vom 26.07.2012 nur insoweit oder in dem Rahmen angefochten werden kann, wie der neue Bescheid den alten Bescheid geändert hat. S kann somit nur eine Reduzierung der im Änderungsbescheid festgesetzten Steuer auf die alte Marke, d.h. auf die im ursprünglichen Bescheid festgesetzte Höhe (17.830 €) erreichen. Eine eigenständige Berichtigung nach § 173 Abs. 1 Nr. 2 AO scheitert am groben Verschulden des S.

Hätte S bereits Klage gegen den Einkommensteuerbescheid 2010 vom 26.07.2012 erhoben, wäre die Rechtslage nach § 42 FGO die gleiche. Was § 351 AO im Einspruchsverfahren bestimmt, regelt § 42 FGO im Klageverfahren.

> **Frage/Fall:** S gibt am 16.10.2014 die Umsatzsteuer-Jahreserklärung für das Jahr 2013 beim zuständigen Finanzamt ab (Umsatzsteuer 30.000 €). Am 16.01.2015 erlässt das Finanzamt einen Berichtigungsbescheid und erhöht die Umsatzsteuer um 1.000 € auf 31.000 €. Das Finanzamt beruft sich auf einen Rechenfehler in der Umsatzsteuer-Jahreserklärung, der nach § 129 AO berichtigt werden könnte. Gegen diesen Änderungsbescheid legte S fristgerecht Einspruch ein und macht nunmehr Vorsteuer aus V + V i.H.v. 5.000 € geltend. Diese konnte er bisher nicht geltend machen, weil er nicht mehr wusste, wo er die Belege etc. hingelegt hatte. Beim Aufräumen seiner Garage hatte er sie Anfang Januar 2015 wieder gefunden.

Antwort: Die Umsatzsteuer-Jahreserklärung 2013 vom 16.10.2014 steht nach § 168 S. 1 AO als Steueranmeldung einer Steuerfestsetzung unter Vorbehalt der Nachprüfung gleich. Deshalb konnte das Finanzamt am 16.01.2015 jederzeit einen Berichtigungsbescheid erlassen. Auf die Voraussetzungen des § 129 AO kam es nicht an. Wenn S gegen den Berichtigungsbescheid vom 16.01.2015 Einspruch einlegt, ist das Verfahren nach § 367 Abs. 2 S. 1 AO in vollem Umfang offen. S kann jederzeit die Vorsteuer aus V + V nachreichen; das Finanzamt muss sie berücksichtigen. Er muss keine weitere Berichtigungsnorm bemühen (hier wäre ansonsten § 173 Abs. 1 Nr. 2 AO zu prüfen). Mithin kommt es auf ein (grobes) Verschulden des S nicht an. Dem steht auch § 351 Abs. 1 AO nicht entgegen, weil der Vorbescheid (Umsatzsteuer-Jahreserklärung 2013) unter Vorbehalt der Nachprüfung stand und nicht „unanfechtbar" i.S.d. § 351 AO war (Klein, AO 10. Auflage, § 351 Rn. 5 m.w.N.).

Frage: Welche Klagearten kennt die Finanzgerichtsordnung?

Antwort: Die Finanzgerichtsordnung kennt vier Klagearten. Die bedeutendsten Klagen sind die Anfechtungsklage und die Verpflichtungsklage (§ 40 Abs. 1 FGO). Hingegen haben die allgemeine Leistungsklage (§ 40 Abs. 1 letzte Alt. FGO) und die Feststellungsklage (§ 41 FGO) eine nur untergeordnete Bedeutung. Die Anfechtungsklage zielt darauf ab, einen belastenden Verwaltungsakt mithilfe des Gerichts zu beseitigen (**Beispiel:** Klage auf Aufhebung oder Änderung eines Steuerbescheides). Mit der Verpflichtungsklage will der Kläger gerichtlich erreichen, dass die Finanzbehörde einen begünstigenden Verwaltungsakt erlässt (**Beispiel:** Klage auf Erlass eines Stundungsbescheides). Mit der allgemeinen Leistungsklage soll die Finanzbehörde zu einem Verhalten angehalten werden, das keinen Verwaltungsakt darstellt (**Beispiel:** Klage gegen das Finanzamt auf Übermittlung der Steuerakten des Mandanten in das Büro des Steuerberaters). Mit der Feststellungsklage kann das Bestehen oder Nichtbestehen eines Rechtsverhältnisses festgestellt werden (**Beispiel:** Klage eines Vereins gegen das Finanzamt auf Feststellung, dass er zur Ausstellung von Spendenbescheinigungen berechtigt ist).

Frage: Welche Voraussetzungen müssen vorliegen, damit der Steuerpflichtige zulässig eine Anfechtungs- oder Verpflichtungsklage beim Finanzgericht erheben kann?

Antwort: Wenn sich der Steuerpflichtige gerichtlich gegen einen belastenden Verwaltungsakt wenden will, muss er nach § 44 Abs. 1 FGO zunächst und zuvor das Rechtsbehelfsverfahren durchziehen. Erst nach Erlass der negativen Einspruchsentscheidung kann er beim Finanzgericht klagen. Ohne ein solches Vorverfahren ist die Klage als unzulässig abzuweisen. Nur für den Fall, dass das Finanzamt einer unmittelbaren Klageerhebung gegen den erlassenen Verwaltungsakt (z.B. Steuerbescheid) zustimmt, kann nach § 45 Abs. 1 FGO ohne Vorverfahren beim Finanzgericht geklagt werden. Das Finanzgericht kann allerdings diese Klage innerhalb von drei Monaten an das Finanzamt zur Durchführung eines Vorverfahrens zurückgeben (§ 45 Abs. 2 S. 1 FGO). Die Durchführung des außergerichtlichen Rechtsbehelfsverfahrens ist nicht nur bei einer Anfechtungsklage erforderlich, sondern auch bei einer Verpflichtungsklage. Will der Steuerpflichtige, dass die Finanzbehörde einen für ihn begünstigenden Verwaltungsakt erlässt (z.B. Erlass der Einkommensteuer 2011), dann muss er dies beim Finanzamt beantragen. Lehnt das Finanzamt den Erlass eines solchen Bescheids ab, ist dagegen – vorbehaltlich § 45 Abs. 1 FGO – eine Klage erst zulässig, wenn zuvor eine negative Einspruchsentscheidung ergangen war.

Frage: Welche weiteren Voraussetzungen müssen noch vorliegen, damit eine Anfechtungs- oder Verpflichtungsklage zulässig ist?

Antwort: Die Anfechtungs- oder Verpflichtungsklage ist innerhalb einer Frist von einem Monat nach Erlass der Einspruchsentscheidung zu erheben – im Fall des § 45 FGO einen Monat nach Erlass des Verwaltungsaktes. Die Frist beginnt allerdings erst zu laufen, wenn der Steuerpflichtige über den Rechtsbehelf belehrt worden ist. Andernfalls ist die Klage noch innerhalb eines Jahres zulässig (§ 55

Abs. 1 und 2 FGO). Bei Versäumung der Klagefrist kann nach § 56 Abs. 1 und 2 FGO Wiedereinsetzung in den vorigen Stand gewährt werden. Grundsätzlich gelten dafür dieselben Voraussetzungen wie bei § 110 AO (kein Verschulden an der Fristversäumung) mit dem Unterschied, dass der Antrag schon innerhalb von zwei Wochen zu stellen ist (§ 110 AO: ein Monat).

Eine Klage ist unzulässig, wenn der Steuerpflichtige hierauf nach Erlass des Verwaltungsaktes verzichtet hat (§ 50 Abs. 1 FGO). Die Klage ist nach § 64 Abs. 1 FGO beim Gericht schriftlich oder zur Niederschrift des Urkundsbeamten der Geschäftsstelle zu erheben. Die Klage muss den Kläger, den Beklagten, den Gegenstand des Klagebegehrens und bei Anfechtungsklagen auch den Verwaltungsakt und die Entscheidung über den außergerichtlichen Rechtsbehelf bezeichnen.

> **Frage:** Das Finanzamt Heidelberg erließ gegen S einen Haftungsbescheid, der am 14.05.2015 zugestellt wurde. Der Haftungsbescheid enthielt die nachfolgende Rechtsbehelfsbelehrung: Gegen diesen Bescheid ist der Einspruch gegeben. Der Einspruch ist beim Finanzamt Heidelberg (Adresse) schriftlich oder zur Niederschrift zu erklären. Die Frist zur Einlegung beträgt 1 Monat. S legte 15.08.2015 Einspruch ein. Hat dieser Einspruch Aussicht auf Erfolg?

Antwort: Der Einspruch hat Aussicht auf Erfolg, wenn er zulässig und begründet ist. Zulässig ist er dann, wenn die Sachurteilsvoraussetzungen gewahrt, insbesondere wenn alle Formen und Fristen eingehalten sind. Im vorliegenden Fall ist die Einspruchsfrist von einem Monat gem. § 355 Abs. 1 AO am 14.06.2015 abgelaufen. Etwas anderes könnte gelten, wenn die Rechtsbehelfsbelehrung fehlerhaft ist. Dann kann gem. § 356 Abs. 2 S. 1 AO innerhalb eines Jahres Einspruch eingelegt werden und der Einspruch vom 15.08.2015 wäre noch rechtzeitig.

Nach § 87a AO ist auch eine elektronische Einspruchseinlegung zulässig. Hierauf hat das Finanzamt beim Erlass des Haftungsbescheids nicht hingewiesen. Der BFH hat jedoch am 12.12.2012 (DStR 2013, 256) entschieden, dass der fehlende Hinweis auf § 87a AO zu keiner unrichtigen Belehrung führt. Die elektronische Übermittlung ist eine besondere Art/Alternative der in § 357 Abs. 1 S. 1 AO geforderten Schriftlichkeit. Eine Belehrung nach dem Wortlaut des § 357 Abs. 1 S. 1 AO führt nicht dazu, bei einem objektiven Empfänger die Fehlvorstellung hervorzurufen, die Einlegung eines Einspruchs in elektronischer Form werde den geltenden Formvorschriften nicht gerecht. Der Einspruch ist unzulässig.

> **Frage:** S legt gegen den ihm am 26.07.2015 zugestellten Einkommensteuerbescheid 2014 fristgerecht Einspruch ein. Er hält den Bescheid für rechtswidrig (wofür es gute Gründe gibt) und er kann zudem geltend machen, dass die Zahlung des im Bescheid geforderten Steuerbetrages für ihn Existenz gefährdend ist. Was kann S unternehmen?

Antwort: Durch die Einspruchseinlegung wird die Vollziehung des Steuerbescheides nicht gehemmt (§ 361 Abs. 1 AO). Auch eine Klageerhebung hemmt die Vollziehung nicht (§ 69 Abs. 1 S. 1 FGO). Eine Aussetzung oder Aufhebung der Vollziehung kann S nur erreichen, wenn einem diesbezüglichen Antrag auf Aussetzung oder Aufhebung der Vollziehung nach § 361 Abs. 2 S. 2 AO entsprochen wird. Bereits vor Erhebung der Klage (d.h. schon im – notwendigen – Einspruchsverfahren) kann ein solcher Antrag nach § 69 Abs. 3 S. 2 FGO auch beim Finanzgericht gestellt werden. Dieser Antrag ist nach § 69 Abs. 4 FGO aber erst zulässig, wenn die Finanzbehörde die Aussetzung ablehnt, wenn die Finanzbehörde über den Antrag nicht in angemessener Frist entscheidet oder wenn die Vollstreckung droht.

Lehnt das Finanzamt die Aussetzung der Vollziehung ab, kann S hiergegen nach § 347 AO Einspruch einlegen. Die Ablehnung des Aussetzungsantrages ist ein Verwaltungsakt. Gegen eine negative Einspruchsentscheidung ist nach § 69 Abs. 7 FGO, § 361 Abs. 5 AO eine Klage beim Finanzgericht allerdings unzulässig. Das Finanzgericht soll mit Aussetzungsfragen nur in Antragsverfahren nach § 69 Abs. 2 S. 2 und Abs. 3 FGO befasst werden.

Lehnt das Finanzgericht einen Aussetzungsantrag nach § 69 Abs. 3 FGO ab, ist hiergegen die Beschwerde beim BFH nach § 128 Abs. 3 FGO nur zulässig, wenn sie in der Entscheidung zugelassen ist. Nachdem § 128 Abs. 3 S. 2 FGO nur auf § 115 Abs. 2 FGO verweist, ist eine Nichtzulassungsbeschwerde gegen die Nichtzulassung der Beschwerde analog § 116 FGO nicht möglich.

> **Frage/Fall:** S legte gegen den ihm am 19.07.2014 zugestellten Einkommensteuerbescheid 2013 am 27.07.2014 Einspruch ein. Trotz mehrfacher Aufforderung des Finanzamts, den Einspruch zu begründen – zuletzt mit angemessener Fristsetzung und entsprechendem Hinweis nach § 364b Abs. 3 AO auf den 26.07.2015 – tat S nichts. Unter Berufung auf § 364b Abs. 2 S. 1 AO weist das Finanzamt in der Einspruchsentscheidung vom 26.08.2015 den Einspruch ab. S hatte am 05.08.2015 beim Finanzamt Unterlagen vorgelegt, bei deren Berücksichtigung die Steuer 2013 um 12.590 € niedriger festgesetzt werden müsste. Diese hat die Finanzbehörde beim Erlass der Einspruchsentscheidung nicht mehr berücksichtigt. Hat die rechtzeitig erhobene Klage Aussicht auf Erfolg?

Antwort: Die Finanzbehörde konnte und durfte die von S am 05.08.2015 vorgelegten Unterlagen nach § 364b Abs. 2 S. 1 AO nicht (mehr) berücksichtigen. Es war S aber gleichwohl anzuraten, Klage zu erheben. Die Zurückweisung nach § 364b Abs. 2 S. 1 AO führt nicht dazu, dass S mit diesen Unterlagen auch im finanzgerichtlichen Verfahren präkludiert ist. Für das finanzgerichtliche Verfahren besagt vielmehr § 76 Abs. 3 FGO, dass solche (nach § 364b AO zu spät eingereichten) Erklärungen und Beweismittel vom Finanzgericht zurückgewiesen werden können (nicht müssen). Eine Zurückweisung ist nur möglich, wenn die Voraussetzungen des § 79b Abs. 3 FGO greifen (Verzögerung des Verfahrens bei Berücksichtigung). Diese Voraussetzung wird aber nicht eingreifen, nachdem im Klageverfahren die fraglichen Unterlagen von Anfang an zur Entscheidungsfindung dem Gericht vorlagen und zur Verfügung standen. Nachdem die Berücksichtigung der Unterlagen zu einer um 12.590 € niedrigeren Steuer führt, hat die Klage auch Aussicht auf Erfolg.

> **Frage:** Welche Entscheidungen kann das Finanzgericht treffen? Wie entscheidet es die Rechtsfälle?

Antwort: Das Gericht entscheidet nach § 90 Abs. 1 FGO nur aufgrund mündlicher Verhandlung. Das gilt jedenfalls für Urteile. Entscheidungen des Gerichts, die nicht Urteile sind (Beschlüsse), können nach § 90 Abs. 1 S. 2 FGO ohne mündliche Verhandlung ergehen. Allerdings kann nach § 90 Abs. 2 FGO das Gericht mit Zustimmung der Beteiligten auch Urteile ohne mündliche Verhandlung fällen.

In geeigneten i.d.R. einfach gelagerten Fällen oder reinen „Rechtsfällen" kann das Gericht durch Gerichtsbescheid entscheiden und hiergegen sogar die Revision an den BFH zulassen (§ 90a Abs. 1 FGO). Gegen Gerichtsbescheide kann der Steuerpflichtige (Kläger) mündliche Verhandlung beantragen. Ist die Revision im Gerichtsbescheid zugelassen, kann Revision beim BFH eingelegt werden. Eine Nichtzulassungsbeschwerde ist bei einem die Revision ablehnenden Gerichtsbescheid nicht möglich. Diese Grundsätze gelten auch, wenn der Rechtsstreit auf einen Einzelrichter nach § 6 FGO übertragen ist, der dann das Gericht bildet. Hingegen kann der das Gerichtsverfahren vorbereitende Vorsitzende oder der vom Vorsitzenden mit der Vorbereitung des Verfahrens betraute Berichterstatter nur einen Gerichtsbescheid erlassen ohne Zulassung der Revision (§§ 79a Abs. 2 und Abs. 4 FGO).

> **Frage:** Welche Rechtsmittel stehen den Beteiligten bei Entscheidungen des Finanzgerichts zu?

Antwort: Gegen Urteile des Finanzgerichts steht den Beteiligten nach § 115 Abs. 1 FGO die Revision an den BFH zu, wenn diese vom Finanzgericht zugelassen ist. Zuzulassen ist die Revision nach § 115

Abs. 2 FGO nur, wenn die Rechtssache grundsätzliche Bedeutung hat, wenn eine BFH-Entscheidung zur Fortbildung des Rechts erforderlich ist oder wenn ein Verfahrensmangel vorliegt. Die Revision ist nach § 120 Abs. 1 FGO beim BFH innerhalb eines Monats nach Zustellung des vollständigen Urteils schriftlich einzulegen. Die Revision ist innerhalb von zwei Monaten nach Zustellung des vollständigen Urteils zu begründen. Die Begründungsfrist kann nach § 120 Abs. 2 S. 3 FGO verlängert werden. Lässt das Finanzgericht in dem Urteil die Revision nicht zu, kann nach § 116 Abs. 1 und 2 FGO die Nichtzulassung der Revision durch Beschwerde innerhalb eines Monats nach Zustellung des vollständigen Urteils angefochten werden (Nichtzulassungsbeschwerde). Wird der Beschwerde stattgegeben, so wird das Beschwerdeverfahren als Revisionsverfahren fortgesetzt (§ 116 Abs. 7 S. 1 FGO).

Gegen Entscheidungen des Finanzgerichts, die nicht Urteile sind (z.B. ablehnender Antrag auf Akteneinsicht, Beschluss über die Aussetzung des Verfahrens, Festsetzung eines Ordnungsgeldes gegen einen nicht erschienenen Beteiligten, etc.) steht den Beteiligten die Beschwerde zu. Diese ist beim BFH oder beim Finanzgericht schriftlich oder zur Niederschrift des Urkundsbeamten der Geschäftsstelle mit einer Frist von zwei Wochen einzulegen (§ 129 Abs. 1 und 2 FGO). Gegen Beschlüsse nach § 69 FGO (AdV-Beschlüsse), ist die Beschwerde nur möglich, wenn sie das Finanzgericht zugelassen hat.

> **Frage:** § 62 FGO ist mit Bevollmächtigte und Beistände überschrieben. Der Gesetzgeber hat diesen Paragrafen mit Wirkung zum 01.07.2008 wesentlich geändert. Wissen Sie darüber Bescheid?

Antwort: Nach der alten Fassung des § 62 Abs. 1 FGO konnten sich die Steuerpflichtigen von einem Bevollmächtigten vertreten lassen und sich in der mündlichen Verhandlung eines Beistands bedienen. Bevollmächtigte, die dazu fachlich nicht geeignet waren, konnte das Finanzgericht zurückweisen. Bevollmächtigte, die keine Steuerberater, Wirtschaftsprüfer, Rechtsanwälte waren, mussten ihre Vollmacht schriftlich nachweisen. Hierzu konnte das Gericht nach § 62 Abs. 3 FGO eine Frist mit ausschließlicher Wirkung setzen. Bei fruchtlosem Verstreichen der Frist wurde die Klage unzulässig.

Nach § 62 FGO neu (01.07.2008) kann sich der Steuerpflichtige vor dem FG nach wie vor selbst vertreten. Der Kreis der Bevollmächtigten ist jedoch nach § 62 Abs. 2 FGO begrenzt: Steuerberater, Wirtschaftsprüfer, Rechtsanwälte etc., Familienangehörige nach § 15 AO, landwirtschaftliche Buchstellen, Lohnsteuerhilfevereine, Gewerkschaften usw.

Die einst dem Finanzgericht gegebene Möglichkeit, zur Vorlage der Prozessvollmacht eine angemessene Frist mit ausschließlicher Wirkung zu setzen, ist entfallen. Nach § 62 Abs. 4 FGO müssen sich die Steuerpflichtigen bei Verfahren vor dem BFH durch Prozessbevollmächtigte vertreten lassen. Als Bevollmächtigte sind nur Steuerberater, Wirtschaftsprüfer und Rechtsanwälte etc. zugelassen.

Problembereich 6: Steuerstraf- und Bußgeldsachen

> **Frage/Fall:** S hat seine Einkommensteuererklärung 2007 in 2008 beim Finanzamt eingereicht, ohne vereinnahmte Zinsen aus Kapitalerträgen mit einer steuerlichen Auswirkung von 12.542 € angegeben zu haben. Der insoweit fehlerhafte Bescheid wurde S am 27.11.2008 zugestellt. Am 14.01.2013 ging beim Finanzamt eine Selbstanzeige des S nach § 371 AO ein. S erklärte die Zinserträge nach. Nach der vorgelegten Steuerbescheinigung seiner Bank ergab sich für das Jahr 2007 eine anzurechnende Kapitalertragsteuer i.H.v. 17.942 €. Hat sich A strafbar gemacht? Wenn ja, kann seine Tat in 2015 noch verfolgt werden?

Antwort: S könnte sich nach § 370 Abs. 1 Nr. 1 AO strafbar gemacht haben. Er hat über steuerlich erhebliche Tatsachen wissentlich und willentlich unrichtige oder unvollständige Angaben gemacht. Dadurch hat er im Blick auf § 370 Abs. 4 S. 1 AO Steuern verkürzt, indem die Einkommensteuer 2007 am 27.11.2008 zu niedrig festgesetzt worden ist. Dabei bliebe unberücksichtigt, dass die Steuer zwar zu niedrig festgesetzt, dass aber die höher festzusetzende Steuer durch den Steuerabzug bereits erhoben worden ist. Nach dem Urteil des FG München vom 10.11.2006 (EFG 2006, 473) spielt dies jedoch keine Rolle, weil die Kapitalertragsteuer unabhängig von der Erklärungspflicht erhoben wird (strittig, vgl. BFH Urteil vom 26.02.2008, DStR 2008, 1281). Gegen die Annahme einer Steuerhinterziehung spricht, dass dem Finanzamt kein Schaden entstanden ist und dass die Steuermehrfestsetzung durch die Steueranrechnung i.S.d. § 370 Abs. 4 S. 3 AO kompensiert sein könnte.

Doch selbst wenn eine Steuerhinterziehung zu bejahen wäre, ist die Verfolgung verjährt. Nach § 369 Abs. 2 AO gelten die allgemeinen Gesetze des Strafrechts auch für die Steuerhinterziehungsdelikte. Nach § 78 Abs. 3 Nr. 4 StGB verjährt die Straftat einer Steuerhinterziehung in fünf Jahren. Nach § 376 Abs. 1 AO verjährt die Tat in besonders schweren Fällen gem. § 370 Abs. 3 AO in zehn Jahren. Aus dem Sachverhalt ergibt sich nicht, dass ein besonders schwerer Fall vorliegt. Die Verjährung beginnt nach § 78a StGB, sobald die Tat beendet ist. Das ist dann der Fall, wenn der aufgrund unrichtiger Angaben erlassene fehlerhafte Steuerbescheid dem Steuerpflichtigen und Steuerhinterzieher bekannt gegeben wird (BGHSt vom 25.04.2001, wistra 2001, 309). Die Bekanntgabefiktion des § 122 Abs. 2 AO ist für den Verjährungsbeginn unerheblich. Hier geht es nicht um die Festsetzungsverjährung nach § 169 Abs. 2 S. 2 AO (zehn Jahre), sondern um die strafrechtliche Verjährung nach § 78 Abs. 3 StGB (fünf Jahre – unterjährig). Nachdem der Steuerbescheid 2007 mit der fehlerhaften Steuerfestsetzung dem S am 27.11.2008 zugestellt worden ist, verjährte die Steuerstraftat am 26.11.2013 (§ 78 Abs. 3 Nr. 4 StGB) und kann nicht mehr geahndet werden. Anders wäre zu entscheiden, wenn ein besonders schwerer Fall der Steuerhinterziehung nach § 370 Abs. 3 Nr. 1 AO vorläge. Diese Tat verjährte strafrechtlich nach § 376 Abs. 1 AO erst in zehn Jahren.

> **Tipp!** Wenn steuerstrafrechtliche Fälle in der mündlichen Prüfung gestellt werden, müssen Sie immer von vorne beginnen, auf die einzelnen Tatbestandsmerkmale des § 370 AO eingehen und prüfen, ob diese objektiv erfüllt sind. Dann müssen Sie feststellen, ob die objektive Erfüllung der Straftatbestände (die Tathandlung) auch wissentlich und willentlich erfolgte. Fehlt es an dieser subjektiven Tatseite, dann kann allenfalls eine Ordnungswidrigkeit nach § 378 Abs. 1 AO vorliegen, wenn der Täter leichtfertig handelte.

> **Frage:** Kann S im obigen Fall noch eine Änderung des Einkommensteuerbescheides 2007 dahin gehend erreichen, dass ihm ein Betrag von 5.400 € erstattet wird?

Antwort: Eine Steuererstattung könnte S erreichen, wenn der Einkommensteuerbescheid 2007 noch geändert und wenn in diesem Änderungsbescheid die Steuer auf 12.542 € neu festgesetzt werden kann. Mit einer sich anschließenden Anrechnungsverfügung käme es zur Steuererstattung i.H.v. 5.400 €. Als Änderungsnorm käme § 173 Abs. 1 Nr. 1 AO in Betracht, soweit Tatsachen bekannt werden, die zu einer höheren Steuer führten. Dann dürfte aber die Festsetzungsfrist noch nicht abgelaufen sein. Die normale Festsetzungsfrist ist am 31.12.2012 abgelaufen (§§ 170 Abs. 2 S. 1 Nr. 1, 169 Abs. 2 S. 1 Nr. 2 AO). Es könnte eine Ablaufhemmung nach § 171 Abs. 9 AO (Selbstanzeige) und nach § 171 Abs. 3 AO (Antrag auf Änderung) infrage kommen. Beide Bestimmungen setzen aber eine noch offene Veranlagung voraus, an der es jedoch fehlt. Die Festsetzungsfrist hat sich auch nicht nach § 169 Abs. 2 S. 2 AO auf zehn Jahre verlängert, selbst wenn man im vorliegenden Fall eine Steuerhinterziehung annehmen würde. Denn die Regelung in § 169 Abs. 2 S. 2 AO ist dahin gehend zu interpretieren, dass sie einen hinterzogenen Betrag im Sinne eines Anspruchs des Fiskus auf eine

Abschlusszahlung voraussetzt, der wegen einer Steuerhinterziehung bislang nicht realisiert werden konnte (BFH Urteil vom 26.02.2008, DStR 2008, 1281). An einem solchen Betrag fehlt es. Der Normzweck des § 169 Abs. 2 S 2 AO erlaubt keine Verlängerung der Festsetzungsfrist zum wirtschaftlichen oder finanziellen Vorteil des Steuerhinterziehers. Der Einkommensteuerbescheid kann zugunsten des S nicht mehr geändert werden.

> **Frage/Fall:** G1 ist kaufmännischer Geschäftsführer der Baumo GmbH mit Sitz in Heidelberg, deren Alleingesellschafter B ist. Im Jahr 2011 fingiert er Betriebsausgaben der GmbH, indem er gefälschte Eingangsrechnungen in die Buchhaltung einbringt. Am 17.06.2012 gibt G1 wissentlich für die GmbH unrichtige Umsatzsteuererklärungen 2011 und Körperschaftsteuererklärungen 2011 ab. Daraufhin ergehen am 26.11.2013 fehlerhafte Steuerbescheide, die insgesamt Steuern von 125.000 € zu wenig festsetzen. Der technische Mitgeschäftsführer G2, der von all dem nichts wusste und auch nichts wissen konnte, wird am 15.01.2014 von dem Buchhalter der GmbH über die Manipulationen des G1 informiert. Er unternimmt nichts und hofft, dass das Finanzamt nicht „dahinter kommt". Zum 31.12.2014 scheidet G1 aus der Geschäftsführung aus; seine Geschäftsführerstellung übernimmt ab dem 01.01.2015 der neue kaufmännische Geschäftsführer G3. G3 arbeitet sich in die Geschäftsunterlagen der Baumo GmbH akribisch ein. Dabei erkennt er die fehlerhaften Steuererklärungen 2011 und die falschen Steuerbescheide vom 26.11.2013. Als er weder G1 noch G2 erreichen kann (beide sind auf einer zweimonatigen Weltreise), berichtigt er beim Finanzamt Heidelberg die fehlerhaften Steuererklärungen unter Hinweis auf die manipulierten Betriebsausgaben. Wie ist die Rechtslage?

Antwort: G1 hat wissentlich und willentlich falsche Angaben gemacht und dadurch Steuern verkürzt. Er hat den Tatbestand des § 370 Abs. 1 Nr. 1, Abs. 4 AO erfüllt und sich am 26.11.2013 wegen einer vollendeten Steuerhinterziehung strafbar gemacht.

G2 hat es wissentlich, willentlich und pflichtwidrig unterlassen, die Finanzbehörde über steuerlich erheblichen Tatsachen zu informieren (Berichtigung der Steuererklärungen 2011). Die Berichtigungspflicht ergibt sich aus § 153 Abs. 1 S. 1 AO. Danach hat sich G1 nach § 370 Abs. 1 Nr. 2 AO strafbar gemacht.

G3 kam seiner Berichtigungspflicht nach § 153 AO sofort nach. Er hat weder den Steuerstraftatbestand des § 370 Abs. 1 Nr. 1 AO noch den Steuerstraftatbestand des § 370 Abs. 1 Nr. 2 AO erfüllt und hat sich mithin auch nicht strafbar gemacht.

Wird die nach § 153 AO abzugebende Anzeige rechtzeitig und ordnungsgemäß erstattet, so wird nach § 371 Abs. 4 AO ein Dritter, der die in § 153 AO bezeichneten Erklärungen abzugeben unterlassen oder unrichtig oder unvollständig abgegeben hat, strafrechtlich nicht verfolgt. Dies trifft eindeutig auf G2 zu. Er wird nach § 371 Abs. 4 AO straffrei. Fraglich ist, ob auch G1 von der Anzeige des G3 profitieren kann. Der Wortlaut des § 371 Abs. 4 AO trifft auf ihn oder seine Tat nicht hundertprozentig zu. Das aktive Tun nach § 370 Abs. 1 Nr.1 AO setzt strafrechtlich eine höhere kriminelle Energie voraus als das Unterlassen nach § 370 Abs. 1 Nr. 2 AO. Das spricht gegen einen Einbezug des G1 in die Straffreiheit nach § 371 Abs. 4 AO. Andererseits will § 371 Abs. 4 AO allen Beteiligten eine „goldene Brücke" schlagen und das sollte auch G1 zugutekommen (strittig).

Wenn G1 gefälschte Rechnungen in die Buchhaltung einbrachte, dann hat er Belege ausgestellt, die in tatsächlicher Hinsicht unrichtig sind. Das erfasst § 379 Abs. 1 Nr. 1 AO und ahndet dies in Abs. 4 als Ordnungswidrigkeit mit einer Geldbuße bis zu 5.000 €. Eine Selbstanzeige ist in § 379 AO nicht vorgesehen. Deshalb stellt sich die Frage, ob die Selbstanzeige des G3 nach § 371 Abs. 1 AO über § 371 Abs. 4 AO nicht nur die Steuerhinterziehung des G1 nach § 370 Abs. 1 Nr. 1 AO straffrei stellt, sondern auch dessen begangene Ordnungswidrigkeit nach § 379 Abs. 1 AO verdrängt. Das wird zu bejahen sein (strittig).

Allerdings hat nach einer Entscheidung des Bundesverfassungsgerichts aus dem Jahr 1997 der Gesetzgeber bei der Frage, welche Wirkung eine Selbstanzeige haben soll, freie Hand (BVerfG vom 11.07.1997, DStRE 1997, 904). Es sei verfassungsrechtlich im Blick auf Art. 3 GG unbedenklich, wenn die unterschiedliche Ausgestaltung der Folgen einer Selbstanzeige dazu führe, dass ein Täter, der eine Steuerhinterziehung bereits vollendet habe, nach der Selbstanzeige von Gesetzes wegen völlig straffrei bleibe, während derjenige, der bei ansonsten völlig gleich gelagertem Sachverhalt das Vorbereitungsstadium zurzeit der Selbstanzeige noch nicht überschritten hat, ein Bußgeld erhalte.

Frage: Der Steuerpflichtige S wies am 08.02.2015 das für ihn zuständige Finanzamt darauf hin, im Jahr 2010 Zinseinkünfte verschwiegen zu haben. Diese belegte er detailliert in einem weiteren Schreiben vom 17.02.2015. Daraufhin erließ das Finanzamt am 01.03.2015 einen berichtigten Einkommensteuer-Bescheid, der eine Einkommensteuer-Nachzahlung in Höhe von 11.488 € auswies und in dem S zur Zahlung bis zum 06.04.2015 aufgefordert wurde. Hiergegen legte S ohne weitere Begründung form- und fristgerecht Einspruch ein und stellte den Antrag auf Aussetzung der Vollziehung. Wie würden Sie diesen Fall steuerstrafrechtlich beurteilen?

Antwort: Zu prüfen ist, ob S durch den Hinweis vom 08.02.2015 eine strafrechtlich relevante Selbstanzeige beim Finanzamt angebracht hat. Besondere Formen sind dabei nicht zu beachten, sodass „Hinweise" ausreichen, mit denen – wie hier – die hinterzogenen Steuern errechnet werden können. Fraglich ist indes, ob S die festgesetzten Steuern i.S.d. § 371 Abs. 3 AO auch tatsächlich **entrichtet** hat. Dies könnte deshalb zweifelhaft sein, weil S gegen den Bescheid vom 01.03.2015 „bedingungslos" Einspruch einlegte und Aussetzung der Vollziehung beantragte. Das LG Heidelberg versagt in der Entscheidung vom 16.11.2012 (NStZ-RR 2013, 80) einer „Selbstanzeige" die strafbefreiende Wirkung, wenn sie zwar erstattet wird und damit dem Finanzamt eine Nachprüfung ermöglicht, wenn aber der Steuerpflichtige zugleich den Steueranspruch mit einem nachfolgenden Einspruch gegen den berichtigten Steuerbescheid dem Grunde und der Höhe nach in Zweifel zieht oder bestreitet. Ob der Einspruch als ein Widerruf der Selbstanzeige gesehen werden kann, ist Tatfrage. Wenn jedoch im Einspruchsverfahren die selbst angezeigten Tatsachenangaben zurückgenommen und völlig anders dargestellt werden, dürfte die strafbefreiende Wirkung der Selbstanzeige entfallen. Anders verhält es sich, wenn die angezeigten Tatsachen unangetastet bleiben und wenn es im Einspruchsverfahren nur um rechtliche Würdigungen geht.

Frage: Der Gesetzgeber hat mit Wirkung vom 19.12.2008 die Bestimmung des § 376 Abs. 1 AO neu gefasst. Was besagt diese Neuregelung?

Antwort: Nach § 376 Abs. 1 AO beträgt die strafrechtliche Verfolgungsverjährung zehn Jahre, wenn es sich um eine Steuerhinterziehung in einem besonders schweren Fall nach § 370 Abs. 3 AO handelt (ansonsten fünf Jahre nach §§ 78 ff. StGB). Der BGH deutet in seiner Entscheidung vom 02.12.2008 an, eine Steuerverkürzung in großem Ausmaß und damit einen besonders schweren Fall der Steuerhinterziehung nach § 370 Abs. 3 AO bereits dann bejahen zu wollen, wenn mehr als 50.000 € Steuern hinterzogen werden (BGHSt 53, 71–88 – 1 StR 416/08).

Frage: Nach § 371 AO hat der Steuerstraftäter die Möglichkeit, sich mit einer Selbstanzeige straffrei zustellen. § 371 AO ist durch das Schwarzgeldbekämpfungsgesetz vom 28.04.2011 umfänglich neu gefasst worden. Können Sie die wesentlichen Neuregelungen aufzeigen?

Antwort: Nach dem Wortlaut des § 371 Abs. 1 AO a.F. blieb der Steuerhinterzieher straffrei, „soweit"

Problembereich 6: Steuerstraf- und Bußgeldsachen

er seine falschen Angaben oder unterlassenen Angaben berichtigte. Daraus schloss man, dass eine Teilberichtigung zulässig war. Dem widersprach jedoch der BGHSt in seiner grundlegenden Entscheidung vom 20.05.2010 (DStR 2010, 1133 – Änderung der Rechtsprechung). Nach dieser neuen BGH-Entscheidung sollte nur noch straffrei bleiben, wer vollständig zur Steuerehrlichkeit zurückkehrt. Diese Betrachtungsweise verschärfte sich noch durch die Neufassung des § 371 AO im Schwarzgeldbekämpfungsgesetz vom 28.04.2011. Danach wird nur noch straffrei, wer alle unrichtigen oder unvollständigen Angaben in den noch nicht verjährten Veranlagungsjahren für dieselbe Steuerart berichtigt. Mit dem Schwarzgeldbekämpfungsgesetz ist zudem der § 398a AO eingeführt worden. Nach § 371 Abs. 2 Nr. 3 AO tritt Straffreiheit nicht ein, wenn die hinterzogene Steuer den Betrag i.H.v. 50.000 € übersteigt. In diesem Fall hemmt aber § 398a AO die Strafverfolgung, wenn der Täter die zu seinen Gunsten hinterzogenen Steuern entrichtet und einen Strafzuschlag von 5 % zusätzlich zahlt.

> **Frage:** Am 22.12.2014 hat der Gesetzgeber das Gesetz zur Änderung der Abgabenordnung und des Einführungsgesetzes erlassen (BGBl I 2014, 2415). Dort sind Änderungen im 8. Teil der AO (§§ 369 ff. AO) verabschiedet worden. Können Sie dazu etwas sagen?

Antwort: Mit diesem Gesetz hat der Gesetzgeber die Voraussetzungen für eine wirksame Selbstanzeige erneut verschärft. Die Berichtigungspflicht erstreckt sich fortan in allen Fällen der Steuerhinterziehung auf zehn Jahre. Weiterhin ist es nach § 371 Abs. 3 AO erforderlich, dass die zugunsten des Täters hinterzogenen Steuern in einem angemessenen Zeitraum entrichtet werden und zudem die Zinsen nach §§ 235 und 233a AO.

Eine Selbstanzeige scheidet aber aus, wenn der Hinterziehungsbetrag 25.000 € übersteigt oder wenn ein besonders schwerer Fall der Steuerhinterziehung gem. § 370 Abs. 3 S. 2 Nr. 2-5 AO vorliegt. In diesen Fällen kann der Steuerhinterzieher bei einer Selbstanzeige keine Straffreiheit mehr erlangen.

Tritt die Straffreiheit nicht ein, weil der Hinterziehungsbetrag höher ist als 25.000 € oder weil ein schwerer Fall der Steuerhinterziehung vorliegt, so kann gleichwohl nach § 398a AO von der Strafverfolgung abgesehen werden. Voraussetzung ist, dass der Täter die hinterzogenen Steuern entrichtet, die Zinsen nach §§ 235 und 233a AO zahlt und zusätzlich einen Zuschlag nach § 398a Abs. 1 Nr. 2 AO entrichtet. Dieser Zuschlag beläuft sich je nach Ausmaß der Steuerhinterziehung auf 10 % bis 20 % der hinterzogenen Steuer (10 % bis 100.000 €, 15 % bis 1.000.000 € und 20 % bei mehr als 1.000.000 €).

Themenbereich Bilanzsteuerrecht

Problembereich 1: Kaufmannseigenschaft, grundlegende Verpflichtungen des Kaufmanns, Inventur und Jahresabschluss (Teil I)

> **Frage:** Nennen Sie die wesentlichen Personengruppen, die den Kaufmannsbegriff des HGB erfüllen.

Antwort: Kaufmann ist gemäß § 1 Abs. 1 HGB, wer ein Handelsgewerbe betreibt (Kaufmann kraft Betätigung). Liegt diese Voraussetzung vor, ist der Unternehmer zwingend Kaufmann. Die dann erforderliche Eintragung in das Handelsregister ist damit lediglich deklaratorischer Natur. Ein gemeinsam tätiger Zusammenschluss von Personen ist als Personenhandelsgesellschaft Kaufmann, wenn die Personen gemeinschaftlich ein Handelsgewerbe betreiben (§§ 1, 105 Abs. 1 und 161 Abs. 1 HGB).

Ein gewerbliches Unternehmen, dessen Gewerbebetrieb nicht schon als Handelsgewerbe anzusehen ist, gilt als Handelsgewerbe im Sinne des HGB, wenn die Firma des Unternehmens in das Handelsregister eingetragen ist (§ 2 S. 1 HGB). Der Unternehmer ist berechtigt, aber nicht verpflichtet, die Eintragung nach den für die Eintragung kaufmännischer Firmen geltenden Vorschriften herbeizuführen (§ 2 S. 2 HGB). Dieser sogenannte „Kaufmann kraft Eintragung" erlangt die Kaufmannseigenschaft erst mit der Eintragung der Firma in das Handelsregister (§§ 8 ff. HGB). § 2 HGB ist auch für kleingewerbliche oder (nur) eigenes Vermögen verwaltende OHG und KG von Bedeutung (§§ 105 Abs. 2, 161 Abs. 2 HGB).

Kraft Rechtsform zwingend (Form-)Kaufleute sind die juristischen Personen wie GmbH (§ 6 HGB i.V.m. §§ 1, 13 Abs. 3 GmbHG), AG (§ 6 HGB i.V.m. § 3 AktG), KgaA und GmbH & Co. KG, auch wenn sie kein Handelsgewerbe betreiben.

> **Frage:** Wo ist definiert, was ein Handelsgewerbe ist?

Antwort: Die Vorschrift des § 1 Abs. 2 HGB definiert, was ein Handelsgewerbe ist.
Handelsgewerbe ist demnach jeder Gewerbebetrieb, es sei denn, dass das Unternehmen nach Art oder Umfang einen in kaufmännischer Weise eingerichteten Geschäftsbetrieb nicht erfordert.

> **Frage:** Nennen Sie mögliche Kriterien, wann ein Unternehmen einen in kaufmännischer Weise eingerichteten Geschäftsbetrieb erfordert.

Antwort: Die Kriterien dafür, wann ein Unternehmen einen in kaufmännischer Weise eingerichteten Geschäftsbetrieb erfordert, sind nicht rechtlich normiert. Maßgeblich sind, wenn die Kaufmannseigenschaft nicht bereits zwingend aus der Rechtsform des Unternehmens folgt, Kriterien wie Umsatz- und Ertragsstärke, Höhe des Anlagevermögens, Mitarbeiterzahl, Umfang und Komplexität der Geschäftsvorfälle usw. Als Anhaltspunkt können die Werte aus § 141 AO gelten.

> **Frage:** Was hat ein Kaufmann zu Beginn seiner Tätigkeit zu veranlassen und wo ist das geregelt?

Antwort: Grundsätzlich hat jeder Kaufmann zu Beginn seines Handelsgewerbes seine Grundstücke, seine Forderungen und Schulden, den Betrag seines Bargelds sowie seine sonstigen Vermögensgegenstände genau zu verzeichnen und dabei den Wert der einzelnen Vermögensgegenstände und Schulden anzugeben (§ 240 Abs. 1 HGB). Der Kaufmann hat zu Beginn seines Handelsgewerbes einen das Verhältnis seines Vermögens und seiner Schulden darstellenden Abschluss (Eröffnungsbilanz) aufzustellen (§ 242 Abs. 1 S. 1 HGB).

Problembereich 1: Kaufmannseigenschaft, grundlegende Verpflichtungen des Kaufmanns ...

Frage: Was hat ein Kaufmann am Ende eines Geschäftsjahres zu veranlassen und wo ist das geregelt?

Antwort: Grundsätzlich hat jeder Kaufmann für den Schluss eines jeden Geschäftsjahrs ein Inventar (§ 240 Abs. 2 S. 1 HGB) und zum Schluss eines jeden Geschäftsjahrs einen das Verhältnis seines Vermögens und seiner Schulden darstellenden Abschluss (Eröffnungsbilanz, Bilanz) aufzustellen (§ 242 Abs. 1 S. 1 HGB). Außerdem ist zum Schluss eines jeden Geschäftsjahrs eine Gegenüberstellung der Aufwendungen und Erträge des Geschäftsjahrs (Gewinn- und Verlustrechnung) aufzustellen (§ 242 Abs. 2 HGB).

Frage: Gibt es von diesen Grundsätzen für bestimmte Gruppen eventuell Ausnahmen?

Antwort: Der Gesetzgeber sieht eine Befreiung von Inventur-, Buchführungs- und Abschlusserstellungspflichten für solche Einzelkaufleute vor, die an zwei aufeinanderfolgenden Abschlussstichtagen höchstens die in § 241a HGB festgelegten Schwellenwerte, also nicht mehr als 500.000 € Umsatz und 50.000 € Jahresüberschuss, ausweisen. Personenhandelsgesellschaften sind von dieser Regelung nicht erfasst, da das Gesetz ausdrücklich nur von Einzelkaufleuten spricht. Im Falle der Neugründung tritt die Befreiung gemäß § 242 Abs. 4 HGB bereits dann ein, wenn die Werte am ersten Abschlussstichtag nach der Neugründung nicht überschritten werden.

Frage: Ist Ihnen bekannt, dass sich an dieser Vorschrift etwas ändern soll?

Antwort: Die Bundesregierung hatte am 25.3.2015 das Bürokratieentlastungsgesetz im Entwurf dem Bundesrat vorgelegt. Die Länderkammer hat am 8.5.2015 zu den Gesetzen Stellung genommen und teilweise weitere Änderungen angeregt. Die Bundesregierung hat dann am 20.5.2015 einen Gesetzesentwurf in den Bundestag eingebracht, der am 10.7.2015 vom Bundesrat beschlossen wurde und am 1.1.2016 – bis auf wenige Ausnahmen – in Kraft tritt.

Die wohl wichtigste Änderung ist die Erhöhung der Grenzwerte für die Buchführungs- und Aufzeichnungspflichten. Danach werden die bisherigen Schwellenwerte zu den Umsätzen von 500.000 € auf 600.000 € bzw. zum Gewinn von 50.000 € auf 60.000 € erhöht werden. Keine Mehrheit fanden dagegen die Empfehlung der Ausschüsse, die Grenzbeträge zur Buchführungspflicht noch deutlicher zu erhöhen; (Umsatzschwelle mit 1 Mio. € und eine Gewinnschwelle mit 100.000 €).

Die Erhöhung der Schwellenwerte im HGB wird inhaltsgleich auch in die AO übernommen. Damit ist gewährleistet, dass für Zwecke der Buchführungspflicht ein Gleichklang besteht. Es soll kein Unterschied zwischen Betrieben bestehen, die bereits nach dem HGB buchführungspflichtig sein könnten und Betrieben, für welche sich das allein aus den Regeln der AO ergeben könnte (§ 141 AO n.F.).

Nach den Anwendungs- bzw. Übergangsvorschriften wird festgelegt, dass die erhöhten Schwellenwerte erstmals für Geschäftsjahre anzuwenden sind, die nach dem 31.12.2015 beginnen.

Frage: Sie haben doch schon einmal vom „MicroBilG" gehört. Für welche Gesellschaften gilt das MicroBilG?

Antwort: Die Regelung gilt für Kleinstkapitalgesellschaften. Die Basis der Neuerungen bildet zunächst die Festlegung von Schwellenwerten für die Erleichterungen respektive Befreiungen für die Gesellschaften. Als derartige Unternehmen gelten gemäß § 267a Abs. 1 Satz 1 HGB diejenigen, die an den Abschlussstichtagen von 2 aufeinander folgenden Geschäftsjahren nicht mehr aufweisen als

- 350.000 € Bilanzsumme,
- 700.000 € Nettoumsatzerlöse und

- eine durchschnittliche Anzahl der Mitarbeiter eines Geschäftsjahres von 10.

Wie schon bei den bisherigen Größenklassenbestimmungen nach § 267 HGB ist auch nach § 267a Abs. 1 Satz 1 Nr. 1 HGB der Schwellenwert für die Bilanzsumme als Bilanzsumme abzüglich eines auf der Aktivseite ausgewiesenen Fehlbetrags i.S.d. § 268 Abs. 3 HGB zu ermitteln. Hinsichtlich der Ermittlung der durchschnittlichen Arbeitnehmerzahl gelten die Regelungen des § 267 Abs. 5 HGB analog, wonach der Durchschnitt aus den jeweils zum Quartalsende Beschäftigten zu ermitteln ist. Gleiches gilt für § 267 Abs. 4 und 6 HGB. Entsprechend ist im Falle einer Umwandlung oder Neugründung auch dann eine Befreiung gegeben, wenn mindestens 2 der 3 Schwellenwerte am aktuellen Abschlussstichtag unterschritten werden, am vorhergehenden Abschlussstichtag jedoch kein Befreiungsrecht bestand.

> **Frage:** Wir reden gerade von Schwellenwerten. Ist Ihnen bekannt, inwieweit sich die in § 267 HGB genannten Beträge in der letzten Zeit geändert haben?

Antwort: Am 10.7.2015 hat der Bundesrat das Bilanzrichtlinie-Umsetzungsgesetz (BilRUG) unverändert passieren lassen, nachdem am 18.6.2015 der Bundestag das BilRUG in 3. Lesung verabschiedet hatte. Am 22.7.2015 wurde es im Bundesgesetzblatt verkündet. Somit ist es einen Tag darauf in Kraft getreten.

Eine wichtige, vermutlich die wichtigste Änderung sind die nunmehr anwendbaren, erhöhten monetären Schwellenwerte für die Klassifikation der Größenklassen für Kapitalgesellschaften. Konkret werden die Werte für kleine Kapitalgesellschaften um fast ¼ erhöht, während die Werte für mittelgroße Kapitalgesellschaften oder die Befreiung von der Konzernrechnungslegungspflicht lediglich um knapp 4 % erhöht werden (§ 267 und § 293 HGB-BilRUG).

Die geänderten Größenklassen können bereits rückwirkend für Geschäftsjahre, die nach dem 31.12.2013 angewandt werden; verpflichtend sind diese für Geschäftsjahre, die nach dem 31.12.2015 beginnen, anzuwenden.

> **Tipp!** Ohne Gesetz dürfte wohl kaum von Ihnen verlangt werden, die Beträge im Einzelnen zu kennen. Gleichwohl hier die Zahlen.
>
> Unternehmen gelten dann als „klein" wenn sie nicht kapitalmarktorientiert sind und wenn sie an zwei aufeinander folgenden Abschlussstichtagen mindestens zwei der folgenden Schwellenwerte unterschreiten:
> - Bilanzsumme 4,84 (bis 2013)/6,0 (ab 2014) Millionen €.
> - Umsatzerlöse 9,86 (bis 2013)/12,0 (ab 2014) Millionen €.
> - durchschnittliche Arbeitnehmerzahl 50.
>
> Als „mittelgroß" gilt eine Gesellschaft, die diese Werte überschreitet und auch nicht kapitalmarktorientiert ist, aber an zwei aufeinander folgenden Abschlussstichtagen mindestens zwei der nachfolgenden Schwellenwerte unterschreitet:
> - Bilanzsumme 19,25 (bis 2013)/20,0 (ab 2014) Millionen €.
> - Umsatzerlöse 38,5 (bis 2013)/40,0 (ab 2014) Millionen €.
> - durchschnittliche Arbeitnehmerzahl 250.

> **Frage:** Welche Erleichterungen ergeben sich im Bereich der Bilanzierung durch das Micro-BilG?

Antwort: Kleinstkapitalgesellschaften können eine verkürzte Bilanz aufstellen (§ 266 Abs. 1 HGB n.F.). Sie müssen in der Bilanz nur die in § 266 Abs. 2 und 3 HGB mit Buchstaben bezeichneten Posten ausweisen. Die Mindestbilanzgliederung sieht damit wie folgt aus:

- **Aktivseite:** Anlagevermögen, Umlaufvermögen, aktiver Rechnungsabgrenzungsposten, ggf. aktiver Unterschiedsbetrag aus der Vermögensverrechnung;
- **Passivseite:** Eigenkapital, Rückstellungen, Verbindlichkeiten, passiver Rechnungsabgrenzungsposten;
- Abweichend von § 275 Abs. 2 und 3 HGB dürfen Kleinstkapitalgesellschaften ihre Gewinn- und Verlustrechnung wie folgt gliedern:
- Umsatzerlöse;
- Sonstige Erträge;
- Materialaufwand;
- Personalaufwand;
- Abschreibungen;
- Sonstige Aufwendungen;
- Steuern;
- Jahresüberschuss/Jahresfehlbetrag.

Wenn Angaben zu Haftungsverhältnissen (§§ 251 und 268 Abs. 7 HGB), Vorschüssen und Krediten an Mitglieder der Geschäftsführungs- oder Aufsichtsorgane (§ 285 Nr. 9c HGB) und – im Falle einer AG oder KGaA – Angaben zu eigenen Aktien (§ 160 Abs. 1 Satz 1 Nr. 2 AktG) sowie ggf. Angaben nach § 264 Abs. 2 Satz 2 HGB unter der Bilanz ausgewiesen werden, muss kein Anhang erstellt werden.

Bei Inanspruchnahme der genannten Erleichterungen ist eine Bewertung von Deckungsvermögen zum beizulegenden Zeitwert im handelsrechtlichen Jahresabschluss nicht mehr zulässig (§ 253 Abs. 1 HGB n.F.). Eine nach § 246 Abs. 2 Satz 2 HGB vorzunehmende Verrechnung hat zu fortgeführten Anschaffungskosten zu erfolgen.

> **Frage: Was ist bezüglich der Offenlegungspflichten von Kleinstkapitalgesellschaften zu sagen?**

Antwort: Kleinstkapitalgesellschaften dürfen auf die Bekanntmachung im elektronischen Bundesanzeiger verzichten und stattdessen die Bilanz beim Betreiber des elektronischen Bundesanzeigers hinterlegen. Eine Einsichtnahme in die hinterlegten Bilanzen ist zwar weiterhin grundsätzlich jedermann gestattet, allerdings ist dies für Dritte nach Inkrafttreten des MicroBilG nur noch auf Antrag möglich und zudem kostenpflichtig. Durch das MicroBilG wird eine Veröffentlichung der Unternehmensdaten damit nicht vollkommen verhindert. Allerdings ergeben sich für den interessierten Bilanzleser zusätzliche Barrieren, um auf die gewünschten Bilanzen zugreifen zu können.

> **Frage: Ab wann gilt das MicroBilG?**

Antwort: Das am 28. Dezember 2012 in Kraft getretene Gesetz gilt für Geschäftsjahre, deren Abschlussstichtag nach dem 30. Dezember 2012 liegt. Die Erleichterungen konnten somit für Jahresabschlüsse zum 31. Dezember 2012 in Anspruch genommen werden

> **Frage: Wie lang darf ein Geschäftsjahr höchstens dauern und wo findet sich die gesetzliche Grundlage?**

Antwort: Das Geschäftsjahr darf einen Zeitraum von zwölf Monaten nicht überschreiten (§ 240 Abs. 2 S. 2 HGB).

> **Tipp!** Ein Geschäftsjahr kann jedoch kürzer als zwölf Monate sein. Diese sogenannten Rumpfgeschäftsjahre können sich insbesondere im ersten Geschäftsjahr, bei Auflösung des Geschäftes, bei einer Umwandlung und bei einer Spaltung ergeben.

> **Frage:** Was ist eine Inventur und welchen Zweck hat sie?

Antwort: Unter dem Begriff Inventur wird in der Praxis regelmäßig der Erfassungsvorgang verstanden, und zwar am häufigsten im Zusammenhang mit der Erfassung des Vorratsvermögens, der Erzeugnisse und der Waren. Sinn und Zweck der Inventur ist die Kontrolle der Bestandsaufzeichnungen (Buchführung). Sollbestände (laut Buchführung) und Istbestände werden einander gegenübergestellt, um sicherzustellen, dass in Inventar und Bilanz nicht etwa Scheinbestände eingehen. Außerdem dient die Inventur dazu, den Ursachen von Fehlmengen nachzugehen. Forderungen oder Schulden kann man nur buchmäßig erfassen. Dann spricht man von der Buchinventur.

> **Frage:** Welche grundlegenden Inventurvereinfachungsverfahren gibt es?

Antwort: Folgende Vereinfachungsverfahren sind möglich:

1. Stichprobeninventur

Anstelle der lückenlosen Bestandsaufnahme kann eine Stichprobeninventur durchgeführt werden. Dabei wird aus dem Gesamtbestand aller Wirtschaftsgüter zufällig eine vorher zu bestimmende Anzahl von Wirtschaftsgütern ausgewählt, inventarisiert und bewertet; anschließend erfolgt eine Hochrechnung auf die Gesamtheit aller Wirtschaftsgüter. Das HGB lässt die Stichprobeninventur nur zu, wenn sie:

- Unter Heranziehung anerkannter mathematisch-statistischer Methoden (Schätz- und Testverfahren) erfolgt (§ 241 Abs. 1 S. 1 HGB);
- den GoB entspricht (§ 241 Abs. 1 S. 2 HGB);
- hinsichtlich des Aussagewertes der Stichtagsinventur gleichkommt (§ 241 Abs. 1 S. 3 HGB).

Stichprobenauswahl und Festlegung der Stichprobengröße dürfen mithin nicht willkürlich erfolgen.

2. Permanente Inventur/Einlagerungsinventur

Bei der permanenten Inventur besteht die Vereinfachung darin, dass die (lückenlose oder durch Stichproben erfolgende) Bestandsaufnahme nicht am Abschlussstichtag geschieht. Das Abschlussstichtagsinventar muss nicht auf einer körperlichen Bestandsaufnahme der Vermögensgegenstände für diesen Zeitpunkt basieren; es kann auf einer Bestandsaufnahme der Vermögensgegenstände für einen anderen Zeitpunkt bzw. für andere Zeitpunkte beruhen (§ 241 Abs. 2 HGB, H 5.3 „Permanente Inventur" EStH).

Bei der permanenten Inventur muss jedoch gesichert sein, dass für den Abschlussstichtag der Bestand der Vermögensgegenstände nach Art, Menge und Wert auch ohne die körperliche Bestandsaufnahme für diesen Zeitpunkt festgestellt werden kann. Es bedarf bei permanenter Inventur einer verlässlichen Lagerbuchführung; ergeben sich Abgänge, die in der Lagerbuchführung nicht erfassbar sind (etwa unkontrollierbarer Schwund, nennenswerte Diebstähle), dann ist das Verfahren der permanenten Inventur unbrauchbar, weil der Bestand für den Abschlussstichtag nicht zuverlässig ermittelt werden kann.

Nach derzeit herrschender Meinung ist sicherzustellen, dass die einzelnen Vermögensgegenstände in jedem Geschäftsjahr mindestens einmal erfasst werden (H 5.3 EStH). Eine permanente Inventur ist dann unzulässig, wenn Bestände aus Sicht des Unternehmers besonders wertvoll sind (R 5.3 Abs. 3 EStR).

3. Zeitverschobene Inventur

Dem Wortlaut nach bezieht sich die Zeitverschobene Inventur nach § 241 Abs. 3 HGB ausdrücklich auf Vermögensgegenstände. Anstelle des Abschlussstichtagsinventars kann ein besonderes Inventar durch zeitverschobene (vor- oder nachverlagerte) körperliche Aufnahme zum Zeitpunkt der Inventarisierung (auch ggf. Stichprobeninventur) oder permanente Inventur erstellt werden. Dessen Merkmal besteht darin, dass es die nach Art, Menge und Wert verzeichneten Bestände nicht für den

Abschlussstichtag wiedergibt, sondern für einen anderen Tag (innerhalb der letzten drei Monate vor oder der beiden ersten Monate nach dem Schluss des Geschäftsjahrs).

> **Frage: Was bezeichnet man als Jahresabschluss?**

Antwort: Die Bilanz und die Gewinn- und Verlustrechnung bilden den Jahresabschluss (§ 242 Abs. 3 HGB). Die gesetzlichen Vertreter einer Kapitalgesellschaft haben den Jahresabschluss um einen Anhang zu erweitern, der mit der Bilanz und der Gewinn- und Verlustrechnung eine Einheit bildet, sowie (ggf.) einen Lagebericht aufzustellen (§ 264 Abs. 1 S. 1 HGB). Der Jahresabschluss muss klar und übersichtlich sein (§ 243 Abs. 2 HGB), ist in deutscher Sprache und in Euro aufzustellen (§ 244 HGB) und abschließend vom Kaufmann oder allen persönlich haftenden Gesellschaftern unter Angabe des Datums zu unterzeichnen (§ 245 HGB).

> **Tipp!** Auch wenn nur nach dem Begriff des „Jahresabschlusses" gefragt war, kann es nicht schaden, kurz auf die formalen Notwendigkeiten einzugehen.

> **Frage: Welche Fristen gelten für die Aufstellung des Jahresabschlusses?**

Antwort: Das Inventar und darauf folgend die Jahresabschlussbilanz sind innerhalb der einem ordnungsmäßigen Geschäftsgang entsprechenden Zeit nach Ablauf des Geschäfts- oder Wirtschaftsjahrs aufzustellen (§§ 240 Abs. 2 Satz 3, 243 Abs. 3 HGB). Diese Voraussetzung hält der BFH (Urteil vom 06.12.1983, BStBl II 1984, 227) jedenfalls nicht mehr für gegeben, wenn sich der Betriebsinhaber mehr als ein Jahr mit der Bilanzerstellung Zeit lässt. Für Kapitalgesellschaften und publizitätspflichtige Unternehmen gelten jedoch verkürzte Bilanzerstellungsfristen. Der Jahresabschluss und der Lagebericht sind von den gesetzlichen Vertretern einer Kapitalgesellschaft in den drei Monaten des (folgenden) Geschäftsjahrs für das vergangene Geschäftsjahr aufzustellen (§ 264 Abs. 1 S. 2 HGB). Kleine Kapitalgesellschaften im Sinne des § 267 Abs. 1 HGB, die keinen Lagebericht aufstellen müssen, dürfen den Jahresabschluss auch später aufstellen, wenn dies einem ordnungsgemäßen Geschäftsgang entspricht, die Erstellung muss jedoch innerhalb der ersten sechs Monate des (folgenden) Geschäftsjahres erfolgen.

> **Frage: Welche Gliederungsgrundsätze gelten für den Jahresabschluss von Kapitalgesellschaften?**

Antwort: Folgende Gliederungsgrundsätze sind zu beachten:
1. **Grundsatz der Darstellungsstetigkeit**
   Die Form der Darstellung, insbesondere die Gliederung aufeinander folgender Bilanzen ist beizubehalten, soweit nicht in Ausnahmefällen wegen besonderer Umstände Abweichungen erforderlich sind (§ 265 Abs. 1 S. 1 HGB). Diese Darstellungsstetigkeit hat den Sinn, die **Vergleichbarkeit** aufeinander folgender Jahresabschlüsse zu sichern. Das Gesetz betont den Grundsatz der Darstellungsstetigkeit dadurch, dass Abweichungen im Anhang nicht nur anzugeben, sondern auch zu begründen sind (§ 265 Abs. 1 S. 2 HGB).
2. **Grundsatz der Vorjahresbetragsangabe**
   Zu den aktuellen Posten in Bilanz und GuV ist der entsprechende Betrag des vorhergehenden Geschäftsjahrs anzugeben (§ 265 Abs. 2 S. 1 HGB). Der Vorjahresabschluss wird insoweit also noch einmal vergleichend dargestellt.

3. Kontoform

Die Bilanz ist in Kontoform aufzustellen (§ 266 Abs. 1 S. 1 HGB). Die Kontoform der Bilanz entspricht der Bilanzdefinition (das Verhältnis des Vermögens und des die Schulden darstellenden Abschlusses, § 242 Abs. 1 S. 1 HGB).

Der Umfang der Bilanzgliederung hängt von der Einstufung der Kapitalgesellschaft als kleine, mittelgroße oder große Kapitalgesellschaft ab. **Kleine Kapitalgesellschaften** i.S.d. § 267 Abs. 1 HGB brauchen nur eine verkürzte Bilanz aufzustellen (§ 266 Abs. 1 S. 3 HGB). Mittelgroße und große Kapitalgesellschaften müssen die Gliederungsvorschriften des § 266 HGB ohne Vereinfachungen beachten; sie haben die in § 266 Abs. 2 und 3 HGB bezeichneten Posten gesondert und in der vorgeschriebenen Reihenfolge auszuweisen (§ 266 Abs. 1 S. 2 HGB).

Problembereich 2: Inventur und Jahresabschluss (Teil II)

Frage: In welcher Sprache sind die Handelsbücher und der Jahresabschluss aufzustellen?

Antwort: Für die Führung der Handelsbücher und der sonst erforderlichen Aufzeichnungen verlangt § 239 Abs. 1 S. 1 HGB, das diese in einer lebenden Sprache zu erfolgen hat. Diese Vorschrift dürfte vor allem für ausländische Unternehmen, ausländische Niederlassungen aber auch für ausländische Niederlassungen inländischer Unternehmen von Bedeutung sein. Der Jahresabschluss ist zwingend in deutscher Sprache und in Euro aufzustellen (§ 244 HGB).

Frage: Welche Besonderheiten bestehen bei der Bewertung von Vermögensgegenständen oder Schulden in fremder Währung?

Antwort: In § 256a HGB wird die Währungsumrechnung – isoliert von den allgemeinen Bewertungsregeln – verpflichtend vorgeschrieben. Es sind alle auf fremde Währungen lautenden Vermögensgegenstände und Schulden mit dem Devisenkassamittelkurs auf den Abschlussstichtag umzurechnen. Allerdings sind bei der Umrechnung das Realisations- und Imparitätsprinzip (§ 252 Abs. 1 Nr. 4 HGB) sowie das Anschaffungskostenprinzip (§ 253 Abs. 1 HGB) für alle Beträge mit einer Restlaufzeit von über einem Jahr zu beachten; für diese Vermögensgegenstände und Schulden gibt es somit einen Niederst- und Höchstwerttest.

Frage: Wie lange sind Unterlagen des Kaufmanns aufzubewahren?

Antwort: Jeder Kaufmann ist nach Maßgabe des § 257 Abs. 4 HGB verpflichtet, Handelsbücher, Inventare, Eröffnungsbilanzen, Jahresabschlüsse, Einzelabschlüsse nach § 325 Abs. 2a HGB, Lageberichte, Konzernabschlüsse, Konzernlageberichte inklusive die zu ihrem Verständnis erforderlichen Arbeitsanweisungen und sonstigen Organisationsunterlagen sowie Buchungsbelege zehn Jahre aufzubewahren. Die empfangenen Handelsbriefe und die Wiedergaben der abgesandten Handelsbriefe sind sechs Jahre aufzubewahren. Die Unterlagen müssen in geordneter Form aufbewahrt werden; dies bedeutet, dass in angemessener Zeit ein Zugriff auf einzelne Unterlagen möglich ist.

Frage: Wann beginnt die Aufbewahrungsfrist i.S.d. § 257 Abs. 4 HGB?

Antwort: Die Aufbewahrungsfrist beginnt mit dem Schluss des Kalenderjahrs, in dem die letzte Eintragung in das Handelsbuch gemacht, das Inventar oder der Konzernabschluss aufgestellt, der Buchungsbeleg entstanden oder die Eröffnungsbilanz oder der Jahresabschluss festgestellt worden ist. Wird also z.B. die letzte Buchung für den Jahresabschluss zum 31.12.01 zu Beginn des Jahres 02 vorgenommen, beginnt die Frist von zehn Jahren Ende des Jahres 02 zu laufen. Damit kann eine Vernichtung der Unterlagen mit dem Ablauf des Jahres 12 erfolgen. Werden durch eine steuerliche Betriebsprüfung die Handelsbilanzen von Vorjahren geändert, beginnen die Fristen durch die erfolgten Eintragungen „erneut" zu laufen.

> **Frage: Gibt es besondere Aufbewahrungsfristen für steuerliche Zwecke?**

Antwort: Für die Aufbewahrungsfrist nach Steuerrecht gelten nach § 147 Abs. 3 AO grundsätzlich die gleichen Aufbewahrungsfristen. Es ist aber die Besonderheit zu beachten, dass die Aufbewahrungsfrist nicht abläuft, soweit und solange die Unterlagen für Steuern von Bedeutung sind, für welche die Festsetzungsfrist noch nicht abgelaufen ist (§ 147 Abs. 3 S. 3 AO).

> **Frage: Ist auch eine elektronische Aufbewahrung möglich?**

Antwort: Die Unterlagen können sowohl nach HGB als auch nach AO – mit Ausnahme der Eröffnungsbilanzen und der Jahres- bzw. Konzernabschlüsse – auch als Wiedergabe auf einem Bild- oder Datenträger (z.B. Diskette, CD-ROM, Festspeicher usw.) aufbewahrt werden. Es muss aber gewährleistet sein, dass die Wiedergabe mit den ursprünglichen Unterlagen übereinstimmt und jederzeit wieder sichtbar gemacht werden kann (§ 257 Abs. 3 HGB).

Mit Datum vom 14.11.2014 hat das BMF das Schreiben „Grundsätze zur ordnungsmäßigen Führung und Aufbewahrung von Büchern, Aufzeichnungen und Unterlagen in elektronischer Form sowie zum Datenzugriff (GoBD)" sowie „Ergänzende Informationen zur Datenträgerüberlassung" veröffentlicht (BMF, Schreiben vom 14.11.2014, BStBl I 2014, 1450). Das aktuelle Schreiben zu den GoBD gilt für Veranlagungszeiträume, die nach dem 31.12.2014 beginnen. Es tritt an die Stelle der BMF-Schreiben vom 7.11.1995 und vom 16.7.2001.

> **Tipp!** Die Möglichkeit der elektronischen Aufbewahrung darf nicht verwechselt werden mit der ggf. bestehenden Notwendigkeit der elektronischen Einreichung beim Betreiber des elektronischen Bundesanzeigers.

> **Frage: Gibt es insoweit steuerliche Besonderheiten?**

Antwort: Der Steuerpflichtige ist gemäß § 147 Abs. 5 AO verpflichtet, auf seine Kosten diejenigen Hilfsmittel zur Verfügung zu stellen, die erforderlich sind, um die auf einem Bildträger oder auf anderen Datenträgern vorgelegten Unterlagen lesbar zu machen oder auf Verlangen der Finanzbehörde die Unterlagen – ganz oder teilweise – auszudrucken oder ohne Hilfsmittel lesbare Reproduktionen beizubringen. Im Rahmen einer Außenprüfung hat die Finanzbehörde das Recht, Einsicht in die gespeicherten Daten zu nehmen und das Datenverarbeitungssystem des Steuerpflichtigen zur Prüfung dieser Unterlagen zu nutzen. Die Finanzverwaltung kann im Rahmen einer Außenprüfung auch verlangen dass die Daten nach ihren Vorgaben maschinell ausgewertet oder ihr die gespeicherten Unterlagen und Aufzeichnungen auf einem maschinell verwertbaren Datenträger zur Verfügung gestellt werden. Die hierbei entstehenden Kosten trägt ebenfalls der Steuerpflichtige (§ 147 Abs. 6 AO).

> **Frage: Ein Kaufmann fragt Sie, ob es ausreichend ist von ihm empfangene Rechnungen ausschließlich auf einer vom Rechnungsaufsteller angefertigten Archivierungs-CD aufzubewahren. Was werden Sie ihm entgegnen?**

Antwort: Rechnungen sind als empfangene Handels- oder Geschäftsbriefe nach § 147 Abs. 1 Nr. 2 AO bzw. bei Verwendung als Buchungsbeleg nach § 147 Abs. 1 Nr. 4 AO aufzubewahren. Nach § 147 Abs. 2 Nr. 1 AO können in Papier empfangene Rechnungen auch als Wiedergabe auf einem Bildträger oder anderen Datenträger aufbewahrt werden, wenn dies den Grundsätzen ordnungsmäßiger Buchführung entspricht. Dies setzt auch voraus, dass die Wiedergabe bildlich mit dem Original-Eingangsdokument übereinstimmt. Es müssen deshalb z.B. alle auf dem Original angebrachten Vermerke (wie Eingangsstempel, Korrekturen, Kontierungen usw.) erhalten bleiben. Aufzubewahrende Unterlage i.S.d. § 147 Abs. 2 AO kann also nur die Rechnung oder der Lieferschein sein, der dem Kunden zeitnah mit der jeweiligen Lieferung im Original zugegangen ist. Allein mit der Aufbewahrung einer Archivierungs-CD, die anhand der Daten vom Lieferanten erstellt worden ist, erfüllt der belieferte Kunde seine gesetzlichen Aufbewahrungspflichten nicht. Die Archivierungs-CD gibt nämlich nicht die Originale des aufbewahrungspflichtigen Kunden wieder, sondern Unterlagen eines Dritten (LfSt Bayern, Verfügung vom 13.02.2012, S 0317.1.1– 4/1 St 42).

Frage: Müssen die Unterlagen zwingend im Inland gelagert werden?

Antwort: Bücher und die sonst erforderlichen Aufzeichnungen sind gemäß § 146 Abs. 2 S. 1 AO grundsätzlich im Geltungsbereich dieses Gesetzes zu führen und aufzubewahren. Dies gilt nach § 146 Abs. 2 S. 2 AO nicht, soweit für Betriebstätten außerhalb des Geltungsbereichs dieses Gesetzes nach dortigem Recht eine Verpflichtung besteht, Bücher und Aufzeichnungen zu führen, und diese Verpflichtung erfüllt wird.

Abweichend von § 146 Abs. 2 S. 1 AO kann die zuständige Finanzbehörde gemäß § 146 Abs. 2a AO – auf schriftlichen Antrag des Steuerpflichtigen – bewilligen, dass elektronische Bücher und sonstige erforderliche elektronische Aufzeichnungen oder Teile davon außerhalb des Geltungsbereichs dieses Gesetzes geführt und aufbewahrt werden können. Durch die Neufassung des § 146 Abs. 2a AO im Rahmen des Jahressteuergesetzes 2010 sind die Voraussetzungen, elektronische Bücher und sonstige erforderliche elektronische Aufzeichnungen oder Teile davon im Ausland zu führen und aufzubewahren, erheblich vereinfacht worden. Die Möglichkeit der Verlagerung wird nicht mehr nur auf die Staaten der EU und des Europäischen Wirtschaftsraums beschränkt, sondern ist auch in anderen Staaten möglich.

Frage: Welche Register gibt es?

Antwort: Neben dem Handelsregister gibt es für eingetragene Genossenschaften, Partnerschaftsgesellschaften und eingetragene Vereine eigene Genossenschafts-, Partnerschafts- und Vereinsregister, die gesondert geführt werden.

Frage: Wer führt das Handelsregister?

Antwort: Das Handelsregister wird nach § 8 HGB vom örtlich zuständigen Amtsgericht geführt, in dessen Bezirk sich die (Haupt-)Niederlassung der einzutragenden Person befindet. Bei Personenhandelsgesellschaften (OHG und KG) bestimmt sich der Sitz etwa nach dem tatsächlichen Sitz der Geschäftsführung. Dies gilt selbst dann, wenn im Gesellschaftsvertrag ein anderer Sitz vorgesehen ist.

Frage: Welche Änderungen haben sich ab dem 01.01.2007 im Zusammenhang mit dem Handelsregister ergeben?

Antwort: Ab dem 01.01.2007 haben sich durch das „Gesetz über elektronische Handelsregister und Genossenschaftsregister sowie das Unternehmensregister – EHUG" erhebliche Veränderungen ergeben. Bis Ende 2006 hatte die Anmeldung zum Handelsregister schriftlich zu erfolgen. Seit dem 01.01.2007 dürfen Unterlagen nur noch in elektronischer Form eingereicht werden. Die Notwendigkeit notarieller Beglaubigungen z.B. für die Einsetzung eines Geschäftsführers einer GmbH wird

Problembereich 2: Inventur und Jahresabschluss (Teil II)

durch das EHUG nicht verändert. Allerdings hat die Beglaubigung ebenfalls elektronisch zu erfolgen und ist vom Notar elektronisch an das Registergericht weiterzuleiten.

> **Frage: Was versteht man unter „Bilanzpolitik"?**

Antwort: Bilanzpolitik lässt sich definieren als die willentliche und hinsichtlich der Unternehmensziele zweckorientierte Beeinflussung von Form und Inhalt des Jahresabschlusses und der damit verbundenen Berichterstattung – also auch des Anhangs und des Lageberichts – unter Beachtung des geltenden Rechts. Man unterscheidet in der Literatur zwischen der zeitlichen Bilanzpolitik (z.B. Wahl des Bilanzstichtags, Abgabetermin für die Steuererklärung usw.) der materiellen Bilanzpolitik (z.B. Beeinflussung der Höhe des im Abschluss ausgewiesenen handelsrechtlichen und steuerrechtlichen Jahresergebnisses) und der formellen Bilanzpolitik (z.B. die Gestaltung des Anhangs und des Lageberichts).

> **Frage: Was verstehen Sie unter „Bilanzlifting" und unter „window dressing"?**

Antwort: Unter Bilanzlifting sind legale bilanzielle Maßnahmen zur „Schönung" der Vermögens-, Finanz- und Ertragslage eines Unternehmens zu verstehen. Im Wesentlichen handelt es sich dabei um materielle Bilanzpolitik, d.h. in diesem Zusammenhang um ergebnisverbessernde Maßnahmen. Hier geht es zum einen darum, bilanziellen Aufwand zu verhindern oder zu reduzieren, andererseits steht das Herbeiführen von Ertragsrealisierungen im Vordergrund. Beides lässt sich sowohl durch Bilanzierungs- und Bewertungsmaßnahmen als auch durch Sachverhaltsgestaltungen erreichen (Bilanzpolitik).

Erfolgsneutrale Gestaltungen, die lediglich der Verbesserung der aus dem Jahresabschluss ersichtlichen Strukturen dienen (formelle Bilanzpolitik), können ebenfalls als Bilanzlifting bezeichnet werden. Für solche Maßnahmen wird auch, soweit es sich um Sachverhaltsgestaltungen handelt, der Begriff „Window dressing" verwendet.

> **Tipp!** Bei diesen Maßnahmen handelt es sich sämtlich um legale Maßnahmen. Diese sind scharf abzugrenzen von Maßnahmen, bei denen sich zwar ebenfalls ein günstigeres Bilanzbild ergibt, die jedoch gegen zwingende Ansatz- oder Bewertungsgrundsätze verstoßen und damit unzulässig sind.

> **Frage: Kaufmann A ist eine aufschiebend bedingte Bürgschaft eingegangen, aus der er am Bilanzstichtag aber bisher nicht in Anspruch genommen wurde. Hat A diesbezüglich etwas bei der Aufstellung seiner Bilanz zu beachten?**

Antwort: A hat diesbezüglich zwar nicht in der Bilanz als Passivposten, aber unterhalb der Bilanz bei den Verbindlichkeiten aus der Begebung und Übertragung von Wechseln, aus Bürgschaften, Wechsel- und Scheckbürgschaften und aus Gewährleistungsverträgen sowie Haftungsverhältnissen aus der Bestellung von Sicherheiten für fremde Verbindlichkeiten etwas auszuweisen (§ 251 HGB). Kapitalgesellschaften haben diese Haftungsverhältnisse jeweils gesondert unterhalb der Bilanz oder im Anhang unter Angabe der gewährten Pfandrechte und sonstigen Sicherheiten anzugeben; bestehen solche Verpflichtungen gegenüber verbundenen Unternehmen, so sind sie gesondert anzugeben (§ 268 Abs. 7 HGB).

> **Tipp!** Die Ausweispflicht soll jedoch nur dann gelten, sofern sie nicht auf der Passivseite der Bilanz auszuweisen sind. Demnach ist bei Bestehen eines solchen Haftungsverhältnisses vorrangig zu untersuchen, ob nicht eine Passivierung als Verbindlichkeit oder als Rückstellung geboten

ist. Ist eine solche Passivierung erfolgt, entfällt regelmäßig die Angabepflicht. Es ist zu beachten, dass nach dem BILRUG für Geschäftsjahre, die nach dem 31.12. 2015 beginnen, für Kapitalgesellschaften der Anlagespiegel und die Haftungsverhältnisse im Anhang und nicht mehr wahlweise in oder unter der Bilanz anzugeben sind.

Frage: Wo steht etwas über den Lagebericht?

Antwort: § 264 Abs. 1 HGB regelt die Aufstellungspflicht, § 289 HGB den Inhalt des Lageberichts, der neben dem Jahresabschluss jährlich von berichtspflichtigen Unternehmen aufzustellen ist. Dabei macht das Gesetz deutlich, dass der Lagebericht – anders als Bilanz, Gewinn- und Verlustrechnung und Anhang – nicht Teil des Jahresabschlusses ist, sondern als davon unabhängige Komponente der Rechnungslegung neben dem Jahresabschluss steht. Daher ist der Lagebericht auch in der Darstellung deutlich vom Jahresabschluss (und hier insbesondere vom Anhang) zu trennen. Pflichtangaben des Anhangs dürfen nicht in den Lagebericht verlagert werden und umgekehrt.

Frage: Muss der Lagebericht geprüft und offen gelegt werden?

Antwort: Besteht in einem Unternehmen ein Aufsichtsrat nach dem AktG, ist diesem gem. § 171 Abs. 1 AktG der Lagebericht mit dem Jahresabschluss und der Ergebnisverwendungsvorschlag zur Prüfung vorzulegen. Bei prüfungspflichtigen Unternehmen unterliegt der Lagebericht gemäß § 316 HGB Abs. 1 HGB außerdem der Prüfung durch den Abschlussprüfer. Dabei ist jedoch zu berücksichtigen, dass der Lagebericht in wesentlich weniger detaillierter Form gesetzlich geregelt ist als der Jahresabschluss und wesentlich stärker von subjektiven Beurteilungen geprägt ist. Daher kann die Abschlussprüfung auch nicht mit der gleichen Intensität erfolgen. So fordert § 317 Abs. 2 HGB auch lediglich, dass der Lagebericht daraufhin zu prüfen ist, ob er mit dem Jahresabschluss sowie mit den bei der Prüfung gewonnenen Erkenntnissen des Abschlussprüfers in Einklang steht und ob der Lagebericht insgesamt eine zutreffende Vorstellung von der Lage des Unternehmens vermittelt.

Wie der Jahresabschluss ist auch der Lagebericht offen zu legen, d.h. zum Handelsregister einzureichen und ggf. im Bundesanzeiger bekannt zu machen. Hierbei ist zu beachten, dass die offen gelegte Fassung nicht von der aufgestellten und ggf. geprüften Version abweichen darf.

Frage: Was versteht man unter einem Bilanzeid?

Antwort: Die gesetzlichen Vertreter bestimmter Kapitalgesellschaften, die Inlandsemittent im Sinne des § 2 Abs. 7 des Wertpapierhandelsgesetzes sind, haben zu versichern, dass nach bestem Wissen im Lagebericht der Geschäftsverlauf einschließlich des Geschäftsergebnisses und der Lage der Kapitalgesellschaft so dargestellt sind, dass ein den tatsächlichen Verhältnissen entsprechendes Bild vermittelt wird; diese Versicherung bezeichnet man als Bilanzeid.

Problembereich 3: Ansatz- und Bewertungsvorschriften in der Handels- und Steuerbilanz/Maßgeblichkeit und Wegfall der umgekehrten Maßgeblichkeit

Frage: Was ist ein Festwert?

Antwort: Im Inventar sind die Vermögensgegenstände grundsätzlich mit der tatsächlichen Menge und dem tatsächlichen Wert festzuhalten. Im Ausnahmefall des Festbewertungsverfahrens (als Weiterentwicklung der Gruppenbewertung) dürfen Vermögensgegenstände in Inventar und Bilanz mit einer gleich bleibenden Menge und einem gleich bleibenden Wert erfasst werden. Die betreffenden Posten erscheinen infolgedessen von Jahr zu Jahr mit dem gleichen (festen) Betrag, in diesem Sinne mit einem Festwert. Das HGB gewährt dem bilanzierenden Unternehmer in § 240 Abs. 3 HGB ein Wahlrecht; die Ausübung dieses Wahlrechts in der Handelsbilanz ist Voraussetzung für ein entsprechendes Vorgehen in der Steuerbilanz. Es gelten für die Festwertbildung die folgenden Voraussetzungen:

- Es muss sich um Sachanlagegegenstände oder um Roh-, Hilfs- und Betriebsstoffe handeln;
- die regelmäßig ersetzt werden;
- deren Gesamtwert für das Unternehmen von nachrangiger Bedeutung ist;
- und deren Bestand in seiner Größe („Menge"), seinem Wert („Preisansätze") und seiner Zusammensetzung nur geringen Veränderungen (gemessen an der Funktion) unterliegt.

Ein Festwert kann erst dann gebildet werden, wenn der Bestand der Sachanlagen in etwa eine gleich bleibende Höhe erreicht hat. Das heißt, dass sich Zukäufe und Abgänge einschließlich ihrer Abschreibung in etwa die Waage halten (sog. Anhaltewert). Nach § 240 Abs. 3 HGB ist bei den durch einen Festwert erfassten Vermögensgegenständen in der Regel alle drei Jahre eine körperliche Bestandsaufnahme durchzuführen. Übersteigt der aufgrund der körperlichen Bestandsaufnahme ermittelte Wert den Festwert um mehr als 10 %, so ist der ermittelte Wert als neuer Festwert anzusetzen.

Frage: Was fällt Ihnen zum Schlagwort „Bewertungsvereinfachungsverfahren" ein?

Antwort: Die auf die Bewertungs- und Verbrauchsfolge zielenden Bewertungsvereinfachungsverfahren des § 256 HGB sind neben dem Standardverfahren des gewogenen Durchschnitts auf das LiFo- („last in first out") und das FiFo- („first in first out") Verfahren beschränkt. Somit sind weitere angewandte Verfahren, wie etwa das preisorientierte HiFo („highest in first out"), verboten.

Frage: Erläutern Sie kurz den wesentlichen Unterschied zwischen dem „permanenten LiFo-Verfahren" und dem „Perioden-LiFo-Verfahren"!

Antwort: Beim permanenten LiFo-Verfahren werden die Zu- und Abgänge fortlaufend erfasst, sodass der Bestand ständig („permanent") fortgeschrieben wird. Entspricht der Endbestand am Schluss des Geschäftsjahres dem des Anschaffungsbestands, so wird beim Perioden-LiFo-Verfahren der Wert des Anfangsbestandes angesetzt, weil sämtliche Zukäufe als verkauft gelten. Ist der Endbestand höher als der Anschaffungsbestand, ist der Mehrbestand mit den tatsächlichen Anschaffungs- bzw. Herstellungskosten anzusetzen, ist er niedriger, wird der Anfangsbestand – sofern er einheitlich bewertet wurde – mit diesem Wert gekürzt. Sofern der Anfangsbestand aus einem – oder mehreren – Layern besteht, so ist die Mindermenge vom ggf. zuletzt gebildeten – Layer abzuziehen.

Frage: Sind Ihnen aktuelle Ausführungen des BMF zur Anwendung des LiFo-Verfahrens in der Steuerbilanz bekannt?

Antwort: Das BMF hat zur Bewertung des Vorratsvermögens gemäß § 6 Abs. 1 Nr. 2a EStG – Lifo-Methode – in seinem Schreiben vom 12.05.2015, IV C 6 – S 2174/07/10001:002 Stellung genommen. Es führt aus:

Gemäß § 6 Abs. 1 Nr. 2a EStG können Steuerpflichtige, die den Gewinn nach § 5 EStG ermitteln, für den Wertansatz gleichartiger Wirtschaftsgüter des Vorratsvermögens unterstellen, dass die zuletzt angeschafften oder hergestellten Wirtschaftsgüter zuerst verbraucht oder veräußert worden sind, soweit dies den handelsrechtlichen Grundsätzen ordnungsmäßiger Buchführung entspricht („last in – first out"). Wirtschaftsgüter des Vorratsvermögens, für die eine Anwendung der Lifo-Methode in Betracht kommt, sind gemäß § 266 Abs. 2 Buchstabe B I. HGB Roh-, Hilfs- und Betriebsstoffe, unfertige Erzeugnisse, fertige Erzeugnisse und Waren. Die Bewertung des Vorratsvermögens unter Anwendung der Lifo-Methode setzt voraus, dass sie den handelsrechtlichen Grundsätzen ordnungsmäßiger Buchführung entspricht.

Nach Aussage des BMF ist diese Voraussetzung erfüllt, wenn:
- die am Schluss des Wirtschaftsjahres vorhandenen Wirtschaftsgüter mengenmäßig vollständig erfasst sind und
- die Anwendung der Lifo-Methode nach den betriebsindividuellen Verhältnissen zu einer Vereinfachung bei der Bewertung des Vorratsvermögens führt.

Für die Anwendung der Lifo-Methode können gleichartige Wirtschaftsgüter zu einer Gruppe zusammengefasst werden. Wirtschaftsgüter sind gleichartig, wenn es sich bei diesen um eine gleichartige Warengattung handelt oder sie funktionsgleich sind, vgl. auch R 6.9 Abs. 3 EStR. Das Bewertungswahlrecht kann nach Auffassung des BMF für verschiedene Bewertungsgruppen unterschiedlich ausgeübt werden. Sämtliche Wirtschaftsgüter einer Bewertungsgruppe sind nach einheitlichen Grundsätzen zu bewerten. Zum Wechsel der Bewertungsmethoden vgl. R 6.9 Abs. 5 EStR.

Das BMF legt außerdem fest, dass die Lifo-Methode nicht mit der tatsächlichen Verbrauchs- oder Veräußerungsfolge übereinstimmen muss. Sie ist somit unabhängig vom Vorhandensein besonderer ordnungsrechtlicher Vorschriften (z.B. Lebensmittelrecht) zulässig. Auch Zertifizierungs-Verfahren, die eine bestimmte tatsächliche Verbrauchsfolge vorschreiben, schließen die Anwendung der Lifo-Methode nicht aus.

Frage: Erläutern Sie den Begriff „Bilanzenzusammenhang"!

Antwort: Bilanzenzusammenhang bedeutet, dass die Wertansätze in der Eröffnungsbilanz des Geschäftsjahres mit denen der Schlussbilanz des vorhergehenden Geschäftsjahres übereinstimmen müssen, keine neuen Bilanzposten hinzukommen und keine vorhandenen Bilanzposten weggelassen werden (§ 252 Abs. 1 Nr. 1 HGB). Durch diese „Bilanzidentität" wird erreicht, dass der Totalgewinn eines Unternehmens der Summe aller Einzelgewinne entspricht. Gesetzliche Grundlage im Steuerrecht ist § 4 Abs. 1 EStG.

Frage: Beim Jahresabschluss des Gewerbetreibenden A ist nicht vorsätzlich die Passivierung einer Rückstellung unterblieben, für die eine Passivierungspflicht bestand. Der Einkommensteuerbescheid dieses Jahres enthält einen positiven Gewinn aus Gewerbebetrieb und kann nicht mehr geändert werden. Welche Überlegungen ergeben sich hinsichtlich des Steuerbilanzgewinns der Folgejahre?

Antwort: Der sich aus einer Steuerbilanz ergebende Gewinn geht als unselbständiges Besteuerungsmerkmal in die Steuerfestsetzung ein. Ist der Steuerbescheid nicht – mehr – änderbar, kann von dem Gewinn – und daraus folgend von der Steuerbilanz – nicht mehr abgewichen werden. Wegen der Bilanzidentität gilt dies nicht nur für das abgelaufene, sondern auch für das folgende Wirtschaftsjahr. Betriebsvermögen im Sinne des § 4 Abs. 1 S. 1 EStG ist nicht das „zutreffende, sondern das bei der Veranlagung angesetzte Betriebsvermögen (s. Urteil des BFH vom 28.01.1992, BStBl II 1992, 881). Folglich ist auch dieses Betriebsvermögen als Anfangsvermögen anzusetzen, auch wenn es unzutreffend ermittelt worden ist. Erst auf den folgenden Bilanzstichtag sind dann die Voraussetzungen für eine etwaige Rückstellungsbildung zu prüfen.

Frage: Nennen Sie ein Beispiel für eine Durchbrechung des Bilanzenzusammenhangs im Rahmen der steuerlichen Gewinnermittlung!

Antwort: Der BFH hat entschieden (s. Urteil vom 03.07.1956, BStBl III 1956, 250), dass eine Berichtigung einer Bilanz eines Jahres, bei dessen Veranlagung sich die Berichtigung auswirken kann, unter Durchbrechung des Bilanzenzusammenhangs erfolgen kann, wenn ein Steuerpflichtiger bewusst einen Aktivposten zu hoch – z.B. durch willkürlich unterlassene AfA – oder einen Passivposten zu niedrig angesetzt hat, ohne dass die Möglichkeit besteht, die Veranlagung des Jahres zu ändern, in der sich der unrichtige Bilanzansatz ausgewirkt hat.

> **Frage:** Beschreiben Sie bitte das „Vollständigkeitsgebot!

Antwort: Die Vorschrift, dass sämtliche Vermögensgegenstände und Rechnungsabgrenzungsposten zu aktivieren sind (§ 246 Abs. 1 HGB), regelt, dass grundsätzlich alle diejenigen bilanzierungsfähigen Vermögensgegenstände, Schulden und Rechnungsabgrenzungsposten in der Bilanz zu erfassen sind, die in personeller Hinsicht dem Kaufmann und in sachlicher Hinsicht dem Betriebsvermögen (und eben nicht dem Privatvermögen) zuzuordnen sind. § 246 Abs. 1 S. 1 HGB knüpft hinsichtlich der Aktivierung von Vermögensgegenständen und Schulden allgemein an das wirtschaftliche Eigentum an. Das Vollständigkeitsgebot des § 246 Abs. 1 HGB wird lediglich hinsichtlich der Ansatzwahlrechte und Ansatzverbote durchbrochen. § 246 HGB betrifft somit nur die Frage, ob ein Gegenstand überhaupt anzusetzen ist und nicht, wie sich die Werterfassung dieses Gegenstandes darstellt; hierzu sind die einzelnen Bewertungsvorschriften heranzuziehen. Das Vollständigkeitsgebot ist noch erweitert, weil ein entgeltlich erworbener Geschäfts- oder Firmenwert nach § 246 Abs. 1 S. 2 HGB zwingend als zeitlich begrenzt nutzbarer immaterieller Geschäfts- oder Firmenwert angesehen werden muss und mithin bilanzierungspflichtig wird.

Das Vollständigkeitsgebot des § 246 Abs. 1 HGB ist – soweit es die Bilanz betrifft – auch steuerlich von entscheidender Bedeutung, da es nach § 5 Abs. 1 EStG gleichzeitig auch Grundlage für die steuerliche Gewinnermittlung ist.

> **Frage:** Wann sind bestrittene Steuererstattungsansprüche zu aktivieren

Antwort: Die seitens der Verwaltung vertretene Auffassung ergibt sich aus der Verfügung des Bayerischen Landesamts für Steuern vom 10.3.2015, S 2133.1.1-7/5 St 31).

Ein Steuererstattungsanspruch bzw. ein Anspruch auf Erstattungszinsen ist in der Bilanz gewinnerhöhend zu aktivieren, wenn er nach den steuerrechtlichen Vorschriften entstanden und hinreichend sicher ist (sog. Realisationsprinzip). Konkret bedeutet das:
1. Für zunächst bestrittene Erstattungsansprüche muss eine Aktivierung im Regelfall auf dem Bilanzstichtag erfolgen, der der Bekanntgabe des begünstigenden Verwaltungsakts (Steuerbescheid, Einspruchsentscheidung) folgt.
2. Die Aktivierung muss zu einem früheren Zeitpunkt erfolgen, wenn der Realisierung des Steuererstattungsanspruchs nichts mehr entgegensteht. Das ist der Fall, wenn eine Streitfrage höchstrichterlich zu Gunsten des Steuerpflichtigen entschieden wurde, das Urteil im Bundessteuerblatt veröffentlicht wurde und der bestrittene Steuerbescheid geändert werden kann.

Für Steuernachzahlungen führt das Bayrische Landesamt im Übrigen aus, dass für diese in der Bilanz des Jahres Rückstellungen zu bilden sind, in dem die Steuern entstanden sind.

> **Frage:** Beurteilen Sie bitte kurz den folgenden Sachverhalt. Im Rahmen einer Betriebsprüfung für die Jahre 2012 bis 2014, die im Jahr 2015 stattfindet, ergehen sich Steuernachzahlungen für 2013 in Höhe von 44.000 €. Wann ist hierfür eine Rückstellung zu passivieren?

Antwort: Für Steuernachzahlungen führt das Bayrische Landesamt aus, dass für diese in der Bilanz des Jahres Rückstellungen zu bilden sind, in dem die Steuern entstanden sind. Folglich sind in der Bilanz auf den 31.12.2013 44.000 € in eine Rückstellung aufzunehmen.

> **Frage: Was ist mit dem Begriff „Bewertungsstetigkeit" gemeint?**

Antwort: Nach dem Wortlaut des HGB sind in den Folgejahren die auf den vorhergehenden Jahresabschluss angewandten Bewertungsmethoden beizubehalten (s. § 252 Abs. 1 Nr. 6 HGB). Diese Bewertungsstetigkeit soll die Vergleichbarkeit aufeinander folgender Abschlüsse verbessern und ein zutreffendes Bild bei der Betrachtung mehrerer Perioden ermöglichen. Das Stetigkeitsgebot gilt für sämtliche Vermögensgegenstände und Schulden. Die Bewertungsstetigkeit wirkt willkürlichen Gewinn- oder Verlustverlagerungen durch einen Wechsel von Bewertungsmethoden entgegen. Bilanzansatzwahlrechte werden nicht vom Stetigkeitsgebot erfasst. In der Fachliteratur wird darauf hingewiesen, dass die Stetigkeitsgrundsatz die bilanzpolitische Flexibilität einschränkt.

> **Frage: Eine Warenverbindlichkeit i.H.v. 1.000 $ wird am Tag der Warenlieferung mit 1.000 € passiviert. Zur Absicherung des Fremdwährungsgeschäfts kauft das Unternehmen am selben Tag 1.000 $. Am Bilanzstichtag sind die 1.000 $ nach Tagesumrechnungskurs nur noch 800 € wert. Welche Überlegungen sind anzustellen?**

Antwort: Bei Anwendung des Grundsatzes der Einzelbewertung und dem strengen Niederstwertprinzip müsste auf den Bestand von 1.000 € auf der Aktivseite der Handelsbilanz eine außerplanmäßige Abschreibung i.H.v. 200 € auf den beizulegenden Wert vorgenommen werden (§ 253 Abs. 3 S. 3 HGB). Eine Minderung der Verbindlichkeit könnte nicht vorgenommen werden, da ansonsten nicht realisierte Gewinne ausgewiesen würden; dies widerspräche aber dem Realisationsprinzip des § 252 Abs. 1 Nr. 4 HGB. Tatsächlich stehen die beiden Bilanzposten aber in einem Sicherungszusammenhang. Der Verlust von 200 € würde tatsächlich nie eintreten, da bei Zahlung der Verbindlichkeit der Verlust beim Dollarbestand durch einen Gewinn in gleicher Höhe bei der Verbindlichkeit ausgeglichen würde. Die Vorschrift des § 254 HGB ist derart ausgestaltet worden, dass sie eine Grundlage für die Abbildung von Bewertungseinheiten zur Risikoabsicherung im handelsrechtlichen Jahresabschluss bietet. Abweichend vom oben dargestellten Einzelbewertungsgrundsatz erlaubt die Norm, Vermögensgegenstände, Schulden, schwebende Geschäfte oder mit hoher Wahrscheinlichkeit erwartete Transaktionen, die mit Finanzinstrumenten zum Ausgleich gegenläufiger Wertänderungen oder Zahlungsströme aus dem Eintritt vergleichbarer Risiken zusammengefasst wurden, für Zwecke der Anwendung des Realisations- und Imparitätsprinzips als Einheit zu beurteilen. Zu den Finanzinstrumenten zählen auch Termingeschäfte über den Erwerb oder die Veräußerung von Waren. Für die steuerliche Behandlung gilt, dass die „handelsrechtliche Praxis" zur Bildung von Bewertungseinheiten auch für die steuerliche Gewinnermittlung maßgeblich ist, weil § 5 Abs. 1a EStG ausdrücklich die kompensatorische Bewertung auch für Zwecke der steuerlichen Gewinnermittlung zulässt. Da dem aus einem einzelnen Grundgeschäft resultierenden Risiko ein individuelles Sicherungsinstrument unmittelbar gegenübersteht, spricht man auch von einem „Micro-Hedge".

Die IDW-Geschäftsstelle hat in Beantwortung einer fachlichen Anfrage vom 28.03.2012 angemerkt, dass ein Sicherungsinstrument zum Ausgleich des Risikos des Grundgeschäfts dem Grunde und der Höhe nach geeignet sein muss. Dabei hat die Geschäftsstelle gefordert, dass es sich bei den abzusichernden Risiken um spezifische, den Grundgeschäften und Sicherungsinstrumenten eindeutig zurechenbare Einzelrisiken handeln muss. Damit ein effektiver Sicherungszusammenhang hergestellt werden kann, dürfen die abzusichernden Risiken nicht durch andere Risiken (z.B. sonstige Marktpreisrisiken) überlagert werden. Nach Ansicht der IDW-Geschäftsstelle sind deshalb Vermögensgegenstände des Sachanlagevermögens, die bestimmt sind, dauernd dem Geschäftsbetrieb zu dienen (z.B. Immobilien), nicht für die Einbeziehung als Grundgeschäft in eine Bewertungseinheit nach § 254 HGB geeignet, falls mit dem Sicherungsgeschäft (Fremdwährungsdarlehen) nur das Währungsrisiko abgesichert werden soll.

> **Tipp!** Bei komplexeren Sachverhalten wie hier sollte man „Schritt für Schritt" vorgehen und nicht versuchen, die Gesamtproblematik mit einem Satz zu erläutern. Entwickeln Sie in Ruhe die einzelnen Wertansätze und beginnen Sie mit demjenigen, bei dem Sie sich am sichersten fühlen. Mit etwas Glück wird die Frage nach Ihrer Teillösung sogar an einen anderen Teilnehmer weitergereicht.

Frage: Was bedeutet der Begriff „Wertaufhellung"?

Antwort: Nach dem Abschlussstichtagsprinzip ist der Wert an dem Tage maßgeblich, für den die Aufstellung stattfindet, also nicht etwa der Wert am (späteren) Bilanzerstellungstag oder an anderen Stichtagen. Das schließt nicht etwa aus, bis zum Bilanzerstellungstag zugegangene Informationen über den am Abschlussstichtag gegebenen Wert zu berücksichtigen.

Das Prinzip der Wertaufhellung (und eben nicht Wertbeeinflussung) fordert, später erlangten Informationen über den wirklichen Abschlussstichtagswert Rechnung zu tragen, wenn die Ursachen für die Wertänderung vor dem Bilanzstichtag eingetreten sind. Liegt die Ursache für die Wertänderung erst nach dem Bilanzstichtag – z.B. Feuerschaden nach dem Bilanzstichtag –, handelt es sich um eine wertbeeinflussende Tatsache, die nicht zu berücksichtigen ist. Das Prinzip der Wertaufhellung ist Teil des Vorsichtsprinzips, dass in § 252 Abs. 1 Nr. 4 HGB verankert ist.

> **Tipp!** Es kann sinnvoll sein, den Gegensatz von „Wertaufhellung" und „Wertbegründung" durch Zuhilfenahme eines kurzen Beispiels zu erläutern.

Frage: Was besagt der Maßgeblichkeitsgrundsatz?

Antwort: Ausgangspunkt für die Ermittlung des steuerlichen Gewinns ist der Betriebsvermögensvergleich nach § 4 Abs. 1 Satz 1 EStG. Bei Gewerbetreibenden, die aufgrund gesetzlicher Vorschriften verpflichtet sind, Bücher zu führen und regelmäßig Abschlüsse zu machen, oder die dies freiwillig machen, ist das Betriebsvermögen anzusetzen, das nach den handelsrechtlichen Grundsätzen ordnungsmäßiger Buchführung auszuweisen ist (§ 5 Abs. 1 EStG). Soweit der Steuerpflichtige keine gesonderte Steuerbilanz aufstellt, ist Grundlage für die steuerliche Gewinnermittlung die Handelsbilanz unter Beachtung der vorgeschriebenen steuerlichen Anpassungen (§ 60 Abs. 2 S. 1 EStDV). Die allgemeinen Grundsätze zur Aktivierung, Passivierung und Bewertung der einzelnen Bilanzposten sind auch für die steuerliche Gewinnermittlung maßgeblich. Der Grundsatz der Maßgeblichkeit wird allerdings für die steuerliche Gewinnermittlung durch die durch zwingende Steuerrechtsnormen vorgeschriebenen durch die steuerlichen Ansatz- und Bewertungsvorbehalte durchbrochen (§ 5 Abs. 1a bis 4b, Abs. 6; §§ 6, 6a und 7 EStG).

> **Tipp!** Der Maßgeblichkeitsgrundsatz gehört zum absoluten Grundlagenwissen und sollte in allen Varianten von Ihnen beherrscht werden.

Frage: Was kann man also grundsätzlich bezüglich handelsrechtlicher Ausweisgebote und -verbote festhalten?

Antwort: Handelsrechtliche Aktivierungsgebote und Aktivierungswahlrechte führen zu Aktivierungsgeboten in der Steuerbilanz, es sei denn, die Aktivierung in der Steuerbilanz ist aufgrund einer steuerlichen Regelung ausgeschlossen.

Handelsrechtliche Passivierungsgebote sind – vorbehaltlich steuerlicher Vorschriften – auch für die steuerliche Gewinnermittlung maßgeblich. So sind für Pensionsverpflichtungen nach den Grundsätzen ordnungsmäßiger Buchführung Rückstellungen für ungewisse Verbindlichkeiten zu bilden.

Passivierungsverbote und Passivierungswahlrechte in der Handelsbilanz führen zu Passivierungsverboten in der Steuerbilanz (BFH vom 03.02.1969, BStBl II 1969, 291).

> **Frage: Was ist bei handelsrechtlichen Aktivierungs- und Passivierungswahlrechten zu beachten?**

Antwort: Bewertungswahlrechte, die in der Handelsbilanz ausgeübt werden können, ohne dass eine eigenständige steuerliche Regelung besteht, wirken wegen des maßgeblichen Handelsbilanzansatzes auch auf den Wertansatz in der Steuerbilanz.

> **Frage: Welche Aussagen ergeben sich, wenn ausschließlich steuerliche Wahlrechte bestehen?**

Antwort: Wahlrechte, die nur steuerrechtlich bestehen, können unabhängig vom handelsrechtlichen Wertansatz ausgeübt werden (§ 5 Abs. 1 S. 1 Halbsatz 2 EStG). Die Ausübung des steuerlichen Wahlrechtes wird insoweit nicht nach § 5 Abs. 1 S. 1 Halbsatz 1 EStG durch die Maßgeblichkeit der handelsrechtlichen Grundsätze ordnungsmäßiger Buchführung beschränkt. Ich erläutere dies am Beispiel der **Teilwertabschreibungen** (§ 6 Abs. 1 Nr. 1 S. 2 und Nr. 2 S. 2 EStG): Vermögensgegenstände des Anlage- und Umlaufvermögens sind bei voraussichtlich dauernder Wertminderung außerplanmäßig abzuschreiben (§ 253 Abs. 3 S. 3, Abs. 4 HGB). Nach § 6 Abs. 1 Nr. 1 S. 2 und Nr. 2 S. 2 EStG kann bei einer voraussichtlich dauernden Wertminderung der Teilwert angesetzt werden. Die Vornahme einer außerplanmäßigen Abschreibung in der Handelsbilanz ist nicht zwingend in der Steuerbilanz durch eine Teilwertabschreibung nachzuvollziehen; der Steuerpflichtige kann darauf auch verzichten.

> **Frage: Welche Überlegungen sind anzustellen, wenn sowohl handelsrechtliche wie auch steuerrechtliche Wahlrechte bestehen? Geben Sie bitte hierfür ein Beispiel!**

Antwort: Wahlrechte, die sowohl handelsrechtlich als auch steuerrechtlich bestehen, können aufgrund des § 5 Abs. 1 S. 1 Halbsatz 2 EStG in der Handelsbilanz und in der Steuerbilanz unterschiedlich ausgeübt werden.

Beispielsweise sind diese Grundsätze bei den Verbrauchsfolgeverfahren (§ 256 HGB/§ 6 Abs. 1 Nr. 2a EStG) anzuwenden: Nach § 256 HGB kann für den Wertansatz gleichartiger Vermögensgegenstände des Vorratsvermögens eine bestimmte Verbrauchsfolge unterstellt werden (Fifo und Lifo). Steuerrechtlich besteht nach § 6 Abs. 1 Nr. 2a EStG dieses Wahlrecht nur für das Verbrauchsfolgeverfahren, bei dem die zuletzt angeschafften oder hergestellten Wirtschaftsgüter zuerst verbraucht oder veräußert werden (Lifo).

Die Anwendung des Verbrauchsfolgeverfahrens in der Steuerbilanz setzt nicht voraus, dass der Steuerpflichtige die Wirtschaftsgüter auch in der Handelsbilanz unter Verwendung von Verbrauchsfolgeverfahren bewertet. Eine Einzelbewertung der Wirtschaftsgüter in der Handelsbilanz steht der Anwendung des Verbrauchsfolgeverfahrens nach § 6 Abs. 1 Nr. 2a S. 1 EStG unter Beachtung der dort genannten Voraussetzungen nicht entgegen.

> **Frage: Stimmt es, dass zwingend eine „Steuerbilanz" aufzustellen ist, wenn steuerliche Werte von den handelsrechtlichen Werten abweichen?**

Problembereich 4: Grundstücke/Grundstücksteile

Antwort: Für Zwecke der Erfüllung von Deklarationspflichten (keine bilanzrechtliche Regelung) kann der Kaufmann gemäß § 60 Abs. 2 S. 1 EStDV die Handelsbilanz durch Zusätze und Bemerkungen an die steuerlichen Vorschriften anpassen. Der Steuerpflichtige kann aber auch eine den steuerlichen Vorschriften entsprechende Bilanz (Steuerbilanz) beifügen (§ 60 Abs. 2 S. 2 EStDV).

Problembereich 4: Grundstücke/Grundstücksteile

> **Frage:** A hat auf einem in seinem Eigentum stehenden unbebauten Grundstück ein Warenhaus errichtet, in dem sich eine Schaufensteranlage befindet. Das Eigentum an wie vielen Sachen im Sinne des Zivilrechts hat A inne?

Antwort: Zivilrechtlich ist A Eigentümer des Grundstücks, auf dem das Warenhaus errichtet wurde. Sowohl das Gebäude als auch die in das Gebäude eingebauten Anlagen können gemäß § 93 BGB nicht Gegenstand besonderer Rechte sein. Sie sind wesentliche Bestandteile des Grundstücks geworden. Gemäß § 94 Abs. 1 BGB ist das Gebäude wesentlicher Bestandteil des Grundstücks. Gemäß § 94 Abs. 2 BGB gehören die in das Gebäude eingebauten Anlagen zu den wesentlichen Bestandteilen des Gebäudes, weil sie der Nutzung des Gebäudes dienen. Wird eine bewegliche Sache mit einem Grundstück derart verbunden, dass sie wesentlicher Bestandteil des Grundstücks wird, so erstreckt sich gemäß § 946 BGB das Eigentum an dem Grundstück auch auf diese Sache.

> **Frage:** Welche Überlegungen sind handelsrechtlich und steuerrechtlich bezüglich des Gebäudes anzustellen?

Antwort: Abweichend von den Regelungen des BGB ist das Gebäude handelsrechtlich ein eigenständiger Vermögensgegenstand des abnutzbaren Anlagevermögens. Es ist gemäß § 253 Abs. 1 HGB höchstens mit den Herstellungskosten, vermindert um die Abschreibungen nach § 253 Abs. 3 HGB, anzusetzen. Der Bilanzausweis erfolgt nach § 266 Abs. 2 A II Nr. 1 HGB unter „Grundstücke, grundstücksgleiche Rechte und Bauten einschließlich der Bauten auf fremden Grundstücken". Auch steuerbilanzrechtlich sind die oben genannten Wirtschaftsgüter gemäß § 6 Abs. 1 und Abs. 2 EStG mit ihren Herstellungskosten zu aktivieren. Die AfA von Betriebsgebäuden (= Gebäuden, soweit sie zu einem Betriebsvermögen gehören und nicht Wohnzwecken dienen) beträgt gemäß § 7 Abs. 4 S. 1 Nr. 1 EStG 3 % pro Jahr.

> **Tipp!** Zu beachten ist, dass § 266 Abs. 2 A II Nr. 1 HGB keinen gesonderten Ausweis von bebauten und unbebauten Grundstücken vorschreibt. Auch ist keine Trennung zwischen Geschäftsbauten und z.B. Wohnbauten erforderlich. Es wäre also zulässig – wenn auch unzweckmäßig – nur eine Summe auszuweisen.

> **Frage:** Ergeben sich Besonderheiten bezüglich der Schaufensteranlage?

Antwort: Die Unterscheidung zwischen selbständigen und unselbständigen Gebäudeteilen ergibt sich nicht unmittelbar aus dem Gesetz, sondern sind durch den BFH im Wege der Rechtsfortbildung entwickelt worden. Die handelsrechtliche Auslegung orientiert insoweit an der steuerbilanzrechtlichen Rechtsprechung des BFH zur Bilanzierung von Gebäuden und Gebäudeteilen. Gebäudeteile, die nicht in einem einheitlichen Nutzungs- und Funktionszusammenhang mit dem Gebäude stehen, sind selbständige Wirtschaftsgüter (s. Beschluss des BFH vom 26.11.1973, BStBl II 1974, 132). Ein Gebäudeteil ist dann selbständig, wenn er besonderen Zwecken dient, mithin in einem von der eigentlichen Gebäudenutzung verschiedenen Nutzungs- und Funktionszusammenhang steht.

Ein solch selbständiger Gebäudeteil ist die Schaufensteranlage (s. Urteil des BFH vom 29.03.1965, BStBl II 1965, 291). Das Gericht führt in seinem Urteil aus, dass ein Gebäude grundsätzlich ein einheitliches Wirtschaftsgut ist und einzelne Gebäudeteile in aller Regel nicht als besondere Wirtschaftsgüter ausgewiesen und einer besonderen AfA unterworfen werden können. Doch schließt dieser Grundsatz nicht schlechthin aus, dass für wirtschaftlich klar abgrenzbare Teile eines Gebäudes, die zum Betriebsvermögen gehören und eine wesentlich geringere wirtschaftliche Nutzungsdauer haben als die anderen Gebäudeteile, eine getrennte AfA berechnet wird, sofern diese Teile bei wirtschaftlicher Betrachtung ausnahmsweise wegen ihres eigenen Nutzwerts als selbständige Wirtschaftsgüter anzusehen sind. Das Gericht hatte im Urteilsfall erkannt, dass die Schaufensteranlage von dem übrigen Gebäude in tatsächlicher Hinsicht klar abgegrenzt ist, der Ausführung nach der Mode unterliegt und durch eine (spätere) Erneuerung der Zustand des Gebäudes nicht berührt wird.

> **Frage:** Was bedeutet diese Unterscheidung für die AfA?

Antwort: Die Abschreibung der Schaufensteranlage richtet sich ebenfalls nach den Grundsätzen der Gebäudeabschreibung (vgl. auch R 7.1 Abs. 6 EStR). Der Steuergesetzgeber hat eine Nutzungsdauer von Gebäuden festgelegt, ohne dass es auf die tatsächliche Nutzungsdauer ankommt. Abweichend von der gesetzlichen Vermutung der Nutzungsdauer von Gebäuden (33 Jahre) kann ausnahmsweise eine andere AfA in Betracht kommen, wenn die tatsächliche Nutzungsdauer niedriger ist (§ 7 Abs. 4 S. 2 EStG). Da die Schaufensteranlage eine Nutzungsdauer von sieben Jahren hat (siehe auch BMF vom 30.05.1996, BStBl I 1996, 643), kommt eine Jahres-AfA in Höhe von 14 % in Betracht. Diese ist ggf. nur zeitanteilig anzusetzen, wenn die Anschaffung oder die Herstellung erst im Laufe des Wirtschaftsjahres erfolgt (§§ 7 Abs. 1 S. 4, Abs. 4 EStG).

> **Tipp!** Ohne Studium des einschlägigen BMF-Schreibens dürfte es eher unwahrscheinlich sein, von Ihnen den geltenden AfA-Satz abzufragen. Dass aber ein – vom Gebäude abweichender AfA-Satz – in Betracht kommt, muss Ihnen bekannt sein.

> **Frage:** Angenommen, in dem im Ausgangsfall bezeichneten Gebäude befindet sich ein Lastenaufzug. Welche Besonderheiten gelten?

Antwort: Auch Betriebsvorrichtungen sind selbständige Gebäudeteile. Der BFH hat entschieden, dass Vorrichtungen, die in einer besonderen Beziehung zu dem auf dem Grundstück ausgeübten Gewerbebetrieb stehen, zu den Betriebsvorrichtungen gerechnet werden können (s. Urteil des BFH vom 14.08.1958, BStBl III 1958, 400). Der BFH hat auch herausgestellt, dass es zur unmittelbaren gewerblichen Tätigkeit eines Warenhauses gehört, die Ware dadurch anzubieten, dass sie in einer die Kauflust anregenden Weise zur Schau gestellt wird. Dazu muss sie an die dafür vorgesehenen Plätze gebracht werden. Die besonderen Beförderungsmittel für die Waren stehen somit, auch soweit sie Grundstücksbestandteile sind, grundsätzlich in einem besonderen Zusammenhang mit dem Warenumsatz und nicht nur mit der Gebäudebenutzung, sodass durch sie das Gewerbe unmittelbar betrieben wird, und zwar in der Weise, dass sie der Verwirklichung des Angebots dienen (s. Urteil des BFH vom 05.03.1971, BStBl II 1971, 455).

> **Frage:** Nehmen Sie bitte an, dass A die Schaufensteranlage in ein angemietetes Gebäude – mit Zustimmung des Vermieters – eingebaut hat. Die Anlage wird am Ende der Mietdauer wirtschaftlich verbraucht sein. Muss A etwas aktivieren?

Antwort: Aufwendungen des Mieters für sonstige Mietereinbauten oder Mieterumbauten, durch die weder ein Scheinbestandteil noch eine Betriebsvorrichtung entsteht, sind Aufwendungen für die

Herstellung eines materiellen Wirtschaftsguts des Anlagevermögens, wenn der Mieter wirtschaftlicher Eigentümer der von ihm geschaffenen sonstigen Mietereinbauten oder Mieterumbauten ist. Der Mieter ist wirtschaftlicher Eigentümer eines sonstigen Mietereinbaus oder Mieterumbaus, wenn der mit Beendigung des Mietvertrages entstehende Heraugabeanspruch des Eigentümers zwar auch die durch den Einbau oder Umbau geschaffene Substanz umfasst, dieser Anspruch jedoch keine wirtschaftliche Bedeutung hat. Das ist in der Regel der Fall, wenn die eingebauten Sachen während der voraussichtlichen Mietdauer technisch oder wirtschaftlich verbraucht werden. Bezüglich weiterer Einzelheiten s. Schreiben des BMF vom 15.01.1976 (BStBl I 1976, 66).

> **Frage:** Ergäbe sich eine andere Beurteilung, wenn die Schaufensteranlage zum Ende der Mietzeit nicht wirtschaftlich verbraucht wäre und der Vermieter am Ende der Mietzeit den verbleibenden Wert nicht erstatten muss?

Antwort: In diesem Fall ist A zwar nicht wirtschaftlicher Eigentümer der eingebauten Schaufensteranlage. Allerdings besteht ein besonderer Nutzungs- und Funktionszusammenhang der Schaufensteranlage mit dem Betrieb des Nutzungsberechtigten, sodass der Nutzungsvorteil wie ein materielles Wirtschaftsgut zu beurteilen und nach den Vorschriften für unbewegliche Wirtschaftsgüter zu aktivieren und abzuschreiben ist.

> **Frage:** Kann es allein aufgrund unterschiedlicher Nutzung zu unterschiedlichen Wirtschaftsgütern kommen?

Antwort: Grundsätzlich gehören Wirtschaftsgüter entweder in vollem Umfang zum Betriebsvermögen oder zum Privatvermögen. Unterschiedliche Nutzungen und Funktionen eines Gebäudes führen bilanzrechtlich jedoch zu eigenständigen Wirtschaftsgütern. Wenn ein Gebäude:
- Teils eigenbetrieblich,
- teils fremdbetrieblich,
- teils zu fremden Wohnzwecken und
- teils zu eigenen Wohnzwecken genutzt wird,

liegen insgesamt vier verschiedene Wirtschaftsgüter vor. Eine Aufteilung in verschiedene Wirtschaftsgüter ist z.B. zwingend erforderlich, wenn für die unterschiedlichen Gebäudeteile unterschiedliche Abschreibungsbeträge/AfA zu gewähren sind.

> **Frage:** Wie erfolgt in einem solchen Fall die Aufteilung der Anschaffungskosten, wenn mehrere Wirtschaftsgüter vorliegen?

Antwort: Die Anschaffungskosten des gesamten Gebäudes sind nach dem Verhältnis der Nutzflächen aufzuteilen (R 4.2 Abs. 6 EStR), es sei denn, die Aufteilung nach dem Verhältnis der Nutzflächen führt zu einem unangemessenen Ergebnis. Der Ansatz von Gebäuden erfolgt in der Handelsbilanz und der Steuerbilanz nach denselben Grundsätzen.

> **Frage:** Was ist hinsichtlich des Grund und Bodens zu sagen?

Antwort: Der Grund und Boden und ein darauf errichtetes Gebäude sind bilanzsteuerrechtlich zwei verschiedene Wirtschaftsgüter, die gleichwohl aber nur einheitlich dem Betriebsvermögen oder dem Privatvermögen zugeordnet werden können, weil der Grund und Boden und das darauf errichtete Gebäude in der Regel nur einheitlich für betriebliche oder private Zwecke genutzt werden können. Wird das aufstehende Gebäude teilweise dem Privatvermögen und teilweise dem Betriebsvermögen zugeordnet, so ist der bebaute Grund und Boden im gleichen Verhältnis dem Betriebsvermögen und dem Privatvermögen zuzurechnen.

> **Frage:** Der Handwerksmeister H, der seinen Gewinn nach §§ 5 Abs. 1, 4 Abs. 1 EStG ermittelt, ist Eigentümer eines bebauten Grundstücks (Fertigstellung am 13.12.2002) mit einem Wert von 100.000 €, welches zu 20 % seinem Gewerbebetrieb und zu 80 % privaten Wohnzwecken dient. In welchem Umfang ist das Grundstück in der Steuerbilanz zu aktivieren?

Antwort: Gemäß R 4.2 Abs. 1 S. 6 EStR können Wirtschaftsgüter, bei denen eine betriebliche Nutzung von mindestens 10 % bis zu 50 % vorliegt, in vollem Umfang zum gewillkürten Betriebsvermögen zugeordnet werden. Von dieser Regelung sind aber Grundstücke und Grundstücksteile ausdrücklich ausgenommen, weil jeder der unterschiedlich genutzten Gebäudeteile ein eigenständiges Wirtschaftsgut ist (R 4.2 Abs. 4 S. 1 EStR). Der eigenbetrieblich genutzte Grundstücksteil stellt damit notwendiges Betriebsvermögen dar, welcher auch grundsätzlich in der Bilanz zu aktivieren wäre.

Von dieser Aktivierungspflicht macht jedoch § 8 EStDV eine Ausnahme. Ein Grundstücksteil ist gemäß § 8 EStDV dann von untergeordneter Bedeutung, wenn:
- der Grundstücksteil nicht mehr als 20 % des Wertes des gesamten Grundstücks und
- nicht mehr als 20.500 € beträgt.

Gemäß R 4.2 Abs. 8 S. 2 EStR ist auf den Wert des Gebäudeteils zuzüglich des dazugehörenden Grund und Bodens abzustellen. Bei der Prüfung, ob der Wert des Grundstücksteils mehr als ein Fünftel des Werts des gesamten Grundstücks beträgt, ist in der Regel das Verhältnis der Nutzflächen zueinander zugrunde zu legen (R 6.2 Abs. 8 S. 3 EStR).

Da diese Voraussetzungen vorliegen, hat H ein Aktivierungswahlrecht. Die eigenbetriebliche Nutzung zu 20 % ist von untergeordneter Bedeutung, da weder die Bruchteilsgrenze noch die absolute Wertgrenze von 20.500 € überschritten wird. Der eigenbetrieblich genutzte Grundstücksteil braucht damit nicht als Betriebsvermögen behandelt zu werden („Wahlrecht"). Gleichwohl besteht die Möglichkeit, diesen Grundstücksteil als Betriebsvermögen auszuweisen (R 4.2 Abs. 8 S. 7 EStR).

> **Frage:** Der Gewerbetreibende A besitzt ein zu fremden Wohnzwecken vermietetes Gebäude. Besteht die Möglichkeit, dieses als Betriebsvermögen zu behandeln?

Antwort: Gemäß R 4.2 Abs. 9 S. 1 EStR können Grundstücke oder Grundstücksteile, die nicht eigenbetrieblich genutzt werden und weder eigenen Wohnzwecken dienen, noch Dritten zu Wohnzwecken unentgeltlich überlassen sind, sondern z.B. zu Wohnzwecken oder zur gewerblichen Nutzung an Dritte vermietet sind, als gewillkürtes Betriebsvermögen behandelt werden, wenn die Grundstücke oder die Grundstücksteile in einem gewissen objektiven Zusammenhang mit dem Betrieb stehen und ihn zu fördern bestimmt und geeignet sind. In H 4.2 Abs. 9 „Beispiele für zulässigerweise gebildetes Betriebsvermögen" EStH führt die Finanzverwaltung aus, dass auch Mietwohngrundstücke eines bilanzierenden Gewerbetreibenden in der Regel zum gewillkürten Betriebsvermögen gezählt werden können, es sei denn, dass dadurch das Gesamtbild der gewerblichen Tätigkeit so verändert wird, dass es den Charakter einer Vermögensnutzung im nichtgewerblichen Bereich erhält.

> **Tipp!** Es hätte sich ggf. auch angeboten, zunächst die Voraussetzungen für das Vorliegen von notwendigem Betriebsvermögen zu prüfen und diese zu verneinen.

> **Frage:** Der Gewerbetreibende A schenkt seiner Tochter T mit Wirkung zum 30.11.01 ein bisher ausschließlich betrieblich genutztes bebautes Grundstück, behält sich aber den lebenslangen Nießbrauch zurück. Die Grundstücksübereignung und die Nießbrauchsgestellung wurden wirksam im Grundbuch vollzogen. Was ist zu veranlassen?

Problembereich 4: Grundstücke/Grundstücksteile

Antwort: Durch die Schenkung und Auflassung des Grundstücks hat A die Wirtschaftsgüter „Grund und Boden" bzw. „Gebäude" aus seinem Betriebsvermögen entnommen (§ 4 Abs. 1 S. 2 EStG). Diese Entnahmen sind mit dem Teilwert zu bewerten (§ 6 Abs. 1 Nr. 4 EStG) und führen, einen entsprechenden niedrigeren Buchwert vorausgesetzt, zur Aufdeckung stiller Reserven. Da A das Grundstück aber weiterhin als Nießbraucher nutzt, ist er berechtigt, die von ihm getragenen Grundstücksaufwendungen – weiterhin – als Betriebsausgabe abzuziehen. Dazu zählt auch die AfA, denn A hat die Anschaffungskosten getragen.

> **Frage:** Die Ehegatten A und B sind je zu ½ Miteigentümer eines – zunächst – unbebauten Grundstücks. Der Ehemann A hat mit eigenen Mitteln auf dem Grundstück – mit Zustimmung seiner Ehefrau – eine Lagerhalle errichtet, die er ausschließlich betrieblich nutzt. B hat auf zivilrechtliche Ansprüche nicht verzichtet. Was hat A in seiner Bilanz zu aktivieren?

Antwort: A ist zu ½ Miteigentümer des Grundstücks und muss deshalb 50 % des Grund und Bodens und 50 % des Gebäudes als notwendiges Betriebsvermögen aktivieren (§§ 246 Abs. 1 HGB, 5 Abs. 1 S. 1 EStG). Der auf dem Miteigentumsanteil der Ehefrau errichtete Gebäudeteil steht nicht im zivilrechtlichen Eigentum des A. Gleichwohl ist ihm diese Hälfte des Gebäudes nach den Grundsätzen des wirtschaftlichen Eigentums zuzurechnen, sodass A das gesamte Gebäude zu aktivieren hat.

> **Frage:** Der Ausgangsfall soll bestehen bleiben, jedoch verzichtet der Ehemann auf seinen zivilrechtlichen Aufwendungsersatz (§ 951 Abs. 1 BGB). Der Ehemann wollte der Ehefrau den hälftigen Gebäudeteil unentgeltlich zuwenden. Welche Folgerungen ergeben sich?

Antwort: Hinsichtlich des im zivilrechtlichen Eigentum des Ehemanns stehenden Teils des Grund und Bodens und des Gebäudes ergeben sich keine Änderungen zum Ausgangsfall. Den auf die Ehefrau entfallenden Gebäudeanteil kann der Ehemann dagegen nicht aktivieren. A ist nicht zivilrechtlicher Eigentümer, sodass eine Aktivierung als materielles Wirtschaftsgut ausscheidet. Eine Aktivierung als wirtschaftlicher Eigentümer scheidet ebenfalls aus, weil A auf den zivilrechtlichen Anspruch auf Aufwendungsersatz verzichtet hat. Es liegt auch kein aktivierbares Nutzungsrecht vor, weil A die Aufwendungen zur Errichtung der Halle nicht aus einer betrieblichen, sondern aus einer privaten Veranlassung heraus getragen hat. In Höhe der aufgewendeten Baukosten handelt es sich deshalb um (Geld-)Entnahmen.

Auch die Ehefrau kann für den ihr zuzurechnenden Gebäudeteil keine AfA in Anspruch nehmen, da sie wegen der unentgeltlichen Überlassung keine Einkünfte aus Vermietung und Verpachtung gemäß § 21 EStG erzielt.

> **Frage:** Eine KG betreibt einen Windpark bestehend aus vier Windkraftanlagen (WKA). Sie buchte sämtliche Kosten für die Erstellung des Windparks auf einem Konto „technische Anlage" und schrieb die Anlage auf 16 Jahre ab. Das Finanzamt vertritt die Auffassung, dass der Windpark aus mehreren selbständigen Wirtschaftsgütern mit teilweise unterschiedlicher Nutzungsdauer bestehe. Es sei von folgenden Wirtschaftsgütern auszugehen: Zuwegung, Windparkverkabelung, WKA mit Fundament, Kompakttrafostation und Umspannwerk. Teilen Sie die Auffassung des Finanzamts?

Antwort: Die einzelnen WKA mit Fundament einschließlich des Kompakttransformators sowie interner Verkabelung sind zwar aus verschiedenen Gegenständen zusammengesetzt. Diese sind aber technisch aufeinander abgestimmt und können nach der Montage nur zusammen genutzt werden, sodass es an einer selbständigen Nutzungsfähigkeit der einzelnen Teile fehlt. Die einzelnen Bauteile sind auch hinreichend fest und auf Dauer verbunden. Sie können nur in ihrer technischen

Verbundenheit ihren bestimmungsgemäßen betrieblichen Einsatz, die Einspeisung des mithilfe der Windenergie erzeugten Stroms in das öffentliche Stromnetz, erfüllen und stehen daher in einem einheitlichen selbständigen Nutzungs- und Funktionszusammenhang.

Jede Windkraftanlage, die in einem Windpark betrieben wird, stellt mit dem dazugehörigen Transformator nebst der verbindenden Verkabelung also ein zusammengesetztes Wirtschaftsgut dar; es handelt sich insoweit um Betriebsvorrichtungen. Der Beginn der Abschreibung ist für jedes dieser Wirtschaftsgüter eigenständig zu prüfen (BFH vom 01.02.2012, BFH/NV 2012, 1052). Die externe Verkabelung einschließlich der Übergabestation einerseits und die Zuwegung andererseits sind dagegen jeweils als eigenständige selbständige Wirtschaftsgüter zu beurteilen. Eine darüber hinausgehende Aufteilung der WKA in weitere Komponenten, wie dies wohl nach dem Komponentenansatz nach den International Accounting Standards bzw. International Financial Reporting Standards möglich wäre (Verlautbarung des Instituts der Wirtschaftsprüfer vom 29.05.2009, IDW RH HFA 1.016, IDW-Fachnachrichten 2009, 362), hält der BFH in seinem Urteil vom 14.04.2011, BStBl II 2011, 696 für nicht geboten. Diese Standards haben für die steuerliche Gewinnermittlung keine Bedeutung und sind deshalb nicht geeignet, den für den steuerlichen Wirtschaftsgutbegriff maßgeblichen Nutzungs- und Funktionszusammenhang durch einen Komponentenansatz zu ersetzen.

Problembereich 5: Anschaffungskosten/Herstellungskosten

Frage: Worin unterscheidet sich ein Anschaffungs- von einem Herstellungsvorgang?

Antwort: Anschaffungskosten werden geleistet, um einen bereits bestehenden Vermögensgegenstand aus der fremden in die eigene wirtschaftliche Verfügungsmacht zu überführen. Eine Anschaffung liegt auch vor, wenn der Vermögensgegenstand vom Veräußerer zunächst auf dessen Risiko herzustellen ist. Bei einer Anschaffung handelt es sich um einen punktuellen Vorgang.

Als Herstellungsvorgang bezeichnet man das Schaffen eines noch nicht existierenden Wirtschaftsgutes durch den Hersteller bzw. den Bauherrn bzw. dessen Erweiterung oder wesentliche Verbesserung. Der Herstellungsvorgang setzt Einflussnahmen auf das Risiko der Herstellung voraus (vgl. auch § 15 Abs. 1 EStDV). Die Herstellung ist ein zeitraumbezogener Vorgang.

Frage: Was sind Anschaffungskosten und wo sind sie gesetzlich definiert?

Antwort: § 255 Abs. 1 HGB definiert, dass Anschaffungskosten diejenigen Aufwendungen sind, die geleistet werden, um einen Vermögensgegenstand zu erwerben und ihn in einen betriebsbereiten Zustand zu versetzen, soweit sie dem Vermögensgegenstand einzeln zugeordnet werden können. Deshalb rechnen z.B. Transport-, Verpackungs-, Montagekosten sowie unmittelbar zuzuordnende Personalkosten zu den Anschaffungskosten, während Gemeinkosten und Finanzierungskosten – zum Beispiel Fremdkapitalzinsen – nicht zu den Anschaffungskosten gehören.

Gemäß § 255 Abs. 1 S. 2 HGB gehören zu den Anschaffungskosten auch die Nebenkosten der Anschaffung sowie die nachträglichen Anschaffungskosten. Zur Ermittlung der Anschaffungskosten sind Anschaffungspreisminderungen abzusetzen (§ 255 Abs. 1 S. 3 HGB).

Für das Steuerrecht verweist H 6.2 (Anschaffungskosten) EStH auf die Vorschrift des § 255 Abs. 1 HGB; die handelsrechtlichen Regelungen und Begriffsbestimmungen gelten damit auch für Zwecke der steuerlichen Gewinnermittlung.

Problembereich 5: Anschaffungskosten/Herstellungskosten

> **Tipp!** Jeder Vermögensgegenstand wird nach dem Grundsatz der Einzelbewertung mit seinen direkt zuzuordnenden Anschaffungskosten bewertet. Werden mehrere Gegenstände erworben und erhält der Kaufvertrag eine Aufteilung, so ist dieser zu folgen, wenn sie wirtschaftlich vernünftig und nicht willkürlich erscheint.

Frage: Sie haben Anschaffungspreisminderungen erwähnt. Welche Beispiele können Sie hierfür benennen?

Antwort: Zu den Anschaffungspreisminderungen gehören insbesondere Rabatte in Form von Preisnachlässen und Skonti im Zeitpunkt der Inanspruchnahme.

Wenn ein Zuschuss für eine Investition aus öffentlichen oder privaten Mitteln gewährt wird, besteht gemäß R 6.5 EStR ein Wahlrecht, den Zuschuss entweder erfolgswirksam als Betriebseinnahmen zu behandeln oder ihn von den Anschaffungskosten des mit dem Zuschuss angeschafften Anlageguts zu kürzen. Im ersten Fall werden die Anschaffungskosten der betreffenden Wirtschaftsgüter nicht berührt. Im zweiten Fall gelten als Anschaffungskosten nur die Beträge, die der Steuerzahler selbst, also ohne Berücksichtigung des Zuschusses, aufgewandt hat. Werden Investitionszuschüsse erst nach der Anschaffung gewährt, sind diese auch erst nachträglich von den gebuchten Anschaffungskosten abzusetzen.

Frage: Was ist mit der Investitionszulage?

Antwort: Gemäß § 8 S. 2 InvZulG sind die Anschaffungskosten nicht zu mindern wenn für die Anschaffung eines Wirtschaftsguts eine Investitionszulage gezahlt wird.

> **Tipp!** Die Investitionszulage darf sich nicht auf die Höhe des Gewinns auswirken, da sie nicht zu den steuerpflichtigen Einkünften zählt. Würde sie von den Anschaffungskosten gekürzt, ergäbe sich ein niedrigeres AfA-Volumen und damit eine Gewinnauswirkung.

Frage: Welche grundsätzliche Überlegungen ergeben sich zum Anschaffungszeitpunkt?

Antwort: Das Ertragsteuerrecht regelt als Jahr der Anschaffung das Jahr der Lieferung (s. § 9a EStDV). Mit dem Begriff Lieferung ist hier der Zeitpunkt der Übertragung des wirtschaftlichen Eigentums vom Veräußerer auf den Erwerber gemeint. Nach der Rechtsprechung des BFH ist dies der Fall, wenn Eigenbesitz, Gefahr, Nutzen und Lasten auf den Erwerber übergehen. Der Vermögensgegenstand ist zu diesem Zeitpunkt beim Erwerber mit seinen Anschaffungskosten steuerlich zu erfassen und unterliegt ab dann ggf. auch der Abnutzung. Dies gilt unbeschadet der Tatsache, dass Anschaffungskosten zeitlich auch vor oder nach dem Anschaffungszeitpunkt anfallen können. Auf den zeitlichen Zusammenhang mit dem Erwerb kommt es nicht an, sondern ausschlaggebend ist der sachliche Zusammenhang mit der Anschaffung.

Frage: Ein Wirtschaftsgut wird von A gegen eine Rentenvereinbarung erworben. Im folgenden Wirtschaftsjahr kommt eine Wertsicherungsklausel zur Anwendung, sodass sich die von A zu zahlenden monatlichen Rentenzahlungen erhöhen. Was ist bezüglich der Anschaffungskosten zu sagen?

Antwort: Die Bewertung der Rentenverbindlichkeit richtet sich handelsrechtlich nach § 253 Abs. 1 S. 2, Abs. 2 S. 2 HGB; anzusetzen ist der sogenannte Rentenbarwert. Dies gilt nach dem Maßgeblichkeitsgrundsatz auch für das Steuerrecht (s. Urteil des BFH vom 31.01.1980, BStBl II 1980, 491). Bei Anschaffungsgeschäften bildet der Rentenbarwert im Erwerbszeitpunkt die Anschaffungskosten des

Wirtschaftsgutes. Spätere Erhöhungen (z.B. wegen einer Wertsicherungsklausel) berühren die Höhe der Anschaffungskosten nicht.

> **Frage:** Der Gewerbetreibende A tauscht eine von ihm hergestellte Maschine (Buchwert/Herstellungskosten 40.000 €, Verkehrswert 60.000 €) gegen den gebrauchten Lkw des Unternehmers X (Buchwert 1.000 €, Verkehrswert 45.000 €, Inzahlungnahme aber in Höhe von 50.000 €, Zuzahlung durch X in Höhe von 10.000 €) ein. Wie hoch sind die steuerlichen Anschaffungskosten des Lkw für den A (die Umsatzsteuer soll außer Betracht bleiben)?

Antwort: Gemäß § 6 Abs. 6 S. 1 EStG bemessen sich die Anschaffungskosten des gebrauchten Lkw nach dem gemeinen Wert des hingegebenen Gegenstands, hier also der Maschine. A hat deshalb den erworbenen Lkw grundsätzlich mit dem Verkehrswert seiner weggegebenen Maschine zu aktivieren. Die von X geleistete Zuzahlung von 10.000 € – die sogenannte „Baraufgabe" – mindert allerdings die Anschaffungskosten des Lkw, sodass dieser in der Bilanz des A mit 50.000 € einzubuchen ist.

A versteuert einen Gewinn aus der Veräußerung der Maschine von 20.000 € (= 60.000 € ./. Buchwert 40.000 €).

> **Tipp!** Wichtig ist beim Tausch, immer darauf zu achten, was genau ermittelt werden soll: der Verkaufspreis der weggetauschten Sache oder die Anschaffungskosten des erhaltenen Vermögensgegenstandes. Weiterhin ist darauf zu achten, dass man die umsatzsteuerliche Regelung klar abgrenzt.

> **Frage:** Wie hoch sind im oben genannten Beispiel die Anschaffungskosten des X für den Erwerb der Maschine (die Umsatzsteuer soll außer Betracht bleiben)?

Antwort: Ebenfalls unter Beachtung der Grundsätze des § 6 Abs. 1 S. 1 EStG betragen die Anschaffungskosten des X den gemeinen Wert des hingegebenen Lkw i.H.v. 45.000 € zuzüglich seiner geleisteten Zuzahlung i.H.v. 10.000 €, insgesamt also 55.000 €.

> **Frage:** Ein buchführungspflichtiger Gewerbetreibender erstellt eine „Einheitsbilanz". Er möchte seine selbst produzierten Waren mit einem möglichst niedrigen Wert aktivieren. Wie ist der Wertansatz der Waren zu ermitteln?

Antwort: Nach der Definition des Handelsgesetzbuchs in § 255 Abs. 2 und 3 HGB sind Herstellungskosten die Aufwendungen, die durch den Verbrauch von Gütern und die Inanspruchnahme von Diensten für die Herstellung eines Vermögensgegenstands seine Erweiterung oder für eine über seinen ursprünglichen Zustand hinausgehende wesentliche Verbesserung entstehen. Dazu gehören die Materialkosten, die Fertigungskosten und die Sonderkosten der Fertigung (z.B. Planungskosten sowie angemessene Teile der Materialgemeinkosten, der Fertigungsgemeinkosten und des Werteverzehrs des Anlagevermögens, soweit dieser durch die Fertigung veranlasst ist. Die handelsrechtlichen Begriffsbestimmungen gelten gemäß R 6.3 EStR auch für das Steuerrecht.

Der handelsrechtliche Mindestansatz der Waren entspricht auch dem nach steuerlichen Vorschriften vorzunehmenden Ausweis.

> **Frage:** Müssen Kosten der allgemeinen Verwaltung aktiviert werden?

Antwort: Gemäß § 255 Abs. 2 S. 3 HGB können Kosten der allgemeinen Verwaltung sowie Aufwendungen für die soziale Altersversorgung handelsrechtlich aktiviert werden; es besteht ein Aktivierungswahlrecht.

Problembereich 5: Anschaffungskosten/Herstellungskosten

Nach R 6.3 Abs. 4 S. 1 EStR 2008 brauchen Kosten für die allgemeine Verwaltung auch „eigentlich" steuerrechtlich nicht aktiviert werden.

In den am 20.03.2012 beschlossenen EStR 2012 ist in R 6.3 nunmehr ausdrücklich festgelegt, dass die Verwaltungskosten sowie die Aufwendungen für die soziale Altersversorgung zwingend zu aktivieren sind. Allerdings hat das BMF am 25.03.2013 im Einvernehmen mit den obersten Finanzbehörden der Länder festgelegt, dass es nicht beanstandet wird, wenn bis zur Verifizierung des mit der verbindlichen Neuregelung verbundenen Erfüllungsaufwandes, spätestens aber bis zu einer Neufassung der Einkommensteuerrichtlinien, bei der Ermittlung der Herstellungskosten nach der alten Regelung der R 6.3 Abs. 4 EStR 2008 verfahren wird (BMF vom 25.03.2013, BStBl I 2013, 276).

Im Zuge der Beratungen zum Bürokratieentlastungsgesetz fand die Empfehlung der Ausschüsse, das zur Handelsbilanz bzw. Steuerbilanz differierende Aktivierungswahlrecht für Kosten der allgemeinen Verwaltung, soziale Einrichtungen und freiwillige Leistungen des Betriebs bzw. die betriebliche Altersversorgung gleichförmig zu regeln, keine Mehrheit.

> **Frage:** Der Kaufmann A hat eine Ausfuhrversicherung abgeschlossen und dafür Prämien entrichtet. Müssen diese Kosten bei Ermittlung der Herstellungskosten der zur Ausfuhr bestimmten Waren aktiviert werden?

Antwort: Bei den Entgelten für die Ausfuhrversicherung handelt es sich um Vertriebskosten. Diese Vertriebskosten gehören gemäß § 255 Abs. 2 S. 4 HGB handelsrechtlich nicht zu den Herstellungskosten. Gleiches gilt auch für die steuerliche Gewinnermittlung; maßgebend ist der Grundsatz, dass etwas, was handelsrechtlich nicht aktiviert werden darf, auch steuerlich nicht aktiviert werden kann.

> **Frage:** Was lässt sich über die Behandlung selbst geschaffener immaterieller Vermögensgegenstände bzw. Wirtschaftsgüter in der Handels- und Steuerbilanz sagen?

Antwort: Nicht angesetzt werden dürfen nach § 248 Abs. 1 HGB Aufwendungen für die Gründung eines Unternehmens, für die Beschaffung des Eigenkapitals und für den Abschluss von Versicherungsverträgen sowie Aufwendungen für nicht entgeltlich erworbene Marken, Drucktitel, Verlagsrechte, Kundenlisten oder vergleichbare immaterielle Vermögensgegenstände des Anlagevermögens. Andere selbst geschaffene immaterielle Vermögenswerte können auf der Grundlage des § 248 Abs. 2 HGB angesetzt werden; es existiert handelsrechtlich ein Aktivierungswahlrecht.

Da bei selbst geschaffenen immateriellen Wirtschaftsgütern kein entgeltlicher Erwerb vorliegt, ist eine Aktivierung in der Steuerbilanz nicht zulässig (§ 5 Abs. 2 EStG).

> **Frage:** Mit welchem Wert sind selbst geschaffene immaterielle Vermögensgegenstände in der Handelsbilanz anzusetzen?

Antwort: Die selbst geschaffenen immateriellen Vermögensgegenstände sind gemäß § 255 Abs. 1 HGB mit den Herstellungskosten zu bewerten. Lex specialis hierfür ist § 255 Abs. 2a HGB, der als Herstellungskosten eines selbst geschaffenen immateriellen Vermögensgegenstands des Anlagevermögens die bei dessen Entwicklung anfallenden Aufwendungen nach § 255 Abs. 2 HGB bestimmt. Entwicklung ist die Anwendung von Forschungsergebnissen oder von anderem Wissen für die Neuentwicklung von Gütern oder Verfahren oder die Weiterentwicklung von Gütern oder Verfahren mittels wesentlicher Änderungen. Forschung ist die eigenständige und planmäßige Suche nach neuen wissenschaftlichen oder technischen Erkenntnissen oder Erfahrungen allgemeiner Art, über deren technische Verwertbarkeit und wirtschaftliche Erfolgsaussichten grundsätzlich keine Aussagen gemacht werden können. Forschungsaufwendungen sind nicht aktivierbar. Können Forschung und Entwicklung nicht verlässlich voneinander unterschieden werden, ist eine Aktivierung ausgeschlossen."

> **Frage:** Der Gewerbetreibende B hat ein Grundstück mit aufstehendem Gebäude mit Abbruchabsicht erworben, um auf dem Grundstück eine Lagerhalle zu errichten. Das Gebäude war
> - Alternative 1: technisch und wirtschaftlich nicht verbraucht,
> - Alternative 2: objektiv wertlos.
>
> Wie sind die Abbruchkosten und der (Rest-) Wert des Gebäudes steuerlich zu behandeln?

Antwort: In der ersten Alternative hat B das weder technisch noch wirtschaftlich verbrauchte Gebäude zum Zweck des Abbruchs erworben; der Buchwert des Gebäudes und die Abbruchkosten zählen in diesem Fall zu den Herstellungskosten der neuen Lagerhalle. In der zweiten Alternative entfällt der volle Anschaffungspreis auf den Grund und Boden. Da der Abbruch mit der Herstellung der neuen Lagerhalle in einem engen wirtschaftlichen Zusammenhang steht, gehören die Abbruchkosten zu den Herstellungskosten der Halle.

Problembereich 6: Rechnungsabgrenzungsposten/Schwebende Geschäfte/Verbindlichkeiten

> **Frage:** Wo sind im HGB und im EStG die Rechnungsabgrenzungsposten definiert?

Antwort: Gemäß § 250 Abs. 1 S. 1 HGB sind als Rechnungsabgrenzungsposten (RAP) auf der Aktivseite Ausgaben vor dem Abschlussstichtag auszuweisen, soweit sie Aufwand für eine bestimmte Zeit nach diesem Stichtag darstellen. Auf der Passivseite sind als Rechnungsabgrenzungsposten Einnahmen vor diesem Stichtag auszuweisen, soweit sie Ertrag nach diesem Tag darstellen (§ 250 Abs. 2 HGB). Der Anwendungsbereich der RAP betrifft in erster Linie gegenseitige Verträge, bei denen für eine bestimmte Zeit Leistungen zu erbringen sind, aber Leistung und Gegenleistung auseinanderfallen. Die Posten der Rechnungsabgrenzung dienen – ähnlich wie die Rückstellungen und die Abschreibungen – der periodengerechten Verteilung von Aufwendungen und Erträgen. Da § 250 HGB und § 5 Abs. 5 EStG insoweit im Wesentlichen wortlautgleich sind, gelten die oben genannten Grundsätze auch für die steuerliche Gewinnermittlung. Aus § 250 Abs. 1 S. 1 und Abs. 2 HGB, sowie § 5 Abs. 5 EStG folgt, dass für RAP eine Bilanzierungspflicht besteht.

> **Frage:** Welche Arten von Rechnungsabgrenzungsposten sind zu unterscheiden?

Antwort: Man unterscheidet zwei Arten von Rechnungsabgrenzungsposten, die transitorischen und die antizipativen. Bei den transitorischen Posten (= später erfolgswirksam) handelt es sich um Ausgaben bzw. Einnahmen des Unternehmens, die Aufwand bzw. Ertrag für eine bestimmte Zeit nach dem Bilanzstichtag darstellen. Antizipative (= vorwegnehmende) Posten sind dagegen Aufwendungen bzw. Erträge der Geschäftsjahre, die jedoch erst nach dem Bilanzstichtag zu Ausgaben bzw. Einnahmen führen. Die „bestimmte Zeit" kann einen beliebig langen Zeitraum (auch mehrere Jahre) erfassen. In die Bilanzposition „Rechnungsabgrenzungsposten" müssen bzw. dürfen in der Handelsbilanz lediglich die transitorischen Abgrenzungsposten aufgenommen werden (§ 250 Abs. 1 S. 1 HGB). Diese Regelung gilt für die Steuerbilanz analog (§ 5 Abs. 5 EStG, R 5.6 Abs. 1 EStR). Die antizipativen Posten sind im Falle einer zukünftigen Ausgabe unter den „sonstigen Verbindlichkeiten" und im Falle einer zukünftigen Einnahme unter den „sonstigen Vermögensgegenständen" auszuweisen (R 5.6 Abs. 3 S. 2 EStR).

Problembereich 6: Rechnungsabgrenzungsposten/Schwebende Geschäfte/Verbindlichkeiten

In der Bilanz sind die aktiven von den passiven Rechnungsabgrenzungsposten zu unterscheiden.

Frage: Definieren Sie bitte den Begriff „bestimmte Zeit"!

Antwort: Eine „bestimmte Zeit" liegt nur vor, wenn Anfang und Ende des Zeitraums, dem die abzugrenzenden Ausgaben und Einnahmen zuzurechnen sind, feststehen und nicht nur geschätzt werden. Aufwendungen, die wirtschaftlich zwar in einen späteren Zeitraum gehören, der aber unbegrenzt ist, dürfen nicht als RAP angesetzt werden. Steht bei einer Dauerschuldleistung einer Vorleistung eine noch nicht erbrachte zeitraumbezogene Gegenleistung gegenüber, so handelt es sich bei dieser Vorleistung um Aufwand für eine bestimmte Zeit (s. Urteil des BFH vom 06.04.1993, BStBl II 1993, 709).

Tipp! Der Zeitraum muss also bestimmbar, nicht lediglich schätzbar sein.

Frage: Am 15.12.01 erhielt eine AG eine Anzahlung für eine Lieferung, die erst im Wirtschaftsjahr 02 erfolgen soll, i.H.v. 35.700 €. Die AG hat eine ordnungsmäßige Rechnung erteilt. Was ist zu veranlassen?

Antwort: Auch Anzahlungen sind – genauso wie RAP – Vorleistungen im Rahmen eines schwebenden Vertrags. Die erhaltene Anzahlung führt bei der AG im Geschäftsjahr 01 zu Einnahmen, es handelt sich aber um Erträge des Geschäftsjahres 02. Da kein strenger Zeitraumbezug vorliegt, erfolgt kein Ansatz eines Rechnungsabgrenzungspostens. Die Rechtsgrundlage für die Passivierung von Anzahlungen liegt darin, dass in dem Passivposten die Verbindlichkeit auf Erbringung von Leistungen zum Ausdruck kommt. Der Ausweis erfolgt gemäß § 266 Abs. 3 C. 3. HGB unter „erhaltene Anzahlungen auf Bestellungen" in Höhe von 35.700 €.

Weiterhin ist in der Steuerbilanz die als Aufwand berücksichtigte Umsatzsteuer auf die am Abschlussstichtag erhaltene Anzahlung auszuweisen (§ 5 Abs. 5 S. 2 Nr. 2 EStG). Handelsrechtlich besteht insoweit keine Aktivierungspflicht, aber ein Aktivierungswahlrecht (§ 250 Abs. 1 S. 2 Nr. 2 HGB). Dieser Posten ist ein Aktivposten eigener Art, der hier als „aktivierte Umsatzsteuer auf Anzahlungen" i.H.v. 5.700 € zu aktivieren ist; Gegenkonto ist das Konto „Umsatzsteuerschuld".

Frage: Sind Kreditnebenkosten in Form einmaliger Bearbeitungsentgelte aktiv abzugrenzen, wenn das Darlehen eine über den Bilanzstichtag hinausgehende Laufzeit hat?

Antwort: Bei Darlehensverträgen hat der Kreditnehmer bisweilen Kreditnebenkosten in Form von einmaligen Bearbeitungsentgelten zu entrichten. Der BFH hat die Frage, ob diese als aktiver Rechnungsabgrenzungsposten oder als sofort abzugsfähige Betriebsausgaben zu erfassen sind, entschieden (Urteil des BFH vom 22.06.2011, BStBl II 2011, 870). Sofort abzugsfähige Betriebsausgaben liegen nach Auffassung des BFH dann vor, wenn die Bearbeitungsentgelte im Falle einer vorzeitigen Vertragsbeendigung vom Kreditgeber nicht (anteilig) zurückzuzahlen sind. Sofern jedoch die Beteiligten das Darlehen nur aus wichtigem Grund kündigen können und konkrete Anhaltspunkte fehlen, dass diese Kündigung in den Augen der Vertragsparteien mehr ist als nur eine theoretische Option, sind die Bearbeitungsentgelte über einen aktiven Rechnungsabgrenzungsposten auf die Kreditlaufzeit zu verteilen und die Bearbeitungsentgelte als laufzeitabhängige Vergütung zu behandeln.

Frage: Ein Kaufmann nimmt bei einer Bank sogenannte Step-down-Gelder auf, die mit fallenden Zinssätzen verzinst wurden. Die Rückzahlung des Darlehens soll nach den vertraglichen Vereinbarungen am Ende der Laufzeit in einer Summe erfolgen; eine ordentliche Kündigung des Darlehens vor Fälligkeit ist ausgeschlossen, die Auflösung des Darlehensvertrags sollte nur im gegenseitigen Einvernehmen möglich sein. **Kann die Bildung eines aktiven Rechnungsabgrenzungspostens in Betracht kommen?**

Antwort: Der BFH (Urteil des BFH vom 27.07.2011, BStBl II 2012, 284) hat über die Behandlung der Bilanzierung von jährlich fallenden Zinssätzen (step-down) entschieden. Die vom Darlehnsnehmer zunächst entrichteten Darlehenszinsen, soweit sie den auf die gesamte Vertragslaufzeit entfallenden rechnerischen Durchschnittszinssatz übersteigen, sind als Vorleistung für die Überlassung der Darlehensvaluta in der restlichen Darlehenslaufzeit anzusehen. Es ist also ein aktiver Rechnungsabgrenzungsposten zu erfassen, wenn der Darlehensnehmer im Falle einer vorzeitigen Vertragsbeendigung die anteilige Erstattung von bereits gezahlten Zinsen verlangen kann. Unabhängig von einem entsprechenden Erstattungsanspruch hat der Darlehensnehmer nach Auffassung des BFH einen aktiven Rechnungsabgrenzungsposten zu bilden, wenn das Darlehen nur aus wichtigem Grund gekündigt werden kann und konkrete Anhaltspunkte fehlen, dass diese Kündigung in den Augen der Vertragsparteien mehr ist als nur eine theoretische Option.

Frage: Die AG hat am 02.01.01 ein verzinsliches Darlehen in Höhe von 100.000 € bei der DiCom-Bank aufgenommen. Der Auszahlungsbetrag beläuft sich auf 95.000 €, da die Bank ein Disagio (= Aufgeld, Damnum) in Höhe von 5.000 € einbehalten hat, wodurch die AG einen gleichmäßigen niedrigen Zinssatz über die Laufzeit des Darlehens erhalten konnte. Das Darlehen ist in einer Summe am 31.12.05 zurückzuzahlen. **Wie ist das Disagio zu behandeln?**

Antwort: Ist der Erfüllungsbetrag einer Verbindlichkeit höher als der Ausgabebetrag, darf der Unterschiedsbetrag gemäß § 250 Abs. 3 HGB in einen Rechnungsabgrenzungsposten auf der Aktivseite aufgenommen werden. Der Unterschiedsbetrag ist durch planmäßige jährliche Abschreibungen zu tilgen, die auf die gesamte Laufzeit der Verbindlichkeit verteilt werden können (§ 250 Abs. 3 S. 2 HGB). Die AG kann, muss aber nicht, einen Rechnungsabgrenzungsposten in ihrer Handelsbilanz bilden; es besteht somit für sie ein Aktivierungswahlrecht. Obwohl durch das BilMoG nahezu alle Ansatzwahlrechte gestrichen wurden, ist dieses Aktivierungswahlrecht handelsrechtlich weiter existent. Für steuerrechtliche Zwecke tritt gemäß § 5 Abs. 5 EStG an die Stelle des Aktivierungswahlrechts eine Aktivierungspflicht (s. Urteil des BFH vom 21.04.1988, BStBl II 1989, 722).

Der Abgrenzungsposten ist folglich in der Steuerbilanz zu aktivieren (= Aktivierungspflicht) und auf die Laufzeit des Darlehens zu verteilen (H 6.10 „Damnum" EStH). Bei Fälligkeitsdarlehen ist eine gleichmäßige Auflösung des RAP vorzunehmen, während bei Tilgungsdarlehen eine degressive Auflösung erfolgen sollte.

Frage: Können in der Handelsbilanz Rechnungsabgrenzungsposten für Umsatzsteuerbeträge, die in erhaltenen Anzahlungen enthalten sind, gebildet werden?

Antwort: Durch das BilMoG ist die Möglichkeit entfallen, in der Handelsbilanz Rechnungsabgrenzungsposten für bestimmte als Aufwand berücksichtigte Zölle und Verbrauchsteuern sowie für als Aufwand berücksichtigte Umsatzsteuer auf erhaltene Anzahlungen zu bilden (§ 250 Abs. 1 S. 2 HGB). Für die Steuerbilanz besteht nach § 5 Abs. 5 S. 2 Nr. 1 EStG insoweit eine Aktivierungspflicht.

Frage: Was ist ein „schwebendes Geschäft"?

Antwort: Schwebende Geschäfte sind vor allem gegenseitige, auf einen Leistungsaustausch gerichtete Verträge i.S.d. §§ 320 ff. BGB, die zwar schon Rechtswirkungen erzeugen, aber hinsichtlich der vereinbarten Sach- oder Dienstleistungspflicht – abgesehen von unwesentlichen Nebenpflichten

– noch nicht erfüllt sind (s. Beschluss des BFH vom 23.06.1997, BStBl II 1997, 735). Sind selbständig abzurechnende und zu vergütende Teilleistungen geschuldet, kann es auch zu einem teilweise schwebenden Geschäft kommen. Zivilrechtlich steht zumeist noch der Vollzug – z.B. der Besitz- und Eigentumsübertragung – aus. Handels- und steuerrechtlich ist der Gewinn oder Verlust aus dem Geschäft noch nicht realisiert. Ansprüche und Verbindlichkeiten aus einem schwebenden Geschäft dürfen in der Bilanz grundsätzlich nicht berücksichtigt werden, weil während des Schwebezustands die (widerlegbare) Vermutung besteht, dass sich die wechselseitigen Rechte und Pflichten aus dem Vertrag wertmäßig ausgleichen (s. Urteil des BFH vom 26.08.1992, BStBl II 1992, 977).

Frage: Wann beginnt und wann endet ein schwebendes Geschäft?

Antwort: Der Schwebezustand beginnt grundsätzlich mit dem Vertragsabschluss. Er endet mit der Gewinn- oder Verlustrealisierung. Ein bilanzierender Steuerpflichtiger (§ 4 Abs. 1 EStG, § 5 EStG) hat den Gewinn oder den Verlust auszuweisen, sobald dieser durch den Umsatzprozess in Erscheinung getreten ist. Das ist der Zeitpunkt, in dem der Vertrag im Wesentlichen erfüllt ist und damit der Anspruch auf die Gegenleistung – so gut wie – sicher ist.

Frage: Wann ist eine Rückstellung für drohende Verluste aus schwebenden Geschäften zu bilden?

Antwort: Die Pflicht zur Verlustrückstellung ergibt sich aus dem bilanzrechtlichen Imparitätsprinzip (§§ 252 Abs. 1 Nr. 4, § 249 Abs. 1 S. 1 HGB). Ein Bilanzausweis einer Rückstellung ist nur dann geboten, wenn und soweit das Gleichgewicht der Vertragsbeziehungen durch Vorleistungen oder Erfüllungsrückstände eines Vertragspartners gestört ist oder aus einem Geschäft ein Verlust droht. Diese Bilanzierungsgrundsätze gelten nicht nur für gegenseitige Verträge, die auf einen einmaligen Leistungsaustausch gerichtet sind (z.B. Einkaufsgeschäfte), sondern auch für Dauerschuldverhältnisse (z.B. Mietverhältnisse). Ein Verlust „droht", wenn konkrete Anzeichen dafür vorliegen, dass der Wert der eigenen Verpflichtungen aus dem Geschäft den Wert des Anspruchs auf die Gegenleistung übersteigt (sog. Verpflichtungs- oder Aufwendungsüberschuss); die bloße Möglichkeit, dass das Geschäft mit einem Verlust abgeschlossen wird, reicht nicht aus.

In der Steuerbilanz ist eine Rückstellung gemäß § 5 Abs. 4a EStG nicht zugelassen; der Grundsatz der Maßgeblichkeit des § 5 Abs. 1 S. 1 EStG wird insoweit durchbrochen.

Frage: Wie verhalten sich die Begriffe „Schulden" und „Verbindlichkeiten" zueinander?

Antwort: Unter den Begriff Schulden sind sowohl Verbindlichkeiten als auch Rückstellungen i.S.d. § 249 Abs. 1 S. 1 HGB zu subsumieren.

Frage: Was sind Verbindlichkeiten?

Antwort: Als Verbindlichkeiten kann man diejenigen Verpflichtungen eines Kaufmanns bezeichnen, die bei normalem Ablauf mit Sicherheit zu einem späteren Liquiditätsabfluss ohne Gegenleistung führen und die bereits im abgelaufenen – oder in einem noch früheren Geschäftsjahr – verursacht worden sind. Es handelt sich dabei um Verpflichtungen eines Schuldners gegenüber seinem Gläubiger. Verbindlichkeiten können durch das private Schuldrecht (§§ 241 ff. BGB) oder durch das öffentliche Recht (z.B. Steuerschulden) verursacht werden. Obwohl Verbindlichkeiten meist in Geld zu erfüllen sind, können auch Sachleistungen geschuldet werden (§ 241 Abs. 1 BGB).

Frage: Wie ist eine unverzinsliche Verbindlichkeit zu passivieren?

Antwort: Handelsrechtlich folgt aus der in § 253 Abs. 1 S. 2 HGB normierten Verpflichtung zum Ansatz des Erfüllungsbetrags (oft auch bezeichnet als Erfüllungsbetrag), dass Verbindlichkeiten grundsätzlich nicht abzuzinsen sind. Für die Steuerbilanz bestimmt § 6 Abs. 1 Nr. 3 EStG, das Verbindlichkeiten unter Berücksichtigung einer Abzinsung von 5,5 % anzusetzen sind. Von der Abzinsung sind jedoch solche Verbindlichkeiten ausgenommen, deren Laufzeit am Bilanzstichtag weniger als zwölf Monate beträgt, bzw. Verbindlichkeiten, die verzinslich sind oder auf einer Anzahlung oder Vorausleistung beruhen (§ 6 Abs. 1 Nr. 3 EStG).

> **Tipp!** Eine verzinsliche Verbindlichkeit liegt vor, wenn ein Zinssatz von mehr als 0 % vereinbart wurde. So ist bei einer Stundung von Zinszahlungen weiterhin eine verzinsliche Verbindlichkeit anzunehmen. Stehen einer Verbindlichkeit keine Kapitalverzinsung, sondern andere wirtschaftliche Nachteile gegenüber (z.B. Verpflichtung zur unentgeltlichen Überlassung eines Wirtschaftsgutes des Betriebsvermögens), liegt eine verzinsliche Verbindlichkeit vor.

Frage: Welche grundsätzlichen Überlegungen sind bezüglich der Werterhöhung bei einer Fremdwährungsverbindlichkeit anzustellen?

Antwort: Ist die Höhe der Zahlungsverpflichtung von einem bestimmten Kurswert abhängig (z.B. bei Fremdwährungsverbindlichkeiten), ist grundsätzlich der Wert zum Zeitpunkt des Entstehens der Verbindlichkeit maßgebend (bei Fremdwährungsverbindlichkeiten der entsprechende Wechselkurs). Nur unter der Voraussetzung einer voraussichtlich dauernden Erhöhung des Kurswertes kann an den nachfolgenden Bilanzstichtagen der höhere Wert angesetzt werden (§ 6 Abs. 1 Nr. 3 Satz 1 i.V.m. Nr. 2 Satz 2 EStG). Eine voraussichtlich dauernde Erhöhung des Kurswertes einer Verbindlichkeit liegt aber nur bei einer nachhaltigen Erhöhung des Wechselkurses gegenüber dem Kurs bei Entstehung der Verbindlichkeit vor. Die Änderung ist voraussichtlich dann nachhaltig, wenn der Steuerpflichtige hiermit aus der Sicht des Bilanzstichtages aufgrund objektiver Anzeichen ernsthaft rechnen muss. Aus Sicht eines sorgfältigen und gewissenhaften Kaufmanns müssen mehr Gründe für als gegen eine Nachhaltigkeit sprechen. Bei Fremdwährungsverbindlichkeiten, die eine Restlaufzeit von jedenfalls zehn Jahren haben, begründet ein Kursanstieg der Fremdwährung grundsätzlich keine voraussichtlich dauernde Teilwerterhöhung; die Währungsschwankungen werden in der Regel ausgeglichen (BFH vom 23.04.2009, BStBl II 2009, 778, IV R 62/06).

Hält eine Wechselkurserhöhung im Zusammenhang mit einer Verbindlichkeit des laufenden Geschäftsverkehrs bis zum Zeitpunkt der Aufstellung der Bilanz oder dem vorangegangenen Tilgungs- oder Entnahmezeitpunkt an, ist davon auszugehen, dass die Werterhöhung voraussichtlich von Dauer ist. Soweit keine Handelsbilanz aufzustellen ist, ist der Zeitpunkt der Aufstellung der Steuerbilanz maßgebend. Zusätzliche Erkenntnisse bis zu diesen Zeitpunkten sind zu berücksichtigen. Allgemeine Entwicklungen, z.B. Wechselkursschwankungen auf den Devisenmärkten, sind zusätzliche Erkenntnisse und als solche in die Beurteilung einer voraussichtlich dauernden Werterhöhung einer Verbindlichkeit zum Bilanzstichtag einzubeziehen.

Diese Regelungen ergeben sich aus dem Schreiben des BMF vom 16.07.2014, Rz. 30 bis 32 sowie 35, IV C 6 – S 2171-b/09/10002.

Frage: Der Kaufmann A erwirbt ein unbebautes Grundstück gegen eine Rentenverpflichtung von B, die eine Wertsicherungsklausel beinhaltet. Welche Überlegungen sind anzustellen?

Antwort: Bei Anschaffungsgeschäften bildet der Rentenbarwert im Erwerbszeitpunkt die Anschaffungskosten des Wirtschaftsguts. Spätere Erhöhungen (z.B. wegen einer Wertsicherungsklausel) berühren die Höhe der Anschaffungskosten nicht.

Die Bewertung der Rentenverbindlichkeit richtet sich handelsrechtlich nach § 253 Abs. 2 S. 2 HGB; anzusetzen ist der sogenannte Rentenbarwert. Dies gilt nach dem Maßgeblichkeitsgrundsatz auch für das Steuerrecht (s. Urteil des BFH vom 31.01.1980, BStBl II 1980, 491). Eine Erhöhung des Rentenbarwerts aufgrund einer Wertsicherungsklausel ist erst zu berücksichtigen, wenn die Wertsicherungsbedingung eingetreten ist. Während der Laufzeit der Rente ist der Barwert zu jedem Bilanzstichtag neu zu berechnen. Der Barwertabbau ist auf das Rentenaufwandskonto zu übertragen, sodass insoweit dort als Saldo der zu berücksichtigte Zinsanteil der Rentenaufwendungen verbleibt.

Frage: Was passiert, wenn der Rentenberechtigte verstirbt?

Antwort: Mit dem Tod des Rentenberechtigten erlischt die Rentenverbindlichkeit. Sie ist deshalb am Todestag des Rentenberechtigten in Höhe der bestehenden Valuta (Erfüllungsbetrag zum Zeitpunkt des Todes) ertragswirksam auszubuchen. Es handelt sich dabei um einen laufenden Gewinn.

Frage: Z hat einen Gewerbebetrieb geerbt. Er hat einen Kredit aufgenommen, um die Ansprüche des Pflichtteilsberechtigten A zu erfüllen. Was ist insoweit in der steuerlichen Gewinnermittlung zu veranlassen?

Antwort: Z hat den Betrieb als Gesamtrechtsnachfolger unentgeltlich erworben (§ 6 Abs. 3 EStG). Der Kredit stellt keine Betriebsschulden dar, denn er dient der Finanzierung von nicht betrieblich veranlassten Erbfallschulden.

Frage: Gibt es besondere Pflichten für Bilanzvermerke bezüglich der Verbindlichkeiten für Kapitalgesellschaften?

Antwort: Der Betrag der Verbindlichkeiten mit einer Restlaufzeit bis zu einem Jahr ist bei jedem gesondert ausgewiesenen Posten zu vermerken (§ 268 Abs. 5 S. 1 HGB). Zusätzlich ist im Anhang gemäß § 285 Nr. 1 HGB der Gesamtbetrag der Verbindlichkeiten mit einer Restlaufzeit von mehr als fünf Jahren und der Gesamtbetrag der Verbindlichkeiten, die durch Pfandrechte oder ähnliche Rechte gesichert sind, unter Angabe von Art und Form der Sicherheiten anzugeben. Mittelgroße und große Kapitalgesellschaften haben diese Angaben für jeden in der Bilanz ausgewiesenen Posten gesondert zu machen.
Sind unter dem Posten „Verbindlichkeiten" Beträge für Verbindlichkeiten ausgewiesen, die erst nach dem Abschlussstichtag rechtlich entstehen, so müssen Beträge, die einen größeren Umfang haben, im Anhang erläutert werden. Gehört eine GmbH zu den kleinen Kapitalgesellschaften im Sinne des § 267 Abs. 1 HGB, ist diese nach Maßgabe des § 274a Nr. 3 HGB von der Angabepflicht befreit.

Problembereich 7: Rückstellungen und Rücklagen

Frage: Welche Rückstellungen sieht das Handelsrecht vor?

Antwort: Das Handelsrecht normiert eine Passivierungspflicht:
- Gemäß § 249 Abs. 1 S. 1 HGB für ungewisse Verbindlichkeiten und für drohende Verluste aus schwebenden Geschäften,
- gemäß § 249 Abs. 1 S. 2 Nr. 1 HGB für unterlassene Aufwendungen für Instandhaltungen, die im folgenden Geschäftsjahr innerhalb von drei Monaten nachgeholt werden bzw. für Abraumbeseitigung, die im folgenden Geschäftsjahr nachgeholt wird,
- gemäß § 249 Abs. 1 S. 2 Nr. 2 HGB für Gewährleistungen, die ohne rechtliche Verpflichtung erbracht werden.

Die Vorschrift des § 249 Abs. 2 S. 1 HGB besagt, dass weitere Rückstellungen handelsrechtlich nicht statthaft sind. Für Kapitalgesellschaften und bestimmte Personengesellschaften existiert allerdings die Besonderheit, dass nach Maßgabe des § 274 Abs. 1 HGB eine Rückstellung zu bilden ist, wenn das handelsrechtliche Ergebnis höher als das steuerrechtliche Ergebnis ist.

> **Tipp!** Bei Rückstellungen kann unterschieden werden zwischen Rückstellungen mit und ohne Fremdverbindlichkeitscharakter.

> **Frage:** Welche Rückstellungen dürfen in der Steuerbilanz aufgenommen werden?

Antwort: Die in § 5 Abs. 1 S. 1 EStG normierte Maßgeblichkeit der Handelsbilanz für die Steuerbilanz führt dazu, dass die handelsrechtlich zwingend zu bildenden Rückstellungen grundsätzlich als Passivposten in die Steuerbilanz zu übernehmen sind. Allerdings sind die im EStG aufgeführten Sondervorschriften zu beachten. Danach dürfen:
- Gemäß § 5 Abs. 2a EStG **Rückstellungen für ungewisse Verbindlichkeiten**, die nur zu tilgen sind, soweit künftig Gewinne oder Einnahmen anfallen,
- gemäß § 5 Abs. 4a EStG **Rückstellungen für drohende Verluste** aus schwebenden Geschäften und
- gemäß § 5 Abs. 4b EStG **Rückstellungen für Aufwendungen**, die in künftigen Wirtschaftsjahren als Anschaffungs- oder Herstellungskosten eines Wirtschaftsguts zu aktivieren sind,
- gemäß § 4 Abs. 5 EStG **Rückstellungen für Aufwendungen**, die zu den nach § 4 Abs. 5 bis 8 EStG nicht abziehbaren Ausgaben gehören,

nicht gebildet werden. Für Rückstellungen wegen der Verletzung fremder Schutzrechte und für Jubiläumsrückstellungen gelten im Vergleich zum Handelsrecht zusätzliche Voraussetzungen (§ 5 Abs. 3 und 4 EStG).

Besteht handelsrechtlich lediglich ein Passivierungswahlrecht, darf eine Passivierung in der Steuerbilanz nicht erfolgen.

> **Frage:** Wie sind Rückstellungen zu bewerten?

Antwort: In der Handelsbilanz sind gemäß § 253 Abs. 2 S. 1 HGB Rückstellungen mit einer Restlaufzeit von mehr als einem Jahr mit dem ihrer Restlaufzeit entsprechenden durchschnittlichen Marktzinssatz der vergangenen sieben Geschäftsjahre abzuzinsen. Abweichend von Satz 1 dürfen Rückstellungen für Altersversorgungsverpflichtungen oder vergleichbare langfristig fällige Verpflichtungen pauschal mit dem durchschnittlichen Marktzinssatz abgezinst werden, der sich bei einer angenommenen Restlaufzeit von 15 Jahren ergibt.

Für die Steuerbilanz regelt § 6 Abs. 1 Nr. 3a EStG Besonderheiten, die bei der Bewertung der Rückstellungen gemäß § 5 Abs. 6 EStG zu beachten sind, hinsichtlich:
- der Berücksichtigung der Wahrscheinlichkeit verminderter Inanspruchnahme bei gleichartigen Verbindlichkeiten,
- dem Ansatz von Sachleistungsverpflichtungen nur mit den Einzelkosten und Teilen der notwendigen Gemeinkosten,
- der Verrechnung mit voraussichtlich anfallenden künftigen Vorteilen,
- der zeitanteiligen Bildung von Ansammlungsrückstellungen und
- der Abzinsung der Rückstellungen mit einem Zinssatz von 5,5 %.

> **Tipp!** Ausdrücklich darauf hinzuweisen ist, dass die steuerliche Bewertung der Rückstellung aufgrund der Wert- und Preisverhältnisse am Bilanzstichtag zu erfolgen hat; d.h. Preissteigerungen, die am Bilanzstichtag erwartet werden, aber noch nicht konkretisiert sind, unterbleiben folglich.

Problembereich 7: Rückstellungen und Rücklagen

> **Frage:** Welche Voraussetzungen müssen erfüllt sein, damit eine Rückstellung für ungewisse Verbindlichkeiten in der Steuerbilanz ausgewiesen werden kann?

Antwort: Rückstellungen für dem Grunde und/oder der Höhe nach ungewisse Verbindlichkeiten sind unter den folgenden Voraussetzungen zu bilden:
- Die Verbindlichkeit muss gegenüber einem Dritten bestehen und es muss wahrscheinlich sein, dass der Schuldner in Anspruch genommen wird (s. Urteil des BFH vom 06.12.1995, BStBl II 1996, 406); der Gläubiger muss Kenntnis von seiner Anspruchsberechtigung haben).
- Die Verbindlichkeit muss der Höhe und/oder dem Grunde nach ungewiss sein, sie muss betrieblich veranlasst sein und bei Erfüllung zu sofort abziehbarem Aufwand und nicht zur Aktivierung von Anschaffungskosten führen.
- Die Verbindlichkeit muss zudem wirtschaftlich durch das abgelaufene Wirtschaftsjahr verursacht sein, sodass sie Aufwendungen berücksichtigt, die dieses abgelaufene Wirtschaftsjahr betreffen.
- Außerdem darf keines der in den §§ 5 Abs. 2a–4a EStG normierten Passivierungsverbote bestehen.

Wahrscheinlich ist die Inanspruchnahme, wenn mehr Gründe für eine Inanspruchnahme als dagegen sprechen (s. Urteil des BFH vom 28.06.1989, BStBl II 1990, 550; vom 01.08.1984, BStBl II 1985, 44; vom 30.06.1983, BStBl II 1984, 263 und vom 02.10.1992, BStBl II 1993, 153.

> **Frage:** Mit Bescheid der Gemeinde vom 30.11.01 wird eine Aktiengesellschaft aufgefordert, eine Asbestverunreinigung ihres Gebäudes bis zum 30.06. des Folgejahres zu beseitigen. Die Arbeiten sollten nach sachgerechter Schätzung Kosten in Höhe von 32.000 € zzgl. Umsatzsteuer verursachen.

Antwort: Die AG muss gemäß § 249 Abs. 1 S. 1 HGB zum 31.12.01 eine Rückstellung in Höhe der für die Asbestbeseitigung voraussichtlich entstehenden Kosten passivieren. Die Verpflichtung zur Beseitigung von Altlasten ist betrieblich veranlasst und führt zu sofort abzugsfähigem Aufwand. Bei einer öffentlich-rechtlichen Verpflichtung gegenüber den Ordnungsbehörden muss diese nach Ansicht des BFH (s. Urteil des BFH vom 19.10.1993, BStBl II 1993, 891) und der Finanzverwaltung aber hinreichend konkretisiert sein. Eine Rückstellung ist immer dann zu bilden, wenn entweder durch Gesetz oder durch besonderen Verwaltungsakt ein inhaltlich genau bestimmtes Handeln innerhalb eines bestimmten Zeitraumes vorgeschrieben ist und an die Verletzung dieser Verpflichtung Sanktionen geknüpft sind und sie damit durchsetzbar ist.

Da der AG bereits ein Verwaltungsakt der zuständigen Gemeinde vorliegt, durch den die im Wege des Verwaltungszwangs vollstreckbare Verpflichtung begründet wurde, die Asbestverunreinigung zu beseitigen, liegt eine hinreichende Konkretisierung der Verbindlichkeit vor. Die Verunreinigung ist auch wirtschaftlich durch das abgelaufene Wirtschaftsjahr verursacht. Die Bewertung der Rückstellung erfolgt in der Handelsbilanz und gemäß § 6 Abs. 1 Nr. 3a EStG auch in der Steuerbilanz mit 32.000 €.

> **Frage:** Durch einen Schaden im Getriebe, der durch unsachgemäße Behandlung eines Arbeitnehmers verursacht wurde, kann eine Baumaschine seit Juni des laufenden Geschäftsjahres nur noch in einer Fahrstufe gefahren werden. Da die Maschine für anstehende Bauarbeiten gebraucht wird, soll der Schaden im folgenden Jahr behoben werden. Die Kosten für die Reparatur werden zutreffend auf etwa 20.000 € geschätzt. Die Reparatur wird von einer Fremdfirma:
> - Alternative 1: im Januar des folgenden Wirtschaftsjahrs vorgenommen,
> - Alternative 2: im Mai des folgenden Wirtschaftsjahrs vorgenommen.

Antwort: Die erforderliche Reparatur der Maschine wurde im laufenden Geschäftsjahr unterlassen, obwohl der Verschleiß (und damit die Verursachung der zukünftigen Aufwendungen) diesem Geschäftsjahr zuzurechnen ist. Da die Aufwendungen im folgenden Geschäftsjahr nachgeholt werden, ist gemäß § 249 Abs. 1 S. 2 Nr. 1 HGB in der ersten Alternative handelsrechtlich zwingend eine Rückstellung für unterlassene Rückstellungen zu bilden. In der zweiten Alternative ist die Bildung einer Rückstellung in der Handelsbilanz unzulässig.

Steuerlich ist eine Rückstellung für unterlassene Instandhaltung ebenfalls nur zulässig, wenn die Instandhaltungsarbeiten innerhalb von drei Monaten nach dem Bilanzstichtag nachgeholt werden (vgl. R 5.7 Abs. 11 S. 1 EStR). Die handelsrechtliche Passivierungspflicht führt in der ersten Alternative wegen der Maßgeblichkeit der Handelsbilanz für die Steuerbilanz zu einer steuerlichen Passivierungspflicht einer Rückstellung in Höhe von 20.000 €. Da die Reparatur nicht zu Herstellungskosten, sondern zu sofort abzugsfähigem Aufwand führt, ist die Rückstellungsbildung auch nicht nach § 5 Abs. 4b EStG ausgeschlossen. Für die unterlassene Instandhaltung, die nicht innerhalb von drei Monaten nach dem Bilanzstichtag nachgeholt wird (Alternative 2), darf auch in der Steuerbilanz keine Rückstellung gebildet werden.

> **Frage:** Kaufmann A ist auf die Zahlung von Schadenersatz verklagt worden. Er hat deshalb in seiner Handels- und Steuerbilanz eine zutreffend berechnete Rückstellung für die zu erwartenden Prozesskosten der angerufenen ersten Instanz und eine weitere für den zu erwartenden Schadenersatz gebildet. Nach dem Bilanzstichtag, aber noch vor dem Tag der Bilanzaufstellung obsiegt A in vollem Umfang.
> - 1. Alternative: Die Frist zur Einlegung der Revision ist am Tag der Bilanzaufstellung noch nicht abgelaufen.
> - 2. Alternative: Vor dem Tag der Bilanzaufstellung hat der Prozessgegner auf Rechtsmittel verzichtet.
>
> Welche Folgen für die gebildeten Rückstellungen ergeben sich?

Antwort: Wird ein Anspruch gerichtlich geltend gemacht, liegen die Voraussetzungen für die Auflösung einer deswegen gebildeten Rückstellung solange nicht vor, als dieser Anspruch nicht rechtskräftig abgewiesen worden ist. Rückstellungsfähig sind die Kosten der rechtsanhängigen Instanz. Dies gilt auch dann, wenn bereits eine gerichtliche Entscheidung zugunsten des Kaufmanns ergangen, diese Entscheidung aber noch nicht rechtskräftig ist. Denn solange der Prozessgegner gegen die letzte Entscheidung ein (statthaftes) Rechtsmittel einlegen kann, besteht für den Kaufmann ein von ihm regelmäßig nicht einzuschätzendes Risiko, dass in der nächsten Instanz ein für ihn ungünstiges Urteil ergeht, aufgrund dessen er in Anspruch genommen wird. Die Beibehaltung der Rückstellung folgt daher dem Grundsatz der Vorsicht (§ 252 Abs. 1 Nr. 4 HGB).

Bei der Bilanzierung sind auch solche Umstände zu berücksichtigen, die bis zum Abschlussstichtag entstanden, aber erst zwischen dem Abschlussstichtag und dem Tag der Aufstellung des Jahresabschlusses bekannt geworden sind und die die Verhältnisse zum Abschlussstichtag gleichsam „aufhellen". An der Pflicht zur Beibehaltung der Rückstellung ändert auch die Tatsache nichts, dass der Prozessgegner nach dem Bilanzstichtag auf die Einlegung einer Nichtzulassungsbeschwerde verzichtet. Diese Tatsache vermittelt keine rückwirkenden Erkenntnisse über das Prozessrisiko zum Bilanzstichtag.

In beiden Alternativen sind die Rückstellungen zum Bilanzstichtag also auszuweisen.

> **Tipp!** In Ihre Überlegungen, ob in Fällen mit rechtsanhängigen Sachverhalten eine Rückstellungsbildung geboten ist, muss immer das Prinzip der Wertaufhellung beachtet und angesprochen werden.

> **Frage:** Welche Komponenten bestimmen die Höhe einer Rückstellung für nicht genommenen Urlaub eines Arbeitnehmers?

Antwort: Für die rückständige Urlaubsverpflichtung ist sowohl in der Handels- als auch in Steuerbilanz eine Rückstellung für ungewisse Verbindlichkeiten auszuweisen, da die Höhe der künftigen Ausgaben am Bilanzstichtag nicht genau bekannt ist. Sie hängt letztlich davon ab, ob der Arbeitnehmer den gesamten aus dem Vorjahr verbliebenen Urlaub in Anspruch nimmt, er sich diesen auszahlen lässt oder wegen Beendigung des Dienstverhältnisses eine – teilweise – Urlaubsabgeltung zu zahlen ist. Zur Berechnung der Urlaubsrückstellung wird das Urlaubsentgelt, die Zahl der Arbeitstage und die Zahl der noch offenen Urlaubstage benötigt. Das Urlaubsentgelt ist aus dem durchschnittlichen Arbeitsverdienst (laufende Grundvergütung, Zulagen und Lohnzuschläge, Sachbezüge, Arbeitgeberanteile zur Sozialversicherung, Beiträge zur Berufsgenossenschaft und nicht ausgezahltes Urlaubsgeld) der letzten 13 Wochen vor dem Bilanzstichtag zu berechnen, wobei aus Vereinfachungsgründen zulässigerweise auch häufig auf den Jahresverdienst zurückgegriffen wird. Das Urlaubsentgelt ist – ausgehend von der Zahl der regulären Arbeitstage vor Abzug des Urlaubsanspruchs – auf einen Tageswert herunterzurechnen. Der sich so ergebende Wert ist mit der Zahl der nicht genommenen Urlaubstage zu multiplizieren und ergibt den Rückstellungsbetrag. Eine Abzinsung der Urlaubsrückstellung nach § 6 Abs. 1 Nr. 3a Buchstabe e EStG kommt nicht in Betracht, da die Laufzeit der Verpflichtung am Bilanzstichtag nicht länger als zwölf Monate beträgt.

> **Frage:** Welche Kosten sind bei der Berechnung der Höhe einer Rückstellung für die Aufbewahrung von Geschäftsunterlagen einzubeziehen?

Antwort: Wegen der gesetzlichen Verpflichtung zur Aufbewahrung von Geschäftsunterlagen ist für die in diesem Zusammenhang zukünftig anfallenden Aufwendungen eine Rückstellung für ungewisse Verbindlichkeiten zu bilden (s. Urteil des BFH vom 19.08.2002, BStBl II 2003, 131). Bei der Berechnung sind folgende Kosten einzubeziehen:
- einmaliger Aufwand für die Einlagerung der am Bilanzstichtag noch nicht archivierten Unterlagen für das abgelaufene Wirtschaftsjahr sowie Sach- und Personalkosten für die Digitalisierung der Unterlagen, für das Brennen von CD und für die Datensicherung,
- die nach dem Verhältnis der Nutzfläche des Archivs zur Gesamtfläche ermittelten Raumkosten,
- die Kosten von Einrichtungsgegenständen des Archivs,
- anteilige Personalkosten z.B. für Hausmeister, Reinigung und für die Lesbarmachung der Datenbestände.

Nicht rückstellungsfähig sind die anteiligen Finanzierungskosten für die Archivräume, die Kosten für die zukünftige Anschaffung von zusätzlichen Regalen und Ordnern, die Kosten für die Entsorgung der Unterlagen nach Ablauf der Aufbewahrungsfrist sowie die Kosten für die Einlagerung künftig entstehender Unterlagen.

> **Frage:** Ist eine Rückstellung für die Aufbewahrung von Geschäftsunterlagen in der Steuerbilanz abzuzinsen?

Antwort: Eine Rückstellung für die Aufbewahrung von Geschäftsunterlagen ist nicht abzuzinsen. Für die Abzinsung ist gemäß § 6 Abs. 1 Nr. 3a Buchst. e Satz 2 EStG der Zeitraum bis zum Beginn der Erfüllung maßgebend. Da die Aufbewahrungspflicht aber mit dem Entstehen der Unterlagen beginnt, ergibt sich hier kein Abzinsungszeitraum.

> **Frage:** Sind Rückstellungen bei Vereinbarungen zur Altersteilzeit nach dem Blockmodell zu bilden?

Antwort: Für Verpflichtungen im Rahmen einer Vereinbarung über Altersteilzeit nach dem Altersteilzeitgesetz ist in der Freistellungsphase ein bestimmter Prozentsatz des bisherigen Arbeitsentgelts zu zahlen. Für diese Verpflichtungen ist nach Ansicht des BFH (s. Urteil des BFH vom 30.11.2005, BStBl II 2007, 251) bereits in der Beschäftigungsphase ab dem Ende des Wirtschaftsjahres, in dem die Altersteilzeit (Beschäftigungsphase) beginnt, eine Rückstellung zu bilden. Diese ist ratierlich anzusammeln. Das BMF hat in seinem Schreiben vom 28.03.2007 (BStBl I 2007, 297) Grundsätze für die Ermittlung einer solchen Rückstellung dargelegt. Bemessungsgrundlage sind hiernach die gesamten in der Freistellungsphase zu gewährenden Vergütungen – einschließlich der zu erbringenden Aufstockungsbeträge – sowie sonstige Nebenleistungen (wie z.B. das Urlaubs- und Weihnachtsgeld oder die Arbeitgeberanteile zur gesetzlichen Sozialversicherung). Die Bewertung der Rückstellungen hat im Allgemeinen nach versicherungsmathematischen Grundsätzen zu erfolgen. Aus Vereinfachungsgründen beanstandet es die Finanzverwaltung nicht, wenn die Rückstellungen pauschal unter Verwendung der dem BMF-Schreiben beigefügten Tabellen bewertet werden. Die in diesen Tabellen genannten Barwertfaktoren – für laufende Altersteilzeitleistungen oder Abfindungsleistungen – berücksichtigen die Wahrscheinlichkeit des Ausscheidens des Altersteilzeitberechtigten und die Abzinsung. Die Altersteilzeitverpflichtungen können allerdings nur einheitlich entweder versicherungsmathematisch oder pauschal bewertet werden. Die für ein Wirtschaftsjahr getroffene Wahl bindet das Unternehmen für die folgenden vier Wirtschaftsjahre.

> **Frage:** Wie sieht die aktuelle Rechtslage bezüglich der Kosten von anstehenden Außenprüfungen aus?

Antwort: Der BFH hat entschieden (Urteil des BFH vom 06.06.2012, BStBl II 2013, 196), dass in einer Bilanz einer als Großbetrieb im Sinne des § 3 BpO eingestuften Kapitalgesellschaft Rückstellungen für die im Zusammenhang mit einer Außenprüfung bestehenden Mitwirkungspflichten gemäß § 200 AO grundsätzlich zu bilden sind, soweit diese die am jeweiligen Bilanzstichtag bereits abgelaufene Wirtschaftsjahre (Prüfungsjahre) betreffen. Eine solche Passivierung ist auch dann soweit möglich, wenn noch keine Prüfungsanordnung erlassen worden ist.

Der BMF hat mit seinem Schreiben vom 07.03.2013 (BStBl I 2013, 274) den entschiedenen Grundsatz über den Einzelfall hinaus für anwendbar erklärt und weiter ausgeführt: Für Steuerpflichtige, bei denen eine Anschlussprüfung im Sinne des § 4 Abs. 2 BpO nicht infrage kommt – die also (vereinfacht gesagt) keine Großbetriebe und keine Konzerne sind –, sind die Grundsätze des Urteils nicht anzuwenden und es ist folglich keine Rückstellung zu bilden. Im Falle der Passivierung sind in den Rückstellungsbetrag nach Maßgabe des BMF nur die Kosten einzubeziehen, die in direktem Zusammenhang mit der Durchführung der Außenprüfung stehen – etwa die der rechtlichen oder steuerlichen Beratung. Nicht miteinbezogen werden dürfen Kosten der allgemeinen Verwaltung oder z.B. die Kosten zur Aufbewahrung von Geschäftsunterlagen oder die Kosten zur Erstellung des Jahresabschlusses.

> **Frage:** Ist es denkbar, dass ein steuerlicher Ausweis einer Rückstellung höher ist als der Ansatz in der Handelsbilanz?

Antwort: Durch die unterschiedlichen Bewertungsgrundsätze für Rückstellungen in Handels- und Steuerbilanz – z.B. wegen unterschiedlicher Abzinsungszeiträume und -zinssätze, kann – insbesondere bei Sachleistungsverpflichtungen – der handelsrechtliche Erfüllungsbetrag einer Rückstellung nach § 253 HGB niedriger als der steuerliche Erfüllungsbetrag nach § 6 EStG sein. Die OFD Münster hatte hierzu in einer bundesweit abgestimmten Verfügung vom 13.07.2012 (S 2170a – 234 – St 12 – 33) ausgeführt, dass der handelsrechtliche Rückstellungsbetrag die Bewertungsobergrenze für die Steuerbilanz darstellt. Sie stützt sich insbesondere auf den Wortlaut des Einleitungssatzes zu

§ 6 Abs. 1 Nr. 3a EStG, der bestimmt, dass Rückstellungen „höchstens" unter Berücksichtigung der dort genannten steuerlichen Bewertungsgrundsätze für Rückstellungen anzusetzen sind. Diese Sichtweise hat die Finanzverwaltung auch in die Einkommensteueränderungsrichtlinien übernommen (vgl. R 6.11 Abs. 3 Satz 1 EStR 2012). Soweit es wegen der Teilauflösung der steuerlichen Rückstellung zu einer Gewinnrealisierung kommt, kann grundsätzlich eine Gewinn mindernde Rücklage i.H.v. 14/15 des Gewinns gebildet werden, die in den Folgejahren entsprechend aufzulösen ist (vgl. R 6.11 Abs. 3 Satz 2 EStR 2012).

Eine Ausnahme gilt lediglich für Pensionsrückstellungen. Nach dem BMF-Schreiben vom 12.3.2010 und den neuen Einkommensteueränderungsrichtlinien (EStR 2012) in R 6a Abs. 1 Satz 2 EStR 2012 wird für nach § 6a EStG zu bilanzierende Pensionsverpflichtungen explizit geregelt, dass der steuerliche Rückstellungsbetrag einer Pensionsverpflichtung den handelsrechtlichen Rückstellungsbetrag übersteigen kann.

Frage: Welche grundlegende Unterscheidung gibt es bei Rücklagen?

Antwort: Rücklagen sind Unterpositionen (Bestandteile) des Eigenkapitals, die entweder als Kapitalrücklagen oder als Gewinnrücklagen gesondert auszuweisen sind. Dies folgt aus der Gliederungsvorschrift des § 266 HGB, nach der nach dem gezeichneten Kapital die Kapitalrücklagen (§ 266 Abs. 3 A II HGB) und anschließend die Gewinnrücklagen (§ 266 Abs. 3 A III HGB) zu zeigen sind. Stille Rücklagen – die auch als stille Reserven bezeichnet werden – entstehen z.B. durch die Anwendung und Einhaltung gesetzlicher Bilanzierungs- und Bewertungsvorschriften oder durch die Inanspruchnahme von Bewertungswahlrechten. Stille Rücklagen dürfen – im Gegensatz zu den Gewinn- und Kapitalrücklagen in der Bilanz – nicht „offen" ausgewiesen werden.

Frage: Welche Beträge sind als Kapitalrücklage auszuweisen?

Antwort: Die Vorschrift des § 272 Abs. 2 HGB legt fest, welche Beträge – bereits bei der Aufstellung der Bilanz (§ 270 Abs. 1 S. 1 HGB) – als Kapitalrücklage auszuweisen sind. Erfasst werden muss zunächst das Ausgabeaufgeld (auch Agio genannt), welches ungekürzt, d.h. ohne Berücksichtigung der Ausgabekosten bei der Ausgabe von Anteilen – in erster Linie also Aktien – über den Nennbetrag hinaus erzielt wird (§ 272 Abs. 2 Nr. 1 HGB). Weiterhin ist der Betrag, der bei der Ausgabe von Wandelschuldverschreibungen und Optionsrechten zum Erwerb von neuen Anteilen erzielt wird, in die Kapitalrücklage aufzunehmen (§ 272 Abs. 2 Nr. 2 HGB). Letztlich sind auch die Beträge in die Kapitalrücklage einzustellen, die Gesellschafter entweder gegen Gewährung eines Vorzugs für ihre Anteile oder aus anderen Gründen – z.B. zum Ausgleich von Verlusten – leisten (§ 272 Abs. 2 Nr. 3 und 4 HGB).

Frage: Was bezeichnet man als „gesetzliche Rücklagen"? Nennen Sie einen wichtigen Anwendungsfall!

Antwort: Als gesetzliche Rücklagen werden solche Rücklagen bezeichnet, zu deren Bildung ein Unternehmen gesetzlich verpflichtet ist. Gemäß § 150 Abs. 2 AktG sind in die gesetzliche Rücklage jährlich 5 % des – ggf. um einen vorhandenen Verlustvortrag aus dem Vorjahr geminderten – Jahresüberschusses einzustellen Diese Einstellung ist so lange vorzunehmen, bis die gesetzliche Rücklage – zusammen mit den Kapitalrücklagen i.S.d. § 272 Abs. 2 Nr. 1 bis 3 HGB mindestens den zehnten Teil Grundkapitals erreichen.

Problembereich 8: Personengesellschaften (Sonderbilanzen/ Ergänzungsbilanzen)/Kapitalgesellschaften

Frage: Wie werden die Einkünfte für die Mitunternehmer einer gewerblich tätigen Personengesellschaft ermittelt?

Antwort: Für Mitunternehmer einer gewerblich tätigen Personengesellschaft gelten besondere Besteuerungsregeln. Da Personengesellschaften, wie z.B. eine OHG oder KG, als solche nicht der Einkommensteuer unterliegen, müssen die im Rahmen einer Personengesellschaft erzielten gewerblichen Einkünfte – soweit sie den jeweiligen Gesellschaftern zuzurechnen sind – von deren Gesellschaftern der Einkommen- oder Körperschaftsteuer unterworfen werden. Die von einer gewerblich tätigen Personengesellschaft erzielten Einkünfte werden gemäß §§ 179, 180 AO durch einen Gewinnfeststellungsbescheid mit bindender Wirkung für das Veranlagungsverfahren der Gesellschafter gesondert und einheitlich festgestellt. Beim Gesellschafter unterliegt dessen Anteil am Gesamtgewinn der Mitunternehmerschaft. Zu dem Betriebsvermögen, das der Ermittlung der Einkünfte der Gesellschafter von Personengesellschaften zugrunde zu legen ist, gehört neben dem in der Steuerbilanz der Personengesellschaft ausgewiesenen Betriebsvermögen der Gesellschaft auch das Sonderbetriebsvermögen der Mitunternehmer. Diese Art der Gewinnermittlung wird auch als „zweistufig additive Gewinnermittlung" bezeichnet.

Frage: Nennen Sie die Tatbestandsmerkmale einer gewerblichen Mitunternehmerschaft!

Antwort: Die Tatbestandsmerkmale ergeben sich aus § 15 Abs. 1 Nr. 1 und Abs. 2 EStG. Danach muss/müssen:
- Ein Gesellschaftsverhältnis oder ein vergleichbares Gemeinschaftsverhältnis bestehen,
- eine Gesellschafter- oder Gemeinschafterstellung der betroffenen Person vorliegen,
- die Mitunternehmereigenschaft des Gesellschafters oder Gemeinschafters vorliegen,
- Einkünfte aus Gewerbebetrieb, als eine nachhaltige, auf Gewinn abzielende Tätigkeit vorliegen.

Frage: Wie kann der Begriff des „Mitunternehmers" definiert werden?

Antwort: Der in § 15 Abs. 1 Nr. 2 EStG verwendete Begriff des Mitunternehmers lässt sich nach Auffassung des BFH (s. Beschluss des BFH vom 25.06.1984, BStBl II 1984, 751) nicht abschließend definieren; er kann vielmehr nur durch eine unbestimmte Zahl von Merkmalen beschrieben werden. Bei der Anwendung des Begriffs ist zunächst davon auszugehen, dass die Begriffe „Unternehmer" und Mitunternehmer gleichrangig sind. Eine Unterscheidung liegt darin, dass der Mitunternehmer seine unternehmerische Tätigkeit nicht allein, sondern mit anderen Mitunternehmern in gesellschaftlicher oder gemeinschaftlicher Verbundenheit ausübt. Mitunternehmer i.S.d. § 15 Abs. 1 Nr. 2 EStG ist derjenige, der zusammen mit anderen Personen eine Mitunternehmerinitiative entfalten kann und ein Mitunternehmerrisiko trägt. Es ist eine Gesamtwürdigung aller Umstände vorzunehmen, da die beiden Komponenten in unterschiedlich ausgeprägter Form vorliegen können.

Frage: Was versteht man unter Mitunternehmerinitiative und Mitunternehmerrisiko?

Antwort: Mitunternehmerinitiative bedeutet die Teilhabe an unternehmerischen Entscheidungen, wie sie z.B. Gesellschaftern oder diesen vergleichbaren Personen als Geschäftsführern, Prokuristen oder anderen leitenden Angestellten obliegen. Die Möglichkeit, Gesellschaftsrechte auszuüben, die wenigstens den Stimm-, Kontroll- und Widerspruchsrechten angenähert sind, die einem Kommanditisten nach dem Handelsgesetzbuch (HGB) zustehen oder die den gesellschaftsrechtlichen Kontrollrechten nach § 716 Abs. 1 BGB entsprechen, reicht bereits aus. Mitunternehmerrisiko bedeutet gesellschaftsrechtlich eine Teilhabe am Erfolg oder eine – ggf. teilweise begrenzte – Teilhabe am Misserfolg eines gewerblichen Unternehmens. Regelmäßig wird dieses Risiko durch Beteiligung am Gewinn und Verlust sowie an den stillen Reserven des Anlagevermögens einschließlich des Geschäftswertes vermittelt (s. Urteil des BFH vom 03.07.1993, BStBl II 1994, 282).

> **Frage: Was ist eine GmbH & Co. KG?**

Antwort: Eine Personenhandelsgesellschaft, bei der die Haftung typischerweise dadurch beschränkt wird, dass die GmbH als persönlich haftender Gesellschafter (Komplementär) eingesetzt wird. Die Kommanditisten haften nur bis zur Höhe ihrer Einlage. Bei Gesellschaften bei denen nicht mindestens ein Gesellschafter eine natürliche Person ist, sind seit dem KapCoRiLiG die Vorschriften für Kapitalgesellschaften anzuwenden.

> **Frage: Was ist zum steuerlichen Sonderbetriebsvermögen zu zählen?**

Antwort: Zum Betriebsvermögen einer gewerblichen Personengesellschaft gehören nach § 15 Abs. 1 Nr. 2 i.V.m. § 4 Abs. 1 EStG nicht nur die im Gesamthandseigentum der Mitunternehmer stehenden Wirtschaftsgüter, sondern auch diejenigen Wirtschaftsgüter:
- die einem Mitunternehmer gehören, die jedoch geeignet und bestimmt sind, dem Betrieb der Personengesellschaft zu dienen (sogenanntes Sonderbetriebsvermögen I) oder
- die der Beteiligung des einzelnen Gesellschafters an der Personengesellschaft (sogenanntes Sonderbetriebsvermögen II) förderlich sind.

> **Frage: Besteht für das Sonderbetriebsvermögen eine Bilanzierungspflicht?**

Antwort: Eine Personengesellschaft ist handelsrechtlich nur für ihr Gesamthandsvermögen buchführungspflichtig, nicht jedoch für das im Eigentum der Gesellschafter stehende Sonderbetriebsvermögen. Dennoch obliegt die Buchführungspflicht für Sonderbetriebsvermögen nicht dem einzelnen Gesellschafter, sondern der Personengesellschaft. Die Buchführungspflicht ergibt sich deshalb zwar nicht aus § 140 AO, aber sie folgt aus § 141 AO. Nach dieser Vorschrift sind Unternehmer verpflichtet, Bücher zu führen und regelmäßige Abschlüsse zu machen, wenn sie bestimmte Grenzen an Umsatz, Betriebsvermögen oder Gewinn überschreiten. Für die Frage, ob diese Grenzen überschritten sind, muss das gesamte Betriebsvermögen der Mitunternehmerschaft, also das Gesamthands- und Sonderbetriebsvermögen berücksichtigt werden (s. Urteil des BFH vom 23.10.1990, BStBl II 1991, 401).

> **Frage: Wenn die Gesellschaft auch für die Sonderbilanzen eines Gesellschafters buchführungspflichtig ist, kann dann dieser Gesellschafter überhaupt Bilanzierungswahlrechte ausüben?**

Antwort: Nach Auffassung der Rechtsprechung ist die formelle Buchführungspflicht für den Sonderbereich eines Mitunternehmers durch den Geschäftsführer der Gesellschaft zu erfüllen (s. Beschluss des BFH vom 25.01.2006, BStBl II 2006, 418). Bilanzierungswahlrechte – wie z.B. die Bildung einer Rücklage nach § 6b Abs. 3 EStG in Bezug auf den Gewinn aus der Veräußerung von Sonderbetriebsvermögen – können dagegen nur von dem Mitunternehmer persönlich ausgeübt werden.

> **Tipp!** Wegen der Komplexität und der oft erforderlichen Notwendigkeit umfangreicher Zahlenwerke beschränkt sich die Prüfung des Problembereichs „Personengesellschaften" nicht selten auf Begrifflichkeiten. Diese sollten Ihnen also bekannt sein.

> **Frage:** A und B sind Gesellschafter der Z-KG und erhalten für ihre Geschäftsführung bzw. die leitende Mitarbeit eine monatliche Vergütung von jeweils 5.000 € unabhängig vom erzielten Ergebnis zulasten des Gewinns der KG. Der Buchhalter hat die Zahlungen als Gehälter verbucht. Welche Konsequenzen ergeben sich (die Umsatzsteuer soll außer Betracht bleiben)?

Antwort: Die Vergütungen für die Tätigkeit der Gesellschafter sind gemäß § 15 Abs. 1 Nr. 2 HS 2 EStG Teil ihres Gesamtgewinns aus Gewerbebetrieb. Die Berücksichtigung erfolgt Gewinn mindernd im Gesamthandsbereich. Im Sonderbereich sind die Vergütungen als Erträge und bei Zahlung als Entnahmen gemäß § 4 Abs. 1 S. 2 EStG zu erfassen. Eine Darstellung der Sondervergütung in einer Sonderbilanz ist möglich, aber nicht zwingend, wenn vor dem Bilanzstichtag die Zahlungen erfolgt sind und deshalb kein Wirtschaftsgut zu erfassen ist.

> **Frage:** Handelt es sich bei dieser Zahlung um einen „Vorweggewinn" bzw. um einen „Vorabgewinn"?

Antwort: Vergütungen, die die Voraussetzungen des § 15 Abs. 1 Nr. 2 HS 2 EStG erfüllen, werden oft in der Praxis als „Vorabvergütungen" bezeichnet. Es wird jedoch in diesen Fällen nichts vorweg vergütet, sondern der Gewinn der KG mindert sich durch Zahlung nach Leistungsbezug, der auf einer schuldrechtlichen Vereinbarung basierenden Verpflichtung in der Gewinnermittlung der Gesamthand. Erst in der zweiten Stufe der Gewinnermittlung sind die Ergebnisse des Sonderbereichs – also die Tätigkeitsvergütung als Sonderbetriebseinnahmen – zur Ermittlung des Gesamtgewinns der Gesellschaft wieder hinzuzuaddieren. Die Begriffe „Vorweggewinn" bzw. „Vorabgewinn" beziehen sich auf eine Abrede der Gesellschafter zur Verteilung des Gewinns aus der Gesamthandsbilanz, ohne dass dieser der Höhe nach tangiert wird.

> **Frage:** Hat die Unterscheidung zwischen Sonderbetriebseinnahmen und „Vorabgewinn" überhaupt eine praktische Bedeutung?

Antwort: Bei der Ermittlung der Höhe des Kapitalkontos im Sinne des § 15a Abs. 1 S. 1 EStG ist das – positive oder negative – Sonderbetriebsvermögen eines Kommanditisten außer Betracht zu lassen. Maßgeblich für die Anwendung des § 15a EStG ist nur das Kapitalkonto – einschließlich etwaiger Ergänzungsbilanzen – aus der steuerlichen Gesellschaftsbilanz. Aus der Trennung der beiden Vermögenssphären folgt, dass nur der nach § 15a Abs. 1 EStG ausgleichsfähige Verlust aus dem Gesellschaftsbereich einschließlich Ergänzungsbilanzen mit Gewinnen aus dem Sonderbereich saldiert werden kann.

> **Frage:** Was können Sie sich unter dem Begriff „additive Gesamtbilanz" vorstellen?

Antwort: Die Gesellschaftsbilanz oder Gesamthandsbilanz bildet zusammen mit etwaigen Ergänzungsbilanzen sowie den Sonderbilanzen der Gesellschafter die Gesamtbilanz der Mitunternehmerschaft (s. Urteil des BFH vom 30.03.2006, BFH/NV 2006, 1912).

> **Frage:** Welche generelle Aufgabe hat eine Ergänzungsbilanz?

Antwort: Die einzelnen Wertansätze in den Ergänzungsbilanzen stellen Korrekturen für den jeweiligen Gesellschafter zu den Wertansätzen der Wirtschaftsgüter des Gesellschaftsvermögens in der Steuerbilanz der Personengesellschaft dar, die mit dem Abgang oder Verbrauch dieser Wirtschaftsgüter gewinnwirksam aufzulösen sind. Eine Ergänzungsbilanz kann positiv oder negativ sein. Ergebnisse aus einer Ergänzungsbilanz führen zu einer Korrektur des Gewinnanteils des Gesellschafters i.S.d. § 15 Abs. 1 Nr. 2 HS 1 EStG (s. Urteil des BFH vom 28.09.1995, BStBl II 1996, 68). Ist eine

Ergänzungsbilanz positiv, bildet sie Mehrwerte – also Mehrkapital – zur Gesellschaftsbilanz ab. Die Fortführung positiver Ergänzungsbilanzen führt zu Mehraufwand desjenigen Gesellschafters, für den die Ergänzungsbilanz erstellt wird, und mindert folglich seinen steuerlichen (Gesamt-) Gewinnanteil. Für negative Ergänzungsbilanzen ergeben sich die Auswirkungen mit umgekehrten Vorzeichen.

> **Frage: In welchen Fallkonstellationen kann es zur Notwendigkeit von Ergänzungsbilanzen kommen?**

Antwort: Als wesentliche Fälle kommen in Betracht:
- Die Einbringung von Betrieben, Teilbetrieben oder Mitunternehmeranteilen in eine Personengesellschaft,
- der entgeltliche Erwerb eines Mitunternehmeranteils, wenn der Kaufpreis den Buchwert des übergehenden Kapitalkontos entweder übersteigt oder unterschreitet,
- die Inanspruchnahme einer Steuerbegünstigung – z.B. die Inanspruchnahme einer Rücklage nach § 6b Abs. 3 EStG – durch eine Personengesellschaft, wenn nicht alle Gesellschafter die Voraussetzungen – etwa die sechsjährige Besitzzeit des § 6b Abs. 4 Nr. 2 EStG – erfüllen.

> Tipp! Wenn Sie zu diesen Thematiken kurze Beispiele benennen können, kann dies nicht schaden. Eventuell können Sie sogar auf die Fortentwicklung erstellter Ergänzungsbilanzen eingehen.

> **Frage: Was hat sich durch das BilMoG beim handelsrechtlichen Ausweis des Eigenkapitals (GmbH, GmbH & Co. KG, EU) geändert?**

Antwort:
1. Ausstehende Einlagen sind zukünftig nur noch nach der Nettomethode (Saldierung auf der Passivseite) darzustellen.
2. Beim Erwerb eigener Anteile erfolgt ebenfalls eine Saldierung auf der Passivseite; bei Weiterveräußerung wird die Saldierung rückgängig gemacht;
3. Sämtliche Erwerbe bzw. Veräußerungen eigener Anteile stellen zukünftig erfolgsneutrale Vorgänge dar.

> **Frage: Bei einer KG verkaufen alle Gesellschafter ihre Anteile zu einem angemessenen Preis an neu eintretende Gesellschafter. Ist die Erstellung von Ergänzungsbilanzen erforderlich?**

Antwort: Bei einem entgeltlichen Wechsel sämtlicher Gesellschafter einer Personengesellschaft kann auf die Aufstellung von Ergänzungsbilanzen verzichtet werden, weil die Anschaffungskosten der neuen Gesellschafter in der Steuerbilanz der Gesellschaft zu aktivieren sind (s. BFH vom 28.09.1993, BStBl II 1994, 449).

> **Frage: Die A-KG veräußert an ihren Komplementär Z Wertpapiere für 20.000 €, die im Zeitpunkt der Veräußerung einen Buchwert von 10.000 € und einen Verkehrswert von 40.000 € haben. Wie ist dieser Sachverhalt steuerlich zu würdigen?**

Antwort: Die Übertragung der Wertpapiere an A führt zu einer verdeckten Entnahme, da ein unangemessenes Entgelt vorliegt und auch keine betrieblichen Gründe für die Veräußerung erkennbar sind. Die Entnahme ist mit dem Teilwert gemäß § 6 Abs. 1 Nr. 4 EStG zu bewerten und beträgt 20.000 €. Der Gewinn der KG erhöht sich um (weitere) 20.000 €, der – eine entsprechende Regelung im Gesellschaftsvertrag vorausgesetzt – dem Z vorab zuzurechnen ist (s. Urteil des BFH vom 28.09.1995, BStBl II 1996, 276).

Frage: Der Einzelunternehmer Z kauft für sein Einzelunternehmen von der A-GmbH, deren einziger Gesellschafter er ist, ein unbebautes Grundstück. Der Verkehrswert des Grundstücks beträgt 400.000 €, der Kaufpreis 600.000 €. Z hält die Beteiligung in seinem Betriebsvermögen. Beide Werte sind zwischen den Beteiligten unstreitig. Was ist steuerlich zu veranlassen?

Antwort: Es liegt eine verdeckte Einlage des Z in die A-GmbH vor. Der Jahresüberschuss der GmbH ist um 200.000 € zu hoch, da die Vermögensmehrung auf dem Gesellschaftsverhältnis beruht. Er ist um die verdeckte Einlage zu kürzen. Die 200.000 € führen bei der GmbH zu einer Vermögensmehrung, die als Zugang im steuerlichen Einlagekonto zu behandeln ist. Im Betriebsvermögen des Einzelunternehmens ist das Grundstück nur mit 400.000 € zu aktivieren. Der Differenzbetrag von 200.000 € erhöht den Wertansatz seiner Beteiligung, da nachträgliche Anschaffungskosten vorliegen.

Frage: Die A-GmbH erwirbt im Januar 01 von ihrem alleinigen Gesellschafter, der natürlichen Person Z, eine Maschine mit einer betriebsgewöhnlichen Nutzungsdauer von fünf Jahren im Wert von 200.000 € zum Preis von 240.000 €. Der Mehrpreis von 40.000 € ist durch das Gesellschaftsverhältnis veranlasst und wird von beiden Beteiligten nicht bestritten. Weder der Körperschaftsteuerbescheid 01 der GmbH noch der Einkommensteuerbescheid 01 des Z sind noch änderbar. Welche Auswirkungen ergeben sich ab dem Veranlagungszeitraum 02?

Antwort: Kann die Veranlagung für das Wirtschaftsjahr der Anschaffung nach den Vorschriften der AO nicht mehr berichtigt oder geändert werden, ist das Wirtschaftsgut im Wirtschaftsjahr des ersten offenen Veranlagungszeitraums – hier also im Wirtschaftsjahr 02 – mit dem Wert zu bewerten, der sich unter Berücksichtigung der Abschreibungen bezogen auf die unter Fremden üblichen Anschaffungskosten ergibt. Die sich hierbei ergebende Vermögensminderung stellt eine verdeckte Gewinnausschüttung dar. Bei linearer AfA ergibt sich ein Wertansatz von 160.000 € im Verhältnis zum bisher ausgewiesenen Wert von 192.000 €, sodass die verdeckte Gewinnausschüttung 32.000 € beträgt.

Problembereich 9: Grundlagen und Neuerungen im Bereich der Bilanzierung

Frage: In welcher Vorschrift ist die degressive Abschreibung im Handelsrecht normiert?

Antwort: Die Grundlage für Abschreibungen ergeben sich aus § 253 Abs. 1 S. 1, Abs. 3 S. 1 HGB: Hiernach sind bei Vermögensgegenständen des Anlagevermögens, deren Nutzung zeitlich begrenzt ist, die Anschaffungs- oder Herstellungskosten um planmäßige Abschreibungen zu vermindern. Planmäßig bedeutet dabei „im Voraus festgelegt"; der jährliche Abschreibungsbetrag ist also spätestens bei Vornahme der ersten Abschreibung für die gesamte Nutzungsdauer festgelegt. Auch die degressive Abschreibung erfüllt diese Voraussetzung, sodass auch insoweit eine „planmäßige Abschreibung vorliegt".

Frage: Welche Arten der degressiven AfA kennen Sie im Steuerrecht?

Antwort: Nach der derzeit geltenden Rechtslage ist weder für unbewegliche Wirtschaftsgüter des Anlagevermögens noch für bewegliche Anlagegüter die erstmalige Inanspruchnahme einer degressiver AfA in der Steuerbilanz zulässig. Denkbar sind also nur Wertansätze, die unter Inanspruchnahme der vor geraumer Zeit zulässigen AfA-Sätze der §§ 7 Abs. 5 und § 7 Abs. 2 EStG weiter entwickelt worden sind.

Problembereich 9: Grundlagen und Neuerungen im Bereich der Bilanzierung

> **Frage:** Welche Gesetzesregelung des § 7 EStG gilt für die Wirtschaftsgüter, die nach Verwendung im Rahmen einer Überschusseinkunftsart in ein Betriebsvermögen eingelegt werden?

Antwort: Werden Wirtschaftsgüter nach einer Verwendung bei Überschusseinkünften in ein Betriebsvermögen eingelegt, muss eine vom Einlagewert nach § 6 Abs. 1 Nr. 5 EStG abweichende AfA-Bemessungsgrundlage ermittelt werden. Die AfA-Bemessungsgrundlage bemisst sich nach geltender Rechtslage abweichend vom Einlagewert nach § 6 Abs. 1 Nr. 5 EStG, wenn die Wirtschaftsgüter vor der Einlage zur Einkunftserzielung im Privatvermögen genutzt worden sind. Um in diesen Fällen eine doppelte Inanspruchnahme von Abschreibungsvolumen zu vermeiden, ist die weitere Absetzung für Abnutzung nach dem Gesetzeswortlaut des § 7 Abs. 1 Satz 5 EStG von den um die bisher geltend gemachten Absetzungen für Abnutzung geminderten Anschaffungs- oder Herstellungskosten vorzunehmen. Der BFH hat entschieden, dass allerdings auch kein Abschreibungsvolumen vernichtet werden soll. Die bisherigen AfA-Beträge sind deshalb vom Einlagewert und nicht von den Anschaffungs- oder Herstellungskosten abzusetzen. Dies ist in § 7 Abs. 1 S. 5 EStG auch so ausdrücklich geregelt.

Die Finanzverwaltung hat zur Bestimmung vier Fallgruppen mit Praxisbeispielen festgelegt (s. Schreiben des BMF vom 27.10.2010, BStBl I 2010, 1204, IV C 3 – S 2190/09/10007):

- **Fallgruppe 1:** Ist der Einlagewert des Wirtschaftsguts höher oder gleich den historischen Anschaffungs- oder Herstellungskosten, ist die AfA ab dem Zeitpunkt der Einlage nach dem um die bereits in Anspruch genommenen AfA oder Substanzverringerungen (planmäßigen AfA), Sonderabschreibungen oder erhöhten Absetzungen geminderten Einlagewert zu bemessen.
- **Fallgruppe 2:** Ist der Einlagewert des Wirtschaftsguts geringer als die historischen Anschaffungs- oder Herstellungskosten, aber nicht geringer als die fortgeführten Anschaffungs- oder Herstellungskosten, ist die AfA ab dem Zeitpunkt der Einlage nach den fortgeführten Anschaffungs- oder Herstellungskosten zu bemessen.
- **Fallgruppe 3:** Ist der Einlagewert des Wirtschaftsguts geringer als die fortgeführten Anschaffungs- oder Herstellungskosten, bemisst sich die weitere AfA nach diesem ungeminderten Einlagewert.
- **Fallgruppe 4:** Der Einlagewert eines Wirtschaftsguts nach § 6 Abs. 1 Nr. 5 Satz 1 Halbsatz 2 Buchstabe a i.V.m. Satz 2 EStG gilt gleichzeitig auch als AfA-Bemessungsgrundlage gemäß § 7 Abs. 1 Satz 5 EStG.

> **Frage:** Ein Gewerbetreibender erwirbt eine „Taxi-Konzession" und möchte wissen, ob die Konzession einem Wertverzehr unterliegt. Welche Überlegungen ergeben sich?

Antwort: Nach ständiger Rechtsprechung des BFH handelt es sich bei dem mit dem entgeltlichen Erwerb einer Konzession für Personen- oder Güterverkehr verbundenen wirtschaftlichen Vorteil um ein aktivierungspflichtiges immaterielles, nicht abnutzbares Wirtschaftsgut (vgl. u.a. BFH-Urteil vom 08.05.1963, BStBl III 1963, 377; BFH-Urteil vom 10.08.1989, BStBl II 1990, 15; BFH-Urteil vom 04.12.1991, BStBl II 1992, 383). Als wesentlicher Grund für die Nichtabnutzbarkeit wurde seitens der Rechtsprechung angeführt, dass der Konzessionsinhaber für die Zeit des Bestehens des Betriebs regelmäßig mit einer Verlängerung oder Erneuerung der Genehmigung rechnen konnte. Die Finanzverwaltung hat sich dieser Rechtsauffassung in den BMF-Schreiben vom 20.11.1986 (BStBl I 1986, 532 Tz. III.) und vom 12.03.1996 (BStBl I 1996, 372) angeschlossen.

Durch Novellierung des Personenbeförderungsgesetzes (PBefG) mit Wirkung zum 01.01.2013 hat spätestens ab diesem Zeitpunkt im gesamten Bundesgebiet hinsichtlich der Vergabe von Konzessionen für Personenbeförderungsleistungen ein europaweiter Ausschreibungswettbewerb zu erfolgen. Nach Änderung des Vergabeverfahrens können Verkehrsunternehmen nicht mehr davon ausgehen, dass eine einmal erteilte Personenverkehrsgenehmigung nach deren Ablauf regelmäßig verlängert wird. Die fehlende Aussicht auf eine Verlängerung führt dazu, dass sich der mit dem Erwerb verbundene wirtschaftliche Vorteil durch Zeitablauf abnutzt. Dementsprechend ist für eine entgeltlich erworbene Personenbeförderungsgenehmigung eine Absetzung für Abnutzung nach § 7 Abs. 1 Satz 1 EStG vorzunehmen, wenn diese Konzession im Rahmen eines europaweiten Ausschreibungswettbewerbs vergeben wurde. Maßgebliche betriebsgewöhnliche Nutzungsdauer ist die Geltungsdauer der Konzession.

Dem Ausschreibungswettbewerb unterliegen jedoch lediglich Verkehrsunternehmen, die Verkehrsleistungen im Linienverkehr des öffentlichen Personennahverkehrs erbringen. Da Taxiunternehmen in der Regel nicht darunter fallen, sind sie hinsichtlich der Konzessionsvergabe nicht von dem europaweiten Ausschreibungsgebot betroffen. Daher können sie auch weiterhin keine Abschreibungen auf die Konzessionen vornehmen.

> **Frage:** Welche Rechtsfolgen ergeben sich bei der Anschaffung eines geringwertigen Wirtschaftsgutes („GWG") in der steuerlichen Gewinnermittlung?

Antwort: Nach § 6 Abs. 2 EStG hat der Steuerpflichtige die Möglichkeit, für selbstständig nutzungsfähige Wirtschaftsgüter einen sofortigen Betriebsausgabenabzug geltend machen zu können, wenn die Nettoanschaffungs- oder Nettoherstellungskosten einen Grenzwert von (netto) 410 € nicht übersteigen. Dieses Wahlrecht steht ihm für jedes Wirtschaftsgut gesondert zu. Dabei sind Wirtschaftsgüter, deren Wert die Grenze von 150 € übersteigt, unter Angabe des Tags der Anschaffung, Herstellung oder Einlage des Wirtschaftsguts sowie der Anschaffungs- oder Herstellungskosten in einem besonderen, laufend zu führenden Verzeichnis aufzunehmen. Das Verzeichnis braucht nicht geführt zu werden, wenn diese Angaben aus der Buchführung ersichtlich sind.

Neben dem sofortigen Betriebsausgabenabzug bis zu 410 € kann der Steuerpflichtige alternativ die Regelung anwenden, nach der Wirtschaftsgüter bis zu einem Betrag von 150 € sofort als Betriebsausgaben berücksichtigt werden können und Wirtschaftsgüter, die über 150 €, nicht aber über 1.000 € hinausgehen, in einen jahrgangsbezogenen Sammelposten eingestellt werden können (§ 6 Abs. 2a EStG).

§ 6 Abs. 2a EStG legt fest, dass für jedes Wirtschaftsjahr ein gesonderter Sammelposten zu bilden ist. Fallen nachträgliche AK/HK an, erhöhen diese den Sammelposten in dem Wirtschaftsjahr, in dem sie entstehen. Wird im laufenden Wirtschaftsjahr die Sammelpostenregelung nicht angewandt, beschränkt sich der Sammelposten auf die nachträglichen AK/HK der bereits in Sammelposten eingeflossenen Wirtschaftsgüter (R 6.13 Abs. 5 EStR 2012).

> **Frage:** Durch das Unternehmensteuerreformgesetz ist geregelt worden, dass die Gewerbesteuer sowie die darauf entfallenden Nebenleistungen steuerrechtlich keine abzugsfähigen Betriebsausgaben darstellen dürfen. Wie ist die herrschende Meinung bezüglich der „technischen Umsetzung" dieses Abzugsverbots? Erfolgt die Korrektur innerhalb oder außerhalb der Buchführung?

Antwort: Ungeachtet des Abzugsverbotes § 4 Abs. 5b EStG i.d.F. des Unternehmenssteuerreformgesetzes ist in der Steuerbilanz eine Gewerbesteuerrückstellung zu bilden; die Gewinnauswirkungen sind außerbilanziell zu neutralisieren. In R 5.7 Abs. 1 Satz 2 EStR 2012 ist jetzt auch in den Einkommensteuerrichtlinien festgelegt, dass die steuerlichen Gewinnkorrekturen des § 4 Abs. 5 EStG außerbilanziell zu erfolgen haben. Diese Sachbehandlung hat erhebliche Bedeutung im Hinblick auf § 7g EStG: der Gewerbesteueraufwand für die Gewerbesteuerrückstellung und der laufende Steueraufwand für die Gewerbesteuervorauszahlungen mindert das für die Inanspruchnahme der Vergünstigungen maßgebliche Betriebsvermögen nach § 7g Abs. 1 S. 2 EStG.

Problembereich 9: Grundlagen und Neuerungen im Bereich der Bilanzierung

Frage: Durch das sogenannte „AIFM-Anpassungsgesetz" sind Regelungen bei der Übertragung von Verpflichtungen in das EStG eingefügt worden. Bitte beschreiben Sie kurz diese Regelungen und den Anwendungsbereich!

Antwort: § 4f EStG enthält Regelungen zur entgeltlichen Übertragung von Verpflichtungen. Konkret geht es um Verpflichtungsübernahmen, Schuldbeitritte bzw. Erfüllungsübernahmen welche beim zunächst Verpflichteten – also dem Überträger der Verbindlichkeit – einem Ansatzverbot oder anderen (Bewertungs-)Beschränkungen unterlegen haben. Werden diese Verpflichtungen entgeltlich übertragen, kann nach Auffassung des BFH der bisher Verpflichtete die stillen Lasten steuermindernd realisieren (BFH, Urteile vom 17.10.2007, I R 61/06 bzw. vom 26.04.2012, IV R 43/09). Andererseits müsste der Übernehmer der Verpflichtung eine bisherige Passivierungsbegrenzung nicht beachten (BFH, Urteile vom 16.12.2009, I R 102/08 bzw. vom 14.12.2011, I R 72/10).

Die gesetzliche Neuregelung sieht zur Haushaltsentlastung eine gleichmäßige Verteilung des Aufwands des Überträgers auf 15 Jahre vor. Lediglich bei einer Schuldübernahme im Rahmen einer Veräußerung oder Aufgabe eines Betriebs oder Mitunternehmeranteils erfolgt keine Verteilung. Weiterhin werden kleinere Betriebe (es wird auf die Größenmerkmale in § 7g Abs. 1 Satz 2 Nr. 1 a–c EStG abgestellt) von der Regelung des § 4f EStG ausgenommen.

Ergänzend regelt ein neuer § 5 Abs. 7 EStG die bilanzsteuerrechtliche Behandlung für solche übernommenen Verpflichtungen. Darin wird das Ansatzverbot bzw. die Ansatzbeschränkung oder ein Bewertungsvorbehalt auf den Übernehmer übertragen. Ein sich damit ergebender Gewinn kann zu $^{14}/_{15}$ in eine gewinnmindernde Rücklage eingestellt werden, die in den nachfolgenden 14 Jahren gleichmäßig gewinnerhöhend aufgelöst wird.

Die Regelung, die insbesondere bei übernommenen Pensionsverpflichtungen praxisrelevant ist, gilt erstmals für Wirtschaftsjahre, die nach dem 28.11.2013 (Tag des Beschlusses des Deutschen Bundestags zum AIFM-StAnpG) enden.

Frage: Eine Frage zum Problemkreis Bilanzänderung: Ist eine Bilanzänderung in einer Sonderbilanz eines Gesellschafters zulässig, wenn die Gesamthandsbilanz der Gesellschaft – wegen eines Verstoßes gegen zwingende steuerliche Bewertungsvorschriften – berichtigt werden muss?

Antwort: Eine Bilanzänderung ist möglich, wenn sie in einem engen zeitlichen und sachlichen Zusammenhang mit einer Bilanzberichtigung steht und soweit die Auswirkung der Bilanzberichtigung auf den Gewinn reicht (§ 4 Abs. 2 Satz 2 EStG). Bei einer Mitunternehmerschaft beziehen sich beide Maßnahmen auf die Bilanz der Mitunternehmerschaft (also Gesamthandsbilanz, Ergänzungsbilanz(en) und Sonderbilanz(en)). Folglich kann bei einer Berichtigung der Gesamthandsbilanz eine Bilanzänderung in einer Ergänzungs- oder Sonderbilanz erfolgen. Diese Ansicht ist auch in den EStR 2012 in R 4.4 Abs. 2 Satz 6 festgelegt.

Frage: Eine Beschreiben Sie bitte kurz die Grundzüge der „Rücklage für Ersatzbeschaffung" und nennen Sie die Ihnen bekannten neuen Verwaltungsanweisungen hierzu.

Antwort: Hinsichtlich der Rücklage für Ersatzbeschaffung sind folgende grundsätzliche Anmerkungen voran zu stellen: Die Aufdeckung von stillen Reserven kann in bestimmten Fällen der Ersatzbeschaffung vermieden werden. Die wesentlichen Voraussetzungen sind nach R 6.6 Abs. 1 EStR: Dass ein begünstigtes Ereignis (z.B. Unfall, höhere Gewalt oder (drohender) behördlicher Eingriff) vorliegen muss, dass ein Wirtschaftsgut gegen eine Entschädigung aus dem Betriebsvermögen ausscheidet und dass die Anschaffung oder Herstellung eines Ersatzwirtschaftsgutes innerhalb bestimmter Fristen erfolgt. Erfolgt die Ersatzbeschaffung nicht im Wirtschaftsjahr des Ausscheidens, kann (Wahlrecht) auf den Bilanzstichtag in der Steuerbilanz eine steuerfreie Rücklage eingestellt werden. Unter Beachtung der Rechtsprechung des BFH (Urteil vom 12.01.2012, BFH/NV 2012, 1035), die auch in die EStR 2012 in R 6.6 Abs. 4 Sätze 3 bis 6 aufgenommen worden ist, betragen die Reinvestitionsfristen – in Anlehnung an § 6b EStG –:

- vier Jahre, wenn ein Wirtschaftsgut im Sinne des § 6b Abs. 1 Satz 1 EStG – also Grund und Boden sowie Gebäude – ausscheidet; bei neu hergestellten Gebäuden sogar sechs Jahre,
- ein Jahr für bewegliche Wirtschaftsgüter. Etwas anderes kann gelten, wenn der Steuerpflichtige geltend macht, dass die Ersatzbeschaffung noch ernstlich geplant und zu erwarten ist, aber aus besonderen Gründen noch nicht erfolgen konnte.

Bei der Übertragung für Ersatzbeschaffung handelt es sich um ein allein steuerliches Wahlrecht, wegen der zwingenden Abweichung zum handelsrechtlichen Ansatz ist das Wirtschaftsgut in ein besonderes, laufend zu führendes Verzeichnis aufzunehmen (vgl. R 6.6 Abs. 1 Satz 2 Nr. 3 EStR 2012). Eine vergleichbare Regelung ergibt sich aus R 6b.2 Abs. 1 Satz 1 EStR 2012 für Reinvestitionsgüter im Sinne des § 6b EStG. Für die Rücklagenbildung ist zur Erfüllung der Ausweisverpflichtungen der Ausweis in der Steuerbilanz ausreichend (R 6.6 Abs. 4 Satz 7 bzw. R 6b.2 Abs. 2 EStR 2012).

> **Frage:** Beschreiben Sie kurz die Wirkung der Inanspruchnahme eines Investitionsabzugsbetrages und nennen Sie dabei einige aktuelle Regelungen.

Antwort: Steuerpflichtige mit Gewinneinkünften können nach § 7g Abs. 1 EStG für eine innerhalb der nächsten drei Wirtschaftsjahre beabsichtigte Anschaffung oder Herstellung eines vorab hinreichend bezeichneten, abnutzbaren beweglichen Wirtschaftsguts des Anlagevermögens einen Investitionsabzugsbetrag (IAB) gewinnmindernd abziehen. Dieser IAB darf maximal 40 % der voraussichtlichen Anschaffungs- oder Herstellungskosten, höchstens 200.000 € betragen.

Im Wirtschaftsjahr der tatsächlichen Anschaffung oder Herstellung dieses begünstigten Wirtschaftsguts ist gemäß § 7g Abs. 2 Satz 1 EStG der für dieses Wirtschaftsgut in Anspruch genommene IAB zwingend in Höhe von 40 % der tatsächlichen Anschaffungs- oder Herstellungskosten, maximal in Höhe des abgezogenen IAB, dem Gewinn wieder hinzuzurechnen. Gleichzeitig können die tatsächlichen Anschaffungs- oder Herstellungskosten gemäß § 7g Abs. 2 Satz 2 EStG um bis zu 40 %, höchstens um den in Anspruch genommenen IAB, gewinnmindernd herabgesetzt werden. Die Bemessungsgrundlage für die Abschreibung dieser Wirtschaftsgüter verringert sich dann entsprechend. Die Bildung sowie die Auflösung des IAB erfolgen außerhalb der Gewinnermittlung.

Der IAB kann gemäß § 7g Abs. 1 Satz 2 EStG nur in Anspruch genommen werden, wenn der Betrieb am Schluss des Wirtschaftsjahres, in dem der Abzug vorgenommen wird, bestimmte Größenmerkmale nicht überschreitet. Ferner muss der Steuerpflichtige beabsichtigen, das innerhalb des dreijährigen Investitionszeitraums angeschaffte Wirtschaftsgut bis zum Ende des dem Wirtschaftsjahr der Anschaffung oder Herstellung folgenden Wirtschaftsjahres in einer inländischen Betriebsstätte des Betriebes ausschließlich oder fast ausschließlich betrieblich zu nutzen.

Als aktuelle Anmerkungen möchte ich hier anführen:

Nach der Regelung in R 4.2 Abs. 3 Satz 4 EStR 2012 sind dachintegrierte Photovoltaikanlage wie selbständige bewegliche Wirtschaftsgüter zu behandeln. Dies bedeutet, dass auch hierfür ein IAB in Anspruch genommen werden kann. Der private Stromverbrauch ist keine private Verwendung der Anlage, sondern eine „unschädliche" Sachentnahme des produzierten Stroms (vgl. R 4.3 Abs. 4 Satz 2 EStR 2012).

Im Gegensatz zur Photovoltaikanlage kann für die Inanspruchnahme des IAB nach § 7g EStG bei gleichzeitiger Strom- und Wärmeerzeugung (Blockheizkraftwerk) die Voraussetzung einer ausschließlichen oder fast ausschließlichen Nutzung im inländischen Betrieb oder einer inländischen Betriebsstätte des Steuerpflichtigen i.S.d. § 7g Abs. 1 Satz 2 Nr. 2b EStG nicht ungeprüft unterstellt

Problembereich 9: Grundlagen und Neuerungen im Bereich der Bilanzierung

werden. Ein Blockheizkraftwerk dient im Wesentlichen zur Wärmeerzeugung. Bei der Prüfung der Nutzungsverhältnisse im Sinne des § 7g EStG ist daher maßgeblich, ob und ggf. in welchem Umfang die mit Wärme versorgten Gebäude oder Einrichtungen zum Betriebsvermögen des den Strom erzeugenden Betriebs gehören. Meine Rundverfügung vom 15.12.2010 gilt insoweit weiterhin.

Nach der Kurzinformation Nr 16 der OFD Münster vom 09.06.2011 ist auch ein Rumpfwirtschaftsjahr als Wirtschaftsjahr im Sinne des § 7g EStG anzusehen.

> **Tipp!** Verfahrensrechtlich ist gemäß § 7g Abs. 3 S. 2 EStG bei Aufgabe der Investitionsabsicht die Veranlagung des Kalenderjahres zu korrigieren, in dem sich der Investitionsabzugsbetrag gemäß § 7g Abs. 1 EStG Gewinn mindernd ausgewirkt hat. Die Festsetzungsfrist für den Steuerbescheid des Jahres, in dem der Abzugsbetrag in Anspruch genommen wurde, endet insoweit (punktuelle Ablaufhemmung) nicht, bevor die Festsetzungsfrist für den Veranlagungszeitraum abgelaufen ist, in dem das dritte auf das Wirtschaftsjahr des Abzugs folgende Wirtschaftsjahr endet.

> **Frage:** Dem Bundestag liegt der Gesetzesentwurf zur Umsetzung der Protokollerklärung zum Gesetz zur Anpassung der Abgabenordnung an den Zollkodex der Union und zur Änderung weiterer steuerlicher Vorschriften (kurz: GzUdPe-ZollkodexAnpG bzw. JStG 2016) der Bundesregierung vor. Auch in diesem Entwurf ist die Vorschrift des § 7g EStG betroffen. Können Sie die beabsichtigten Änderungen kurz darstellen?

Antwort: Es ist aktuell erforderlich, dass für eine geplante Investition das Wirtschaftsgut zwar nicht exakt umschrieben, aber doch seiner Funktion nach benannt werden muss. Diese Benennung der Funktion soll entfallen. Stattdessen soll es künftig Voraussetzung für einen Investitionsabzugsbetrag sein, dass der Steuerpflichtige die Summen der Abzugsbeträge bzw. der hinzugerechneten oder rückgängig gemachten Beträge i.S.d. § 7g EStG nach amtlichen vorgeschriebenen Datensätzen durch Datenfernübertragung übermittelt (§ 7g Abs. 1 bis 4 EStG-E). In diesem Zusammenhang soll auch der bisher ausdrücklich geforderte Nachweis für eine Investitionsabsicht aus dem Gesetz genommen werden. Diese Änderungen sollen erstmals für Investitionsabzugsbeträge, die in einem nach dem 31.12.2015 endenden Wirtschaftsjahr in Anspruch genommen werden, gelten.

> **Frage:** Beurteilen Sie bitte folgenden Sachverhalt.
> A machte für das Jahr 01 einen Investitionsabzugsbetrag i.H.v. 110.000 € geltend. Geplant war die Anschaffung eines Wirtschaftsgutes, das im Rahmen eines (gesonderten) neuen Gewerbebetriebs genutzt werden soll. Er legt eine verbindliche Bestellung vor. Mit der Steuererklärung für das Jahr 02 macht er einen weiteren Verlust für dasselbe Wirtschaftsgut i.H.v. 90.000 € durch die entsprechende Aufstockung des in 01 angesetzten Investitionsabzugsbetrages geltend. Der Gesamtbetrag des Investitionsabzugsbetrages übersteigt nicht 40 % der Anschaffungskosten des Wirtschaftsgutes.

Antwort: Ein für ein bestimmtes Wirtschaftsgut in einem Vorjahr gebildeter Investitionsabzugsbetrag kann in einem Folgejahr innerhalb des dreijährigen Investitionszeitraums bis zum gesetzlichen Höchstbetrag aufgestockt werden. Diese Entscheidung hat der BFH getroffen, Urteil vom 12.11.2014, X R 4/13; veröffentlicht am 4.2.2015.

Streitig ist vorliegend die Frage, ob ein Investitionsabzugsbetrag, der bereits in einem Vorjahr abgezogen worden war, ohne dabei aber die absolute Höchstgrenze von 200.000 € je Betrieb oder die relative Höchstgrenze von 40 % der voraussichtlichen Anschaffungs- oder Herstellungskosten zu erreichen, in einem Folgejahr bis zum Erreichen der genannten Höchstgrenzen aufgestockt werden darf. Nach Auffassung der Finanzverwaltung soll dies nicht möglich sein, vgl. BMF, Schreiben vom 8.5.2009, BStBl I 2009, 633, Tz. 6.

Zwar lassen sich weder im Gesetzeswortlaut noch aus der Systematik des Gesetzes eindeutige Anhaltspunkte für die eine oder die andere Auffassung finden. Sowohl die historische Entwicklung des Gesetzes als auch der Gesetzeszweck sprechen aber für die Zulässigkeit späterer Aufstockungen eines für dasselbe Wirtschaftsgut bereits gebildeten Investitionsabzugsbetrags.

Der BFH führt aus, dass der Zweck des § 7g EStG für die Zulässigkeit der nachträglichen Aufstockung eines Investitionsabzugsbetrags spricht. Die Vorschrift soll der Verbesserung der Wettbewerbssituation kleiner und mittlerer Betriebe, der Unterstützung von deren Liquidität und Eigenkapitalbildung sowie der Stärkung der Investitions- und Innovationskraft dienen. Dieser Gesetzeszweck wird durch die Zulassung späterer Aufstockungen eines bereits in einem Vorjahr in Anspruch genommenen Investitionsabzugsbetrags nicht unterlaufen, sondern im Gegenteil verwirklicht. Dies zeigt sich gerade in Fällen, in denen sich im Laufe der Investitionsplanungsphase ein Anstieg der voraussichtlichen Investitionskosten ergibt. Wäre hier keine Anpassung des Investitionsabzugsbetrags an den gestiegenen Mittelbedarf möglich, wäre ein Teil der Investitionskosten von der Förderung durch § 7g EStG ausgeschlossen, obwohl der Zweck der Norm – Stärkung der Liquidität und Investitionskraft – gerade in einem solchen Fall die Förderung geböte.

> **Frage:** Beurteilen Sie bitte folgenden Sachverhalt: Das Besitzunternehmen einer Betriebsaufspaltung hat der A-Betriebs-GmbH ein Darlehen gewährt, welches notleidend geworden ist. Der Alleingesellschafter A, der auch alleiniger Inhaber des Besitzunternehmens ist, möchte nun wissen, welche steuerlichen Folgerungen sich aus einer möglichen Teilwertabschreibung der Darlehnsforderung im Besitzunternehmen ergeben würden?

Antwort: Gewährt das Besitzunternehmen der Betriebs-GmbH ein Darlehen und wird dieses Darlehen später notleidend, konnte das Besitzunternehmen die mögliche Teilwertabschreibung oder den Verlust des Darlehens in vollem Umfang als Betriebsausgaben abziehen, obwohl die Einnahmen aus der Beteiligung an der Betriebs-GmbH nach dem Teileinkünfteverfahren nur zu 60 % besteuert wurden. Nach der Rechtsprechung des BFH (siehe Urteile vom 18.4.2012, BStBl II 2013, 785 und BStBl II 2013, 791) unterlagen Wertminderungen von im Betriebsvermögen gewährten Gesellschafterdarlehen auch dann nicht dem Abzugsverbot des § 3c Abs. 2 S. 1 EStG, wenn die Darlehensüberlassung nicht fremdüblich und damit durch das Gesellschaftsverhältnis veranlasst war.

Nach einer Änderung des § 3c Abs. 2 EStG durch das Gesetz zur Anpassung der Abgabenordnung an den Zollkodex der Union und zur Änderung weiterer steuerlicher Vorschriften (kurz: ZollkodexAnpG, auch bezeichnet als Jahressteuergesetz 2015) werden Wertminderungen durch Substanzverlust jetzt von der Kürzungsvorschrift erfasst, wenn der Darlehensnehmer zu mehr als 25 % unmittelbar oder mittelbar am Stammkapital des Darlehensnehmers – hier also der A-Betriebs-GmbH – beteiligt ist oder war. Vorausgesetzt wird weiter, dass das Darlehen nicht wie unter fremden Dritten gewährt wurde. Es gilt eine Beweislastumkehr. Der Steuerpflichtige muss die Fremdüblichkeit nachweisen, was in der Praxis vermutlich kaum gelingen dürfte. Fremdüblich ist ein Darlehen selbst bei marktüblicher Verzinsung nämlich nur dann, wenn es entsprechend besichert ist und bei der ersten wirtschaftlichen Schwierigkeit des Darlehensnehmers fällig gestellt und zurückgefordert wird.

§ 3c Abs. 2 EStG in der am neuen Fassung ist erstmals für Wirtschaftsjahre anzuwenden, die nach dem 31. Dezember 2014 beginnen.

Problembereich 10: Latente Steuern

> **Frage: Wie entstehen „latente Steuern"?**

Antwort: Unterschiede in der Erfolgsermittlung zwischen Handels- und Steuerbilanz können grundsätzlich nicht entstehen. Dies folgt aus der Maßgeblichkeit der Handelsbilanz für die steuerliche Gewinnermittlung, weil gemäß § 5 Abs. 1 S. 1 EStG handelsrechtliche Ansatz- oder Bewertungswahlrechte korrespondierend auch in der Steuerbilanz vorzunehmen sind. Kommt es jedoch ausnahmsweise dazu, dass Ansatz- und/oder Bewertungsgrundsätze der beiden Sphären voneinander abweichen (z.B. soweit ein steuerliches Bewertungswahlrecht ausgeübt wird), weicht der einem Geschäftsjahr/Wirtschaftsjahr zuzuordnende tatsächliche Steueraufwand in der Steuerbilanz vom dem der Handelsbilanz ab. Die Steuerlast in der Handelsbilanz fällt dann also zu niedrig oder zu hoch aus.

> **Frage: Was ist unter Beachtung der HGB-Vorschriften die Folge solcher Ergebnisabweichungen in der Handelsbilanz?**

Antwort: Gemäß § 274 Abs. 1 S. 1 HGB ist in Fällen, in denen das handelsrechtliche Ergebnis höher ist als das steuerliche, eine – unverzinsliche – Rückstellung i.H.d. voraussichtlichen Steuerbelastung nachfolgender Geschäftsjahre zu bilden. Tritt die höhere Steuerbelastung ein oder ist mit der Steuerbelastung nicht mehr zu rechnen, ist die Rückstellung gemäß § 274 Abs. 2 S. 2 HGB aufzulösen. Den umgekehrten Fall regelt die Vorschrift des § 274 Abs. 1 S. 2 HGB: Ist das handelsrechtliche Ergebnis niedriger als das steuerliche Ergebnis, darf i.H.d. voraussichtlichen Steuerentlastung zukünftiger Jahre ein – unverzinslicher – Abgrenzungsposten als Bilanzierungshilfe auf der Aktivseite der Bilanz gebildet werden. Dieses Wahlrecht besteht auch nach Inkrafttreten des BilMoG weiter.

> **Tipp!** Eine Rückstellung für latente Steuern in der Steuerbilanz ist nicht denkbar, da dort immer die tatsächliche Steuerbelastung abzubilden ist.

> **Frage: Wen betrifft die Vorschrift des § 274 HGB?**

Antwort: § 274 HGB gilt unmittelbar nur für Kapitalgesellschaften sowie für die in § 264a HGB bestimmten Personengesellschaften. Eine sinngemäße Anwendung ergibt sich darüber hinaus für Genossenschaften gemäß § 336 Abs. 2 HGB und für Unternehmen, die unter das Publizitätsgesetz fallen (§ 5 Abs. 1 Satz 2 PublG). Das Ansatzgebot für passive latente Steuern ergibt sich allerdings bereits aus § 249 Abs. 1 Satz 1 HGB, sodass § 274 HGB nur klarstellende Wirkung hat. Die Pflicht zur Passivierung passiver latenter Steuern gilt daher auch für Bilanzierende, die von § 274 HGB nicht erfasst werden. Lediglich das Aktivierungswahlrecht des § 274 Abs. 2 HGB kommt für Unternehmen, die von § 274 HGB „eigentlich" nicht erfasst sind, nicht in Betracht. Allerdings besteht in der Literatur auch die Auffassung, dass § 274 Abs. 1 Satz 2 HGB von allen Unternehmen in Anspruch genommen werden kann.

> **Frage: Gibt es auch Differenzen, die sich nicht ausgleichen? Wenn ja, nennen Sie bitte hierfür einige Beispiele!**

Antwort: Bilanzierungsunterschiede, die sich in folgenden Geschäftsjahren nicht wieder ausgleichen, verursachen keine latenten Steuern. Betroffen sind also alle Geschäftsvorfälle, die entweder nur in der Handels- oder in der Steuerbilanz erfolgswirksam behandelt werden. Solche Differenzen werden als „permanent differences" oder steuerfreie Differenzen bezeichnet; diese Differenzen fallen nicht unter die Regelung des § 247 HGB.

Beispiele für permanent differences sind:
- nicht steuerbare oder steuerfreie Erträge,
- nicht abzugsfähige Betriebsausgaben,
- nicht abziehbare Aufwendungen gemäß § 10 KStG,
- verdeckte Gewinnausschüttungen.

Den hier genannten Beispielen ist gemeinsam, dass die jeweiligen Konsequenzen außerbilanziell vorgenommen werden.

> **Frage:** Was sind „quasi-permanente Differenzen"? Nennen Sie ein Beispiel!

Antwort: Als quasi-permanente bzw. quasi-zeitliche Differenzen werden solche Unterschiede bezeichnet, die weder eindeutig als zeitlich begrenzt noch als zeitlich unbegrenzt betrachtet werden. Quasi zeitlich unbegrenzten Differenzen heben sich zwar formal im Zeitablauf auf. Diese Umkehrung erfolgt aber nicht automatisch, sondern es bedarf einer unternehmerischen Disposition bzw. der Auflösung des Unternehmens.

Ein Beispiel für quasi zeitlich unbegrenzte Differenzen ist die Abschreibung auf einen Gegenstand des nicht abnutzbaren Anlagevermögens – z.B. Grund und Boden –, die steuerlich nicht anerkannt wird.

Quasi zeitlich unbegrenzte Differenzen werden wie permanente Differenzen behandelt, d.h., § 274 HGB ist nicht einschlägig.

> **Frage:** Wann kommt es zu aktiven Steuerabgrenzungen?

Antwort: Als wesentliche Ursachen für aktive Steuerabgrenzungen sind Sachverhalte zu nennen, bei denen Erträge in der Handelsbilanz später anfallen als in der Steuerbilanz oder Sachverhalte, bei denen Aufwendungen handelsrechtlich früher zu erfassen sind als in der Steuerbilanz. In beiden Fällen ist das steuerrechtliche Ergebnis höher als das handelsrechtliche Ergebnis.

> **Frage:** Nennen Sie zwei Beispiele, in denen diese Voraussetzungen erfüllt sind!

Antwort: Beiträge für ein Disagio (oder Damnum) können gemäß § 250 Abs. 3 HGB handelsrechtlich sofort als Aufwand behandelt werden, während in der steuerlichen Gewinnermittlung zwingend eine Aktivierung mit planmäßiger Auflösung erfolgen muss.

Bei Anteilen an Personengesellschaften bilden in der Handelsbilanz die Anschaffungskosten die Obergrenze für den Wertansatz, während es in der Steuerbilanz i.R.d. „spiegelbildlichen Bilanzierung" auch zum Ausweis eines höheren Wertes kommen kann.

> **Frage:** Denken Sie bitte an einen entgeltlich erworbenen „Geschäfts- oder Firmenwert". Kann es hierbei ebenfalls zum Vorliegen von Steuerlatenzen kommen?

Antwort: Steuerlatenzen entstehen dann, wenn der Geschäfts- oder Firmenwert in der Handelsbilanz aktiviert wird, aber über eine kürzere Nutzungsdauer als in der Steuerbilanz abgeschrieben wird.

> **Tipp!** Es war nach der herrschenden Literaturmeinung aber auch zulässig, auch in der Handelsbilanz von einer Nutzungsdauer von fünfzehn Jahren auszugehen, sodass es insoweit nicht zum Auseinanderfallen von Handels- und Steuerbilanz kommt. Dieser „Gleichklang" dürfte sich in Zukunft allerdings fast nicht mehr ergeben, da nach dem durch das BilRUG eingefügten § 253 Abs. 3 S. 3 HGB in den Ausnahmefällen, in denen die voraussichtliche Nutzungsdauer eines

> selbst geschaffenen immateriellen Vermögensgegenstands des Anlagevermögens nicht verlässlich geschätzt werden kann, planmäßige Abschreibungen auf die Herstellungskosten über einen Zeitraum von zehn Jahren vorzunehmen sind. Gemäß Satz 4 findet diese Vorschrift auch auf einen entgeltlich erworbenen Geschäfts- oder Firmenwert entsprechende Anwendung.

Frage: Wann kommt es zu passiven Steuerabgrenzungen?

Antwort: Als wesentliche Ursachen für passive Steuerabgrenzungen sind Sachverhalte zu nennen
- bei denen Erträge in der Handelsbilanz früher anfallen als in der Steuerbilanz,
- bei denen Aufwendungen handelsrechtlich später zu erfassen sind als in der Steuerbilanz.

In beiden Fällen ist das steuerrechtliche Ergebnis niedriger als das handelsrechtliche Ergebnis.

Frage: Angenommen es liegen sowohl die Voraussetzungen für eine passive wie auch für eine aktive Abgrenzung vor. Finden Sie auf beiden Seiten der Bilanz einen Ausweis?

Antwort: § 274 HGB geht von einer Gesamtbetrachtung aus und definiert deshalb den Inhalt nur eines Bilanzpostens. Abzugrenzen ist deshalb der Saldo, der sich aus der Einzelbetrachtung von passiven und aktiven Steuerabgrenzungen ergibt, sodass es entweder zum Ausweis einer Rückstellung oder zum Ausweis einer Bilanzierungshilfe kommen kann. Gemäß § 274 Abs. 1 S. 3 HGB kann die sich ergebende Steuerbelastung und die sich ergebende Steuerentlastung auch unverrechnet angesetzt werden.

Frage: Ergibt sich beim Ausweis eines Aktivpostens nach § 274 Abs. 2 HGB eine weitere Rechtsfolge?

Antwort: Der Ausweis eines Aktivpostens führt nach § 268 Abs. 8 S. 2 HGB zu einer handelsrechtlichen Ausschüttungssperre. Gewinne dürfen höchstens insoweit ausgeschüttet werden, als die verbleibenden Gewinnrück-lagen zuzüglich eines Gewinnvortrages abzüglich eines Verlustvortrages dem gebildeten Posten entsprechen.

Problembereich 11: Konzernbilanzierung

Frage: Was ist ein Tochterunternehmen?

Antwort: Seit der Geltung des BilMoG, gilt das international übliche Control-Konzept („mögliche Beherrschung"). Demnach ist ein Tochterunternehmen in den Konzernabschluss einzubeziehen, wenn ein Mutterunternehmen auf ein Tochterunternehmen einen beherrschenden Einfluss ausüben kann. Dieser beherrschende Einfluss wird zukünftig auch unterstellt, wenn das Mutterunternehmen bei wirtschaftlicher Betrachtung die Mehrheit der Risiken und Chancen eines Unternehmens trägt, das zur Erreichung eines eng begrenzten und genau definierten Ziels des Mutterunternehmens dient. Beherrschender Einfluss nach der Regelung des § 290 Abs. 2 HGB liegt vor, wenn:
- Dem Mutterunternehmen die Mehrheit der Stimmrechte zusteht (§ 290 Abs. 2 Nr. 1 HGB),
- die Muttergesellschaft als Gesellschafterin der Tochtergesellschaft das Recht hat, die Mehrheit der Mitglieder des Verwaltungs-, Leitungs- oder Aufsichtsorgans zu bestellen oder abzuberufen (§ 290 Abs. 2 Nr. 2 HGB) oder
- der Muttergesellschaft das Recht zusteht, auf Grundlage eines Beherrschungsvertrages oder auf der Grundlage einer Satzungsbestimmung einen beherrschenden Einfluss auszuüben (§ 290 Abs. 2 Nr. 3 HGB) oder

- das Mutterunternehmen bei wirtschaftlicher Betrachtung die Mehrheit der Risiken und Chancen eines Unternehmens trägt, das zur Erreichung eines eng begrenzten und genau definierten Ziels des Mutterunternehmens dient (Zweckgesellschaft). Neben Unternehmen können Zweckgesellschaften auch sonstige juristische Personen des Privatrechts oder unselbständige Sondervermögen des Privatrechts, ausgenommen Spezialsondervermögen im Sinne des § 2 Abs. 3 des Investmentgesetzes, sein (§ 290 Abs. 2 Nr. 4 HGB)."

Tipp! Fragen zum Konzernsteuerrecht sind in der mündlichen Steuerberaterprüfung eher selten. Trotzdem sollten Sie die hier dargestellten Grundlagen kennen!

Frage: **Welche Änderungen haben sich bezüglich des Konzernabschlusses durch das MicroBilG ergeben?**

Antwort: Über die Neuregelungen bezüglich der Kleinstkapitalgesellschaften hinaus ist durch das MicroBilG § 264 Abs. 3 HGB geändert worden. Kapitalgesellschaften, die als Tochtergesellschaften in einen Konzernabschluss einbezogen werden, wird unter bestimmten Voraussetzungen die Möglichkeit eröffnet, Erleichterungen hinsichtlich der Aufstellung, Prüfung und/oder Offenlegung ihres Jahresabschlusses und Lageberichts in Anspruch zu nehmen. Nunmehr können auch Tochtergesellschaften, deren Mutterunternehmen ihren Sitz im EU- oder EWR-Ausland haben, die Erleichterungen des § 264 Abs. 3 HGB in Anspruch nehmen.

Frage: **Aus welchen Bestandteilen besteht der Konzernabschluss?**

Antwort: Gemäß § 297 Abs. 1 S. 1 HGB besteht der Konzernabschluss aus der Konzernbilanz, der Konzerngewinn- und Verlustrechnung, dem Konzernanhang, der Kapitalflussrechnung und dem Eigenkapitalspiegel. Er kann um eine – operative (produktorientierte oder geographische) – Segmentberichterstattung erweitert werden. Im Konzernabschluss ist die Vermögens-, Finanz- und Ertragslage der einbezogenen Unternehmen so darzustellen, als ob diese Unternehmen insgesamt ein einziges Unternehmen wären (§ 297 Abs. 3 S. 1 HGB).

Frage: **Innerhalb welches Zeitraums ist ein Konzernabschluss aufzustellen?**

Antwort: Der Konzernabschluss und der Konzernlagebericht sind innerhalb der ersten fünf Monate des folgenden Konzerngeschäftsjahres aufzustellen (§ 290 Abs. 1 S. 1 HGB).

Tipp! Nicht notwendigerweise muss das Konzerngeschäftsjahr dem Kalenderjahr entsprechen.

Frage: **In welcher Sprache und in welcher Währung ist ein Konzernabschluss aufzustellen?**

Antwort: Ein Konzernabschluss muss in deutscher Sprache und in Euro aufgestellt werden, weil gemäß § 298 Abs. 1 HGB die Norm des § 244 HGB zu beachten ist. Ggf. ist es also notwendig, in den Einzelabschlüssen neben einer sprachlichen Übersetzung auch eine Währungsumrechnung vorzunehmen.

Frage: **Darf der Anhang der Muttergesellschaft und der Konzernanhang zusammengefasst werden?**

Antwort: Eine Zusammenfassung des Anhangs der Muttergesellschaft und des Konzernanhangs ist ausdrücklich zugelassen; dies ergibt sich aus § 298 Abs. 3 S. 1 HGB. Aus dem Anhang muss sich allerdings dann ergeben, welche Angaben auf den Konzern und welche Angaben auf die Muttergesellschaft entfallen (§ 298 Abs. 3 S. 3 HGB).

Problembereich 11: Konzernbilanzierung

Frage: Was ist eine „Konsolidierung"?

Antwort: Als Konsolidierung bezeichnet man den Vorgang, im Anschluss der Aufbereitung der Einzelabschlüsse die Beziehungen innerhalb eines Konzerns zu eliminieren, um die Gesamtabbildung eines Unternehmensverbundes so zu erreichen, als handele es sich um ein einziges Unternehmen. Im Einzelnen sind folgende Konsolidierungsmaßnahmen notwendig:
- Kapitalkonsolidierung,
- Schuldenkonsolidierung,
- Aufwands- und Ertragskonsolidierung sowie die
- Zwischenergebniseliminierung.

Frage: Welche Unternehmen werden vom Konsolidierungskreis erfasst?

Antwort: Nach der grundsätzlichen Regelung des § 294 Abs. 1 HGB sind das Mutterunternehmen und alle Tochterunternehmen – unabhängig vom Sitz des Tochterunternehmens – in den Konzernabschluss einzubeziehen. Dieses grundsätzliche Vollständigkeitsgebot kann nur durch die in § 296 HGB geregelten Wahlrechte, die letztlich überwiegend Widerspruchstatbestände gegen die in § 290 Abs. 2 HGB dargestellten Vermutungen bezüglich der Beherrschungsmöglichkeit von Tochterunternehmen darstellen, eingeschränkt werden.

Frage: Auf welchen Stichtag muss der Konzernabschluss erstellt werden und müssen alle einbezogenen Unternehmen denselben Abschlussstichtag haben?

Antwort: Der Konzernabschluss ist zwingend auf den Stichtag des Jahresabschlusses der Muttergesellschaft aufzustellen (§ 299 Abs. 1 HGB). Liegt der Stichtag eines Unternehmens, welches in den Konzernabschluss einzubeziehen ist, um mehr als drei Monate vor dem Stichtag des Konzernabschlusses, ist von diesem Unternehmen zwingend ein Zwischenabschluss aufzustellen (§ 299 Abs. 2 S. 2 HGB). Weicht der Abschlussstichtag drei Monate oder weniger vom Stichtag des Konzernabschlusses ab, ist die Aufstellung eines Zwischenabschlusses dagegen nicht gesetzlich vorgeschrieben. Allerdings sind in diesen Fällen entweder in der Konzernbilanz oder im Konzernanhang Vorgänge von besonderer Bedeutung – aus Sicht des Konzernabschlusses – des einzelnen konsolidierten Unternehmens darzustellen. Werden diese Vorgänge im Anhang des Konzerns dargestellt, sind entsprechende Betragsangaben erforderlich.

Frage: Was wird als „Handelsbilanz II" bezeichnet?

Antwort: Als Handelsbilanz II werden die einheitlich aufbereiteten Einzelabschlüsse der in die Konsolidierung einzubeziehenden Unternehmen genannt.

Frage: Ein zu konsolidierendes Unternehmen hat ein handelsrechtliches Aktivierungswahlrecht nicht ausgeübt. Besteht die Möglichkeit, eine Aktivierung im Konzernabschluss vorzunehmen?

Antwort: Für den Bilanzansatz im Konzernabschluss sind („nur") die Bilanzierungsvorschriften des Mutterunternehmens zu beachten. Gemäß § 300 Abs. 2 S. 1 HGB sind die Vermögensgegenstände, Schulden und Rechnungsabgrenzungsposten sowie die Erträge und Aufwendungen der in den Konzernabschluss einzubeziehenden Unternehmen – unabhängig von ihrer Berücksichtigung in den Jahresabschlüssen dieser Unternehmen – vollständig in den Konzernabschluss aufzunehmen, soweit nicht ein Bilanzierungsverbot oder -wahlrecht für das Mutterunternehmen besteht. Daraus folgt, dass die Konzernleitung im Konzernabschluss über den Ansatz von Vermögensgegenständen und Schulden – losgelöst von deren Ansatz in den zugrunde liegenden Einzelabschlüssen – neu entscheiden kann (s. § 300 Abs. 2 S. 2 HGB). Die Entscheidung in den Einzelabschlüssen ist damit nicht maßgeblich für den Konzernabschluss.

Frage: Was gilt bezüglich der Wertansätze der im Konzernabschluss enthaltenen Vermögensgegenstände und Schulden?

Antwort: Im Gegensatz zur Regelung der Ansatzwahlrechte schreibt § 308 Abs. 1 S. 1 HGB vor, dass auch für die in den Konzernabschluss übernommenen Vermögensgegenstände und Schulden von konsolidierten Unternehmen nach den auf den Jahresabschluss des Mutterunternehmens anwendbaren Bewertungsmethoden einheitlich zu bewerten sind. Grundsätzlich geht das HGB also davon aus, dass die im Einzelabschluss des Mutterunternehmens zulässige bzw. angewendete Bewertung auch im Konzernabschluss als Maßstab gilt.

Frage: Unterliegt ein Konzernabschluss zwingend der Prüfungspflicht?

Antwort: Der Konzernabschluss und der Konzernlagebericht von Kapitalgesellschaften sind durch einen Abschlussprüfer zu prüfen (§ 316 Abs. 2 S. 1 HGB). Wenn diese vorgeschriebene Prüfung nicht stattgefunden hat, kann der Konzernabschluss nicht gebilligt werden. Das Gesetz benutzt den Begriff „gebilligt", weil Konzernabschlüsse nicht festgestellt werden.

Tipp! Die gesetzlichen Grundlagen zur Abschlussprüfung ergeben sich aus §§ 316 ff. HGB.

Frage: Innerhalb welcher Frist ist der Konzernabschluss im Bundesanzeiger bekannt zu machen?

Antwort: Gemäß § 325 Abs. 3 HGB gelten die Absätze 1 und 2 dieser Vorschrift entsprechend für die gesetzlichen Vertreter einer Kapitalgesellschaft, die einen Konzernabschluss und einen Konzernlagebericht aufzustellen haben. Nach § 325 Abs. 1 HGB sind die gesetzlichen Vertreter von Kapitalgesellschaften verpflichtet, für diese den Jahresabschluss unverzüglich nach seiner Vorlage an die Gesellschafter, jedoch spätestens vor Ablauf des zwölften Monats des dem Abschlussstichtag nachfolgenden Geschäftsjahrs, mit dem Bestätigungsvermerk oder dem Vermerk über dessen Versagung beim Betreiber des elektronischen Bundesanzeigers elektronisch einzureichen. Diese Vertreter haben außerdem für die Gesellschaft die in § 325 Abs. 1 HGB bezeichneten Unterlagen jeweils unverzüglich nach der Einreichung im elektronischen Bundesanzeiger bekannt machen zu lassen.

Frage: Wie ist der aktuelle Verfahrensablauf bei Verstößen gegen die Offenlegungspflichten?

Antwort: Das Bundesamt für Justiz wird nach Ablauf der Offenlegungsfrist vom Betreiber des elektronischen Bundesanzeigers darüber informiert, welche Unternehmen ihre Rechnungslegungsunterlagen nicht offengelegt haben. Das Bundesamt wird sodann von Amts wegen tätig und fordert die betreffenden Unternehmen unter Androhung eines Ordnungsgeldes zur Offenlegung binnen sechs Wochen auf. Mit der Androhung wird eine Verfahrensgebühr von 50 € zuzüglich Auslagen fällig. Sollte die Offenlegung trotz dieser Aufforderung unterbleiben, setzt das Bundesamt ein Ordnungsgeld zwischen 2.500 und 25.000 € fest.

Problembereich 12: Teilwertabschreibung/Wertaufholung

Frage: Was besagt das strenge Niederstwertprinzip?

Antwort: Das für alle bilanzierenden Kaufleute geltende strenge Niederstwertprinzip besagt, dass in der Handelsbilanz eine außerplanmäßige Abschreibung vorgenommen werden muss, wenn der beizulegende Wert eines Vermögensgegenstandes am Bilanzstichtag niedriger ist als die historischen – gegebenenfalls um die planmäßigen Abschreibungen geminderten – Anschaffungskosten. Voraussetzung gemäß § 253 Abs. 3 S. 3 HS 2 HGB ist jedoch, dass es sich – grundsätzlich – um eine voraussichtlich dauernde Wertminderung handeln muss. Intention der normierten Abschreibungspflicht ist es, Vermögensgegenstände des abnutzbaren Anlagevermögens nicht mit nachhaltig überhöhten Werten zu bilanzieren.

Frage: Was verstehen Sie unter dem gemilderten Niederstwertprinzip?

Antwort: Wenn der am Stichtag beizulegende Wert für Finanzanlagen voraussichtlich nur vorübergehend unter den (fortgeführten) Anschaffungs- oder Herstellungskosten liegt, besteht ein Abwertungswahlrecht auch bei nicht dauernder Wertminderung (s. § 253 Abs. 3 S. 4 HGB); für alle anderen Vermögensgegenstände des immateriellen oder des Sachanlagevermögens besteht ein derartiges Wahlrecht nicht.

Frage: Gilt das gemilderte Niederstwertprinzip auch für die steuerliche Gewinnermittlung?

Antwort: Es gibt in der Steuerbilanz kein Wahlrecht mehr, bei nur vorübergehender Wertminderung eine Teilwertabschreibung vorzunehmen. Teilwertabschreibungen kommen nur bei einer voraussichtlich dauernden Wertminderung in Betracht.

Frage: Muss denn – sofern eine dauernde Wertminderung vorliegt – in der Steuerbilanz zwingend eine Teilwertabschreibung vorgenommen werden?

Antwort: Das handelsrechtliche Gebot zur außerplanmäßigen Abschreibung auf den beizulegenden Wert bei voraussichtlich dauernder Wertminderung gem. § 253 Abs. 3 S. 3, Abs. 4 HGB ist nicht maßgebend für die Steuerbilanz, weil § 6 Abs. 1 Nr. 1 S. 2 und Nr. 2 S. 2 EStG den Ansatz des Teilwerts nicht vorschreibt, sondern nur wahlweise zulässt. Eine Teilwertabschreibung ist deshalb nicht vorgeschrieben. Diese Auffassung ist auch durch das BMF-Schreiben vom 12.03.2010, BStBl I 2010, 239, IV C 6 – S 2133/09/10001 in der Tz. 15 bestätigt worden.

Frage: Erläutern Sie den Begriff „Imparitätsprinzip" im Zusammenhang mit dem Teilwertbegriff für die Steuerbilanz!

Antwort: Die Vorschrift des § 6 EStG geht von dem Gedanken aus, dass nicht verwirklichte Gewinne in der Bilanz nicht ausgewiesen werden dürfen, während nicht realisierte Verluste ausgewiesen werden können, bzw. – wegen der Maßgeblichkeit der Handelsbilanz für die Steuerbilanz – ausgewiesen werden müssen. Damit gilt für Gewinne das Realisationsprinzip, während für Verluste das Verursachungsprinzip gilt. Diese ungleiche Behandlung von Gewinnen und Verlusten bezeichnet man als Imparitätsprinzip. Aus diesem Prinzip folgt, dass ein Teilwertansatz nur dann infrage kommt, wenn dieser niedriger als die Anschaffungs- oder Herstellungskosten ist.

Frage: Wie kann man den Begriff des Teilwerts erläutern?

Antwort: Teilwert ist nach der gesetzlichen Definition des § 6 Abs. 1 Nr. 1 S. 3 EStG der Betrag, den ein (gedachter) Erwerber des ganzen Betriebs im Rahmen des Gesamtkaufpreises bei unterstellter Betriebsfortführung für das einzelne Wirtschaftsgut ansetzen würde. Während der gemeine Wert aus der Sicht des Veräußerers eines einzelnen Wirtschaftsgutes ermittelt wird, ist der Teilwert aus der Sicht des Erwerbers eines Betriebes zu ermitteln. Der Teilwert kann nur im Schätzungsweg ermittelt werden, wobei die Rechtsprechung des Bundesfinanzhofs für die Wertermittlung bestimmte Grenzwerte aufgestellt hat. Der Teilwert ist ein objektiver Wert, der nicht auf der persönlichen Auffassung des einzelnen Kaufmanns, sondern auf einer allgemeinen Wertschätzung beruht, wie sie in der Marktlage am Stichtag ihren Ausdruck findet (s. Urteil des BFH vom 08.09.1994, BStBl II 1995, 309).

> **Frage:** Welche Grundsätze für die Wertermittlung des Teilwerts sind Ihnen bekannt?

Antwort: Als Höchstwert des Teilwerts sind die Wiederbeschaffungskosten für ein Wirtschaftsgut gleicher Art und Güte im Zeitpunkt der Bewertung zu nennen. So hat der BFH mit Urteil vom 27.07.1988 (BStBl II 1989, 274) entschieden, dass der Teilwert eines neu hergestellten oder angeschafften abnutzbaren Anlageguts im Zeitpunkt seiner Anschaffung oder Herstellung den Anschaffungs- bzw. den (Wieder-) Herstellungskosten entspricht. Wertuntergrenze ist i.d.R. der Einzelveräußerungspreis abzüglich der Veräußerungskosten.

> **Frage:** Die A-GmbH hat für die Herstellung eines Medikaments im Januar 01 eine Maschine (betriebsgewöhnliche Nutzungsdauer fünf Jahre) für 250.000 € netto angeschafft, mit der 2 Millionen Einheiten des Präparates B im Jahr hergestellt werden sollen. Durch das gesetzliche Verbot eines ähnlichen Medikaments kann nunmehr nachhaltig mit dem kalkulierten Absatz des Medikaments B nicht mehr gerechnet werden. Im besten Fall können noch 500.000 Einheiten des Präparates B im Jahr verkauft werden. Hierfür würde allerdings eine kleinere Anlage, die bei gleicher Lebensdauer nur 100.000 € gekostet hätte, ausreichen. Die Ertragslage des Unternehmens ist gut. Mit welchem Wert ist die Maschine – bei Inanspruchnahme von linearer AfA – zu aktivieren?

Antwort: Die allgemeine Lebenserfahrung spricht dafür, dass der Teilwert eines neu hergestellten oder angeschafften Wirtschaftsguts den Herstellungs- oder Anschaffungskosten entspricht und sich zu einem späteren Zeitpunkt mit den Wiederbeschaffungskosten deckt (H 6.7 „Teilwertvermutungen" EStH). Diese tatsächliche Vermutung kann aber im Einzelfall widerlegt werden, wenn der Steuerpflichtige nachweist, dass die Anschaffung oder Herstellung eines Wirtschaftsguts von Anfang an eine Fehlmaßnahme war oder dass zwischen dem Zeitpunkt der Anschaffung oder Herstellung und dem maßgeblichen Bilanzstichtag Umstände eingetreten sind, die die Anschaffung oder Herstellung des Wirtschaftsguts im Nachhinein zur Fehlmaßnahme werden lassen. Als Fehlmaßnahme ist die Anschaffung oder Herstellung eines Wirtschaftsguts des Anlagevermögens zu werten, wenn ihr wirtschaftlicher Nutzen bei objektiver Betrachtung deutlich hinter dem für den Erwerb oder die Herstellung getätigten Aufwand zurückbleibt und deshalb dieser Aufwand so unwirtschaftlich war, dass er von einem gedachten Erwerber des gesamten Betriebs im Kaufpreis nicht honoriert würde (H 6.7 „Fehlmaßnahme" EStH).

Der Erwerb einer Produktionsanlage zur Herstellung eines Medikaments stellt eine Fehlmaßnahme dar, wenn zwischen dem Zeitpunkt der Anschaffung der Anlage und dem maßgeblichen Bilanzstichtag der Vertrieb der Ware gesetzlich verboten wird und die Produktionsanlage mangels anderweitiger Nutzungsmöglichkeit überflüssig ist. Darüber hinaus ist aber die Anschaffung einer Maschine auch dann eine Fehlmaßnahme, wenn diese nach den gegebenen betrieblichen Verhältnissen erheblich und dauerhaft „überdimensioniert" ist. Das Anlagegut muss nach den Erkenntnismöglichkeiten am Bilanzstichtag mit hoher Wahrscheinlichkeit mindestens für den weitaus überwiegenden Teil seiner technischen Restnutzungsdauer nicht mehr wirtschaftlich sinnvoll eingesetzt werden können. Der Teilwertabschreibung der Produktionsmaschine steht auch nicht entgegen, dass die Ertragslage des Betriebs gut ist, denn der gedachte Erwerber eines Betriebs würde unter zwei vergleichbaren rentablen Betrieben den vorziehen, der nicht mit den überdimensionierten und entsprechend billigeren Anlagen ausgestattet ist. Die Maschine ist folglich mit 80.000 € (= 100.000 € abzüglich AfA 20.000 €) in der Bilanz auszuweisen.

> **Tipp!** Eine Fehlmaßnahme kann auch dazu führen, dass der Bilanzansatz eines Wirtschaftsgutes vollständig bzw. bis auf den Schrottwert abzuschreiben ist.

> **Frage:** Kaufmann A hat eine Maschine zu Anschaffungskosten von 200.000 € erworben. Die Nutzungsdauer beträgt zehn Jahre, die jährliche AfA beträgt 20.000 €. Im Jahre 02 beträgt der Teilwert nur noch:
> - 1. Alternative: 60.000 € bei einer Restnutzungsdauer von acht Jahren,
> - 2. Alternative: 100.000 € bei einer Restnutzungsdauer von acht Jahren.
>
> Ist die Vornahme einer Teilwertabschreibung auf den 31.12.02 möglich?

Antwort: Die Vorschrift des § 6 Abs. 1 Nr. 1 EStG erfordert für den Ansatz des niedrigeren Teilwerts eine voraussichtlich dauernde Wertminderung. Für die Wirtschaftsgüter des abnutzbaren Anlagevermögens kann von einer voraussichtlich dauernden Wertminderung ausgegangen werden, wenn der Wert des jeweiligen Wirtschaftsguts zum Bilanzstichtag mindestens für die halbe Restnutzungsdauer unter dem planmäßigen Restbuchwert liegt (s. BMF vom 16.07.2014, Rz. 8). Die verbleibende Nutzungsdauer ist grundsätzlich nach den amtlichen AfA-Tabellen zu bestimmen. In der ersten Alternative ist deshalb eine Teilwertabschreibung auf 60.000 € zulässig (Wahlrecht), weil der Wert des Wirtschaftsguts zum 31.12.02 bei planmäßiger Abschreibung nach fünf Jahren und damit erst nach mehr als der Hälfte der Restnutzungsdauer erreicht wird und deshalb eine dauernde Wertminderung vorliegt. In der zweiten Alternative ist die Wertminderung voraussichtlich nicht von Dauer, da der Wert des Wirtschaftsguts zum 31.12.02 bei planmäßiger Abschreibung schon nach drei Jahren und damit früher als nach mehr als der Hälfte der Restnutzungsdauer erreicht wird. Eine Teilwertabschreibung auf 100.000 € ist nicht zulässig.

> **Frage:** Welche grundsätzlichen Aussagen ergeben sich zur Frage der Teilwertabschreibung bei börsennotierten Wertpapieren des Anlagevermögens?

Antwort: Zunächst sollte hier erwähnt werden, dass sich eine Teilwertabschreibung zu 60 % dann gewinnmindernd auswirkt, wenn sich die Anteile im Betriebsvermögen eines Einzelunternehmers oder einer Personengesellschaft befinden, soweit an dieser natürliche Personen beteiligt sind. Bei Kapitalgesellschaften sollte (mit Blick auf die sogenannte „Zuschreibungsfalle" des § 8b KStG) ein Verzicht auf eine Teilwertabschreibung durch Ausübung des steuerlichen Wahlrechts geprüft werden.

Bei börsennotierten Aktien des Anlagevermögens ist von einer voraussichtlich dauernden Wertminderung auszugehen, wenn der Börsenwert zum Bilanzstichtag unter denjenigen im Zeitpunkt des Aktienerwerbs gesunken ist und der Kursverlust die Bagatellgrenze von 5 % der Notierung bei Erwerb überschreitet. Bei einer vorangegangenen Teilwertabschreibung ist für die Bestimmung der Bagatellgrenze der Bilanzansatz am vorangegangenen Bilanzstichtag maßgeblich. Der Teilwert einer Aktie kann nur dann nicht nach dem Kurswert (zuzüglich der im Falle eines Erwerbs anfallenden Erwerbsnebenkosten) bestimmt werden, wenn aufgrund konkreter und objektiv überprüfbarer Anhaltspunkte davon auszugehen ist, dass der Börsenpreis den tatsächlichen Anteilswert nicht widerspiegelt (BFH vom 21.09.2011, BStBl II 2014, 612, I R 89/10). Dies wäre z.B. dann der Fall, wenn der Kurs durch Insidergeschäfte beeinflusst (manipuliert) wurde oder über einen längeren Zeitraum kein Handel mit den zu bewertenden Aktien stattfand. Die vom BFH aufgestellten Grundsätze zur Teilwertabschreibung von börsennotierten Aktien gelten auch bei aktien-indexbezogenen Wertpapieren, die an einer Börse gehandelt und nicht zum Nennwert zurückgezahlt werden. Bei den bis zum Tag der Bilanzaufstellung eintretenden Kursänderungen handelt es sich um wertbeeinflussende (wertbegründende) Umstände, die die Bewertung der Aktien zum Bilanzstichtag grundsätzlich nicht berühren.

Diese Grundsätze ergeben sich aus dem Schreiben des BMF vom 16.07.2014, IV C 6 – S 2171-b/09/10002, Rz. 15.

Frage: Zu dem letztgenannten Komplex ein Beispiel: Ein Steuerpflichtiger hat Aktien der börsennotierten X-AG zum Preis von 200 €/Stück erworben. Die Aktien sind als langfristige Kapitalanlage dazu bestimmt, dauernd dem Geschäftsbetrieb zu dienen. Der Kurs der Aktien schwankt nach der Anschaffung zwischen 140 und 200 €. Am Bilanzstichtag beträgt der Börsenpreis 180 €. Am Tag der Bilanzaufstellung beträgt der Wert ebenfalls 184 €.
Ist eine Teilwertabschreibung auf den Bilanzstichtag zulässig und wenn, dann auf welchen Wert?

Antwort: Eine Teilwertabschreibung auf 180 € ist zulässig, da der Kursverlust im Vergleich zum Erwerb mehr als 5 % am Bilanzstichtag beträgt. Die Kursentwicklung nach dem Bilanzstichtag ist als wertbegründender Umstand unerheblich.

Frage: Welche Grundsätze sind beim Umlaufvermögen im Zusammenhang mit einem niedrigeren Teilwert zu beachten?

Antwort: Die Wirtschaftsgüter des Umlaufvermögens sind nicht dazu bestimmt, dem Betrieb auf Dauer zu dienen. Sie werden stattdessen regelmäßig für den Verkauf oder den Verbrauch gehalten. Demgemäß kommt dem Zeitpunkt der Veräußerung oder Verwendung für die Bestimmung einer voraussichtlich dauernden Wertminderung eine besondere Bedeutung zu. Hält die Minderung bis zum Zeitpunkt der Aufstellung der Bilanz oder dem vorangegangenen Verkaufs- oder Verbrauchszeitpunkt an, so ist die Wertminderung voraussichtlich von Dauer. Zusätzliche werterhellende Erkenntnisse bis zu diesen Zeitpunkten sind in die Beurteilung einer voraussichtlich dauernden Wertminderung der Wirtschaftsgüter zum Bilanzstichtag einzubeziehen. Kursänderungen bei börsennotierten Aktien nach dem Bilanzstichtag und bis zum Tag der Bilanzaufstellung sind als wertbegründender Umstand nicht zu berücksichtigen (BFH vom 21.09.2011, BStBl II 2014, 612, I R 89/10).

Frage: Wie berechnet sich die AfA bei Gebäuden nach Vornahme einer Teilwertabschreibung?

Antwort: Hat der Steuerpflichtige bei einem Gebäude einen niedrigeren Teilwert angesetzt, so bemessen sich die folgenden AfA-Beträge von dem folgenden Wirtschaftsjahr oder Kalenderjahr an gemäß § 11c Abs. 2 S. 2 EStDV nach den Anschaffungs- oder Herstellungskosten des Gebäudes abzüglich des Betrags der Teilwertabschreibung.

Frage: Wie berechnet sich die AfA bei beweglichen abnutzbaren Wirtschaftsgütern nach Vornahme einer Teilwertabschreibung?

Antwort: Ist ein bewegliches Anlagegut auf den niedrigeren Teilwert abgewertet worden, müssen die weiteren AfA von dem dann noch vorhandenen Buchwert vorgenommen werden. Wurde das Anlagegut bis zur Teilwertabschreibung linear abgeschrieben, ist der Restbuchwert auf die Restnutzungsdauer zu verteilen. Wurde bis zur Teilwertabschreibung degressiv abgeschrieben, kann diese Abschreibungsmethode beibehalten werden, der Steuerpflichtige kann aber auch gemäß § 7 Abs. 3 S. 1 und 2 EStG zur linearen Abschreibung übergehen. Bei Fortführung der degressiven AfA bei unveränderter Nutzungsdauer ist der bisherige Prozentsatz auf den Restbuchwert anzuwenden.

> **Frage:** Kaufmann A hat in seiner Handelsbilanz auf den 31.12.01 zulässigerweise eine außerplanmäßige Abschreibung für ein von ihm angeschafftes unbebautes Grundstück vorgenommen. Der Grund für die niedrigere Bewertung ist im Geschäftsjahr 02 weggefallen. Welche Folgen ergeben sich für den Abschlussstichtag 31.12.02?

Antwort: Einzelkaufleute und Personengesellschaften, die in ihrer Handelsbilanz eine außerplanmäßige Abschreibung auf den niedrigeren Zeitwert vorgenommen haben, müssen auf den höheren Stichtagswert, maximal bis zur Höhe der – um die Abschreibungen verminderten – Anschaffungs- oder Herstellungskosten bzw. dem an deren Stelle tretenden Wert zuschreiben, wobei auch Zwischenwerte möglich sind. Von diesem generellen Wertaufholungsgebot sind lediglich Geschäfts- oder Firmenwerte ausgenommen. Das Wertaufholungsgebot gilt für alle Kaufleute.

> **Frage:** Warum sind Geschäfts- oder Firmenwerte von der Zuschreibungsverpflichtung des HGB ausgenommen?

Antwort: Bei Geschäfts- oder Firmenwerten sind Zuschreibungen verboten, um die Aktivierung originärer Geschäftswerte zu verhindern.

> **Frage:** Welche Auswirkungen ergeben sich für die Steuerbilanz?

Antwort: In § 6 Abs. 1 Nr. 1 S. 4 EStG hat der Gesetzgeber ein strenges Wertaufholungsgebot für die Steuerbilanz für die Fälle eingeführt, in denen die Voraussetzungen für eine Teilwertabschreibung bei abnutzbaren Wirtschaftsgütern des Anlagevermögens wegen voraussichtlich dauernder Wertminderung am betreffenden Bilanzstichtag nicht mehr vorliegen. Diese Regelung gilt für alle anderen Wirtschaftsgüter des Betriebes gemäß § 6 Abs. 1 Nr. 2 S. 3 EStG sinngemäß. Für jeden Bilanzstichtag ist also ein Vergleich der um die zulässigen Abzüge (z.B. lineare AfA, Übertragung von stillen Reserven gemäß § 6b EStG) geminderten Anschaffungs- oder Herstellungskosten oder des an deren Stelle tretenden Werts als der Bewertungsobergrenze und dem niedrigeren Teilwert als der Bewertungsuntergrenze durchzuführen. Ist der Teilwert danach nicht (mehr) niedriger, ist zwingend auf die (fortgeführten) Anschaffungs- oder Herstellungskosten bzw. dem an deren Stelle tretenden Wert zuzuschreiben. Nicht notwendig für die Zuschreibung ist, dass die Werterholung den Betrag der vorangegangenen Teilwertabschreibung erreicht. Auch teilweise Werterholungen sind gewinnerhöhend zu berücksichtigen.

Problembereich 13: E-Bilanz

> **Frage:** Was versteht man unter dem Begriff „E-Bilanz"?

Antwort: Die E-Bilanz wurde im Rahmen des Steuerbürokratieabbaugesetzes vom 20.12.2008 eingeführt.

Unter dem Begriff „E-Bilanz" versteht man die Regelung zur elektronischen Übermittlung von Bilanzen sowie Gewinn- und Verlustrechnungen. Hierdurch wird die bisherige Übermittlung durch Abgabe in Papierform durch eine Übermittlung mittels Datenfernübertragung ersetzt. Die Regelung gilt unabhängig von der Rechtsform und der Größenklasse des bilanzierenden Unternehmens. Auch die anlässlich einer Betriebsveräußerung, Betriebsaufgabe, Änderung der Gewinnermittlungsart oder in Umwandlungsfällen aufzustellende Bilanz ist durch Datenfernübertragung zu übermitteln.

Frage: Wo finden sich die gesetzlichen Grundlagen für die E-Bilanz?

Antwort: Die gesetzlichen Grundlagen ergeben sich aus § 5b EStG.

Wird der Gewinn nach §§ 4 Abs. 1, 5 oder § 5a EStG ermittelt, so ist der Inhalt der Bilanz sowie der Gewinn- und Verlustrechnung nach amtlich vorgeschriebenem Datensatz durch Datenfernübertragung zu übermitteln (§ 5b Abs. 1 S. 1 EStG). Enthält die Bilanz Ansätze oder Beträge, die den steuerlichen Vorschriften nicht entsprechen, so sind diese Ansätze oder Beträge durch Zusätze oder Anmerkungen den steuerlichen Vorschriften anzupassen und nach amtlich vorgeschriebenem Datensatz durch Datenfernübertragung zu übermitteln (§ 5b Abs. 1 S. 2 EStG). Der Steuerpflichtige kann auch eine den steuerlichen Vorschriften, entsprechende Bilanz, also eine sog. Steuerbilanz, nach amtlich vorgeschriebenem Datensatz durch Datenfernübertragung übermitteln (§ 5b Abs. 1 S. 3 EStG). Weitere Unterlagen wie z.B. Anhang und Lagebericht, Eigenkapitalspiegel und Kapitalflussrechnung sowie der Bericht des Abschlussprüfers können – müssen aber nicht – in elektronischer Form übermittelt werden.

Frage: Ab wann sind elektronische Übertragungen vorzunehmen?

Antwort: Nach § 52 Abs. 15a EStG war § 5b in der Fassung des Steuerbürokratieabbaugesetzes eigentlich erstmals für Wirtschaftsjahre anzuwenden gewesen, die nach dem 31.12.2010 begannen. Durch § 1 AnwZpvV war dieser Zeitpunkt mittels dieser Rechtsverordnung um ein Jahr verschoben worden. Die elektronische Übermittlung war damit eigentlich erstmals für Jahresabschlüsse vorzunehmen, deren Wirtschaftsjahr nach dem 31.12.2011 begannen. Damit galt das Jahr 2012 bzw. das Wirtschaftsjahr 2012/2013 bei abweichendem Wirtschaftsjahr als Erstjahr.

Die am 29.09.2011 veröffentlichte endgültige Fassung des Anwendungsschreibens zu § 5b EStG enthält außerdem eine Nicht-Beanstandungsregelung für das Erstjahr. Danach wird es die Finanzverwaltung nicht beanstanden, wenn die Bilanz und Gewinn- und Verlustrechnung im Erstjahr noch nicht nach amtlich vorgeschriebenen Datensatz übermittelt werden. Außerdem bestehen Übergangsregeln zur E-Bilanz bis zum Wirtschaftsjahr 2015 bzw. 2015/2016 für die Übermittlung von Kapitalkontenentwicklungen bei Personengesellschaften sowie die gesonderte Übermittlung von Sonder- und Ergänzungsbilanzen, die erstmals verpflichtend für die Wirtschaftsjahre 2015 bzw. 2015/2016 zu übermitteln sind.

Frage: Gibt es Ausnahmen von der Verpflichtung der elektronischen Übermittlung?

Antwort: Es gibt zwei Ausnahmen: einerseits die Härtefallregelung und andererseits eine Regelung für Steuerpflichtige, die ihre Gewinne durch eine Gewinnermittlung gemäß § 4 Abs. 3 EStG ermitteln.

Soweit also die Einhaltung der elektronischen Übermittlungsverpflichtung für den Steuerpflichtigen aus persönlichen oder wirtschaftlichen Gründen unzumutbar ist, kann nach § 5b Abs. 2 EStG i.V.m. § 150 Abs. 8 AO beim jeweils zuständigen Finanzamt ein sog." Härtefallantrag" gestellt werden. Bei Genehmigung kann die Einreichung dann weiterhin in Papierform erfolgen.

Für Gewinnermittler nach § 4 Abs. 3 EStG besteht bereits eine Verpflichtung, die Gewinnermittlungsdaten mittels der Anlage EÜR in standardisierter Form zu erklären. Eine elektronische Übermittlung erfolgt lediglich im Rahmen der elektronischen Steuererklärung, z.B. über das Programm Elster.

Problembereich 13: E-Bilanz

Frage: Gelten Besonderheiten bei steuerbefreiten Körperschaften bzw. bei Betrieben gewerblicher Art bei juristischen Personen des öffentlichen Rechts?

Antwort: Persönlich von der Körperschaftsteuer befreite Körperschaften haben für ihre steuerpflichtigen Einkunftsteile, für die eine Bilanz und eine GuV aufzustellen ist, ebenfalls die Anforderungen nach § 5b EStG zu beachten (Beispiel: wirtschaftlicher Geschäftsbetrieb einer gemeinnützigen Körperschaft i.S.d. § 5 Abs. 1 Nr. 9 KStG i.V.m. §§ 51f. AO). Gleiches gilt für Betriebe gewerblicher Art von juristischen Personen des öffentlichen Rechts, sofern diese zur Aufstellung einer Bilanz und GuV verpflichtet sind. Zur Vermeidung unbilliger Härten hat es die Verwaltung für eine Übergangszeit nicht beanstandet, wenn die Inhalte der Bilanz und Gewinn- und Verlustrechnung erstmals für Wirtschaftsjahre, die nach dem 31.12.2014 beginnen, durch Datenfernübertragung übermittelt werden (BMF vom 28.09.2011, IV C 6 – S 2133-b/11/10009, BStBl I 2011, 855, Rz. 2 bis 7).

Frage: Was ist bei inländischen Unternehmen mit ausländischen Betriebsstätten bzw. bei ausländischen Unternehmen mit inländischen Betriebsstätten zu beachten?

Antwort: Hat ein inländisches Unternehmen eine ausländische Betriebsstätte, ist – soweit der Gewinn nach § 4 Abs. 1, § 5 oder § 5a EStG ermittelt wird – für das Unternehmen als Ganzes eine Bilanz und Gewinn- und Verlustrechnung abzugeben. Entsprechend ist ein Datensatz durch Datenfernübertragung zu übermitteln. Hat ein ausländisches Unternehmen eine inländische Betriebsstätte und wird der Gewinn nach § 4 Abs. 1, § 5 oder § 5a EStG ermittelt, beschränkt sich die Aufstellung der Bilanz und Gewinn- und Verlustrechnung auf die inländische Betriebsstätte als unselbständiger Teil des Unternehmens. Entsprechend ist in diesen Fällen ein Datensatz durch Datenfernübertragung zu übermitteln. Zur Vermeidung unbilliger Härten wird es auch für diese Fälle für eine Übergangszeit nicht beanstandet, wenn die Inhalte der Bilanz und Gewinn- und Verlustrechnung erstmals für Wirtschaftsjahre, die nach dem 31.12.2014 beginnen, durch Datenfernübertragung übermittelt werden; in den Fällen der Unternehmen mit ausländischer Betriebsstätte jedoch nur, soweit sie auf die Ergebnisse der ausländischen Betriebsstätte entfallen. In dieser Übergangszeit kann also die Bilanz sowie die Gewinn- und Verlustrechnung (weiterhin) in Papierform abgegeben werden; eine Gliederung gemäß der Taxonomie ist dabei nicht erforderlich.

Frage: Was ist zu überlegen, wenn gegen die gesetzliche Verpflichtung zur elektronischen Übermittlung verstoßen wird?

Antwort: Da die Daten – spätestens nach Ablauf des Nicht-Beanstandungszeitraums – zwingend elektronisch zu übermitteln sind, liegt bei Nichteinreichung in elektronischer Form ein Verstoß gegen die Mitwirkungspflicht des Steuerpflichtigen vor. Die Finanzverwaltung beabsichtigt, dies mit der Androhung und Festsetzung von Zwangsgeldern nach §§ 328 ff. AO zu sanktionieren.

Frage: Was versteht man unter „Taxonomie"?

Antwort: Unter Taxonomie versteht man ein vorgegebenes gegliedertes Datenschema, mittels dessen verschiedenartige Elemente, wie etwa die einzelnen Posten der Bilanz und Gewinn- und Verlustrechnung als auch ihre Beziehung zueinander definiert werden. Im Ergebnis resultiert hieraus ein erweiterter Kontenrahmen, mit dem die Finanzverwaltung den Mindestumfang der zu übermittelnden Daten festlegt. Die Taxonomie bestimmt dabei die Gliederungstiefe der Bilanz und Gewinn- und Verlustrechnung.

Die aktuelle Fassung der Taxonomie hat das BMF in seinem Schreiben vom 13.06.2014 veröffentlicht (Taxonomie 5.3 vom 02. April 2014).

Frage: **Haben Sie schon einmal etwas von XBRL-Standard gehört?**

Antwort: Die XBRL (eXtensible Business Reporting Language) ist ein international gebräuchlicher Standard für die technische Übermittlung von Unternehmensinformationen. Hierbei handelt es sich um ein weltweit anerkanntes und häufig genutztes Verfahren zur standardisierten, elektronischen Übermittlung von stark strukturierten Informationen. XBRL kann als flexibles und erweiterbares Datenmodel sowohl nationale und internationale Rechnungslegungen und Bilanzen sowie auch branchenspezifische Erweiterungen unterstützen und ist durch seine flexible Infrastruktur Grundlage für herstellerunabhängige Datenverarbeitungen.

Die standardisierten Datensätze sind mehrfach nutzbar, z.B. neben der Veröffentlichung im elektronischen Bundesanzeiger auch zur Information von Geschäftspartnern, Kreditunternehmen oder Aufsichtsbehörden. Die Struktur, aus der ein XBRL-Datensatz besteht, wird mittels der „Taxonomie" genau definiert.

Themenbereich Erbschaftsteuer

Problembereich 1: Steuerpflichtige Vorgänge und Steuerpflicht

> **Frage:** Welches sind die bedeutendsten oder häufigsten Vorgänge, die unter das ErbStG fallen?

Antwort: Unter das ErbStG fallen zum einen Erwerbe von Todes wegen und zum anderen Schenkungen unter Lebenden. Dies ist in den §§ 1 und 3 ErbStG bzw. in den §§ 1 und 7 ErbStG geregelt.

Die häufigsten Erwerbe von Todes wegen sind Erbfälle, Vermächtnisse und geltend gemachte Pflichtteilsansprüche (§§ 3 Abs. 1 Nr. 1 ErbStG). Zu den Erwerben von Todes wegen zählen nach § 3 Abs. 1 Nr. 4 ErbStG auch die Vermögensvorteile, die aufgrund eines vom Erblasser geschlossenen Vertrages bei dessen Tod von einem Dritten zugewandt werden. Das sind die Fälle der Auszahlung von Lebensversicherungen. Die Ansprüche gegen die Versicherungsgesellschaft gehen in einem solchen Fall am Nachlass vorbei. Der oder die Bezugsberechtigte erwirbt einen unmittelbaren Anspruch gegen die Versicherungsgesellschaft.

Eine Schenkung ist eine freigebige Zuwendung unter Lebenden, soweit der Bedachte durch sie auf Kosten des Zuwendenden bereichert ist.

> **Tipp!** Wenn es um den Erwerb von Todes wegen geht, dann sollten auch die hierzu maßgeblichen Bestimmungen des BGB bekannt sein: §§ 1922 bis 1931 und 1371 BGB – Erbrecht der Verwandten und Erbrecht des Ehegatten, § 2100 BGB – Vorerbschaft und Nacherbschaft, § 2147 BGB – Vermächtnis, § 2303 BGB – Pflichtteilsberechtigte und Höhe des Pflichtteils sowie §§ 1378, 1374 bis 1376 BGB – Zugewinnausgleichsforderung. Bei einer Schenkung ist § 516 BGB zu nennen.

> **Frage:** Wer ist beim Erwerb von Todes wegen oder bei Schenkungen steuerpflichtig? Wer ist Schuldner der Erbschaftsteuer?

Antwort: Das Gesetz unterscheidet in § 2 Abs. 1 Nr. 1 und Nr. 3 ErbStG zwischen unbeschränkt steuerpflichtigen Vorgängen und beschränkt steuerpflichtigen Vorgängen. Die unbeschränkte Steuerpflicht tritt grundsätzlich dann ein, wenn entweder der Erblasser, der Schenker oder der Beschenkte Inländer ist. Inländer ist, wer seinen Wohn- oder Geschäftssitz in Deutschland hat (§ 2 Abs. 1 Nr. 1a ErbStG). Sind die Beteiligten nicht Inländer, ist der Erwerber beschränkt steuerpflichtig nach § 2 Abs. 1 Nr. 3 ErbStG, wenn und soweit Inlandsvermögen nach § 121 BewG übergeht (inländisches land- und forstwirtschaftliches Vermögen, inländisches Grundvermögen, inländisches Betriebsvermögen etc.).

Steuerschuldner ist nach § 20 Abs. 1 ErbStG der Erwerber; bei einer Schenkung auch der Schenker. Nach R E 13a.1 (3) ErbStR erfolgt aber eine Inanspruchnahme des Schenkers nicht, wenn die Schenkungsteuer wegen eines Verstoßes des Beschenkten/Erwerbers gegen die Behaltensfristen oder gegen die Lohnsummenregelungen des § 13a ErbStG entstanden ist und neu festgesetzt wird.

> **Frage:** Wie beurteilen Sie den nachfolgenden Fall? Erblasser E wohnte in Frankreich. Er verstarb am 25.07.2012. Als seine Alleinerbin setzt er die T ein, die ihren Wohnsitz in Karlsruhe hat. Das gesamte umfangreiche Vermögen des E befindet sich in Belgien. Muss T in Deutschland Erbschaftsteuer bezahlen?

Antwort: T ist als Inländerin nach § 2 Abs. 1 Nr. 1a ErbStG unbeschränkt steuerpflichtig. Die Steuerpflicht tritt für den gesamten Erwerb ein. Wo sich das geerbte Vermögen befindet, ist egal. Damit kann T wegen des Erwerbs u.U. sowohl in Frankreich oder Belgien steuerpflichtig sein als auch (und auf jeden Fall) in Deutschland. Zur Vermeidung einer Doppelbelastung bei der Besteuerung von Auslandsvermögen sieht § 21 Abs. 1 ErbStG auf Antrag eine Anrechnung der festgesetzten und gezahlten ausländischen Erbschaftsteuer (und Schenkungsteuer) auf die deutsche Erbschaftsteuer vor (siehe dazu vorletztes Beispiel in Problembereich 7 „Berechnung der Steuer").

> **Frage:** Ändert sich in erbschaftsteuerlicher Sicht etwas, wenn E in der Schweiz lebte und dort auch das umfangreiche Vermögen hatte?

Antwort: Zwischen Deutschland und der Schweiz besteht ein Doppelbesteuerungsabkommen. Doppelbesteuerungsabkommen hat Deutschland nur mit wenigen Staaten abgeschlossen (Dänemark, Griechenland, Österreich, Schweden, Schweiz und USA – vgl. die Auflistung in E 2.1 ErbStR). In der Regel ordnen die Doppelbesteuerungsabkommen die Besteuerung dem Staat zu, in dem der Erblasser seinen Wohnsitz hatte.

> **Frage:** Wie beurteilen Sie folgenden Fall? Vater V lebt in Frankreich. Er schenkt seiner Tochter T, die in Belgien wohnt, ein in Köln belegenes Mietwohngrundstück.

Antwort: T erwirbt nach § 1 Abs. 1 Nr. 2 ErbStG i.V.m. § 7 Abs. 1 Nr. 1 ErbStG. Es besteht zwar keine unbeschränkte Steuerpflicht aber eine beschränkte – § 2 Abs. 1 Nr. 3 ErbStG. Das hat zur Folge, dass T den Erwerb des Grundstücks der deutschen Erbschaftsteuer zu unterziehen hat; das Grundstück ist Inlandsvermögen i.S.d. § 121 BewG.

> **Frage:** Welchen Freibetrag kann in obigem Beispiel T in Anspruch nehmen?

Antwort: Als **Freibetrag** kommt nur ein Betrag i.H.v. 2.000 € in Betracht, gleich welcher Steuerklasse der beschränkt Steuerpflichtige angehört (vgl. § 16 Abs. 2 ErbStG). Mit Urteil vom 22.04.2011 hat allerdings der EuGH diesen niedrigen Freibetrag für unionsrechtswidrig erklärt. Er verstoße gegen Art. 56 EG i.V.m. Art 58 EG (jetzt Art. 63 AEUV – Grundsatz des freien Kapital- und Zahlungsverkehrs). Mithin müsste auch in diesem Fall der Freibetrag gewährt werden, der anfiele, wenn ein Beteiligter in Deutschland wohnte. Darauf hat der deutsche Gesetzgeber reagiert. Nach dem neuen § 2 Abs. 3 ErbStG (eingeführt durch das Beitreibungsrichtlinie-Umsetzungsgesetz vom 07.12.2011) kann der beschränkt Steuerpflichtige zur unbeschränkten Steuerpflicht optieren und die höheren Freibeträge nach § 16 Abs. 1 ErbStG in Anspruch nehmen. Das kann für den Optierenden aber auch sehr nachteilig sein, weil die gewählte unbeschränkte Steuerpflicht im Fall der Option den gesamten Erwerb der deutschen Steuer unterwirft.

Problembereich 2: Erwerb von Todes wegen und Schenkungen

> **Frage:** Im 5. Buch des BGB ist in den §§ 1922 ff. die gesetzliche Erbfolge geregelt. Nach welchen Prinzipien und Grundsätzen richtet sich diese gesetzliche Erbfolge?

Antwort: Ein Erblasser wird nach den §§ 1924 ff. BGB zunächst von seinen Verwandten zu gleichen Erbteilen beerbt. Personen, deren eine von der anderen oder die von derselben dritten Person abstammen, sind nach § 1589 BGB (miteinander) verwandt und damit zu den gesetzlichen Erben berufen. Das gesetzliche Verwandtenerbrecht ist in Ordnungen unterteilt (Parentelen). Gesetzliche Erben der ersten Ordnung sind die Abkömmlinge eines Erblassers; gesetzliche Erben der zweiten Ordnung die Eltern des Erblassers und deren Abkömmlinge; gesetzliche Erben der dritten Ordnung die Großeltern und deren Abkömmlinge etc. Ein zur Zeit des Erbfalls lebender Abkömmling (z.B. Sohn) schließt die durch ihn mit dem Erblasser verwandten Abkömmlinge (Enkel) von der Erbschaft aus (Linearsystem). An die Stelle eines verstorbenen Abkömmlings treten seine durch ihn mit dem

Erblasser verwandten Abkömmlinge (Erbfolge nach Stämmen). Innerhalb einer Ordnung und innerhalb eines Stammes gilt das Prinzip der Erbteilung nach Köpfen.

Neben den Verwandten der ersten Ordnung (Kinder) erbt der Ehegatte des Erblassers nach § 1931 Abs. 1 BGB grundsätzlich zu einem Viertel und neben Verwandten der zweiten Ordnung (Eltern, Geschwister) zur Hälfte. Sind weder Verwandte der ersten noch der zweiten Ordnung vorhanden, erhält der überlebende Ehegatte die gesamte Erbschaft. Bestand in der Ehe der gesetzliche Güterstand der Zugewinngemeinschaft, dann erhöht sich der gesetzliche Erbteil des Ehegatten um ein Viertel nach §§ 1931 Abs. 3, 1371 Abs. 1 BGB. Bestand beim Erbfall Gütertrennung und sind als gesetzliche Erben neben dem überlebenden Ehegatten ein oder zwei Kinder des Erblassers berufen, so erben der überlebende Ehegatte und die Kinder zu gleichen Teilen.

> **Frage:** M verstirbt, ohne eine Verfügung von Todes wegen (Testament oder Erbvertrag) getroffen zu haben. Er hinterlässt in zweiter Ehe seine Ehefrau F2 mit den beiden gemeinsamen Söhnen S1 und S2. M und F2 lebten im gesetzlichen Güterstand. Aus der ersten, im Jahr 1978 geschiedenen Ehe mit F1 sind die Töchter T1 und T2 hervorgegangen. T1 hat einen Sohn E1. T2 ist bei einem Verkehrsunfall im Jahr 2006 verstorben; ihre einzige, nicht eheliche Tochter E2, die mit im Unfallwagen saß, überlebte diesen Unfall. Wie sieht die gesetzliche Erbfolge aus?

Antwort: Nach § 1924 Abs. 1 BGB sind zunächst S1, S2 und T1 die Erben des M in der ersten Ordnung geworden. Anstelle der verstorbenen T2 tritt nach § 1924 Abs. 3 BGB deren Tochter E2. E1 ist nach § 1924 Abs. 2 BGB von der Erbfolge ausgeschlossen. Dabei darf aber das Erbrecht der Ehegattin F2 nicht unbeachtet bleiben. Diese ist nach § 1931 Abs. 1 S. 1 BGB neben den Verwandten (Erben) erster Ordnung zu einem Viertel zur Erbin berufen. Nachdem M und F2 im gesetzlichen Güterstand der Zugewinngemeinschaft lebten, erhöht sich dieses Viertel um ein weiteres Viertel nach § 1371 Abs. 1 BGB. Mithin ist F2 zu ½ Erbin des M geworden. S1, S2, T1 und E2 sind zu je ⅛ die Miterben der F2. Dass E2 ein nicht eheliches Kind ist, spielt keine Rolle. Die geschiedene Ehefrau F1 hat kein Erbrecht.

> **Frage:** Mit welcher Erbschaftsteuerbelastung hat F2 im vorliegenden Fall zu rechnen? Unterstellen Sie bei Ihrer Prüfung, dass M und F2 zu Beginn ihrer Ehe kein Vermögen hatten und der Nachlass des M bei dessen Tode sich auf 2.000.000 € belief, während zu dieser Zeit F2 immer noch kein Vermögen hatte?

Antwort: F2 beerbt M zur Hälfte Sie erhält damit ein steuerpflichtiges Vermögen i.H.v. 1.000.000 €. Hätte sich F2 eine juristische Sekunde vor dem Tode des M scheiden lassen, hätte sie diesen Betrag nach § 5 Abs. 2 ErbStG als steuerfreie Zugewinnausgleichsforderung beanspruchen können. Für den Todesfall unterstellt deshalb § 5. Abs. 1 ErbStG, dass auch der überlebende Ehegatte einen solchen Zugewinnausgleichsanspruch hat (Fiktion). Macht er ihn geltend, ist in Höhe dieses Betrages von dem überlebenden Ehegatten kein Erwerb nach § 3 Abs. 1 Nr. 1 ErbStG zu versteuern. § 5 Abs. 1 ErbStG hat mithin dieselbe Wirkung wie ein Freibetrag. Im Beispiel wird der Betrag von 1.000.000 € nach § 5 Abs. 1 ErbStG bei F2 nicht als Erwerb von Todes wegen erfasst. F2 hat keine Erbschaftsteuer zu zahlen.

> **Frage:** Was ist F2 unter Umständen zu raten, damit sie ihren Anteil am Nachlass des M erhöhen kann?

Antwort: Der F kann geraten werden, ihre Erbschaft auszuschlagen und von den verbleibenden Erben S1, S2, T1 und E gemäß § 1371 Abs. 2 BGB den Zugewinnausgleichsanspruch i.H.v. 1.000.000 € zu verlangen. An dem sodann in der Erbengemeinschaft bzw. im Nachlass noch verbleibenden Vermögen i.H.v. 1.000.000 € (2.000.000 € Nachlass abzüglich 1.000.000 € Zugewinnausgleichsanspruch) kann sie noch Pflichtteilsrechte in Höhe von $1/8$ geltend machen. Das ist die Hälfte des ihr nach § 1931 BGB grundsätzlich zustehenden Erbteils von $1/4$, d.h. die Hälfte des nicht nach § 1371 Abs. 1 BGB erhöhten Erbteils. In diesem Fall erhält sie einen Betrag i.H.v. insgesamt 1.125.000 €, während ihr ansonsten lediglich die Hälfte von 2.000.000 € zufallen würde, mithin nur 1.000.000 €. Ob F2 diesen Rat angesichts der familiären Gegebenheiten befolgt oder befolgen kann, ist eine andere Frage.

Frage: Ändert sich an der Lösung etwas, wenn M und F2 in ihrer Ehe den Güterstand der Gütertrennung vereinbart hätten?

Antwort: Haben die Ehegatten Gütertrennung vereinbart, ist der längstlebende Ehegatte zu 1/4 zum Erben berufen. Nach § 1931 Abs. 4 BGB kann es jedoch zu einer anderen Erbquote kommen. Das ist dann der Fall, wenn neben dem überlebenden Ehegatten ein oder zwei Kinder aus der Ehe hervorgehen. Dann erben der überlebende Ehegatte und die Kinder zu gleichen Teilen. Im Ausgangsfall hinterlässt M drei erbberechtigte Kinder und ein erbberechtigtes Enkelkind. Damit greift § 1931 Abs. 4 BGB nicht und es bleibt bei einem Erbanteil der F2 von einem Viertel (§ 1931 Abs. 1 BGB). Die verbleibenden drei Viertel sind auf S1, S2, T1 und E2 aufzuteilen. Diese erben sonach jeweils $3/16$.

Frage: Was versteht man unter einer Güterrechtsschaukel?

Antwort: Der Begriff „Güterrechtsschaukel" ist mit dem grundlegenden Urteil des BFH vom 12.07.2005 in Verbindung zu bringen (BStBl II 2005, 843). Dort hat das Gericht anerkannt, dass Ehegatten den Güterstand der Zugewinngemeinschaft aufheben, den Zugewinnausgleichsanspruch fixieren und den Ausgleichsanspruch bis zum Tode des zahlungsverpflichteten Ehemannes stunden können. Dem steht nicht entgegen, dass die Ehegatten bereits mit Wirkung ab dem Folgetag den zwischenzeitlichen Güterstand der Gütertrennung nach einem Tag wieder beenden und fortan erneut den Güterstand der Zugewinngemeinschaft für ihre Ehe vereinbaren. Der Zugewinnausgleichsanspruch, den der Ehegatte erhält, ist und bleibt nach § 5 Abs. 2 ErbStG nicht steuerbar. Der Anspruch entsteht kraft Gesetzes nach § 1378 Abs. 3 BGB. Er ist deshalb keine freigebige Zuwendung und somit auch nicht steuerbar. § 5 Abs. 2 ErbStG fordert nicht, dass die Beendigung der Ehe endgültig ist. Diese Gestaltung ist nicht als rechtsmissbräuchlich zu betrachten.

Frage: Was versteht man unter einem Vermächtnis? Welche erbschaftsteuerlichen Folgen ergeben sich bei einer solchen Verfügung des Erblassers?

Antwort: Ein Vermächtnis kann nur in einem Testament oder in einem Erbvertrag angeordnet werden, so z.B. wenn der Erblasser E seine Tochter T zur Alleinerbin einsetzt und seiner Ehefrau F im Wege des Vermächtnisses einen Betrag i.H.v. 250.000 € zuwendet. Die Erbin T erhält im Wege der Gesamtrechtsnachfolge das gesamte Vermögen des E. F hat gegen T (lediglich) einen Anspruch auf Auszahlung des Vermächtnisbetrages. T kann die Zahlungsverpflichtung an F als Nachlassverbindlichkeit gem. § 10 Abs. 5 Nr. 2 ErbStG abziehen. Andererseits muss F das Vermächtnis (250.000 €) nach § 3 Abs. 1 Nr. 1 ErbStG versteuern.

Frage: Wie ist der Fall zu beurteilen, wenn E seine Tochter T zur Alleinerbin einsetzt und der F in seinem Testament keinen Geldbetrag, sondern ein zu Wohnzwecken vermietetes Grundstück mit Wohnhaus (Steuerwert 270.000 €/Verkehrswert 300.000 €) im Wege des Vermächtnisses zuwendet?

Antwort: Auch in diesem Fall erwirbt F das Grundstück nicht unmittelbar von E. Sie erhält (lediglich) einen gegen T gerichteten Anspruch auf Übereignung des Grundstücks. T wird mit dem Tode des E nach § 1922 BGB im Wege der Gesamtrechtsnachfolge Eigentümerin des Grundstücks. Sie muss das Eigentum aber wegen des angeordneten Vermächtnisses an F übertragen. T muss einerseits das Grundstück in der Vermögensaufstellung mit dem Steuerwert von 270.000 € bei der Berechnung des steuerpflichtigen Erwerbs angeben; sie kann aber andererseits die Übertragungsverpflichtung mit diesem Wert als Nachlassverbindlichkeit abziehen (R B 9.1 Abs. 2 ErbStR). F muss das Vermächtnis mit dem Steuerwert bei ihrer Erbschaftsteuererklärung ansetzen.

> **Frage:** M errichtet mit seiner Ehegattin F ein gemeinschaftliches Testament. Dort setzen sie für den ersten Todesfall den überlebenden Ehegatten als Alleinerben ein. Als Erben des Letztversterbenden sind die drei gemeinsamen Kinder berufen. Wie nennt man ein solches Testament und welche erbrechtlichen Probleme ergeben sich dabei?

Antwort: Eine solche testamentarische Verfügung nennt man „Berliner Testament" (§ 2269 BGB). Die erbrechtliche Problematik liegt darin, dass bei einem Berliner Testament die gemeinsamen Kinder beim ersten Todesfall enterbt sind und nach §§ 2303 ff. BGB Pflichtteilsansprüche geltend machen könnten. Macht eines der drei Kinder beim ersten Todesfall Pflichtteilsansprüche geltend, erhält es den Pflichtteil und wird beim zweiten Todesfall wie die beiden anderen Kinder gleichwohl wiederum Miterbe zu $1/3$.

In erbschaftsteuerlicher Hinsicht ist bei diesem sog. Berliner Testament § 15 Abs. 3 ErbStG zu beachten, der auf § 6 ErbStG verweist. Damit wird der Schlusserbe dem Nacherben gleichgesetzt. Das hat dann eine große Bedeutung, wenn der Schlusserbe im Verhältnis zum erstversterbenden Ehegatten eine günstigere Steuerklasse hat als zu dem letztversterbenden Ehegatten (Beispiel: M verstirbt. Er hatte mit seiner Ehefrau F2 ein Testament errichtet, in dem die Ehegatten sich gegenseitig für den ersten Todesfall zu Alleinerben einsetzten und S, den Sohn des M aus erster Ehe mit F1 zum Alleinerben für den zweiten Todesfall beriefen. Verstirbt auch F2, kommen die §§ 15 Abs. 3, 6 ErbStG zur Anwendung.

> **Frage:** Es erscheint ungerecht, wenn ein Kind beim ersten Todesfall den Pflichtteil verlangt und beim zweiten Todesfall als Schlusserbe wie alle anderen Kinder zu gleichen Teilen miterbt. Wie kann man dem begegnen? Haben Sie in diesem Zusammenhang schon einmal etwas von der „Jastrow'schen Formel" oder der „Jastrow'schen Pflichtteilsklausel" gehört?

Antwort: Mit der Jastrow'schen Klausel setzen sich vor allem im Berliner Ehegattentestament die Ehegatten zu Alleinerben des Erstversterbenden ein und vermachen für diesen Fall den gemeinsamen Kindern Geldvermächtnisse in Höhe bzw. im Wert ihrer Pflichtteile unter der Bedingung, dass sie beim ersten Todesfall nicht den Pflichtteil verlangen. Diese Vermächtnisse werden aber erst beim Tode des überlebenden Ehegatten fällig. Das Kind, das beim ersten Todesfall den Pflichtteil verlangt, wird (auch) beim zweiten Todesfall auf den Pflichtteil gesetzt. Nachdem damit das „aufbegehrende" Kind beim zweiten Todesfall ebenfalls nur den o. g. (gekürzten) Pflichtteil erhält, ist dies ein Anreiz für jedes Kind, beim ersten Todesfall keinen Pflichtteil geltend zu machen (vgl. hierzu auch R E 6 S. 2–5 ErbStR).

> **Frage:** Welche erbschaftsteuerlichen Besonderheiten sind bei der Jastrow'schen Formel zu beachten?

Antwort: Die den Kindern ausgesetzten Vermächtnisse werden erst beim Tode des Beschwerten, d.h. beim Tode des letztversterbenden Ehegatten fällig (§ 6 Abs. 4 ErbStG). Solche Vermächtnisse sind als Nachvermächtnisse und damit wie Nacherbschaften zu behandeln. Sie sind von den Vermächtnisempfängern als Erwerb vom überlebenden Ehegatten zu versteuern (R E 6 ErbStR). Auf Antrag ist für die Versteuerung das Verhältnis der Vermächtnisnehmer zum erstversterbenden Ehegatten maßgeblich.

> **Tipp!** Wenn Sie in der mündlichen Prüfung mit einem umfangreicheren Sachverhalt konfrontiert werden, machen Sie darüber Notizen und Aufzeichnungen, während ihn der Prüfer vorträgt. Haben Sie den Sachverhalt nicht oder nicht recht verstanden, fragen Sie nach. Nichts ist fataler, als Antworten auf einen Sachverhalt zu geben, der vom Prüfer ganz anders gesehen wird. Erkennen Sie insoweit Missverständnisse, klären Sie diese sogleich auf.

> **Frage:** Was versteht man unter einer gemischten Schenkung und was unter einer Schenkung unter Auflage?

Antwort: Schenkungen sind freigebige unentgeltliche Zuwendungen. Der Empfänger wird damit auf Kosten des Zuwendenden bereichert. Bei einer gemischten Schenkung erfolgt die Leistung nicht (voll) unentgeltlich. Leistung und Gegenleistung stehen sich aber nicht gleichwertig gegenüber. Es fehlt an einem gleichwertigen Entgelt. Bei einer Schenkung unter Auflage ist die unentgeltliche Zuwendung mit einer Nebenbestimmung bedacht. Der Beschenkte ist i.d.R. verpflichtet, bestimmte Leistungen an einen Dritten oder den Schenker zu erbringen (Leistungsauflage) oder bestimmte Einschränkungen, insbesondere Nutzungseinschränkungen wie Nießbrauch oder Wohnrecht zu dulden (Nutzungs- oder Duldungsauflage).

> **Frage:** Wie beurteilen Sie folgenden Fall? Vater V ist zu 50 % an der V-GmbH beteiligt und seine Söhne S1 und S2 jeweils zu 25 %. V leistet eine Einlage i.H.v. 100.000 € in das Vermögen der GmbH (Zuzahlung in die Kapitalrücklage).

Antwort: Nach R 18 ErbStR und H 18 ErbStR 2003 sollte hier i.H.v. jeweils 25.000 € eine Schenkung von V an S1 und S2 gegeben sein. Dieser Verwaltungsauffassung schloss sich der BFH in der Entscheidung vom 09.12.2009 nicht an (BStBl II 2010, 566). Die Finanzverwaltung hat mit dem gleichlautenden Ländererlass vom 14.03.2012 die Schenkungen unter Beteiligung von Kapitalgesellschaften neu definiert (BStBl I 2012, 331). Nach diesem Erlass sieht die Finanzverwaltung in dem obigen Fall keine steuerbare Zuwendung mehr von V an S1 und S2 nach § 7 Abs. 1 ErbStG (Erlass vom 14.03.2012, Tz. 1.1). V erbringt auch an die GmbH keine unentgeltliche Zuwendung. Nur dann, wenn in zeitlichem Zusammenhang mit der Einlage eine Gewinnausschüttung an S1 und S2 erfolgt, kann in dem ausgeschütteten Betrag eine Zuwendung des Einlegenden (hier V) an die Ausschüttungsbegünstigten (hier S1 und S2) gesehen werden. Andererseits bewertet der o.g. Erlass eine überhöhte Vergütungszahlung an die einem Gesellschafter nahestehende Person als Zuwendung der Kapitalgesellschaft an diese nahestehende Person (vgl. Erlass vom 14.03.2012, Tz. 2.6.1).

Problembereich 3: Die Entscheidungen des BVerfG vom 07.11.2006 und vom 17.12.2014

> **Frage:** Das BVerfG hat in der Entscheidung vom 7.11.2006 das ErbStG für verfassungswidrig erklärt. Der Gesetzgeber hat daraufhin mit dem ErbStRG 2008 das ErbStG und das BewG neu gestaltet. Was hat sich dabei geändert?

Antwort: Der Gesetzgeber hat das Bewertungsgesetz bei der Bewertung von Grundvermögen, land- und forstwirtschaftlichem Vermögen, von Betriebsvermögen und von Anteilen an Kapitalgesellschaften wesentlich umgestaltet. Diese Vermögen sind für die Zwecke der Erbschaft- und Schenkungsteuer mit dem gemeinen Wert anzusetzen. Dazu gibt das Gesetz generalisierende und typisierende Berechnungsmethoden. Der Gesetzgeber hat aber auch das Erbschaft- und Schenkungsteuergesetz in wichtigen Teilen völlig neu gestaltet. Das trifft insbesondere für die Besteuerung des Erwerbs von Grundvermögen zu und für die Besteuerung des Erwerbs von Betriebsvermögen. Mietwohngrundstücke bleiben nach § 13c ErbStG mit 10 % verschont. Zudem sind in § 13 Abs. 1 Nr. 4 a–c ErbStG Familienwohnheime beim Erwerb durch Ehegatten und Kinder steuerfrei und außerdem entfällt § 25 ErbStG 97 ersatzlos. Betriebsvermögen kann sogar nach §§ 13a, 13b ErbStG gänzlich steuerfrei bleiben, wenn gewisse Voraussetzungen hinsichtlich der Lohnsumme und der Behaltensfristen eingehalten sind.

Frage: In § 35b EStG findet sich eine Bestimmung über die Steuerermäßigung bei Belastung mit Erbschaftsteuer. Was ist da konkret geregelt?

Antwort: § 35b EStG gibt die Antwort darauf, dass latente Steuern nicht als Nachlassverbindlichkeiten abgezogen werden können.

Sind bei der Ermittlung des Einkommens Einkünfte berücksichtigt, die im Veranlagungszeitraum oder in den vergangenen vier Veranlagungszeiträumen als Erwerb von Todes wegen der Erbschaftsteuer unterlagen, so wird auf Antrag die um sonstige Steuerermäßigungen gekürzte Einkommensteuer, die auf diese Einkünfte entfällt, ermäßigt. Der klassische Fall ist der Erwerb einer Honorarforderung eines Freiberuflers von Todes wegen bei Einnahmen-Überschuss-Rechnungen. Diese gehört zum erbschaftsteuerpflichtigen Erwerb und ist bei Zahlung/Erfüllung vom Erwerber (Erben) nach §§ 24 Nr. 2 i.V.m. 4 Abs. 3 und § 18 Abs. 1 Nr. 1 EStG nochmals zu versteuern. Die steuerliche Doppelbelastung kann jetzt mit § 35b EStG vermieden werden. Gleiches gilt bei Überschusseinkünften, so wenn z.B. Zinsen oder Mieten nach dem Tode des Erblassers beim Erben eingehen. Unter § 35b EStG fallen aber auch die Fälle, in denen das geerbte Vermögen (Betrieb, Teilbetrieb, Anteile oder Grundvermögen etc.) zur erbschaftsteuerlichen Bemessungsgrundlage gehört und später unter einkommensteuerpflichtiger Aufdeckung stiller Reserven veräußert oder entnommen wird.

Zu beachten ist, dass § 35b EStG nur bei Erwerb von Todes wegen gilt und nicht auch bei unentgeltlichen Verfügungen zu Lebzeiten.

Frage: Welche Gesetzesbestimmungen im ErbStG hat der Gesetzgeber nach Inkrafttreten des ErbStRG alsbald wieder geändert oder neu gefasst?

Antwort: Das ErbStG wurde nach Inkrafttreten des ErbStRG 2008 zunächst durch das Wachstumsbeschleunigungsgesetz vom 22.12.2009, BGBl I 2009, 3950 geändert (neue Steuersätze für die Steuerklasse II; bis dato gab es bei der Steuerklasse II und III die gleichen Steuersätze). Danach folgte das Jahressteuergesetz 2010 vom 13.12.2010, BGBl I 2010, 1768 (vollständige Gleichstellung der eingetragenen Lebenspartnerschaften mit den Ehegatten; bis dato galt für Lebenspartner die Steuerklasse III). In 2010 kam das Steuervereinfachungsgesetz 2011 vom 01.11.2011, BGBl I 2011, 2131 (Neufassung des § 13a Abs. 1a ErbStG und des § 13b Abs. 2a ErbStG, wonach die Lohnsumme und das Verwaltungsvermögen gesondert festgestellt werden müssen). Mit dem Beitreibungsrichtlinie-Umsetzungsgesetz vom 07.12.2011, BGBl I 2011, 2592 wurden die §§ 2 und 7 ErbStG geändert (Wahlmöglichkeit zur unbeschränkten Steuerpflicht für beschränkt Steuerpflichtige, § 2 Abs. 3 ErbStG und neuer Schenkungsteuertatbestand in § 7 Abs. 8 ErbStG für Zuwendungen bei Kapitalgesellschaften). Das AmtshilfeRLUmsG vom 7.6.2013 brachte Neuregelungen zum Verwaltungsvermögen (§ 13b Abs. 2 Nr. 4a ErbStG). Damit sollte den „missbräuchlichen Cash-GmbHs" ein Ende gesetzt werden.

> **Frage: Das BVerfG hat am 17.12.2014 (BGBl 2015 I 4) das Erbschschaftsteuergesetz erneut für verfassungswidrig erklärt. Was waren die Gründe?**

Antwort: Das BVerfG hat die Verfassungswidrigkeit mit der Überprivilegierung des Erwerbs von Betriebsvermögen nach §§ 13a, 13b ErbStG (Verstoß gegen Art. 3 GG) begründet. Die Verfassungswidrigkeit der §§ 13a, 13b ErbStG ist von solchem Gewicht, dass davon auch die Besteuerung des nicht betrieblichen Vermögens betroffen ist. Aus diesem Grund können nicht nur die §§ 13a, 13b ErbStG separat für verfassungswidrig erklärt werden, sondern das ganze Gesetz ist von der Verfassungswidrigkeit erfasst. Die Verschonung des Erwerbs von Betriebsvermögen nach den Bestimmungen in den §§ 13a, 13b ErbSt ist zwar dem Grunde nach nicht zu beanstanden. Im Blick auf Art. 3 GG hat der Gesetzgeber einen großen Spielraum. Das **Ausmaß** der konkreten Befreiungen ist jedoch mit Art 3 GG nicht vereinbar. Für jedes Maß der Steuerverschonung sind tragende Rechtfertigungsgründe notwendig. Solche sind in §§ 13a, 13b ErbStG zum Teil nicht ersichtlich.

> **Frage: Wie sehen die konkreten Beanstandungen in der Entscheidung des BVerfG vom 17.12.2014 aus?**

Antwort: Das BVerfG nennt vier Sachverhalte, die unter §§ 13a, 13b ErbStG fallen, gegen Art. 3 GG verstoßen und die zur Verfassungswidrigkeit dieser Bestimmungen und darüber hinaus zu Verfassungswidrigkeit des ganzen Gesetzes führen.

1. Die Privilegierung im Umfang der §§ 13a, 13b ErbStG ist unverhältnismäßig und verstößt gegen Art. 3 GG, wenn davon ohne Bedürfnisprüfung nicht nur kleine und mittlere Unternehmen erfasst sind, sondern auch Großunternehmen.
2. Unverhältnismäßig ist es auch, wenn Betriebe mit bis zu 20 Beschäftigten von der Einhaltung der Lohnsumme befreit werden.
3. Verfassungswidrig ist zudem, dass betriebliches Vermögen mit bis zu 50 % Verwaltungsvermögen von der Regelbesteuerung verschont bleibt.
4. Letztendlich sieht das BVerfG es auch als verfassungswidrig an, wenn das Gesetz (so bis zum Amtshilferichtline-Umsetzungsgesetz vom 26.06.2013) Gestaltungen zulässt, die nicht zu rechtfertigende Ungleichbehandlungen ermöglichen (Cash-GmbH, Kaskadeneffekt im Konzern etc).

> **Anmerkung:** Das BVerfG hat dem Gesetzgeber aufgegeben, bis zum 30.06.2016 die verfassungswidrigen Gesetzesbestimmungen in verfassungskonforme Regelungen zu bringen. Mittlerweile liegt ein Entwurf der BReg vom 08.07.2015 vor, wie dies verwirklicht werden soll. Die veröffentlichten „Reform-Vorstellungen" der BReg (Pressemitteilung des BMF vom 8.7.2014, Gesetzentwurf BReg) stehen zur Diskussion. Bei Redaktionsschluss (August 2015) war noch nicht bekannt, ob und ggf. inwieweit sich dieser Gesetzentwurf noch ändert. Es wird aber davon auszugehen sein, dass es bei einer (nur) punktuellen Neufassung des ErbStG bleibt. Jedenfalls ist in der mündlichen StB-Prüfung 2015/2016 damit zu rechnen, dass die zurzeit geltenden Gesetzestexte noch vollumfänglich prüfungsrelevant sind. Das gilt besonders und ausdrücklich für die Frage der Bewertung von Erwerben nach dem BewG. Hier zeichnen sich ab dem 01.07.2016 keinerlei Änderungen ab. Andererseits ist dringend anzuraten, in der Tages- und Fachpresse den Stand des Gesetzgebungsverfahrens zu verfolgen.

Problembereich 4: Wertermittlung für die Besteuerung beim Erwerb von Betriebsvermögen und beim Erwerb von Grundvermögen

> **Frage:** Wie wird der steuerpflichtige Erwerb ermittelt?

Antwort: Für die Wertermittlung ist nach § 11 ErbStG der Zeitpunkt der Entstehung der Steuer maßgebend. Die Steuer entsteht nach § 9 ErbStG bei Erwerb von Todes wegen mit dem Tode des Erblassers, bei Schenkungen unter Lebenden mit dem Zeitpunkt der Schenkung.

Von dem so ermittelten und bewerteten gesamten Vermögensanfall beim Erwerb von Todes wegen sind zunächst die sachlichen Steuerbefreiungen der §§ 13 und 13a ErbStG abzuziehen und danach die Nachlassverbindlichkeiten nach § 10 Abs. 5 und 6 ErbStG. Das ergibt die Bereicherung des Erwerbers. Von diesem Zwischenwert werden ein etwaiger steuerfreier Erwerb nach § 5 ErbStG und die persönlichen Freibeträge der §§ 16 und 17 ErbStG abgezogen. Dies ergibt den steuerpflichtigen Erwerb, der nach § 10 Abs. 1 S. 5 ErbStG auf volle 100 € nach unten abzurunden ist und die Bemessungsgrundlage für die Erbschaftsteuer nach § 19 ErbStG bildet, vgl. hierzu R E 10.1 ErbStR.

Gleiches gilt für Schenkungen unter Lebenden, nachdem R 17 ErbStR 2003 und H 17 ErbStR 2003 weggefallen und durch R E 7.4 ErbStR ersetzt worden sind.

> **Tipp!** Es ist auszuschließen, dass Sie in der mündlichen Prüfung mit umfangreicheren Bewertungen einzelner Vermögensgegenstände (insbesondere Grundstücke, Renten, Nutzungen etc.) belastet werden. Konkrete, komplizierte und zeitraubende Berechnungen halten in der mündlichen Prüfung viel zu lange auf. In dieser Hinsicht werden Sie keine negativen Überraschungen erleben. Sie müssen aber den Weg wissen, wie die einzelnen Vermögensgegenstände und Sachgesamtheiten (z.B. Betriebsvermögen) zu bewerten sind, und welche einschlägigen Gesetzesbestimmungen oder Steuerrichtlinien etc. dazu konkrete Aussagen machen.

> **Frage:** Mit welchem Wert wird grundsätzlich das von Todes wegen und das durch Schenkung zu Lebzeiten erworbene Vermögen bewertet?

Antwort: Nach § 12 Abs. 1 ErbStG richtet sich die Bewertung nach den Vorschriften des ersten Teils des Bewertungsgesetzes. Das sind die §§ 1–16 BewG. Wenn und soweit nichts anderes vorgeschrieben ist, kommt nach § 9 BewG für die übergehenden Wirtschaftsgüter oder Vermögensgegenstände der gemeine Wert zum Ansatz. Das ist der Wert, der im gewöhnlichen Geschäftsverkehr für das fragliche Wirtschaftsgut bei einer Veräußerung erzielt werden kann. Wirtschaftsgüter, die einem Unternehmen angehören, werden nach § 10 BewG mit dem Teilwert angesetzt. Das ist der Wert, den ein Erwerber des ganzen Unternehmens für das einzelne Wirtschaftsgut zahlen würde.

An der Börse gehandelte Wertpapiere und Anteile an Kapitalgesellschaften sind nach § 11 Abs. 1 BewG mit dem Kurswert anzusetzen. Für sonstige, nicht börsennotierte Anteile an Kapitalgesellschaften ist nach § 11 Abs. 2 BewG der gemeine Wert zu ermitteln. Das gilt sowohl nach altem Recht (BewG 91) als auch nach neuem Recht (BewG).

Für Kapitalforderungen und Schulden gilt nach § 12 Abs. 1 BewG der Nennwert. Unverzinsliche Forderungen und Schulden, deren Laufzeit mehr als ein Jahr beträgt, sind nach § 12 Abs. 3 BewG mit einem Zinssatz von 5,5 % abzuzinsen. Noch nicht fällige Ansprüche aus Lebensversicherungen etc. werden nach § 12 Abs. 4 BewG mit dem Rückkaufswert bewertet. Nach § 12 Abs. 4 BewG 91 konnten sie auch mit zwei Dritteln der eingezahlten Prämien bewertet werden.

Wiederkehrende Nutzungen und Leistungen sind nach §§ 13–16 BewG mit dem Kapitalwert zu bewerten. Daran hat sich durch das neue BewG nichts geändert.

Frage: Wie wird der gemeine Wert von GmbH-Anteilen ermittelt?

Antwort: Der gemeine Wert einer GmbH-Beteiligung kann zunächst aus Verkäufen abgeleitet werden. Auch ein einziger Verkaufsfall genügt. Gibt es solche Verkäufe nicht, muss der Anteilswert geschätzt werden.

§ 11 Abs. 2 BewG hat die bis zum 31.12.2008 geltende Berechnung nach dem Stuttgarter Verfahren für Erwerbe nach dem 31.12.2008 abgeschafft. Der Wert einer Beteiligung an einer Kapitalgesellschaft ist unter Berücksichtigung der Ertragsaussichten oder einer anderen anerkannten auch im Geschäftsverkehr für nicht steuerliche Zwecke üblichen Methode zu ermitteln. Zu den anerkannten Bewertungsverfahren nach Ertragswertgesichtspunkten zählt insbesondere die vom IDW (Institut der Wirtschaftsprüfer) entwickelte und für Wirtschaftsprüfer maßgebliche Methode nach IDW S 1. Nach IDW S 1 ist neben der Ermittlung des Unternehmenswerts nach Zahlungsströmen auch eine Unternehmensbewertung durch eine Diskontierung der den Unternehmenseignern künftig zufließenden Überschüsse, die aus handelsrechtlichen Erfolgen abgeleitet werden, möglich. Als übliches Bewertungsverfahren kann aber auch ein einfaches Multiplikatorenverfahren gewählt werden – z.B. 100 % des Umsatzes – so i.d.R. bei Freiberuflern. Nach § 11 Abs. 2 BewG hat der Erwerber aber auch die Möglichkeit, den Wert der Kapitalgesellschaft in einem vereinfachten Ertragswertverfahren nach §§ 199–203 BewG zu ermitteln.

Frage: Wie wird der Wert von Betriebsvermögen ermittelt?

Antwort: § 12 Abs. 5 ErbStG weist darauf hin, dass Betriebsvermögen nach § 151 S. 1 Nr. 2 BewG festzustellen ist. Ansonsten gilt in vollem Umfang das BewG. Damit ist Betriebsvermögen nach § 109 Abs. 2 S. 2 BewG mit dem gemeinen Wert wie Anteile an Kapitalgesellschaften zu bewerten und es gelten die im Geschäftsverkehr für nicht steuerliche Zwecke üblichen Bewertungsmethoden. Das vereinfachte Ertragswertverfahren nach §§ 199 bis 203 BewG kommt zur Anwendung, wenn der Wert nicht aus Verkäufen abgeleitet werden kann. Die Summe der gemeinen Werte einzelner Wirtschaftsgüter ist nach § 11 Abs. 2 S. 3 als Korrekturposten von Bedeutung (Mindestwert).

Frage: Wie ist ein Unternehmenswert nach dem vereinfachten Ertragswertverfahren der §§ 199 bis 203 BewG zu errechnen?

Antwort: Das vereinfachte Ertragswertverfahren nach den §§ 199 ff. BewG ermittelt den zukünftig nachhaltig zu erzielenden Jahresertrag, der aus den Betriebsergebnissen der letzten drei Jahre vor dem Bewertungsstichtag abgelaufenen Wirtschaftsjahre herzuleiten ist – § 201 Abs. 1 und 2 BewG. Dieser Jahresertrag ist nach § 200 Abs. 1 BewG mit dem in § 203 BewG angegebenen Kapitalisierungszinssatz zu multiplizieren. Dieser Kapitalisierungszinssatz setzt sich zusammen aus einem Basiszinssatz und einem Zuschlag von 4,5 %. Der Basiszinssatz ist aus der langfristig erzielbaren Rendite öffentlicher Anleihen abzuleiten; er wird vom Statistischen Bundesamt für Erwerbe seit 2009 mit 3,61 % angegeben, seit 2010 mit 3,98 %, seit 2011 mit 3,43 % und seit 2012 mit 2,44 %. Das führt dazu, dass in 2012 der für das vereinfachte Ertragswertverfahren anzusetzende Kapitalisierungszinssatz bei 6,94 % liegt, was einen Faktor von 14,41 ergibt.

Frage: Wie wird Grundvermögen für Zwecke der Erbschaft- und Schenkungsteuer nach dem bis zum 31.12.2008 geltenden Recht bewertet und wo spielt das noch eine Rolle?

Antwort: Für Zwecke der Erbschaft- und Schenkungsteuer wird für Erwerbe bis zum 31.12.2008 der Wert des Grundbesitzes nach den §§ 138 ff. BewG 91 im Zeitpunkt des Erwerbs ermittelt (Bedarfsbewertung) und gesondert festgestellt (§§ 138, 151 BewG 91). Weist der Steuerpflichtige einen niedrigeren gemeinen Wert nach, ist dieser nach § 138 Abs. 4 BewG 91 anzusetzen.

Problembereich 4: Wertermittlung für die Besteuerung beim Erwerb von Betriebsvermögen ...

Unbebaute Grundstücke sind danach mit 80 % des Bodenrichtwertes × Grundstücksfläche zu bewerten (§ 145 Abs. 3 BewG 91). Der Wert bebauter Grundstücke ist nach § 146 Abs. 2 BewG 91 mit dem 12,5-fachen der im Besteuerungszeitpunkt vereinbarten Jahresmiete anzusetzen. Anzusetzen ist aber stets mindestens die übliche Miete (§ 145 Abs. 3 BewG 91), wenn diese mehr als 20 % von der vereinbarten Miete abweicht. Die Wertminderung wegen Alters kann nach § 146 Abs. 4 BewG 91 mit einem Abschlag geltend gemacht werden, dieser beträgt 0,5 % für jedes Jahr seit der Bezugsfertigkeit; höchstens jedoch 25 %. Bei einem Wohnhaus mit nicht mehr als zwei Wohnungen ist der Wert nach § 146 Abs. 5 BewG 91 um 20 % zu erhöhen; der für ein bebautes Grundstück anzusetzende Wert darf nicht geringer sein als der Wert des Grund und Bodens (§ 146 Abs. 6 BewG 91).

Die Bewertung nach altem Recht ist für Erwerbe von Todes wegen nach dem 31.12.2008 dann noch von aktueller Bedeutung, wenn es um die Erfassung von Vorerwerben gem. § 14 Abs. 1 ErbStG geht.

Frage: Wie wird Grundvermögen nach neuem Recht bewertet?

Antwort: Der Wert unbebauter Grundstücke bemisst sich nach den aktuellen Bodenrichtwerten. Das ergibt sich aus § 179 S. 1 BewG. Was unbebaute Grundstücke sind, besagt § 178 Abs. 1 und 2 BewG (Grundstücke, auf denen sich keine benutzbaren Gebäude befinden). Im Gegensatz zum alten Recht (80 %-Ansatz) ist das unbebaute Grundstück mit 100 % des ermittelten Werts anzusetzen.

Frage: Wie werden nach neuem Recht 2008 Ein- und Zweifamilienhäuser bewertet?

Antwort: Für die Bewertung von Wohnungseigentum, Teileigentum, Einfamilienhäusern und Zweifamilienhäusern findet nunmehr nach § 182 Abs. 2 BewG das Vergleichswertverfahren Anwendung. Nach § 183 BewG sind dafür die Kaufpreise aus den Verträgen anderer Grundstücksgeschäfte heranzuziehen (Kaufpreissammlungen). Die Grundlage dafür sollen die Feststellungen der Gutachterausschüsse sein. Wenn es keine Vergleichswerte gibt, kommt das Sachwertverfahren zur Anwendung – § 182 Abs. 4 Nr. 1 BewG.

Frage: Welches Grundvermögen wird nach dem Ertragswertverfahren ermittelt?

Antwort: Mietwohngrundstücke, Geschäftsgrundstücke, gemischt genutzte Grundstücke mit ortsüblicher Miete sind nach einem Ertragswertverfahren zu bewerten – (§ 182 Abs. 2 BewG).

Nach den §§ 184–188 BewG ist der Wert der Gebäude (Gebäudeertragswert) getrennt vom Bodenwert zu ermitteln. Der Bodenwert entspricht dem Bodenrichtwert × Fläche, wobei dafür ein unbebautes Grundstück unterstellt wird. Der Bodenwert und der Gebäudeertragswert ergeben den Ertragswert des Grundstückes. Bei der Ermittlung des Gebäudeertragswertes ist von dem reinen Ertrag des Grundstücks auszugehen. Die Grundlage zur Ermittlung des Reinertrags nach §§ 185 Abs. 1, 187 BewG ist das Entgelt, das für die Nutzung des bebauten Grundstückes nach den am Bewertungsstichtag geltenden vertraglichen Vereinbarungen für den Zeitraum von zwölf Monaten zu zahlen ist. Davon sind nach §§ 185 Abs. 2, 187 BewG die pauschalierten und typisierten Bewirtschaftungskosten nach der Anlage 23 zum BewG i.V.m. Anlage 24 zum BewG abzuziehen. Zu den Bewirtschaftungskosten gehören die Kosten, die bei der gewöhnlichen Bewirtschaftung nachhaltig entstehen sowie die Betriebskosten, Instandhaltungskosten und das Mietausfallwagnis. Der Reinertrag des Grundstücks ist um den Betrag zu vermindern, der sich durch eine angemessene Verzinsung des Bodenwerts ergibt. Maßgebend dafür ist der Liegenschaftszinssatz nach § 188 BewG, wenn über die Gutachterausschüsse keine individuell ermittelten und richtigen Liegenschaftszinssätze zu erhalten sind. So kommt man zu dem Gebäudereinertrag. Der Gebäudereinertrag ist mit dem sich aus Anlage 21 zu § 185 BewG ergebenden Vervielfältiger zu kapitalisieren. Dieser ergibt sich aus dem Liegenschaftszinssatz (§ 188 BewG) und der Restnutzungsdauer (Nutzungsdauer nach Anlage 22 zu

§ 185 BewG ./. Alter des Gebäudes). Bodenwert und Gebäudeertragswert bilden den Ertragswert des Grundstücks. Sonstige bauliche Anlagen, insbesondere Außenanlagen, sind mit dem Ertragswert des Gebäudes abgegolten.

> **Frage:** Und wie sieht es mit der Bewertung des sonstigen Grundvermögens aus?

Antwort: Alle sonstigen Grundstücke werden nach einem Sachwertverfahren bewertet. Das Sachwertverfahren geht bei der Bewertung des Gebäudes von Regelherstellungskosten aus, wie sie in Anlage 24 zu § 190 BewG vorgegeben sind (Neufassung mit Wirkung vom 01.01.2012, BGBl I 2011, 2592). Die Regelherstellungskosten sind aus den vom Bundesfinanzministerium ermittelten Normalherstellungskosten 2000 hervorgegangen. Von den Regelherstellungskosten ist nach § 190 Abs. 2 S. 1 BewG eine Alterswertminderung abzuziehen, die nach dem Verhältnis des Alters des Gebäudes zu der wirtschaftlichen Gesamtnutzungsdauer nach der Anlage 22 zu § 190 BewG berechnet wird. Sie darf jedoch nicht mehr als 60 % betragen bzw. nach Abzug der Alterswertminderung ist der verbleibende Gebäudewert regelmäßig mit mindestens 40 % anzusetzen (§ 190 Abs. 2 S. 4 BewG). Dem sich so ergebenden Gebäudesachwert ist der Wert des Grund und Bodens hinzuzurechnen. Das ergibt den vorläufigen Sachwert des Grundstückes (§ 189 Abs. 3 S. 1 BewG). Dieser vorläufige Wert ist mit der aus § 191 BewG i.V.m. der Anlage 25 zu § 191 BewG ermittelten Wertzahl zu multiplizieren (§ 189 Abs. 3 S. 2 BewG). So bestimmt sich der für die Erbschaftsteuer maßgebliche Grundbesitzwert.

Nach dem Sachwertverfahren werden auch die Grundstücke bewertet, für die es keine Vergleichswerte (Einfamilienhäuser, Zweifamilienhäuser etc.) und/oder keine übliche Miete gibt (Geschäftsgrundstücke etc.).

Problembereich 5: Besteuerung des Erwerbs von Betriebsvermögen

> **Tipp!** Die Privilegierung des Betriebsvermögens ist ein beliebtes Dauerthema für die mündliche Prüfung. Es ist deshalb zu empfehlen, die Bestimmungen der §§ 12 Abs. 5, 13a, 13b, 19a und 28 ErbStG kurz vor der mündlichen Prüfung nochmals durchzulesen. Diese gelten in der aktuellen Form bis 30.06.2016 und sind damit examensrelevant.

> **Frage:** Welche Vergünstigungen bringt das ErbStRG für den Erwerb von Betriebsvermögen?

Antwort: Das aktuelle ErbStG stellt 85 % des in § 13b Abs. 1 ErbStG genannten Betriebsvermögens steuerfrei (§§ 13b Abs. 4, 13a Abs. 1 ErbStG). Nach § 13a Abs. 8 ErbStG können sogar unter bestimmten Voraussetzungen 100 % steuerfrei bleiben. Als Betriebsvermögen sind nach § 13b Abs. 1 Nr. 1–3 ErbStG land- und forstwirtschaftliche Betriebe (§ 13 Abs. 1 Nr. 1 ErbStG), inländische Betriebe (Gewerbebetriebe, Teilbetriebe und Anteile an Mitunternehmerschaften, § 13b Abs. 1 Nr. 2 ErbStG) und Anteile an Kapitalgesellschaften mit einer Beteiligung von mehr als 25 % (§ 13b Abs. 1 Nr. 3 ErbStG) zu behandeln. Der Kreis der privilegierten Erwerbe ist auf betriebliche Einheiten und auf Anteile an Kapitalgesellschaften erweitert worden, die ihren Sitz in der EG oder im EWR haben. Nach der Poolklausel des § 13b Abs. 1 Nr. 3 S. 2 ErbStG werden Anteile an Kapitalgesellschaften im Blick auf die 25 %-ige Beteiligung zusammen- oder zugerechnet, wenn der Erblasser oder Schenker und die weiteren Gesellschafter über die Anteile infolge einer schuldrechtlichen Vereinbarung nur einheitlich verfügen oder diese ausschließlich auf andere, derselben Verpflichtung unterliegenden, Gesellschafter übertragen können und wenn sie das Stimmrecht gegenüber nicht gebundenen Gesellschaftern nur gemeinschaftlich ausüben dürfen. Nicht begünstigt sind allerdings nach wie vor mittelbare Beteiligungen, selbst wenn die Gesellschafter mittelbar die 25 %-Grenze überschreiten (**Beispiel:** A und B sind jeweils zu 50 % Gesellschafter einer GbR, die ihrerseits Alleingesellschafterin einer GmbH ist).

> **Frage:** Welche Voraussetzungen sind zu erfüllen, damit das Betriebsvermögen privilegiert zu 85 % oder zu 100 % steuerfrei gestellt wird?

Antwort: Grundvoraussetzung für die Begünstigung ist nach § 13b Abs. 2 S. 1 ErbStG, dass das Betriebsvermögen der Betriebe oder der Gesellschaften zu nicht mehr als 50 % aus Verwaltungsvermögen besteht. Verglichen wird das Verwaltungsvermögen mit dem Wert des gesamten Betriebsvermögens, zu dem auch das (unschädliche) Verwaltungsvermögen zählt – vgl. § 13b Abs. 2 S. 4 ErbStG. Was der Gesetzgeber unter Verwaltungsvermögen versteht, regelt ausführlich § 13b Abs. 2 S. 2 ErbStG. Ferner muss der Übernehmer das Unternehmen/den Betrieb fortführen oder nach § 13a Abs. 5 S. 3 ErbStG einen etwaigen Veräußerungserlös reinvestieren. In der damit einhergehenden oder erhofften Beibehaltung und Sicherung der Arbeitsplätze sieht der Gesetzgeber die Rechtfertigung für die umfassende Steuerbefreiung des erworbenen Betriebsvermögens.

Die Frage, ob das begünstigungsfähige Betriebsvermögen zu 85 % oder zu 100 % steuerfrei bleibt, beantwortet § 13a Abs. 1 und Abs. 8 ErbStG. Erreicht die jährliche Lohnsumme in den folgenden fünf Jahren insgesamt 400 % der Ausgangslohnsumme im Zeitpunkt der Betriebs-, Unternehmens- oder Anteilsübernahme, so werden 85 % des begünstigungsfähigen Betriebsvermögens steuerfrei gestellt (85 %iger Verschonungsabschlag nach § 13a Abs. 1 S. 1 ErbStG). Erreicht die jährliche Lohnsumme innerhalb der folgenden sieben Jahre 700 % der Ausgangslohnsumme, so wird das gesamte Betriebsvermögen steuerfrei gestellt (100 %iger Verschonungsabschlag nach § 13a Abs. 8 ErbStG). Nach § 13a Abs. 8 ErbStG darf jedoch in diesem Fall das Verwaltungsvermögen nicht mehr als 10 % ausmachen.

> **Frage:** Was versteht man bei der Besteuerung des Erwerbs von Betriebsvermögen unter der Nachversteuerungsgefahr? Wen kann die Nachversteuerungspflicht treffen?

Antwort: Die Steuerfreistellung nach § 13a Abs. 1 und 8 ErbStG steht unter der Bedingung, dass das übergehende Unternehmen/der übergehende Betrieb auch tatsächlich fünf bzw. sieben Jahre weitergeführt wird. Soweit diese Zeiträume wegen Veräußerung oder Betriebsaufgabe (auch im Insolvenzfall) nicht erreicht werden, fällt insoweit der Verschonungsabschlag i.H.v. 85 % oder 100 % mit Wirkung für die Vergangenheit weg. Gleiches gilt, wenn die „Poolvoraussetzungen" des § 13b Abs. 1 Nr. 3 ErbStG wegfallen. Es kommt in diesen Fällen nach § 13a Abs. 5 S. 2 ErbStG aber nicht zur sog. Fallbeillösung, wie es der Regierungsentwurf zu dem ErbStRG 08 noch vorsah, sondern nur zu einem zeitanteiligen Wegfall der Vergünstigungen.

Die Nachversteuerungspflicht trifft zu aller erst den Erwerber des übergebenen Betriebsvermögens. Bei Schenkungen ist nach § 20 Abs. 1 S. 1 ErbStG grundsätzlich auch der Schenker Steuerschuldner. Deshalb könnte diesen in Anwendung des § 13a Abs. 5 ErbStG nach einer vorweggenommenen Erbfolge noch eine Erbschaftsteuerbelastung treffen. Nach R E 13a.1 Abs. 3 ErbStR soll jedoch eine solche Inanspruchnahme des Schenkers bei Übertragung von Betriebsvermögen grundsätzlich nicht erfolgen.

> **Frage:** Das ErbStG gewährt in § 13a Abs. 2 einen sog. Abzugsbetrag. Können Sie darüber etwas sagen?

Antwort: Die Privilegierung bei kleineren oder mittleren Betriebsvermögen geht über den 85 %igen Verschonungsabschlag des § 13a Abs. 1 ErbStG hinaus. Nach § 13a Abs. 2 ErbStG gewährt der Gesetzgeber für die verbleibenden 15 % (nicht begünstigtes) Betriebsvermögen einen Abzugsbetrag im Sinne eines Freibetrags in Höhe von 150.000 €, der jedoch mit einer 50 %igen Abschmelzung für den diesen Betrag übersteigenden Vermögensanfall belastet ist. Das hat zur Folge, dass ein Abzugsbetrag beim Erwerb eines nicht begünstigten Vermögens in Höhe von 450.000 € gänzlich entfällt. Der Abzugsbetrag entfällt fernerhin, wenn der Erwerber steuerschädlich über das erhaltene Betriebsvermögen verfügt und dabei die Behaltensfristen nicht einhält (R E 13a 12. Abs. 1 S. 5 ErbStR). Die Pro-Rata-Temporis-Regelung in § 13a Abs. 5 S. 2 ErbStG gilt nur für den Verschonungsabschlag nach § 13a Abs. 1 ErbStG.

> **Frage:** Gibt es außer den Begünstigungen nach den §§ 13a, 13b ErbStG noch weitere Bestimmungen, bei denen es um die Privilegierung des Erwerbs von Betriebsvermögen geht?

Antwort: Nach § 19a Abs. 1 ErbStG wird einem steuerpflichtigen Erwerber der Steuerklasse II oder III ein Entlastungsbetrag gewährt, wonach dieser den Erwerb des Betriebsvermögens nach der Steuerklasse I zu versteuern hat. Der Erwerber muss allerdings eine natürliche Person sein.

Nach § 28 Abs. 1 ErbStG kann dem Erwerber von Betriebsvermögen die darauf entfallende Steuer bis zu zehn Jahren gestundet werden, wenn dies zur Erhaltung des Betriebs notwendig ist.

> **Frage:** E ist Gesellschafter der Handels-OHG mit den Gesellschaftern A + B + C + D + E (allesamt natürliche Personen und jeweils zu 20 % an der OHG beteiligt). Der Buchwert seiner Beteiligung beträgt 100.000 €, der Steuerwert 300.000 € und der Verkehrswert 320.000 €. E verstirbt. Er hinterlässt seine Ehefrau und zwei Söhne. Im Gesellschaftsvertrag ist geregelt, dass beim Tode eines Gesellschafters die Gesellschaft unter den verbleibenden Gesellschaftern fortgesetzt wird, wobei den Erben des verstorbenen Gesellschafters kein Abfindungsanspruch zustehen soll. Hat dieser gesellschaftsrechtliche Vorgang erbschaftsteuerliche Folgen? Wie wäre der Fall zu beurteilen, wenn die verbleibenden Gesellschafter an die Erben des E den Buchwert seiner Beteiligung auszuzahlen hätten?

Antwort: Nach § 3 Abs. 1 Nr. 2 S. 2 ErbStG führt dies zu einem Erwerb von Todes wegen bei den verbleibenden Gesellschaftern A, B, C und D. Scheidet E aus der Gesellschaft aus, so wächst sein Anteil nach den §§ 105 Abs. 3 HGB, 738 BGB den Gesellschaftern A, B, C und D zu oder an. Die Gesellschafter A, B, C und D erwerben von dem ausscheidenden E jeweils ein Viertel seiner Beteiligung. Mit dem Tode des E erhöht sich damit deren Anteil an der OHG automatisch von jeweils 20 % auf jeweils 25 %. Diesen Erwerb von Todes wegen haben die Gesellschafter A, B, C und D nach § 3 Abs. 1 Nr. 2 S. 2 ErbStG zu versteuern. Als steuerpflichtiger Erwerb gilt die Differenz zwischen dem steuerlichen Wert des an die verbleibenden Gesellschafter übergehenden Anteils und des an die Erben zu zahlenden Abfindungsbetrags. Nachdem die verbleibenden Gesellschafter an die Erben nichts zu zahlen haben, beträgt der nach § 3 Abs. 1 Nr. 2 S. 2 ErbStG steuerpflichtige Erwerb bei jedem Gesellschafter 75.000 €.

Hätten die verbleibenden Gesellschafter an die Erben den Buchwert von 100.000 € auszuzahlen, so beliefe sich der steuerpflichtige Erwerb der Gesellschafter auf jeweils 50.000 €.

Die verbleibenden Gesellschafter können die Privilegierungen des §§ 13a, 13b ErbStG und des § 19a ErbStG in Anspruch nehmen.

> **Frage:** Gelten diese Grundsätze auch bei der GmbH?

Antwort: Dieser Fall ist in R E 3.4 Abs. 3 ErbStR ausführlich geregelt. Bei der GmbH gibt es keine Anwachsung beim Ausscheiden eines Gesellschafters. Scheidet ein Gesellschafter aus einer GmbH aus, bleibt sein Geschäftsanteil rechtlich verselbständigt. Er muss entweder an einen, an mehrere, an alle verbleibenden Gesellschafter oder an die Gesellschaft übertragen oder von der Gesellschaft eingezogen werden. War der Ausscheidende zu mehr als 25 % beteiligt, ist der Erwerb nach §§ 13a, 13b, 19a ErbStG begünstigt. Ist die Kapitalgesellschaft der Erwerber, kommt nur die Begünstigung nach § 13a ErbStG in Betracht. Wird in einem Ausscheidungsfall ein Anteil nach § 34 GmbHG eingezogen, geht er unter. Die ggf. eintretende Wertsteigerung der Anteile bei den verbleibenden Gesellschaftern gilt bei diesen im Einziehungsfalle als steuerpflichtiger Erwerb, ohne dass die §§ 13a, 19a ErbStG zur Anwendung kommen.

> **Frage:** Wie könnte die Privilegierung von Betriebsvermögen ab dem 01.07.2016 aussehen?

Antwort: Überwiegend wird die Entscheidung des BVerfG vom 17.12.2014 dahingehend gewertet, dass dem Grunde nach die Privilegierungen des Betriebsvermögens nach den §§ 13a, 13b ErbStG verfassungsrechtlich nicht zu beanstanden ist. Es sind nur die „Privilegierungsspitzen" abzubauen. In diese Richtung geht auch der Gesetzensentwurf der Bundesregierung vom 08.07.2015. Danach sollen nach wie vor 85 % des Betriebsvermögens verschont bleiben – mit der Wahlalternative auf eine 100 %ige Verschonung. Bei den kleineren Unternehmen ändern sich die Lohnsummenvorschriften. Während aktuell Betriebe mit bis zu 20 Beschäftigten von der Lohnsummenregelung ausgenommen sind, soll es ab 1.7.2016 bei Unternehmen mit bis zu drei, bis zu 10 und bis zu 15 Beschäftigten Anpassungsregelungen geben, die ab 16 Beschäftigten nicht mehr greifen. Gänzlich neue Bestimmungen sind für die Behandlung des Verwaltungsvermögens geplant. Nach den Vorstellungen der BReg darf nur noch solches Vermögen begünstigt sein, das überwiegend seinem Hauptzweck nach einer gewerblichen, freiberuflichen oder land- und forstwirtschaftlichen Tätigkeit dient. Eine 50 %-Grenze wird es nicht mehr geben. Große Unternehmen (Unternehmenswert mehr als 26 Mio. €) haben die Möglichkeit, sich einer Bedarfsprüfung zu stellen oder ein Verschonungsabschmelzungsmodell zu akzeptieren.

> **Tipp!** Es bleibt abzuwarten, in welche Richtung sich das Gesetzgebungsverfahren bis zum 30.06.2016 entwickelt. Nach den aktuellen politischen Verhältnissen (große Koalition in Berlin) dürfte mit großen Überraschungen und Abweichungen vom RegEntwurf nicht mehr zu rechnen sein (Stand August 2015).

Problembereich 6: Besteuerung des Erwerbs von Grundbesitzwerten

> **Frage:** Wie wird Grundvermögen besteuert und welche Privilegierungen gibt es?

Antwort: § 13 Abs. 3 ErbStG verweist (nur) auf § 151 BewG. Das bedeutet, dass das Grundvermögen zu gemeinen Werten/Verkehrswerten nach § 12 Abs. 3 ErbStG i.V.m. § 9 BewG gesondert festzusetzen und für die Besteuerung nach dem ErbStG anzusetzen ist. Der nach dem Bewertungsgesetz ermittelte Verkehrswert von Mietwohngrundstücken wird für die Besteuerung nach § 13c Abs. 1 ErbStG nur mit 90 % in Ansatz gebracht. Überdies eröffnet § 28 Abs. 3 ErbStG erleichterte Stundungsmöglichkeiten.

> **Frage:** Wie wird der Erwerb von Familienwohnheimen privilegiert?

Antwort: Nach § 13 Abs. 1 Nr. 4a ErbStG wird erstens die unentgeltliche Zuwendung zu Lebzeiten bzw. die Schenkung einer eigengenutzten Wohnung (Familienheim) an den Ehegatten und den Lebenspartner steuerfrei gestellt. Steuerfrei bleibt zweitens nach § 13 Abs. 1 Nr. 4b ErbStG auch der Erwerb eines solchen Familienheims von Todes wegen, wenn der Erblasser die Wohnung vor seinem Tode selbst genutzt hat und der erwerbende Ehegatte oder Lebenspartner die Selbstnutzung fortsetzt. Die Befreiung wird aber in diesem Fall nicht gewährt, wenn der Erwerber das Familienheim an einen Dritten weitergeben muss und sie entfällt rückwirkend in vollem Umfang, wenn der Erwerber innerhalb von zehn Jahren nach dem Erwerb das Familienheim nicht mehr zu Wohnzwecken nutzt (Fallbeileffekt). Drittens stellt der Gesetzgeber auch den Erwerb eines solchen Familienheims von Todes wegen durch Kinder und Kinder verstorbener Kinder des Erblassers steuerfrei (§ 13 Abs. 1 Nr. 4c ErbStG). Auch in diesem Fall ist Voraussetzung der Steuerfreistellung, dass der Erblasser bis zum Erbfall die Wohnung selbst bewohnte und dass sie unmittelbar zur Selbstnutzung beim Erwerber bestimmt ist. Zudem greift die Befreiung nur, soweit die Wohnfläche 200 m² nicht übersteigt. Der oberhalb 200 m² liegende Teil ist steuerpflichtig.

Frage: Die Eheleute M und F wohnen in Essen. Mit notariellem Vertrag vom 26.08.2013 übertrug M seiner Ehefrau im Wege der Schenkung ein mit einer Doppelhaushälfte bebautes Grundstück auf Sylt gegen Einräumung eines unentgeltlichen Wohnrechts.

Antwort: Es fragt sich, ob es sich hierbei um einen nach § 13 Abs. 1 Nr. 4a ErbStG steuerfreien Erwerb eines Familienheims handelt. Dies ist abzulehnen. Der Freibetrag nach § 13 Abs. 1 Nr. 4a ErbStG kann nur gewährt werden für Gebäude, in denen sich der Mittelpunkt des familiären Lebens befindet. Das ist bei Ferien- und Wochenendhäuser nicht der Fall.

Frage: Wird sich die Besteuerung von Grundvermögen nach dem 30.06.2016 verändern?

Antwort: Das BVerfG hat die privilegierte Besteuerung des Grundvermögens in dem Urteil vom 17.12.2014 nicht beanstandet. Außerdem sieht der RegEntwurf vom 8.7.2015 für die Besteuerung von Grundvermögen keine Neuregelungen vor. Nach alledem ist davon auszugehen, dass sich hier auch nichts ändert.

Problembereich 7: Berechnung der Steuer

Frage: Wie wird die Erbschaft- oder Schenkungsteuer konkret berechnet?

Antwort: Zunächst ist die Bereicherung der Erwerbers zu ermitteln. Von diesem Wert wird der nach § 5 ErbStG steuerfreie Betrag abgezogen. Sind Vorerwerbe nach § 14 ErbStG gegeben, müssen diese der Bereicherung hinzugerechnet werden. Dann kommen die sich nach §§ 15, 16 ErbStG ergebenden persönlichen Freibeträge in Abzug und schließlich der Versorgungsfreibetrag nach § 17 ErbStG. Der so errechnete Wert ist nach § 10 Abs. 1 S. 6 ErbStG auf volle 100 € abzurunden. Auf diesen Betrag ist die Erbschaft- und Schenkungsteuer nach dem Tarif bzw. Steuersatz des § 19 Abs. 1 ErbStG zu errechnen.

Frage: Wie wirken sich die Freibeträge im Schema der Steuerberechnung aus?

Antwort: Der „Freibetrag" nach § 5 ErbStG und die Freibeträge nach §§ 16, 17 ErbStG werden von der Bereicherung des Erwerbers abgezogen. Die sachlichen Freibeträge nach § 13 Abs. 1 Nr. 1 bis 3 ErbStG kommen direkt bei der Ermittlung des Steuerwerts der einzelnen zum steuerpflichtigen Erwerb gehörenden Gegenständen zum Tragen (Vermögensanfall nach Steuerwerten – R E 10.1 ErbStR). Gleiches gilt für den Verschonungsabschlag nach §§ 13a Abs. 1 und 13c Abs. 1 ErbStG und für den Abzugsbetrag nach § 13a Abs. 2 ErbStG. Die sonstigen Befreiungen nach § 13 ErbStG sind vom Vermögensanfall nach Steuerwerten (bei Erwerben von Todes wegen nach Abzug der Nachlassverbindlichkeiten) abzuziehen (R E 10.1 Nr. 3 ErbStR).

Problembereich 7: Berechnung der Steuer

> **Frage:** Das ErbStG gewährt einen Freibetrag für Pflegeleistungen, dessen Anwendung ist teilweise umstritten. Können Sie hierzu etwas sagen?

Antwort: Für Pflegeleistungen zugunsten des Schenkers oder des Erblassers wird in § 13 Abs. 1 Nr. 9 ErbStG ein Freibetrag i.H.v. 20.000 € gewährt. Die Finanzverwaltung wendet diesen Freibetrag jedoch nicht an bei Erwerbern, die gesetzlich zur Pflege verpflichtet sind (Ehegatten und Lebenspartner) oder zum Unterhalt (Ehegatten, Lebenspartner und Verwandte gerader Linie). Deshalb kann z.B. einem Kind, das einen Elternteil gepflegt hat, der Freibetrag nicht gewährt werden. Dem Wortlaut des § 13 Abs. 1 Nr. 9 ErbStG ist dies jedoch nicht zu entnehmen.

> **Frage:** Wie werden frühere Erwerbe bei der Berechnung der Steuer berücksichtigt?

Antwort: Das regelt § 14 ErbStG. Danach werden mehrere Erwerbe innerhalb von zehn Jahren zusammengerechnet und eine Steuer auf den Gesamterwerb ermittelt, wobei die Bewertung der Vorerwerbe mit den früheren Werten erfolgt. Von dieser Steuer kann der Betrag abgezogen werden, der als Erbschaft- oder Schenkungsteuer für den früheren Erwerb bezahlt worden ist. Dadurch darf aber nach § 14 Abs. 1 S. 4 ErbStG die Steuer, die sich für den letzten Erwerb ohne Zusammenrechnung mit früheren Erwerben ergibt, nicht unterschritten werden.

> **Frage:** M hatte am Freitag, dem 15.05.2005 seiner Lebensgefährtin LG ein Aktienpaket mit einem Wert i.H.v. 25.000 € geschenkt. M verstirbt am 15.05.2015. LG wird seine testamentarische Alleinerbin. LG ist am Todestag noch im Besitz der Aktien; sie hatten am 15.05.2015 einen Wert i.H.v. 95.000 €.

Antwort: Der Aktienerwerb vom 15.05.2005 könnte gem. § 14 Abs. 1 ErbStG mit dem Erwerb von Todes wegen am 15.05.2015 zusammenzurechnen sein (mit Wert 2005 = 25.000 €). Das ist aber nicht der Fall. Der Tag des Haupterwerbs (Erbfall) in 2015 (15.05.2015) ist nach der Rechtsauffassung des BFH bei der Fristenberechnung mitzuzählen. Es kommen nämlich die §§ 108 Abs. 1 AO, 187 Abs. 2 und 188 Abs. 2 Alt. 2 BGB zur Anwendung. Damit beginnt die Rückwärtsfrist am 15.05.2015 zu laufen und endet bereits am 16.05.2005. Das war zwar ein Samstag. Gleichwohl gibt es keine Fristenstreckung. Die §§ 108 Abs. 3 AO, 193 BGB greifen nicht, vgl. hierzu BFH vom 28.03.2012, DStR 2012, 1067.

> **Frage:** Was ist bei inländischem und ausländischem Erwerb zu beachten? Wie wirkt sich eine im Ausland gezahlte Erbschaftsteuer auf die deutsche Besteuerung aus?

Antwort: Hier gilt § 21 ErbStG. Der ausländische Erwerb bleibt nach deutschem Recht steuerbar, selbst wenn ausländische Erbschaftsteuer bezahlt worden ist. Auf Antrag ist jedoch die festgesetzte und gezahlte ausländische Steuer auf die deutsche Erbschaftsteuer insoweit anzurechnen, als auch das Auslandsvermögen der deutschen Erbschaftsteuer unterliegen würde. Das bedeutet, dass das ausländische Vermögen ein solches sein muss, das unter § 121 BewG fällt. Erwirbt der unbeschränkt Steuerpflichtige ein Bankguthaben (Festgeld) bei einem Kreditinstitut in Barcelona und zahlt er dafür spanische Erbschaftsteuer, kann er diese nicht über § 21 ErbStG geltend machen und nicht von der deutschen Erbschaftsteuer abziehen. Bankguthaben sind in § 121 BewG nicht genannt. Nach Auffassung der Finanzverwaltung kann der Steuerpflichtige die in Spanien gezahlte Erbschaftsteuer wegen § 10 Abs. 8 ErbStG auch nicht als Nachlassverbindlichkeit abziehen. Der EuGH sieht dieses Ergebnis in dem Urteil vom 12.02.2009 (DStR 2009, 373) als gemeinschaftskonform an.

> **Frage:** Wie werden Renten, Nutzungen und Leistungen besteuert?

Antwort: Renten, Nutzungen und Leistungen werden nach dem Kapitalwert besteuert. Gem. § 23 Abs. 1 ErbStG können nach Wahl des Erwerbers die Steuern statt vom Kapitalwert jährlich im Voraus von dem Jahreswert (nach dem Steuersatz für den Gesamterwerb) entrichtet werden. Nach § 23 Abs. 2 ErbStG hat der Erwerber das Recht, die Jahressteuer zum jeweils nächsten Fälligkeitstermin mit ihrem Kapitalwert abzulösen. Bei der Bewertung von Nutzungen ist § 16 BewG zu beachten. Danach ist der Jahreswert von Nutzungen auf den Wert zu begrenzen, der sich ergibt, wenn der für das genutzte Wirtschaftsgut nach den Vorschriften des BewG anzusetzende Wert durch 18,6 geteilt wird. Damit ist sichergestellt, dass der Wert der Nutzung nicht höher ist als das Wirtschaftsgut selbst.

Themenbereich Betriebswirtschaftslehre

Problembereich I: Finanzierung und Investition

Frage: Welche Aufgabe hat die Finanzwirtschaft in einem Unternehmen?

Antwort: Der traditionellen Finanzwirtschaft des Unternehmens obliegen die Aufgaben, die jederzeitige Zahlungsfähigkeit des Unternehmens („finanzielles Gleichgewicht") und die Deckung des Kapitalbedarfs für Investitionen sicherzustellen (alte Sichtweise).

Grundsätzlich besteht auch in der Finanzwirtschaft die übergeordnete Zielvorgabe in der Maximierung des Shareholder Values. Dieses Konzept besagt, dass sich die Unternehmensführung an den Interessen der Eigenkapitalgeber orientieren und somit den Marktwert des Eigenkapitals maximieren soll.

$$V_{EK0} = \sum_{t=0}^{T} \frac{CF_{EKt}}{(1 + i_{EK})^t} \rightarrow Max!$$

Die Finanzwirtschaft hat lediglich einen indirekten Einfluss auf die operativen Cashflows des Unternehmens. Wird hiervon abgesehen, so besteht der primäre Ansatzpunkt der Finanzwirtschaft in der Minimierung der Kapitalkosten des Unternehmens.

V = Shareholder Value
CF = Cash Flow
T = Perioden
I = Zinssatz

Frage: Welche Finanzierungsformen gibt es? Erläutern Sie diese kurz.

Antwort: Zur Finanzierung von Unternehmen steht eine große Anzahl verschiedener Finanzierungsformen zur Verfügung, welche grundsätzlich in Innen- und Außenfinanzierung, sowie in Eigen- und Fremdfinanzierung unterteilt werden. Dabei ist die Innenfinanzierung dadurch gekennzeichnet, dass liquide Mittel durch das operative Geschäft des Unternehmens generiert werden. Dagegen wird dem Unternehmen bei der Außenfinanzierung von externen Investoren Kapital zugeführt.

Außenfinanzierung (externe Finanzierung)

Bei der Außenfinanzierung stellen externe Kapitalgeber dem Unternehmen liquide Mittel zur Verfügung und erhalten im Gegenzug Finanzierungstitel, welche ihre Ansprüche auf Zahlungen in der Zukunft sowie Informations- und Mitwirkungsrechte verbriefen. Finanzierungstitel werden grundlegend differenziert in Eigen- und Fremdkapital.

	Eigenkapital	Fremdkapital
Entlohnung	erfolgsabhängig	erfolgs**un**abhängig
Befristung	unbefristet	befristet
Leitungsbefugnis	vorhanden	nicht vorhanden
Haftung	beschränkt oder unbeschränkt	keine

Innenfinanzierung (interne Finanzierung)

Innenfinanzierung lässt sich allgemein definieren als der Geldmittelzufluss, welcher aus dem betrieblichen Leistungsprozess resultiert. Dabei kann man unterscheiden zwischen der Selbstfinanzierung und der sonstigen Innenfinanzierung.

Selbstfinanzierung

Sind die Einzahlungen einer Periode größer als die Auszahlungen, so spricht man von einem Finanzierungseffekt durch Selbstfinanzierung. Dieser kann weiter unterschieden werden in Finanzierung durch Gewinn-, Abschreibungs- und Rückstellungsgegenwerte.

Finanzierung durch Gewinngegenwerte: Erzielt das Unternehmen einen positiven operativen Cashflow und Gewinn, so kann das Unternehmen seinen Geschäftsbetrieb selbst finanzieren, indem es nur einen Teil der Gewinne als Dividenden an die Aktionäre ausschüttet. Weitere Finanzierungseffekte können sich ergeben, wenn thesaurierte Gewinne steuerlich gegenüber Dividendenzahlungen begünstigt werden.

Gegenüber einer Erhöhung des Eigenkapitals durch die Emission neuer Aktien weist diese Form der Selbstfinanzierung den Vorteil auf, dass keine Transaktionskosten entstehen und die Stimmrechtsverhältnisse am Unternehmen nicht verschoben werden.

Finanzierung durch Abschreibungsgegenwerte: Abschreibungen tragen indirekt zur Finanzierung bei, indem sie als nicht zahlungswirksame Aufwendungen den ausschüttungsfähigen Gewinn reduzieren und damit dazu führen, dass ein Teil der Liquiditätszuflüsse der Periode im Unternehmen verbleibt. Darüber hinaus reduzieren Abschreibungen als Aufwendungen den zu versteuernden Gewinn und damit den Liquiditätsabfluss durch Steuerzahlungen.

In Bezug auf die Finanzierung durch Abschreibungsgegenwerte werden zwei Effekte unterschieden:
1. **Kapitalfreisetzungseffekt:** Wenn das Unternehmen die anteiligen Abschreibungen über den Absatzpreis verdient, trägt der Umsatzprozess zur Freisetzung des im Anlagevermögen gebundenen Kapitals bei.
2. **Kapazitätserweiterungseffekt** (Lohmann-Ruchti-Effekt): Das Unternehmen kann seine gesamte Kapazität erhöhen, wenn es die Abschreibungsgegenwerte auf „alte" Anlagen, die weiterhin im Betrieb bleiben, zur Anschaffung weiterer Anlagen nutzt.

Finanzierung durch Rückstellungsgegenwerte: Zuführungen zu den Rückstellungen stellen ebenfalls Aufwendungen dar und reduzieren damit den ausschüttungsfähigen Gewinn sowie den Liquiditätsabfluss durch Steuerzahlungen. Der Zeithorizont der Finanzierungseffekte aus Rückstellungsgegenwerten variiert mit dem Geschäftsvorfall, welcher der Rückstellungsbildung zugrunde liegt. Während beispielsweise Rückstellungen für Garantien Kapital zumeist nur für einen kurzen Zeitraum an das Unternehmen zuführen, stellen Pensionsrückstellungen eine langfristige Finanzierungsquelle dar.

> **Frage:** Wie erklären Sie sich, dass die Eigenkapitalausstattung deutscher Unternehmen im internationalen Vergleich relativ gering ist?

Antwort: Da die Finanzierung mit Eigenkapital vergleichsweise teuer ist, versuchen Unternehmen diese Kapitalbeschaffungsquelle möglichst nicht wahrzunehmen. Gleichzeitig dominierte in Deutschland über lange Zeit die Finanzierung über „Hausbanken".

> **Frage:** Nennen Sie die wesentlichen Charakteristika einer Stammaktie und grenzen Sie die Vorzugsaktie ab!

Antwort: Die Stammaktie verkörpert die folgenden Rechte:
- Recht auf Gewinnanteile;
- Recht auf Beteiligung am Liquidationserlös;
- Recht auf Rechenschaft und Information;
- Stimmrecht;
- Bezugsrecht.

Problembereich 1: Finanzierung und Investition

Die Vorzugsaktien sind dadurch gekennzeichnet, dass mindestens eines der fünf bezeichneten Rechte ihrem Besitzer **nicht** zusteht. Dafür erfolgt ein Ausgleich durch einen Vorteil in einem anderen Recht, indem die Vorzugsaktionäre z.B. eine höhere Dividende erhalten als die Stammaktionäre.

> **Frage: Stellen Sie Gemeinsamkeiten und Unterschiede von Fremd- und Eigenkapital dar!**

Antwort:
Eigenkapital
- ist haftendes Kapital,
- wird variabel, erfolgsabhängig verzinst,
- steht dem Unternehmen unbefristet zur Verfügung und
- ist mit Mitsprache- und Mitwirkungsrechten verbunden.

Fremdkapitalgeber haben die Stellung von Gläubigern. Fremdkapital
- ist nicht haftendes Kapital,
- wird fest und erfolgsunabhängig verzinst,
- steht dem Unternehmen nur befristet zur Verfügung und
- ist rechtlich nicht mit Mitsprache- und Mitwirkungsrechten verbunden.

Beide gehören zur Außenfinanzierung!

> **Frage: Erläutern Sie den Finanzierungscharakter von Leasing und seine Sonderstellung innerhalb der Finanzierungsarten!**

Antwort: Leasing ist ein Rechtsverhältnis, bei dem eine entgeltliche Gebrauchs- oder Nutzungsüberlassung von Wirtschaftsgütern stattfindet. Beim Leasing ermöglicht ein externer Leasinggeber (Kreditgeber) dem Leasingnehmer (Kreditnehmer) Investitionsobjekte kurz-, mittel- oder langfristig in den Produktionsprozess einzugliedern, ohne dass der Leasingnehmer die Anschaffung sofort aus eigenen Mitteln bezahlen muss. Er wird vielmehr wie ein Kreditnehmer für die Nutzung des Investitionsobjektes mit laufenden Auszahlungen belastet.

Leasing ist deshalb eine Sonderform der Finanzierung, weil im Gegensatz zu den bisher dargestellten Finanzierungsformen beim Leasing der Kapitalbedarf in der Regel
- durch die Zurverfügungstellung von Sachmitteln
- in Form einer zeitlich begrenzten Nutzungsüberlassung

gedeckt wird.

> **Frage: Handelt es sich bei Genussscheinen eher um Eigenkapital oder um Fremdkapital?**

Antwort:
Charakteristika:
- Inhaber ist **rechtlich** gesehen Gläubiger der Gesellschaft. Die dem Unternehmen zur Verfügung gestellten Geldbeträge stellen damit Fremdkapital dar.
- Auf der anderen Seite sind die eingezahlten Beträge **wirtschaftlich und bilanziell** gesehen jedoch Eigenkapital, denn der Genussscheininhaber haftet auch für die Verluste der Gesellschaft.
- Genussscheine sind Vermögensrechte, die jedoch **keine** Stimmrechte verbriefen.
- Die Verzinsung erfolgt zum Teil durch eine feste Verzinsung mittels einer Mindestdividende zuzüglich einer möglichen variablen Verzinsung als Anteil am auszuschüttenden Gewinn.

> **Frage: Welche Vorteile hat Ihrer Meinung nach die Selbstfinanzierung gegenüber der Neuaufnahme von Eigenkapital?**

Antwort: Die Vorteile der Finanzierung durch einbehaltene Gewinne gegenüber der Finanzierung durch neues Beteiligungskapital sind:
- die Vermeidung von Emissionskosten,
- die Aufrechterhaltung der Stimmrechtsverhältnisse und
- die freie Disposition über die Finanzmittel.

> **Frage:** Was versteht man unter hybriden Finanzierungsarten?

Antwort: Unter dem Begriff „Mezzanine-Kapital" wird neuerdings eine Vielzahl verschiedener Finanzierungsinstrumente zusammengefasst. Darunter fallen insbesondere Instrumente wie Genussschein, Wandelanleihen, stille Beteiligungen und Nachrangdarlehen.

Diesen Instrumenten ist gemeinsam, dass sie einen hybriden Charakter aufweisen, der sowohl Merkmale von Eigen- als auch von Fremdkapitaltiteln vereinigt.

> **Frage:** Was versteht man unter Basel II/III?

Antwort: Eine hohe Bedeutung ist Mezzanine-Kapital zuletzt insbesondere aufgrund der Einführung von Basel II und der geringen Eigenkapitalquote des deutschen Mittelstandes zugewiesen worden. Basel II besteht aus insgesamt drei Säulen: In der ersten Säule sind die neuen Regeln zur Eigenkapitalunterlegung von Kreditrisikopositionen von Banken geregelt. Basel II zwingt hier die Banken insbesondere dazu, die Eigenkapitalunterlegung ihrer Kredite vom Kreditrisiko der Schuldner abhängig zu machen (Basel I sah eine risikounabhängige Eigenkapitalunterlegung von 8 % des Kreditbetrages vor). Die zweite Säule beinhaltet den bankenaufsichtsrechtlichen Überprüfungsprozess und zielt insbesondere auf die Stärkung und Überwachung der Risikomanagement-Systeme der Banken. Die dritte Säule schreibt eine verstärkte Offenlegung vor. Dadurch soll die Marktdisziplin, d.h. die Überwachung der Banken durch den Kapitalmarkt, durch verbesserte Informationen für Marktteilnehmer gestärkt werden.

Das Kreditrisiko von Unternehmen wird im Rahmen von Basel II über das Rating gemessen. Sofern ein Unternehmen aufgrund einer geringen Eigenkapitalquote ein geringes Rating hat, erhöhen sich im Rahmen von Basel II die Fremdkapitalkosten, weil die geforderte Eigenkapitalunterlegung steigt. Da auch für Banken Eigenkapital „teurer" als Fremdkapital ist, führt die Erhöhung der Eigenkapitalunterlegung für Kredite an risikoreiche Schuldner zu einer Erhöhung der geforderten Kreditzinsen für diese Unternehmen. Sofern das hohe Ausfallrisiko bzw. das schlechte Rating eines Unternehmens auf eine zu geringe Eigenkapitalausstattung zurückzuführen ist, stellt Mezzanine-Kapital einen Ansatzpunkt zur Erhöhung des Ratings dar. Mezzanine-Kapital wird nämlich beim Rating von Unternehmen teilweise als Eigenkapital gewertet, sodass der Verschuldungsgrad des Unternehmens reduziert wird.

Basel III ist das Reformpaket für Basel II, das die in Anbetracht der globalen Finanz- und Wirtschaftskrise deutlich gewordenen Schwächen der bisherigen Bankenregulierung auffangen soll. Es soll ab 2013 schrittweise in Kraft treten und insbesondere bei der Eigenkapitalbasis (Erhöhung der Qualität, Konsistenz und Transparenz der Eigenkapitalbasis; Verbesserung der Risikodeckung; Einführung einer Verschuldungsgrenze; Stärkung von antizyklischen Puffern; Senkung systemischer Risiken/Reduktion von übermäßiger Vernetzung) und den Liquiditätsvorschriften (Einführung neuer quantitativer Mindeststandards) ansetzen.

> **Frage:** Welche Unterschiede bestehen zwischen der Finanzierung aus Abschreibungen und der Finanzierung durch Rückstellungsgegenwerte?

Antwort: Bei Rückstellungen und Abschreibungen resultiert der Finanzierungseffekt daraus, dass sie nicht auszahlungswirksame Aufwendungen darstellen. Im Gegensatz zu Abschreibungen liegt bei

Rückstellungen allerdings der Zahlungszeitpunkt später als der Verrechnungszeitpunkt für den Aufwand. Außerdem ist im Zusammenhang mit den Rückstellungen nur der Kapitalfreisetzungseffekt zu beobachten, aber kein Kapazitätserweiterungseffekt.

> **Frage: Was versteht man unter Factoring und Forfaitierung?**

Antwort: Unternehmen können Forderungen aus Lieferungen und Leistungen durch Factoring oder Forfaitierung in liquide Mittel transformieren.

Beim Factoring kauft ein spezielles Finanzierungsinstitut dem Unternehmen kurzfristige Forderungen mit einem Abschlag ab und übernimmt zumindest teilweise die Verwaltung des Forderungsbestandes (Mahnwesen, Debitorenbuchhaltung, etc.). Das Risiko des Forderungsausfalls (auch Regress) kann, muss aber nicht beim forderungsverkaufenden Unternehmen bleiben.

Unter Forfaitierung versteht man den Verkauf von Forderungen an im Ausland sitzende Kunden. Dabei übernimmt das ankaufende Unternehmen, der Forfaiteur, in jedem Fall das Ausfallrisiko (Forfaitierung = Verkauf ohne Regress). Zudem unterscheidet sich die Forfaitierung vom Factoring dadurch, dass auch mittel- bis langfristige Forderungen genutzt werden und nicht zwingend ein Pool aus einer Vielzahl von Forderungen erforderlich ist.

> **Frage: Was versteht man unter Asset Backed Securities?**

Antwort: Im Fall der oben genannten Finanzierungsmöglichkeiten (Factoring und Forfaitierung) wird auf die Fähigkeiten und Ressourcen von spezialisierten Finanzinstitutionen zurückgegriffen. Für Unternehmen einer gewissen Größe ist es jedoch möglich, diese Bindung zu umgehen und sich mittels spezieller Finanzierungsvehikel direkt am Kapitalmarkt zu finanzieren.

Dieser Weg wird bei der Verbriefung von Aktiva mittels Asset-Backed-Securities (ABS) eingeschlagen. In Deutschland kam es bislang hauptsächlich zur Verbriefung von Handels-, Leasing-, Hypothekar- und Kreditforderungen. Im Hinblick auf die bessere Vergleichbarkeit zu Factoring und Forfaitierung wird zunächst primär auf die Verbriefung von Handelsforderungen eingegangen.

Bei einer Verbriefung verkauft ein Unternehmen (Originator) Aktiva an eine eigens für die Transaktion gegründete Zweckgesellschaft (Special Purpose Vehicle, kurz SPV). Diese wiederum finanziert den Ankauf über die Emission von Wertpapieren am Kapitalmarkt. Besichert werden diese Wertpapiere mit den zugrunde liegenden Aktiva. Hierzu eignen sich generell alle Vermögenspositionen, deren Cashflows gut prognostizierbar sind, die rechtlich übertragbar, weitgehend homogen und aus dem Gesamtportfolio des Originators auslösbar sind.

Zudem müssen die zu verkaufenden Forderungen über eine Vielzahl von Einzelschuldnern hinreichend diversifiziert sein, man spricht hierbei von hinreichend „granularen" Portfolios.

Um genügend viele Investoren anzusprechen, teilt man das Forderungsportfolio oft in Tranchen ein. Jede Tranche unterscheidet sich dabei unter anderem in Laufzeit, Ausfallrisiko, sowie Preisvolatilität und zieht somit andere Investoren an.

> **Frage: Was versteht man unter Derivaten? Zu welchen Zwecken lassen sie sich einsetzen?**

Antwort: Ein derivatives Finanzinstrument ist ein Finanztitel, der von einem anderen Finanztitel (Basistitel oder „underlying") abgeleitet ist.

Derivate lassen sich zu drei Zwecken einsetzen: zur **Risikobegrenzung** (Hedging), zur **Spekulation** (d.h. dem gezielten Aufbau von Risikopositionen) und zur **Arbitrage** (d.h. dem Ausnutzen von Preisdifferenzen für gleiche Positionen durch simultane Kauf- und Verkaufstransaktionen).

> **Frage: Was verstehen Sie unter einem Cash-flow?**

Antwort: Der Cash-flow ist jener Teil der einzahlungswirksamen Umsatzerlöse, dem keine auszahlungswirksamen Aufwendungen gegenüberstehen. Dies sind also jene Erlösbestandteile, die dem Unternehmen als Innenfinanzierungsmittel
- für Investitionen,
- zur Schuldentilgung,
- für Dividendenzahlungen oder
- zur Aufrechterhaltung der für den Geschäftsbetrieb erforderlichen Liquidität

zur Verfügung stehen.

Allgemein lässt sich der Cash-flow bzw. Brutto Cash-flow entweder direkt oder indirekt (auch retrograd) ermitteln:

Direkte Methode:

	Erfolgswirksame Einzahlungen eines Geschäftsjahres
./.	Erfolgswirksame Auszahlungen eines Geschäftsjahres
=	**Cash-flow (Brutto Cash-flow)**

Indirekte/retrograde Methode:

	Jahresüberschuss (Jahresfehlbetrag)
+	Auszahlungsunwirksame Aufwendungen eines Geschäftsjahres
./.	Einzahlungsunwirksame Erträge eines Geschäftsjahres
=	**Cash-flow (Brutto Cash-flow)**

> **Frage:** Was ist eine Investition bzw. was sind Kriterien für eine Investitionsentscheidung?

Antwort: Unter einer Investition wird die Mittelbindung eines Unternehmens im weitesten Sinne verstanden.

Geht man der Frage nach, was Investition bedeutet, so stößt man auf verschiedene Ausgestaltungen des Investitionsbegriffs.

Eine Investition stellt eine Entscheidung über die Beschaffung von Wirtschaftsgütern dar, z.B. den Kauf einer Maschine. Investitionsentscheidungen schlagen sich in der Bilanz auf der Aktivseite nieder, die somit die Mittelverwendung von Unternehmen widerspiegelt.

Konsequenzen von Investitionsentscheidungen reichen im Allgemeinen über einen längeren Zeitraum bis weit in die Zukunft. Ihre Abbildung durch die Bilanz ist aufgrund der Periodenzurechnungen mit erheblichen Verzerrungen verbunden. Dies führt dazu, dass die moderne Investitionstheorie den klassischen, bilanzorientierten Investitionsbegriff ablehnt.

Stattdessen werden Zahlungen verwendet, indem man die in jeder Periode während der Nutzungsdauer bzw. Laufzeit angefallenen Ein- und Auszahlungen den Investitionsobjekten zuordnet. Denn um z.B. entscheiden zu können, ob im nächsten Geschäftsjahr eine Investition durchgeführt werden kann, ist nicht der Jahresüberschuss entscheidend, sondern der Betrag an liquiden Mitteln, der dazu im Unternehmen zur Verfügung steht.

Demnach lassen sich Investitionen ausschließlich durch Zahlungsreihen abbilden. Ausgangspunkt sind die mit dem Investitionsobjekt verbundenen Ein- und Auszahlungen.

Die Erfassung dieser Zahlungen erfolgt so, dass eine Einteilung der geplanten Laufzeit der Investition in Perioden (t) vorgenommen wird. Eine Periode entspricht in der Regel einem Jahr, sie kann aber auch einen Zeitraum von einem halben Jahr oder einem Monat umfassen. Der Einfachheit halber bezieht man alle während einer Periode t anfallenden Zahlungen auf das Ende der Periode.

Problembereich 1: Finanzierung und Investition

Frage: Welche Investitionsarten kennen Sie?

Antwort: Hier soll lediglich eine Differenzierung
- nach der Art des Vermögensgegenstandes und
- dem Investitionsanlass

erfolgen.

Übersicht über die Investitionsarten	
Vermögensgegenstand	**Investitionsanlass**
Sachanlageinvestitionen	Errichtungsinvestitionen
Grundstücke und Gebäude	Betriebsgründung
Technische Anlagen	Errichtung einer Niederlassung
Betriebsausstattung	Laufende Investitionen
Vorräte	Ersatzinvestitionen
Finanzanlageinvestitionen	Großreparaturen
Beteiligungen	Ergänzungsinvestitionen
Wertpapiere	Erweiterungsinvestitionen
Forderungen	Sicherungsinvestitionen
Immaterielle Investitionen	Rationalisierungsinvestitionen
Patente und Lizenzen	Umstellungsinvestitionen
Forschung und Entwicklung	Diversifikationen
Aus- und Weiterbildung	
Werbung	

Frage: Was versteht man unter statischen Investitionsentscheidungen?

Antwort: Wenn in einem Unternehmen Investitionsentscheidungen getroffen werden sollen, ist eine Beurteilung der zur Auswahl stehenden Investitionsobjekte vorzunehmen.

Soll beispielsweise ein Tischkopierer angeschafft werden, so erfolgt aus Kostengründen lediglich die Anwendung der Verfahren der statischen Investitionsrechnung. Dazu wird zur Vereinfachung die Rentabilitätsmaximierung als Zielsetzung herangezogen. Ausgehend vom klassischen, bilanzorientierten Investitionsbegriff lassen sich demnach Investitionsmöglichkeiten durch die periodisierten Stromgrößen der Gewinn- und Verlustrechnung abbilden. Um allerdings auch kalkulatorische Bestandteile erfassen zu können, werden nicht Aufwendungen und Erträge, sondern Kosten und Leistungen zur Bewertung von Investitionen herangezogen.

Auf dieser Grundidee aufbauend haben sich in der Praxis **vier Verfahren der statischen Investitionsrechnung** herausgebildet:
- Kostenvergleichsrechnung,
- Gewinnvergleichsrechnung,
- Rentabilitätsvergleichsrechnung,
- Amortisationsvergleichsrechnung.

Die statischen Verfahren sind durch einige gemeinsame Eigenschaften gekennzeichnet:
- Bei der Beurteilung von Investitionen bleibt die zeitliche Struktur der in die Betrachtung eingehenden Wertgrößen unberücksichtigt, stattdessen verwendet man durchschnittliche Erfolgsgrößen.
- Die Orientierung an Durchschnittsgrößen erfolgt durch die Betrachtung nur einer Periode (z.B. stellt eine Periode ein Jahr dar), indem man eine repräsentative Periode als fiktive Durchschnittsperiode wählt.
- Die statischen Verfahren arbeiten mit Kosten und Leistungen statt mit Einzahlungen und Auszahlungen, da diese periodisierte Größen sind, die man auf eine Periode (Durchschnittsperiode) beziehen kann.

Mittels der statischen Verfahren lassen sich nur Investitionsobjekte, aber nicht vollständige Handlungsalternativen miteinander vergleichen, da bei einem differierenden Kapitaleinsatz und/oder einer abweichenden Nutzungsdauer keine Aussage darüber getroffen wird, wie mit dem Differenzbetrag zu verfahren ist.

> **Frage: Was versteht man unter dynamischen Investitionsentscheidungen?**

Antwort: Im Zusammenhang mit der dynamischen Betrachtungsweise geht man davon aus, dass die finanziellen Konsequenzen einer durchgeführten Investition nicht nur für eine Periode Gültigkeit besitzen, sondern für einen längeren in der Zukunft liegenden Zeitraum. Aus diesem Grund ist eine Durchschnittsbildung, also die Verwendung von durchschnittlichen Erfolgsgrößen, nicht sinnvoll.

Weil weiterhin den Investor interessiert, welche finanziellen Mittel ihm in welcher Periode für weitere Investitionen zur Verfügung stehen, werden keine periodisierten Erfolgsgrößen, sondern Zahlungsgrößen verwendet.

Denn nicht die Gewinne, sondern die Cash-flows oder der Überschuss der Einzahlungen über die Auszahlungen einer bestehenden Investition ($BEZÜ_t$) lassen sich vom Unternehmen als Zahlungsmittelbestand für neue Investitionen heranziehen. Außerdem ist der Zinseffekt zu berücksichtigen, da dieser Effekt dazu führt, dass der Geldzufluss in der Gegenwart mehr wert ist als der Geldzufluss in der Zukunft.

Die dynamische Investitionsrechnung beurteilt deshalb Investitionen auf der Grundlage von Zahlungsreihen nach dem Barwert-Konzept. Die darauf aufbauenden wichtigsten Verfahren sind:
1. Die Kapitalwertmethode,
2. die Annuitätenmethode,
3. die Interne Zinsfußmethode und
4. die dynamische Amortisationsrechnung.

Ausgangspunkt für die dynamische Investitionsrechnung ist die Abbildung von ökonomischen Vorgängen mittels Ein- und Auszahlungen.

Die Erfassung dieser Zahlungen erfolgt im Rahmen des Barwert-Konzeptes. Der Barwert einer Zahlungsreihe in t_0 (B_0) kommt dadurch zustande, dass alle Zahlungen auf t_0 abgezinst und diese umgerechneten Zahlungen zu einer Summe addiert werden. Stellen die Zahlungen Einzahlungen dar, spricht man vom Barwert der Einzahlungen, anderenfalls vom Barwert der Auszahlungen.

Ist e der Kalkulationszinsfuß (KZF), den der Investor für eine alternative Verwendung seiner Eigenmittel am Kapitalmarkt erhalten würde, erfolgt mit e die Abzinsung der betrachteten Zahlungen. Die Abzinsung wird für alle Zahlungen über den betrachteten Zeitraum (T) vorgenommen. So gilt für den Barwert der Einzahlungen (E_t) im Bezugszeitpunkt t_0:

$$B_0 = \sum_{t=0}^{T} \frac{E_t}{(1 + e)^t}$$

Beispiel: Max Moneymakers Onkel, der Millionär Dagobert Duckato, will als Vorauszahlung auf das Erbe seines Neffen diesem in den nächsten 3 Jahren zu Silvester zunächst 1.000 €, dann 2.000 € und zuletzt 3.000 € ausbezahlen, die Max genauso wie sein Onkel auf dem Kapitalmarkt zu 8 % anlegen könnte.

Die Zahlungsreihe der Einzahlungen ergibt sich wie folgt (in €):

	t0	t1	t2	t3
Et	–	+ 1.000	+ 2.000	+ 3.000

Der zu errechnende Barwert im Zeitpunkt t0 ist nichts anderes als der sofort fällige Betrag, den Onkel Dagobert seinem Neffen in t0 anbieten könnte, ohne sich schlechter zu stellen als bei seinem Angebot der Zahlung an Max in den nächsten 3 Jahren:

$$B_0 = \frac{1.000}{1,08^1} + \frac{2.000}{1,08^2} + \frac{3.000}{1,08^3} = 5.022,10 \text{ €}$$

Damit stellt der Barwert der Zahlungsreihe in Höhe von 5.022,10 € das Äquivalent der Zahlungsreihe im Zeitpunkt t0 dar. Der **Barwert** kann also auch **als der Marktpreis der Zahlungsreihe** am Kapitalmarkt mit einer Verzinsung von 8 % im Zeitpunkt t0 bezeichnet werden: Kein Marktteilnehmer würde einen höheren Betrag für den Kauf dieser Zahlungsreihe bezahlen und kein Verkäufer wäre bereit, einen geringeren Betrag für den Verkauf zu akzeptieren.

Problembereich 2: Kosten- und Leistungsrechnung

> **Frage:** Was wird als zentrale Aufgabe des Rechnungswesens angesehen?

Antwort: Zentrale Aufgabe des **betrieblichen Rechnungswesens** ist die systematische, regelmäßig oder fallweise durchgeführte
- Erfassung,
- Aufbereitung,
- Auswertung und
- Übermittlung

der das Betriebsgeschehen betreffenden quantitativen Daten (Mengen- und Wertgrößen).
Diese sollen für
- Planungs-,
- Steuerungs- und
- Kontrollzwecke

innerhalb des Betriebes sowie zur Information und Beeinflussung von Außenstehenden (z.B. Eigenkapitalgebern, Gläubigern, Gewerkschaften, Kommunen) verwendet werden.

Üblicherweise unterscheidet man dabei zwischen intern und extern ausgerichteten Teilbereichen des betrieblichen Rechnungswesens.

> **Frage:** Differenzieren Sie das externe und das interne Rechnungswesen.

Antwort: Das **externe Rechnungswesen** bildet die Vorgänge finanzieller Art ab, die zwischen dem Unternehmen und seiner Umwelt entstehen. Dabei handelt es sich hauptsächlich um Einkaufs- und Absatzvorgänge des Unternehmens einschließlich der damit verbundenen Geldzu- und -abflüsse (leistungswirtschaftliche Seite) sowie um die lediglich finanzwirtschaftlich bedingten Zahlungsströme (finanzwirtschaftliche Seite).

Dagegen besteht die Hauptaufgabe des **internen Rechnungswesens** darin, den Verzehr von Produktionsfaktoren und die damit verbundene Entstehung von Leistungen mengen- und wertmäßig zu erfassen und die Wirtschaftlichkeit der Leistungserstellung zu überwachen.

Im Folgenden sollen die wichtigsten **Unterschiede zwischen internem und externem Rechnungswesen** kurz in Abbildung 1 gegenübergestellt werden.

Kriterium	Externes Rechnungswesen	Internes Rechnungswesen
Adressaten	Kapitalgeber (EK und FK), Fiskus, Arbeitnehmer(-vertreter), regionale Institutionen, Kommunen, Unternehmensleitung	Unternehmensleitung, Unternehmensbereiche, Unternehmensangehörige auf verschiedenen Ebenen
Informationsgegenstand	Erfassen von Vorgängen finanzieller Art zwischen dem Unternehmen und seiner Umwelt	Abbilden des Verzehrs von Produktionsfaktoren und der Entstehung von Leistungen
Rechnungsziel	vergangenheitsorientierte Dokumentation und Rechenschaftslegung	Abbildung (Dokumentation), Planung, Steuerung und Kontrolle des Betriebsgeschehens
Reglementierung	umfangreiche handels- und steuerrechtliche Regeln, handels- und steuerrechtliche Aspekte	kaum gesetzliche Vorschriften, Zweckorientierung, BWL-Aspekte
Erfassungsbereich	gesamtes wirtschaftliches Unternehmensgeschehen	Beschränkung auf den Betrieb
Zeithorizont	i.d.R. jährlich	kürzere Perioden
Rechnungstyp	pagatorische Kosten	kalkulatorische Kosten
Bezugsgrößen	Perioden und Zeitpunkte (GuV) (Bilanz)	Perioden und Produkte
Wertansatz	realisierte bzw. künftige Erträge und Aufwendungen	rechnungs- und entscheidungszielabhängige Größen
Zeitbezug	ex-post Rechnung	ex-ante und ex-post Rechnung

Frage: Definieren Sie die Begriffspaare: Auszahlung/Einzahlungen, Ausgaben/Einnahmen, Aufwand/Ertrag, Kosten/Leistung

Antwort:

Begriffspaar der Stromgrößen	Zugehörige Bestandsrechnung	Gebiet des Rechnungswesens
Einzahlungen/ Auszahlungen	Geldbestandsrechnung (Zahlungsmittel)	Liquiditätsrechnung
Einnahmen/Ausgaben	Geld-, Forderungs- und Kreditbestandsrechnung (Geldvermögen)	Finanzierungsrechnung
Ertrag/Aufwand	Vermögens- und Kapitalrechnung (Gesamtvermögen)	Jahresabschlussrechnung (Bilanz und GuV)

Problembereich 2: Kosten- und Leistungsrechnung

Begriffspaar der Stromgrößen	Zugehörige Bestandsrechnung	Gebiet des Rechnungswesens
Leistungen/Kosten	kalkulatorische Vermögens- und Kapitalrechnung (betriebsnotwendiges Vermögen)	Kosten- und Leistungsrechnung/ Betriebsergebnisrechnung

Definitionen der Grundbegriffe:

Auszahlung	Effektiver Abfluss von Geldmitteln als Verminderung des Bar- oder Buchgeldbestandes.
Einzahlung	Effektiver Zufluss von Geldmitteln als Erhöhung des Bar- oder Buchgeldbestandes.
Ausgabe	Wert aller Wirtschaftsgüter, die einem Unternehmen in einer Periode zugegangen sind, unabhängig davon, ob die Auszahlungen hierfür bereits in einer Vorperiode angefallen sind oder erst in einer Folgeperiode anfallen werden (periodisierte Auszahlungen).
Einnahme	Wert aller Wirtschaftsgüter, die von einem Unternehmen in einer Periode abgegeben wurden, unabhängig davon, ob die Einzahlungen hierfür bereits in einer Vorperiode eingegangen sind oder erst in einer Folgeperiode eingehen (periodisierte Einzahlungen).
Aufwand	Werteverzehr einer bestimmten Abrechnungsperiode, der in der Finanz- und Geschäftsbuchhaltung erfasst und am Jahresende in der GuV ausgewiesen wird (periodisierte, erfolgswirksame Ausgaben).
Ertrag	Wertezuwachs einer bestimmten Abrechnungsperiode, der in der Finanz- und Geschäftsbuchhaltung erfasst und am Jahresende in der GuV ausgewiesen wird (periodisierte, erfolgswirksame Einnahmen).
Kosten	Bewerteter, durch die Leistungserstellung bedingter Güter- oder Dienstleistungsverzehr einer Periode (betrieblicher, periodenbezogener, ordentlicher Aufwand).
Leistung	Wert der in einer Periode erstellten betrieblichen Güter und Dienstleistungen (betrieblicher, periodenbezogener, ordentlicher Ertrag).

Frage: Wie grenzt man Aufwand und Kosten voneinander ab?

Antwort: Insbesondere die Abgrenzung von Aufwand und Kosten bereitet immer wieder Schwierigkeiten:

	Gesamter Aufwand		
Neutraler Aufwand	Zweckaufwand		
	als Kosten verrechneter Zweckaufwand	nicht als Kosten verrechneter Zweckaufwand	
	Grundkosten	Anderskosten	Zusatzkosten
		Kalkulatorische Kosten	
	Gesamte Kosten		

Als **Zweckaufwand** wird der Teil des Aufwands bezeichnet, der betriebsbedingt in der Periode anfällt (betriebs- und periodenbezogen) und im Rahmen der üblichen Tätigkeit zu erwarten ist (ordentlich) (z.B. Materialverbrauch, Fertigungslohn). Der Teil des Zweckaufwandes, der betragsgleich als Kosten verrechnet wird, repräsentiert die **Grundkosten**. Vom Zweckaufwand zu unterscheiden ist der **neutrale Aufwand**, der aus folgenden Arten von Aufwand bestehen kann:

- **Betriebsfremder Aufwand**: dient nicht dem Erreichen des betrieblichen Hauptzwecks (z.B. Spenden, Aufwand für betriebliche Sportanlagen etc.);
- **Periodenfremder Aufwand**: wird in einer anderen Periode als der Güterverzehr erfolgswirksam erfasst und bewirkt somit keine Kosten (z.B. Steuernachbelastungen);
- **Außerordentlicher Aufwand**: steht zwar im Zusammenhang mit dem Betriebszweck, würde aber wegen des unvorhersehbaren Eintritts (z.B. Gebäudereparaturen) oder der außerordentlichen Höhe (z.B. Feuerschäden) bei einer Erfassung die Aussagefähigkeit der Kosten- und Leistungsrechnung beeinträchtigen.

Unter **kalkulatorischen Kosten** versteht man Kosten, denen entweder überhaupt kein Aufwand **(Zusatzkosten)** oder Aufwand in einer anderen Höhe **(Anderskosten)** gegenübersteht.

Über das Rechnen mit **Zusatzkosten** wird versucht, die eigene Kostensituation mit derjenigen verwandter Betriebe vergleichbar zu machen. Dabei werden Opportunitätskosten berücksichtigt, die den Nutzen widerspiegeln sollen, der dem Unternehmen dadurch entgeht, dass die eingesetzten Produktionsfaktoren durch ihren Einsatz im Unternehmen von einer anderweitigen Verwendung ausgeschlossen sind. Beispiele für Zusatzkosten sind:

- **Kalkulatorischer Unternehmerlohn** (Entgelte für die Mitarbeit des Inhabers bei Personengesellschaften und Einzelunternehmen, die dafür keinen Aufwand geltend machen können);
- **Kalkulatorische Eigenkapitalzinsen** (Zinsen für das in der Unternehmung eingesetzte Eigenkapital, für das keine verpflichtenden Zinszahlungen zu leisten sind);
- **Kalkulatorische Miete** (Mietwert der betrieblich genutzten Räume, die dem Unternehmen gehören und für die daher keine Miete zu zahlen ist).

Anderskosten ergeben sich aufgrund einer abweichenden Bewertung des Güterverbrauchs in der pagatorischen und der kalkulatorischen Rechnung. Beispiele für Anderskosten sind:

- **Kalkulatorische Abschreibungen** (in der Kostenrechnung auf Basis von Wiederbeschaffungswerten, in der Gewinn- und Verlustrechnung auf Basis von Anschaffungskosten);
- **Kalkulatorische Zinsen** (tatsächlich gezahlte Fremdkapitalzinsen in der Gewinn- und Verlustrechnung/Fremdkapitalzinsen, Zinsen auf Basis eines kalkulatorischen Zinssatzes auf das durchschnittlich gebundene Kapital in der Kostenrechnung);

- **Kalkulatorische Wagnisse** (Wert der eingetretenen Wagnisse in der Gewinn- und Verlustrechnung/geglättete Durchschnittswerte in der Kostenrechnung).

> **Frage: Welche Aufgaben hat die Kostenartenrechnung?**

Antwort: Die Kostenartenrechnung hat die Aufgabe, sämtliche für die Erstellung und Verwertung betrieblicher Leistungen innerhalb einer Periode anfallenden Kosten vollständig, eindeutig und überschneidungsfrei nach einzelnen Kostenarten gegliedert zu erfassen und auszuweisen. Die Kostenartenrechnung ist aber nicht nur Datenlieferant der Kostenstellen- und Kostenträgerrechnung, sondern verfolgt auch eigenständige Rechnungszwecke. Sie kann den Ausgangspunkt für unmittelbar kostenartenbezogene Planungen, Kontrollen und Analysen bilden. So lassen sich z.B. aus einem Kostenarten-Zeitvergleich und der Beobachtung der Kostenartenstruktur im Zeitablauf aufschlussreiche Erkenntnisse gewinnen.

> **Frage: Welche Aufgabe hat die Kostenstellenrechnung?**

Antwort: Kostenstellen sind nach bestimmten Kriterien voneinander abgegrenzte Teilbereiche eines Unternehmens, für die die von ihnen jeweils verursachten Kosten erfasst und ausgewiesen, gegebenenfalls auch geplant und kontrolliert werden.

Der Kostenstellenrechnung fallen folgende **Aufgaben** zu:
1. Kostenstellenbezogene Kontrolle der Wirtschaftlichkeit,
2. Ermittlung der für die Kalkulation benötigten Zuschlags- und/oder Verrechnungssätze (Vorbereitung der Kostenträgerrechnung),
3. Überwachung der Einhaltung von Kostenbudgets durch die einzelnen Kostenstellen und Abstimmung mit den kostenstellenbezogenen Kostenplänen.

Besteht der alleinige Rechnungszweck der aufgebauten Kosten- und Leistungsrechnung in einer Kostenträgerkalkulation, so werden nur die (Kostenträger-)Gemeinkosten in der Kostenstellenrechnung verrechnet. Wird jedoch auch eine Kontrolle der Kostenstellen angestrebt, so müssen sämtliche Kosten, die durch die Kostenstelle beeinflusst werden, also auch die (Kostenträger-)Gemeinkosten (z.B. Fertigungslohn) in der Kostenstellenrechnung berücksichtigt werden.

> **Frage: Welche Aufgaben hat die Kostenträgerrechnung?**

Antwort: Neben der stück- oder periodenbezogenen Erfolgsermittlung stellt die Kostenträgerrechnung vor allem Informationen zur Verfügung
- für die **Preispolitik:** Ermittlung der Selbstkosten, Bestimmung von Preisuntergrenzen etc.,
- für die **Programmpolitik:** Ermittlung von Stückdeckungsbeiträgen, engpassbezogenen Deckungsbeiträgen,
- für die **Beschaffungspolitik:** Ermittlung von Preisobergrenzen für den Einkauf, Eigenfertigung oder Fremdbezug etc.,
- zur **Bewertung** der Bestände an Halb- und Fertigfabrikaten sowie selbsterstellter Anlagen und
- zur Ermittlung interner **Verrechnungspreise**.

> **Frage: Was versteht man unter der Äquivalenzziffernkalkulation?**

Antwort: Die Äquivalenzziffernkalkulation ist anwendbar, wenn die Kostenbelastungen, die durch verschiedene Kostenträger verursacht werden, in einer **proportionalen Beziehung** zueinanderstehen. Das Verhältnis der Kostenbelastungen der verschiedenen Kostenträger wird durch Äquivalenzziffern ausgedrückt. Die Anwendbarkeit beschränkt sich daher auf Betriebe, die **eng verwandte Produkte** mit weithin übereinstimmenden Fertigungsprozessen herstellen (z.B. Sortenfertigung in Brauereien, Blechwalzwerken).

Auch bei der Äquivalenzziffernkalkulation wird – wie bei der Divisionskalkulation – **nicht zwischen Einzel- und Gemeinkosten getrennt**, sodass sich eine separate Kostenstellenrechnung für die Kalkulation ebenfalls erübrigt. Die Selbstkosten je Kalkulationsobjekt (SK) lassen sich dadurch ermitteln, indem die während einer Periode angefallenen Gesamtkosten durch entsprechende Verhältniszahlen bzw. Äquivalenzziffern verteilt werden.

Dabei geht man davon aus, dass bei der Sortenfertigung die Kosten der einzelnen Produktsorten in einem bestimmten Verhältnis zueinander stehen. Dieses Verhältnis wird durch die entsprechende Äquivalenzziffer ausgedrückt. In der Praxis wird bei der Äquivalenzziffernkalkulation eine Produktsorte als Basis bestimmt, die die Äquivalenzziffer 1 erhält und die Äquivalenzziffern der anderen Produktsorten daran ausgerichtet.

Frage: Was versteht man unter dem Gesamtkostenverfahren?

Antwort: Beim Gesamtkostenverfahren werden die **Gesamtkosten** der Periode den **Gesamtleistungen**, die in dieser Periode entstanden sind, gegenübergestellt. Die Gesamtkosten sind nach Kostenarten gegliedert, wohingegen die Umsatzerlöse nach Produktarten aufgeschlüsselt werden.

Außerdem sind Lagerbestandsveränderungen zu Herstellkosten zu berücksichtigen, da in den seltensten Fällen die Absatzmengen den Produktionsmengen entsprechen. **Bestandsmehrungen** erhöhen den Periodenerfolg um die Herstellkosten, welche auf die nicht abgesetzten Produkte entfallen. **Bestandsminderungen** vermindern den Periodenerfolg um die Herstellkosten, welche auf die in der Vorperiode erstellten und in der Abrechnungsperiode abgesetzten Produkte entfallen. Es gehen also beim Gesamtkostenverfahren nicht nur die Kosten in die Erfolgsrechnung ein, die in der betreffenden Periode entstanden sind.

Bei einer Darstellung in Kontenform hat das Betriebsergebniskonto folgendes Aussehen:

Soll	Haben
Gesamtkosten (Selbstkosten) der Periode nach Kostenarten gegliedert	Umsatzerlöse der Periode nach Produktarten gegliedert
Lagerbestandsverringerungen ($x_a > x_p$) zu Herstellkosten	Lagerbestandserhöhungen ($x_a < x_p$) zu Herstellkosten
Betriebsgewinn	**Betriebsverlust**

Frage: Was versteht man unter dem Umsatzkostenverfahren?

Antwort: Das Betriebsergebnis wird beim Umsatzkostenverfahren durch die Gegenüberstellung der Selbstkosten der in einer Periode abgesetzten Produkte mit den entsprechenden Umsatzerlösen der Periode ermittelt.

Dadurch wird eine Berücksichtigung von Lagerbestandsveränderungen überflüssig. Im Gegensatz zum Gesamtkostenverfahren sind sowohl die Selbstkosten als auch die Umsatzerlöse nach Produktarten gegliedert. Dadurch ist für die Anwendung des Umsatzkostenverfahrens eine gut ausgebaute Kostenstellen- und Kostenträgerrechnung notwendig.

Das Betriebsergebniskonto ist damit wie folgt aufgebaut:

Soll	Haben
Selbstkosten der in der Periode abgesetzten Produkte nach Produktarten gegliedert	Umsatzerlöse der Periode nach Produktarten gegliedert
Betriebsgewinn	**Betriebsverlust**

Frage: Worin unterscheiden sich Ist-, Normal- und Plankostenrechnung?

Antwort: Nach dem Kriterium des „**Zeitlichen Bezugs der Kosten**" unterscheidet man Ist-, Normal- und Plankostenrechnungen.

Die **Istkostenrechnung** hat die Ermittlung der effektiv angefallenen Kosten im Rahmen einer Nachrechnung zum Gegenstand. Auf Grund der ausschließlichen Orientierung an Istgrößen der Vergangenheit erweist sich die Istkostenrechnung insbesondere für die Planung und Steuerung als ungeeignet.

Auch die **Normalkostenrechnung** orientiert sich an realisierten Werten. Im Vergleich zur Istkostenrechnung werden aber durchschnittliche oder bereinigte Normalkostensätze verwendet, die sich aus vergangenen Istwerten ableiten. Die Mängel der Istkostenrechnung bleiben damit erhalten.

Dagegen arbeitet die **Plankostenrechnung** als Vorrechnung mit geplanten Kosten, die unabhängig von vergangenen Istgrößen bestimmt werden. Die festgelegten Plankosten ermöglichen zudem durch Gegenüberstellung der Istkosten eine aussagefähige Kostenkontrolle und Analyse von auftretenden Kostenabweichungen.

Frage: Worin unterscheiden sich Voll- und Teilkostenrechnung?

Antwort: Nach dem Kriterium „Umfang der Kostenzurechnung auf die Kostenträger" unterscheidet man Systeme der Voll- und der Teilkostenrechnung. Bei der Vollkostenrechnung werden die gesamten Kosten auf die Kostenträger verteilt.

Dabei rechnet man die Einzelkosten den Kostenträgern direkt zu, wohingegen die Gemeinkosten über die Kostenstellenrechnung zugeordnet werden.

Bei der Teilkostenrechnung findet dagegen nur eine teilweise Verrechnung der Gesamtkosten auf die Kostenträger statt.

Frage: Welche Mängel enthalten reine Vollkostenrechnungssysteme?

Antwort: Die Hauptkritikpunkte an den Systemen der Vollkostenrechnung betrifft die
- Gemeinkostenschlüsselung und
- Fixkostenproportionalisierung,

die (in der Regel) nicht verursachungsgerecht vorgenommen werden können.

Die **Gemeinkostenschlüsselung** kann nur dann verursachungsgerecht erfolgen, wenn zwischen den Gemeinkosten und den Bezugsgrößen eindeutige Beziehungen bestehen. Wenn jedoch mehrere Kosteneinflussgrößen gemeinsam die Höhe der Gemeinkosten bestimmen, erscheint eine verursachungsgerechte Zurechnung unmöglich.

Bei der **Fixkostenproportionalisierung** stellt sich das Problem etwas anders dar. Bestimmend für die Fixkostenbelastung sind grundsätzlich langfristige Entscheidungen (z.B. Investitions-, Organisations-, und Personalentscheidungen). Die Höhe der Fixkosten wird daher grundsätzlich von mehreren Kosteneinflussgrößen gemeinsam bestimmt. Damit ist aber eine verursachungsgerechte Fixkostenverteilung **unmöglich.**

Aus dieser grundsätzlichen Problematik ergeben sich die folgenden **Mängel der Vollkostenrechnung:**
1. Mangelhafte Aussagefähigkeit der Nettoerfolgsgrößen im Hinblick auf die Vorbereitung und Kontrolle unternehmerischer Entscheidungen,
2. Fehler bei der Erfolgsplanung und -analyse durch Orientierung an Nettostückgewinnen,
3. Fehlende Kostenspaltung in fixe und proportionale Bestandteile,
4. Gefahren für die Programmplanung und -analyse (z.B. Eliminierung von Produkten, die noch einen positiven Deckungsbeitrag liefern),

5. Vernachlässigung betrieblicher Engpässe (z.B. keine Ermittlung von engpassbezogenen Deckungsbeiträgen),
6. Gefahr von Fehlentscheidungen bei der Wahl zwischen Eigen- und Fremdfertigung,
7. Gefahren für die Preiskalkulation:
   a) Gefahr der Orientierung an der Ist-Beschäftigung (z.B. Gefahr des „Sich-aus-dem-Markt-heraus-Kalkulierens", indem Produkte, die unterbeschäftigte Stellen durchlaufen, mit hohen Gemeinkosten-Zuschlagssätzen belastet werden);
   b) Abhängigkeit der Selbstkosten eines Produktes von der bei der Kalkulation zugrunde gelegten Struktur des Fertigungsprogramms;
   c) Gefahr, dass die Preise und das Produktionsprogramm allein aufgrund von Veränderungen der Gemeinkostenzuschlagssätze verändert werden;
   d) Verkaufsabteilungen sind nicht in der Lage, den Anteil der für kurzfristige Verkaufsentscheidungen nicht relevanten Fixkosten an den Selbstkosten zu bestimmen;
   e) Bei preispolitischen Entscheidungen wird nicht nach der Frist, für die die Entscheidung Gültigkeit haben soll, unterschieden.

Die Mängel der Vollkostenrechnung führen zu Einschränkungen hinsichtlich der Aussagefähigkeit und der Verwendbarkeit der Systeme der Vollkostenrechnung, sowohl für die Planung und Steuerung als auch für die Kontrolle. Dies soll im Folgenden anhand eines Beispiels verdeutlicht werden.

Frage: Welche Systeme der Teilkostenrechnung kennen Sie? Können Sie diese erläutern?

Antwort: Als die zwei wesentlichen Ausprägungsformen der Teilkostenrechnung unterscheidet man zwischen Teilkostenrechnungen auf Basis variabler Kosten und Teilkostenrechnungen auf Basis relativer Einzelkosten. Einen Überblick über die Systeme der Teilkostenrechnung liefert die Abbildung:

Systeme der Teilkostenrechnung	
Teilkostenrechnung auf Basis variabler Kosten	**Teilkostenrechnung auf Basis relativer Einzelkosten**
• (Einstufiges) Direct Costing • Mehrstufige Deckungsbeitragsrechnung • Grenzplankostenrechnung • Fixkostendeckungsrechnung (kombinierte Rechnung)	Alle Kosten sind direkt als Einzelkosten zurechenbar

Den Ausgangspunkt der **Teilkostenrechnung auf Basis variabler Kosten** bildet die Auflösung der Gesamtkosten in variable und fixe Kosten. Dies geschieht in der Regel in Abhängigkeit von der Veränderlichkeit der Kosten bei Variation der Beschäftigung als der wichtigsten Kosteneinflussgröße. Alle variablen Kosten, einschließlich der variablen Gemeinkosten werden den Kostenträgern zugerechnet. Nach der Behandlung des verbleibenden Fixkostenblocks unterscheidet man verschiedene Formen der Teilkostenrechnung auf Basis variabler Kosten.

Während das **Direct Costing** die gesamten Fixkosten en bloc in die Betriebsergebnisrechnung übernimmt, wird bei der **mehrstufigen Deckungsbeitragsrechnung** von einem gegliederten Fixkostenblock ausgegangen und eine stufenweise Verrechnung der gebildeten Fixkostenanteile vom jeweils verbleibenden (Rest-)Deckungsbeitrag vorgenommen. Sofern lineare Kostenfunktionen vorliegen, was im Allgemeinen unterstellt werden kann, sind die variablen Kosten pro Stück gleich den Grenzkosten. In diesem Fall entspricht die Teilkostenrechnung auf Basis zukünftig geplanter variabler Kosten der **Grenzplankostenrechnung.** Für den Fall nichtlinearer Kostenfunktionen existiert bisher noch kein vollständig entwickeltes Rechnungssystem auf der Basis von Grenzkosten.

Die von Riebel konzipierte **Teilkostenrechnung auf Basis relativer Einzelkosten** geht davon aus, dass durch die Wahl einer geeigneten Bezugsgrößenhierarchie alle Kosten direkt als Einzelkosten auf entsprechende Bezugsgrößen zurechenbar sind. Dabei werden die Kosten jeweils an derjenigen Stelle der Bezugsgrößenhierarchie ausgewiesen, an der sie gerade noch als Einzelkosten erfassbar sind.

Problembereich 3: Unternehmensbewertung

Frage: Welche Anlässe für eine Unternehmensbewertung gibt es?

Antwort: Nachfolgend seien beispielhaft einige wichtige Anlässe genannt:
- „normaler" Kauf bzw. Verkauf eines Unternehmens oder eines Unternehmensteils,
- Börseneinführung (IPO),
- Ausscheiden eines Gesellschafters aus einer Personengesellschaft,
- Ermittlung von Umtauschverhältnissen im Rahmen von Verschmelzungen (Fusionen),
- Squeeze-out (§§ 327a ff. AktG),
- Enteignung (nach Art. 14 Abs. 3 GG),
- Ausschluss von Gesellschaftern aus einer GmbH mit Barabfindung,
- verhältniswahrende oder nicht verhältniswahrende Spaltung, allenfalls mit Barabfindung,
- Anteilsbewertung bei vertraglicher Kündigung der GmbH oder bei Ausübung eines vertraglichen Aufgriffsrechts,
- Kreditwürdigkeitsprüfung,
- Bewertung im Rahmen einer Erbauseinandersetzung,
- Bewertungen zum Zwecke der Rechnungslegung (IAS 36 bzw. § 253 HGB),
- Bewertungen zur Ermittlung von Besteuerungsbemessungsgrundlagen,
- Berechnung von Gewährleistungsansprüchen nach Unternehmensakquisitionen.

Frage: Welche Unternehmensbewertungsverfahren kennen Sie?

Antwort:
Folgende Unternehmensbewertungsverfahren sind zu nennen:
- **Substanzwertverfahren** – sie ermitteln den Wert aus der vorhandenen Substanz (Anlagen, Gebäude u.ä.m.).
- **Liquidationswertverfahren** – sie ermitteln den Wert aus der vorhandenen Substanz (Anlagen, Gebäude u.ä.m.), aber unter der Prämisse, dass das Unternehmen sofort liquidiert wird.
- **Ertragswertverfahren** – sie ermitteln den Wert aus den zukünftigen Erfolgen des Unternehmens, hierunter zählen:
  – Abzinsung (oder Diskontierung) zukünftiger Gewinne. Bei der Ermittlung des Gewinns kann die Art der Rechnungslegung einen entscheidenden Einfluss auf die Wertfindung haben (vgl. IFRS oder HGB).
  – Diskontierung zukünftiger Zahlungsüberschüsse (Entweder aus dem externen Rechnungswesen indirekt ermittelten Cash Flows, oder aus der Finanzplanung direkt ermittelt und dann abgezinst Discounted Cash Flows oder Discounted Cash base. Bei der indirekten Ermittlung des Cash flows kann die Art der Rechnungslegung einen entscheidenden Einfluss auf die Wertfindung haben (vgl. IFRS oder HGB).

- **Kombinationswertverfahren** – Gemischtes Ertrags- und Substanzbewertungsverfahren, z.B. das Übergewinn- oder Mittelwertverfahren.
- **Realoptionsansätze** – sie ermitteln mithilfe der Optionstheorie (Black-Scholes-Modell, Cox-Ross-Rubinstein-Modell) den Wert unter Unsicherheit.
- **Multiplikatormethode** (bei Fusionen und Übernahmen – auch bei Freiberuflern).
- **Mittelwertmethode** (für spezielle Mittelwertbildungen als Berliner Verfahren, Stuttgarter Verfahren oder Schweizer Verfahren bekannt).

Frage: Wie errechnet sich ein Substanz- bzw. ein Liquidationswert?

Antwort:

Substanzwert = Summe aller selbständig veräußerbaren Vermögensgegenstände des Unternehmens bewertet zu Wiederbeschaffungspreisen, abzüglich der Schulden (bei Unternehmensfortführung):

    Reproduktionswert des betriebsnotwendigen Vermögens
+ Liquidationswert des nicht betriebsnotwendigen Vermögens
./. Schulden bei der Fortführung des Unternehmens
= **Substanzwert**

Liquidationswert = Bewertung der Vermögensgegenstände und Schulden zu Zerschlagungswerten bzw. Ablösungsbeträgen:

    Liquidationswert des gesamten betrieblichen Vermögens
./. Bei Unternehmensauflösung abzulösende Schulden
= **Liquidationswert**

Frage: Welches sind die Vor- und Nachteile der Substanz- und Liquidationsmethode?

Antwort:

Vorteile:
- Einfache Ermittlung,
- Geringe Manipulationsmöglichkeiten.

Nachteile:
- Keine Berücksichtigung der zukünftigen finanziellen Überschüsse,
- Keine Berücksichtigung nicht bilanzierungsfähiger, immaterieller Werte oder Synergiepotentiale,
- Mangelnde Berücksichtigung der Bewertungseinheit,
- Ungenügende Investororientierung.

Frage: Was versteht man unter dem Ertragswertverfahren?

Antwort: Der Ertragswert einer Unternehmung ist die Summe aller zum Bewertungsstichtag abgezinsten künftigen Reinerträge zuzüglich eines etwaigen Liquidationswerts am Ende der Lebensdauer des Unternehmens.

Sowohl die Höhe der künftigen Reinerträge als auch die Höhe des Kapitalisierungszinses basieren auf Schätzungen. Schätzungsgrundlage für die künftigen Reinerträge sind die Reinerträge der Vergangenheit unter Berücksichtigung künftiger Entwicklungen.

Der Kalkulationszinsfuß muss einer internen Rendite eines Vergleichsobjekts entsprechen und soll dass Marktrisiko mit beinhalten.

Formel für den Ertragswert:

$$EW = \sum_{t=0}^{T} \frac{e_t}{(1+i)^t}$$

mit
e_t = Nettoeinnahmen in der Periode t
i = Kalkulationszinssatz
t = Periode
T = Ende des Planungszeitraums

Unter der Annahme unendlich fortdauernder, gleich bleibender jährlicher Reinerträge ergibt sich aus obiger Formel die sogenannte kaufmännische Kapitalisierungsformel:
$EW = e/i$

Hier sieht man deutlich den Einfluss des Zinssatzes auf die Bewertung des Unternehmens. Je höher der gewählte Kalkulationszinssatz, desto geringer ist der Ertragswert.

Problembereich 4: Jahresabschlussanalyse

Frage: Welches sind die Kritikpunkte an einer reinen kennzahlengestützten Bilanzanalyse?

Antwort: Insbesondere sind folgende Punkte bei einer Bilanzanalyse zu beachten:
- Die Rechnungslegungsvorschriften (insbesondere das Vorsichtsprinzip) beeinflussen die Darstellung der wirtschaftlichen Lage (z.B. Bildung von stillen Reserven aufgrund des Anschaffungskostenprinzips, des Bilanzierungsverbotes von selbst geschaffenen immateriellen Wirtschaftsgütern des Anlagevermögens usw.).
- Ansatz- und Bewertungswahlrechte verfälschen das Ergebnis.
- Die Angaben im Jahresabschluss sind unvollständig. Es fehlen z.B. Angaben über Auftragsbestände, Kreditsicherheiten, schwebende Geschäfte, usw.
- Es werden nur quantitative Angaben dargestellt (qualitative Angaben fehlen).
- Die Daten der Bilanz sind zeitpunktbezogen.
- Die vorliegenden Daten besitzen Vergangenheitscharakter, es mangelt an Zukunftsbezogenheit.

Frage: Nach welchen Kriterien werden in der Jahresabschlussanalyse Kennzahlen gebildet?

Antwort: Neben der Verwendung von absoluten Werten, die sich unmittelbar bzw. durch Summen- oder Differenzenbildung aus den Angaben des Jahresabschlusses ergeben, wird für eine Bilanzanalyse eine Vielzahl von relativen Kennzahlen gebildet. Dabei sind folgende Typen zu unterscheiden:

1. **Gliederungszahlen**
   Einzelne Teilgrößen werden ins Verhältnis zur Gesamtgröße gesetzt. Damit spiegeln diese Kennzahlen das relative Gewicht einzelner Teile im Vergleich zum Ganzen wider. Strukturen werden deutlich.
   Beispiele solcher Kennzahlen sind die Eigenkapitalquote, die Anlagenintensität, der Anteil des Personalaufwandes am Gesamtaufwand usw.

2. **Beziehungszahlen**
   Teilgrößen unterschiedlicher Gesamtheiten werden ins Verhältnis zueinander gesetzt. Zwischen diesen Teilgrößen besteht ein sachlogischer Zusammenhang, eine innere Beziehung (z.B. eine Mittel-Zweck-Relation), oder eine Gleichheit in bestimmten Kriterien (z.B. gleiche Bindungsfristen bei Vermögen und Kapital).

Beispiele für Beziehungszahlen sind die Liquiditätskennzahlen, Deckungsgrade und Rentabilitätskennzahlen.

3. **Indexzahlen**
Eine Kennzahl wird der gleichen Kennzahl einer früheren Abrechnungsperiode gegenübergestellt. Es wird die relative Entwicklung im Zeitablauf sichtbar.

Zu beachten ist, dass die einzelnen Kennzahlen nicht isoliert betrachtet werden können. Vielmehr ist das Gesamtbild entscheidend.

Weiterhin sind die Ursachen für die Entwicklung einzelner Kennzahlen zu berücksichtigen, ehe ein Urteil über die wirtschaftliche Lage des Unternehmens getroffen werden kann.

Frage: Welche Kennzahlen dienen der Analyse der Analyse der Vermögenslage?

Antwort: Die Analyse der Vermögenslage verdeutlicht die Art und Zusammensetzung des Vermögens (Kennzahlen der Vermögensintensität) und die Dauer der Vermögensbindung (Umschlagskoeffizienten). Außerdem werden Erkenntnisse über die Investitions- und Abschreibungspolitik gewonnen. Beispiele sind:

$$\text{Anlagenintensität} = \frac{\text{Anlagevermögen}}{\text{Gesamtvermögen}}$$

$$\text{Umlaufintensität} = \frac{\text{Umlaufvermögen}}{\text{Gesamtvermögen}}$$

$$\text{Vorratsquote} = \frac{\text{Vorräte}}{\text{Gesamtvermögen}}$$

$$\text{Forderungsquote} = \frac{\text{Forderungen}}{\text{Gesamtvermögen}}$$

usw.

Frage: Welches sind die wichtigsten Kennzahlen zur Auswertung der Kapitalstruktur?

Antwort: Die Zusammensetzung des Kapitals hinsichtlich seiner Sicherheit und Fristigkeit wird analysiert.

$$\text{Eigenkapitalquote} = \frac{\text{Eigenkapital}}{\text{Gesamtkapital}}$$

Eine hohe Eigenkapitalquote bedeutet für das Unternehmen einen hohen Grad an finanzieller Unabhängigkeit. Das Unternehmen verfügt über ausreichend Sicherheiten, was im Rahmen von Kreditwürdigkeitsprüfungen eine bedeutende Rolle spielt.

$$\text{Fremdkapitalquote} = \frac{\text{Fremdkapital}}{\text{Gesamtkapital}}$$

$$\text{Anteil des kurzfristigen FK} = \frac{\text{kurzfristiges FK}}{\text{Gesamtkapital}}$$

usw.

Frage: Welche Kennziffern werden als Deckungsgrade bezeichnet?

Antwort: Sie untersuchen speziell die Deckung des Anlagevermögens.

Problembereich 4: Jahresabschlussanalyse

$$\text{Deckungsgrad A} = \frac{\text{Eigenkapital}}{\text{Anlagevermögen}}$$

Der Deckungsgrad A erreicht nur sehr selten 100 % und ist insbesondere von der jeweiligen Branche (Anlagenintensität und Ertragsrisiko) abhängig. Branchenbezogene Durchschnittswerte können als Normwerte herangezogen werden.

$$\text{Deckungsgrad B} = \frac{\text{Eigenkapital + langfristiges Fremdkapital}}{\text{Anlagevermögen}}$$

$$\text{Deckungsgrad C} = \frac{\text{Eigenkapital + mittel- und langfristiges Fremdkapital}}{\text{Anlagevermögen + langfristig gebundenes Umlaufvermögen}}$$

Wenn die Deckungsgrade B und C größer als 1 sind, kann die Liquidität langfristig als gesichert betrachtet werden (goldene Bilanzregel).

> **Frage: Was versteht man unter dem Return on investment (ROI)?**

Antwort: Mit ROI wird der Return an Investment bezeichnet. Er spiegelt im Endeffekt die Relation

$$\frac{\text{Ordentliches Betriebsergebnis}}{\text{Betriebsnotwendiges Vermögen}}$$

wider.

Durch ein umfangreiches Kennzahlensystem werden die Ursachen für die Entwicklung dieser Kennzahl aufgezeigt. So setzt sich der ROI wie folgt zusammen:

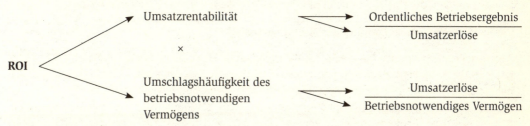

Dabei können die Kennzahlen „ordentliches Betriebsergebnis", „Umsatzerlöse" und „betriebsnotwendiges Vermögen" weiter untergliedert werden, sodass die Ursachen für die Entwicklung des ROI noch detaillierter untersucht werden können.

Themenbereich Volkswirtschaftslehre

Problembereich 1: Allgemeine Volkswirtschaftslehre

Frage: In welche drei Bereiche lässt sich die Volkswirtschaftslehre einordnen?

Antwort:
1. Mikroökonomische Theorie
Die mikroökonomische Theorie untersucht die Preisbildung auf den Güter- und Faktormärkten. Dies geschieht durch theoretische Modelle, deren Sinn und Nutzen, seit Existenz dieses Wissenschaftszweigs strittig sind. Die Kritik richtet sich vor allem gegen die realitätsfernen Annahmen, die zur Erstellung der Modelle gemacht werden müssen. So wird z.B. vollkommene Information der Marktteilnehmer unterstellt, d.h. die Annahme gemacht, dass innerhalb des Marktes jeder Anbieter und jeder Nachfrager zu jeder Zeit über Angebot und Nachfrage vollständig informiert ist.

2. Makroökonomische Theorie
Die makroökonomische Theorie hat die Untersuchung einer Volkswirtschaft als Ganzes zum Gegenstand. Entsprechend der Vielzahl einzelner Untersuchungsgegenstände unterteilt sie sich wiederum in einzelne Fachgebiete (siehe unten).

3. Wirtschaftspolitik
Die Wirtschaftspolitik hat letztlich dieselben Untersuchungsgegenstände wie die mikro- und die makroökonomische Theorie. Zweck dieses Ansatzes ist aber nicht die Untersuchung der Wechselwirkungen, sondern die Untersuchung der Einflussmöglichkeiten für die praktische Politik.

Frage: Was verstehen Sie unter der Nachfragekurve?

Antwort: Jeder Nachfrager hat eine persönliche Nachfragekurve. Je größer der Preis ist, desto geringer wird die Kaufbereitschaft sein und umgekehrt. Diese Aussage gilt jedenfalls im Regelfall (Ausnahme: Güter, die überwiegend wegen ihres Prestigewerts gekauft werden).

Die Höhe der Nachfrage eines Interessenten bei einem bestimmten Preis richtet sich nach dem Nutzen des Guts für die betreffende Person. Dieser Nutzen resultiert aus der persönlichen Beurteilung durch die betreffende Person. Der Nutzen entzieht sich einer objektiven Überprüfung. So können (und werden) die Vorstellungen durchaus unterschiedlich sein.

Frage: Was verstehen Sie unter einer Angebotskurve?

Antwort: Analog zur Nachfragekurve lässt sich eine Angebotskurve ermitteln. Bei dieser ist der Verlauf im Allgemeinen umgekehrt: Je höher der Preis (und damit der Gewinn), desto größer wird die Angebotsbereitschaft der Unternehmen sein. Analog zu der Nachfrageseite hat jedoch jeder Anbieter seine individuelle Angebotskurve. Dabei ist davon auszugehen, dass die Kosten bei zunehmender Produktion ab einem bestimmten Punkt überproportional steigen. Dieser Anstieg ist durch die Kapazitätsüberschreitung bedingt. Hierdurch entstehen überdurchschnittliche Kosten. Das sind z.B. Akkordzuschläge, Überstundenzuschläge, verstärkter Materialverschleiß bei Maschinen und dergleichen mehr.

Das jeweilige Unternehmen wird zu einem bestimmten Preis so viel produzieren, bis das letzte Produkt keinen Gewinn mehr abwirft.

> **Hinweis!** Auch diese Aussage ist nur theoretischer Natur und kann in der Praxis ggf. durchaus konterkariert werden, z.B. weil aufgrund ungenügenden Rechnungswesens die Kosten gar nicht genau ermittelt werden können, der Auftrag eines Großkunden trotz Kapazitätsausschöpfung angenommen werden muss, um die Kundenbeziehung aufrecht zu erhalten u.a.m.).

Die Kostenkurve ist aber bei jedem Unternehmen unterschiedlich. Dies resultiert schon aus der unterschiedlichen Größenordnung und der daraus resultierenden Konsequenzen.

Problembereich 2: Makroökonomie und Wirtschaftspolitik

> **Frage:** Was verstehen Sie unter dem Produktionskonto im Rahmen der volkswirtschaftlichen Gesamtrechnung? Erläutern Sie die Begriffe Inlandsprodukt und Sozialprodukt!

Antwort: Das Produktionskonto erfasst die Transformation von Gütern und Diensten (Vorleistungen) unter Einsatz von Produktionsfaktoren. Ausgangspunkt dieser Entstehensrechnung ist der sogenannte **Bruttoproduktionswert** (wirtschaftlicher Umsatz, Bestandsänderungen und selbst erstellte Anlagen). Werden von diesem die Vorleistungen abgezogen, so erhält man das Bruttoinlandsprodukt zu Marktpreisen **(BIP zu MP)**.

Nach Abzug des durch Abschreibungen erfassten Anlageverschleißes erhält man das Nettoinlandsprodukt zu Marktpreisen **(NIP zu MP)**.

Da der Ermittlung Umsatzzahlen zugrunde liegen, sind in diesen auch indirekte Steuern und Subventionen enthalten. Veränderungen dieser Steuern und Subventionen beeinflussen das NIP zu MP, ohne dass sich der Beitrag der Produktionsfaktoren geändert hat. Um diesen Beitrag genau zu erfassen, werden vom NIP zu MP die indirekten Steuern abgezogen und die Subventionen hinzugerechnet. Das Ergebnis bezeichnet man als das Nettoinlandsprodukt zu Faktorkosten **(NIP zu FK)** oder **Wertschöpfung**. Es stellt das von den Unternehmer- und Nichtunternehmerhaushalten aus der Inlandsproduktion erzielte Einkommen (in Form von Löhnen, Gehältern, Gewinnen u.a.) dar.

			Aufwand	Ertrag	
BIP zu MP	NIP zu MP	NIP zu FK	Vorleistungen (Material, Energie u.a.)	Wirtschaftlicher Umsatz	Bruttoproduktionswert
			Abschreibungen		
			Indirekte Steuern abzüglich Subventionen		
			Löhne und Gehälter, Sozialversicherungsbeiträge	Bestandsänderungen (Kapitalstock und Lagerhaltung)	
			Zinsen, Mieten	Selbsterstellte Anlagen	
			Gewinn		

Die **Inlandsprodukte** sind räumlich abgegrenzt: Sie schließen alle innerhalb der Landesgrenzen von Inländern und Ausländern erstellten wirtschaftlichen Leistungen ein.

Die **Sozialprodukte** (brutto wie netto) stellen auf eine Abgrenzung zwischen Inländern (erster Wohnsitz im Inland) und Ausländern ab: Das Sozialprodukt umfasst die Gesamtheit der an Inländer fließenden wirtschaftlichen Leistungen, egal ob im Inland oder Ausland erwirtschaftet. Inlands- und Sozialprodukt weichen um die Einkommen (aus Erwerbstätigkeit und Vermögensbesitz) ab, die inländische Wirtschaftseinheiten (Personen und Institutionen) im Ausland und ausländische Wirtschaftseinheiten im Inland bezogen haben.

Der gängige Begriff **Volkseinkommen** wird in der Systematik der VGR repräsentiert durch das Nettosozialprodukt zu Faktorkosten.

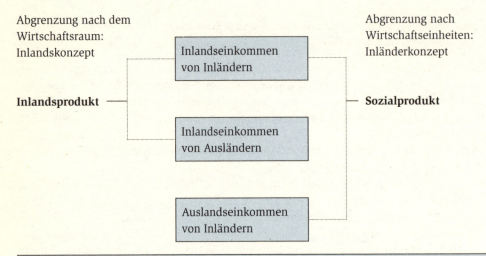

Frage: Was versteht man unter dem „magischen Viereck"? Erläutern Sie dies kurz!

Antwort: Das Gesetz zur Förderung der Stabilität und des Wachstums der Wirtschaft vom 8.6.1967 (kurz Stabilitätsgesetz) gibt dem Gesetzgeber verschiedene Instrumente zur Steuerung der Wirtschaft in die Hand. Es geht dabei von dem sog. „magischen Viereck" aus. Magisch deshalb, weil die 4 Ziele kaum gleichzeitig in gleichem Masse erreicht werden können:

Das magische Viereck des Stabilitätsgesetzes

	Wachstum der Wirtschaft	
Vollbeschäftigung		Geldwertstabilität
	Außenwirtschaftliches Gleichgewicht	

Wachstum
Es wird ein stetiges und angemessenes Wirtschaftswachstum angestrebt.

Vollbeschäftigung
Mit dem Wachstum verbunden ist meist auch eine Zunahme der Beschäftigung. Beschäftigung ist der Einsatz von Arbeit als Produktionsfaktor. Für den Umfang der Beschäftigung ist das Wachstum aber nicht alleine maßgebend. Andere Faktoren kommen hinzu und müssen berücksichtigt werden.

Problembereich 2: Makroökonomie und Wirtschaftspolitik

Geldwertstabilität

Drittes Ziel ist die Geldwertstabilität. Dieser ideale Zustand ist dadurch gekennzeichnet, dass keine Inflation besteht. Die Ökonomen sind mehrheitlich der Auffassung, dass in einer auf Wettbewerb aufgebauten Marktwirtschaft ein Wachstum ohne gleichzeitige Inflation kaum erreichbar ist. Zumindest die Höhe der Inflation soll aber auf ein möglichst niedriges Maß reduziert werden. An dieser Stelle kann nicht auf umfangreiche theoretische Modelle eingegangen werden. In der öffentlichen Diskussion wird häufig die sog. Lohn-Preis-Spirale genannt. Es ist dies ein Streit zwischen Interessenvertretern (analog dem um das Huhn und das Ei).

Außenwirtschaftliches Gleichgewicht

Der vierte Bereich ist die Zielsetzung eines außenwirtschaftlichen Gleichgewichts. Da die Zahlungsbilanz immer ausgeglichen ist, kann dies nur bedeuten, dass Handels-, Dienstleistungs- und Übertragungsbilanz zusammen ausgeglichen sein sollen.

Inwieweit dies sinnvoll ist und welche Auswirkungen außenwirtschaftliche Gleichgewichte oder Ungleichgewichte haben, untersucht die Außenwirtschaftstheorie. An dieser Stelle können wiederum nur einige Aspekte beispielhaft veranschaulicht werden, da eine Vielzahl von Wechselbeziehungen zu berücksichtigen ist.

> **Frage:** Was verstehen Sie unter der internationalen Zahlungsbilanz?

Antwort: Die Zahlungsbilanz eines Landes setzt sich aus folgenden Teilen zusammen:

Handelsbilanz	Warenexporte	Warenimporte	
	Saldo	Saldo	} Leistungsbilanz
Dienstleistungsbilanz	Dienstleistungsverkäufe	Dienstleistungskäufe	
	Saldo	Saldo	
Übertragungsbilanz	Empfangene Übertragungen	Geleistete Übertragungen	
	Saldo	Saldo	
Bilanz des **Kapitalverkehrs**	Änderung der Forderungen von Ausländern	Änderung der Forderungen von Inländern	
		Saldo	Saldo
Endsaldo			= 0

Der Endsaldo aus den einzelnen Bestandteilen der Zahlungsbilanz muss sich zwangsläufig auf 0 addieren. Denn die Zahlungsbilanz ist nichts anderes als ein Konto (wie die G + V oder die Handelsbilanz). Deutschland hat im Allgemeinen einen Exportüberschuss, d.h. es werden Waren mit einem höheren Wert exportiert als Waren importiert werden. Somit kommt es zu einem Handelsbilanzüberschuss. Andererseits ist der Saldo der Dienstleistungsbilanz meist negativ, da hier die Auslandsreisen der Deutschen zu Buche schlagen und den Dienstleistungsverkauf an das Ausland überwiegen. Auch der Saldo der Übertragungsbilanz ist wegen der Überweisungen der Gastarbeiter in ihre Heimat meist negativ.

> **Hinweis!** Merken Sie sich, dass es eine positive oder negative Zahlungsbilanz nicht geben kann. Positiv oder negativ können nur die einzelnen Bestandteile sein. Man kann außerdem von einer positiven Leistungsbilanz sprechen (Leistungsbilanz = Handelsbilanz und Dienstleistungsbilanz).

Frage: Wie wird das Bruttoinlandsprodukt (BIP) definiert? Wie war die Entwicklung in den letzten Jahrzehnten?

Antwort: Das Bruttoinlandsprodukt umfasst – grob gesprochen – alle Waren und Dienstleistungen, die im Inland produziert wurden, und ist zur Messung der volkswirtschaftlichen Aktivitäten in einem Abrechnungszeitraum wichtig (vgl. Teil A). Neben der Bedeutung als Wohlstandsindikator liegt dies vor allem daran, dass eine geringe Wachstumsrate des Bruttoinlandsprodukts die Gefahr einer Verringerung der Beschäftigung birgt. Nehmen Sie hierzu an, dass die Arbeitsproduktivität um 5 %, das Bruttoinlandsprodukt aber nur um 3 % steigt. Der Produktivitätsfortschritt von 5 % bedeutet, dass nun 5 % weniger Arbeitszeit benötigt wird, um das gleiche Inlandsprodukt herzustellen. Bei gleicher Arbeitszeit pro Mensch können also nur gleich viele Menschen beschäftigt werden, wenn das Inlandsprodukt auch um 5 % steigt. Steigt das Bruttoinlandsprodukt dagegen nur um 3 %, so sinkt die Beschäftigung ceteris paribus um 2 %, d.h. die Arbeitslosenquote steigt.

Insgesamt hat sich das reale Bruttoinlandsprodukt in den letzten 30 Jahren mehr als verdoppelt. Zu beachten gilt jedoch, dass wir in den 60er und 70er Jahren deutlich höheres Wachstum zu verzeichnen hatten als heute. Deutschland bestätigt damit ein internationales Phänomen, das unter allen hoch entwickelten Industrienationen feststellbar ist: Je höher das Bruttoinlandsprodukt und damit der Wohlstand, desto geringer das Wachstum.

Frage: Was versteht man unter Arbeitslosenquote?

Antwort: Unter der Arbeitslosenquote versteht man das Verhältnis aus registrierten Arbeitslosen und Erwerbspersonen. Nicht erfasst bei den Arbeitslosen sind also Personen, die grundsätzlich erwerbsfähig und -willig sind, sich aber nicht arbeitslos melden.

Dies kann beispielsweise daran liegen, dass sie sich für unvermittelbar halten oder keinen Anspruch auf Arbeitslosenunterstützung haben, weil sie gerade erst ihre Ausbildung abgeschlossen haben (sog. stille Reserve). Daraus folgt, dass es mit der stillen Reserve neben der statistischen Arbeitslosigkeit auch eine sog. **verdeckte Arbeitslosigkeit** gibt, die beispielsweise vom Sachverständigenrat ausgewiesen wird.

Frage: Was ist eine Inflationsrate?

Antwort: Die Inflationsrate gehört zu den makroökonomischen Kerndaten, die in der Bundesrepublik Deutschland zurzeit als unproblematisch angesehen werden können.
Die amtliche Statistik weist für Deutschland eine Vielzahl von Preisindizes für sehr unterschiedliche „Bündel" von Waren und Dienstleistungen aus: Grundstoffpreise, Erzeuger-, Großhandels- und Einzelhandelspreise, Außenhandelspreise, Preise von Verkehrsleistungen u.v.m. Monatlich wird die Veränderung des „Verbraucherpreisindex" (früher: Preisindex für die Lebenshaltung) mitgeteilt.

Dieser Preisindex wird in den Medien häufig als die repräsentative Messzahl für die Entwicklung des allgemeinen Preisniveaus ausgegeben. Der Verbraucherpreisindex misst allein die Veränderung der (gewichteten) Durchschnittspreise ausgewählter Waren und Dienstleistungen.

Problembereich 2: Makroökonomie und Wirtschaftspolitik

> **Frage:** Was versteht man unter nachfrageorientierter Finanzpolitik?

Antwort: Die auch heute noch in der Wirtschaftspolitik nachzuvollziehende Kontroverse zwischen Angebots- und Nachfragepolitik dreht sich letztlich um die Frage, wodurch langfristig anhaltende Arbeitslosigkeit verursacht wird. Während Angebotstheoretiker dies primär auf zu hohe Löhne und zu hohe Steuern (d.h. letztlich: auf zu schlechte Angebotsbedingungen für Unternehmen) zurückführen, sehen Nachfragetheoretiker das Problem in erster Linie darin, dass die Güternachfrage zu gering ist.

Denken Sie hierbei etwa an die wirtschaftspolitische These, dass Lohnsenkungen die Arbeitslosigkeit verschärfen, weil den Haushalten Kaufkraft entzogen wird und die Unternehmen aufgrund der Angst vor Nachfrageeinbrüchen ihre Investitionen nicht erhöhen, sondern sogar reduzieren. Pointiert kann man die beiden Ansätze also folgendermaßen unterscheiden:

- Angebotstheoretiker sind der Auffassung, dass Arbeitslosigkeit letztendlich dadurch hervorgerufen wird, dass der „Preis für den Faktor Arbeit" zu hoch ist. Arbeitslosigkeit wird also direkt am **Arbeitsmarkt** verursacht.
- Nachfragetheoretiker dagegen vermuten, dass der Lohn gar nicht die entscheidende Ursache für die Arbeitslosigkeit ist, sondern diese durch Störungen am Gütermarkt verursacht wird – nach dieser vor allem von Keynes entwickelten Sichtweise verzichten die Unternehmen nicht wegen zu hoher Löhne, sondern aus Angst vor Absatzproblemen auf Investitionen.

> **Frage:** Was versteht man unter angebotsorientierter Finanzpolitik?

Antwort: Die Grundgedanken der angebotsorientierten Wirtschaftspolitik bestehen erstens in der Ablehnung der konjunkturpolitisch motivierten Beeinflussung der Nachfrage und zweitens in der Überzeugung, dass das Investitionsverhalten der Unternehmen vor allem von deren Kostensituation bestimmt wird. Die Hauptaufgabe der Wirtschaftspolitik wird daher darin gesehen, günstige Rahmenbedingungen für die Unternehmen zu schaffen. Zu nennen sind dabei vor allem

- Lohnkostensteigerungen maximal im Ausmaß des Produktivitätsfortschritts;
- eine Verringerung der Abgabenlasten vor allem für Unternehmen;
- eine Geldpolitik, die ihre primäre Aufgabe in der Stabilität des Preisniveaus (nicht in konjunkturpolitisch begründeten Zinsänderungen) sieht, um die Planungssicherheit zu erhöhen;
- ein Abbau von Subventionen, da diese letztlich von produktiven Unternehmen finanziert werden müssen und deren internationale Konkurrenzfähigkeit beeinträchtigen;
- eine Rückführung der Staatsverschuldung, da diese die Kapitalmärkte belastet und zu hohen Steuerbelastungen führt;
- und Deregulierungs- und Privatisierungsmaßnahmen, da staatliche Monopole und Regulierungen zu einer Fehlallokation von Ressourcen führen, was letztlich die Wachstumsraten des Inlandsprodukts verringert und die Arbeitslosigkeit erhöht.

> **Frage:** Wie kann man die Entstehung von Arbeitslosigkeit erklären?

Antwort: Mit 11,7 % hatte die Arbeitslosigkeit in der Bundesrepublik Deutschland im September 2005 einen ihrer Höchststände seit dem Zweiten Weltkrieg erreicht, nachdem sie sich bereits seit den neunziger Jahren zu **dem** herausragenden ökonomischen Problem entwickelte. Auch wenn sich zuletzt eine klare Entspannung der Lage abgezeichnet hat, bleibt die Erklärung und Bekämpfung von Massenarbeitslosigkeit nach wie vor ein zentrales Thema. Die Schwierigkeit hierbei besteht darin, dass offensichtlich zahlreiche Faktoren in kaum durchschaubarer Weise zusammenwirken:

- Die internationale Dimension mit einem zunehmenden Konkurrenzdruck durch die wachsende Globalisierung mit der Möglichkeit immer einfacher werdender Kapitalimporte sowie die Niedriglohnländer in Südostasien, Osteuropa, etc.;
- Makroökonomische Faktoren wie eine im internationalen Vergleich hohe Abgabenbelastung und relativ hohe Reallöhne;
- Kulturelle Aspekte wie die von Unternehmensverbänden beklagte "fehlende Leistungsbereitschaft";
- soziodemografische Faktoren, deren herausragende Bedeutung darin zum Ausdruck kommt, dass die Arbeitslosigkeit in verschiedenen sozialen Schichten extrem unterschiedlich ist und – vereinfacht gesagt – mit zunehmender Qualifikation stark zurückgeht;
- Mehr oder minder zufällige Gründe wie die deutsche Wiedervereinigung, die nicht nur wegen der höheren Arbeitslosigkeit in den neuen Bundesländern, sondern auch wegen der damit verbundenen höheren Abgabenbelastung im Westen wichtig ist;
- branchenspezifische Faktoren, die sich darin zeigen, dass die Beschäftigungsentwicklung in verschiedenen Branchen sehr unterschiedlich ist.

Problembereich 3: Geld und Währung

Frage: Welche Funktionen hat Geld in der Volkswirtschaft?

Antwort:
Tauschmittelfunktion
Tauschgeschäfte ohne Geld sind nur möglich, wenn zwischen den Tauschpartnern „Koinzidenz der Bedürfnisse" herrscht, d.h. wenn Angebot und Nachfrage zu gegebenem Zeitpunkt übereinstimmen. Dies verursacht jedoch enorme Transaktionskosten. Solche Kosten müssen in einem arbeitsteiligen Wirtschaftsprozess stark reduziert werden, um einen möglichst reibungslosen Ablauf zu garantieren. Es bedarf also eines allgemein akzeptierten Gutes, das als Medium den Tausch von Gütern stark vereinfacht. Die allgemeine Akzeptanz stellt sich in der Regel dann ein, wenn das (Geld-)Gut wertbeständig ist, oder insbesondere dann, wenn die Knappheit des (Geld-)Gutes langfristig sichergestellt scheint.

Wenn ein (Geld-)Gut per Gesetz zum allgemein gültigen Zahlungsmittel erhoben wird und damit der Staat die Versorgung der Wirtschaftssubjekte mit diesem Geld übernimmt, ist aus der Tauschmittelfunktion des Geldes die so genannte „**Zahlungsmittelfunktion**" ableitbar.

Wertaufbewahrungsfunktion
Eine weitere zentrale Anforderung an ein (Geld-)Gut besteht darin, den Wert aus einem Tauschgeschäft über einen langen Zeitraum zu erhalten. Wenn dieser Anspruch erfüllt wird, ist es also ohne Weiteres möglich, das (Geld-)Gut als Vermögensbestandteil aufzubewahren (zu halten). Eine solche Geldhaltung birgt dennoch Risiken (Inflation) und verursacht (Opportunitäts-)Kosten, auf die im Rahmen des Lehrbriefs jedoch nicht vertiefend eingegangen wird.

Recheneinheit
In einer arbeitsteiligen Ökonomie werden die zum Tausch angebotenen und nachgefragten Güter und Dienstleistungen in Einheiten des (Geld-)Gutes bewertet. Geld fungiert damit als allgemeiner Wertmaßstab und als Recheneinheit. Diese Eigenschaft erlaubt es den Wirtschaftssubjekten, auch beliebige Bruchteile von Gütern zu handeln.

Frage: Welche Geldformen kennen Sie?

Antwort: Es existieren vielfältige Formen von Geld, die sich aus den unterschiedlichen Geldfunktionen ableiten lassen. Die Tauschmittelfunktion wird insbesondere von Münzen, Banknoten oder dem sogenannten Buchgeld wahrgenommen. Dabei entspringen diese drei Formen von Geld durchaus unterschiedlichen Quellen:

Die **Banknoten** werden von der Bundesbank als Bestandteil des europäischen Systems der Zentralbanken (ESZB) und der Europäischen Zentralbank (EZB) herausgegeben. Die Verteilung der Banknoten erfolgt über die Geschäftsbanken, sodass die Zentralbank auch als Bank der Banken bezeichnet wird.

Buchgeld (Sichteinlagen) dient dem bargeldlosen Zahlungsverkehr und wird von den Geschäftsbanken bereitgestellt.

Die **Münzen** werden von den Regierungen in Europa geprägt und an die Zentralbanken verkauft, die dann analog zu den Banknoten den Eintritt der Münzen in den Wirtschaftskreislauf koordinieren. Bezüglich der Münzprägung ist allerdings festzuhalten, dass die Regierungen nur eine begrenzte Menge an Münzen prägen dürfen (Münzregal). Die Kontrolle obliegt wie auch bei Banknoten der Zentralbank.

Berücksichtigt man bei der Darstellung der Erscheinungsformen von Geld den Wertaufbewahrungsaspekt stärker, können auch Geldsubstitute wie z.B. Termingelder, Spareinlagen und Realvermögen miteinbezogen werden. Diese Geldsubstitute unterscheiden sich hinsichtlich ihrer „Geldnähe" oder Liquidität.

Termingelder werden zu vorab festgelegten Zeitpunkten zu Buchgeld und haben eine höhere Liquidität als **Spareinlagen**, die sich vor allem hinsichtlich ihrer Kündigungsfristen und Verzinsung unterscheiden. Als **Realvermögen** gelten insbesondere Güter, die vergleichsweise schwer in Geld als Tauschmittel transformierbar sind, aber dennoch der Wertaufbewahrung dienen. Diese können Gold, Diamanten, Autos, etc. sein.

> **Frage:** Welche Geldmengendefinitionen der EZB kenne Sie?

Antwort: Da die Europäische Zentralbank als Hüterin der Geldwertstabilität für ausreichende Knappheit des umlaufenden Geldes sorgen muss, ist es für sie besonders wichtig, die Geld**menge** zu kontrollieren. Die Kontrollierbarkeit kann abhängig von der Definition einer Geldmenge durchaus unterschiedlich ausgeprägt sein. Da man Geld über Funktionen definiert, die erfüllt werden sollen, ist es nicht schwer, sehr große Geldmengen zu bestimmen, die aber wenig praktikabel für die Aufgaben der Zentralbank sind. Die folgenden Geldmengen unterscheiden sich insbesondere hinsichtlich der Liquidität der enthaltenen Bestandteile.

Die Zentralbankgeldmenge (Geldbasis)

Der Ursprung des Geldes im Wirtschaftskreislauf ist das von der Zentralbank bereitgestellte Zentralbankgeld. Die Zentralbank ist der Monopolist für Zentralbankgeld, d.h. sie hat die Pflicht, die Banken und damit die Volkswirtschaft mit ausreichender Liquidität zu versorgen. Das Zentralbankgeld existiert in Form von **Bargeld** bei den Wirtschaftssubjekten und in Form von **Reserven** der Geschäftsbanken, die als Einlage bei der Zentralbank gehalten werden müssen (Mindestreserveverpflichtung).

Geldbasis = Bargeld + Reserven

Geldmenge M1

Die Geldmenge M1 beinhaltet das im Wirtschaftskreislauf vorhandene Bargeld (Bargeldumlauf) und die Einlagen auf Sichtguthaben („täglich fällige Einlagen"). Damit orientiert sich diese Geldmengendefinition an der Tauschmittelfunktion des Geldes. Nicht inbegriffen sind die Bargeldbestände der Geschäftsbanken und der Zentralbank. Diese Gelder sind unbedeutend für die Entwicklung von

Preisniveau, Realeinkommen oder Beschäftigung, da sie nicht nachfragewirksam werden. Aus dem gleichen Grund werden auch die Einlagen des Staates bei der Zentralbank nicht hinzugerechnet.

Geldmenge M1 = Bargeld + Sichtguthaben (Depositen)

Geldmenge M2

Die Definition der Geldmenge M2 berücksichtigt einen breiteren Geldbegriff, der nun auch die Wertaufbewahrungsfunktion des Geldes miteinbezieht. M2 enthält neben den Geldformen aus M1 Einlagen, die eine vereinbarte Laufzeit von bis zu zwei Jahren oder eine Kündigungsfrist von bis zu drei Monaten aufweisen.

Geldmenge M2 = M1 + Einlagen (Laufzeit < 2 Jahre) + Einlagen (Kündigungsfrist < 3 Monate)

Geldmenge M3

Die Geldmenge M3 verwendet den weitesten Geldbegriff der beschriebenen Geldmengenaggregate. Zusätzlich zu den Bestandteilen der Geldmenge M2 werden Repogeschäfte, Geldmarktfondsanteile und Schuldverschreibungen bis zu einer Laufzeit von zwei Jahren berücksichtigt. Obwohl das Volumen der Geldmenge M3 gegenüber der Geldmenge M2 nur wenig größer ist, hat sie dennoch eine herausragende Bedeutung für die Geldpolitik der EZB. Diese Geldmengendefinition weist den stabilsten empirischen Zusammenhang mit realen Variablen auf, an denen die EZB ihre Geldpolitik ausrichtet. Sie wird daher auch als Indikator für die Ziele der EZB gesehen.

Geldmenge M3 = M2 + Repogeschäfte + Geldmarktfondsanteile + Schuldverschreibungen (Laufzeit < 2 Jahre)

Frage: Welches sind die Aufgaben des Eurosystems?

Antwort: Die Hauptaufgaben des Eurosystems, dessen ausführendes Organ die EZB ist, werden aus Art. 105, Abs. 2, 4 und 5 EGV sowie der Satzung des ESZB und der EZB abgeleitet. Sie beinhalten
- die Festlegung und Durchführung der gemeinsamen europäischen Geldpolitik,
- die Durchführung von Devisengeschäften und Devisenmarkt-Interventionen,
- die Verwaltung der ihr übertragenen gemeinsamen Währungsreserven,
- die Förderung des Funktionierens der Zahlungssysteme sowie
- die Aufsicht über die Kreditinstitute und die Stabilität des Finanzsystems.

Frage: Welches sind die Instrumente der Geldpolitik der EZB?

Antwort: Ein wichtiges Strukturierungsmerkmal ist die Abgrenzung zwischen liquiditätszuführenden und liquiditätsabschöpfenden Transaktionen. Ebenso interessant ist die Trennung zwischen Grob- und Feinsteuerungsinstrumenten. Grobsteuerungsinstrumente dienen dazu, die Geldmenge längerfristig (beispielsweise über die Variation der Leitzinsen) zu lenken. Feinsteuerungsinstrumente werden dagegen eingesetzt, um kurzfristigen Änderungen in der Bankenliquidität schnell entgegenzusteuern.

Die Abgrenzung zwischen Grob- und Feinsteuerungsinstrumenten ist zwar oft fließend, liefert jedoch eine brauchbare, intuitive Vorstellung von den Zielsetzungen, die mit den einzelnen Instrumenten verbunden werden.

Problembereich 3: Geld und Währung

Geldpolitische Operationen der EZB				
Geldpolitische Geschäfte	Transaktionsart		Laufzeit	Rhythmus
	Liquiditäts-zuführend	Liquiditäts-abschöpfend		
Offenmarktgeschäfte				
Hauptrefinanzierungsinstrument	Befristete Transaktionen		Zwei Wochen	Wöchentlich
Längerfristige Refinanzierungsgeschäfte	Befristete Transaktionen		Drei Monate	Monatlich
Feinsteuerungsoperationen	• Befristete Transaktionen • Devisenswaps • Definitive Käufe	• Devisenswaps • Hereinnahme von Termineinlagen • Befristete Transaktionen • Definitive Verkäufe	Nicht standardisiert	Unregelmäßig
Strukturelle Operationen	• Befristete Transaktionen • Definitive Käufe	• Emission von Schuldverschreibungen • Definitive Verkäufe	Standardisiert und nicht standardisiert	• Regelmäßig und unregelmäßig • Unregelmäßig
Ständige Fazilitäten				
Spitzenrefinanzierungsfazilität	Befristete Transaktionen		Über Nacht	Inanspruchnahme auf Initiative der Geschäftspartner
Einlagefazilität		Einlagenannahme	Über Nacht	Inanspruchnahme auf Initiative der Geschäftspartner

Frage: Was sind Offenmarktgeschäfte?

Antwort: Bei den Offenmarktgeschäften geht die Initiative immer von der Zentralbank aus. In der Vergangenheit verstand man unter diesen Geschäften Käufe und Verkäufe von Wertpapieren am offenen Markt. Der Begriff Offenmarktgeschäft kann nicht mehr wörtlich interpretiert werden. Im Folgenden wollen wir die einzelnen Arten von Offenmarktgeschäften kurz erläutern:
- **Hauptrefinanzierungsgeschäfte** werden wöchentlich angeboten und sind Geschäfte, bei denen die Geschäftsbanken Wertpapiere bei der Zentralbank hinterlegen (in Form eines Pfandkredits) und dafür einen kurzfristigen Kredit (Laufzeit zwei Wochen) erhalten. Wird das Eigentum an die Zentralbank übertragen, ist eine Rückübertragung am Ende der Laufzeit Bestandteil des Vertrages (Repogeschäfte). Diese sogenannten Wertpapierpensionsgeschäfte dienen der befristeten Liquiditätsversorgung des Bankensystems. Da die Zentralbank Menge und Zins der vergebenen

Kredite beliebig steuern kann und die Geschäftsbanken keinen gesetzlichen Anspruch auf ein solches Angebot haben, kann über dieses Instrument der Tagesgeldzinssatz mitbestimmt werden. Das Volumen der Hauptrefinanzierungsgeschäfte macht den Hauptteil der geldpolitischen Steuerungsmaßnahmen der Europäischen Zentralbank aus.
- **Längerfristige Refinanzierungsgeschäfte** sind ebenfalls liquiditätszuführende Maßnahmen, die monatlich ausgeschrieben werden und normalerweise eine Laufzeit von drei Monaten aufweisen (während der Finanzkrise wurde die Laufzeit zunächst auf bis zu einem Jahr, zuletzt gar bis zu drei Jahren ausgeweitet. Sie haben einen vergleichsweise geringen Anteil an der Geschäftstätigkeit der Europäischen Zentralbank. Anders als bei den Hauptrefinanzierungsgeschäften sollen mit diesem Instrument keine Zinssignale ausgesendet werden.
- **Feinsteuerungsoperationen** können sowohl zur Liquiditätszuführung als auch zur Liquiditätsabschöpfung verwendet werden. Sie werden von Fall zu Fall zur Steuerung der Marktliquidität und der Zinssätze durchgeführt, und zwar insbesondere, um unerwartete Liquiditätsschwankungen am Markt und deren Auswirkungen auf die Zinssätze auszugleichen.
- **Strukturelle Operationen** werden benutzt, um die Liquiditätsposition des Bankensektors grundsätzlich und dauerhaft zu verändern.

Frage: Was versteht man unter Mindestreservepolitik?

Antwort: Die den Geschäftsbanken auferlegte Mindestreservepflicht dient der Stabilisierung der Zentralbankgeldnachfrage und der Geldmarktzinsen. Jede Geschäftsbank muss einen bestimmten Prozentsatz (Mindestreservesatz) ihrer Kundeneinlagen auf einem Konto der Zentralbank halten. Dabei sind einige Bilanzpositionen der Geschäftsbanken, wie z.B. die täglich fälligen Einlagen oder ausgegebene Schuldverschreibungen über viele Jahre hinweg mit einem Reservesatz von 2 % belegt worden. Seit Januar 2012 hat die EZB den Mindestreservesatz auf 1 % abgesenkt.

Die Mindestreserve sorgt dafür, dass die Geschäftsbanken die Geldmenge nicht unendlich aufblähen können. Sie bildet gemeinsam mit dem Banknotenmonopol die Basis für den wirksamen Einsatz der geldpolitischen Instrumente der Zentralbank (Anbindungsfunktion der Mindestreserve).

Frage: Was versteht man unter EFSF und ESM?

Antwort: Ein reibungsloses Funktionieren der europäischen Wirtschaft- und Währungsunion ist unabhängig von jeglichen „Sondermaßnahmen" der EZB nur dann möglich, wenn die nationalen Regierungen auf a) die Tragfähigkeit ihrer öffentlichen Finanzen, b) die Wettbewerbsfähigkeit ihrer Volkswirtschaften, und c) die Stabilität ihrer Finanzsysteme achten. Ansonsten besteht in einem wirtschaftlich hochintegrierten Staatenverbund ein zu hohes Risiko langfristiger Ansteckungseffekte.

Ein systemisches Restrisiko für den Fall unvorhergesehener externer Schocks bliebe allerdings auch dann gegeben, wenn zukünftig keine gravierenden „Haushaltssünden" mehr begangen würden. Trotz verstärkter haushaltspolitischer und makroökonomischer Überwachung sind weitere Krisen nicht auszuschließen.

Vor diesem Hintergrund wurde am 07. Juni 2010 die EFSF mit dem Ziel gegründet, „die finanzielle Stabilität im gesamten Euro-Währungsgebiet zu sichern". Sie ist Bestandteil der allgemein als Euro-Rettungsschirm bezeichneten Maßnahmenpakete. Abgesichert ist sie mit Garantien der Euro-Staaten in Höhe von 780 Milliarden € und weist eine Verleihkapaziät von ca. 440 Milliarden € auf.

Anbetracht der begrenzten Laufzeit der EFSF, und im Kontext einer sich unvermindert fortsetzenden Schuldenkrise, wurde mit dem ESM ein **dauerhafter** Mechanismus geschaffen, dessen Gründungsdokumente am 08. Oktober 2012 unterzeichnet werden, und der dazu dienen soll, in Schieflage geratenen Euroländern unter die Arme greifen zu können. Das wesentliche Instrumentarium hierbei sind Bürgschaften/Haftungsgarantien und Notkredite; Voraussetzung ist, dass jeder Mitgliedstaat, der Hilfe durch den ESM erhält, ein makroökonomisches Anpassungsprogramm umsetzt, sowie eine tief gehende Analyse über die Nachhaltigkeit seiner Staatsschuldensituation unternimmt.

Der ESM-Vertrag ist in Zusammenhang mit dem **Vertrag über Stabilität, Koordinierung und Steuerung in der Wirtschafts- und Währungsunion** (VSKS) zu sehen, den die Staats- und Regierungschefs der Eurozone im Dezember 2011 verabschiedet haben. Dieser wiederum ist Teil des Fiskalpakts, mit dem das Bestreben in nationalem Recht verankert worden ist, eine engere Koordinierung der Wirtschaftspolitik im gemeinsamen Währungsgebiet zu entwickeln, nicht zuletzt unter dem Aspekt stabiler(er) öffentlicher Finanzen.

Der ESM verfügt über ein anfängliches Stammkapital von 700 Mrd. €, das von den Mitgliedsstaaten der Währungsunion in unterschiedlichem Ausmaß – entsprechend dem jeweiligen Anteil am Kapitalschlüssel der EZB – aufgebracht wird. So steuert Deutschland 27 %, also etwa 190 Mrd. € bei. Diese Summe darf nach einem mit Spannung erwarteten Urteil des Bundesverfassungsgerichts nur dann erhöht werden, wenn der Bundestag hierfür seine Zustimmung gegeben hat. Zuletzt wurde über eine „Hebelung" des Fonds auf 2 Billionen € diskutiert, die mithilfe privater Kapitalgeber zustande kommen könnte, und durch die dann auch große Länder wie Spanien oder Italien im Falle eines Falles zu retten wären.

Nachdem der ESM als eine ständige internationale Organisation errichtet worden ist, und aufgrund des eingezahlten Kapitals in beträchtlicher Höhe, kann er – anders als zuvor die EFSF – bestimmte Risiken selbst tragen. Die vom ESM an ein in finanzielle Schieflagen geratenes Land des Euroraums ausgereichten Darlehen werden wie ein Kredit des IWF an einen Mitgliedsstaat ausgewiesen. Das ist insofern interessant, als ein Kredit dann nicht in den Staatskonten der anderen Euro-Länder verbucht wird und dadurch auch nicht zu einem Anstieg der öffentlichen Verschuldung führt.

Ohne an dieser Stelle ins Detail gehen zu können, steht der ESM seit seinem Entstehen aus unterschiedlichen Gründen in teils massiver Kritik:

- **Haftungsrisiko:** Da laut Art. 25 Abs. 2 ESM-Vertrag für den Fall, dass ein Land als Zahler ausfällt, weil es selbst finanzielle Hilfen benötigt, die übrigen Staaten das fehlende Kapital aufbringen müssen, bestehen erhebliche Haftungsrisiken. So hat das ifo-Institut errechnet, dass Deutschland bei einer Zuspitzung der Schuldenkrise mit bis zu 778 Mrd. € haften könnte.
- **Verstoß gegen die Nicht-Beistandsklausel:** Diese Klausel ist in Art. 125 AEU-Vertrag verankert und besagt ausdrücklich, dass eine Haftung der Union oder einzelner Mitgliedstaaten für die Verbindlichkeiten anderer Mitgliedstaaten ausgeschlossen ist. Damit soll eigentlich die Eigenverantwortung der Staaten gestärkt bzw. die Gefahr von „Moral Hazard" (also nachlässiger eigener Haushaltspolitik aufgrund des Sich-Verlassens auf Rettung durch andere) minimiert werden. Wenn nun per ESM-Vertrag geregelt ist, dass notleidende Staaten finanzielle Hilfe erhalten, wird die Nicht-Beistandsklausel quasi ausgehebelt (trotz Verpflichtung der betroffenen Staaten zu einem nachhaltigen makroökonomischen Anpassungsprogramm, das – wie die Praxis zeigt – immer wieder weitere Spielräume zulässt).
- **Primat der Politik über die Wirtschaft in der EU:** Einhergehend mit dem Verstoß gegen die Nicht-Beistandsklausel wird bisweilen eine Untergrabung der Disziplinierung durch die Finanzmärkte ins Feld geführt. Das ist aber im Grundsatz nur ein weiterer Hinweis auf mögliches „Moral Hazard"-Verhalten von Teilnehmerstaaten, das nun gefördert wird.
- **Fehlendes Austrittsrecht:** Kritisiert wird auch, dass der ESM auf Dauer angelegt ist und es kein Austrittsrecht für ESM-Mitgliedsstaaten gibt. Laut Völkerrecht gibt es nur die Möglichkeit zu kündigen, wenn sich die Grundlagen insgesamt verändert haben.

Themenbereich Berufsrecht

Problembereich 1: Rechtsgrundlagen für die Berufsausübung

> **Frage:** Welche Gesetze und Verordnungen bestimmen das Berufsleben des Steuerberaters?

Antwort: Der Steuerberater muss das Steuerberatungsgesetz (StBerG), die Durchführungsverordnung zum Steuerberatungsgesetz (DVStB), die Steuerberatergebührenverordnung (StBVV) und die von der Bundessteuerberaterkammer erlassene Berufsordnung (Berufsordnung Steuer – BOStB) beachten.

> **Frage:** Was regelt das StBerG? Wie ist es untergliedert?

Antwort: Das StBerG beantwortet im ersten Teil in den §§ 1 bis 31 StBerG die Frage, was unter Hilfeleistung in Steuersachen zu verstehen ist, und wer unbeschränkt oder auch nur beschränkt dazu befugt ist. Der zweite Teil enthält die Steuerberaterordnung (§§ 32–145 StBerG). Dort sind allgemeine Vorschriften über die Bestellung und die Anerkennung der Steuerberater, Steuerbevollmächtigten und der Steuerberatungsgesellschaften geregelt. Danach werden die Rechte und Pflichten der Steuerberater aufgezeigt. Dem folgen Vorschriften über die Organisation des Berufes (Aufgaben der Steuerberaterkammern und der Bundessteuerberaterkammer). Und zuletzt finden sich Bestimmungen über berufsgerichtliche Sanktionen auf die Verletzung von Berufspflichten.

> **Frage:** Das Steuerberatungsgesetz ist in all den Jahren seit 1961 oftmals geändert worden. Im Zusammenhang mit Änderungen des Steuerberatungsgesetzes spricht man von Steuerberatungsänderungsgesetzen (StBerÄndG). Was versteht man darunter?

Antwort: Steuerberatungsänderungsgesetze (StBerÄndG) waren und sind Gesetze, die ausschließlich umfangreiche Änderungen des StBerG zum Gegenstand haben und deshalb diese Bezeichnung verdienen. Insoweit kann man von „kleinen Novellen" sprechen. Seit 1961 gab es acht solcher StBerÄndG. Das letzte, und zwar das 8. StBerÄndG ist am 08.04.2008 beschlossen, am 11.04.2008 verkündet worden und am 12.04.2008 in Kraft getreten (BGBl I 2008, 666). Das vorletzte, und damit das 7. StBerÄndG datiert vom 01.07.2000 (BGBl I 2000, 874). Aber auch zwischen den einzelnen StBerÄndG hat der Gesetzgeber das StBerG im Rahmen von Gesetzesvorhaben, bei denen andere Gesetze weit mehr im Vordergrund standen, immer wieder in einzelnen Punkten geändert und neuen Entwicklungen etc. angepasst. So ist z.B. im Zuge des Jahressteuergesetzes 2001 den Steuerberatern die Möglichkeit gegeben worden, mit Rechtsbeiständen, die Mitglieder einer Rechtsanwaltskammer sind, eine Sozietät zu bilden und im Jahressteuergesetz 2003 ist (an versteckter Stelle) § 50a StBerG dahin gehend geändert worden, dass sich fortan auch Steuerberatungsgesellschaften mehrheitlich an anderen Steuerberatungsgesellschaften beteiligen konnten.

> **Hinweis/Tipp!** Wenn im Folgenden mitunter aktuelle Gerichtsentscheidungen angegeben sind, dann müssen Sie diese in der mündlichen Prüfung natürlich nicht zitieren können. Wer – gleich aus welchen Gründen – sich in das eine oder andere Problemfeld vertiefen will, vermag darauf zurückgreifen.

Problembereich 2: Die Hilfeleistung in Steuersachen

> **Frage:** Das Steuerberatungsgesetz spricht von Hilfeleistungen in Steuersachen. Was fällt alles unter die Hilfeleistung in Steuersachen?

Antwort: Unter die Hilfeleistung in Steuersachen fällt die Unterstützung (Beratung und Betreuung) des Steuerpflichtigen in den Angelegenheiten, die in § 1 Abs. 1 und 2 StBerG genannt sind. Das sind z.B. Hilfeleistungen bei Bundessteuern (ESt, USt, KSt etc.), Realsteuern, Grunderwerbsteuern und in Monopolsachen. Die Hilfeleistung in Steuersachen umfasst auch die Hilfeleistung in Steuerstrafsachen und in Bußgeldsachen wegen leichtfertiger Steuerverkürzung. Zum Anwendungsbereich des StBerG gehört ferner die Hilfeleistung bei Buchhaltungsarbeiten (Fibu, Lohn) sowie beim Erstellen von Jahresabschlüssen. Das alles besagt auch § 33 StBerG, wo die (Vorbehalts-) Tätigkeiten des Steuerberaters in diesem Sinne beschrieben sind.

> **Frage:** Wer darf geschäftsmäßig Hilfe in Steuersachen leisten?

Antwort: Hilfe in Steuersachen darf nur leisten, wer dazu befugt ist (§ 2 StBerG). Das Gesetz unterscheidet zwischen der Befugnis zur unbeschränkten und zur beschränkten Hilfeleistung in Steuersachen. Unbeschränkt zur Hilfeleistung befugt sind nach § 3 StBerG Steuerberater, Steuerbevollmächtigte, Rechtsanwälte, Wirtschaftsprüfer und vereidigte Buchprüfer sowie die Steuerberatungsgesellschaften und die Rechtsanwaltsgesellschaften, Wirtschaftsprüfungsgesellschaften und Buchprüfungsgesellschaften.

§ 3a StBerG setzt die Richtlinie 2005/36/EG über die Anerkennung von Berufsqualifikationen um. Danach sind Personen, die in einem EG-Mitgliedstaat befugt sind, Hilfe in Steuersachen zu leisten, dazu auch in Deutschland berechtigt – jedenfalls vorübergehend und gelegentlich. Einer Eignungsprüfung bedarf es nicht. Diese Personen müssen sich bei der für sie nach § 3a Abs. 2 StBerG zuständigen Steuerberaterkammer melden. Sie werden dort lediglich registriert.

Insgesamt gibt es in Deutschland zurzeit 21 Steuerberaterkammern, denen die beratenden Personen aus den verschiedenen Ländern zugeordnet sind. So ist z. B. die Steuerberaterkammer Nordbaden für die rumänischen Berater zuständig und die Steuerberaterkammer Hessen für Portugal und Spanien.

> **Frage:** Wer ist zur beschränkten Hilfeleistung in Steuersachen befugt? Können Sie Beispiele nennen?

Antwort: Nach § 4 StBerG sind bestimmte Personen und Institutionen nur zur beschränkten Hilfeleistung in solchen steuerlichen Angelegenheiten befugt, die in ihren beruflichen oder geschäftlichen Tätigkeitskreis fallen. Das sind u.a. die Notare im Rahmen Ihrer Notariatstätigkeit sowie die Patentanwälte im Rahmen ihrer Befugnisse nach der Patentanwaltsordnung. Ferner die Prüfungsverbände der Genossenschaften und der Sparkassen, soweit sie ihren Mitgliedern Hilfe in Steuersachen leisten. Des Weiteren fallen darunter z.B. Speditionsunternehmen bei Hilfeleistungen in Eingangsabgaben und Arbeitgeber, sofern sie ihren Arbeitnehmern in lohnsteuerlichen Fragen Hilfe leisten und vor allem die Lohnsteuerhilfevereine.

> **Tipp!** Die Ausnahmen, nach denen in beschränktem Maße Hilfeleistung in Steuersachen erlaubt ist, werden in § 4 S. 1 Nr. 1-16 StBerG abschließend genannt. Lesen Sie diesen Paragrafen und merken Sie sich die drei bis vier Aufzählungen, die Ihnen „am griffigsten" und „am leichtesten merkbar" erscheinen.

> **Frage:** Darf der Steuerberater im Rahmen eines Dauermandats für seine Mandanten Anton Meyer (M) und Klaus Wolters (W) einen GmbH-Vertrag entwerfen, den M und W von dem Notar K. Waldenburger (wortgetreu) beurkunden lassen wollen.

Antwort: Nach § 5 Abs. 1 RDG (Rechtsdienstleistungsgesetz) sind Rechtsdienstleistungen im Zusammenhang mit einer anderen Tätigkeit erlaubt, wenn sie als Nebenleistung zum Berufs- oder Tätigkeitsbild des Betreffenden gehören und zur sachgemäßen Erledigung seiner Aufgaben (hier Steuerberatung) erforderlich sind. Das wird z.B. der Fall sein beim Entwurf eines Vertrages zur Vermeidung steuerschädlicher verdeckter Gewinnausschüttungen – nicht jedoch bei dem Entwurf eines Gesellschaftsvertrages (vgl. OLG Düsseldorf Urteil vom 22.03.2011, DStR 2012, 323).

> **Frage:** Was sind Lohnsteuerhilfevereine? Können Sie dazu etwas sagen?

Antwort: Lohnsteuerhilfevereine sind Vereine, die ihren Mitgliedern in begrenztem Maße und Umfang Hilfe in Steuersachen leisten. Die Befugnis dazu ergibt sich aus § 4 Ziffer 11 StBerG. Der Lohnsteuerhilfeverein darf nur für seine Mitglieder Hilfe in Steuersachen leisten; diese müssen Arbeitnehmer sein. Ein gesondertes Entgelt darf für die Hilfe in Steuersachen nicht in Rechnung gestellt werden. Die Leistungen des Vereins sind vom Mitgliedsbeitrag abgedeckt.

> **Frage:** Schlagen Sie doch bitte einmal das Steuerberatungsgesetz auf und lesen Sie § 4 Nr. 11 StBerG. Sagen Sie mir dann konkret, welche Einkünfte die Mitglieder eines Lohnsteuerhilfevereins haben dürfen und welche nicht.

Antwort: Die Mitglieder dürfen Lohneinkünfte und Einkünfte aus sonstigen Leistungen nach § 22 Nr. 1, 1a und 5 EStG erzielen aber keine Einkünfte aus L + F, keine aus Gewerbebetrieb und keine aus selbständiger Arbeit. Sonstige Einnahmen aus anderen Einkunftsarten (Vermietung und Verpachtung, Kapitalvermögen) sind unschädlich, wenn sie insgesamt 13.000 € und bei Ehegattenzusammenveranlagung 26.000 € nicht übersteigen. In den Fällen des § 22 Abs. 3 EStG (Aktien-Veräußerungsgeschäfte) und in den Fällen des 23 Abs. 1 EStG (Spekulationsgeschäfte) tritt der Gewinn an die Stelle der Einnahmen.

> **Frage:** Welche Pflichten hat ein Lohnsteuerhilfeverein? Wie ist er strukturiert und welche Besonderheiten sind zu beachten?

Antwort: Der Lohnsteuerhilfeverein hat nach § 26 StBerG die Hilfe in Steuersachen für seine Mitglieder sachgemäß, gewissenhaft, verschwiegen und ohne berufswidrige Werbung zu leisten. Er ist ein rechtsfähiger Verein und bedarf der Anerkennung durch die Aufsichtsbehörde, in deren Bezirk er seinen Sitz hat. Der Lohnsteuerhilfeverein unterhält Beratungsstellen, deren Leiter Steuerberater (Personen nach § 3 Nr. 1 StBerG) oder fachlich vorgebildete sonstige Personen mit praktischer Erfahrung sein müssen (§ 23 Abs. 3 StBerG). Aufsichtsbehörde ist die OFD oder die durch die Landesregierung bestimmte Landesbehörde.

> **Frage:** Kommen wir nochmals zurück auf die sonstigen Vorschriften des StBerG in Sachen Hilfeleistung in Steuersachen. Sie haben soeben zutreffend aufgezeigt, dass nur bestimmte Personen zur unbeschränkten oder zur beschränkten Hilfeleistung in Steuersachen befugt sind. Gibt es hiervon Ausnahmen?

Antwort: Grundsätzlich dürfen nach § 5 StBerG nur die in §§ 3 und 4 StBerG genannten Personen unbeschränkt oder beschränkt Hilfe in Steuersachen leisten. Allerdings gibt es in § 6 StBerG dazu Ausnahmen. So fallen nach § 6 Nr. 1 und 2 StBerG die Erstattung wissenschaftlicher Gutachten

Problembereich 2: Die Hilfeleistung in Steuersachen

und die unentgeltliche Hilfeleistung in Steuersachen für Angehörige nicht unter das Verbot des § 5 StBerG. Gleiches gilt für die Durchführung mechanischer Arbeitsvorgänge bei der Buchführung, das Buchen laufender Geschäftsvorfälle, die laufende Lohnabrechnung und das Fertigen der Lohnsteuer-Anmeldungen (§ 6 Nr. 3 und 4 StBerG). Voraussetzung ist aber, dass die Arbeiten von einer buchhalterisch vorgebildeten Person mit praktischer Erfahrung ausgeführt werden.

> **Tipp!** Die Lohnsteuerhilfevereine sind in besonderem Maße in den kritischen Blick der Berufskammern und Berufsverbände der Steuerberater geraten. Mit bedauernder Skepsis werden die gesetzgeberischen Maßnahmen hingenommen, die den Lohnsteuerhilfevereinen immer mehr Rechte in Bezug auf die Hilfeleistung in Steuersachen zugestehen (z.B. zuletzt sogar die Möglichkeit, mit Steuerberatern eine Bürogemeinschaft einzugehen). Sie sollten kurz vor der mündlichen Prüfung § 4 S. 1 Nr. 11 StBerG durchlesen.

> **Frage:** Nehmen Sie einmal an, der Mitarbeiter M (Bilanzbuchhalter) kündigt sein Anstellungsverhältnis bei Steuerberater S und macht sich selbständig. Er bietet in einer Zeitungsannonce seine Dienste wie folgt an: Buchhaltungsarbeiten, Lohnsteueranmeldungen und Umsatzsteuervoranmeldungen. Was sagen Sie dazu?

Antwort: Die Hilfeleistung in Steuersachen ist den in §§ 3, 4 StBerG genannten Personen vorbehalten. Nach § 6 Nr. 4 StBerG sind aber reine Buchhaltungsarbeiten und Lohnsteueranmeldungen keine Vorbehaltsaufgaben. Die Abgabe von Umsatzsteuervoranmeldungen fällt jedoch nicht unter die Verbotsausnahme des § 6 Nr. 4 StBerG. Diese Arbeiten dürfen die Buchführungshelfer nicht anbieten. Ursprünglich war in dem 8. StBerÄndG vorgesehen, den Buchführungshelfern diese weitergehenden Befugnisse zu geben. Diese Forderung der selbständigen Bilanzbuchhalter, Steuerfachwirte oder Buchführungshelfer konnte sich am Ende nicht durchsetzen; sie bleibt aber auf der „Tagesordnung". Gleiches gilt für die Frage, ob es den Buchführungshelfern gestattet ist, Buchhaltungen einzurichten. Das LG Münster hat mit Urteil vom 01.12.2011, DStR 2012, 1531 auf die Klage der zuständigen Steuerberaterkammer (§ 11 Abs. 2 UWG) die Werbung eines Steuerfachgehilfen (Kontierers) mit den Begriffen „Finanzbuchhaltung" und „Lohnbuchhaltung" als irreführend und als Angebot der geschäftsmäßigen Steuerberatung für unzulässig angesehen. Der Steuerfachangestellte (Kontierer) darf nur das Buchen **laufender** Geschäftsvorfälle und die **laufende** Lohnabrechnung sowie das Fertigen von Lohnsteueranmeldungen anbieten. Die Worte „Finanzbuchhaltung" und „Lohnbuchhaltung" weisen auf ein umfänglicheres Betätigungsfeld hin.

> **Frage:** Was kann oder muss das Finanzamt tun, wenn es erkennt, dass Hilfe in Steuersachen von Personen geleistet wird, die dazu nicht befugt sind und/oder die unberechtigt Berufsbezeichnungen führen? Welche Sanktionen treffen Personen, die unbefugt Hilfe in Steuersachen leisten und unbefugt Berufsbezeichnungen führen?

Antwort: Werden den Finanzbehörden oder den Steuerberaterkammern Tatsachen bekannt, die den Verdacht einer unbefugten Hilfeleistung in Steuersachen begründen, so haben sie diese Tatsachen nach § 5 Abs. 2 StBerG der für das Bußgeldverfahren zuständigen Stelle zu melden (Finanzamt; gemeinsame Strafsachenstelle). Die unbefugte Hilfeleistung in Steuersachen ist eine Ordnungswidrigkeit, die nach § 160 StBerG mit einer Geldbuße bis zu 5.000 € geahndet werden kann. Überdies kann das Finanzamt die Hilfe in Steuersachen untersagen, wenn sie von dazu nicht befugten Personen ausgeübt wird (§ 7 Abs. 1 Nr. 1 StBerG).

Wird der Finanzbehörde der Missbrauch von Berufsbezeichnungen bekannt, so meldet sie auch dies der für das Strafverfahren zuständigen Stelle. Der Missbrauch von Titeln und Berufsbezeichnungen kann nach § 132a StGB mit einer Freiheitsstrafe bis zu einem Jahr oder mit Geldstrafe bestraft werden.

Problembereich 3: Steuerberater, Steuerberatungsgesellschaften und sonstige Personenzusammenschlüsse

Frage: Welche Tätigkeiten üben Steuerberater und Steuerbevollmächtigte aus?

Antwort: Steuerberater und Steuerbevollmächtigte sind nach § 2 Abs. 1 BOStB Organe der Steuerrechtspflege. Sie üben einen freien Beruf aus. Ihre Tätigkeit ist kein Gewerbe. Sie erzielen freiberufliche Einkünfte nach § 18 EStG. Steuerberater und Steuerbevollmächtigte beraten ihre Auftraggeber in Steuerangelegenheiten und bei der Erfüllung ihrer steuerlichen Pflichten. Steuerberater müssen nach § 34 StBerG eine berufliche Niederlassung begründen. Sie können weitere Beratungsstellen errichten, wenn der Leiter ein anderer Steuerberater oder Steuerbevollmächtigter ist.

Frage: Die Steuerberater S1 und S2 wollen eine Steuerberatungsgesellschaft gründen und die Steuerberatung in einer solchen Gesellschaft gemeinsam ausüben. In welcher Rechtsform kann eine Steuerberatungsgesellschaft Hilfe in Steuersachen leisten?

Antwort: Steuerberatungsgesellschaften können grundsätzlich in der Rechtsform der AG, KGaA, GmbH, OHG, KG und Partnerschaftsgesellschaft Hilfe in Steuersachen leisten. OHG und KG müssen allerdings wegen ihrer Treuhandtätigkeit zuvor schon im Handelsregister eingetragen gewesen sein. Sie können mithin nach dem Wortlaut des § 49 Abs. 2 StBerG als Steuerberatungsgesellschaft nicht gegründet, sondern zur Steuerberatungsgesellschaft nur umgewidmet werden. Nachdem sich mittlerweile auch Kleinstunternehmen ins Handelsregister eintragen lassen können, ist diese Bestimmung überholt.

Die Gesellschaften werden erst zur Steuerberatungsgesellschaft i.S.d. StBerG, wenn sie von der zuständigen Steuerberaterkammer formell anerkannt worden sind (§ 49 StBerG). Wie das Anerkennungsverfahren im Detail abläuft, beschreiben die §§ 40, 41 DVStB.

Frage: Welche Voraussetzungen müssen gegeben sein, damit eine Gesellschaft als Steuerberatungsgesellschaft anerkannt werden kann? Können die Steuerberater S1 und S2 auch in der Rechtsform der GmbH & Co. KG Hilfeleistungen in Steuersachen erbringen?

Antwort: Eine Steuerberatungsgesellschaft muss nach § 50 StBerG in Bezug auf die Geschäftsführung und in Bezug auf die Beteiligungsverhältnisse bestimmte Voraussetzungen erfüllen. Die Geschäftsführung muss in der Hand von Steuerberatern liegen. Es können allerdings auch andere Personen Mitgeschäftsführer sein (z.B. Rechtsanwälte, Wirtschaftsprüfer, vereidigter Buchprüfer etc.). Die Zahl solcher (Nicht-Steuerberater-)Geschäftsführer darf aber die Zahl der Steuerberater-Geschäftsführer nicht übersteigen.

Nach dem 8. StBerÄndG kann auch eine Steuerberatungsgesellschaft (Steuerberatungs-GmbH) persönlich haftende Gesellschafterin einer Steuerberatungs-OHG oder Steuerberatungs-KG sein. Damit war (eigentlich) ab 2008 der Weg zur „Steuerberatungs-GmbH & Co. OHG" und vor allem auch zur „Steuerberatungs-GmbH & Co. KG" geöffnet. Das ergibt sich aus § 50 Abs. 1 S. 3 StBerG. Trotz der klaren Gesetzesbestimmung ließ aber das OLG Dresden in der Entscheidung vom 06.12.2012 (DStR 2013, 1102) die Eintragung einer Steuerberatungs GmbH & Co KG in das Handelsregister nur zu, wenn sie **überwiegend** Treuhandtätigkeiten ausübte. Die Entscheidungsgründe gehen sogar so weit, dass danach auch eine (reine) Steuerberatungs KG und reine Steuerberatungs OHG mit natürlichen

Personen als Komplementäre bzw. Vollhafter ohne überwiegende Treuhandtätigkeit nicht eingetragen (und damit nicht gegründet) werden könnten. Das OLG hatte die Revision zum BGH zugelassen.

Der BGH folgte der Rechtsauffassung des OLG Dresden nicht. In der hierzu ergangenen Revisionsentscheidung vom 15.07.2014 hat er klargestellt, dass eine Steuerberatungsgesellschaft in der Form einer Kommanditgesellschaft und insbesondere auch in der Rechtsform der GmbH & Co. KG allein schon dann in das Handelsregister eingetragen werden kann, wenn der Gesellschaftszweck mit „geschäftsmäßige Hilfeleistung in Steuersachen einschließlich der Treuhandtätigkeit" festgelegt wird (BGH vom 15.07.2014, DStR 2014, 2085 ff.). Nachdem eine Gesellschaft nur dann in das Handelsregister eingetragen werden kann, wenn sie ein Handelsgewerbe betreibt, hatte zwar einiges dafür gesprochen, dass eine Steuerberatungs-KG überwiegend (und nicht nur untergeordnet) Treuhandtätigkeiten verrichten muss, um in das Handelsregister eingetragen werden zu können – vgl. §§ 1, 105, 161 HGB. Der BGH sieht jedoch in § 49 Abs. 2 StBerG eine spezialgesetzliche Regelung, die mit dem 3. StBerÄndG im Jahr 1975 in das StBerG aufgenommen worden ist (BGBl I 1975, 1509). Danach können Personenhandelsgesellschaften bereits dann im Handelsregister eingetragen werden, wenn sie nach ihrem Gesellschaftszweck darauf gerichtet sind, neben der sie prägenden geschäftsmäßigen Hilfeleistung in Steuersachen auch die berufsrechtlich zulässigen Treuhandtätigkeiten auszuüben.

> **Frage:** Und wer darf oder muss Gesellschafter einer Steuerberatungsgesellschaft sein?

Antwort: Nach § 50a StBerG dürfen ausschließlich Steuerberater, Rechtsanwälte, Wirtschaftsprüfer, vereidigter Buchprüfer etc. und Steuerberatungsgesellschaften Gesellschafter einer Steuerberatungsgesellschaft sein. Die Anteile an Steuerberatungsgesellschaften dürfen nicht für Rechnung eines Dritten gehalten werden.

> **Tipp!** Im Rahmen dieses Prüfungsthemas müssen Sie damit rechnen, dass auf die steuerliche Problematik eingegangen wird, die sich bei Beteiligungen von Steuerberater-Kapitalgesellschaften an Steuerberater-Personengesellschaften ergeben. Der BFH hat mit Urteil vom 08.04.2008 (Az: VII R 73/05, DStR 2008, 1187 ff.) entschieden und bestätigt, dass in diesem Fall die Steuerberater-Personengesellschaft gewerbliche Einkünfte erzielt. Ohne eine solche Beteiligung verzeichnete die Steuerberater-Personengesellschaft freiberufliche Einkünfte – vgl. hierzu auch die Entscheidung des FG Düsseldorf vom 12.08.2010, DStR 2011, 99.

> **Frage:** Ist die Sozietät eine Steuerberatungsgesellschaft?

Antwort: Die Sozietät (GbR oder BGB-Gesellschaft) ist keine Steuerberatungsgesellschaft i.S.d. § 49 StBerG. Im Rahmen einer Sozietät üben die Steuerberater ihren Beruf zwar gemeinsam in einer nach § 56 Abs. 1 StBerG zulässigen Verbindung von Berufsträgern aus. Zur Steuerberatung zugelassen sind aber in diesem Fall nicht die Sozietät, sondern die Mitglieder der Sozietät, die GbR-Gesellschafter. Das widerspricht zwar der neuen Rechtsprechung zur Rechtsfähigkeit der Sozietät (BGH vom 29.01.2001, NJW 2001, 1056), nach der auch die Sozietät selbst rechtsfähig ist und Vertragspartner und damit Auftragnehmer sein kann. Gleichwohl hält der Gesetzgeber berufsrechtlich an dieser überholten alten Rechtsauffassung fest, was der BGH mit Urteil vom 09.12.2010 abgesegnet hat (DStRE 2011, 391).

> **Frage:** Welche Besonderheiten gelten bei der Partnerschaftsgesellschaft? Was versteht man unter einer einfachen und einer qualifizierten Partnerschaftsgesellschaft?

Antwort: Auch die Partnerschaftsgesellschaft gehört zu den nach § 56 Abs. 1 StBerG zulässigen Personenzusammenschlüssen. Die Partnerschaftsgesellschaft wird auch als OHG der Freiberufler bezeichnet. Diese Gesellschaft hat die Möglichkeit, sich als Steuerberatungsgesellschaft anerkennen zu lassen (qualifizierte Partnerschaftsgesellschaft). Sie muss es aber nicht. Hat sich die Partnerschaftsgesellschaft anerkennen lassen, dann ist sie nach §§ 3 Ziffer 3, 49 Abs. 1 StBerG zur unbeschränkten Hilfeleitung in Steuersachen „als Steuerberatungsgesellschaft" befugt. Lässt sie sich nicht anerkennen (einfache Partnerschaftsgesellschaft), dann greift § 3 Nr. 2 StBerG. Dort wird die Hilfeleistungsbefugnis ausdrücklich auch einer Partnerschaftsgesellschaft zuerkannt, wenn deren Gesellschafter – wie bei der Sozietät – ausschließlich Steuerberater, Steuerbevollmächtigte, Rechtsanwälte, Wirtschaftsprüfer und/oder vereidigte Buchprüfer sind.

Nachdem die Sozietät (BGB-Gesellschaft oder Gesellschaft des Bürgerlichen Rechts) nach neuer höchstrichterlicher Rechtsprechung der Partnerschaftsgesellschaft gleichgestellt ist, müssten „eigentlich" in § 3 Nr. 2 StBerG hinter dem Wort „Partnerschaftsgesellschaften" die Worte „und Sozietäten" eingefügt werden. Dann wäre auch berufsrechtlich die Entscheidung des BGH zur Rechtsfähigkeit der Gesellschaft des Bürgerlichen Rechts umgesetzt.

Frage: Was ist der Grund dafür, dass sich eine Partnerschaftsgesellschaft nicht als Steuerberatungsgesellschaft anerkennen lassen will?

Antwort: Die Partnerschaftsgesellschaft muss nach § 53 StBerG in der Firma das Wort „Steuerberatungsgesellschaft" aufnehmen. Wenn sich z.B. die Rechtsanwälte R1 bis R5 mit Steuerberater S zur Partnerschaftsgesellschaft zusammenschließen, dann ist es im Blick auf den ggf. geringeren Gesellschafterbeitrag des S unter Umständen nachvollziehbar nicht gewollt oder auch nicht sinnvoll, dass diese Partnerschaftsgesellschaft mit „Steuerberatungsgesellschaft" firmiert. Zudem dürften in dieser Gesellschaft nur S und ein Anwalt Geschäftsführer bzw. persönlich haftender Gesellschafter sein (§ 50 Abs. 2 StBerG). Auch das wird nicht gewollt sein. Deshalb können R1 bis R 5 und S (auch und besser) in einer einfachen Partnerschaftsgesellschaft gemeinschaftlich Hilfe in Steuersachen leisten. Die Bezeichnung könnte dann z.B. „R1 und Partner" lauten mit dem Zusatz „Rechtsanwälte und Steuerberater".

Frage: Wie sind die Haftungsverhältnisse in einer Steuerberater-Partnerschaftsgesellschaft?

Antwort: Begeht ein Partner einen Beratungsfehler, der bei dem beratenen Mandanten zu einem Schaden führt, ist die Partnerschaftsgesellschaft zum Schadenersatz verpflichtet. Während bei einer OHG und bei einer GbR sämtliche Gesellschafter dafür über § 128 HGB gesamtschuldnerisch haften, trifft bei der Partnerschaftsgesellschaft gem. § 8 Abs. 2 PartGG nur den Partner eine Mitverantwortung/Haftung, der mit der Bearbeitung des Auftrags befasst war.

Der Gesetzgeber hat mit dem Gesetz zur Einführung einer Partnerschaftsgesellschaft mit beschränkter Berufshaftung am 15.07.2013 in § 8 PartGG einen neuen Abs. 4 eingefügt, wonach in einer Partnerschaftsgesellschaft mbB (Partnerschaftsgesellschaft mit beschränkter Berufshaftung) den Gläubigern für Berufsfehler nur das Gesellschaftsvermögen haftet. Damit haftet für Berufsfehler kein Partner persönlich – wie dies auch bei der StB-GmbH der Fall ist. Als Ausgleich für den Wegfall der persönlichen Haftung der Partner muss sich die Partnerschaftsgesellschaft ausreichend versichern. Was ausreichend ist besagt § 67 Abs. 2 StBerG (Mindestversicherungssumme 1 Mio. €).

Frage: Welche Möglichkeiten der Kooperation gibt es für Steuerberater noch?

Antwort: Der Steuerberater kann sich mit anderen Steuerberatern oder mit Steuerbevollmächtigten und Rechtsanwälten, Wirtschaftsprüfern, vereidigten Buchprüfern etc. nach § 56 Abs. 3 StBerG zu einer Bürogemeinschaft zusammenschließen. Die Bürogemeinschaft darf nicht den Anschein einer Sozietät erwecken. So dürfen z.B. keine gemeinsamen Geschäftspapiere oder Praxisschilder verwendet werden. Nach außen zu den Mandanten tritt die Bürogemeinschaft nicht in Erscheinung. Aufträge erhalten die einzelnen Berufsträger (Steuerberater, Rechtsanwälte, Wirtschaftsprüfer, etc.). Sie rechnen ihre Leistungen auch gesondert im eigenen Namen ab – niemals auf die Bürogemeinschaft.

Seit dem 08.04.2008 ist es zulässig, dass sich Steuerberater auch mit Lohnsteuerhilfevereinen zu einer Bürogemeinschaft zusammenschließen (§ 56 Abs. 2 StBerG). Ferner ist es den Steuerberatern seit dem 08.04.2008 erlaubt, mit allen Angehörigen freier Berufe i.S.d. § 1 Abs. 2 PartGG zusammenzuarbeiten (Kooperationen nach § 56 Abs. 5 StBerG). Darunter fallen z.B. einmalige Veranstaltungen von Ärzten oder Architekten mit Steuerberatern (wie gemeinsame Vernissagen etc.). Nach wie vor bleibt es jedoch einem Steuerberater untersagt, mit einem Bilanzbuchhalter eine Kooperation einzugehen (LG Nürnberg-Fürth Beschluss vom 09.08.2011, DStR 2012, 876).

Problembereich 4: Die Rechte und Pflichten der Steuerberater

Frage: Welche allgemeinen Berufspflichten hat der Steuerberater zu beachten?

Antwort: Der Steuerberater muss nach § 57 Abs. 1 StBerG seinen Beruf unabhängig, eigenverantwortlich, gewissenhaft, verschwiegen und unter Verzicht auf berufswidrige Werbung ausüben. Im StBerG sind diese Gebote nicht weiter erläutert. Lediglich § 60 StBerG nimmt zur Frage der eigenverantwortlichen Berufsausübung Stellung. Eigenverantwortlich tätig ist danach nur der selbständige Steuerberater, der zeichnungsberechtigte Vertreter eines Steuerberaters oder einer Steuerberatungsgesellschaft oder der angestellte Steuerberater nach dem Erlaubniskatalog des § 58 StBerG (Anstellung bei Steuerberatern, Lohnsteuerhilfevereinen, Prüfungsverbänden etc.).

Frage: Können Sie konkrete Pflichten des Steuerberaters nennen, die diesem durch das StBerG aufgegeben werden?

Antwort: Der Steuerberater muss nach § 62 StBerG seine Gehilfen zur Verschwiegenheit verpflichten. Nach § 5 Abs. 3 BOStB sind die Mitarbeiter zu belehren (z.B. § 102 AO, § 203 Abs. 1 Nr. 3 StGB, § 5 BDSG).

Will der Steuerberater einen Auftrag nicht annehmen, muss er dies nach § 63 StBerG unverzüglich erklären.

Der Steuerberater hat nach § 66 StBerG die Handakten zehn Jahre lang aufzubewahren. Zu der Handakte gehören alle Schriftstücke, die der Steuerberater aus Anlass seiner beruflichen Tätigkeit von dem Auftraggeber oder für ihn erhalten hat. Die Aufbewahrungspflicht entfällt, wenn der Steuerberater die Handakte an den Auftraggeber zurückgibt.

Kann der Steuerberater seinen Beruf länger als einen Monat nicht ausüben, muss er nach § 69 StBerG einen allgemeinen Vertreter bestellen.

Steuerberater müssen sich regelmäßig fortbilden (§ 57 Abs. 2a StBerG). Die berufliche Fortbildung gehört zu den allgemeinen Berufspflichten des Steuerberaters. § 57 Abs. 2a StBerG bringt allerdings keine Regelungen über die Art und den Umfang der Fortbildung. Die Bundessteuerberaterkammer kann insoweit Empfehlungen und Hinweise geben, nachdem es ihr gem. § 86 Abs. 2 Nr. 7 StBerG obliegt, die berufliche Fortbildung der Steuerberater zu fordern.

Frage: Was sagt die Berufsordnung Steuer (BOStB) zu den Berufspflichten der Steuerberater?

Antwort: Die Bundessteuerberaterkammer hat es übernommen, in der Berufsordnung Steuer (BOStB) ihre Stellungnahme zu den allgemeinen Pflichten des Steuerberaters nach § 57 StBerG abzugeben, die diesem im StBerG aufgegeben worden sind. Im ersten Teil (§§ 1 bis 9 BOStB) werden die Grundpflichten kommentiert, wie sie § 57 StBG vorgibt (Unabhängigkeit, Gewissenhaftigkeit, Verschwiegenheit, Interessenkollision, Werbung etc.). Im zweiten Teil (§§ 10 bis 21 BOStB) finden sich weitere Kommentierungen des Berufsstandes zu Fragenkreisen wie berufliche Niederlassung, weitere Beratungsstellen, Auftragserfüllung, vereinbare Tätigkeiten, gewerbliche Tätigkeit, Beschäftigung von Mitarbeitern, Übernahme eines Mandats etc. Der dritte Teil der BOStB beschäftigt sich mit den besonderen Berufspflichten gegenüber der Steuerberaterkammer, Behörden und Gerichten (§§ 22, 23 BOStB), der vierte Teil mit den besonderen Pflichten bei beruflicher Zusammenarbeit (§§ 24 bis 27 BOStB), der fünfte Teil mit den besonderen Berufspflichten bei Praxisübertragung, Praxiseinbringung und Praxisverpachtung (§ 28 BOStB) und der sechste Teil verweist auf die nach § 86 Abs. 4 Nr. 11 StBerG erlassene Fachberaterordnung, die Teil der Berufsordnung ist.

> **Tipp!** Die BOStB sollte jede(r) Examenskandidat(in) vor dem Mündlichen in die Hand nehmen und einmal durchlesen. Dort wird nichts Sensationelles zu lesen sein. Die BOStB gibt aber doch einen Einblick auf die Regelungsbereiche, auf die die Berufsvertretung einen besonderen Schwerpunkt legt.

> **Frage:** Steuerberater S ist bei Rechtsanwalt RA angestellt. Er erhält von einer großen AG das Angebot, für ein wesentlich höheres Entgelt in der Steuerabteilung arbeiten zu können. Daraufhin kündigt er bei RA. Dieser weist ihn darauf hin, dass er seine Zulassung zurückgeben müsse, wenn er bei der AG angestellt wird. Wie ist die Rechtslage?

Antwort: Der Steuerberater hat sich jeder Tätigkeit zu enthalten, die mit seinem Beruf oder dem Ansehen seines Berufes unvereinbar ist. Nach § 57 Abs. 4 StBerG ist ihm jede Tätigkeit als Arbeitnehmer untersagt. In § 58 StBerG sind jedoch Arbeitnehmertätigkeiten aufgezeigt, die erlaubt sind (Anstellung bei einem StB, RA, WP, Leiter von Beratungsstellen bei Lohnsteuerhilfevereinen, Angestellter bei einer Steuerberaterkammer, Angestellter bei Prüfungsverbänden etc.). Das 8. StBerÄndG vom 08.04.2008 hat eine neue Ziffer 5a in den § 58 StBerG eingefügt und dort den Syndikussteuerberater zugelassen. Danach ist einem Steuerberater ein Anstellungsverhältnis in einem gewerblichen oder sonstigen Unternehmen erlaubt, wenn er dort Aufgaben nach § 33 StBerG wahrnimmt (Vorbehaltsaufgaben der Steuerberater). Der Hinweis des RA, S müsse seine Zulassung zurückgeben, ist mithin unzutreffend. Der Syndikussteuerberater muss aber im Rahmen seines Anstellungsverhältnisses ausschließlich Tätigkeiten nach § 33 StBerG wahrnehmen. Er braucht aber nicht in der tatsächlichen und rechtlichen Lage zu sein, den Steuerberaterberuf in nennenswertem Umfang und mehr als nur gelegentlich auszuüben (BFH Urteil vom 09.08.2011, DStRE 2011, 1425 und DStR 2011, 2266).

> **Frage:** Mit der Bestellung zum Steuerberater werden diese Zwangsmitglied in den bestehenden Versorgungswerken. Andererseits üben sie eine Tätigkeit in einem Anstellungsverhältnis aus und sie müssten der Rentenversicherungspflicht unterliegen. Gibt es hier Probleme für die Syndikussteuerberater?

Antwort: Die Syndikussteuerberater sind bisher davon ausgegangen, dass sie gem. § 6 Abs. 1 S. 1 Nr. 1 SGB VI von der gesetzlichen Rentenversicherungspflicht befreit werden können. Selbst die Deutsche Rentenversicherung Bund war dieser Meinung. Dem hat das Bundessozialgericht im April 2014 in einer Aufsehen erregenden Entscheidung widersprochen. Es ging zwar nicht um den Syndikussteuerberater, sondern um den Syndikusanwalt. Die Entscheidung wird aber auch für die Syndikussteuerberater von Bedeutung sein.

Das BSozG begründet seine Entscheidung damit, dass der Syndikusanwalt in einem festen Dienst- oder Arbeitsverhältnis zu einem bestimmten Arbeitgeber stehe und in dieser Eigenschaft nicht als Rechtsanwalt tätig sei. Unabhängiges Organ der Rechtspflege sei der Rechtsanwalt nur in seiner freiberuflichen, versicherungspflichtigen Tätigkeit. außerhalb des Dienstverhältnisses. Das verunsicherte die Syndikusanwälte. Allerdings gesteht ihnen das BSozG insoweit Bestandsschutz für in der Vergangenheit begünstigende Befreiungsentscheidungen zu.

Nunmehr hat sich auch die BReg dieser Frage angenommen. Sie beschloss im Juni 2015 den Entwurf eines Gesetzes zur Neuordnung des Rechts der Syndikusanwälte. Die Neuregelung soll den Syndikusanwälten ermöglichen, in den anwaltlichen Versorgungswerken zu bleiben. Das Gesetz sieht vor, dass die Zulassung als Syndikusanwalt/Syndikusanwältin die Befreiung von der Rentenversicherungspflicht mit sich bringt bzw. Bindungswirkung für sozialrechtliche Entscheidungen entfaltet (Pressemitteilung des BMJV vom 10.06.2015).

Nach derzeitigem Stand der Dinge wird nicht zu erwarten sein, dass auch die Steuerberater mit einer ähnlichen sozialrechtlichen Beurteilung rechnen müssen, wie dies bei den Rechtsanwälten für Aufregung sorgte.

Frage: Welche sonstigen Tätigkeiten sind dem (selbständig tätigen) Steuerberater versagt?

Antwort: Nach § 57 Abs. 4 StBerG ist dem Steuerberater jede gewerbliche Tätigkeit untersagt. Auch die Beteiligung an einem gewerblichen Unternehmen ist schädlich, wenn der Steuerberater geschäftsführend oder in ähnlicher Weise tätig wird. Die Tätigkeit als Vorstandsmitglied einer Genossenschaftsbank (Volksbank) ist gewerblich und mit dem Beruf des Steuerberaters nicht vereinbar (BFH Urteil vom 17.05.2011, DStR 2011, 1729 und DStRE 2011, 1042). Auch die Tätigkeit als Rechtsreferendar ist mit dem Beruf des Steuerberaters unvereinbar (FG Münster Urteil vom 17.05.2011, DStR 2011, 2115). Unvereinbar ist auch die Tätigkeit als Landwirt, wenn sie nicht nur aus Liebhaberei mit geringer Beteiligung am allgemeinen wirtschaftlichen Verkehr betrieben wird, sondern als Erwerbsquelle dient (VG Hannover vom 27.06.2012, DStR 2012, 2623). Nach § 58 Abs. 4 Nr. 1 StBerG kann die Steuerberaterkammer Ausnahmen vom Verbot einer gewerblichen Tätigkeit zulassen. Dies „Ausnahmevorschrift" wird nach den letzten Entwicklungen im Berufsstand eher weiter als enger auszulegen sein.

Frage: Steuerberater S schaltet bei dem regionalen Sender „Radio Regenbogen" einen „Werbespot", in dem er auf seine Leistungen hinweist. Ist das zulässig?

Antwort: Werbung ist nach § 8 StBerG erlaubt, sofern sie über die Tätigkeit des Steuerberaters in Form und Inhalt sachlich unterrichtet und nicht auf die Erteilung eines Auftrages zur geschäftsmäßigen Hilfeleistung in Steuersachen im Einzelfall gerichtet ist. Genau dasselbe steht nochmals in § 57a StBerG. Auch die Werbung des S im Radio Regenbogen ist zulässig. Sie darf nur nicht reklamehaft wirken. Wenn der Werbespot des S die notwendige Zurückhaltung wahrt, ist dagegen nichts einzuwenden.

Frage: Im Rahmen der weitergehenden Liberalisierung des Berufsrechts hat der BGH in Sachen Zulässigkeit der Werbung bei den Rechtsanwälten ein neues Urteil erlassen. Es ging dabei um die Frage der Zulässigkeit einer Werbung bei konkretem Beratungsbedarf. Ist Ihnen dies bekannt?

Antwort: § 57a StBerG stimmt mit § 43b BRAO überein. Danach ist es dem Steuerberater und dem Anwalt untersagt, eine Werbeaktion auf die Erteilung eines Auftrags im Einzelfall zu richten. Der BGH hatte diesbezüglich zu entscheiden, ob das Rundschreiben eines Anwalts an Kommanditisten einer insolventen Immobilienfonds GmbH & Co KG gegen § 43b BRAO verstößt. Die Kommanditisten waren von dem Insolvenzverwalter zur Rückzahlung von Einlagen aufgefordert worden. Einige Kommanditisten hatte der Insolvenzverwalter bereits vor dem Landgericht verklagt. Der Anwalt versandte ein Rundschreiben an zahlreiche Kommanditisten, die nicht von ihm vertreten waren. Dort bot er sich an, die Rechte der Kommanditisten gegenüber dem Insolvenzverwalter zu vertreten. Er bezeichnete eine Mandatierung seiner Person als erfolgversprechend.

Der BGH sah in dieser Werbeaktion (persönliches Anschreiben potentieller Mandanten in Kenntnis eines konkreten Beratungsbedarfs) nicht per se einen Verstoß gegen § 43b BRAO. Ein solcher Verstoß liege jedenfalls dann nicht vor, wenn der Adressat durch das Schreiben weder belästigt, genötigt oder überrumpelt wird und er sich in einer Lage befindet, in der ihm eine an seinem Bedarf ausgerichteten Werbung hilfreich sein kann. Der BGH beruft sich in seiner Entscheidung auf die EG-Richtlinie 2006/123. Danach ist ein Werbeverbot nur dann gerechtfertigt, wenn im Einzelfall eine konkrete Gefährdung der unionsrechtlich geschützten Interessen der Adressaten festgestellt werden kann. Das hat der BGH im vorliegenden Fall verneint. Mit diesem Urteilsspruch sind die in den §§ 8 Abs. 2 S. 1, 57a StBerG ausgesprochenen Forderungen, Werbung nicht auf die Erteilung eines Auftrags im Einzelfalls zu richten, relativiert" worden.

> **Frage:** Kommen wir nun zu einem anderen Thema. An was denken Sie, wenn der Steuerberater einen Fehler macht und dadurch seinem Auftraggeber einen Schaden zufügt? Welche Vorsorge wird der Steuerberater für diesen Fall treffen?

Antwort: Der Steuerberater ist in diesem Fall dem Auftraggeber zum Schadenersatz verpflichtet. Er muss sich dagegen nach § 67 StBerG angemessen versichern. Mit welchem konkreten Inhalt und Umfang ein Vermögensschaden-Versicherungsvertrag abgeschlossen werden soll, zeigen die §§ 51 ff. DVStB auf. Nach § 52 DVStB beträgt die Mindestversicherungssumme für den einzelnen Schadensfall 250.000 €. Der Schadenersatzanspruch kann nach § 67a StBerG individualvertraglich bis zu einem Betrag i.H.v. 250.000 € und durch vorformulierte Vertragsbedingungen (AGB) bis zu einem Betrag i.H.v. 1 Mio. € begrenzt werden.

> **Frage:** Gibt es besondere Beratungspflichten und Gefahren in der Krise (Überschuldung) einer „haftungsbegrenzenden Gesellschaft" wie bei der GmbH oder der GmbH & Co KG?

Antwort: Grundsätzlich hat der Geschäftsführer die Aufgabe, die Überschuldung seiner Gesellschaft im Auge zu behalten und richtig zu reagieren. Der Steuerberater hat jedoch nicht die Pflicht, die GmbH auf eine mögliche insolvenzrechtliche Überschuldung hinzuweisen. Er muss auch nicht den Geschäftsführer darauf aufmerksam machen, dass dieser eine Überschuldungsprüfung in Auftrag geben soll. Sofern der Steuerberater im Rahmen eines **allgemeinen Mandats** tätig wird, besteht keine vertragliche Nebenpflicht, den Mandanten insoweit vor Schaden zu bewahren (BGH vom 07.03.2013, IX ZR 64/12, DStR 2013, 1151). Eine Berufspflichtverletzung nach § 57 StBerG ist nicht festzustellen (s. OLG Celle Urteil vom 06.04.2011, DStR 2012, 539). Eine Beihilfe zur Insolvenzverschleppung scheidet aus. Das ist selbst dann der Fall, wenn der Steuerberater das Mandat weiter betreut (s. OLG Köln Beschluss vom 03.12.2010, DStR 2011, 1195).

Eine Schadenersatzpflicht kann sich aber dann ergeben, wenn der Steuerberater bei der Erstellung der von seinem Pflichtenkreis erfassten Handelsbilanz eine tatsächliche bilanzielle Überschuldung nicht ausweist. Gleiches gilt, wenn der Steuerberater (von sich aus) fehlerhafte Hinweise zur Überschuldung etc. gibt, obwohl dies gar nicht zu seinem Pflichtenkreis gehört und nicht seine Aufgabe war (BGH vom 06.02.2014, DStR 2014, 975 ff.).

Eine Beihilfe zur Insolvenzverschleppung nach §§ 15a Abs. 4 InsO, 27 StGB ist zu bejahen, wenn der Steuerberater die Geschäftsführung wissentlich und willentlich unterstützt, die gebotene Stellung des Insolvenzantrags hinauszuzögern (z.B. Mithilfe bei der Errichtung einer bewusst fehlerhaften Vermögensaufstellung etc.).

> **Frage:** Steuerberater S übernimmt ein neues Mandat. Er stellt fest, dass der Vorberater Fehler gemacht hat, die bei dem neuen Mandanten einen Schaden verursacht haben. Wie wird sich S verhalten?

Antwort: Die Frage stellt sich, ob S verpflichtet ist, den neuen Mandanten auf die Fehler des Vorberaters hinzuweisen. Wenn dem so wäre, würde sich S unter Umständen seinerseits schadenersatzpflichtig machen, wenn er den Mandanten hierüber nicht aufklärte.

Nach einer Entscheidung des OLG Schleswig vom 8.07.2014 (DStR 2015, 848) ist ein Steuerberater ohne ein gesondertes Mandat nicht verpflichtet, die Möglichkeit von Regressansprüchen gegen Vorberater zu prüfen. Selbst die Erkenntnis von ersichtlichen Fehlbeurteilungen des Vorberaters verpflichtet den nachfolgenden Steuerberater nicht – anders als einen Rechtsanwalt –, die Verjährung möglicher Regressansprüche zu prüfen.

Der BGH hat diese Entscheidung im Revisionsurteil vom 07.05.2015 ausdrücklich bestätigt (DB 2015, 1595).

Bei den Rechtsanwälten wird eine Hinweispflicht auf Fehler des Vorberaters bejaht. Ist der Steuerberater gleichzeitig auch Rechtsanwalt (Doppelqualifikation), so gilt das schärfere Recht. In diesem Fall müsste der StB/RA seinen Mandanten aufklären.

> **Frage:** Wann verjähren Schadenersatzansprüche gegen den Steuerberater?

Antwort: Bis zum 15.12.2004 regelte dies § 68 StBerG. Danach verjährten Schadenersatzansprüche gegen den Steuerberater in drei Jahren von dem Zeitpunkt an, in dem der Anspruch entstanden war. Nach dem Schuldrechtsmodernisierungsgesetz ist das Verjährungsrecht des BGB ab dem 01.01.2002 (BGBl I 2002, 42) grundlegend geändert worden. Die regelmäßige Verjährungsfrist von 30 Jahren wurde auf drei Jahre ab Entstehen und Kenntnis des Schadens verkürzt. Mit Gesetz vom 09.12.2004 (BGBl I 2004, 3214) hat der Gesetzgeber die Verjährung von Schadenersatzansprüchen gegen den Steuerberater den allgemeinen Vorschriften des BGB nach §§ 194 ff. BGB angepasst und § 68 StBerG ersatzlos gestrichen.

> **Frage:** Die Rechte und Pflichten, die wir bisher erörtert haben, beziehen sich auf Steuerberater und Steuerbevollmächtigte. Haben die Steuerberatungsgesellschaften solche Rechte und Pflichten nicht?

Antwort: Nach § 72 StBerG treffen die Steuerberatungsgesellschaften dieselben Rechte und Pflichten wie die Steuerberater und die Steuerbevollmächtigten. Es kann nicht sein, dass Steuerberatungsgesellschaften insoweit Vor- oder Nachteile haben. Die Pflichtenadressaten sind die Geschäftsführer.

> **Tipp!** Vor dem Schuldrechtsmodernisierungsgesetz vom 26.11.2001 (Inkrafttreten am 02.01.2002) stützten sich die Schadenersatzansprüche gegen Steuerberater wegen Schlechterfüllung des Steuerberatungsvertrages auf die Rechtsbegriffe wie „pVV" (positive Vertragsverletzung) und cic (culpa in contrahendo = Verschulden bei oder vor Vertragsschluss). Diese Rechtsinstitute sind überholt und durch die gesetzlichen Anspruchsgrundlagen der §§ 280 Abs. 1 bis 3, 311 Abs. 1

und 2 BGB ersetzt. Die Prüfer verwenden diese Begriffe nach wie vor, um die unterschiedlichen Anspruchsvoraussetzungen klarer aufzeigen zu können: zum Schadenersatz führendes Verschulden bei der Vertragsanbahnung, beim Vertragsabschluss, während des Vertrages und nach Beendigung des Vertrages.

Frage: Ein Steuerberater weigert sich, mit seinem Auftraggeber einen Schaden abzuwickeln. Er steckt den „Kopf in den Sand" und ist auch nicht bereit, seine Vermögensschadenversicherung zu benennen. Kann sich der Auftraggeber (Mandant) deswegen an die Steuerberaterkammer wenden?

Antwort: Nach § 67 Satz 3 StBerG kann die zuständige Steuerberaterkammer auf Antrag und bei berechtigtem Interesse des Antragstellers Auskunft über den Namen, die Adresse und die Nummer der Berufshaftpflichtversicherung des Steuerberaters erteilen. Der geschädigte Auftraggeber hat sodann die Möglichkeit, direkt mit der Versicherung zu kommunizieren.

Problembereich 5: Die Organisation des Berufes

Frage: Wie sind die Steuerberater berufsrechtlich organisiert?

Antwort: Die Steuerberater, die Steuerbevollmächtigten und die Steuerberatungsgesellschaften, die in einem OFD-Bezirk ihre berufliche Niederlassung haben, bilden nach § 73 StBerG eine Berufskammer, die Steuerberaterkammer. Jeder Steuerberater ist Zwangsmitglied. Geschäftsführungsorgan der Steuerberaterkammer ist der Vorstand, der von den Mitgliedern gewählt wird und aus mehreren Personen besteht. Die Steuerberaterkammer ist eine Körperschaft des öffentlichen Rechts und steht unter der Aufsicht des Finanzministeriums des betreffenden Bundeslandes. Sie gibt sich eine eigene Satzung und verpflichtet die Mitglieder zur Zahlung von Beiträgen. Werden OFD aufgelöst, so bleiben die bisher gebildeten Kammern bestehen, wenn die Landesregierung nichts anderes bestimmt. So gibt es zurzeit 21 Steuerberaterkammern – aber weniger OFD.

Tipp! Die Selbstverwaltung und die Selbstkontrolle der Steuerberater durch ihre Kammern wird am deutlichsten in § 46 StBerG. Danach obliegt es der Steuerberaterkammer, eine Steuerberaterzulassung zurückzunehmen oder zu widerrufen. Insoweit korrespondieren die Befugnisse der Steuerberaterkammern mit den Befugnissen anderer Berufskammern (vgl. §§ 15, 16 BRAO für die Rechtsanwaltschaft).

Frage: Welche Aufgaben haben die Steuerberaterkammern?

Antwort: Die Aufgaben der Steuerberaterkammern sind in § 76 StBerG beschrieben. Allgemein haben die Steuerberaterkammern die Aufgabe, die beruflichen Belange ihrer Mitglieder zu wahren und die Erfüllung der beruflichen Pflichten zu überwachen (§ 76 Abs. 1 StBerG). In § 76 Abs. 2 bis 6 StBerG sind beispielhaft weitere Aufgaben der Kammer aufgeführt: Beratung der Mitglieder in Berufspflichten, Vermitteln bei Streitigkeiten unter den Mitgliedern, Erstellen von Gutachten, Schaffung von Fürsorgeeinrichtungen für die Mitglieder, Führen des Berufsregisters, Ausbildung des Berufsnachwuchses u.a.m. Im 7. StBerÄndG vom 01.07.2000 ist den Steuerberaterkammern die Zuständigkeit für die Bestellung der Steuerberater, für die Anerkennung der Steuerberatungsgesellschaften und für den Widerruf der Bestellung eingeräumt und übertragen worden. Mit dem 8. StBerÄndG vom 08.04.2008 erhielten die Steuerberaterkammern nach § 35 Abs. 5 StBerG zudem die Kompetenz, über die Zulassung zur Prüfung und über die Befreiung von der Prüfung zu entscheiden und die Durchführung der Prüfung zu organisieren. Nach § 57 Abs. 4 Nr. 1, 2. HS StBerG entscheidet die Steuerberaterkammer auch darüber, ob ein Steuerberater von dem Verbot einer gewerblichen Tätigkeit befreit werden kann.

> **Frage: Was ist die Bundessteuerberaterkammer? Wo ist ihr Sitz?**

Antwort: Sämtliche Steuerberaterkammern bilden nach § 85 StBerG die Bundessteuerberaterkammer. Sie ist eine Körperschaft des öffentlichen Rechts. Die Aufsicht über die Bundessteuerberaterkammer führt das Bundesfinanzministerium.

Die Bundessteuerberaterkammer hat ihren Sitz in Berlin.

> **Frage: Welche Aufgaben hat die Bundessteuerberaterkammer?**

Antwort: Eine wichtige Aufgabe der Bundessteuerberaterkammer besteht darin, durch die Satzungsversammlung eine Berufsordnung als Satzung zu erlassen – die Berufsordnung Steuer (BOStB).

Nach § 86 Abs. 2 StBerG hat sie ferner und insbesondere die Aufgabe, die Auffassungen der einzelnen Kammern zu bestimmten Fragen zu ermitteln, Richtlinien für Fürsorgeeinrichtungen der Steuerberaterkammern aufzustellen, in allen die Gesamtheit der Steuerberaterkammern betreffenden Fragen die Auffassung der Bundessteuerberaterkammer den Gerichten und Behörden gegenüber zur Geltung zu bringen, die Gesamtheit der Steuerberaterkammern gegenüber Behörden und Gerichten zu vertreten, Gutachten im Rahmen von Gesetzgebungsverfahren zu erstellen und die berufliche Fortbildung in den steuerberatenden Berufen zu fördern.

Problembereich 6: Sanktionen auf Pflichtverletzungen

> **Frage: Welche Sanktionen gibt das StBerG auf Pflichtverletzungen des Beraters?**

Antwort: Die Steuerberaterkammer hat das Recht, den Steuerberatern Zwangsgelder aufzuerlegen, um diese zur Erfüllung ihrer Pflichten gegenüber der Kammer anzuhalten (Auskunftspflichten usw. nach §§ 80, 80a StBerG). Gegen die Androhung und gegen die Festsetzung des Zwangsgeldes können Steuerberater innerhalb eines Monats nach der Zustellung eine Entscheidung des Oberlandesgerichts beantragen. Ansonsten und darüber hinaus kann der Vorstand der Steuerberaterkammer den pflichtwidrig handelnden Steuerberater nach § 81 StBerG rügen.

Schwerwiegendere Pflichtverletzungen werden nach §§ 89 ff. StBerG mit einer berufsgerichtlichen Maßnahme geahndet. Diese Maßnahmen setzen voraus, dass die betreffende Person (noch) Steuerberater ist.

> **Frage: Was versteht man unter dem Rügerecht des Vorstandes?**

Antwort: Wenn ein Mitglied der Steuerberaterkammer eine ihm obliegende Pflicht verletzt, kann dieses Verhalten vom Vorstand der zuständigen Steuerberaterkammer nach § 81 StBerG gerügt werden. Voraussetzung ist, dass das Verschulden des Steuerberaters gering ist. Andernfalls muss das pflichtwidrige Verhalten des Steuerberaters mit einer berufsgerichtlichen Maßnahme geahndet werden. Vor Erlass des Rügebescheids ist das Mitglied zu hören; der Bescheid ist zu begründen. Eine Rüge ist verwirkt, wenn seit der Pflichtverletzung mehr als drei Jahre vergangen sind.

> **Frage: Wie kann sich der Steuerberater gegen eine solche Rüge wehren? Welche Rechtsbehelfe und Rechtsmittel kann er einlegen?**

Antwort: Gegen den Bescheid kann der Steuerberater nach § 81 Abs. 5 StBerG innerhalb eines Monats Einspruch einlegen. Über den Einspruch entscheidet wiederum der Vorstand. Wird der Einspruch zurückgewiesen, so kann der betroffene Steuerberater nach § 82 StBerG innerhalb eines Monats die Entscheidung des Landgerichts beantragen, in dessen Bezirk die Steuerberaterkammer ihren Sitz hat.

Frage: Können Sie ein Beispiel für das Verhalten eines Steuerberaters geben, bei dem eine Rüge durch den Vorstand infrage kommen kann?

Antwort: Eine Rüge könnte z.B. dann angebracht sein, wenn der Steuerberater seinen Anzeigepflichten gegenüber der Steuerberaterkammer nach § 22 BOStB nicht nachkommt, wenn er wiederholt die Beiträge und Gebühren an die Steuerberaterkammer nicht oder nur nach mehrmaliger Mahnung entrichtet, wenn er bei den Finanzbehörden wegen wiederholter Unpünktlichkeit etc. auffällig geworden ist oder wenn er in seinen Aktivitäten die Grenzen zulässiger Werbung überschritten hat (z.B. eine zu groß geratene Anzeige in der Tageszeitung).

Frage: Welche berufsgerichtlichen Maßnahmen gibt es?

Antwort: Als berufsgerichtliche Maßnahmen kommen je nach Schwere der Pflichtverletzung die Warnung, der Verweis, die Geldbuße bis zu 50.000 €, das Berufsverbot für die Dauer von einem Jahr bis zu fünf Jahren oder die Ausschließung aus dem Beruf in Betracht (§ 90 Abs. 1 StBerG). Verweis und Geldbuße können nebeneinander verhängt werden. Steht nach einer Pflichtverletzung die Ausschließung aus dem Beruf an, so kann nach § 134 StBerG ein sofortiges Berufsverbot verhängt werden. Eine Beschwerde ist zwar hiergegen zulässig; sie hat aber keine aufschiebende Wirkung.

Tipp! Wird gegen einen Steuerberater in einem berufsgerichtlichen Verfahren die Ausschließung aus dem Beruf verhängt, so kann eine Wiederbestellung erst nach acht Jahren erfolgen – § 48 Abs. 1 Nr. 2 StBerG. Hat die Kammer die Zulassung widerrufen (z.B. wegen Vermögenslosigkeit oder wegen Krankheit, § 46 Abs. 2 Nr. 4 und 7 StBerG), so kann eine erneute Bestellung dann erfolgen, wenn die Gründe für den Widerruf nicht mehr bestehen – § 48 Abs. 1 Nr. 3 StBerG.

Frage: Wie läuft ein berufsgerichtliches Verfahren ab? Welche Gerichte sind zuständig?

Antwort: Nach §§ 114, 117 StBerG wird ein berufsgerichtliches Verfahren dadurch eingeleitet, dass die Staatsanwaltschaft eine Anschuldigungsschrift bei dem Landgericht einreicht, an dem die Steuerberaterkammer ihren Sitz hat, dem der Steuerberater angehört. Das Landgericht entscheidet darüber in einer (nicht öffentlichen) Hauptverhandlung. Diese schließt mit einem Urteil, das auf Freisprechung, Verurteilung oder Einstellung des Verfahrens lauten kann.

Frage: Steuerberater S hat in einer steuerlichen Auseinandersetzung mit dem Finanzamt den stellvertretenden Vorsteher des Finanzamts in der mündlichen Verhandlung vor dem Finanzgericht beleidigt. Er ist wegen dieses Fehlverhaltens vom Landgericht Frankfurt zu der berufsgerichtlichen Maßnahme (§ 90 Abs. 1 Nr. 2 StBerG) wie folgt verurteilt worden: Verweis und Geldbuße in Höhe von 4.500 €. Dieses Urteil will S nicht akzeptieren. Welche Rechtsmittel hat er?

Antwort: Der Steuerberater kann nach § 127 StBerG gegen die Entscheidung des Landgerichts innerhalb einer Woche Berufung einlegen. Dann wird das Verfahren vor dem zuständigen Oberlandesgericht (OLG) erneut aufgerollt und verhandelt. Gegen eine nachteilige Entscheidung des Oberlandesgerichts kann der Steuerberater nach § 129 StBerG innerhalb einer Woche Revision beim Bundesgerichtshof einlegen. Dies geht aber nur, wenn das Urteil auf Ausschließung aus dem Beruf lautet oder wenn das OLG die Revision zugelassen hat. Dieselben Rechtsmittel stehen auch der Staatsanwaltschaft zu, sofern die Gerichte ihren Anträgen nicht folgen.

> **Frage:** Kann eine berufsgerichtliche Maßnahme noch verhängt werden, wenn bereits eine Rüge nach § 81 StBerG erteilt worden ist?

Antwort: Die Erteilung einer Rüge steht einer Einleitung des berufsgerichtlichen Verfahrens nicht entgegen, § 91 Abs. 1 StBerG. Die Rüge wird mit der Rechtskraft eines berufsgerichtlichen Urteils unwirksam, wenn dasselbe mit der Rüge bereits geahndete Verhalten mit einem Freispruch oder einer berufsgerichtlichen Maßnahme abgeschlossen wird, § 91 Abs. 2 StBerG. Wenn allerdings das Landgericht nach einem Antrag auf berufsgerichtliche Entscheidung gem. § 82 StBerG den Rügebescheid aufgehoben hat, kann ein berufsgerichtliches Verfahren nach §§ 89 ff. StBerG nur aufgrund neuer Tatsachen und Beweismittel eingeleitet werden, § 91 Abs. 1 S. 2 StBerG.

> **Frage:** Wann verjährt das Rügerecht des Vorstandes und die Verfolgung einer Pflichtverletzung nach §§ 89 ff. StBerG?

Antwort: Das Rügerecht verjährt nach § 81 Abs. 2 Satz 1 StBerG in drei Jahren. Die Verfolgung einer Pflichtverletzung nach §§ 89 ff. StBerG (berufsgerichtliche Maßnahme) verjährt in fünf Jahren. Eine die Ausschließung aus dem Beruf rechtfertigende Pflichtverletzung verjährt nicht.

Problembereich 7: Die Vergütung für Hilfeleistungen in Steuersachen

> **Frage:** Seit wann bzw. bis wann gibt es die StBGebV? Wie rechnete der Steuerberater vor Inkrafttreten der StBGebV seine Leistungen ab?

Antwort: Die StBGebV datiert vom 17.12.1981. Wegen der Vergütungen für die Hilfeleistung in Steuersachen war der Steuerberater bis dahin auf die allgemeinen Vorschriften des BGB angewiesen. Der Berufsstand half sich mit der sog. ALLGO (Allgemeine Gebührenordnung für die wirtschaftsprüfenden und steuerberatenden Berufe), die jedoch vom Bundeskartellamt 1969 verboten wurde. Das Amt sah darin eine unzulässige Preisabsprache. Hatte mithin der Steuerberater keine konkreten Gebühren vereinbart, schuldete der Mandant für die Hilfeleistung in Steuersachen die übliche Vergütung nach §§ 612 Abs. 2, 632 Abs. 2 BGB. Und über die Frage der Üblichkeit konnte und kann man sich bei Meinungsverschiedenheiten trefflich streiten.

Seit dem 01.01.2013 hat sich der Name geändert. In Anpassung an das anwaltliche Gebührenrecht wird das Honorar des Steuerberaters nicht mehr nach der Steuerberatergebührenverordnung (StBGebV) sondern nach der Steuerberatervergütungsverordnung abgerechnet (StBVV). Die Änderung der Bezeichnung hat keine materiellen Auswirkungen.

> **Frage:** Steuerberater S berät seinen Bruder B und dessen Ehegattin E in steuerlichen Angelegenheiten. Er legt gegen einen ESt-Bescheid Einspruch ein. Die steuerlichen Auswirkungen belaufen sich auf 20.000 €. Die Rechtssache ist kompliziert. S soll vereinbarungsgemäß für den Fall des Unterliegens nur seine reinen Auslagen erstattet bekommen. Im Falle des Obsiegens kann er – wie gewöhnlich – abrechnen, wobei er mindestens 30 % der im Rechtsbehelfsverfahren erreichten Steuerminderung als Honorar erhalten soll. Was sagen Sie dazu?

Antwort: Nach § 64 Abs. 1 StBerG sind die Steuerberater an die Gebührenordnung gebunden, die das BMF durch Rechtsverordnung erlassen kann und erlassen hat (StBVV). Die Höhe der Gebühr muss angemessen sein. Sie hat sich nach dem Zeitaufwand, dem Wert des Objektes und nach der Art der Aufgabe zu richten. Nach § 9 Abs. 1 StBerG in der Fassung bis zum 30.06.2008 war eine erfolgsabhängige Vergütung generell unzulässig. Mit Wirkung zum 01.07.2008 hat der Gesetzgeber mit Gesetz vom 12.06.2008 § 9 Abs. 1 StBerG gestrichen und einen völlig neuen § 9a StBerG eingefügt. Fortan sind Erfolgshonorare unter bestimmten in § 9a Abs. 2 StBerG genannten Voraussetzungen zulässig und zwar dann, wenn im Einzelfall der Auftraggeber ansonsten aufgrund seiner wirtschaftlichen Verhältnisse von der Rechtsverfolgung abgehalten würde.

S kann für B und E nach §§ 46 Nr. 2 StBerG, 15 Nr. 4 und 6 AO zwar unentgeltlich Hilfe in Steuersachen leisten. Berät er aber entgeltlich, ist ihm auch bei Angehörigen grundsätzlich eine am Erfolg orientierte Vergütungsvereinbarung nach § 9 StBerG untersagt. Ob die Voraussetzungen nach § 9a StBerG vorliegen, kann nach den zu knappen Angaben im Sachverhalt nicht abschließend beurteilt werden.

Frage: Welche Gebühren sieht die StBVV für die Hilfeleistungen in Steuersachen vor?

Antwort: Die StBVV ermöglicht dem Steuerberater, seine Leistungen nach bestimmten Gebühren abzurechnen. Im Vordergrund steht die Wertgebühr nach § 10 StBVV. In §§ 21 bis 46 StBVV sind bestimmte Tätigkeiten genannt, für die unter Anwendung unterschiedlicher Tabellen nach einem vorgegebenen Gebührenrahmen abgerechnet werden kann.

Neben der Wertgebühr kommt sehr häufig die Zeitgebühr nach § 13 StBVV zur Anwendung, so z.B. wenn der Steuerberater Steuerbescheide prüft (§ 28 StBVV), an Abschlussprüfungen teilnimmt (§ 29 Nr. 1 StBVV), oder eine Buchführung einrichtet (§ 32 StBVV). Sie beträgt zwischen 19,00 € bis 46,00 € je angefangene halbe Stunde.

Frage: Können Sie ein Beispiel nennen, wann und wie eine Hilfeleistung in Steuersachen nach einer Wertgebühr abgerechnet werden kann?

Antwort: Ich gehe davon aus, dass ich zur Beantwortung dieser Frage die vor mir liegende StBVV aufschlagen darf.

Für das Anfertigen einer Umsatzsteuerjahreserklärung sieht § 24 Abs. 1 Nr. 8 StBVV eine Wertgebühr nach Tabelle A von $1/10$ bis $8/10$ vor. Der Wert ist mit 10 % der Entgelte anzusetzen. Bei Entgelten i.H.v. 1 Mio. € sind dies 100.000 €. Unterstellt man nach den Gesamtumständen des Auftraggebers eine angemessene Gebühr von $3/10$, so ergibt sich ein Honorar i.H.v. 406,20 €. Dieser Gebühr ist nach § 15 StBVV die Umsatzsteuer hinzuzurechnen.

Frage: Kann der Steuerberater über die Vorgaben der StBVV hinaus höhere Gebühren abrechnen?

Antwort: Das ist möglich. Eine solche Vereinbarung muss jedoch nach § 4 StBVV schriftlich erfolgen und darf nicht unter Berücksichtigung aller (Auftrags-) Umstände unangemessen hoch sein. Solche Vereinbarungen sind insbesondere bei Zeitgebühren üblich, wenn der in § 13 Satz 1 Nr. 3 StBVV vorgegebene Stundenhöchstsatz von 92,00 € auf ein höheres Niveau angehoben wird. Liegt keine schriftliche Vereinbarung vor, so muss der Mandant die höhere Gebühr nicht zahlen. Hat er schon gezahlt, kann das Geleistete nicht mehr mit der Begründung zurückgefordert werden, die Honorarvereinbarung ermangele der Schriftform.

Frage: Kann der Steuerberater die ihm entstandenen Auslagen gesondert abrechnen?

Problembereich 7: Die Vergütung für Hilfeleistungen in Steuersachen

Antwort: Die dem Steuerberater entstandenen Auslagen kann dieser nach den §§ 16 bis 19 StBVV gesondert abrechnen. Es handelt sich dabei um die ihm entstandenen Post- und Telefonkosten (§ 16 StBVV). Diese kann er nach Wahl in der tatsächlich entstandenen Höhe abrechnen oder pauschal mit 20 % der in Rechnung gestellten Gebühren – jedoch maximal mit 20 €. Nach § 17 StBVV kann der Steuerberater eine Dokumentenpauschale abrechnen für Ablichtungen und die Überlassung elektronischer Dokumente. Die Höhe richtet sich nach den im Rechtsanwaltsvergütungsgesetz genannten Beträgen. Zudem bekommt der Steuerberater Geschäftsreisen vergütet (0,30 € für den gefahrenen Kilometer, 20 € Tage- und Abwesenheitsgeld bei einer Geschäftsreise von mehr als 4 Stunden, 35 € bei mehr als 4 bis 8 Stunden und 60 € bei mehr als 8 Stunden). Übernachtungskosten sind in Höhe der tatsächlichen Aufwendungen zu erstatten.

> **Frage:** Steuerberater S will ein neues Bürogebäude errichten. Die Bank finanziert dieses Bauvorhaben. Sie will aber Sicherheiten. Kann S der Bank zur Sicherheit die ausstehenden Honorare abtreten?

Antwort: Die Abtretung einer Gebührenforderung ist nach § 64 Abs. 2 StBerG an Berufskollegen generell und auch ohne Zustimmung des Mandanten zulässig. Ansonsten kann eine Gebührenforderung nach § 64 Abs. 2 S. 2 StBerG nur abgetreten werden, wenn sie rechtskräftig festgestellt ist oder der Auftraggeber der Abtretung ausdrücklich und schriftlich zustimmt.

> **Frage:** Am 20.12.2012 ist eine Novellierung des Gebührenrechts in Kraft getreten. Wissen Sie, was sich dadurch verändert hat?

Antwort: Am auffälligsten ist die Namensänderung von der Steuerberatergebührenverordnung (StBGebV) in die Steuerberatervergütungsverordnung (StBVV). Das Gebührenrecht der Steuerberater sollte dem Sprachgebrauch im Anwaltsgebührenrecht (RVO) angepasst werden. Damit ändert sich aber an der grundsätzlichen Konzeption des Steuerberater-Gebührenrechts nach der alten StBVV nichts. Selbst die Paragrafenfolge ist mit den gleichen Grundinhalten geblieben. Nach wie vor sind die Wertgebühren/Rahmengebühren der §§ 10, 11 StBVV maßgebend für Steuererklärungen (§ 24 StBVV), für die Ermittlung des Überschusses der Betriebseinnahmen über die Betriebsausgaben bei L + F (§ 25 StBVV), für die Ermittlung der Einnahmen über die Werbungskosten (§ 27 StBVV), für die Buchführung (§ 33 StBVV) und für die Abschlussarbeiten (§ 35 StBVV). Die Zeitgebühr nach § 13 StBVV erfasst die übrigen Tätigkeitsbereiche. Nach wie vor sind aber auch Pauschalvergütungsvereinbarungen gem. § 14 StBVV möglich.

> **Frage:** Können Sie konkreter auf einzelne Gesetzesänderungen durch die kleine Gebührennovelle zum 01.01.2013 eingehen?

Antwort: Im Detail sind die folgenden Änderungen festzuhalten:
Die Gebühren in den Tabellen A-E (Anlage 1 bis 5 zur StBVV) sind generell jeweils um 5 % erhöht worden. Die Zeitgebühr wurde von 19 € bis 46 € pro angefangene halbe Stunde (§ 13 Abs. 2 StBVV) auf 30 € bis 70 € erhöht – § 13 Abs. 2 StBVV. Die Höchstgebührengrenze für ein erstes Beratungsgespräch ist von 180 € auf 190 € erhöht worden – § 21 Abs. 1 S. 2 StBVV. In § 24 StBVV sind für die Bemessung der Gebühren Mindestgegenstandswerte vorgegeben – z.B. 6.000 € Summe der positiven Einkünfte für das Erstellen der Einkommensteuer-Erklärung nach § 24 Abs. 1 Nr. 1 StBVV. Diese Mindestgegenstandswerte sind in § 24 StBVV generell um ca. 30 % erhöht worden. Nach § 30 StBVV konnten bei der Selbstanzeige 10 Zehntel bis 30 Zehntel der vollen Gebühr nach Tabelle A abgerechnet werden. Weitere Angaben fehlten bisher. Dieser Sachverhalt ist jetzt in § 30 StBVV präzisiert: Für die Tätigkeit bei der Selbstanzeige erhält der Steuerberater nach wie vor 10 Zehntel bis 30 Zehntel

der vollen Gebühr nach der Tabelle A. Fortan bestimmt sich jedoch der Gegenstandswert nach der Summe der berichtigten, ergänzten und nachgeholten Angaben und beträgt mindestens 8.000 €.

§ 34 StBVV bringt eine deutliche Erhöhung der Gebühren für die Lohnbuchhaltung. So erhöhen sich beispielsweise die Gebühren für die vom Steuerberater bewältigte Lohnbuchhaltung je Arbeitnehmer und Abrechnungszeitraum von bisher 2,60 € bis 5,00 € auf neu 5,00 € bis 25,00 €. Zwischenabschlüsse konnten nach § 35 Abs. 1 S. 1 Nr. 2 StBVV mit 5 Zehntel bis 12 Zehntel abgerechnet werden. Nach § 35 Abs. 1 S. 1 Nr. 2 StBVV erhöhen sich die Gebühren auf 10 Zehntel bis 40 Zehntel. Nach wie vor bildet gem. § 35 Abs. 2 StBVV die Bilanzsumme den Gegenstandswert für die Gebührenhöhe nach Tabelle B. Das Steuerrecht hat sich materiell in den letzten Jahren stark geändert. Alte Tätigkeitsfelder sind weggefallen, neue sind nach der Gebührennovelle 2012 für die Steuerberater entstanden. Dazu zwei Beispiele: In § 24 Nr. 24 StBVV war geregelt, dass der Steuerberater 2 Zehntel bis 10 Zehntel der vollen Gebühr nach der Tabelle A für Anträge nach dem Eigenheimzulagegesetz erhält. Nach Wegfall der Eigenheimzulage hat die StBVV diese Bestimmung aufgehoben.

Die ErbStR 2008 brachte neue Betätigungsfelder für den Steuerberater. So kann er nach § 24 Abs. 4 Nr. 11 StBVV die Überwachung und die Meldung der Lohnsumme sowie die Überwachung der Behaltensfrist i.S.d. § 13a Abs. 1, 5 und 6 ErbStG mit der Zeitgebühr abrechnen. Nach § 45 StBVV sind auf die Vergütung des Steuerberaters vor den Finanzgerichten und den Verwaltungsgerichten, im Strafverfahren, im berufsgerichtlichen Verfahren und in Bußgeldverfahren die Vorschriften des Rechtsanwaltsvergütungsgesetzes (RVG) anzuwenden. Die StBVV hat § 45 StBVV dahin gehend ergänzt, dass nunmehr auch eine Vertretung vor den Sozialgerichten möglich ist. Die konkrete Abrechnung für Vertretungen vor den Gerichten hat der Steuerberater nach der Anlage zu § 2 Abs. 2 RVG – (Vergütungsverzeichnis) und nach der Anlage zu § 13 RVG (Gebührentabelle) vorzunehmen.

Zusammenfassend ist festzuhalten, dass es der Gebührennovelle 2012 im Wesentlichen um die Anpassung der seit mehreren Jahren nicht mehr geänderten Gebührenhöhe an die veränderten Verhältnisse geht. Ferner bringt die neue StBVV über die neuen Gebührenerhöhungstatbestände hinaus auch einige Änderungen, die eine neue materielle Rechtlage schaffen – und sei es auch nur punktuell.

Themenbereich Bürgerliches Recht

Problembereich 1: Allgemeines zum BGB
Vertragsschluss – Angebot und Annahme, Invitatio ad offerendum, Internet und E-Mail, Absenden und Zugang von Willenserklärungen, Allgemeine Geschäftsbedingungen

Frage: Seit wann gibt es das Bürgerliche Gesetzbuch und aus welchen Büchern besteht es?

Antwort: Das Bürgerliche Gesetzbuch (BGB) ist am 01.01.1900 in Kraft getreten und wurde zum 01.01.2002 gravierend geändert.

Es gliedert sich in fünf Bücher auf:
1. Buch: Allgemeiner Teil
2. Buch: Recht der Schuldverhältnisse
3. Buch: Sachenrecht
4. Buch: Familienrecht
5. Buch: Erbrecht.

Im **„Allgemeinen Teil"** des BGB finden sich Regelungen, die für alle anderen Teile des BGB gelten sollen. Er enthält Bestimmungen über natürliche und juristische Personen, über die Rechts- und Geschäftsfähigkeit von Personen, über Rechtsgeschäfte, über Sachen, Fristen und Verjährung.

Das **„Recht der Schuldverhältnisse"** regelt allgemeine Fragen über Schuldverhältnisse, über deren Entstehung und Beendigung, über die Forderungsübertragung und über spezielle Schuldverhältnisse, zu denen auch die Gesamthandsgemeinschaft (GbR) zählt, sowie über ungerechtfertigte Bereicherung und unerlaubte Handlungen.

Im **„Sachenrecht"** sind die Vorschriften über Eigentum und Besitz, über Rechte an Grundstücken, über Dienstbarkeiten, Vorkaufsrecht, Reallasten, Hypotheken, Grund- und Rentenschuld sowie über das Pfandrecht an beweglichen Sachen und an Rechten enthalten.

Das **„Familienrecht"** behandelt die Wirkungen der Ehe, die elterliche Sorge, die Stellung der Kinder.

Das **„Erbrecht"** regelt die Stellung der Erben, das Testament, Erbvertrag, Pflichtteil, Vermächtnis und der Erbengemeinschaft.

Frage: Was versteht man unter Privatautonomie?

Antwort: Unter Privatautonomie wird das Recht verstanden, seine Lebensverhältnisse, seine wirtschaftlichen Beziehungen und seine vertraglichen Beziehungen zu anderen Privatpersonen selbst regeln zu können. Wichtigste Ausprägung der Privatautonomie ist die Vertragsfreiheit und die Testierfähigkeit.

Frage: Was bedeutet der Begriff der Rechtsfähigkeit?

Antwort: Rechtsfähigkeit bedeutet Träger von Rechten und Pflichten zu sein, § 1 BGB.

Frage: Wer besitzt **Rechtsfähigkeit**?

Antwort: Natürliche Personen, rechtsfähige Personengesellschaften und juristische Personen.

Frage: Wann beginnt und wann endet die Rechtsfähigkeit eines Menschen?

Antwort: Die Rechtsfähigkeit beginnt mit Vollendung der Geburt, § 1 BGB, und endet mit seinem Tod.

Frage: Was versteht man unter einem Rechtsgeschäft? Was versteht man unter einer Willenserklärung?

Antwort: Das BGB setzt vielfach Rechtsgeschäfte und Willenserklärung gleich. Ein Rechtsgeschäft kann sich dabei aus einer oder mehreren Willenserklärungen, die alleine oder in Verbindung mit anderen Tatbestandsmerkmalen eine Rechtsfolge herbeiführen, zusammensetzen. Ein Rechtsgeschäft umfasst daher als Oberbegriff die Willenserklärung. Die Willenserklärung ist so auszulegen, wie ein objektiver Dritter sie in der Situation des Empfängers verstehen würde. Ausgelegt wird sie also nach dem objektiven Empfängerhorizont, §§ 133, 157 BGB.

Frage: Was ist ein Vertrag und wie kommt er zustande?

Antwort: Ein Vertrag ist ein Rechtsgeschäft. Er besteht aus inhaltlich übereinstimmenden, mit Bezug aufeinander abgegebenen Willlenserklärungen, vgl. § 151 S. 1 BGB und § 150 Abs. 2 BGB; diese Willenserklärungen werden als Angebot und Annahme bezeichnet.

Frage: Welche Arten von Rechtsgeschäften gibt es?

Antwort: Es gibt einseitige und zwei- bzw. mehrseitige Rechtsgeschäfte. Ein einseitiges Rechtsgeschäft enthält lediglich die Willlenserklärung von nur einer Person, wodurch diese einseitig Rechtsbeziehungen begründet bzw. ändert und beseitigt. Beispiele für einseitige Rechtsgeschäfte sind Anfechtung, Rücktritt, Aufrechnung, Widerruf, Kündigung und Testament.

Ein zweiseitiges Rechtsgeschäft wird durch die Abgabe zweier Willenserklärungen begründet. Hierunter fallen z.B. Verträge oder Beschlüsse.

Frage: Wann liegt ein einseitig verpflichtender Vertrag, ein zweiseitig verpflichtender Vertrag und wann liegt ein gegenseitiger Vertrag vor? Beginnen Sie jeweils mit einem Beispiel!

Antwort: Ein Beispiel für einen **einseitig verpflichtenden Vertrag** ist der Schenkungsvertrag. Hierbei entsteht die Verpflichtung aus dem Vertrag nur für eine Vertragspartei.

Ein zweiseitig verpflichtender Vertrag ist z.B. der Darlehnsvertrag. Bei einem **zweiseitig verpflichtenden Vertrag** verpflichten sich beide Vertragspartner. Der Darlehnsgeber verpflichtet sich dem Darlehnsnehmer z.B. Geld auf Zeit zu überlassen, während sich der Darlehnsnehmer im Gegenzug dazu verpflichtet nach Ablauf der vereinbarten Zeit die Geldschuld zurückzugeben.

Um einen **gegenseitigen Vertrag** handelt es sich hingegen, wenn die eine Leistung um der anderen Leistung (Gegenleistung) Willen erfolgt (sog.: „do ut des"). Einfachstes Beispiel hierfür ist der Kaufvertrag. Im Rahmen des Kaufvertrages verpflichtet sich der Verkäufer zur Übereignung des Kaufgegenstandes um im Gegenzug das Geld zu erhalten, wozu sich der Käufer seinerseits verpflichtet.

Unabhängig davon, ob es sich um einen einseitig oder mehrseitig verpflichtenden Vertrag handelt, sind Verträge stets mehrseitige Rechtsgeschäfte. Zum Abschluss bedarf es stets übereinstimmender Willenserklärungen beider Parteien, die wirksam abgegeben wurden.

Frage: Wann werden Willenserklärungen wirksam?

Antwort: Willenserklärungen, die unter Anwesenden abgegeben werden, werden sofort wirksam. Darüber hinaus werden Willenserklärungen, die unter Abwesenden abgegeben werden, wirksam, wenn sie dem Erklärungsgegner zugehen, vgl. § 130 BGB. Eine Willenserklärung ist zugegangen, wenn sie so in den Bereich des Empfängers gelangt ist, dass unter normalen Umständen mit der Kenntnisnahme vom Inhalt der Erklärung zu rechnen ist. Es reicht aus, dass die Erklärung in den

Briefkasten gelangt ist. Unerheblich ist, ob der Empfänger sich dabei gerade im Urlaub befindet, also nicht zu Hause ist.

> **Frage:** Der Haushaltsgeräteverkäufer Jupiter hat in seinem Schaufenster eine Kaffeemaschine ausgestellt, an der ein Preisschild mit 10 € klemmt. Der geizige Gustav entdeckt im Vorbeigehen die Maschine, läuft sofort in das Geschäft und erklärt Jupiter, die Kaffeemaschine im Schaufenster für 10 € kaufen zu wollen. Jupiter erkennt jetzt seinen Irrtum und erklärt Gustav, dass das Preisschild falsch sei und die Maschine tatsächlich 100 € kostet. Haben Jupiter und Gustav einen Kaufvertrag über die Kaffeemaschine geschlossen?

Antwort: Ein Kaufvertrag kommt nur dann wirksam zustande, wenn zwei übereinstimmende Willenserklärungen, die mit Bezug aufeinander abgegeben wurden, vorliegen. Dies wäre dann der Fall gewesen, wenn die Auslage im Schaufenster bereits als Angebot zu verstehen gewesen wäre, das der Gustav angenommen hat. Eine Auslage in einem Schaufenster ist jedoch nicht als Angebot, sondern nur als Aufforderung zur Abgabe eines Angebots (Invitatio ad offerendum) zu verstehen. Daher gibt erst Gustav ein Angebot zum Abschluss des Kaufvertrages mit dem Preis 10 € ab. Jupiter erklärt hingegen seinerseits nicht die Annahme, sondern unterbreitet Gustav ein neues, abweichendes Angebot zum Kauf der Kaffeemaschine zum Preis von 100 €, was Gustav jedoch nicht angenommen hat. Infolgedessen ist zwischen den Parteien kein Kaufvertrag über die Kaffeemaschine zustande gekommen.

> **Frage:** Hagen entdeckt im Internet eine Kette, die er schon lange sucht. Er ruft umgehend den Verkäufer an, um über den Kaufpreis zu handeln. Die Parteien einigen sich auf 65 €, wobei Hagen sich das Recht vorbehält, noch „eine Nacht darüber nachzudenken". Der Verkäufer möchte bis zum nächsten Tag 12 Uhr von Hagen eine Entscheidung von Hagen per Mail. Nach einer unruhigen Nacht sendet Hagen am nächsten Morgen um 7.47 Uhr eine E-Mail an den Verkäufer, in der er erklärt, das Angebot anzunehmen. Die E-Mail erreicht den E-Mail-Server des Verkäufers erst um 14.24 Uhr. und wird vom Verkäufer um 14.24 Uhr abgerufen und gelesen. Auf dem Absendevermerk der Nachricht ist die Absendezeit 07.47 Uhr zu entnehmen. Der Verkäufer unternimmt nichts. Hagen verlangt die Kette. Der Verkäufer ist der Ansicht, die Annahme sei verspätet. Kann Hagen die Übereignung der Kette verlangen?

Antwort: Hagen könnte einen Anspruch gegen den Verkäufer auf Übereignung der Kette gemäß § 433 Abs. 1 BGB haben. Dann müsste zwischen den Parteien ein wirksamer Kaufvertrag geschlossen worden sein. Ein Kaufvertrag kommt durch zwei übereinstimmende und mit Bezug aufeinander abgegebene Willenserklärungen, Angebot und Annahme, zustande.

Die Offerte der Kette im Internet stellt lediglich eine **Invitatio ad offerendum** dar. Der Verkäufer hat Hagen jedoch mündlich ein Angebot auf Übereignung zum Preis von 65 € abgegeben, als er mit Hagen telefoniert hat. Dieses Angebot hat Hagen per E-Mail angenommen. Eine wirksame Annahme liegt jedoch nur vor, wenn sie dem Verkäufer rechtzeitig zugegangen ist. Nach § 147 Abs. 1 S. 1 BGB kann ein gegenüber einem Anwesenden unterbreitetes Angebot nur sofort angenommen werden. Ein telefonischer Antrag nach § 147 Abs. 1 S. 2 BGB ist dem Antrag unter Anwesenden gleichzustellen. Aus § 148 BGB ergibt sich, dass ein befristeter Antrag nur innerhalb der Frist angenommen werden kann. Der Verkäufer hatte sein Angebot bis zum folgenden Tag, 12.00 Uhr, befristet. Nur bis zu diesem Zeitpunkt konnte Hagen das Angebot annehmen. Die Annahmeerklärung wurde um 09.00 Uhr, und somit rechtzeitig abgegeben. Die Willenserklärung müsste allerdings auch fristgerecht nach § 130 Abs. 1 S. 1 BGB zugegangen sein. Eine Willenserklärung ist dann zugegangen, wenn sie so in den Machtbereich des Empfängers gelangt, dass unter normalen Umständen mit einer Kenntnisnahme zu rechnen ist. In den Machtbereich des Verkäufers ist die Annahmeerklärung allerdings erst zu dem Zeitpunkt gelangt, zu dem sie auf dessen E-Mail-Server eingetroffen ist. Dies war um 14.24 Uhr der Fall. Dementsprechend wurde das Angebot nicht fristgerecht angenommen.

Etwas anderes gilt jedoch nach § 149 S. 2 BGB, wenn der Empfänger die eine verspätete Annahme unverzüglich anzuzeigen hat. Dies ist vorliegend nach § 147 Abs. 1 S. 1 BGB der Fall, da die Annahmeerklärung dergestalt abgesendet worden ist, dass diese bei gewöhnlicher Beförderung rechtzeitig zugegangen wäre und der Verkäufer dies hätte erkennen müssen. Da er nicht widersprochen hat, wird die Rechtzeitigkeit der Annahmeerklärung nach § 149 S. 2 BGB fingiert. Dementsprechend ist ein Kaufvertrag über die Kette zustande gekommen. Hagen kann die Herausgabe und Übereignung der Kette verlangen.

> **Tipp!** Fälle werden immer nach den fünf Ws „Wer will was von wem woraus" geprüft. Hierbei stellt sich die Frage nach der Anspruchsgrundlage (z.B. Kaufpreis gem. § 433 Abs. 2 BGB). Bei dieser Prüfung sind offensichtlich erfüllte Tatbestandsvoraussetzungen zwar gedanklich zu prüfen, im Prüfungsgespräch jedoch allenfalls kurz anzureißen. Im vorliegenden Fall war das Zustandekommen eines Vertrages problematisch, sodass hier auf den Vertragsschluss detailliert eingegangen werden musste. In den meisten Fällen wird dies hingegen unproblematisch sein, sodass in diesen Fällen nur kurz darauf hinzuweisen ist, dass beispielsweise ein Kaufvertrag abgeschlossen worden ist.

> **Frage:** Der Franz entdeckt beim Internetsurfen ein günstiges Angebot des Sportartikelherstellers A für einen handsignierten Fußball für 22,00 €. In den AGB, die Franz bei der Bestellung akzeptiert hat, wird ausdrücklich darauf hingewiesen, dass Angebote im Internet unverbindlich seien und eine Annahme der Bestellung mit gesonderter Mail vorbehalten wird. Nachdem Franz die Bestellung abgeschickt hat, erreicht ihn umgehend eine Bestätigungsmail des A, in der darauf hingewiesen wird, dass diese Mail automatisch erstellt wird. Ein paar Tage später wird Franz eine weitere Mail übermittelt, in der ihm erklärt wird, dass keine Lieferung des Fußballes erfolgen wird, da bei dem Artikel fälschlicherweise der Preis falsch eingegeben wurde. Tatsächlich läge der Preis bei 2.200 €. Welche Ansprüche kann Franz gegen A geltend machen?

Antwort: Wenn Franz und A einen wirksamen Kaufvertrag abgeschlossen haben, könnte Franz zunächst einen Anspruch auf Übereignung des Fußballs Zug um Zug gegen Zahlung eines Kaufpreises von 22 € geltend machen. Ein Vertrag kommt durch zwei übereinstimmende Willenserklärungen zustande, die mit Bezug aufeinander abgegeben werden. Da es sich bei Warenangeboten auf einer Homepage ähnlich wie in der Auslage eines Schaufensters nicht um ein verbindliches Angebot des Händlers, sondern lediglich um eine Invitatio ad offerendum handelt, hat A zunächst kein Angebot abgegeben. Allerdings hat Franz mit seiner Bestellung ein solches Angebot abgegeben, dass, wenn auch automatisiert, von A angenommen wurde. Demnach ist zunächst ein Kaufvertrag zustande gekommen.

Mit der zweiten E-Mail könnte A jedoch seine Annahme angefochten haben (§ 142 BGB). Für eine wirksame Anfechtung müsste ein Anfechtungsgrund vorliegen. Im vorliegenden Fall handelt es sich um einen Erklärungsirrtum gem. § 119 Abs. 1 S. 2 BGB, indem sich A befunden hat. A hat sich bei der Annahme versprochen oder verschrieben und wollte diese Erklärung mit dem Inhalt 22 € nicht abgeben. Außerdem liegen die Voraussetzungen für einen Inhaltsirrtum vor. Mit seiner (automatischen) Mail wollte A jedenfalls nicht die Bestellung rechtlich bestätigen. Er irrte somit über die Tragweite seiner Erklärung. Da die Anfechtung unverzüglich (§ 121 BGB) erfolgte, hat er den Kaufvertrag wirksam angefochten, sodass der Vertrag rückwirkend als nichtig anzusehen ist (§ 142 BGB).

Franz kann jedoch gem. § 122 BGB Schadensersatz verlangen und seine vergeblichen Aufwendungen ersetzt verlangen (negatives Interesse). Kannte er hingegen die Gründe, die den A zur Anfechtung berechtigten (zu niedriger Preis) oder hätte er diese kennen müssen, wäre der Schadensersatz ausgeschlossen (§ 122 Abs. 2 BGB).

> **Tipp!** Interpretieren Sie nichts in den Sachverhalt hinein. Ist wie im vorliegenden Fall die Kenntnis fraglich und ergibt sich hieraus aber eine Schadensersatzpflicht, so zeigen Sie, dass Sie dies zwar wissen aber für die Beantwortung dieser Frage noch weitere Informationen benötigen.

> **Frage:** Was versteht man unter der Lehre vom faktischen Vertragsverhältnis?

Antwort: Nach der Lehre vom Faktischen Vertragsverhältnis kann in manchen Bereichen des Rechtsverkehrs ein Vertrag dadurch zustande kommen, dass tatsächlich zur Verfügung gestellte Leistungen durch einen anderen tatsächlich in Anspruch genommen werden, z.B. das Betreten und Fahren mit der U-Bahn. Der Vertrag kommt zwischen den Parteien somit unabhängig vom Willen – also ohne eine Willlenserklärung – also nur durch das tatsächliche Verhalten der Beteiligten zustande.

> **Frage:** Haushaltsgeräteverkäufer Jupiter bestellt bei seinem Lieferanten Ludwig 10 neue Kühlschränke. Seine Bestellung versieht er mit dem Hinweis: „Für unser Wareneinkäufe gelten unsere allgemeinen Geschäftsbedingungen". Ludwig übersendet Jupiter eine Bestätigung und verweist seinerseits ebenfalls darauf, dass für die Lieferung der bestellten Ware ausschließlich seine allgemeinen Geschäftsbedingungen gelten. Von wem wurden allgemeinen Geschäftsbedingungen wirksam in den Vertragsschluss einbezogen?

Antwort: Allgemeine Geschäftsbedingungen zwischen Unternehmern werden grundsätzlich nur dann in den Vertrag mit einbezogen, wenn der Verwender bei Vertragsschluss auf die allgemeinen Geschäftsbedingungen (AGB) verweist und der Vertragspartner zumindest in der Lage ist, sich über die Bedingungen ohne weiteres Kenntnis zu verschaffen. Bei gegenläufig verwendeten AGB sollte früher „die Theorie des letzten Wortes" gelten. Da dies in der Praxis zu eher zufälligen Ergebnissen führte, wendet die neuere Rechtsprechung die AGB beider Vertragspartner an, soweit sich die AGB nicht widersprechen. An den Stellen, an denen die AGB gegenseitig kollidieren, wird auf die gesetzlichen Regelungen zurückgegriffen. Im vorliegenden Fall gelten also die AGB, die von beiden übereinstimmend formuliert sind, im Übrigen gilt das Gesetz.

> **Frage:** Dürfen die folgenden Klauseln in Allgemeinen Geschäftsbedingungen gegenüber Privatkunden verwendet werden?
> 1. „Für Lieferung und Leistung wird jegliche Gewährleistung ausgeschlossen."
> 2. „Die Gewährleistungsansprüche des Kunden beschränken sich auf Nachbesserung oder Ersatzlieferung."

Antwort:
1. Diese AGB-Klausel verstößt gegen § 309 Nr. 8 b) aa) BGB und ist daher unwirksam.
2. Die AGB-Klausel ist ebenfalls unwirksam, da dem Privatkunden entgegen § 309 Nr. 8 b) bb) BGB bei Fehlschlagen der Nacherfüllung nicht ausdrücklich das Recht vorbehalten wird, zu mindern oder vom Vertrag zurückzutreten.

Problembereich 2: Vertragsschluss unter Beteiligung von Minderjährigen, Abstraktions- und Trennungsprinzip

Frage: Was bedeutet die Geschäftsfähigkeit?

Antwort: Unter der Geschäftsfähigkeit versteht man die Möglichkeit einer natürlichen Person rechtswirksam am Geschäftsverkehr teilzunehmen, insbesondere eigenverantwortliche Rechtsgeschäfte abzuschließen. Geschäftsfähigkeit hängt von dem Alter und dem geistigen Zustand der Person ab.

Frage: Wer ist geschäftsfähig?

Antwort: Die Geschäftsfähigkeit richtet sich nach Altersstufen und nach den persönlichen Eigenschaften, vgl. § 104 BGB:

Geschäftsunfähig ist, wer nicht das siebente Lebensjahr vollendet hat oder wer sich in einem die freie Willensbestimmung ausschließenden Zustand krankhafter Störung der Geistestätigkeit befindet, sofern nicht der Zustand seiner Natur nach ein vorübergehender ist.

Beschränkt geschäftsfähig ist, wer das 7. jedoch noch nicht das 18. Lebensjahr vollendet hat.

Frage: Welche Rechtsfolgen hat die Abgabe einer Willenserklärung eines Geschäftsunfähigen?

Antwort: Willenserklärungen eines Geschäftsunfähigen sind nichtig.

Frage: Minderjährige, die das siebte Lebensjahr vollendet haben, sind bis zur Vollendung des 18. Lebensjahres beschränkt geschäftsfähig, was bedeutet das?

Antwort: Der Minderjährige bedarf zu einer Willenserklärung, durch die er nicht lediglich einen rechtlichen Vorteil erlangt, der Einwilligung seines gesetzlichen Vertreters, § 107 BGB. Schließt der Minderjährige einen Vertrag ohne die erforderliche Einwilligung des gesetzlichen Vertreters, so hängt die Wirksamkeit des Vertrages von der Genehmigung des Vertreters ab, § 108 BGB.

Frage: Bringen folgende Vorgänge für einen Minderjährigen einen rechtlichen Vorteil im Sinne des § 107 BGB:
1. Die Übereignung einer Sache an einem Minderjährigen?
2. Der Abschluss eines Kaufvertrages durch einen Minderjährigen als Käufer/Verkäufer?

Antwort: Zu 1.: Die Übereignung einer beweglichen oder (unbelasteten) unbeweglichen Sache an einen Minderjährigen bringt diesem lediglich einen rechtlichen Vorteil. Sie ist auch wirksam, da die Übereignung abstrakt, also unabhängig von jeglichen Verpflichtungsgeschäften ist.

Zu 2.: Der Abschluss eines Kaufvertrages bringt dem Minderjährigen nicht lediglich einen rechtlichen Vorteil, da sowohl für einen Käufer/Verkäufer und damit für den Minderjährigen im Rahmen eines Kaufvertrages Verpflichtungen begründet werden.

Frage: Großgrundbesitzer G beschließt, seinem 12-jährigen Enkel E ein verpachtetes Grundstück zu übertragen. Der notarielle Übergabevertrag vom 11.06.2014 enthält gleichzeitig die Erklärung zur Auflassung und zum lebenslangen Nießbrauch an dem übertragenen Grundstück zugunsten des G. G hat als Nießbraucher die Kosten der außergewöhnlichen Ausbesserungen und Erneuerungen zu tragen.
Die zuständige Sachbearbeiterin im Grundbuchamt möchte keinen Minderjährigen in das Grundbuch eintragen. Alle übrigen grundbuchrechtlichen Vorschriften wurden eingehalten. Kann das Grundbuchamt die Eintragung verweigern?

Antwort: Das Grundbuchamt hat E als Eigentümer einzutragen, wenn E infolge des notariellen Vertrages Eigentümer des Grundstücks werden kann. Ein Minderjähriger wird indes nur dann Eigentümer, wenn der Übergabevertrag für den minderjährigen E lediglich rechtlich vorteilhaft ist (§§ 107, 108 Abs. 1 BGB). Ein auf den Erwerb einer Sache gerichtetes Rechtsgeschäft ist für einen Minderjährigen nicht lediglich vorteilhaft i.S.v. § 107 BGB, wenn der Erwerb mit Verpflichtungen verbunden ist, für die er nicht nur dinglich mit der erworbenen Sache, sondern auch persönlich mit seinem sonstigen Vermögen haftet. Eine Schenkung ist zunächst für den Minderjährigen rechtlich vorteilhaft. Allerdings ist der Minderjährige mit der Übertragung des Grundstücks verpflichtet in den bestehenden Pachtvertrag einzutreten (§§ 566 Abs. 1, 581 Abs. 2, 593b BGB). Die sich aus einem Pachtvertrag als Dauerschuldverhältnis ergebenden Pflichten wie z.B. Überlassungsverpflichtung und eventuelle Schadensersatzansprüche u.ä. stellen einen rechtlichen Nachteil dar. Die Pflichten eines Grundstückseigentümers sind zudem nicht auf das Grundstück beschränkt. So treffen den Eigentümer auch laufende öffentlich-rechtliche Verpflichtungen. Im Ergebnis ist die Schenkung somit mit rechtlichen Nachteilen für den E verbunden, sodass der Vertrag von der Zustimmung des gesetzlichen Vertreters abhängig ist. In Ermangelung einer Zustimmung ist der Vertrag unwirksam, weshalb das Grundbuchamt die Eintragung zu Recht verweigern konnte.

> **Frage:** Die 90-jährige Oma Erna hat keine Kinder und bietet daher ihrem 14-jährigen Nachbarn Hans ihr Grundstück zum Kauf an. Da es ihr nicht auf das Geld ankommt schlägt sie Hans einen Kaufpreis von 15.000 € vor. Tatsächlich ist das Grundstück ein vielfaches des Preises wert. Hans schlägt ein. Liegt ein wirksamer Kaufvertrag vor?

Antwort: Obwohl der Kaufvertrag wirtschaftlich betrachtet für den minderjährigen Hans von Vorteil ist, ist er es rechtlich nicht. Bei einem Kaufvertrag verpflichtet sich der Käufer zur Zahlung des Kaufpreises. Rechtlich betrachtet stellt diese Verpflichtung für den Minderjährigen einen Nachteil dar, wovor der Minderjährige zu schützen ist. Ohne Zustimmung der gesetzlichen Vertreter (vgl. zuvor) ist der Vertrag daher unwirksam.

> **Frage:** Der minderjährige Hans geht zu dem Elektrofachgeschäft Jupiter und möchte sich eine Playstation kaufen, die Jupiter zum Preis von 150 € im Angebot hat. Hans erklärt Jupiter, dass er den Preis mit seinem Taschengeld von 15 € monatlich abbezahlen will. Können Hans und Jupiter einen wirksamen Kaufvertrag schließen?

Antwort: Da der Abschluss eines Kaufvertrages, durch den sich der minderjährige Hans zur Zahlung eines Kaufpreises verpflichtet, rechtlich nachteilhaft ist, ist der Kaufvertrag ohne die Zustimmung der gesetzlichen Vertreter unwirksam. Nach § 110 BGB (Taschengeldparagraf) ist ein von dem Minderjährigen ohne Zustimmung des gesetzlichen Vertreters geschlossener Vertrag jedoch von Anfang an wirksam, wenn der Minderjährige den Kaufpreis mit Mitteln bewirkt, die ihm zu diesem Zweck oder zur freien Verfügung von den Eltern überlassen worden sind (Taschengeld). Allerdings muss die Gegenleistung von diesen zur Verfügung gestellten Mitteln „bewirkt" worden sein, d.h. die Gegenleistung muss mit den Mitteln des Minderjährigen vollständig erbracht werden. Geschäfte, bei denen der Minderjährige den Kaufpreis in Raten abbezahlt, fallen nicht unter das Tatbestandsmerkmal des § 110 BGB „vollständig erbracht". Im vorliegenden Fall ist der Kaufvertrag des Hans daher solange schwebend unwirksam, bis die Eltern den Vertrag genehmigen, § 107 BGB.

> **Frage:** Gibt es nach dem Gesetz neben dem Taschengeldparagrafen noch weitere Fälle in denen die Willenserklärung eines Minderjährigen von Anfang an wirksam ist?

Antwort: Das Gesetz kennt neben dem Taschengeldparagrafen noch zwei weitere Fälle in denen Rechtsgeschäfte von Minderjährigen von Anfang an wirksam sind, vgl. §§ 112 und 113 BGB. Ermächtigt der gesetzliche Vertreter mit Genehmigung des Familiengerichts den Minderjährigen zum selbständigen Betrieb eines Erwerbsgeschäftes, so ist der Minderjährige für solche Rechtsgeschäfte unbeschränkt geschäftsfähig, welche der Geschäftsbetrieb mit sich bringt (§ 112 BGB). Außerdem ist der Minderjährige für solche Rechtsgeschäfte unbeschränkt geschäftsfähig, welche die Eingehung oder Aufhebung eines Dienst- oder Arbeitsverhältnisses oder die Erfüllung der sich aus einem solchen Verhältnis ergebenden Verpflichtungen ergeben, wenn der gesetzliche Vertreter den Minderjährigen hierzu ermächtigt hat (§ 113 BGB).

Frage: Gibt es einen Unterschied zwischen Einwilligung, Genehmigung und Zustimmung?

Antwort: Die Zustimmung wird als Oberbegriff für die Einwilligung und Genehmigung verstanden. Wird die Zustimmung vor Vertragsschluss erteilt, liegt eine Einwilligung vor. Wird die Zustimmung erst nach Vertragsschluss erteilt, handelt es sich um die Genehmigung des Vertrages.

Frage: Auf welchem Zeitpunkt wirkt eine Genehmigung?

Antwort: Die Genehmigung wirkt ex tunc, d.h. die Willenserklärung ist als von Anfang an wirksam anzusehen (Gegenteil: ex nunc, wenn die rechtliche Wirkung nicht zurückwirkt, sondern von nun an, also erst ab jetzt eintritt).

Frage: Wie viele Rechtsgeschäfte werden im Rahmen eines Kaufes getätigt?

Antwort: Im Rahmen eines Kaufes werden insgesamt drei Verträge geschlossen. Zuerst schließen die Parteien einen Kaufvertrag über einen bestimmten Gegenstand. Im Anschluss daran vereinbaren sie die Übereignung des Gegenstandes und die Übereignung des Geldes.

Frage: Wie werden die zuvor beschriebenen Verträge genannt?

Antwort: Der Kaufvertrag ist das sogenannte Verpflichtungsgeschäft. Die Vereinbarungen über die Übereignung des Gegenstandes und des Geldes werden Verfügungs- oder Erfüllungsgeschäfte genannt.

Frage: Welche Rechtsgeschäfte kann der Minderjährige ohne Zustimmung seines gesetzlichen Vertreters abschließen?

Antwort: Der Minderjährige kann – neben den zuvor dargestellten Geschäften im Sinne der §§ 110, 112 und 113 BGB – nur solche Rechtsgeschäfte wirksam und ohne Mitwirkung seiner gesetzlichen Vertreter abschließen, mit denen er lediglich einen rechtlichen Vorteil erlangt, § 107 BGB. Verpflichtet sich der Minderjährige bei einem gegenseitigen Vertrag zur Erbringung einer Leistung (z.B. zur Übereignung eines Geldbetrages bei einem Kaufvertrag), stellt diese Verpflichtung für ihn rechtlich einen Nachteil dar, denn mit der Übereignung des Geldes verliert er daran sein Eigentum. Rechtlich vorteilhaft ist hingegen ein Rechtsgeschäft, durch das der Minderjährige an dem Kaufgegenstand das Eigentum erlangt. Daher bedarf es zur Wirksamkeit der Übereignung an einen Minderjährigen grundsätzlich keiner Zustimmung durch den gesetzlichen Vertreter, sodass dieser Verfügungsvertrag von Anfang an wirksam ist.

Frage: Welche Prinzipen lassen sich aus dem Zusammenspiel schuldrechtlicher Vertrag und ggf. bereicherungsrechtlicher Ausgleich ableiten?

Antwort: Die Prinzipien lauten Trennungs- und Abstraktionsprinzip. Nach dem Trennungsprinzip werden schuldrechtliche und dingliche Verträge getrennt voneinander behandelt, d.h. bei einem Kaufvertrag und anschließenden Verfügungsverträgen handelt es sich um drei voneinander zu trennende Rechtsgeschäfte. Daraus folgt – im Sinne des Abstraktionsprinzips – dass die Verfügungsgeschäfte unabhängig von der Wirksamkeit des schuldrechtlichen Verpflichtungsgeschäfts wirksam sein können, was auch umgekehrt gilt. Im oben genannten Fall war daher auch die Übereignung der Playstation an den Minderjährigen wirksam, da die Erlangung des Eigentums für Hans lediglich rechtlich vorteilhaft war.

Problembereich 3: Vertragsschluss – Anfechtung, Widerruf und Nichtigkeit von Verträgen, Formvorschriften, Verjährung

Frage: Unter welchen Voraussetzungen sind Rechtsgeschäfte nichtig? Kennen Sie die gesetzlichen Fundstellen?

Antwort: Rechtsgeschäfte, die gegen ein gesetzliches Verbot verstoßen sind nichtig, vgl. § 134 BGB. Ebenso sind Rechtsgeschäfte nichtig, die gegen die guten Sitten verstoßen oder gemäß § 138 BGB den Tatbestand des Wuchers erfüllen.

Frage: Können Sie Beispiele nennen, bei dem das Rechtsgeschäft wegen Verstoßes gegen ein gesetzliches Verbot nach § 134 BGB und wegen Sittenwidrigkeit bzw. wegen Wuchers nach § 138 nichtig ist?

Antwort: Ein Verstoß gegen ein gesetzliches Verbot liegt z.B. vor, wenn Parteien vereinbaren, dass neben einem schriftlich vereinbarten Werklohn eine weitere Barzahlung ohne Rechnungsstellung geleistet werden soll, damit weder Umsatzsteuer noch Einkommensteuer anfällt. Der gesamte Werkvertrag ist damit wegen Verstoßes gegen § 1 Abs. 2 Nr. 2 SchwarzArbG als gesetzliches Verbot nichtig.

Steuerberater sollten beispielsweise in der Praxis darauf achten, dass ihre entgeltliche Tätigkeit nicht gegen § 3 des Rechtsberatungsgesetzes verstößt.

Sittenwidrig ist zum Beispiel ein Vertrag, in dem sich jemand gegen Geld dazu verpflichtet einem anderen körperliche Gewalt anzutun.

Bei Rechtsgeschäften, deren Leistung und Gegenleistung in einem auffälligen Missverhältnis stehen, kann der Tatbestand des Wuchers erfüllt sein, wie z.B. Darlehnsgewährung mit einem Zinssatz von 50 %.

Frage: Wird ein Vertrag, der gekündigt wird, nichtig?

Antwort: Nein, Kündigung bedeutet, dass die vertraglichen Leistungspflichten zu einem bestimmten Zeitpunkt ex nunc erlöschen. Für die gesamte Dauer des Vertrages seit Vertragsbeginn bis zu seinem mit der Kündigung bestimmten Ende gelten die vertraglich vereinbarten Pflichten. Ein nichtiges Rechtsgeschäft begründet hingegen erst gar keine vertraglichen Verpflichtungen.

Frage: Kann die Ausübung eines Gestaltungsrechtes zur Nichtigkeit eines Vertrages führen?

Antwort: Mit dem Gestaltungsrecht der Anfechtung kann die Nichtigkeit eines Rechtsgeschäfts herbeigeführt werden. Gemäß § 142 BGB ist das angefochtene Rechtsgeschäft als von Anfang an (= ex tunc) nichtig anzusehen.

> **Frage:** Welche Voraussetzungen bedarf es für die wirksame Anfechtung eines Rechtsgeschäfts?

Antwort: Die Anfechtung setzt neben einem Anfechtungsgrund (§§ 119, 120, 123 BGB) eine Anfechtungserklärung innerhalb einer Frist (§§ 121, 124 BGB) voraus. Anfechtungsgrund ist dabei ein Irrtum des Erklärenden, wobei jedoch nicht jeder Irrtum zur Anfechtung berechtigt.

> **Frage:** Haushaltsgeräteverkäufer Jupiter bestellt bei seinem Lieferanten 10 Kühlschränke. In seiner Bestellung trägt er bei der zu bestellenden Menge versehentlich 100 ein und faxt die Bestellung an seinen Lieferanten, der ihm diese wiederum bestätigt. Ist zwischen den Parteien ein Vertrag zustande gekommen, den Jupiter anfechten kann?

Antwort: Ein Vertrag kommt durch übereinstimmende Willenserklärungen zustande, die mit Bezug aufeinander abgegeben wurden. Indem Jupiter ein Angebot zum Abschluss eines Kaufvertrages über 100 Kühlschränke an seinen Lieferanten geschickt hat, das dieser mit seiner Bestätigung annahm, ist zwischen den Parteien ein wirksamer Kaufvertrag über 100 Kühlschränke zustande gekommen. Dieser Vertrag ist von Jupiter anfechtbar, wenn ein Anfechtungsgrund vorliegt. In Betracht kommt hier der sogenannte Erklärungsirrtum, § 119 Abs. 1, 2. Alt. BGB. Dieser liegt vor, wenn bei dem Erklärenden der Wille und der äußere Erklärungstatbestand auseinanderfallen, wie bei einem Versprechen oder Verschreiben. Dies ist vorliegend der Fall. Jupiter kann daher den Vertrag mit seinem Lieferanten anfechten (**Beachte:** Ggf. trifft Jupiter eine Schadensersatzpflicht gemäß § 122 BGB).

> **Frage:** Von welchen weiteren Irrtümern ist der Erklärungsirrtum abzugrenzen?

Antwort: Der Erklärungsirrtum ist zunächst von dem Inhaltsirrtum nach § 119 Abs. 1, 1. Alt. BGB abzugrenzen. Ein Inhaltsirrtum liegt vor, wenn der Erklärende zwar das gewollte Erklärungszeichen benutzt, diesem aber eine falsche Bedeutung beimisst. Daneben ist der Erklärungsirrtum noch von dem sogenannten Motivirrtum, Kalkulationsirrtum und dem Eigenschaftsirrtum nach § 119 Abs. 2 BGB abzugrenzen

> **Frage:** Der aus Bayern stammende Hubert bestellt in einem Kölner Restaurant einen „halven Hahn". Kurz darauf bringt ihm der Kellner ein Käsebrötchen. Hubert hatte mit einem gegrillten Hähnchen gerechnet. Kann Hubert den Vertrag über das Käsebrötchen anfechten?

Antwort: Zunächst ist festzustellen, dass Hubert in dem Kölner Restaurant einen Vertrag über das Käsebrötchen geschlossen hat, da aus Sicht des Kellners eine darauf gerichtete Willenserklärung seitens des Hubert abgegeben wurde. Hubert kann diesen Vertrag jedoch anfechten, wenn er sich insoweit in einem Irrtum befunden hat. Ein Inhaltsirrtum liegt vor, wenn der äußere Erklärungstatbestand dem Willen des Erklärenden entspricht, er jedoch nicht die Bedeutung und Tragweite seiner Erklärung erfasst. Hubert weiß, was er gesagt hat, er weiß allerdings nicht was er damit sagt, nämlich Käsebrötchen.

> **Frage:** Fliesenlegermeister Fritz soll seinem Kunden das Anbringen von Sockelleisten anbieten. Er übersendet dem Kunden das Angebot, wonach der laufende Meter Sockelleiste ohne Montage 5 € kosten soll. Für die ausgemessenen und angegebenen 20 Meter berechnet er jedoch nur 50 €. Der Kunde nimmt das Angebot an. Kann Fritz den Vertrag anfechten?

Antwort: Fritz kann den Vertrag anfechten, wenn ihm hierfür ein Anfechtungsgrund zur Verfügung steht. Im vorliegenden Fall liegt ein sogenannter offener Kalkulationsirrtum als Unterfall des Inhaltsirrtums vor. Der offene Kalkulationsirrtum berechtigt zur Anfechtung, da der Vertragspartner den

Irrtum hätte nachvollziehen können. Demzufolge könnte Fritz den Vertrag nicht anfechten, wenn er die Berechnungsgrundlagen nicht offengelegt hätte. In diesem Falle läge ein unbeachtlicher verdeckter Kalkulationsirrtum vor.

Frage: Was ist unter einem Motivirrtum zu verstehen?

Antwort: Ein Motivirrtum liegt vor, wenn sich der Erklärende in seinen Beweggründen, die ihn zur Abgabe der Willenserklärung bewogen haben, getäuscht hat. Beispiel: Heini kauft am Freitag in der Stadt ein Hochzeitsgeschenk, obwohl die für den Sonntag angekündigte Hochzeit zuvor abgesagt worden ist. Ein fehlerhaftes Motiv, weswegen eine Sache gekauft wurde, berechtigt nicht zur Anfechtung.

Frage: Antiquitätenhändler Anton verkauft seinem Kunden eine Mingvase für 500 € weil er glaubt, dass diese aus der jüngeren Zeit stammt. Tatsächlich ist die Vase 200 Jahre älter und deswegen ein Vielfaches Wert. Kann Anton den Vertrag noch anfechten?

Antwort: Anton kann den Kaufvertrag anfechten, wenn er sich in einem Eigenschaftsirrtum gemäß § 119 Abs. 2 BGB befunden hat. Bei dem Eigenschaftsirrtum irrt sich der Erklärende über verkehrswesentliche, wertbildende Eigenschaften, wie z.B. Echtheit eines Gemäldes, Alter eines Kunstwerks, Lage und Bebaubarkeit eines Grundstücks. Da das Alter der Vase im Fall als wertbildender Faktor eine verkehrswesentliche Eigenschaft ist, kann Anton den Kaufvertrag anfechten.

Frage: Nennen Sie die Rechtsfolge, die das Gesetz an eine wirksame Anfechtung knüpft?

Antwort: Gemäß § 142 BGB ist das angefochtene Rechtsgeschäft als von Anfang an (ex tunc) unwirksam anzusehen. Nach § 122 BGB hat der die Anfechtung Erklärende ggf. den Schaden zu ersetzen, den der andere dadurch erleidet, dass er auf die Wirksamkeit der Erklärung vertraut hat.

Frage: Nennen Sie die Frist, innerhalb derer die Anfechtung zu erklären ist!

Antwort: Die Anfechtung muss ohne schuldhaftes Zögern (unverzüglich) erfolgen, nachdem der Anfechtungsberechtigte von dem Anfechtungsgrund Kenntnis erlangt hat, § 121 Abs. 1 BGB.

Beachte! Bei Anfechtung wegen arglistiger Täuschung oder rechtswidriger Drohung beträgt die Anfechtungsfrist hingegen ein Jahr ab Kenntnis der Täuschung oder Wegfall der Drohung. Nach zehn Jahren seit Abgabe der Willenserklärung kann sie hingegen nicht mehr erklärt werden, § 121 Abs. 2 BGB.

Frage: : Kennen Sie weitere Anfechtungsgründe?

Antwort: Der Erklärende ist außerdem zur Anfechtung berechtigt, wenn er arglistig getäuscht oder bedroht wurde. Gerade in solchen Fällen ist der Erklärungsempfänger nicht schützenswert. Eine arglistige Täuschung liegt in der Regel vor, wenn durch Vorspiegelung falscher Tatsachen bewusst ein Irrtum erregt wurde. Unter einer Drohung ist das Inaussichtstellen eines empfindlichen Übels, also eines Nachteils für den Bedrohten oder einer ihm nahestehenden Person, zu verstehen. Sowohl die Täuschung als auch die Drohung berechtigen zur Anfechtung nach § 123 BGB.

Frage: Im Zivilrecht führt die Anfechtung zur Nichtigkeit des Rechtsgeschäft. Wie wird das angefochtene Rechtsgeschäft im Steuerrecht behandelt?

Antwort: Gemäß § 41 Abs. 1 AO ist ein unwirksames oder anfechtbares Rechtsgeschäft für Zwecke der Besteuerung als gültig zu behandeln, soweit die Beteiligten das wirtschaftliche Ergebnis bestehen lassen, es sei denn aus den Steuergesetzen ergibt sich etwas anderes.

> **Frage:** A möchte sein Grundstück möglichst kosten- und steuergünstig an B verkaufen. A vereinbart mit B daher einvernehmlich, anstatt des wahren Kaufpreises von 600.000 € bei dem beurkundenden Notar nur 320.000 € als Kaufpreis anzugeben. Der Notar protokolliert den Vertrag, die Grunderwerbsteuer wird auf der Grundlage des Vertrages festgesetzt. Kann B die Übereignung des Grundstücks von A verlangen?

Antwort: B hat nur dann einen Anspruch auf Übereignung des Grundstücks, wenn hierüber ein wirksamer Kaufvertrag zustande gekommen ist. Das bei dem Notar beurkundete Rechtsgeschäft (Grundstückskaufvertrag mit dem Preis 320.000 €) ist nach § 117 Abs. 1 BGB nichtig, da es zwischen den Parteien einverständlich nicht gewollt war (sog. Scheingeschäft). Ein Anspruch auf Übereignung kann sich jedoch aus § 117 Abs. 2 BGB, also aus dem tatsächlich gewollten Geschäft (Grundstückskauf zu einem Preis von 600.000 €) ergeben. Da bei diesem Vertrag jedoch die notwendige Form des § 311b Abs. 1 Satz 2 BGB nicht eingehalten wurde, ist auch dieser Vertrag wegen Formmangel nichtig (§ 125 BGB). Da kein wirksamer Vertrag vorliegt, kann B auch nicht die Übereignung des Grundstücks verlangen. Der mündlich geschlossene Vertrag wird mit seinem ganzen Inhalt nach § 311b Abs. 1 Satz 2 BGB erst dann gültig und damit geheilt, wenn B als Eigentümer im Grundbuch eingetragen wird.

> **Frage:** Welchen Einfluss hat das Scheingeschäft auf die steuerliche Beurteilung?

Antwort: Nach § 41 Abs. 2 AO sind Scheingeschäfte und Scheinhandlungen für die Besteuerung unerheblich. Wird durch ein Scheingeschäft ein anderes Rechtsgeschäft verdeckt, so ist das verdeckte Rechtsgeschäft für die Besteuerung maßgebend.

> **Frage:** Was wird im Unterschied zu einem Scheingeschäft unter einem geheimen Vorbehalt und einer Scherzerklärung verstanden und wo werden diese geregelt?

Antwort: Bei einem geheimen Vorbehalt behält sich der Erklärende insgeheim bei Abgabe der Erklärung vor, das Erklärte nicht zu wollen. Der geheime Vorbehalt ist nach § 116 Satz 1 BGB unbeachtlich und die Erklärung daher wirksam. Kennt der Erklärungsempfänger hingegen die mangelnde Ernstlichkeit, ist die Willenserklärung hingegen nichtig, § 116 Satz 2 BGB. Erwartet der Erklärende, der Empfänger würde den Mangel der Ernstlichkeit erkennen, was jedoch nicht geschieht, ist die Willenserklärung als sogenannte Scherzerklärung nach § 118 BGB ebenfalls nichtig.

> **Frage:** Welche verschiedenen Formen unterscheidet das BGB?

Antwort: Das BGB kennt folgende Formvorschriften:
- Schriftform, § 126 BGB,
- Elektronische Form, § 126a BGB,
- Textform, § 126b BGB,
- Öffentliche Beglaubigung, § 129 BGB,
- Beurkundung, § 128 BGB.

Zu beachten ist, dass diese Formvorschriften die Ausnahme darstellen. Grundsätzlich herrscht im BGB das Prinzip der Formfreiheit.

> **Frage:** Kennen Sie die Gründe für die besonderen Formerfordernisse?

Antwort: Formerfordernisse haben vor allem eine Warnfunktion. Sie sollen den Handelnden auf die Bedeutung des Rechtsgeschäfts aufmerksam machen und Schutz vor Übereilung gewähren. Sie haben darüber hinaus Klarstellungs- und Beweisfunktion. Bei der notariellen Beurkundung kommt außerdem die Aufklärungsfunktion zu hinzu.

Frage: Was erfordert die Schriftform?

Antwort: Die Schriftform setzt die schriftliche Abfassung der Erklärung und die Unterschrift voraus, § 126 BGB.

Frage: Was ist für eine öffentliche Beglaubigung erforderlich und was setzt dagegen eine notarielle Beurkundung voraus?

Antwort: Bei der öffentlichen Beglaubigung muss die Erklärung schriftlich abgefasst und die Unterschrift von einem Notar beglaubigt werden. Bei der notariellen Beurkundung muss dagegen die gesamte Erklärung zu Protokoll in einer Urkunde des Notars aufgenommen und unterschrieben werden. Die gesetzlichen Regelungen ergeben sich aus dem Beurkundungsgesetz.

Frage: Welche Konsequenzen hat ein Formmangel?

Antwort: Grundsätzlich führt der Formmangel zur Nichtigkeit des Rechtsgeschäfts, wenn die für dieses Rechtsgeschäft gesetzlich vorgeschriebene Form nicht eingehalten wird, § 122 BGB. Teilweise kann der Formmangel durch die Erfüllung der Verpflichtung geheilt werden, vgl. §§ 311b, 766 Satz 2 BGB.

Frage: Was ist der Unterschied zwischen einer Einwendung und Einreden? Kennen Sie Beispiele?

Antwort: Einwendungen und Einreden führen im Ergebnis dazu, dass ein Anspruch nicht geltend gemacht werden kann. Ihre Wirkung auf den Anspruch ist jedoch unterschiedlich. Die Einwendungen unterteilen sich in rechtshindernde und rechtsvernichtende Einwendungen. **Rechtshindernde Einwendungen** werden solche Rechte genannt, die verhindern, dass ein vertraglicher Anspruch überhaupt erst entsteht. Beispiele sind: Mangelnde Geschäftsfähigkeit, Formverletzungen oder Anfechtung.
Rechtsvernichtende Einwendungen sind hingegen solche Rechte, die einen bereits entstandenen Anspruch wieder zum Erlöschen bringen. Beispiele sind: Erfüllung, Aufrechnung oder Rücktritt.
Einreden bewirken, dass ein entstandener und nicht erloschener Anspruch nicht durchgesetzt werden kann, wenn sich der Schuldner darauf ausdrücklich beruft. Beispiele sind: Verjährung, Zurückbehaltungsrechte, Einrede des nicht erfüllten Vertrages. Unterlässt der Schuldner in einem Prozess, sich auf die Verjährung zu berufen, wird er entsprechend der Klage verurteilt, weil der Anspruch im Gegensatz zu den Einwendungen nicht erlischt.

Frage: Was versteht man unter Verjährung?

Antwort: Gemäß § 214 BGB ist der Schuldner nach Eintritt der Verjährung berechtigt, die Leistung zu verweigern.

Frage: Unterscheidet sich die zivilrechtliche Verjährung von der steuerlichen Verjährung?

Antwort: Im Gegensatz zum Zivilrecht erlöschen im Steuerrecht gemäß § 47 AO die Ansprüche aus dem Steuerschuldverhältnis auch durch Verjährung.

Frage: Wie lang ist die regelmäßige Verjährungsfrist und wann beginnt diese?

Antwort: Die regelmäßige Verjährungsfrist beträgt drei Jahre (§ 195 BGB) und beginnt mit dem Schluss des Jahres in dem der Anspruch (z.B. Abschluss eines wirksamen Kaufvertrages) entstanden ist und der Gläubiger von den Anspruch begründenden Umständen und der Person des Schuldners Kenntnis erlangt oder ohne grobe Fahrlässigkeit hätte erlangen müssen.

Frage: Können Sie im Zusammenhang mit der Verjährung von Ansprüchen die Begriffe Neubeginn und Hemmung der Verjährung voneinander abgrenzen und jeweils ein Beispiel nennen, wann diese Anwendung finden?

Antwort: Bei der Hemmung der Verjährung wird der Zeitraum, in dem der Hemmungsgrund besteht, nicht mit angerechnet. Nach dem Wegfall des Grundes läuft die Frist weiter und verlängert sich um die Dauer, für die der Hemmungsgrund bestanden hat, vgl. § 209 BGB. Als Hemmungsgrund kommt in der Praxis insbesondere das Schweben von Verhandlungen zwischen den Parteien über das Bestehen eines Anspruchs, vgl. § 203 BGB, das Erheben einer Klage oder die Beantragung eines Mahnbescheids in Betracht, vgl. § 204 BGB.

Bei dem Neubeginn der Verjährungsfrist beginnt die Verjährungsfrist aufgrund eines Ereignisses von neuem zu laufen und die Zeit bis zu dem Ereignis, das zur Unterbrechung geführt hat, wird bei der neuen Fristberechnung nicht mit angerechnet. Der Neubeginn hat in der Praxis keine große Bedeutung mehr. Nach § 212 BGB hat die Frist nur noch in zwei Sachverhaltskonstellationen neu zu beginnen. Zum einen dann, wenn der Schuldner durch Abschlagszahlung, Zinszahlung oder Sicherheitsleistung den Anspruch anerkennt und zum anderen dann, wenn eine gerichtliche oder behördliche Vollstreckungshandlung vorgenommen oder beantragt wird.

Frage: Reicht für die Hemmung der Verjährung, dass der Gläubiger den Schuldner schriftlich ermahnt und z.B. zur Zahlung eines Geldbetrages auffordert?

Antwort: Eine privatrechtliche Mahnung ist in § 204 BGB nicht aufgeführt, sodass für die Hemmung der Verjährung zwingend die Zustellung des Mahnbescheides im Mahnverfahren erforderlich ist.

Frage: Bei dieser Gelegenheit: Können sie kurz darstellen, wie ein gerichtliches Mahnverfahren abläuft?

Antwort: Für das Mahnverfahren bedarf es eines Antrages, der bei dem Mahngericht zu stellen ist, in dessen Zuständigkeitsbereich der Schuldner seinen Sitz hat. Das Mahngericht leitet den Antrag an den Schuldner weiter. Hiergegen kann der Schuldner innerhalb einer Frist von 2 Wochen seit Zustellung Widerspruch einlegen. Andernfalls wird der Mahnbescheid rechtskräftig.

Frage: Kann der Gläubiger mit einem rechtskräftigen Mahnbescheid die Vollstreckung beginnen?

Antwort: Nein, der Gläubiger benötigt hierzu einen Vollstreckungsbescheid, den er erst beantragen kann, wenn der Mahnbescheid rechtskräftig wird. Wird der auf der Grundlage des Mahnbescheids bei dem Mahngericht beantragte Vollstreckungsbescheid ebenfalls rechtskräftig, liegt ein Vollstreckungstitel vor, aus dem die Vollstreckung betrieben werden kann.

Frage: Wie heißen die Rechtsmittel, mit denen sich der Schuldner gegen einen Mahnbescheid bzw. einen Vollstreckungsbescheid wehren kann?

Antwort: Der Schuldner kann innerhalb von vierzehn Tagen nach Zustellung gegen den Mahnbescheid Widerspruch und gegen den Vollstreckungsbescheid Einspruch einlegen. Hiernach wird der Rechtsstreit von dem Mahngericht an das zuständige Gericht abgegeben.

> **Frage:** Ist danach das Amts- oder das Landgericht zuständig?

Antwort: Dies ist vom Streitwert abhängig. Bei Verfahren, die einen Streitwert von bis zu 5.000 € zum Gegenstand haben, ist das Amtsgericht zuständig. Ist der Streitwert höher, liegt die Zuständigkeit bei dem Landgericht. Örtlich ist grundsätzlich das Gericht zuständig, indem der Beklagte seinen (Wohn-) Sitz hat.

> **Frage:** Zum Abschluss noch ein kurzer Fall zur Verjährung. Nachdem die Forderung des Gläubigers mit Ablauf des 31.12.2014 zu verjähren droht, stellt dieser am 31.12.2014 noch einen Antrag auf Erlass eines Mahnbescheides beim zuständigen Mahngericht. Das Mahngericht stellt den Mahnbescheid am 14.01.2015 dem Schuldner zu, der dagegen Widerspruch erhebt. Daraufhin wird das Verfahren am 14.02.2015 an das zuständige Landgericht abgegeben. Nachdem das Gericht am 21.02.2015 den Gläubiger aufgefordert hat, den Anspruch zu begründen, versendet dieser seine Begründung am 20.09.2015. Ist zu diesem Zeitpunkt der Anspruch verjährt?

Antwort: Der Mahnbescheid wurde vor Ablauf der Verjährungsfrist gestellt, sodass die Verjährung durch Zustellung des Mahnbescheides gehemmt (§ 204 Ziffer 3 BGB) wurde. Die Zustellung des Mahnbescheides erst nach Ablauf der Verjährungsfrist schadet nicht, wenn der Antrag rechtzeitig gestellt wurde und der Mahnbescheid zeitnah zugestellt wird.

Die Hemmung der Verjährung dauert sechs Monate und endet, wenn innerhalb dieser Zeit das Verfahren in Stillstand gerät (§ 204 Abs. 2 S. 2 BGB). Mit jeder Verfahrenshandlung wird die Verjährung erneut für sechs Monate gehemmt. Seit der letzten Verfahrenshandlung am 21.02.2015 ist in der Angelegenheit nichts weiter unternommen worden, sodass mit Ablauf des 21.08.2015 die Frist und damit der Anspruch verjährt ist.

Problembereich 4: Vertragsschluss – Stellvertretung

> **Frage:** Was sind die Voraussetzungen der Stellvertretung, § 164 Abs. 1 BGB?

Antwort: Die Stellvertretung setzt gem. § 164 Abs. 1 BGB voraus:
- Abgabe einer eigenen Willenserklärung durch den Vertreter
- Handeln des Vertreters im fremden Namen, sogenannte Offenkundigkeit, und
- Vertretungsmacht.

> **Frage:** Bei welchen Geschäften ist Stellvertretung unzulässig?

Antwort: Stellvertretung ist bei sog. höchstpersönlichen Rechtsgeschäften unzulässig, wie z.B. Ehe oder Testament.

> **Frage:** Ist ein Bote auch ein Stellvertreter? Bitte begründen Sie Ihre Antwort!

Antwort: Nein, der Bote ist kein Stellvertreter, da der Bote nur die Willenserklärung seines Auftraggebers, also eine vorgefertigte Willenserklärung übermittelt. Der Stellvertreter gibt hingegen eine eigene Willenserklärung im fremden Namen ab. Demnach muss der Bote – im Gegensatz zum Stellvertreter – nicht geschäftsfähig sein.

> **Frage:** Können Kinder auch Boten oder Stellvertreter sein?

Antwort: Kinder können Boten sein. Das Alter spielt für bei der Wahl des Boten keine Rolle, da er nur eine fremde Willenserklärung überbringt. Hier gilt der Merksatz: „Ist das Fritzchen noch so klein, kann es trotzdem Bote sein." Dies gilt nicht für den Stellvertreter. Allerdings ist es für eine wirksame Stellvertretung ohne Bedeutung, wenn der Stellvertreter nur beschränkt geschäftsfähig ist, vgl. § 165 BGB. Der Stellvertreter muss also zumindest das siebente Lebensjahr vollendet haben.

> **Frage:** Wer wird Vertragspartner, wenn der Vertreter nicht offenkundig im fremden Namen handelt?

Antwort: Wenn der Vertreter nicht im fremden Namen handelt, wird grundsätzlich er selbst und nicht der Vertretene Vertragspartner, vgl. § 164 Abs. 2 BGB.

> **Frage:** Gibt es Ausnahmen vom Offenkundigkeitsgrundsatz?

Antwort: Es sind verschiedene Ausnahmen vom Offenkundigkeitsgrundsatz zu unterscheiden. Wichtig ist vor allem das sogenannte „Geschäft für den, den es angeht". Dabei handelt es sich um Geschäfte des alltäglichen Lebens, bei denen die Abwicklung i.d.R. sofort, d.h. durch sofortige Übereignung und Zahlung erfolgt. Hier hat der Geschäftspartner wegen der sofortigen Abwicklung kein Interesse an der Kenntnis der Vertretung. Ihm ist vollkommen gleichgültig, wer sein Vertragspartner wird (z.B. Einkauf im Supermarkt).

> **Frage:** Was bedeutet Vollmacht?

Antwort: Vollmacht ist nach der in § 166 Abs. 2 BGB enthaltenen Legaldefinition die rechtsgeschäftlich erteilte Vertretungsmacht. Daneben kann der Vertreter auch gesetzliche Vertretungsmacht haben, z.B. der Komplementär einer OHG.

> **Frage:** Welche Formen oder Arten der Vollmacht werden unterschieden und was ergibt sich daraus für die Geltungsdauer der Vollmacht?

Antwort: Nach der Form ihrer Erteilung unterscheidet man die Innenvollmacht, bei der die Vollmacht nach § 167 Abs. 1, 1. Alt. BGB durch Erklärung gegenüber dem Vertreter erteilt wird. Demgegenüber wird die Außenvollmacht gemäß § 167 Abs. 1, 2. Alt. BGB durch Erklärung gegenüber dem Erklärungsempfänger erteilt. Die Innenvollmacht erlischt entweder mit dem ihrer Erteilung zugrundeliegenden Rechtsverhältnis, § 168 S. 1 BGB oder mit einem vorherigen Widerruf, § 168 S. 2 BGB. Die Außenvollmacht erlischt dagegen im Außenverhältnis zum Erklärungsempfänger erst mit der Anzeige des Erlöschens ihm gegenüber, § 170 BGB.

> **Frage:** Welche Rechtsfolge sieht das Gesetz vor, wenn der Vertreter ohne Vertretungsmacht handelt?

Antwort: Schließt ein Vertreter ohne Vertretungsmacht einen Vertrag, ist er dem Vertragspartner gegenüber entweder zur Erfüllung oder zum Schadenersatz verpflichtet. Der vermeintlich Vertretene hat allerdings das Recht, den Vertrag seines Vertreters ohne Vertretungsmacht zu genehmigen, vgl. § 179 BGB. Dies ist für solche Fälle relevant, in denen das Geschäft für den Vertretenen vorteilhaft wäre. Den Vertreter trifft jedoch dann keine Haftung, wenn der Vertragspartner den Mangel der Vertretungsmacht kannte, vgl. § 179 Abs. 3 BGB.

Problembereich 4: Vertragsschluss – Stellvertretung

Frage: Ist die Vollmacht in einer bestimmten Form zu erteilen?

Antwort: Die Vollmacht kann formfrei, d.h. auch mündlich erteilt werden, vgl. § 167 Abs. 1 BGB. Zu Nachweiszwecken empfiehlt es sich, in der Praxis Vollmachten schriftlich zu erteilen.

Frage: Stellen Sie sich vor, Sie möchten Ihr Haus verkaufen und möchten sich im Termin zur notariellen Beurkundung vertreten lassen. Reicht für ein solches Rechtsgeschäft eine mündliche Vollmacht?

Antwort: Auch wenn das Rechtsgeschäft, für das die Vollmacht erteilt wird, formbedürftig ist, kann die Vollmacht grundsätzlich formlos erteilt werden, vgl. § 167 Abs. 2 BGB. In dem konkreten Fall des Grundstückskaufvertrages gilt dies nach Ansicht der Rechtsprechung ausnahmsweise nicht, wenn die Vollmacht unwiderruflich erteilt wird, um so den Schutzzweck durch die Formvorschrift für den Vertreter aufrecht zu erhalten.

Ansonsten können spezielle gesetzliche Regelungen eine bestimmte Form für die Vollmacht vorschreiben.

Frage: Kennen Sie gesetzliche Ausnahmen, bei denen die Erteilung der Vollmacht formbedürftig ist?

Antwort: Nach § 2 Abs. 2 GmbHG ist die Unterzeichnung des Gesellschaftsvertrages durch Bevollmächtigte nur aufgrund einer notariell errichteten oder beglaubigten Vollmacht zulässig.

Frage: Darf ein Vertreter ein sogenanntes Insichgeschäft vornehmen?

Antwort: Nein, der Vertreter kann dem Grundsatz nach kein Rechtsgeschäft abschließen, indem er gleichzeitig für sich und einen Vertretenen (Selbstkontrahieren) oder gleichzeitig für mehrere Vertretene als Vertreter (Mehrfachvertretung) auftritt, vgl. § 181 BGB

Frage: Gibt es Ausnahmen hiervon und kann die Regelung des § 181 BGB auch ausgeschlossen werden?

Antwort: Ja, eine Ausnahme besteht beispielsweise dann, wenn der Vertretene durch das Insichgeschäft lediglich einen rechtlichen Vorteil erlangt. Daneben kann die Regelung des § 181 BGB ausgeschlossen werden, da die Regelung des § 181 BGB dispositiv ist.

Frage: In welchen Fällen ist dies in der Praxis relevant?

Antwort: Die Beschränkungen des § 181 BGB greifen bei kleineren Schenkungen von Eltern an Ihre minderjährigen Kinder z.B. anlässlich eines Geburtstages nicht ein. In diesem Fall nehmen sie als gesetzlicher Vertreter für das Kind die Schenkung an und stimmen der Übereignung des Gegenstandes zu, was für den Minderjährigen lediglich rechtlich vorteilhaft ist.

Eine ausdrückliche Befreiung von der Beschränkung des § 181 BGB ist hingegen bei einem alleinigen Gesellschafter-Geschäftsführer einer GmbH erforderlich.

Frage: (Prüfer: Letzter Fall, den ich sofort an alle freigebe): Sie erhalten als Rechtsanwalt von Ihrem Mandanten den Auftrag die Kündigung seines Mobilfunkvertrages vorzunehmen. Sie lassen sich eine Vollmacht von Ihrem Mandanten unterzeichnen und faxen sodann die Kündigung zusammen mit der Vollmacht am letzten Tag der Kündigungsfrist an den Mobilfunkanbieter, der am nächsten Tag die Kündigung unverzüglich zurückweist. Konnten Sie den Vertrag rechtzeitig kündigen?

Antwort: Nein, die Kündigung ist nicht rechtzeitig erfolgt, da sie nicht wirksam war. Grundsätzlich handelt es sich bei der Kündigung eines Vertrages nicht um ein höchstpersönliches Rechtsgeschäft, sodass eine Vertretung zulässig ist. Die Kündigung stellt ein einseitiges Rechtsgeschäft dar, da für ihre Wirksamkeit keine weitere Willenserklärung eines Vertragspartners notwendig ist. Zwar kann man sich auch für einseitige Rechtsgeschäfte vertreten lassen, für ihre Wirksamkeit ist es allerdings erforderlich, dass der Bevollmächtigte eine Vollmachtsurkunde im Original vorlegt, vgl. § 174 BGB. Fehlt es an dieser Vollmachtsurkunde und weist der Vertragspartner deshalb die Kündigung unverzüglich zurück, ist die Kündigung unwirksam. Es verbleibt nur die Möglichkeit die Kündigung mit der Originalvollmacht zu widerholen, wobei diese dann erst für den nächsten Kündigungstermin Wirkung entfaltet.

Tipp! Sollte der Prüfer die Frage freigeben, ist der Prüfer bereit, noch einmal zusätzliche Punkte zu vergeben. Die Freigabe kann vor oder nach der Frage bzw. der Sachverhaltsdarstellung erteilt werden. Hier können Sie entweder Boden gut machen oder Ihre bislang gute Leistung weiter bestätigen. Nehmen Sie hier keine falsche Bescheidenheit an. In der Regel ist der Prüfer nach Beendigung seines Sachverhalts unmittelbar bereit eine Antwort zu hören, weil er sich den Prüfling nicht mehr aussuchen, sondern Ihre Initiative sehen möchte. Suchen Sie den Augenkontakt, heben Sie kurz die Hand und beginnen gleichzeitig mit Ihrer Antwort.

Problembereich 5: Schuldverhältnisse – Leistungsstörungen

Frage: Das zweite Buch des BGB regelt das Schuldrecht. Dies lässt sich in einen allgemeinen Teil (AT) und einen besonderen Teil (BT) untergliedern. Was wird im Schuldrecht AT und was im Schuldrecht BT geregelt?

Antwort: Das Schuldrecht AT gilt für alle Schuldverhältnisse und lässt sich unterteilen in einen allgemeinen Teil (§§ 241–310 und weiter §§ 362–432 BGB) und einem spezielleren Teil, der nur für Verträge gilt (§§ 311–360 BGB). Das Schuldrecht AT regelt allgemein die Rechtspositionen vor allem für Leistungsstörungen, wie nicht rechtzeitige, nicht ordnungsgemäße oder ganz ausbleibende Leistung die Folgen der (nicht gestörten) Gegenleistung, §§ 320 ff. BGB und enthält allgemeine Grundsätze zum Schadensersatzrecht (§§ 280 ff. BGB).

Das Schuldrecht BT regelt hingegen einzelne Schuldverhältnisse aus Vertrag, wie z.B. Kauf, Miete, Dienstvertrag, Werkvertrag, Auftrag, Darlehen und aus Gesetz, wie z.B. Geschäftsführung ohne Auftrag (GoA), Bereicherungsrecht und unerlaubte Handlung.

Frage: Wann gelten die Normen des Schuldrecht AT und wann die Normen des Schuldrecht BT?

Antwort: Die Regelungen des allgemeinen Teils gelten zunächst immer dann, wenn die Regelungen des besonderen Teils keine spezielleren Vorschriften enthalten. So richtet sich z.B. die Mängelhaftung für Dienstleistungen in Ermangelung besonderer Regelungen über einen Schadensersatz nach den Regelungen des allgemeinen Schuldrechts. Dagegen lassen sich die Rechte des Käufers wegen eines Mangels der Kaufsache aus den Regeln des Kaufrechts ableiten, vgl. §§ 434, 437 BGB. Außerdem ist das Gewährleistungsrecht im Rahmen des Kaufrechts erst ab dem sogenannten Gefahrenübergang des vereinbarten Kaufgegenstandes anwendbar (beim Werkvertrag ist für die Anwendung der besonderen werkvertraglichen Regelungen die Abnahme nach § 640 BGB notwendig, im Bereich des Mietvertrages ist die Überlassung der Mietsache erforderlich). Allgemeines Schuldrecht gilt daher auch dann, solange besonderes Schuldrecht noch nicht angewendet werden kann. Erbringt der Verkäufer überhaupt keine Leistung, so werden die Rechte des Käufers nach den Regeln des Schuldrecht AT bestimmt.

> **Frage:** Was sind die zentralen Probleme des Schuldrecht AT?

Antwort: Pflichtverletzungen wie Schuldnerverzug, Gläubigerverzug, Unmöglichkeit, Nebenpflichtverletzungen, daneben das Schadensersatzrecht.

> **Frage:** Worin unterscheiden sich die Pflichtverletzungen?

Antwort: Unmöglichkeit bedeutet, dass der Schuldner die Leistung nicht erbringen kann, weil diese entweder noch nie erbracht werden konnte (anfängliche Unmöglichkeit) oder nach Vertragsschluss aber vor dem Leistungstermin nicht mehr erbracht werden kann (nachträgliche Unmöglichkeit). Unter **Verzug** ist die verspätete Erbringung einer geschuldeten Leistung zu verstehen. Unmöglichkeit ist sozusagen eine Nichtleistung, Verzug eine verspätete Leistung. Sowohl die Unmöglichkeit, als auch der Verzug stellen eine Pflichtverletzung des Schuldners dar. Unter die Pflichtverletzung fallen daneben aber auch solche, die in einer **Schlechtleistung** oder in einer **Verletzung einer Nebenpflicht** bestehen können. Bei einer Schlechtleistung weicht die Istbeschaffenheit von der vertraglich vereinbarten Sollbeschaffenheit ab. Zu den Nebenpflichten eines Schuldverhältnisses gehört vor allem, die Rechtsgüter der jeweils anderen Partei nicht zu verletzen.

> **Frage:** Was ist im Schuldrecht AT die zentrale Norm für einen Schadensersatzanspruch und welche Voraussetzungen sind daran geknüpft?

Antwort: Die zentrale Norm für einen Schadensersatzanspruch ist § 280 Abs. 1 BGB. Voraussetzung für einen Schadensersatz ist neben der Tatsache, dass überhaupt ein Schaden vorliegt, zunächst eine Pflichtverletzung. Ein Schadensersatzanspruch setzt grundsätzlich auch ein Verschulden des Schadensverursachers voraus. Das Verschulden wird in § 280 Abs. 1 Satz 2 BGB vermutet.

> **Frage:** Was ist unter dem Begriff Verschulden zu verstehen?

Antwort: Das Verschulden beschreibt die Verantwortlichkeit des Schuldners, die wiederum in §§ 276 ff. BGB geregelt ist. Verantwortlich ist der Schuldner dabei für Vorsatz und Fahrlässigkeit. Fahrlässigkeit bedeutet die Außerachtlassung der im Verkehr erforderlichen Sorgfalt.

> **Frage:** Kennen Sie neben § 280 BGB noch weitere Anspruchsgrundlagen für einen Schadensersatz im Schuldrecht AT?

Antwort: Bei Vorliegen von zusätzlichen Voraussetzungen können sich weitere Schadensersatzansprüche ergeben, die in den §§ 281 ff. BGB geregelt sind. Zu erwähnen sind insbesondere der Schadensersatzanspruch bei Nichtleistung nach §§ 280, 283 BGB und der Schadensersatzanspruch wegen Spätleistung, also Verzug des Schuldner nach §§ 280, 286 BGB.

> **Frage:** Für die Praxis ist vor allem der Schadensersatzanspruch wegen Verzug des Schuldners relevant. Stellen Sie sich vor, dass Sie immer nach zwei Wochen, nachdem Sie Ihre Rechnungen an Ihre Mandanten versandt haben und keinen Zahlungseingang verzeichnen können, einen Anwalt beauftragen, das Geld für Sie einzutreiben, indem er Ihre Mandanten sofort schriftlich zur Zahlung auffordert. Können Sie die Kosten, die Ihnen für die Beauftragung eines Anwalts entstehen, von Ihren Mandanten ersetzt verlangen?

Antwort: Das kommt darauf an. Bestimmt die Rechnung nicht, bis zu welchem Datum die Zahlung zu erfolgen hat, kommt der Mandant erst mit einem gesonderten Schreiben, in dem er zur Zahlung ermahnt und aufgefordert wird, in Verzug (Mahnung), vgl. § 286 Abs. 1 BGB. Die Kosten, die für die anwaltliche Hilfe in Form der ersten Mahnung entstehen, gründen dabei nicht auf dem Verzug des Mandanten, da sich der Mandant noch nicht im Verzug befunden hat. Ein Schadenersatzanspruch wegen Verzuges in Höhe der Anwaltskosten ist damit nicht entstanden und daher gegenüber den Mandanten auch nicht ersatzfähig.

Gibt die Rechnung jedoch eine bestimmte Zeit nach dem Kalender vor, kommt der Mandant gemäß § 286 Abs. 2 Nr. 1 BGB mit Ablauf des festgelegten Tages in Verzug. Wird danach der Rechtsanwalt beauftragt, so stellen Kosten für dessen Inanspruchnahme einen Verzugsschaden dar, der ersatzfähig ist.

> **Tipp!** Wenn Sie erkennen, dass bei dem vorgegebenen Sachverhalt für eine bestimmte Lösung konkrete Angaben fehlen, zeigen Sie am besten gleich durch eine offene Antwort, dass mehrere Lösungswege denkbar sind.

Frage: Fassen Sie bitte noch einmal kurz zusammen, welche Voraussetzungen für einen Verzugsschaden vorliegen müssen!

Antwort: Im Rahmen der Pflichtverletzung ist zu prüfen, dass der Gläubiger einen fälligen, einredefreien Anspruch auf die Leistung des Schuldners besitzt und der Schuldner bislang nicht geleistet hat. Außerdem ist zu prüfen, ob eine Mahnung des Gläubigers notwendig oder ausnahmsweise entbehrlich gewesen ist, § 286 Abs. 1-3 BGB. Im weiteren ist ein Schaden auf Seiten des Gläubigers und das Verschulden des Schuldners notwendige Voraussetzung für einen Schadensersatzanspruch, wobei das Verschulden nach § 280 Abs. 1 Satz 2 BGB vermutet wird.

Frage: Sie sprachen gerade an, dass eine Mahnung entbehrlich sein kann. In welchen Fällen ist dies möglich?

Antwort: Eine Mahnung ist nach § 286 Abs. 2 BGB z.B. dann entbehrlich, wenn für die Leistung eine Zeit nach dem Kalender bestimmt ist. Erforderlich hierfür ist, dass für die Leistung nach einem bestimmten Ereignis ein angemessener Zeitraum bestimmt wird. Grundsätzlich muss es dem Schuldner möglich sein, in dieser Zeit seine Leistungshandlung vorzunehmen.

Entbehrlich ist eine Mahnung nach § 286 Abs. 3 Nr. 3 BGB auch dann, wenn der Schuldner sich ernsthaft und endgültig weigert, seine Leistung zu erbringen, obwohl diese schon fällig ist. Es wäre unsinnig, wenn ihn der Gläubiger noch einmal zur Leistung auffordern müsste.

Praxisrelevant ist außerdem der Fall, dass der Schuldner einer Entgeltforderung spätestens in Verzug gerät, wenn er nicht innerhalb von 30 Tagen nach Fälligkeit und Zugang einer Rechnung leistet, vgl. § 286 Abs. 3 BGB. Zu beachten ist dabei, dass ein Verbraucher dabei besonderen Schutz genießt und auf die Folgen gesondert hinzuweisen ist.

Frage: Was hat der Schuldner neben den Kosten für eine Mahnung im Verzug vor allem sonst noch zu ersetzen?

Antwort: Der Schuldner hat während des Verzuges vor allem auch den Zinsschaden zu ersetzen, den der Gläubiger infolge der Nichtzahlung erleidet. Nach § 288 BGB ist eine Geldschuld während des Verzugs zu verzinsen, wobei der Verzugszinssatz für das Jahr 5 Prozentpunkte und bei Rechtsgeschäften, an denen ein Unternehmer beteiligt ist, 9 Prozentpunkte über dem jeweiligen Basiszinssatz beträgt.

> **Frage:** Zurück zum Verzug. Stellen Sie sich folgenden Fall vor. Haushaltsgerätehändler Jupiter hat in seinem Warenbestand noch eine Mikrowelle, die in limitierter Auflage vom Hersteller in den Vereinsfarben von Fortuna Düsseldorf produziert wurde. Jupiter konnte außerdem erreichen, dass die komplette Mannschaft auf dem Gehäuse unterschreibt. Zwischenhändler Z möchte dieses Gerät unbedingt erwerben, weil er seinerseits die Mikrowelle an einen chinesischen Fan mit 1.500 € Gewinn weiterverkaufen kann. Jupiter und Z vereinbaren, das Jupiter die Mikrowelle an Z am Abend des 17.07.2015 liefern soll, was Jupiter allerdings vergisst. In der Nacht vor dem neu vereinbarten Termin am 19.07. wird die Mikrowelle aus dem abgeschlossenen Lager des Jupiter gestohlen. Z verlangt daraufhin von Jupiter 1.500 € Schadensersatz. Zu Recht?

Antwort: Z könnte gegen Jupiter einen Anspruch auf Schadensersatz gemäß § 280 Abs. 1, Abs. 3 und § 283 BGB wegen Unmöglichkeit haben. Da dem Jupiter die Mikrowelle gestohlen wurde, kann er seine Leistungspflicht nicht mehr erbringen, sodass Unmöglichkeit gemäß § 275 BGB vorliegt. Der Schadensersatzanspruch setzt weiterhin ein Verschulden des Jupiter voraus. Dieses wird zwar nach § 280 Abs. 1 Satz 2 BGB grundsätzlich vermutet, aber Jupiter kann sich im vorliegenden Fall exkulpieren, da er sein Lager verschlossen hatte und er somit seine Unmöglichkeit wegen des Diebstahls nicht zu verschulden hat.

Zu beachten ist allerdings, dass sich Jupiter zur Zeit des Diebstahls mit seiner Leistung seit dem 17.07. in Verzug befand. Nach § 287 Satz 2 BGB haftet der Schuldner auch für zufällige Ereignisse, es sei denn, dass der Schaden auch bei rechtzeitiger Leistung eingetreten wäre. Dies ist bei einem Diebstahl auszuschließen, sodass Z im Ergebnis einen Anspruch auf Schadensersatz gegen Jupiter hat.

> **Frage:** Was passiert eigentlich mit der Gegenleistung, also dem Anspruch auf Zahlung der Mikrowelle?

Antwort: Der Anspruch auf Zahlung der Gegenleistung nach § 433 Abs. 2 BGB entfällt wegen der eingetretenen Unmöglichkeit nach § 323 Abs. 1 BGB.

> **Frage:** Wie wäre der Fall zu beurteilen, wenn zwischen den Parteien vereinbart gewesen wäre, dass Z die Mikrowelle abholt, er es aber vergessen hätte und vor dem vereinbarten neuen Termin die Mikrowelle aus dem diesmal auf Grund nachgewiesener leichter Fahrlässigkeit des Jupiter nicht ordnungsgemäß abgeschlossenen Lager gestohlen worden wäre?

Antwort: In diesem Fall wäre wiederum Unmöglichkeit der Leistung nach § 275 BGB eingetreten, da Jupiter die Mikrowelle nicht mehr liefern kann. Der Anspruch auf Zahlung der Gegenleistung nach § 433 Abs. 2 BGB entfällt wegen der eingetretenen Unmöglichkeit nach § 323 Abs. 1 BGB.

Für einen Anspruch auf Schadensersatz müssten wiederum die Voraussetzungen der §§ 280, 283 BGB vorliegen. Die Unmöglichkeit als Pflichtverletzung und der Schaden sind eingetreten und liegen somit vor. Jupiter müsste die Unmöglichkeit auch zu vertreten haben, § 276 BGB. Das Verschulden wird nach § 280 Abs. 1 Satz 2 BGB vermutet. Jupiter kann sich auch nicht exkulpieren, da ihm dem Sachverhalt nach zumindest leichte Fahrlässigkeit vorzuwerfen ist. Allerdings ist zu berücksichtigen, dass sich der Z als Gläubiger der Leistung im Zeitpunkt des Diebstahls der Mikrowelle im Annahmeverzug befunden hat. Während des Gläubigerverzuges hat der Schuldner nach § 300 Abs. 1 BGB lediglich Vorsatz und grobe Fahrlässigkeit zu vertreten, sodass er die Unmöglichkeit im vorliegenden Fall im Ergebnis nicht zu vertreten hat und ein Verschulden nicht vorliegt.

Aus diesem Grund hat Z keinen Anspruch auf Schadensersatz in Höhe des entgangenen Gewinns gegen Jupiter.

> **Frage:** Kann ein Schadensersatzanspruch erst geltend gemacht werden, wenn zwischen den Parteien ein Vertrag wirksam geschlossen worden ist?

Antwort: Nein, auch wenn Pflichtverletzungen, die bei der Aufnahme von Vertragsverhandlungen oder der Anbahnung eines Vertrages begangen werden können einen Schadensersatzanspruch auslösen, da das Gesetz nach § 311 Abs. 2 BGB mit der Aufnahme der Vertragsverhandlungen oder der Anbahnung eines Vertrages das Zustandekommen eines Schuldverhältnisses fingiert.

> **Frage:** Z ist ein normaler Kunde des Jupiter, der eines Morgens fröhlich das Geschäft des Jupiter betritt und auf der Suche nach einer Mikrowelle zwischen den Regalen urplötzlich an einer hochstehende Kante des Bodenbelags stolpert, weil sich dort der Belag vom Boden gelöst hatte. Im Fallen bleibt Z mit seinem Ärmel an einem Regal hängen, wodurch der Stoff der Jacke aufreißt. Außer sich vor Zorn überlegt Z schon im Geschäft, wie er diesen Schaden ersetzt verlangen kann. Die Jacke hatte er am Vortag für günstige 555 € bei einem Herrenausstatter erworben.

Antwort: Z könnte einen Anspruch auf Schadensersatz gegen Jupiter gemäß §§ 280, 311 Abs. 1 und 2, 241 Abs. 2 BGB haben.

§ 280 BGB setzt für einen Schadensanspruch zunächst voraus, dass zwischen den Parteien ein Schuldverhältnis vorliegt. Hätten die Parteien bereits einen Kaufvertrag über eine Mikrowelle geschlossen, läge ein vertragliches Schuldverhältnis vor. Allerdings bestimmt das Gesetz in § 311 BGB, dass bereits dann ein Schuldverhältnis anzunehmen ist, wenn Parteien in einen geschäftlichen Kontakt treten, der auf Abschluss eines Vertrages oder zumindest auf Anbahnung einer Geschäftsbeziehung gerichtet ist, vgl. § 311 Abs. 1 Nr. 1 und Nr. 2 BGB. Mit Betreten des Geschäfts des Jupiter ist daher zwischen beiden ein vorvertragliches Schuldverhältnis entstanden. Bereits im Vorfeld eines Vertrages trifft die Parteien die Pflicht, die Rechtsgüter des Anderen wie z.B. Leben, Eigentum und körperliche Unversehrtheit, zu schützen. Gegen diese Sorgfaltspflichten verstieß Jupiter, weil in seinen Geschäftsräumen der Bodenbelag nicht mehr richtig verlegt war, sodass Z stolperte. Diese Pflichtverletzung hat Jupiter zu vertreten, wobei das Vertreten müssen nach § 280 Abs. 1 Satz 2 BGB vermutet wird. Der Schaden beträgt, da es sich um eine neue Jacke handelte, 555 €, den Z im Ergebnis von Jupiter ersetzt verlangen kann.

> **Frage:** Welche Voraussetzungen müssen erfüllt sein, damit die Leistung ordnungsgemäß erfüllt wird?

Antwort: Die ordnungsgemäße Erfüllung setzt voraus, dass die vereinbarte Leistung in der richtigen Art und Weise, am richtigen Ort, zur richtigen Zeit und an die richtige Person erbracht wird.

> **Tipp!** Die ordnungsgemäße Erfüllung einer Schuld bietet für den Prüfer wenig Möglichkeiten, Wissen abzuprüfen. Erst wenn es zu Leistungsstörungen kommt, weil eine Partei in dem vorgegebenen Fall unzufrieden ist, lässt sich die Systematik des Gesetzes von den Prüflingen darstellen. Die Frage, ob überhaupt ordnungsgemäß erfüllt wurde und welche Voraussetzungen dafür vorliegen müssen, bietet jedoch die Gelegenheit, den Fall von der Kehrseite entwickeln zu lassen.

> **Frage:** Neben der Leistung in der richtigen Art und Weise ist für die ordnungsgemäße Erfüllung vor allem der richtige Ort und die richtige Zeit maßgebend. An welchem Ort hat der Schuldner die Leistung zu erbringen?

Antwort: An welchem Ort der Schuldner die Leistungshandlung vorzunehmen hat, hängt von der Vereinbarung der Parteien ab.

Bei einer **Holschuld** muss der Gläubiger die Leistung bei dem Schuldner abholen. Leistungsort ist folglich der Wohnort oder die Niederlassung des Schuldners.

Bei einer **Bringschuld** muss der Schuldner die Leistungshandlung am Ort des Gläubigers vornehmen. Der Leistungsort ist damit der Wohnsitz des Gläubigers. Bei einer **Schickschuld** hat der Schuldner die Verpflichtung übernommen, die Sache dem Gläubiger zuzusenden. Damit liegt der Leistungsort bei dem Schuldner.

Wird zwischen den Parteien keine besondere Vereinbarung getroffen, so ordnet § 269 BGB an, dass die Leistung entsprechend einer Holschuld zu erbringen ist.

> **Abschließende Frage:** Zu welcher Zeit hat der Schuldner seine Leistung zu erbringen?

Antwort: Wird zwischen den Parteien keine Zeit bestimmt, kann der Gläubiger die Leistung sofort verlangen. Der Schuldner kann sie seinerseits auch sofort erbringen, vgl. § 271 BGB.

Bestimmen die Parteien hingegen eine bestimmte Zeit zur Leistungserbringung, darf der Gläubiger sie vorher nicht einfordern, der Schuldner jedoch bewirken, § 271 Abs. 2 BGB.

Problembereich 6: Erlöschen von Schuldverhältnissen – Übergang von Forderungen

> **Frage:** Wodurch erlöschen die sich aus einem Schuldverhältnis ergebenden Pflichten?

Antwort: Schuldverhältnisse erlöschen durch Erfüllung (§ 362 BGB), Hinterlegung (§ 378 BGB), Aufrechnung (§ 389 BGB) und Erlass (§ 397 BGB), Rücktritt (§§ 346 ff. BGB), Widerruf bei Verbraucherverträgen (§ 355 BGB) und Kündigung (§ 314 BGB).

> **Frage:** Erlischt das Schuldverhältnis auch, wenn eine Leistung an Erfüllungs Statt erbracht wird?

Antwort: Ja. Bietet der Schuldner dem Gläubiger eine andere als die versprochene Leistung an und nimmt der Gläubiger diese andere „Ersatzleistung" anstelle der versprochenen Leistung an, erlischt das Schuldverhältnis, vgl. § 364 Abs. 1 BGB.

> **Frage:** Gilt diese Rechtsfolge auch bei einer Leistung erfüllungshalber?

Antwort: Nein, bei der Leistung erfüllungshalber erlischt die ursprüngliche Schuld nicht sofort. Der Gläubiger erhält an dem hingegebenen Gegenstand ein Befriedigungsrecht. Nur soweit der hingegebene Gegenstand zur Befriedigung ausgereicht hat, erlischt die ursprüngliche Forderung des Gläubigers, vgl. § 364 Abs. 2 BGB.

> **Frage:** Bitte geben Sie die Voraussetzungen der Aufrechnung an!

Antwort: Die Aufrechnung kann nur unter den Voraussetzungen des § 387 BGB erfolgen. Dazu müssen
- die zur Aufrechnung gestellten Forderungen gegenseitig sein (Gläubiger = Schuldner),
- die Hauptforderung muss erfüllbar sein,
- die Forderungen müssen auf dieselbe Leistung gerichtet sein (gleichartig),
- die Gegenforderung muss fällig sein und darf nicht mit einer Einrede behaftet sein.

Außerdem dürfen keine Aufrechnungsverbote bestehen, z.B. kann gegen Forderungen, die unter einem Pfändungsschutz stehen, nicht aufgerechnet werden.

Frage: Können Forderungen übertragen werden?

Antwort: Ja, Forderungen können durch Vertrag abgetreten werden, vgl. § 398 BGB. Der Vertrag wird dabei zwischen dem alten und dem neuen Gläubiger abgeschlossen. Der Schuldner wird in diesen Vertrag nicht einbezogen, da es aus seiner Sicht grundsätzlich irrelevant ist, an wen er die Leistung zu erbringen hat.

Frage: Lassen sich auch Schulden aus einem Vertragsverhältnis übertragen und gibt es dazu eine gesetzliche Grundlage?

Antwort: Auch Schulden können übertragen bzw. von einem Dritten übernommen werden. Die Übernahme der Schuld erfolgt zwischen dem alten und dem neuen Schuldner ebenfalls per Vertrag, vgl. § 414 BGB. Im Gegensatz zur Forderungsabtretung ist in die Schuldübernahme jedoch der Gläubiger als Partei mit einzubeziehen, da dessen Forderung nun von einem anderen Schuldner erbracht werden soll. Um hieraus keinen Nachteil zu erleiden, bedarf es für eine wirksame Schuldübernahme der Genehmigung des Gläubigers, vgl. § 415 Abs. 1 BGB.

Frage: Gilt das Zustimmungserfordernis bei der Schuldübernahme ausschließlich?

Antwort: Grundsätzlich ja, es sei denn, das Gesetz sieht eine Gesamtrechtsnachfolge vor. Dies kann zum Beispiel bei einer Umwandlung nach dem UmwG der Fall sein, oder aber auch bei Gründung einer GmbH. Hierbei gehen mit Eintragung der Vorgesellschaft in das Handelsregister die Ansprüche des Gläubigers gegen den für die GmbH Handelnden auf die GmbH über, da die Vorgesellschaft mit Eintragung in das Handelsregister zur GmbH erstarkt. Zur Sicherheit der Gläubiger sieht das Gesetz daneben eine Handelndenhaftung vor, vgl. § 11 Abs. 2 GmbHG.

Frage: Was bedeutet Rücktritt und kennen Sie gesetzlich geregelte Fälle des Rücktritts?

Antwort: Rücktritt ist die einseitige Klärung eines Vertragspartners an den anderen, dass der voll wirksam geschlossene Vertrag rückgängig gemacht werden soll, § 346 BGB. Gesetzlich geregelte Fälle gibt es in §§ 323, 324, 326, 437, 634 BGB.

Frage: Was haben Rücktritt und Kündigung gemeinsam und worin bestehen ihre Unterschiede?

Antwort: In beiden Fällen wird das Schuldverhältnis als Ganzes durch die einseitige Willenserklärung eines Vertragspartners aufgehoben. Beide Gestaltungsrechte können entweder auf vorheriger vertraglicher Vereinbarung oder auf einer gesetzlichen Regelung beruhen.

Der Rücktritt führt zur Aufhebung des Schuldverhältnisses von Anfang an. Mit der Erklärung des Rücktritts werden die durch das Schuldverhältnis bisher begründeten Rechte und Pflichten aufgehoben. Mit dem Rücktritt entsteht kraft Gesetzes ein neues (Rückgewähr-)Schuldverhältnis, wodurch die Verpflichtungen begründet werden, die jeweils empfangenen Leistungen zurückzugewähren, § 346 BGB. Eine Kündigung hebt das Schuldverhältnis nur für die Zukunft (ex nunc) auf.

Frage: Was ist ein Widerruf?

Antwort: Ein Widerruf ist eine weitere Möglichkeit, ein Rechtsgeschäft wieder aufzulösen. Der Widerruf ist bei bestimmten Verträgen ein unbedingtes Recht eines Verbrauchers, den Vertrag rückabzuwickeln. Bei einem Rücktritt oder einer Kündigung ist die Verbraucherstellung hingegen irrelevant.

> **Frage: Kennen Sie gesetzlich geregelte Fälle des Widerrufs?**

Antwort: Neben dem Widerruf nach 130 Absatz 1 BGB, der bis zum Zugang der zugegangenen Willenserklärung erklärt werden muss, hat der Gesetzgeber Widerrufsmöglichkeiten bei verbraucherschützenden Spezialvorschriften vorgesehen. Wichtigste Regelungen sind hier §§ 312, 312d und 495 i.V.m. § 355 BGB, wonach der Verbraucher an eine Willenserklärung nicht mehr gebunden ist, wenn er sie fristgerecht innerhalb von zwei Wochen widerrufen hat. Wichtigster Anwendungsbereich sind Fernabsatzgeschäfte (Kauf von Waren über das Internet oder Bestellung per Telefon).

Problembereich 7: Kauf und Verbrauchsgüterkauf

> **Frage: Welche Hauptleistungspflichten haben die Parteien des Kaufvertrages?**

Antwort: Nach § 433 Abs. 1 BGB ist der Verkäufer verpflichtet, das Eigentum an der Sache und die Sache frei von Sach- und Rechtsmängeln zu verschaffen. Der Käufer ist gem. § 433 Abs. 2 BGB verpflichtet, dem Verkäufer den Kaufpreis zu zahlen.

> **Frage: Wann ist die Sache mangelhaft?**

Antwort: Nach § 434 BGB liegt ein Sachmangel vor, wenn die Sache:
- bei Gefahrübergang nicht die vereinbarte Beschaffenheit hat,
- sich nicht für die nach dem Vertrag vorausgesetzte Verwendung eignet,
- sich nicht für die gewöhnliche Verwendung eignet,
- nicht die Eigenschaften aufweist, die der Käufer nach den öffentlichen Äußerungen des Verkäufers oder des Herstellers, insbesondere in der Werbung oder bei der Kennzeichnung, erwarten kann,
- zwar mangelfrei war, diese aber durch den Verkäufer unsachgemäß montiert wurde, bzw. die Montageanleitung fehlerhaft ist.

> **Frage: Wen trifft hinsichtlich des Sachmangels die Beweislast?**

Antwort: Grundsätzlich trifft den Anspruchsteller die Beweislast, alle seinen Anspruch begründenden Tatsachen nachweisen. Demzufolge muss der Käufer, der einen Mangelanspruch geltend macht, das Vorliegen eines Mangels nachweisen. Da der Käufer sich im Zweifel auf die Mangelhaftigkeit einer Sache im Zeitpunkt der Übergabe beruft, ist es an ihm, dies nachzuweisen. Dies ist nachträglich meist schwierig.

Beim Verbrauchsgüterkauf wird daher zum Schutz der Verbraucher (§ 13 BGB) über neu hergestellte Sachen per Gesetz bestimmt, dass die Beweislast hinsichtlich der Mangelfreiheit innerhalb von sechs Monaten nach Gefahrübergang den Verkäufer (§ 476 BGB) trifft. Hierdurch werden die Rechte der Käufer gestärkt.

> **Frage: Welche Ansprüche hat der Käufer im Fall eines Mangels der Kaufsache?**

Antwort: Gemäß § 437 BGB hat der Käufer bei Vorliegen eines Sach- oder Rechtsmangels zunächst Anspruch auf Nacherfüllung nach § 439 BGB. Der Käufer kann wahlweise die Beseitigung des Mangels oder die Lieferung einer mangelfreien Sache verlangen. Der Verkäufer hat die hierfür erforderlichen Aufwendungen gem. § 439 Abs. 2 BGB zu tragen.

Setzt der Käufer dem Verkäufer bei Nicht- oder Schlechtleistung eine angemessene Frist zur Leistung oder Nacherfüllung und läuft diese erfolglos ab, kann der Käufer vom Vertrag zurücktreten (§ 437 Ziff. 2 BGB i.V.m. §§ 440, 323, 326 Abs. 5 BGB) oder den Kaufpreis mindern (§ 437 Ziff. 2 BGB i.V.m. § 441 BGB).

Verletzt der Verkäufer seine Hauptleistungspflicht aus einem Schuldverhältnis i.S.d. § 280 BGB indem er anstatt einer mangelfreien eine mangelhafte Lieferung erbringt, macht er sich ggf. schadensersatzpflichtig (§ 437 Ziff. 3 BGB i.V.m. §§ 440, 280, 281, 283 BGB). Die für den Schadensersatz nach §§ 281, 283 BGB erforderliche Verantwortlichkeit (Vorsatz oder Fahrlässigkeit) des Verkäufers wird durch das Gesetz zugunsten des Käufers als Anspruchsteller vermutet. Der Verkäufer trägt die Beweislast dafür, dass ihn kein Verschulden trifft.

Der sogenannte Mangelschaden, also der Schaden, der in der Mangelhaftigkeit der Sache liegt, wird dem Käufer nach § 281 BGB erstattet. Im Ergebnis behält er die Sache und bekommt einen Ausgleich in Geld. Gibt der Käufer die Sache zurück und erhält er eine Neue, macht er den sog. „großen Schadensersatz" geltend.

Sog. Mangelfolgeschäden und sonstige Schäden (Schäden an anderen Rechtsgütern des Käufers) bekommt der Käufer über § 280 BGB ersetzt.

Zur Geltendmachung sämtlicher Schadenersatzansprüche wird vorausgesetzt, dass der Käufer dem Verkäufer eine angemessene Frist zur Leistung oder Nacherfüllung setzt und diese erfolglos abgelaufen ist (Vorrang der Erfüllung).

Der Käufer einer mangelhaften Sache kann anstelle des Schadensersatzes Ersatz der Aufwendungen verlangen, die er im Vertrauen auf den Erhalt der (mangelfreien) Leistung gemacht hat und billigerweise machen durfte (z.B. Vertragskosten) (§ 437 Ziff. 3 BGB i.V.m. §§ 440, 280, 281, 283 BGB – Schadenersatz).

> **Frage:** Welche Art der Mängelhaftung ist grundsätzlich vorrangig?

Antwort: Zunächst gilt der Grundsatz des Vorrangs der Erfüllung. Sofern dieser nicht möglich ist und der Schuldner dies verweigert oder der Gläubiger auf die Nacherfüllung lange genug gewartet hat, können danach das Rücktrittsrecht, die Minderung des Entgelts oder Schadensersatz entstehen.

> **Frage:** Wie ist der Handelskauf von einem Kaufvertrag nach § 433 BGB abzugrenzen?

Antwort: Der Handelskauf ist ein Handelsgeschäft gemäß §§ 343, 344 HGB, das entweder einen Kaufvertrag nach § 433 BGB, einen Tauschvertrag i.S.d. § 515 BGB oder einen Werklieferungsvertrag nach §§ 651, 381 HBG zum Inhalt hat. Dabei genügt es zum Teil, dass eine der beteiligten Personen ein Kaufmann ist, § 345 HGB, teilweise ist jedoch ein beiderseitiges Handelsgeschäft erforderlich, vgl. § 377 HGB.

> **Frage:** Hat der Käufer nach einem Kauf grundsätzlich ein Rückgaberecht?

Antwort: Nein, ein gesetzliches Rückgaberecht im Kaufrecht außerhalb der Mängelhaftung gibt es nicht. Die Vertragsparteien haben die Möglichkeit ein Rückgaberecht für den Käufer vertraglich zu vereinbaren. Viele Händler nehmen die Waren aus Kulanz und zur Kundenpflege zurück, ohne hierzu rechtlich verpflichtet zu sein.

> **Frage:** Privatperson Waldemar kauft im Elektrofachgeschäft Jupiter für seine Tochter Carla eine neue Waschmaschine. Weil Carla nicht schwer heben darf, vereinbaren Waldemar und Jupiter, das Jupiter die Waschmaschine zur Tochter liefert. Jupiter beauftragt dafür den Spediteur Schlinger, der auf dem Weg zu Carla wegen leichter Fahrlässigkeit in einen Unfall

Problembereich 7: Kauf und Verbrauchsgüterkauf

> verwickelt wird. Leider wird die Waschmaschine dabei völlig unbrauchbar. Jupiter verlangt dennoch Zahlung des Kaufpreises von Waldemar.

Antwort: Jupiter könnte gegen Waldemar einen Anspruch auf Zahlung des Kaufpreises gem. § 433 Abs. 2 BGB haben. Unzweifelhaft haben die Parteien einen Kaufvertrag über eine Waschmaschine geschlossen, sodass gem. § 433 Abs. 2 BGB grundsätzlich der Kaufpreisanspruch besteht. Mit der Zerstörung der Waschmaschine bei dem Unfall ist die Leistung (Verschaffung des Eigentums) für Jupiter aus Umständen, die Waldemar nicht zu vertreten hat, unmöglich geworden. Damit entfällt für den Gläubiger Waldemar grundsätzlich auch die Pflicht zur Erbringung der Gegenleistung gem. § 326 BGB. Etwas anderes würde jedoch dann gelten, wenn die sogenannte Preisgefahr gem. § 447 Abs. 1 BGB (Gefahr des zufälligen Untergangs) mit der Übergabe der Waschmaschine an den Spediteur auf Waldemar übergegangen ist. Da Waldemar darum gebeten hatte, die Maschine an seine Tochter und damit an einen anderen Ort als den Erfüllungsort zu versenden, liegen die Voraussetzungen hier grundsätzlich vor. Waldemar müsste demnach den Kaufpreis zahlen. Allerdings handelt es sich hier um einen Verbrauchsgüterkauf, da Waldemar als Verbraucher (§ 13 BGB) von einem Unternehmer (§ 14 BGB) eine bewegliche Sache kauft. Für den Verbrauchsgüterkauf gelten jedoch die Vorschriften über den Versendungskauf nicht (§ 474 Abs. 2 BGB), sodass Waldemar im Ergebnis nicht den Kaufpreis gem. § 326 BGB zu bezahlen braucht.

> **Frage:** Ausgangsfall wie zuvor. Waldemar finanziert die Waschmaschine über zwei Jahre. Aus diesem Grunde behält sich Jupiter bis zur vollständigen Zahlung des Kaufpreises an der Waschmaschine das Eigentums vor. Die Maschine wird geliefert und von Waldemar in Betrieb genommen, allerdings auch nach ein eineinhalb Jahren wegen falscher Bedienung kaputt gemacht. Aus diesem Grund zahlt Waldemar keine Raten mehr, da er seiner Auffassung nach auch kein Eigentum mehr erlangen kann. Zu Recht?

Antwort: Jupiter hat einen Anspruch auf Zahlung des Kaufpreises gem. § 433 Abs. 2 BGB. Grundsätzlich entfällt für Waldemar die Zahlungspflicht nach § 326 BGB, da die Leistung (Verschaffung des Eigentums) für Jupiter aus von ihm nicht zu vertretenden Umständen unmöglich geworden ist. Nach § 446 BGB geht allerdings die Preisgefahr (Gefahr des zufälligen Untergangs) mit Übergabe der Kaufsache auf Waldemar über und zwar unabhängig davon, ob es sich um einen Verbrauchsgüterkauf handelt oder nicht. § 474 Abs. 5 BGB schließt § 446 BGB gerade nicht aus, sodass dieser auch für den Verbrauchsgüterkauf anzuwenden ist. Waldemar muss daher den Kaufpreis bezahlen.

> **Frage:** Jupiter liefert eine weitere Waschmaschine an den Unternehmer Roland zum Preis von 333 €. Roland verkauft diese Waschmaschine an die Privatkundin Dora. Nachdem Dora einen Mangel an der Maschine feststellt, der schon im Rahmen der Produktion verursacht wurde, repariert Roland die Maschine, wodurch ihm Kosten in Höhe von 100 € entstehen. Diese verlangt er nun von Jupiter. Zu Recht?

Antwort: Bei dem vorliegenden Kauf handelt es sich um einen sog. Verbrauchsgüterkauf, da Roland an einen Verbraucher geliefert hat. Nach § 478 Abs. 2 BGB kann Roland die Aufwendungen von Jupiter ersetzt verlangen, die ihm dadurch entstehen, dass er den seitens des Verbrauchers geltend gemachten Mangel behoben hat.

> **Frage:** Abwandlung. Kann Roland die Maschine an Jupiter zurück geben, wenn sich herausstellt, dass die Maschine nicht reparabel ist und Dora dem Roland erfolglos eine angemessene Frist zur Beseitigung des Mangels gestellt hat?

Antwort: Roland hat mit Jupiter einen Kaufvertrag über eine Waschmaschine geschlossen, von dem er zurück treten kann, wenn ein Mangel vorliegt und dieser nicht zu beseitigen ist (§ 323 BGB). Im Verhältnis Roland zu Jupiter bedarf es einer nach § 323 BGB grundsätzlich erforderlichen Fristsetzung (Rückgriff innerhalb der Unternehmenskette) gem. § 478 Abs. 1 BGB nicht.

> **Frage:** Ausgangssachverhalt wie zuvor. Gehen Sie bitte von folgenden Daten aus:
> Lieferung von Jupiter an Roland erfolgt am 16.02.2012, Verkauf von Roland an Dora am 21.02.2014, am 31.04.2014 taucht der Mangel auf, am 06.05.2014 erfolgt die Reparatur, am 24.05.2014 erklärt Dora den Rücktritt vom Vertrag und am 25.05.2014 nimmt Roland die Waschmaschine zurück. Roland verlangt am 16.07.2014 die Rücknahme der Waschmaschine und die Rückzahlung des Kaufpreises von 333 € sowie die Erstattung der Wege- und Materialkosten von 100 €. Jupiter erhebt die Einrede der Verjährung.

Antwort: Aufgrund der bereits zuvor festgestellten Ergebnisse bestehen innerhalb der Unternehmerkette die geltend gemachten Ansprüche des Roland dem Grunde nach.

Ansprüche aus Gewährleistungsrecht verjähren nach § 438 Abs. 1 Nr. 3 BGB innerhalb von zwei Jahren nach Ablieferung der Sache.

Da seit der Lieferung von Jupiter an Roland (16.02.2012) und dem 16.07.2014 bereits mehr als zwei Jahre vergangen sind, wäre der Anspruch eigentlich verjährt. Für den Verbrauchsgüterkauf ist jedoch § 479 Abs. 2 BGB zu berücksichtigen. Danach tritt die Verjährung frühestens zwei Monate nach dem Zeitpunkt ein, in dem der Unternehmer (Roland) die Ansprüche des Verbrauchers erfüllt hat. Die Verjährung tritt allerdings spätestens fünf Jahre nach dem Zeitpunkt ein, in dem der Lieferant die Sache dem Unternehmer abgeliefert hat.

Ansprüche des Roland gegen Jupiter verjähren grundsätzlich mit Ablauf des 16.02.2014. Der Ersatzanspruch hinsichtlich der Material- und Wegekosten ist eigentlich verjährt (§ 479 Abs. 1 BGB). Die Verjährung läuft allerdings frühestens zwei Monate nachdem der Unternehmer die Gewährleistungsansprüche des Kunden erfüllt hat und somit mit Ablauf des 06.07.2013 ab. Diese Ansprüche sind daher am 16.07.2014 verjährt.

Auch der Anspruch des Roland auf Rückgabe der Waschmaschine an Jupiter und Rückzahlung des Kaufpreises verjährt grundsätzlich innerhalb von zwei Jahren, d.h. eigentlich mit Ablauf des 16.02.2014. Roland hat seinerseits die Ansprüche gegenüber Dora auf Rückgabe der Waschmaschine und Rückzahlung des Kaufpreises am 25.05.2014 erfüllt. Gemäß § 479 Abs. 2 BGB verjähren die Rückgriffsansprüche daher frühestens mit Ablauf des 25.07.2014. Roland kann im Ergebnis daher am 16.07.2014 von Jupiter die Rücknahme der Waschmaschine und die Rückzahlung des Kaufpreises verlangen.

> **Tipp!** Bei solch komplexen Sachverhalten mit vielen Daten und Zahlen sollten Sie sich unbedingt Stichpunkte und die Zahlen notieren oder eine Zeichnung anfertigen.

> **Frage:** Das Widerrufsrecht für den Online-Handel (Fernabsatzrecht) war im BGB bis Juni 2014 in § 312d BGB geregelt. Durch die Umsetzung der EU-Verbraucherrichtlinie zum 13.06.2014 hat der Gesetzgeber ein neues Widerrufsrecht geregelt. Kennen Sie die Vorschriften und den wesentlichen Inhalt des neuen Widerrufsrechts?

Antwort: Zentrale Vorschriften des Widerrufs von Fernabsatzverträgen sind die §§ 355 und 346 ff. BGB. Eine wesentliche Neuregelung mit Ausnahmen zum Widerrufsrecht ist ab dem 13.06.2014 der § 312g Abs. 2 BGB.

Zusammengefasst stellt sich das Widerrufsrecht folgender Maßen dar:

- Der Verbraucher muss europaweit einheitlich über das Recht zum Widerruf belehrt werden (Musterwiderrufsbelehrung).
- Die Widerrufsfrist beträgt in ganz Europa 14 Tage.
- Der Käufer muss seinen Widerruf eindeutig erklären, die Ware kommentarlos einfach nur zurück zusenden reicht nicht mehr aus.
- Für die Erklärung des Widerrufs ist dem Verbraucher spätestens bei Lieferung der Ware ein Widerrufsformular zur Verfügung zu stellen. Dies kann auch elektronisch erfolgen.
- Nach einem Widerruf haben beide Parteien innerhalb einer Frist von 14 Tagen die empfangenden Leistungen zurück zu gewähren. Solange der Verkäufer die Ware noch nicht zurück erhalten hat, steht ihm an dem Kaufpreis ein Zurückbehaltungsrecht zu.
- Die Kosten für die Hinsendung der Ware sind vom Verkäufer, die der Rücksendung grundsätzlich von dem Käufer zu tragen. Bislang galt in Deutschland die 40 €-Grenze. Dem Händler bleibt unbenommen, freiwillig die Rücksendekosten zu tragen.
- Unabhängig davon, ob die Widerrufsbelehrung ordnungsgemäß war, erlischt das Widerrufsrecht des Käufers in jedem Fall nach 12 Monaten und beträgt damit insgesamt 12 Monate und 14 Tage.

Problembereich 8: Dienstvertrag versus Werkvertrag und Steuerberatungsvertrag

Frage: Worin besteht der wesentliche Unterschied zwischen einem Werk- und einem Dienstvertrag?

Antwort: Der wesentliche Unterschied ergibt sich aus der jeweils geschuldeten Hauptpflicht. Bei einem Dienstvertrag schuldet der Dienstverpflichtete eine Tätigkeit, während der Werkunternehmer einen bestimmten Erfolg in Form eines konkreten Werkes zu erbringen hat. In beiden Fällen schuldet der Vertragspartner eine Vergütung.

Frage: Welche Vergütung schuldet der Besteller im Rahmen eines Werkvertrages, wenn die Parteien hierüber keine Vereinbarung getroffen haben?

Antwort: Grundsätzlich müssen sich die Parteien über die wesentlichen Vertragsbestandteile (essentialia negotii) einigen, damit ein Vertrag überhaupt zustande kommt. Dies sind Vertragsparteien, Vertragsgegenstand und Preis bzw. Vergütung. Bei dem Werkvertrag führt die fehlende Vereinbarung über die Vergütung nicht zur Unwirksamkeit des Vertrages, da die fehlende Einigung der Parteien durch die gesetzliche Regelung gemäß § 632 BGB ersetzt wird. Danach schuldet der Besteller die übliche Vergütung.

Frage: Wann wird die Vergütung des Werkunternehmers fällig?

Antwort: Die Vergütung wird bei der Abnahme des Werkes fällig (§ 641 BGB). Zur Abnahme des vertragsmäßig hergestellten Werkes ist der Besteller nach § 640 BGB verpflichtet.

Frage: Stellen Sie kurz dar, welche Rechte der Besteller eines Werkes hat, wenn das Werk mangelhaft ist.

Antwort: Ähnlich wie bei dem Kaufrecht sind die Mängelansprüche für den Werkvertrag im besonderen Teil des Schuldrechts in §§ 631 ff. BGB geregelt. Hiernach hat der Besteller ebenfalls das Recht der Nacherfüllung, des Rücktritts, der Minderung und des Schadenersatzes. Im Gegensatz zum Kaufrecht hat der Werkunternehmer im Falle der Nacherfüllung jedoch das Recht, zwischen

Nachbesserung und Neuerstellung des Werkes zu wählen, § 635 BGB. Für den Besteller des Werkes ergibt sich die Besonderheit, einen etwaigen Mangel des Werkes im Wege der Selbstvornahme selbst zu beseitigen und Ersatz der entsprechenden Aufwendungen zu verlangen, § 637 BGB.

> **Frage:** Wie ist der Steuerberatungsvertrag zu qualifizieren?

Antwort: Bei der Beauftragung des Steuerberaters ist hinsichtlich der vereinbarten Leistungen zu differenzieren. Grundsätzlich ist die Beauftragung des Steuerberaters als Geschäftsbesorgungsvertrag mit Dienstleistungscharakter zu qualifizieren. Dies ist zumindest bei der Wahrnehmung der laufenden steuerlichen Belange im Rahmen eines Dauermandats so. Werden von dem Steuerberater demgegenüber konkrete Einzelleistungen verlangt, handelt es sich insoweit um einen Werkvertrag, z.B. bei Auskunft über eine bestimmte Frage, nur einmalige Beauftragungen, Erstellung eines Gutachtens, Anfertigung eines Jahresabschlusses.

> **Frage:** Emil möchte nach langen Jahren seinen Betrieb an seinen besten Mitarbeiter Max verkaufen. Beide kommen überein, dass Emil seinen Steuerberater beauftragen soll, das Unternehmen zu bewerten, um auf dieser Grundlage den Kaufpreis zu ermitteln. Steuerberater Kal Kulator nimmt eine Unternehmenswertberechnung vor und teilt den Parteien einen Wert in Höhe von 450.000 € mit, den Emil und Max als Kaufpreis festlegen. Im Nachhinein stellt sich heraus, dass Kal Kulator grob fahrlässig Bilanzpositionen doppelt berücksichtigt hat, was den Preis um 125.000 € in die Höhe getrieben hat. Max verlangt von Kal Kulator Schadenersatz. Zu Recht?

Antwort: Max hat zwar keinen eigenen Auftrag mit Kal Kulator geschlossen, könnte aber nach den Grundsätzen über den Vertrag mit Schutzwirkung zugunsten Dritter gem. § 280 Abs. 1 BGB i.V.m. § 311 Abs. 3 S. 1 BGB einen Anspruch auf Schadensersatz in Höhe von 125.000 € haben. S hat seine Pflichten aus dem ihm von V erteilten Auftrag bzw. Werkvertrag verletzt (§ 280 Abs. 1 BGB i.V.m. § 662 bzw. § 631 BGB). Demnach wäre S dem V gegenüber verpflichtet, einen Schaden zu ersetzen.

Max ist mit der Arbeit des Steuerberaters ebenso wie der Auftraggeber Emil in Berührung gekommen und von der mangelhaften Arbeit des Kal Kulators betroffen. Gleichzeitig hat er auf die Mangelfreiheit der Leistung vertraut. Diese Umstände waren für Kal Kulator schließlich auch erkennbar. Der zwischen Emil und Kal Kulator geschlossene Vertrag hatte gerade auch den Schutz des Max bezweckt, denn Kal Kulator sollte bei einer objektiven Kaufpreisermittlung mitwirken. Max hat daher ein schutzwürdiges Interesse, sodass er von Kal Kulator Ersatz des eingetretenen Schadens verlangen kann.

> **Frage:** Wie können die Parteien einen Werkvertrag beenden?

Antwort: Die einfachste Form zur Beendigung erfolgt durch Erfüllung (§ 362 BGB). Daneben kann der Werkvertrag auch gekündigt werden (§ 649 BGB).

> **Frage:** Zu welchem Zeitpunkt ist eine Kündigung auszusprechen und welche rechtlichen Folgen entstehen durch die Kündigung?

Antwort: Der Besteller kann die Kündigung des Werkvertrages bis zur Vollendung des Werkes jederzeit aussprechen. Nach § 649 S. 2 BGB hat er jedoch die vereinbarte Vergütung zu entrichten. Von der vereinbarten Vergütung ist aber dasjenige abzurechnen, was der Unternehmer infolge der Kündigung an (Rest-) Leistungen nicht mehr zu erbringen braucht (§ 649 S. 2 BGB).

Frage: Wie ist es zu beurteilen, wenn der Werkunternehmer zuvor einen Kostenvoranschlag erstellt hat?

Antwort: Hierbei kommt es auf die Art des Kostenvoranschlages an. Bei einem unverbindlichen Kostenvoranschlag, bei dem der Unternehmer keine Gewähr für die Richtigkeit des Kostenvoranschlags übernommen hat, richtet sich die Vergütung des Unternehmers nach den §§ 650, 645 BGB, sodass der Besteller die Vergütung zu leisten hat, die dem entspricht, was der Unternehmer bereits an Arbeit in das bestellte Werk investiert hat.

Bei einem verbindlichen Kostenvoranschlag wird die Höhe der Vergütung weiter durch § 649 BGB bestimmt.

Problembereich 9: Begründung und Beendigung von Arbeitsverhältnissen

Frage: Alfred ist 35, verheiratet und hat 4 Kinder. Er arbeitet als ungelernte Fachkraft in der Rasenmäherfabrik des Röhrig, in der insgesamt 462 Mitarbeiter beschäftigt sind. Dort bedient Alfred die Presse mit der die Blechgehäuse gepresst werden. Vorher war Alfred für die Verkabelung der Geräte zuständig. Da Röhrig von Blechgehäuse auf Kunststoffgehäuse umstellt, die ihm aus dem fernen China zugeliefert werden, wird der Bereich Presse eingestellt. Alfred kündigt Röhrig und allen weiteren dort tätigen – insgesamt 15 – Arbeitnehmern. Ein anderer Arbeitsplatz steht im Betrieb nicht zur Verfügung. Alfred ist der Auffassung, die formell ordnungsgemäße Kündigung sei nicht gerechtfertigt, da in seinem alten Arbeitsbereich „Verkabelung" der ungelernte Mitarbeiter Max mit halb so langer Betriebszugehörigkeit beschäftigt bleibt. Hinzu kommt, dass Max Junggeselle ist. Röhrig hätte ihn entlassen und Alfred dessen Arbeitsplatz zuweisen können.
Ist die Kündigung von Alfred wirksam?

Antwort: Eine wirksame Kündigung setzt zunächst eine formell ordnungsgemäße Kündigung voraus, die nach den Angaben des Sachverhalts vorliegt. Unter Einhaltung der gesetzlichen Frist nach § 622 Abs. 2 BGB kann das Arbeitsverhältnis grundsätzlich ohne Angabe von Gründen gekündigt werden. Da Alfred bei Röhrig jedoch länger als sechs Monate arbeitet und dieser mehrere Hundert Mitarbeiter in seinem Betrieb beschäftigt, findet hier das Kündigungsschutzgesetz gem. §§ 1 Abs. 1, 23 Abs. 1 S. 2 KSchG (mehr als 5 Arbeitnehmer) sowohl in persönlicher als auch in sachlicher Hinsicht Anwendung.

Die Kündigung könnte vorliegend durch dringende betriebliche Erfordernisse, die einer Weiterbeschäftigung des Alfred entgegenstehen könnten, bedingt sein. In diesem Fall wäre die Kündigung des Alfred als betriebsbedingte Kündigung zulässig. Dringende betriebliche Erfordernisse sind gegeben, da aufgrund der Stilllegung der Abteilung „Presse" diese Arbeitsplätze ersatzlos weggefallen sind und eine anderweitige Beschäftigungsmöglichkeit für diese Arbeitnehmer nicht besteht. Die Stilllegung des Produktionsbereichs „Presse" ist eine Unternehmensentscheidung, die gerichtlich nicht auf deren Zweckmäßigkeit hin überprüft werden darf.

Es bestehen auch keine Anhaltspunkte, dass die Stilllegung willkürlich erfolgte (Auftragsrückgang). Demnach erfolgte die Kündigung des H betriebsbedingt.

Die Kündigung könnte jedoch gegen das Kündigungsschutzgesetz verstoßen, wenn die Kündigung sozial nicht gerechtfertigt war. Bei der Sozialauswahl sind Kriterien, wie die Dauer der Betriebszugehörigkeit, das Lebensalter, die Unterhaltspflichten und mögliche Schwerbehinderungen des Arbeitnehmers der verschiedenen Arbeitnehmer miteinander abzugleichen (§ 1 Abs. 3 S. 1 KSchG).

Alfred und Max können miteinander verglichen werden, denn ihre Tätigkeiten sind ähnlich und demzufolge austauschbar. Im Gegensatz zu Alfred ist Max noch nicht so lange im Betrieb des Röhrig beschäftigt und ist weder einer Ehefrau noch einem Kind gegenüber unterhaltsverpflichtet. Aus diesem Grunde hätte Röhrig unter sozialen Gesichtspunkten nicht dem Alfred, sondern Max zunächst die Kündigung überreichen müssen. Die Kündigung des Alfred verstößt daher gegen die Sozialauswahl des KSchG nach § 1 Abs. 3 KSchG und ist demzufolge unwirksam. Dadurch besteht das Arbeitsverhältnis des Alfred weiter mit der Folge, dass Alfred einen Anspruch auf Weiterbeschäftigung hat.

> **Tipp!** Denken Sie bitte daran, dass Arbeitsverhältnisse, sofern das KSchG nicht greift (bis zehn Arbeitnehmer) ohne Grund innerhalb der gesetzlichen (§ 622 BGB) oder vereinbarten vertraglichen Fristen gekündigt werden können.

Frage: Auf welche Arten kann das Arbeitsverhältnis neben einer Kündigung auch noch beendet werden?

Antwort: Das Arbeitsverhältnis kann neben der Kündigung auch durch Aufhebungsvereinbarung, Befristung und Tod des Arbeitnehmers (nicht des Arbeitgebers) beendet werden.

Frage: Eva arbeitet im Elektrofachgeschäft des Jupiter im Lager. Als eines Morgens eine riesige Menge neuer DVD-Player angeliefert wird, nutzt sie bei dem Einräumen die Gelegenheit und stellt sich einen DVD-Player so beiseite, dass sie diesen am Abend beim Verlassen des Geschäftes leicht mitnehmen kann. Hierbei wird sie von Jupiter gesehen und zur Rede gestellt. Vor lauter Mitleid kündigt er erst einmal nicht. Als Eva einen Monat später vergisst das Lager abzuschließen, ist Jupiter so sauer, dass er Eva wegen des versuchten Diebstahls mündlich fristlos kündigt. Ist die fristlose Kündigung wirksam?

Antwort: Die fristlose Kündigung ist im vorliegenden Fall unwirksam. Zum einen deswegen, weil die fristlose Kündigung gemäß § 623 BGB schriftlich auszusprechen gewesen wäre. Zum anderen auch deshalb, weil eine fristlose Kündigung innerhalb von zwei Wochen nach dem die Kündigung begründeten Ereignis auszusprechen ist (§ 626 Abs. 2 BGB). Somit ist die Kündigung vorliegend auch noch verfristet.

Frage: Ist es möglich, die Kündigung in eine ordentliche Kündigung umzudeuten?

Antwort: Eine Umdeutung in eine ordentliche Kündigung kann nur erfolgen, wenn unzweifelhaft erkennbar ist, dass der Arbeitgeber den Arbeitnehmer nicht mehr beschäftigen will. Daher ist in der Praxis darauf zu achten, dass die fristlose Kündigung immer auch eine ordentliche Kündigung beinhaltet. Im vorliegenden Fall konnte davon ausgegangen werden, dass der Arbeitgeber auf jeden Fall kündigen wollte, sodass die Kündigung umzudeuten gewesen wäre. Nicht heilbar ist dadurch allerdings die fehlende Schriftform.

Frage: Hugo ist gelernter Lackierer und träumt davon Akademiker zu sein. Dies kostet ihn jeden Morgen auf dem Weg 15 Minuten, die er regelmäßig zu spät kommt. Sein Arbeitgeber ist die Träumereien leid und kündigt Hugo aus diesem Grund fristgerecht zum nächst möglichen Termin. Ist die Kündigung wirksam?

Antwort: Ohne eine Abmahnung zuvor wegen dieses Grundes ist die Kündigung unwirksam.

Frage: Gelten für die Beendigung von Berufsausbildungsverhältnissen durch Kündigung besondere Regelungen?

Problembereich 9: Begründung und Beendigung von Arbeitsverhältnissen

Antwort: Ja, diese finden sich in § 22 Berufsbildungsgesetz (BBiG). Für die Zeit nach der Probezeit (zu deren Mindest-/Höchstlänge s. § 20 BBiG) ist eine Kündigung nur unter den engen Voraussetzungen des § 22 Abs. 2 BBiG möglich.

> **Beachte!** Die Angabe des Kündigungsgrundes im Kündigungsschreiben ist – anders als bei der außerordentlichen fristlosen Kündigung eines Arbeitsverhältnisses (vgl. § 626 Abs. 2 S. 2 BGB) – Rechtswirksamkeitsvoraussetzung für die Kündigung; ohne diese Angabe ist die Kündigung nichtig.

> **Frage:** Das Steuerbüro des S wird von dem jungen R unter Beibehaltung der wesentlichen Beratungstätigkeit, des überwiegenden Personalbestandes, des Klientenstamms und unter Beibehaltung der Büroeinrichtung gemäß vertraglicher Vereinbarung fortgeführt. Kann die Mitarbeiterin M des S, die R als einzige nicht übernehmen will, eine Fortsetzung des Arbeitsverhältnisses mit R verlangen?

Antwort: Dies kann sie dann, wenn i.S.v. § 613a Abs. 1 S. 1 BGB die wirtschaftliche Einheit des Geschäftsbetriebs „Steuerberaterbüro" bei R identisch fortbesteht (sog. Betriebsübergang), wofür die im Sachverhalt genannten Umstände sprechen. Das Gesetz sieht für solche Fälle einen Arbeitsvertragsübergang kraft Gesetzes vor, der gerade nicht von der Zustimmung aller Beteiligten abhängig ist. Der Gesetzeszweck liegt insoweit darin, den beim Betriebserwerber fortbestehenden Arbeitsplatz für den Arbeitnehmer zu sichern, der nicht zum arbeitsrechtlichen „Spielball" im Falle eines bloßen Betriebsinhaberwechsels werden soll.

> **Wichtig:** Der Arbeitnehmer kann über einen (fristgebundenen) schriftlichen Widerspruch gegen den Übergang seines Arbeitsverhältnisses (§ 613a Abs. 6 BGB) an dem Arbeitsverhältnis mit dem alten Arbeitgeber festhalten (z.B. aus Gründen der besseren Solvenz).

> **Beachte!** Erhält ein Arbeitnehmer im Zusammenhang mit einem Betriebsübergang eine Kündigung, so steht der Rechtsunwirksamkeitsgrund des § 613a Abs. 4 S. 1 BGB in Rede (Kündigung aus dem tragenden Beweggrund „Betriebsübergang" (= Kündigung zwecks Verhinderung des Arbeitsverhältnisübergangs)). Dieser Kündigungsschutz findet auch Anwendung, wenn es sich bei dem übergehenden Geschäftsbetrieb um einen „Kleinbetrieb" i.S.v. § 23 Abs. 1 BGB handelt, d.h. kein allgemeiner Kündigungsschutz nach dem KSchG besteht.

> **Frage:** Kann ein Arbeitsverhältnis befristet werden und wenn ja, wie lang darf die Befristung dauern?

Antwort: Ein Arbeitsverhältnis darf bis zu zwei Jahre ohne sachlichen Grund befristet werden. Das Arbeitsverhältnis kann bis zu dreimal verlängert werden, die Gesamtdauer von zwei Jahren darf jedoch nicht überschritten werden. Voraussetzung für eine mögliche Befristung ist, dass der Arbeitnehmer zuvor nicht bei dem Arbeitgeber beschäftigt war.

Für eine Befristung über einen längeren Zeitraum als zwei Jahre muss ein sachlicher Grund vorliegen. Dieser kann z.B. darin liegen, dass der betriebliche Bedarf an der Arbeitsleistung nur vorübergehend besteht. Hat der Arbeitnehmer bei Beginn des Arbeitsverhältnisses bereits das 58. Lebensjahr vollendet, ist kein sachlicher Grund mehr erforderlich (§ 14 Abs. 1 TzBfG).

Eine Befristung ist in den ersten vier Jahren nach Gründung eines Unternehmens, auch ohne sachlichen Grund möglich (§ 14 Abs. 2 TzBfG).

> **Frage:** Was passiert rechtlich mit einem rechtswirksam befristeten Arbeitsverhältnis, wenn der Arbeitgeber das Arbeitsverhältnis über die vorgesehene Zeit (Zeitbefristung) oder über den vorgesehenen Zweck (Zweckbefristung) hinaus wissentlich und ohne Einwand fortsetzt?

Antwort: Gemäß § 15 Abs. 5 TzBfG gilt das Arbeitsverhältnis als auf unbestimmte Zeit, also unbefristet, verlängert.

Problembereich 10: Darlehen und Verbraucherkreditvertrag

> **Frage:** Nachdem Sie mit Ihrem besten Freund die Steuerberaterprüfung bestanden haben, beschließen Sie in Konkurrenz zu Google und facebook ein „start up"-Unternehmen zu gründen. Noch bei Ihrer Feier zur bestandenen Steuerberaterprüfung sprechen Sie mit Ihrem Schwager, der Kreditsachbearbeiter bei der Bank ist, über Ihr Vorhaben. Voller Begeisterung sagt Ihr Schwager Ihnen einen Kredit über 65.000 € zu. Haben Sie einen wirksamen Darlehensvertrag abgeschlossen?

Antwort: Nein! An den wirksamen Abschluss eines Darlehnsvertrages eines Verbrauchers oder eines Existenzgründers, der einen Betrag von 75.000 € nicht übersteigt, sind besondere Voraussetzungen geknüpft, § 512 BGB. Der Vertrag muss zunächst nach § 492 BGB schriftlich abgeschlossen werden. Außerdem fordert das Gesetz für den Vertrag weitere Mindestangaben wie Nettodarlehensbetrag, Gesamtbetrag der zu erbringenden Leistungen, Zinssatz und effektiver Jahreszins. Ein Darlehensvertrag, der diese Mindestangaben nicht enthält oder nicht schriftlich abgeschlossen wurde, ist nichtig (§ 494 Abs. 1 BGB). Darüber hinaus steht dem Darlehensnehmer ein Widerrufrecht gem. § 495 BGB zu.

> **Frage:** Gehen Sie davon aus, dass Sie formwirksam Ihren Kredit abgeschlossen haben und Sie zur Besicherung des Kredits Ihren Sportwagen zur Sicherheit an die Bank übereignet haben, den Sie vereinbarungsgemäß weiter fahren durften. An einem Shoppingtag im niederländischen Outlet wird Ihnen der Pkw gestohlen. Nun droht der Bankvorstand mit Kreditkündigung. Zu Recht?

Antwort: Gemäß § 490 BGB kann der Darlehnsgeber nach Auszahlung des Darlehens den Vertrag fristlos, d.h. außerordentlich, kündigen, wenn in den Vermögensverhältnissen des Darlehensnehmers oder in der Werthaltigkeit einer für das Darlehen gestellten Sicherheit eine wesentliche Verschlechterung eintritt. Mit dem Diebstahl der Sicherheit ist dies der Fall, sodass die Drohung der Bank zu Recht erfolgt.

> **Frage:** Manfred ist Handwerker und benötigt ein neues Betriebsauto. Da er Entscheidungen nicht gerne allein fällt, nimmt er zur Unterstützung seine Frau mit, die keiner beruflichen Tätigkeit nachgeht. Der Verkäufer kann beide davon überzeugen, dass sie jeweils ein neues Auto brauchen. Da es an Liquidität fehlt vermittelt der Verkäufer zwei sehr günstige Finanzierungen durch die Verkäufer-Bank. In der Folge tritt bei beiden Fahrzeugen immer wieder derselbe Defekt auf, der verhindert, dass die Fahrzeuge verkehrssicher benutzt werden können. Da die Gewährleistungsfristen noch nicht abgelaufen sind, erklären Manfred und seine Frau jeweils den Rücktritt vom Vertrag. Können Manfred und seine Frau die Zahlungen für das Darlehen einstellen?

Problembereich 11: Bereicherungsrecht und Deliktsrecht

Antwort: Sowohl Manfred als auch seine Frau haben einen Kreditvertrag zum Erwerb einer Sache abgeschlossen. Zu beachten ist jedoch, dass sich der Kauf des Fahrzeuges für Manfreds Frau als ein Verbrauchergeschäft darstellt (§ 13 BGB), da sie das Kfz zu privaten Zwecken erworben hat. Im Gegensatz dazu steht der Kauf des Fahrzeugs von Manfred für seine betrieblichen Zwecke (§ 14 BGB). Bei einem von der Ehefrau durchgeführten Verbrauchergeschäft stellen der Vertrag über die Lieferung (Kaufvertrag) und über die Finanzierung (Darlehensvertrag) ein verbundenes Geschäft dar. Nachdem die Frau innerhalb der Frist den Rücktritt erklärt und den Kaufpreis zurückverlangen kann, ist sie nach § 359 BGB auch berechtigt, die Rückzahlung des Darlehens zu verweigern.

Manfred hat hingegen kein Verbrauchergeschäft abgeschlossen als er einen betrieblichen Pkw erwarb, sodass die Regeln über die Verbundgeschäfte für ihn keine Anwendung finden. Aus diesem Grund hat Manfred seinen Kredit vereinbarungsgemäß zurückzahlen und muss sich wegen des Rücktritts vom Kaufvertrag mit dem Kfz-Händler auseinandersetzen.

Frage: Was ist der Unterschied zwischen einem Darlehen und einer Leihe?

Antwort: Der Unterschied liegt in dem, was der Vertragspartner am Ende der Vertragslaufzeit verpflichtet ist zurück zu geben. Während bei der Leihe dieselbe Sache zurück zu geben ist, schuldet der Darlehnsnehmer nur die Rückgabe einer vertretbaren Sache mittlerer Art und Güte oder Geld.

Frage: Wodurch lassen sich Leihe und Schenkung unterscheiden?

Antwort: Die Leihe hat eine unentgeltliche Nutzungsüberlassung zum Gegenstand, während die Schenkung auf eine unentgeltliche Substanzüberlassung gerichtet ist.

Frage: Bei welcher Darlehensform wird als Gegenleistung nicht ein Zins entrichtet?

Antwort: Anstatt eines Zinses wird bei einem partiarischen Darlehen eine Gewinnbeteiligung als Entgelt entrichtet.

Frage: Was passiert bei dem sogenannten Cash-Pooling?

Antwort: Bei dem Cash-Pooling wird die Liquidität eines Unternehmens gebündelt. Dies erfolgt mit der Gewährung von Darlehn verschiedener Gesellschaften (Schwestergesellschaften) zugunsten einer Gesellschaft (Mutter- oder Schwestergesellschaft).

Problembereich 11: Bereicherungsrecht und Deliktsrecht

Frage: Was ist der Zweck des Bereicherungsrechts und wo ist es im BGB geregelt?

Antwort: Das Bereicherungsrecht ist in den §§ 812 ff. BGB geregelt und stellt ein sogenanntes gesetzliches Schuldverhältnis dar. Es enthält verschiedene Anspruchsgrundlagen mit denen Fälle geregelt werden, bei denen Vermögensverschiebungen stattgefunden haben, auf die die Personen keinen Anspruch und deswegen nun „zu viel" haben. Dies kann zum Beispiel daraus resultieren, dass der Grund, warum sie etwas erhalten haben, nie bestanden hat oder später wieder entfallen ist. Das Bereicherungsrecht versucht nun das „zu viel" abzuschöpfen.

Frage: Zwischen welchen Kondiktionen ist im Bereicherungsrecht zu unterscheiden?

Antwort: Das Bereicherungsrecht unterscheidet die Leistungskondiktion von der Nichtleistungskondiktion.

> **Frage:** Robert ist 10 Jahre und hat keine Lust mehr mit dem Fahrrad zur Schule zu fahren. Darum schiebt er sein Fahrrad zum nahegelegenen Fahrradhändler, der ihm das Rad für 250 € abkauft. Da Roberts Mutter ihre Beautytermine am Morgen nicht verlegen und ihren Sohn daher nicht ständig zur Schule fahren kann, stimmt sie dem Verkauf nicht zu. Wie ist die Rechtslage?

Antwort: Robert hat mit dem Fahrradhändler einen Kaufvertrag geschlossen, aus dem Robert verpflichtet war, das Eigentum an dem Rad und der Fahrradhändler Robert das Eigentum an dem Geld zu übertragen, § 433 Abs. 1 und 2 BGB. In Vollzug dieser Verpflichtungen haben beide Parteien mit zwei Verfügungsgeschäften nach § 929 BGB das Eigentum an dem Fahrrad einerseits und das Eigentum an dem Geld andererseits tatsächlich übertragen. Soweit ein Minderjähriger Rechtsgeschäfte abschließt, die nicht lediglich rechtlich vorteilhaft sind, bedarf es zu deren Wirksamkeit die Zustimmung der gesetzlichen Vertreter. Rechtlich vorteilhaft war im vorliegenden Fall für Robert die Übereignung des Geldes an ihn. Sie ist daher unabhängig von der fehlenden Zustimmung der Mutter rechtlich wirksam. Das Verpflichtungsgeschäft in Form des Kaufvertrages sowie das Verfügungsgeschäft, mit dem Robert sein Eigentum an dem Fahrrad auf den Händler übertragen hat, sind dagegen rechtlich nachteilhaft und sind, da die Mutter ihre Zustimmung verweigert, unwirksam. Da Robert infolge einer unwirksamen Verfügung das Eigentum an seinem Fahrrad nicht verloren hat, kann er das Rad nach § 985 BGB als Eigentümer herausverlangen.

Der Fahrradhändler hat hingegen das Eigentum an seinem Geld wirksam auf Robert übertragen. Die Wirksamkeit wird nicht dadurch beeinträchtigt, dass das Verpflichtungsgeschäft unwirksam ist, da das Verpflichtungs- und Verfügungsgeschäft zwei voneinander getrennte Rechtsgeschäfte (Trennungsprinzip) darstellen. Deren Wirksamkeit ist unabhängig voneinander zu beurteilen (Abstraktionsprinzip). Um das zu viel Erlangte von Robert zurück zu erhalten, muss der Händler einen Anspruch aus Bereicherungsrecht gemäß § 812 Abs. 1 Satz 1 BGB geltend machen. Hiernach erhält er sein Geld zurück, da Robert dieses durch Leistung (die willentliche Übertragung des Geldes seitens des Händlers im Rahmen der Verfügung) ohne Rechtsgrund (fehlender Wirksamkeit des Kaufvertrags mit dem Minderjährigen) erlangt hat.

> **Frage:** Herr Müller bekommt von Frau Schulz ohne Rechtsgrund 1.000 € überwiesen, was Herr Müller jedoch nicht erkennt. Er gibt das Geld für ein Wellnesswochenende und ein wunderschönes Abendessen bei einem Sternekoch aus. Hat Frau Schulz einen bereicherungsrechtlichen Anspruch?

Antwort: Herr Müller hat zunächst 1.000 € auf Kosten von Frau Schulz ohne rechtlichen Grund erlangt und ist zur Herausgabe des Geldes verpflichtet. Herr Müller ist jedoch entreichert i.S.d. § 818 Abs. 3 BGB, sodass Frau Schulz keinen Herausgabeanspruch hat. Hätte Herr Müller den fehlenden Rechtsgrund gekannt, wäre er zur Herausgabe der 1.000 € verpflichtet, selbst wenn er nicht mehr bereichert wäre (§§ 818 Abs. 4, 819 BGB).

> **Frage:** Neben dem vertraglichen Schadensrecht kann ein Schadensersatzanspruch auch durch unerlaubte Handlung nach § 823 BGB entstehen. Nennen Sie dessen Voraussetzungen!

Antwort: Die Voraussetzungen sind:
- Verletzung eines absoluten Rechts Leben, Körper, Freiheit, Eigentum, sonstige Rechte,
- Verletzungshandlung,
- Haftungsbegründende Kausalität,
- Rechtswidrigkeit,

- Verschulden, d.h. Vorsatz oder Fahrlässigkeit,
- Schaden,
- Haftungsausfüllende Kausalität.

Unter der haftungsbegründenden Kausalität versteht man den Ursachenzusammenhang zwischen dem verletzenden Verhalten und der Verletzung des Rechtsguts. Die Haftungsausfüllende Kausalität stellt den Zusammenhang zwischen Verletzung und Schaden her („wie viel").

Frage: Hat jeder für eine unerlaubte Handlungen Schadensersatz zu leisten?

Antwort: Nein nur derjenige, der verschuldensfähig im Sinne des § 827 BGB ist.
Danach ist die Verantwortlichkeit für eine unerlaubte Handlung ausgeschlossen, wenn die Handlung im Zustand der Bewusstlosigkeit oder in einem die freie Willensbildung ausschließenden Zustand kranker Zerstörung der Geistestätigkeit vollzogen worden ist.

Frage: Haften Minderjährige ebenfalls für eine unerlaubte Handlung?

Antwort: Minderjährige unter 7 Jahren sind nicht verantwortlich. Minderjährige zwischen 7 und 10 Jahren sind nur im Rahmen eines Verkehrsunfalls nicht verantwortlich es sei denn sie haben vorsätzlich gehandelt. Ansonsten sind Kinder zwischen 7 und 18 Jahren nur verantwortlich, soweit sie über eine entsprechende Einsichtsfähigkeit verfügen, vgl. § 828 BGB.

Frage: Was bedeutet Vorsatz und was bedeutet Fahrlässigkeit?

Antwort: Vorsatz ist Wissen und Wollen seiner Handlungen. Fahrlässig handelt, werde die im Verkehr erforderliche Sorgfalt außer Acht lässt. Objektiver Maßstab ist dabei die Sorgfalt die von einem durchschnittlichen Mitglied der Berufs- und Altersgruppe des Schädigers erwartet werden kann.

Frage: Welche drei verschiedenen Kategorien von Haftungstatbeständen kennen Sie?

Antwort: Haftung für nachgewiesenes Verschulden, Haftung für vermutetes Verschulden und Haftung ohne Verschulden (Gefährdungshaftung). Beispiele für Haftung für nachgewiesenes Verschulden sind: § 823 Abs. 1, § 823 Abs. 2 BGB (Schutzgesetzverletzung) und § 826 BGB (vorsätzliche sittenwidrige Schädigung). Beispiele für Haftung für vermutetes Verschulden sind: § 831 BGB (Haftung für Verrichtungsgehilfen), § 833 BGB (Haftung des Tierhalters von Nutztieren), § 18 StVG (Haftung des Fahrers eines Kfz). Die Gefährdungshaftung gilt insbesondere für den Halter eines Kfz gem. § 7 StVG und für den Produzenten eines fehlerhaften Produktes gem. § 1 Abs. 1 ProdHaftG.

Problembereich 12: Eigentum und Besitz – Erwerb und Verlust

Frage: Worin unterscheiden sich schuldrechtliche Verpflichtung- und sachenrechtliche Verfügungsgeschäfte und welche Prinzipien sind daraus abzuleiten?

Antwort: Das schuldrechtliche Verpflichtungsgeschäft regelt nur, wer gegenüber wem einen Anspruch auf Übereignung zum Beispiel eines Gegenstandes hat. Die Zuordnung des Gegenstandes oder das Vorhandensein desselben ist für die Eingehung dieser Verpflichtung vollkommen irrelevant. Es enthält lediglich die Verpflichtung, das Eigentum zu verschaffen ohne dies bereits zu tun. Das sachenrechtliche Verfügungsgeschäft ist hingegen direkt darauf gerichtet das Eigentum an einem Gegenstand zu übertragen. Für das sachenrechtliche Verfügungsgeschäft ist es unerheblich, aus welchem Grund sich die Parteien darüber einig wurden, das Eigentum zu übertragen.

Aus diesem Verständnis ist daher zunächst das Trennungsprinzip abzuleiten, das besagt, dass das Verpflichtungs- und Verfügungsgeschäft voneinander zu trennende Rechtsgeschäfte sind.

Daneben gilt, dass der schuldrechtliche Vertrag und der sachenrechtliche Vertrag jeweils für sich betrachtet auf ihre Gültigkeit hin überprüft werden müssen. Auch wenn der schuldrechtliche Vertrag unwirksam ist, können die jeweiligen Übereignungen wirksam sein. Sie sind damit abstrakt (unabhängig) von dem Verpflichtungs- oder Kausalgeschäft, Abstraktionsprinzip.

Frage: Definieren Sie den Begriff Sache und zählen Tiere auch dazu?

Antwort: Eine Sache ist ein körperlicher Gegenstand (§ 90 BGB). Tiere sind hingegen keine Sachen. Nach § 90a BGB sind auf sie die für Sachen geltenden Vorschriften entsprechend anzuwenden.

Frage: Was ist unter dem sachenrechtlichen Typenzwang zu verstehen?

Antwort: Mit dem Begriff „Typenzwang" wird im Sachenrecht beschrieben, dass nur bestimmte im Gesetz verankerte Rechte zugelassen sind, auch als sogenannter numerus clausus der Sachenrechte bekannt. Die Parteien können, anders als bei der Vertragsfreiheit keine neuen Sachenrechte vereinbaren.

Das Sachenrecht kennt neben dem Eigentum als umfängliches Recht noch die beschränkt dinglichen Rechte. Diese lassen sich in Nutzungsrechte (Erbbaurecht, Dienstbarkeiten wie z.B. Nießbrauch), Erwerbsrechte (Vorkaufsrecht) und Verwertungsrechte (Reallast, Grundpfandrechte und Mobiliarpfandrechte) einteilen.

Frage: Was ist der Unterschied zwischen Eigentum und Besitz?

Antwort: Unter dem Eigentum wird die rechtliche Herrschaft einer Person über eine Sache verstanden. Nach § 903 BGB ist der Eigentümer dazu befugt, nach Belieben mit der Sache zu verfahren.

Der Besitz ist die tatsächliche Sachherrschaft einer Person über eine Sache, vgl. § 854 BGB.

Frage: Wissen Sie, was unter einem Besitzmittlungsverhältnis oder auch Besitzkonstitut zu verstehen ist und wo das eine Rolle spielt?

Antwort: Ein Besitzmittlungsverhältnis bzw. Besitzkonstitut besteht zwischen einem unmittelbaren und einem mittelbaren Besitzer. Der mittelbare Besitzer ist gemäß § 868 BGB derjenige, der die unmittelbare Sachherrschaft durch eine andere Person ausüben lässt. Durch diesen unmittelbaren Besitzer (Besitzmittler) wird der Besitz vermittelt. Dabei muss der unmittelbare Besitzer anerkennen, dass er den unmittelbaren Besitz als sogenannter Fremdbesitzer besitzt. Dies ergibt sich aus einem Besitzmittlungsverhältnis oder Besitzkonstitut zum Beispiel in Form eines Mietvertrages. Der Mieter einer Sache ist, nachdem ihm der Vermieter den unmittelbaren Besitz eingeräumt hat, der unmittelbare Besitzer. Dieser vermittelt dem Vermieter aufgrund des Mietvertrages und der sich daraus ergebenden Verpflichtung des Mieters, die Sache nach Ablauf der Mietzeit an den Vermieter zurück zu geben, den mittelbaren Besitz. Der Vermieter ist während der Mietzeit mittelbarer Besitzer.

Frage: Welche Voraussetzungen müssen vorliegen, damit eine wirksame Eigentumsübertragung nach 929 BGB vorliegt?

Antwort: Die folgenden Voraussetzungen müssen vorliegen:
- Einigung,
- Übergabe,
- Einig sein im Zeitpunkt der Übergabe,
- Berechtigung.

Problembereich 12: Eigentum und Besitz – Erwerb und Verlust

Frage: Was stellt die Einigung rechtlich dar?

Antwort: Die Einigung ist ein Verfügungsvertrag, mit dem das Eigentum von dem Veräußerer auf den Erwerber übergehen soll. Der Einigungsvertrag ist nicht mit dem schuldrechtlichen Verpflichtungsgeschäft identisch. Daher gehört die Sache dem Käufer noch nicht, wenn er sie lediglich gekauft und bezahlt hat. Dies ergibt sich aus dem Trennungsprinzip. Verpflichtungsgeschäft (z.B. Kaufvertrag) und Verfügungsgeschäft sind zwei verschiedene Rechtsgeschäfte.

Frage: Wie viele Verträge sind erforderlich um einen Pullover zu verkaufen und zu übereignen und die Zahlung abzuwickeln, §§ 433, 929 BGB?

Antwort: Es sind drei Verträge mit jeweils zwei Willenserklärungen also insgesamt sechs Willenserklärungen erforderlich: Kaufvertrag, Übereignungsvertrag für den Pullover und Übereignungsvertrag für das Bargeld.

Frage: Welche sogenannten Übergabesurrogate lassen sich aus dem Gesetz ableiten?

Antwort: Anstelle der tatsächlichen Besitzübergabe kann die Verfügung über einen Gegenstand auch dann wirksam vollzogen werden, wenn
- der Erwerber bereits Besitzer ist, § 929 Satz 2 BGB,
- der bisherige Eigentümer nach der Veräußerung im Besitz der Sache bleiben soll, § 930 BGB oder wenn
- ein Dritter zur Zeit der Verfügung im Besitz der Sache ist, Abtretung des Herausgabeanspruches, § 931 BGB.

Frage: Der verträumte Emil E überlies seiner vermeintlichen Freundin F zur zeitweisen Benutzung seinen nagelneuen Tablet-PC, den er sich vor wenigen Tagen für günstige 555 € gekauft hatte. F hatte nichts Besseres zu tun, als den PC im Internet zu annoncieren und zufällig an den ihr unbekannten besten Kollegen K des E, der erkennt das es sich bei dem PC um denjenigen handelt, den sich E zuvor gekauft hat, für überzogene 666 € zu verkaufen. E möchte sein Tablet-PC wieder haben. Hat er diesen Anspruch?

Antwort: Wenn E den PC von K zurück haben möchte, müsste er einen Anspruch auf Herausgabe seines PC nach § 985 BGB haben. Hierzu ist erforderlich, dass E Eigentümer der Sache ist. Ursprünglich war E Eigentümer. Dieses Eigentum wurde ihm vom Verkäufer des PC verschafft. E hat jedoch das Eigentum durch die Verfügung der F an K verloren, wenn K von F das Eigentum gutgläubig nach § 932 BGB erworben hat. Nach § 932 BGB kann ein Dritter von einem Nichtberechtigten Eigentümer das Eigentum erwerben, wenn er den Veräußerer gutgläubig für den Eigentümer hält. Zwar war F im Zeitpunkt der Veräußerung Nichtberechtigte im Sinne der Vorschrift, da ihr das Eigentum nicht zustand, K war aber nicht gutgläubig. Er erkannte den PC und wusste, dass dieser dem E und nicht der F gehörte. K hat damit das Eigentum nicht von F erworben, sodass E den PC von K herausverlangen kann.

Frage: Wäre der Fall anders zu beurteilen, wenn F nicht an K, sondern einen Unbekannten U veräußert hätte und die F den Tablet-PC nicht überlassen bekommen, sondern diesen bei einem gemütlichen DVD-Abend – vom F unbemerkt – in die Handtasche gesteckt hätte?

Antwort: In diesem Fall wäre der Unbekannte zunächst gutgläubig im Sinne des § 932 BGB gewesen. Ein gutgläubiger Erwerb wäre jedoch trotzdem ausgeschlossen, da der E den PC nicht freiwillig der F überlassen hat. Wird eine Sache dem Eigentümer gestohlen, geht sie verloren oder kommt sie abhanden, scheidet nach § 935 BGB ein gutgläubiger Erwerb aus.

> **Frage:** Gehen Sie davon aus, F hat den PC zur zeitweisen Nutzung überlassen bekommen und sie veräußert den PC an einen gutgläubigen Unbekannten U für 666 €. Hat E Ansprüche gegen F?

Antwort: Zunächst ist festzuhalten, dass in dieser Abwandlung ein gutgläubiger Erwerb des U möglich gewesen ist, da der PC dem E nicht gestohlen wurde.

Wer vorsätzlich oder fahrlässig das Eigentum eines anderen widerrechtlich verletzt, ist dem anderen zum Schadensersatz verpflichtet, § 823 Abs. 1 BGB. Im vorliegenden Fall hätte F dem E 555 € zu erstatten, wenn davon auszugehen ist, dass der PC diesen Wert zwei Tage später noch hatte.

E kann von F aber auch den von U erhaltenen Kaufpreis von 666 € verlangen. Dies ergibt sich aus dem Bereicherungsrecht, § 816 BGB. Trifft hiernach ein Nichtberechtigter über einen Gegenstand eine Verfügung, die dem Berechtigten gegenüber wirksam ist, muss er dem Berechtigten das herausgeben, was er durch die Veräußerung des Gegenstandes erlangt hat.

> **Frage:** Wie erfolgt die Eigentumsübertragung von einem Grundstück?

Antwort: Die Eigentumsübertragung erfolgt durch Auflassung (§ 925 BGB) und Eintragung im Grundbuch (§ 873 BGB). Auflassung ist die Einigung, die erforderlich zur Übertragung des Eigentums an einem Grundstück ist. Die Eintragung im Grundbuch ersetzt die Übergabe.

> **Frage:** Geht mit der Auflassung gleichzeitig der Besitz an dem Haus über?

Antwort: Nein, die Besitzübergabe muss zusätzlich erfolgen. Praktisch vollzieht sie sich mit der Schlüsselübergabe.

> **Frage:** Kann eine Immobilie auch wie eine Mobilie gutgläubig erworben werden?

Antwort: Ja, auch Immobilien können gemäß § 892 BGB gutgläubig erworben werden.

> **Frage:** Besteht zwischen dem gutgläubigen Erwerb von beweglichen und dem gutgläubigen Erwerb von unbeweglichen Sachen ein Unterschied und wenn ja, worin liegt dieser?

Antwort: Bei beweglichen Sachen knüpft der gutgläubige Erwerb an den Rechtsscheinträger des Besitzes und die Besitzverschaffungsmacht an. Für denjenigen, der im Besitz einer Sache ist, spricht nach § 1006 BGB die Vermutung des Eigentums. Wird dem gutgläubigen Erwerber der Besitz in den nach §§ 929 ff. BGB dargestellten Wegen tatsächlich verschafft, erlangt der Erwerber das Eigentum.

Bei unbeweglichen Sachen ist der Inhalt des Grundbuchs der Rechtsscheinträger. Nur wenn dieses den Unberechtigten als Berechtigten (fälschlicherweise) ausweist, kann unter den weiteren Voraussetzungen des § 892 BGB ein gutgläubiger Erwerb durch einen Erwerber vollzogen werden.

Zu beachten ist, dass bei beweglichen Sachen bereits die grob fahrlässige Unkenntnis von der Nichtberechtigung den guten Glauben zerstört (§ 932 Abs. 2 BGB), während dies beim Erwerb unbeweglicher Sachen erst im Falle positiver Kenntnis (§ 892 Abs. 1 Satz 1 BGB) erfolgt.

> **Frage:** Heizungsinstallateur Mario liefert dem Bauherren Bert Heizungsrohre für die Fußbodenheizung unter Eigentumsvorbehalt. Nachdem Bert die Rohre in seinem Neubau verbaut und mit Estrich bedeckt hat, erleidet er einen finanziellen Engpass und kann und will die Rechnung des Mario nicht mehr bezahlen. Aus diesem Grund verlangt Mario seine Heizungsrohre von Bert wieder zurück.

Antwort: Mario hat einen Anspruch auf Herausgabe der Heizungsrohre nach § 985 BGB, wenn er noch Eigentümer ist. Mario hat jedoch sein Eigentum an den Rohren verloren, als Bert die Rohre eingebaut hat. Denn nach § 946 BGB erstreckt sich das Eigentum an einem Grundstück auch auf die eingefügten beweglichen Sachen, wenn diese wesentlicher Bestandteil des Grundstücks werden. Wesentliche Bestandteile einer Sache sind solche, die von der Hauptsache nicht getrennt werden können, ohne dass der eine oder andere Teil zerstört oder in seinem Wesen geändert oder in seinem Wert gemindert wird. Damit gehören die Rohre als wesentlicher Bestandteil zum Gebäude (§ 93 BGB) und das Gebäude als wesentlicher Bestandteil zum Grundstück (§ 94 BGB), sodass sich das Eigentum des Bert nunmehr auch auf die Heizungsrohre erstreckt. Der Erwerb des Eigentums vollzieht sich kraft Gesetzes. Mario hat daher keinen Herausgabeanspruch gegenüber Bert. Ihm verbleibt lediglich seinen Kaufpreisanspruch im Zweifel gerichtlich durchsetzen.

Frage: Kennen Sie weitere Tatbestände nach denen Eigentum gesetzlich erworben werden kann?

Antwort: Weitere Tatbestände sind die Vermischung (§ 948 BGB) und die Verarbeitung (§ 950 BGB). Gesetzlicher Eigentumserwerb kann auch durch Aneignung herrenloser Sachen erfolgen (§ 958 BGB).

Frage: Wie entsteht Wohnungseigentum?

Antwort: Wohnungseigentum wird durch vertragliche Aufteilung des Grundstücks begründet. Die Ersteinräumung von Sondereigentum erfolgt durch Vertrag (vertragliche Teilung als dingliches Verfügungsgeschäft, sogenannte Teilungserklärung) und Grundbucheintragung (§ 4 Abs. 1 und 2 WEG). Im Falle des § 3 Abs. 1 WEG wird für jeden Miteigentumsanteil von Amts wegen ein besonderes Grundbuchblatt (Wohnungsgrundbuch, Teileigentumsgrundbuch) angelegt (§ 7 WEG).

Frage: Worin unterscheiden sich die Begriffe Mehrfamilienhaus und Eigentumswohnung?

Antwort: Das Mehrfamilienhaus enthält zwar mehrere Wohnungen, wird grundbuchrechtlich jedoch als ein Grundstück geführt. Steht dieses im Eigentum mehrerer, so sind diese Bruchteilseigentümer am gesamten Grundstück. Über Eigentumswohnungen bestehen im Grundbuch gesonderte Blätter. Der Eigentümer einer Eigentumswohnung ist (Allein-) Eigentümer des zugewiesenen Sondereigentums und Miteigentümer des Grundstücks.

Frage: Ist für die Übertragung eines Grundstücks die notarielle Form erforderlich?

Antwort: Für die Übertragung eines Grundstücks bedarf es nicht der notariellen Form wie für den Grundstückskaufvertrag nach § 311b Abs. 1 BGB. Nach § 925 BGB ist lediglich erforderlich, die Auflassung vor einer zuständigen Stelle zu erklären. Hierzu zählt jeder Notar.

Frage: Worin liegt der Unterschied zwischen einer notariellen Beurkundung und einer öffentlichen Beglaubigung?

Antwort: Bei der öffentlichen Beglaubigung (§ 129 BGB) wird von dem Notar nur bestätigt, dass die Unterschrift auf der Urkunde von demjenigen stammt, der die Erklärung auch tatsächlich abgegeben hat. Beglaubigt wird danach nur die Identität des Erklärenden, nicht aber die Richtigkeit des Inhalts der betreffenden Urkunde.

Bei der notariellen Beurkundung (§ 128 BGB) wird neben der Identität der Parteien zusätzlich auch bestätigt, dass die Urkunde den Inhalt der Erklärung wortgetreu wiedergibt. Aus diesem Grund wird die gesamte Erklärung durch den Notar niedergeschrieben, in Anwesenheit der Erklärenden vorgelesen und im Anschluss daran von ihnen genehmigt und unterschrieben. Zum Schluss unterzeichnet auch noch der Notar die Urkunde. Die notarielle Beurkundung ist die strengste Form, die das Gesetz für Rechtsgeschäfte vorsieht und ist u.a. bei Grundstückskaufverträgen (§ 311b Abs. 1 BGB), Schenkungsversprechen (§ 518 Abs. 1 BGB) und Verträgen zum Kauf von GmbH-Anteilen (§ 15 GmbHG) erforderlich.

Frage: In welche drei Abteilungen ist das Grundbuchblatt eines Grundstücks unterteilt?

Antwort: Das Grundbuchblatt ist in folgende Abteilungen unterteilt:
1. **Abteilung I**: Eigentumsverhältnisse
2. **Abteilung II**: Hier werden die Lasten und Beschränkungen des Grundstücks vermerkt. Unter Lasten fallen Reallasten, Vorkaufsrechte, Nießbrauch oder das Erbbaurecht.
3. **Abteilung III**: führt die Grundpfandrechte (Hypotheken, Grundschulden, Rentenschulden) auf.

Frage: Können Sie sich etwas unter dem Begriff der Dienstbarkeit vorstellen?

Antwort: Dienstbarkeiten lassen sich in Grunddienstbarkeiten und beschränkt persönliche Dienstbarkeiten unterteilen. Zu den Grunddienstbarkeiten gem. §§ 1018 ff. BGB zählen vor allem der Nießbrauch gem. §§ 1030 ff. BGB. Eine beschränkt persönliche Dienstbarkeit gem. §§ 1090 ff. BGB ist zum Beispiel das Wohnrecht.

Frage: Auf welche Dienstbarkeit wird im Rahmen der steuerlichen Gestaltung der vorweggenommenen Erbfolge zurückgegriffen?

Antwort: Wird bei der vorweggenommenen Erbfolge eine Immobilie übertragen, kann zugunsten des Veräußerers insbesondere der Vorbehaltsnießbrauch von Interesse sein.
Schenkungssteuerlich wird dabei der Kapitalwert des Nießbrauchs als Belastung zum Abzug gebracht, was zu einer Minderung der schenkungssteuerlichen Bereicherung führt.

Frage: Was ist ein Wertpapier und zählt hierzu auch der Gepäckschein?

Antwort: Ein Wertpapier ist eine Urkunde, in der ein privates Recht derart verbrieft ist, dass zur Geltendmachung des Rechts der Besitz der Urkunde notwendig ist.
Der Gepäckschein ist hingegen kein Wertpapier. Er dient nur als Beweiszeichen für die Gläubigerschaft. Der Schuldner wird durch Leistung an den Inhaber von der Schuld befreit. Er ist jedoch nicht verpflichtet an den Inhaber zu leisten, wenn dieser nicht mit dem Gläubiger identisch ist, § 807 BGB.
Wertpapiere können Inhaberpapiere, Orderpapiere und Rektapapiere sein.
Bei Inhaberpapieren folgt das Recht aus dem Papier dem Recht an dem Papier, das verbriefte Recht wird durch die Übertragung der Urkunde selbst gemäß den §§ 929 ff. BGB übertragen. Ein gutgläubiger Erwerb von abhandengekommenen Inhaberpapieren ist möglich (§ 935 Abs. 2 BGB). Inhaberpapiere sind Inhaberschuldverschreibungen (§§ 793 ff. BGB), Inhaberzeichen (§ 807 BGB), Inhaberaktien (Regelfall, § 10 Abs. 1 AktG), Inhaberschecks (Normalfall, Art. 5 Abs. 2, Abs. 3 ScheckG).
Auch bei den Orderpapieren folgt das Recht aus dem Papier dem Recht am Papier. Zusätzlich muss jedoch der Name des Inhabers auf dem Papier bezeichnet sein, der Name des ersten Berechtigten durch den Aussteller selbst eingetragen, die Namen der folgenden Berechtigten bei Übertragung des Orderpapiers (ebenfalls gem. §§ 929 ff. BGB) durch eine ununterbrochene Kette von Indossamenten ihrer Vorgänger.
Bei den Rektapapieren folgt im Gegensatz zu den zuvor genannten Wertpapieren das Recht an dem Papier dem Recht aus dem Papier. Zur Übertragung des Rechts muss nicht das Papier übereignet, sondern das Recht selbst abgetreten werden (§ 398 BGB). Aus der Abtretung folgt dann die Berechtigung hinsichtlich der Urkunde (§ 952 BGB). Ein gutgläubiger Erwerb ist grundsätzlich nicht möglich.

Rektapapiere sind die Hypothekenbriefe (§ 1154 BGB), Sparbücher (§ 808 BGB), handelsrechtliche Wertpapiere ohne Orderklausel und Wechsel und Scheck mit negativer Orderklausel.

Problembereich 13: Kreditsicherung

> **Frage:** Welches sind die gebräuchlichen Kreditsicherungsmittel und wie lassen sie sich einteilen?

Antwort: Kreditsicherheiten lassen sich in Personalsicherheiten und Realsicherheiten unterscheiden. Zu den Personalsicherheiten gehören
- die Bürgschaft,
- der Schuldbeitritt und
- das abstrakte Schuldversprechen.

Die Realsicherheiten lassen sich in die Mobiliar- und die Immobiliarsicherheiten unterteilen.
Bei den Immobiliarsicherheiten sind vor allem
- Hypothek und
- Grundschuld

zu nennen.
Mobiliarsicherheiten stellen
- das Pfandrecht,
- die Sicherungsübereignung,
- die Sicherungsabtretung und
- der Eigentumsvorbehalt dar.

> **Frage:** Wie lassen sich Bürgschaft, Schuldbeitritt und abstraktes Schuldversprechen unterscheiden?

Antwort: Die **Bürgschaft** ist ein einseitig verpflichtender Vertrag, durch den sich der Bürge gegenüber dem Gläubiger eines Dritten, dem sogenannten Hauptschuldner verpflichtet, für die Erfüllung der Verbindlichkeit des Dritten einzustehen, § 765 BGB. Der Gläubiger will sich durch die Bürgschaft für den Fall einer Zahlungsunfähigkeit eines Schuldners absichern. Bei der Bürgschaft haftet der Bürge nur subsidiär und akzessorisch für eine fremde Schuld, d.h. er muss nur dann leisten, falls der Hauptschuldner seinerseits nach Inanspruchnahme durch den Gläubiger zu keiner Leistung fähig war. Bei dem **Schuldbeitritt** hingegen haftet der hinzugetretene Schuldner neben dem bisherigen Schuldner als Gesamtschuldner für die eingegangene Verpflichtung. In diesem Falle kann er, unabhängig vom ursprünglichen Schuldner direkt vom Gläubiger in Anspruch genommen werden. Bei dem **abstrakten Schuldanerkenntnis** haftet der anerkennende neben dem Schuldner aufgrund seiner eigenen Verpflichtung dem Gläubiger gegenüber.

> **Frage:** Was sind die Gemeinsamkeiten und was ist der Unterschied zwischen Hypothek und Grundschuld?

Antwort: Sowohl Hypothek als auch Grundschuld sind sogenannte Grundpfandrechte. Die jeweils belasteten Grundstücke dienen als Sicherungsmittel für Kredite. Gläubigern verschaffen diese beiden Sicherungsmittel die Möglichkeit, sich mit den Erlösen aus der Zwangsversteigerung oder Zwangsverwaltung des durch die Hypothek oder Grundschuld belasteten Objektes zu befriedigen, sofern der Schuldner seinen Zahlungsverpflichtungen aus den besicherten Schuldverhältnissen nicht nachkommt.

Der Unterschied zwischen Grundschuld und Hypothek besteht darin, dass die Hypothek vom Bestand der Forderung abhängt (Hypothek ist akzessorisch), die Grundschuld hingegen nicht. Grundschulden sind damit nicht akzessorisch. Sie können ohne Schuldgrund bestehen.

> **Frage: Wie entsteht ein Pfandrecht?**

Antwort: Das rechtsgeschäftliche Pfandrecht an beweglichen Sachen entsteht gemäß § 1205 BGB durch Einigung und Übergabe einer Sache. Im Rechtsverkehr besteht die Schwäche des Pfandrechts darin, dass der Verpfänder den Gegenstand nicht weiter nutzen kann.

> **Frage: Was versteht man unter einem Eigentumsvorbehalt und was ist der Unterschied zu einem verlängerten Eigentumsvorbehalt?**

Antwort: Bei einem Eigentumsvorbehalt wird das Eigentum einer beweglichen Sache unter der aufschiebenden Bedingung der vollständigen Kaufpreiszahlung verschafft, d.h. solange der Erwerber den Kaufpreis nicht bezahlt hat, tritt die Bedingung für den dinglichen Eigentumserwerb nicht ein. Der Eigentumsvorbehalt dient damit der Sicherung des schuldrechtlichen Anspruchs auf Zahlung des Kaufpreises. Zahlt der Erwerber den Kaufpreis abredewidrig nicht, kann der Kaufgegenstand von dem Verkäufer noch aufgrund seines Eigentums herausverlangt werden.

Bei dem verlängerten Eigentumsvorbehalt wird zwischen dem (Vorbehalts-)Verkäufer und dem (Vorbehalts-)Käufer vereinbart, dass der Vorbehaltskäufer über den Gegenstand weiter verfügen darf, obwohl er nicht Eigentümer ist. Mit der Einwilligung des Vorbehaltsverkäufers kann damit ein Dritter das Eigentum von einem Berechtigten (dem Vorbehaltskäufer) erwerben.

Ohne eine solche Absprache käme für den Dritten ein Eigentumserwerb von einem Nichtberechtigten in Betracht. Der Wegfall des Gegenstandes als Sicherungsobjekt durch die Weiterveräußerung wird dabei dadurch ersetzt, dass der Vorbehaltskäufer seinen Anspruch auf Kaufpreiszahlung (aus der Weiterveräußerung) an den Vorbehaltsverkäufer abtritt.

> **Frage: Wer ist bei der Sicherungsübereignung Eigentümer?**

Antwort: Bei der Sicherungsübereignung wird ein Gegenstand von dem bisherigen Eigentümer (Sicherungsgeber) zur Sicherheit an einen anderen (Sicherungsnehmer) übereignet. Die Übereignung vollzieht sich dabei gemäß §§ 929, 930 BGB, wobei der Sicherungsgeber weiterhin im Besitz der Sache bleibt. Eigentümer wird damit der Sicherungsnehmer.

Die Sicherungsübereignung wird häufig von Kreditinstituten als Instrument der Kreditsicherung genutzt.

> **Frage: Was ist der Unterschied zu einer Sicherungsabtretung?**

Antwort: Bei der Sicherungsabtretung werden keine Gegenstände zur Sicherheit übereignet, sondern Rechte oder Forderungen. Für den Fall, dass der Schuldner seinen Kredit nicht bezahlen kann, kann sich der Gläubiger anstatt aus dem Erlös für den Verkauf eines Gegenstandes aus der an ihn abgetretenen Forderung befriedigen.

Problembereich 14: Familienrecht und Güterstände

> **Frage: Rainer Sorglos ist seit vielen Jahren verheiratet und lässt in der Gastronomie seines Tennisvereins seine Getränke regelmäßig „auf den Deckel" schreiben. Als am Wochenende Rainers Ehefrau Elfie, mit der er im gesetzlichen Güterstand lebt, den Verein besucht, verlangt der Wirt von Ihr Zahlung des ausstehenden Betrages. Zu Recht?**

Problembereich 14: Familienrecht und Güterstände

Antwort: Jeder Ehegatte ist berechtigt, Geschäfte zur angemessenen Deckung des Lebensbedarfs der Familie mit Wirkung für und auch gegen den anderen Ehegatten zu besorgen. Durch solche Geschäfte werden beide Ehegatten berechtigt und verpflichtet (§ 1357 Abs. 1 BGB). Daher kann der Wirt zu Recht den ausstehenden Betrag von Elfie verlangen.

> **Tipp!** Bei der Frage nach der Verpflichtung des anderen Ehegatten ist zu beachten, dass immer auch der Anspruch des Vertragspartners gegen den handelnden Ehegatten zu überprüfen ist. Im Anschluss stellt sich die Frage, ob der andere Ehegatte von Gesetzes wegen mit verpflichtet worden ist.

> **Frage:** Rainer hat sich außerdem – nachdem der Akku seines alten Elektroautos leer war – ein Neues gegönnt und sich dafür bei einem Freund mit einem kleinen Kredit beholfen. Da Rainer für den Freund nicht mehr zu erreichen ist, wendet sich dieser an Elfie und verlangt von ihr die Rückzahlung der Darlehnssumme von 75.000 €. Muss Elfie zahlen?

Antwort: Eine Mitverpflichtung des Ehegatten nach § 1357 BGB findet bei der Darlehensaufnahme, nicht statt, auch wenn damit ein Geschäft zur Deckung des angemessenen Lebensbedarfs finanziert werden sollte. Da Elfie aus dem Darlehnsvertrag nicht mitverpflichtet wurde, muss sie den Betrag nicht an den Freund zahlen.

Zu unterscheiden ist hiervon der Kauf des Familien-Pkw, da dessen Anschaffung grundsätzlich zum Lebensbedarf der Familie zählt. Allerdings ist der Anschaffungspreis einer Angemessenheitsprüfung zu unterwerfen. Hierbei ist als Maßstab auf die durchschnittliche Verbrauchsgewohnheit von Familien in vergleichbarer sozialer Lage abzustellen. Der Betrag von 75.000 € dürfte im Rahmen dieser Prüfung im Vergleich zu einer Durchschnittsfamilie nicht als angemessen gelten.

> **Frage:** Verbittert über die Geschehnisse beschließt Elfie Rainers größten Vermögensgegenstand – einen alten Jaguar – an den Nachbarn zu verkaufen, dem sich Elfie immer anvertrauen konnte und der bereit ist, ihr auch diesmal zu helfen. Um sich außerdem von der Last der Gartenpflege zu befreien, verkauft sie per Zeitungsanzeige ihren Rasenmäher. Als Rainer am Abend von seiner Fahrradtour zurückkehrt widerspricht er beiden Verkäufen. Hat Elfie beide Gegenstände wirksam veräußert?

Antwort: Nach § 1364 BGB verwaltet jeder Ehegatte sein Vermögen selbstständig. Verfügt ein Ehegatte über sein Vermögen im Ganzen bedarf die Verfügung der Einwilligung des anderen Ehegatten, § 1365 BGB. Dies gilt auch dann, wenn der Gegenstand oder einzelne Gegenstände das Hauptvermögen des Ehegatten darstellen. Nach herrschender Meinung ist bei Anwendung des § 1365 BGB als weiteres, ungeschriebenes Tatbestandsmerkmal zu beachten, dass der Erwerber hiervon positiv Kenntnis hatte. Da der Nachbar wusste, dass Elfie verheiratet war, ist § 1365 BGB einschlägig. Folglich ist, solange Rainer seine Zustimmung nicht erteilt, der Kaufvertrag als Verpflichtungsgeschäft (§ 1365 Abs. 1 S. 1 BGB) und die Verfügung über das Fahrzeug (§ 1365 Abs. 1 S. 2 BGB) schwebend unwirksam.

Für den Rasenmäher als Haushaltsgegenstand eines Ehegatten gilt dies entsprechend (§ 1369 BGB). In Abweichung zur Verfügung über das Vermögen im Ganzen gibt es für die Veräußerung von Haushaltsgegenständen jedoch keinen Gutglaubensschutz. Das Rechtsgeschäft ist auch ohne Kenntnis des Dritten (schwebend) unwirksam.

> **Frage:** Da Rainers Freund mittlerweile einen Titel gegen Rainer erwirkt hat, möchte er nun gegen ihn vollstrecken und beauftragt einen Gerichtsvollzieher mit der Pfändung. Dieser spürt im Hobbykeller von Rainer einen Ring auf, den er für Elfie polieren sollte. Kann sich Elfie ohne einen Kaufnachweis gegen die Pfändung ihres Ringes wehren?

Antwort: Elfie kann versuchen, im Rahmen der sogenannten Drittwiderspruchsklage gemäß § 771 ZPO nachzuweisen, dass das Eigentum an dem Ring ihr und nicht ihrem Mann als Schuldner zusteht. Sofern sie diesen Nachweis nicht erbringen kann, spricht nach § 1362 BGB die widerlegbare Vermutung dafür, dass die im Besitz des Rainer befindlichen Gegenstände auch Rainer gehören, sodass die Drittwiderspruchsklage ohne Erfolgsaussicht sein wird.

> **Frage:** Wo liegt der Unterschied im Anwendungsbereich der §§ 1365 und 1369 BGB einerseits und des § 1362 BGB andererseits?

Antwort: §§ 1365, 1369 BGB beziehen sich auf Ehegatten, die im gesetzlichen Güterstand leben. § 1362 BGB beschränkt sich nicht auf den gesetzlichen Güterstand, sondern gilt für alle Güterstände.

> **Frage:** Bitte nennen Sie die verschiedenen Güterstände und grenzen diese voneinander ab!

Antwort: Haben die Eheleute keine Vereinbarung getroffen, gilt für die Ehegatten der gesetzliche Güterstand der Zugewinngemeinschaft (§ 1363 BGB), der eigentlich eine Gütertrennung mit Verfügungsbeschränkung und nachfolgendem Zugewinnausgleich darstellt. Der Zugewinn wird ermittelt, indem vom Endvermögen das Anfangsvermögen in Abzug gebracht wird und dieser Betrag durch zwei geteilt wird. Berechnungszeitpunkt für den Zugewinnausgleich ist der Zeitpunkt der Rechtshängigkeit des Scheidungsantrags. Jeder Ehegatte verwaltet sein Vermögen selbständig (§ 1364 BGB), ist jedoch in seiner Verfügungsmacht eingeschränkt (§§ 1365 ff. BGB).

Abweichend hiervon können die Ehegatten per Ehevertrag entweder eine Gütergemeinschaft oder eine Gütertrennung vereinbaren. Gemäß § 1408 BGB können die Eheleute durch Ehevertrag, der bei gleichzeitiger Anwesenheit beider Ehegatten zur Niederschrift eines Notars nach § 1410 BGB zu schließen ist, den gesetzlichen Güterstand ausschließen, sodass Gütertrennung eintritt (§ 1414 BGB). Durch besondere Vereinbarung kann auch der Versorgungsausgleich ausgeschlossen werden (§ 1408 Abs. 2 BGB).

Alternativ zur Gütertrennung können die Ehegatten ehevertraglich die Gütergemeinschaft vereinbaren. Hierdurch werden das Vermögen des Mannes und das der Frau gemeinschaftliches Vermögen beider Ehegatten, sogenanntes Gesamtgut, §§ 1416, 1419 BGB.

> **Frage:** Was versteht man unter Vorbehaltsgut und Sondergut?

Antwort: Vorbehaltsgüter sind Gegenstände, die bei der Gütergemeinschaft aus den Gesamtgütern ausgeschlossenen werden. Vorbehaltsgüter verwaltet jeder Ehegatte selbständig und auf eigene Rechnung. Vorbehaltsgüter sind nach § 1418 Abs. 2 BGB zum Beispiel die Gegenstände, die durch Ehevertrag zum Vorbehaltsgut eines Ehegatten erklärt sind, oder die ein Ehegatte von Todes wegen erwirbt, oder die einem Ehegatten freigebig zugewendet wurden.

Das Sondergut ist ebenfalls vom Gesamtgut ausgeschlossen und besteht aus Gegenständen, die nicht durch Rechtsgeschäft übertragen werden können (§ 1417 BGB), z.B. unpfändbare Gehalts- und Rentenansprüche, Urheberrecht, Nießbrauch (§ 1059 BGB) etc.

Aufgrund der Regelung des § 1417 Abs. 2 BGB stehen Einkünfte aus Sondergut nicht dem Ehegatten allein zu, sondern fallen in das Gesamtgut. Einkünfte aus einem Vorbehaltsgut verbleiben dage-

Problembereich 14: Familienrecht und Güterstände

gen dem Ehegatten, vgl. § 1418 Abs. 3 BGB. Gläubiger des anderen Ehegatten haben grundsätzlich keine Zugriffsmöglichkeiten auf das Sonder- und Vorbehaltsgut des Ehegatten seines Schuldners.

> **Frage:** Siegmund und Marta wollen heiraten. Siegmund ist junger Staranwalt und Gesellschafter einer Kanzlei mit zwei weiteren Gesellschaftern, die alle zu gleichen Teilen beteiligt sind. Da die beiden Kollegen schon geschieden sind, machen sie sich Sorgen, dass dieses Schicksaal auch Siegmund ereilt und wollen ausschließen, dass Marta im Falle einer Scheidung Ansprüche geltend macht, die den Ausgleich von Wertsteigerungen der Kanzleianteile zum Gegenstand haben. Diese ließen sich in den Gesellschaftsanteil vollstrecken. Können Sie bei einer Gestaltung helfen?

Antwort: Siegmund und Marta müssten eine Vereinbarung über eine sog. „modifizierte Zugewinngemeinschaft" treffen. Unbeschadet aller übrigen Regelungen des gesetzlichen Güterstandes wird bei einer modifizierten Zugewinngemeinschaft im Rahmen der Vereinbarung lediglich bestimmt, dass der Wert der Beteiligung bei einer etwaigen Ermittlung des Zugewinns im Scheidungsfall nicht berücksichtigt werden soll. Dies geschieht in der Weise, dass die Anteile bei der Berechnung nicht zum Endvermögen hinzugerechnet werden, was den möglichen Zugewinn der Ehefrau reduziert. Da es sich bei der Regelung um eine Änderung des gesetzlichen Güterstandes handelt, ist diese nach § 1408 BGB in notarieller Form zu vereinbaren.

> **Frage:** Der 11-jährige Max ist glücklich, weil sein Vater ihm 400.000 € schenken möchte. Da Max dem Alter entwachsen ist, in dem er sein ganzes Geld für Süßigkeiten ausgegeben hat, beschließt er das Geld in die Modefirma seiner Mutter zu investieren und sich daran zu beteiligen. Welche Verträge sind hier abzuschließen und was ist von den Eltern dabei zu beachten?

Antwort: Für die Umsetzung beider Vorhaben bedarf es zweier Verträge. Zunächst ist zwischen V und Max ein Schenkungsvertrag und nachfolgend zwischen Max und seiner Mutter ein Kaufvertrag/Gesellschaftsvertrag abzuschließen. Solange das Kind minderjährig ist, haben die Eltern nach § 1626 BGB die Pflicht und das Recht, für das minderjährige Kind zu sorgen. Dies umfasst die Personensorge und Vermögenssorge sowie die Vertretung des Kindes (§ 1629 BGB). Die Eltern können das Kind allerdings insoweit nicht vertreten, als nach § 1795 BGB ein Vormund von der Vertretung des Kindes ausgeschlossen ist.

Im vorliegenden Fall greift bei dem Schenkungsvertrag zwischen Vater und Max nach § 1795 Abs. 2 BGB das Selbstkontrahierungsverbot des § 181 BGB. Der Vater ist im Begriff mit sich selbst und in Vertretung des Max ein Rechtsgeschäft abzuschließen. Allerdings scheidet bei einer Schenkung ein Interessenkonflikt aus, sodass nach Ansicht der Rechtsprechung § 181 BGB in diesem Fall nicht eingreift § 1795 Abs. 2 BGB ist somit nur für den Abschluss des Kauf- und Gesellschaftsvertrages zu beachten. Darüber hinaus haben die Eltern für bestimme Rechtsgeschäfte in Vertretung ihres Kindes, die Genehmigung des Vormundschaftgerichtes einzuholen, vgl. §§ 1643, 1821, 1822 BGB. Gemäß § 1822 Nr. 3 BGB fällt auch der Abschluss eines Kauf- und Gesellschaftsvertrages unter diese Regelung. Somit bedürfen diese Verträge der vormundschaftsgerichtlichen Genehmigung.

> **Frage:** Unter welchen Voraussetzungen kann eine Ehe geschieden werden?

Antwort: Eine Ehe wird geschieden, wenn sie gescheitert ist, vgl. § 1565 BGB (Zerrüttungsprinzip). Dabei vermutet der Gesetzgeber unwiderlegbar, dass die Ehe gescheitert ist, wenn die Ehegatten seit drei Jahren getrennt leben. In diesem Fall ist es ausreichend, wenn ein Ehegatte die Scheidung beantragt. Leben die Ehegatten mindestens ein Jahr getrennt, ist die Scheidung möglich, wenn beide

Ehegatten den Scheidungsantrag stellen bzw. diesem zustimmen. Ohne ein Trennungsjahr ist eine Scheidung nur möglich, wenn die Fortsetzung der Ehe für den Antragsteller aus Gründen, die in der Person des anderen Ehegatten liegen, eine unzumutbare Härte darstellt (§ 1565 Abs. 3 BGB).

Problembereich 15: Erbfolge und Verfügungen von Todes wegen

Frage: Was versteht man unter der gesetzlichen Erbfolge und wann tritt sie ein?

Antwort: Gesetzliche Erbfolge ist die vom Gesetz festgelegte Erbfolge, die die Ehe und den Grad der Verwandtschaft berücksichtigt. Dabei sollen diejenigen etwas erben, die dem Erblasser am nächsten stehen: das sind der überlebende Ehegatte, die Kinder und dann die anderen Verwandten.

Die gesetzliche Erbfolge tritt dann ein, wenn der Erblasser weder durch ein Testament noch durch einen Erbvertrag seine Erben bestimmt hat.

Frage: Nach welchen Grundsätzen richtet sich das gesetzliche Erbrecht der Verwandten?

Antwort: Das gesetzliche Erbrecht der Verwandten richtet sich in erster Linie nach den verschiedenen Erbordnungen, vgl. §§ 1924 ff. BGB. Innerhalb der jeweiligen Erbordnung erben zunächst die am nächsten mit dem Verstorbenen verwandten Überlebenden (z.B. Kinder vor Enkeln, Eltern vor Geschwistern in der zweiten Ordnung). Erben einer früheren Ordnung schließen alle Erben späterer Ordnungen aus (§ 1930 BGB).

Frage: Als der verwitwete W verstirbt, leben von seinen vier Kindern noch drei. Aus den jeweils glücklichen Ehen seiner Kinder sind wiederum jeweils 2 Kinder hervorgegangen. Wie gestaltet sich die Erbfolge?

Antwort: Grundsätzlich sind die Kinder als Erben der ersten Ordnung zur Erbfolge berufen, § 1924 Abs. 1 BGB und erben zu gleichen Teilen, vgl. § 1924 Abs. 4 BGB. Ein zur Zeit des Erbfalls lebender Abkömmling schließt seine Abkömmlinge damit von der Erbschaft aus, vgl. § 1924 Abs. 2 BGB (Repräsentationsprinzip). Lebt zur Zeit des Erbfalls ein Abkömmling nicht mehr, dann treten an dessen Stelle dessen Abkömmlinge (Erbfolge nach Stämmen, Eintrittsprinzip), § 1923 Abs. 3 BGB. Im vorliegenden Fall erben daher die noch lebenden Kinder jeweils ein Viertel. Anstelle des verstorbenen Kindes teilen sich die Enkel des Erblassers das auf sie beide entfallende Viertel, sodass sie jeweils ein Achtel erben.

Frage: Wie wäre der Fall zu beurteilen, wenn W im Zeitpunkt seines Todes verheiratet und im gesetzlichen Güterstand der Zugewinngemeinschaft leben würde?

Antwort: Neben den Kindern wäre auch die Ehefrau zur Erbfolge berufen. Ihr Erbrecht ergibt sich aus § 1931 Abs. 1 BGB und beträgt ein Viertel. Da sie mit Ihrem verstorbenen Ehemann im Güterstand der Zugewinngemeinschaft gelebt hat, erhöht sich der gesetzliche Erbteil des überlebenden Ehegatten um ein Viertel, vgl. § 1931 Abs. 3, § 1371 Abs. 1 BGB. Auf Grund dessen erbt die Ehefrau im vorliegenden Fall die Hälfte. Die verbleibende Hälfte wird zu gleichen Teilen auf die Kinder mit je einem Achtel und Enkelkinder mit je einem Sechzehntel verteilt.

Frage: Neuer Fall: Wie gestaltet sich die gesetzliche Erbfolge und wie hoch ist der Erbanteil, wenn im Zeitpunkt des Erbfalls des V nur noch seine Ehefrau F, das Kind der F aus einer früheren Beziehung und die Eltern des V leben?

Antwort: Kinder sind als Erben der ersten Ordnung nur dann zur Erbfolge berufen, wenn sie mit dem Erblasser verwandt sind. Da das Kind nicht vom Erblasser abstammt, ist es nicht erbberechtigt, sodass ein Erbe der ersten Ordnung nicht vorliegt. Die Eltern des Erblassers sind Erben der zweiten Ordnung nach § 1925 Abs. 1 BGB. Daneben ist die Ehefrau nach § 1930 Abs. 1 BGB Erbin geworden.

Da neben der Ehefrau vorliegend nur Verwandte der zweiten Ordnung existieren, erbt die Ehefrau die Hälfte gemäß § 1930 Abs. 1 BGB. Zu beachten ist außerdem das sogenannte Voraus des Ehegatten nach § 1932 BGB, wonach der Ehegatte neben Verwandten der zweiten Ordnung Anspruch auf die zum ehelichen Haushalt gehörenden Gegenstände als Voraus hat. Lebten die Ehegatten im gesetzlichen Güterstand der Zugewinngemeinschaft, würde sich der Erbanteil mit der Beendigung des Güterstandes durch den Tod des Ehegatten um ein weiteres Viertel erhöhen. Die Eltern des V würden in diesem Falle jeweils ein Achtel erben.

> **Frage:** Fall wie zuvor, was würde sich ändern, wenn zur Zeit des Erbfalls noch ein Adoptivkind des Erblassers leben würde?

Antwort: In dieser Abwandlung steht ein Kind als Abkömmling des Erblassers und damit als Erbe erster Ordnung nach § 1924 BGB zur Verfügung. Aus rechtlicher Sicht ist es unbedeutend, dass der Erblasser das Kind adoptiert hat, da es nach § 1754 Abs. 2 BGB die rechtliche Stellung eines Kindes einnimmt. Somit schließt das Kind als Erbe der ersten Ordnung die Erben nachfolgender Ordnungen von der Erbschaft aus, § 1930 BGB.

Die Erbenstellung der Ehefrau ergibt sich weiterhin aus § 1931 Abs. 1 BGB. Lediglich ihr Erbanteil verringert sich auf ein Viertel, da nun neben ihr Erben der ersten Ordnung vorhanden sind. Im Falle des Bestehens des gesetzlichen Güterstandes im Zeitpunkt des Todes erhöht sich der Erbanteil der Ehefrau pauschal um ein weiteres Viertel, sodass ihr Anteil in Summe die Hälfte beträgt. Das Adoptivkind erbt ebenfalls die Hälfte.

> **Frage:** Weitere Abwandlung zum vorgenannten Fall. Sowohl die Eltern, als auch das Adoptivkind und die Ehefrau sind bereits vorverstorben. Im Zeitpunkt des Todes des V lebt nur noch die Mutter seiner Ehefrau F.

Antwort: Als Erben können nach dem Prinzip des BGB neben der Ehefrau lediglich Verwandte in Frage kommen. Wer verwandt ist, bestimmt § 1589 BGB. Welchem Verwandten ein Erbrecht zusteht ergibt sich wiederum aus den §§ 1923 ff. BGB. Die Mutter der Ehefrau ist mit dem Erblasser nicht verwandt, sodass keine Erben vorhanden sind. Für diesen Fall bestimmt § 1936 BGB, dass das Vermögen – sofern ein Wohnsitz oder gewöhnlicher Aufenthalt dort feststellbar ist – dem Land, andernfalls dem Bund zufällt.

> **Frage:** Wie vollzieht sich der Erwerb des Vermögens im Zeitpunkt des Todes des Erblassers zugunsten seiner Erben?

Antwort: Der Erwerb des Vermögens vollzieht sich kraft Gesetzes (ipso iure) im Wege der Gesamtrechtsnachfolge gemäß § 1922 Abs. 1 BGB.

Gem. § 1922 Abs. 1 BGB treten die Erben im Wege der Gesamtrechtsnachfolge in die Rechtsstellung des Erblassers ein (Universalsukzession). Die Erben als Erbengemeinschaft werden Eigentümer und Besitzer der Erbmasse gem. § 857 BGB.

Frage: Friedhelm, Erna und Rosalinde haben von ihrem verstorbenen Vater unter anderem ein Mehrfamilienhaus geerbt. Da Rosalinde keine Lust hat, die Vermietungsangelegenheiten zu verwalten und an dem restlichen Vermögen auch nicht hängt, sucht und findet sie einen Käufer, der bereit ist, ihren gesamten Anteil zu kaufen. Für denselben Preis wäre Erna auch bereit, Rosalindes Anteil zu übernehmen. Wie ist die Rechtslage?

Antwort: Erben mehrere Erben einen Nachlass gemeinsam, wird der Nachlass gemeinschaftliches Vermögen der Erben, § 2032 BGB. Bei der so gebildeten Erbengemeinschaft kann jeder Miterbe über seinen gesamten Anteil verfügen, § 2033 BGB, was der notariellen Beurkundung bedarf. Möchte ein Miterbe seinen gesamten Anteil an der Erbengemeinschaft verkaufen, steht den übrigen Miterben ein gesetzliches Vorkaufsrecht zu, § 2034 BGB, das sie innerhalb von zwei Monaten ausüben müssen, § 2034 Abs. 2 BGB. Wenn Erna von ihrem Vorkaufsrecht gebraucht macht, kann Rosalinde ihren Anteil daher nur an sie verkaufen.

Frage: Wie wäre der Fall zuvor zu beurteilen, wenn der Käufer nur an Rosalindes Anteil an dem Mehrfamilienhaus interessiert wäre?

Antwort: In diesem Fall kann Rosalinde ihren Anteil an dem einzelnen Nachlassgegenstand ebenfalls nicht an einen Dritten veräußern, da der Erbe über seinen Anteil an einem einzelnen Gegenstand nach § 2033 Abs. 2 BGB nicht verfügen darf. Über einen Nachlassgegenstand können die Erben nur gemeinschaftlich verfügen, § 2040 BGB.

Frage: Wie kann es Rosalinde schaffen, sich von der Last der Immobilien zu befreien?

Antwort: Rosalinde kann von den übrigen Miterben die Auseinandersetzung der Erbengemeinschaft verlangen, § 2042 BGB. Hierdurch haben die Erben sich bei Interesse entweder gegenseitig die geerbten Anteile an den Gegenständen abzukaufen, also den Nachlass gegen Zahlung von Ausgleichsgeldern zu verteilen oder sie verkaufen die Gegenstände gemeinsam an Dritte, §§ 2042 Abs. 2, 753 BGB.

Frage: Was geschieht bei Überschuldung des Nachlasses? Was ist den Erben zu raten und auf was ist zu achten?

Antwort: Da die Erben in die Rechtsstellung des Erblassers eintreten, erwerben sie im Wege der Gesamtrechtsnachfolge auch die Verbindlichkeiten des Erblassers und sind gleichsam verpflichtet diese zu begleichen, § 1967 BGB.

In diesem Fall kann es zumindest wirtschaftlich ratsam sein, die Erbschaft auszuschlagen. Dieses Recht ergibt sich aus § 1942 BGB. Zu beachten ist dabei, dass die Ausschlagung nur binnen sechs Wochen erfolgen kann, § 1944 BGB. Sollte der Erbe diese Frist versäumt haben, verbleibt dem Erben noch die Möglichkeit, seine Haftung auf den Nachlass zu beschränken, wenn eine Nachlasspflegschaft angeordnet oder das Nachlassinsolvenzverfahren eröffnet wird, § 1975 BGB. Andernfalls sind die Erben den Gläubigern nach § 1980 BGB zum Schadensersatz verpflichtet.

Frage: Ist für die Errichtung eines Testaments ein bestimmtes Alter erforderlich?

Antwort: Ein handschriftliches Testament kann nur errichten, wer volljährig ist, d.h., wer das 18. Lebensjahr vollendet hat. Andernfalls ist das Testament unwirksam.

Frage: Wird ein handschriftliches Testament, das von einer Person errichtet worden ist, die noch nicht volljährig war, automatisch mit der Volljährigkeit wirksam?

Antwort: Ein solches Testament bleibt unwirksam; es wird weder mit der Volljährigkeit wirksam, noch ist es genehmigungsfähig. Das Testament muss vielmehr nach Erreichen der Volljährigkeit neu errichtet werden.

> **Frage:** Kann eine Person, die noch nicht volljährig ist, ein Testament wirksam errichten?

Antwort: Hat die Person noch nicht das 16. Lebensjahr vollendet hat, kann sie kein eigenhändiges Testament errichten. Sie ist nicht testierfähig. Eine Person, die bereits das 16. Lebensjahr vollendet hat, kann zwar kein eigenhändiges, wohl aber ein notarielles Testament errichten. Dabei wird in der Regel dem Notar der letzte Wille dargelegt, der hierüber eine Niederschrift fertigt, die von dem Verfügenden unterschrieben wird. Zu beachten ist, dass für die Errichtung eines notariellen Testaments der Minderjährige, der das 16. Lebensjahr vollendet hat, nicht der Zustimmung der Eltern oder anderer gesetzlicher Vertreter bedarf.

> **Frage:** Was ist bei der Errichtung eines eigenhändigen Testaments zu beachten?

Antwort: Ein Testament kann handschriftlich und ohne Einschaltung eines Notars errichtet werden. Nach § 2247 Abs. 1 BGB bedarf es nur, dass das Testament „eigenhändig geschrieben und unterschrieben" ist. Somit muss es mit Hand geschrieben und mit Vor- und Familiennamen unterschrieben werden. Daneben soll weiter angegeben werden, wann und an welchem Ort das Testament errichtet worden ist.

> **Frage:** Kann der Text des Testaments auch mit Schreibmaschine oder per PC verfasst werden?

Antwort: Der gesamte Text des Testaments muss handschriftlich verfasst werden. Die Verwendung einer Schreibmaschine führt ebenso zur Unwirksamkeit wie der Einsatz eines PC oder eines Tonbandes. Ist der Verfügende nicht mehr fähig, einen Text selber zu verfassen, so verbleibt ihm nach dem Gesetz noch die Möglichkeit, ein notarielles Testament zu erstellen.

> **Frage:** In welcher Form müssen Verbesserungen oder Zusätze im Testament angebracht sein, damit sie wirksam werden?

Antwort: Verbesserungen und Zusätze bedürfen derselben Form wie das Testament. Dementsprechend sind sie vom Verfasser persönlich zu schreiben. Außerdem sollten sie unterschrieben und mit Ort und Datum versehen werden, § 2247 BGB.

> **Frage:** Kann man ein Testament widerrufen?

Antwort: Der Erblasser hat jederzeit das Recht, seinen letzten Willen in Form seines Testaments zu widerrufen, § 2253 BGB. Das Widerrufsrecht ist Ausdruck der Testierfreiheit, nach der der Erblasser über sein Vermögen nach seinem Belieben (auch willkürlich) von Todes wegen verfügen kann.

> **Frage:** Welche Möglichkeiten gibt es, ein Testament zu widerrufen?

Antwort: Das Gesetz sieht vier Widerrufsmöglichkeiten vor:
- Errichtung eines Widerrufstestaments (§ 2254 BGB);
- Vernichtung des Testaments (§ 2255 BGB);
- Rücknahme des Testaments aus der notariellen Verwahrung (§ 2256 BGB);
- Errichtung eines neuen Testaments mit widersprechendem Inhalt (§ 2258 BGB).

Bei einem Widerrufstestament wird ein bestehendes Testament durch ein weiteres Testament durch abweichende Verfügungen von Todes wegen widerrufen, § 2254 BGB. Auch das Widerrufstestament muss dabei aber den Formerfordernissen eines privatschriftliches Testaments entsprechen, d.h. vom Erblasser eigenhändig geschrieben und unterschrieben sein. Das Widerrufstestament kann seinerseits ebenfalls widerrufen werden, § 2257 BGB. Im Zweifel tritt dann das ursprüngliche Testament wieder in Kraft.

Frage: In welcher Form kann ein gemeinschaftliches Testament errichtet werden?

Antwort: Ein gemeinschaftliches Testament kann sowohl als eigenhändiges privatschriftliches Testament als auch als notarielles Testament errichtet werden. Bei einem eigenhändigen Testament verfasst ein Ehegatte den Text des Testaments eigenhändig und beide unterschreiben.

Frage: Was ist ein gemeinschaftliches Testament und was ist der Unterschied zu einem „Berliner Testament"?

Antwort: Bei beiden Testamenten haben sich die Ehegatten gegenseitig als Erben eingesetzt. Bei einem Berliner Testament bestimmen die Ehegatten darüber hinaus, dass Erben des zuletzt Verstorbenen dann die gemeinsamen Kinder oder nahestehende dritte Personen sein sollen. Der überlebende Ehegatte wird als Vorerbe bezeichnet; wer nach dem überlebenden Ehegatten erbt, wird als „Schlusserbe" bezeichnet.

Frage: Welche Auswirkungen hat eine Scheidung auf ein gemeinschaftliches Testament?

Antwort: Die Scheidung führt zur Unwirksamkeit des gemeinschaftlichen Testaments, § 2268 BGB. Ebenfalls unwirksam wird das Testament, wenn das Scheidungsverfahren noch nicht rechtskräftig abgeschlossen ist, der Erblasser aber die Scheidung beantragt oder ihr zugestimmt hat.

Frage: Was ist unter einem Erbvertrag zu verstehen?

Antwort: Ein Erbvertrag ist eine vertragsmäßige Verfügung von Todes wegen, die den Erblasser hinsichtlich einer angeordneten Erbeinsetzung, eines angeordneten Vermächtnisses oder einer angeordneten Auflage bindet, vgl. §§ 2274 ff. BGB.

Frage: Was unterscheidet den Erbvertrag vom Testament?

Antwort: Das Testament ist als letztwillige Verfügung jederzeit widerruflich. Dagegen ist eine vertragsmäßige Anordnung im Erbvertrag, wie beispielsweise eine Erbeinsetzung, für den Erblasser bindend. Durch den Erbvertrag wird der Erblasser in seiner Testierfreiheit stark eingeschränkt.

Frage: Was unterscheidet den Erbvertrag von einem gemeinschaftlichen Testament von Ehegatten?

Antwort: Das gemeinschaftliche Testament von Ehegatten entfaltet zwar hinsichtlich der wechselbezüglichen Verfügungen eine gewisse Bindungswirkung; gleichwohl sind auch Verfügungen in diesem gemeinschaftlichen Testament grundsätzlich widerruflich. Dagegen ist der Erbvertrag hinsichtlich seiner vertragsmäßigen Verfügungen grundsätzlich nicht widerruflich.

Frage: Können auch nicht eheliche Lebenspartner einen Erbvertrag abschließen?

Antwort: Erbvertrag kann mit jeder beliebigen Person abgeschlossen werden. Voraussetzung für den Abschluss ist weder die bestehende Ehe noch ein Verwandtschaftsverhältnis.

Frage: In welcher Form muss ein Erbvertrag abgeschlossen werden?

Antwort: Der Erbvertrag ist zur Niederschrift bei einem Notar unter gleichzeitiger Anwesenheit beider Vertragspartner zu schließen, § 2276 Abs. 1 BGB. Ansonsten ist der Vertrag nichtig nach § 125 BGB.

Frage: Was ist ein „Vermächtnis"?

Antwort: Mit einem Vermächtnis wendet der Erblasser einer Person einen Vermögensvorteil zu; damit wird für den Vermächtnisnehmer ein Anspruch gegen den Erben auf Übertragung des zugewendeten Gegenstands begründet, vgl. § 1939 Abs. 1 BGB.

Frage: Ist der Vermächtnisnehmer Erbe?

Antwort: Die Zuwendung eines Vermächtnisses macht den Bedachten gemäß § 2087 Ab. 2 BGB nicht zum Erben. Der Vermächtnisnehmer tritt also nicht wie der Erbe rechtlich in die Fußstapfen des Erblassers; er erwirbt nur einen Anspruch auf einen einzelnen Gegenstand aus dem Nachlass.

Frage: Was unterscheidet das Vermächtnis von der Erbeinsetzung?

Antwort: Mit der Erbeinsetzung geht der gesamte Nachlass des Erblassers im Wege der Gesamtrechtsnachfolge auf die Erben über. Dagegen wendet der Erblasser mit dem Vermächtnis dem Bedachten nur einen Anspruch auf einen bestimmten Vermögensvorteil zu.

Probleme bestehen dann, wenn sich das Vermächtnis auf einen sehr wertvollen Gegenstand bezieht, der den größten Teil des Nachlasses ausmacht. Insoweit kann zweifelhaft sein, ob der Erblasser eine Erbeinsetzung oder ein Vermächtnis gewollt hat. Wenn unklar ist, ob jemand als Erbe oder Vermächtnisnehmer eingesetzt ist, muss der Wille des Erblassers durch Auslegung ermittelt werden. Maßgebend ist deshalb nicht allein der Umstand, ob der Erblasser in seiner letztwilligen Verfügung das Wort „Erbe" oder das Wort „Vermächtnis" gebraucht hat, § 2087 Abs. 1 BGB, sondern allein sein Wille. Und dabei gilt: Wer einem anderen sein Vermögen oder einen Bruchteil zuwendet, will ihn im Zweifel als Erben einsetzen, wer ihm nur einzelne Gegenstände hinterlassen will, hat im Zweifel ein Vermächtnis im Sinn, vgl. § 2087 BGB.

Frage: Auf welche Weise kann der Erblasser den gesetzlichen Erben enterben?

Antwort: Der Ausschluss von der gesetzlichen Erbfolge erfolgt durch eine entsprechende Verfügung im Testament oder durch einseitige Verfügung in einem Erbvertrag.

Frage: Was ist unter dem Pflichtteil zu verstehen und worauf erstreckt sich der Anspruch?

Antwort: Unter dem Pflichtteil versteht man eine Mindestbeteiligung am Nachlass, die den nahen Angehörigen des Verstorbenen selbst gegen dessen Willen gesetzlich garantiert ist. Der Pflichtteilsanspruch ist ein reiner Geldanspruch des Pflichtteilsberechtigten gegen den oder die Erben, vgl. § 2303 Abs. 1 BGB. Mit dem Pflichtteilsrecht erwirbt der Pflichtteilsberechtigte keinen Erbteil, da er nicht Erbe wird.

Frage: Wer ist pflichtteilsberechtigt und wer nicht?

Antwort: Pflichtteilsberechtigt sind nach § 2303 Abs. 1 und 2 BGB nur
- die Abkömmlinge des Erblassers (Kinder, Enkel, Urenkel),
- die Eltern des Erblassers und

- der Ehegatte des Erblassers.

Nicht pflichtteilsberechtigt sind die entfernteren Verwandten des Verstorbenen wie Geschwister, Onkel, Tanten, Neffen und Nichten.

> **Frage: Ist der geschiedene Ehegatte pflichtteilsberechtigt?**

Antwort: Das Pflichtteilsrecht setzt immer ein gesetzliches Erbrecht voraus. Der geschiedene Ehegatte ist aber von der gesetzlichen Erbfolge ausgeschlossen, vgl. § 1933 BGB.

> **Frage: Als Hans verstirbt sind alle in Betracht kommenden erbberechtigten Verwandten bereits vorverstorben. Testamentarisch verfügt er, dass seine Friseurin – bis auf seine Münzsammlung – sein ganzes Hab und Gut erben soll. Die Münzsammlung soll deren Sohn Ernie erhalten. Ist Ernie Eigentümer der Münzsammlung?**

Antwort: Mit dem Tod einer Person geht im Wege der Universalsukzession das Vermögen auf die Erben über, die somit in die Rechtsstellung des Erblassers eintreten. Nicht jeder, der von dem Erblasser bedacht wird, ist jedoch als Erbe anzusehen. Wer von dem Erblasser nur einzelne Gegenstände zugesprochen bekommt, ist lediglich als ein Vermächtnisnehmer und nicht als Erbe (§ 2147 BGB) anzusehen. Da das Vermögen mit dem Erbanfall nicht auf den Vermächtnisnehmer übergeht, wird er mit dem Erbfall kein (dinglicher) Eigentümer. Ihm steht gegen den Erben nur ein schuldrechtlicher Anspruch auf Herausgabe und Übereignung des Vermächtnisses zu. Im vorliegenden Fall ist somit nicht Ernie, sondern zunächst seine Mutter Eigentümer geworden.

> **Frage: Abwandlung: Ernie ist der Sohn von Hans und wird bei dem Tod von Hans enterbt. Die Friseurin soll alles erben. Hat Ernie einen Anspruch?**

Antwort: Mit seinem Testament kann der Erblasser verfügen, wer Erbe wird und wer von der Erbschaft ausgeschlossen werden soll (§ 1937 BGB). Ernie ist daher kein Erbe, sondern enterbt. Als von der Erbschaft ausgeschlossener Abkömmling kann er allerdings den Pflichtteil nach § 2303 BGB verlangen. Pflichtteilsberechtigt sind hiernach neben den Abkömmlingen auch Eltern und der enterbte Ehegatte (§ 2303 BGB). Nach § 2303 Abs. 1 Satz 2 BGB besteht der Pflichtteil in der Hälfte des gesetzlichen Erbteils. Da Ernie als alleinigem Verwandten die gesamte Erbschaft zugestanden hätte, beträgt der Pflichtteil 50% der Erbschaft. Im Ergebnis ist festzuhalten, dass die Friseurin mit dem Erbfall Eigentümerin des gesamten Nachlasses wird und Ernie gegen die Friseurin einen schuldrechtlichen Anspruch auf Zahlung des Pflichtteils hat.

> **Frage: Abwandlung. Um einen Pflichtteilsanspruch von Ernie zu vermeiden, hatte Hans der Friseurin Ende 2014 einen Oldtimer mit einem Verkehrswert von 100.000 € geschenkt. Anfang 2015 war Hans plötzlich verstorben. Wie ist nun die Rechtslage?**

Antwort: Auf Grund der Schenkung des Oldtimers hat der Erblasser sein Vermögen vermindert, womit auch eine Minderung des späteren Pflichtteils des Ernie entsteht. Um derartige Nachteile zu vermeiden besteht für Ernie ein Pflichtteilsergänzungsanspruch nach § 2325 Abs. 1 BGB. Hiernach ist der Pflichtteil um den Betrag zu ergänzen, um den sich der Pflichtteil erhöht, wenn der geschenkte Gegenstand dem Nachlass hinzuzurechnen wäre. Gemäß § 2325 Abs. 3 GBG wird die Schenkung innerhalb des ersten Jahres vor dem Erbfall in vollem Umfang sowie innerhalb jeden weiteren vollen Jahres vor dem Erbfall um ein Zehntel weniger berücksichtigt. Da Hans den Oldtimer innerhalb eines Jahres vor dem Erbfall übertragen hat, ist der Schenkungsbetrag in voller Höhe von 100.000 € dem Nachlass zum Zwecke der Pflichtteilsberechnung hinzuzurechnen.

> **Frage:** Ausgangsfall wie zuvor. Wie ist die Rechtslage, wenn Hans sein Testament vor seinem Tod im Kamin verbrennt? Bekommt Ernie nun mehr als nur den Pflichtteil?

Antwort: Das Testament kann als Verfügung von Todes wegen grundsätzlich widerrufen werden. Hierfür bedarf es nicht eines neuen Testaments. Es reicht aus, wenn das Testament vernichtet wird (§ 2255 BGB). Demnach ist das Testament des Hans widerrufen worden. Ernie wird Alleinerbe gem. § 1924 Abs. 1 BGB.

> **Frage:** Würde sich an der Rechtslage etwas ändern, wenn Hans mit seiner Friseurin einen Erbvertrag geschlossen hätten?

Antwort: Grundsätzlich kann der Erbvertrag nur von den Personen aufgehoben werden, die den Erbvertrag auch geschlossen haben, § 2290 BGB. Ein einseitiger Widerruf ist demzufolge nicht möglich. Unter bestimmten Voraussetzungen kommen eine Anfechtung oder ein Rücktritt vom Vertrag nach §§ 2293 ff. BGB zur Anwendung, wenn beispielsweise eine Gegenverpflichtung aufgehoben wird oder sich der Bedachte einer Verfehlung schuldig machen würde, die auch zum Entzug des Pflichtteiles berechtigen würden. Da diese Voraussetzungen nicht vorliegen, kann der Vertrag nicht mehr widerrufen werden, sodass Ernie enterbt ist und nur seinen Pflichtteil von 50 % erhält.

> **Frage:** Abwandlung: kurz vor seinem Tod heiratet Hans seine Friseurin und errichtet mit Ihr ein gemeinschaftliches Testament.

Antwort: Im Gegensatz zum Erbvertrag können gemeinschaftliche Testamente grundsätzlich widerrufen werden (§ 2271 Abs. 1 BGB). Die Ehegatten treffen in ihrem Testament einseitige Verfügungen, die zwar wechselseitig sein können, aber dennoch grundsätzlich für sich stehen. Zu beachten ist, dass das Widerrufsrecht bei wechselseitigen Verfügungen mit dem Tode des letztversterbenden Ehegatten gem. § 2271 Abs. 2 S. 1 BGB erlischt, es sei denn, der überlebende Ehegatte würde das ihm Zugewendete ausschlagen.

> **Frage:** Franz ist zu einem zweiunddreißigstel Miterbe des Ludowigs geworden und soll nach dem testamentarischen Verfügung des L in Anrechnung auf seinen Erbteil den Traktor der Marke Porsche erhalten. Da Franz dringend Bares benötigt, möchte er diesen sofort an seinen Steuerberater verkaufen. Wie ist die Rechtslage?

Antwort: Zunächst ist festzustellen, dass der Traktor im Eigentum des Erblassers stand und mit seinem Tod im Wege der Gesamtrechtsnachfolge, §§ 1922, 2032 BGB, auf die Erbengemeinschaft überging. Die letztwillige Verfügung des Erblassers, Franz solle den Porsche erhalten stellt eine Teilungsanordnung im Sinne des § 2048 Abs. 1 BGB dar. Bei der Auseinandersetzung sind die Miterben damit verpflichtet, den Porsche an Franz zu übereignen. Bis dahin steht der Porsche im Eigentum der Erbengemeinschaft, sodass Franz weder über den Porsche noch über seinen Anteil daran verfügen kann, § 2033 Abs. 2 BGB. Eine Verfügung über den Traktor können nur die Miterben nach § 2040 BGB vornehmen. Nach zivilrechtlichen Grundlagen ist Franz jedoch nicht gehindert über diesen Gegenstand einen Kaufvertrag abzuschließen. Allerdings macht sich Franz ggf. schadensersatzpflichtig, da er die Verpflichtung nicht erfüllen kann. Er sollte daher mit dem Steuerberater gleichzeitig vereinbaren, dass die Erfüllung des Traktors nach der Auseinandersetzung der Erbengemeinschaft erfolgt.

> **Frage:** Letzte Frage zum Thema Erbrecht, die ich an alle freigebe: Können Sie erklären, was unter dem Dreißigsten im Erbrecht zu verstehen ist?

Antwort: Nach § 1969 BGB ist der Erbe verpflichtet, Familienangehörigen des Erblassers, also dem Ehegatten, Kindern und Verwandten, die zu seinem Hausstand gehörten und von ihm Unterhalt bezogen, vom Erbfall an 30 Tage lang in gleicher Weise wie bisher Unterhalt zu gewähren sowie für diesen Zeitraum die weitere Benutzung der Wohnung und der vorhandenen Haushaltsgegenstände zu gestatten. Der sogenannte Dreißigste stellt ein gesetzliches Vermächtnis dar, § 1969 Abs. 2 BGB.

Themenbereich Handelsrecht

Problembereich 1: Die Kaufmannseigenschaft

> **Frage:** Warum kommt der Kaufmannseigenschaft im Handelsrecht eine so große Bedeutung zu?

Antwort: Die Bedeutung der Kaufmannseigenschaft resultiert daraus, dass handelsrechtliche Vorschriften grundsätzlich nur dann zur Anwendung kommen, wenn mindestens ein Beteiligter an dem Geschäft Kaufmann i.S.d. §§ 1 ff. HGB ist. Erst die Kaufmannseigenschaft eröffnet den Zugang zum Handelsrecht und damit die Anwendbarkeit des HGB.

> **Frage:** Der Kaufmannsbegriff orientiert sich nach § 1 Abs. 1 HGB am Betrieb eines Handelsgewerbes. § 1 Abs. 2 HGB definiert das Handelsgewerbe als jeden Gewerbebetrieb, es sei denn, dass das Unternehmen nach Art oder Umfang einen in kaufmännischer Weise eingerichteten Geschäftsbetrieb nicht erfordert. Was versteht man unter einem Gewerbe bzw. Gewerbebetrieb?

Antwort: Unter einem Gewerbe versteht man jede nach außen gerichtete, planmäßig auf Dauer angelegte, selbständige und mit Gewinnerzielungsabsicht ausgeübte Tätigkeit mit Ausnahme der freien Berufe.

> **Frage:** Können Sie diese Definition noch etwas genauer erläutern und ggf. mit einem Beispiel verdeutlichen?

Antwort: Nach außen gerichtet ist eine Tätigkeit, wenn sie offen (nach außen) in Erscheinung tritt. Es wird eine „anbietende Tätigkeit am Markt" verlangt. Es liegt damit kein Gewerbe vor bei einem privaten Spekulieren an der Börse oder bei der privaten Vermögensverwaltung. Die Tätigkeit muss weiter planmäßig und auf Dauer angelegt sein. Gelegentliche Tätigkeiten scheiden aus. Der Wille des Handelnden muss sich auf eine Vielzahl von Geschäften als Ganzes richten. Deshalb ist zum Beispiel das gelegentliche Kaufen und Verkaufen von Oldtimern kein Gewerbe. Auch kein Gewerbe betreiben die Arbeitsgemeinschaften (ARGE), die sich zum Bau eines Großprojektes und damit zeitlich begrenzt zusammengeschlossen haben. Zum Zweck der Gewinnerzielung bedeutet, dass die Absicht bestehen muss, Einnahmen zu erzielen, die über die Kostendeckung hinausgehen. Dies ist jedenfalls nicht bei karitativen oder nur konsumdeckenden Tätigkeiten der Fall. Neuerdings wird nur noch eine entgeltliche Leistungserbringung am Markt verlangt (strittig). Das Erfordernis der selbständigen Tätigkeit soll den Kaufmann vom Arbeitnehmer und vom Beamten unterscheiden.

> **Frage:** Wie nennt man den Kaufmann nach § 1 HGB und welche Bedeutung hat seine Eintragung ins Handelsregister?

Antwort: Den Kaufmann nach § 1 HGB bezeichnet man auch als Istkaufmann. Die Eintragung in das Handelsregister hat rein deklaratorische (rechtsbekundende) Bedeutung. Es besteht zwar eine Verpflichtung des Kaufmanns nach § 29 HGB, die Firma zur Eintragung in das Handelsregister anzumelden, zur Entstehung der Kaufmannseigenschaft ist diese Eintragung hingegen nicht erforderlich.

> **Frage:** Welche weitere Voraussetzung muss beim Istkaufmann neben dem Betreiben eines Gewerbes noch hinzukommen?

Antwort: Hinzukommen muss noch, dass das Unternehmen nach Art und Umfang einen in kaufmännischer Weise eingerichteten Geschäftsbetrieb erfordert.

> **Frage:** Was ist unter einem nach Art und Umfang in kaufmännischer Weise eingerichteten Geschäftsbetrieb zu verstehen bzw. wann liegt ein solcher vor?

Antwort: Zu einer kaufmännischen Einrichtung gehören insbesondere die kaufmännische Buchführung und Bilanzierung, die kaufmännische Bezeichnung im Geschäftsverkehr (§ 17 HGB) und die kaufmännische Regelung von Vertretungsfragen (§ 48 ff. HGB). Für die Bestimmung, ab wann eine kaufmännische Einrichtung notwendig ist, sind verschiedene Kriterien wie z.B. die Zahl und Funktion der Beschäftigten, der Umfang der Produktpalette, der Umsatz, der Kapitaleinsatz, die Inanspruchnahme von Krediten, der Umfang der Werbung und der Lagerhaltung usw. heranzuziehen und in einer Gesamtschau zu beurteilen.

> **Frage:** Schwer verständlich ist die Formulierung in § 1 Abs. 2 HGB „es sei denn, dass das Unternehmen nach Art oder Umfang einen in kaufmännischer Weise eingerichteten Geschäftsbetrieb nicht erfordert". Hätte man hier nicht einfacher sagen können, dass der Gewerbebetrieb ab Erreichen einer gewissen Größe, d.h. soweit er einen nach Art und Umfang in kaufmännischer Weise eingerichteten Geschäftsbetrieb erfordert, Handelsgewerbe und damit Kaufmann ist? Warum hat man die Gesetz gewordene Formulierung – in Form einer doppelten Verneinung – gewählt?

Antwort: Diese zunächst als missglückt wirkende Formulierung wurde bewusst vom Gesetzgeber so gewählt. Es soll insoweit angezeigt werden, dass das Gesetz von dem Regelfall ausgeht, dass das Unternehmen einen in kaufmännischer Weise eingerichteten Geschäftsbetrieb erfordert und der Gewerbetreibende damit Kaufmann ist. Wer behauptet, dass ein Gewerbetreibender nicht Kaufmann ist, dem obliegt dafür die Darlegungs- und Beweislast. Die vom Gesetzgeber gewählte Formulierung führt demnach zu einer (Art) Beweislastumkehr.

> **Frage:** Wie nennt man den in § 2 HGB geregelten Kaufmann? Welche Unternehmen bzw. Personen fallen hierunter?

Antwort: Es handelt sich um den sogenannten Kannkaufmann. Darunter fallen insbesondere Personen, die nicht schon durch Ihre Tätigkeit, sondern erst durch ihre Eintragung ins Handelsregister Kaufmann werden. Zu diesen Kaufleuten gehört der Kleingewerbetreibende. Sein Unternehmen erfordert keinen in kaufmännischer Weise eingerichteten Geschäftsbetrieb, er kann aber Kaufmann werden, wenn er die Firma ins Handelsregister eintragen lässt.

> **Frage:** Welche Wirkung hat die Eintragung des Kannkaufmanns?

Antwort: Die Eintragung des Kannkaufmanns hat konstitutive (rechtsbegründende) Wirkung. Erst durch die Eintragung in das Handelsregister wird die Person Kaufmann. Eine Verpflichtung zur Eintragung besteht nicht.

> **Frage:** Wer gehört neben dem Kleingewerbetreibenden noch zu den Kannkaufleuten?

Antwort: Es sind die Land- und Forstwirte nach § 3 HGB. Auch diese sind berechtigt, aber nicht verpflichtet, sich in das Handelsregister eintragen zu lassen.

> **Frage:** Was versteht man unter einem Scheinkaufmann?

Antwort: Der Scheinkaufmann ist nicht im Handelsregister eingetragen. Er wird allerdings wie ein Kaufmann behandelt, weil er im Rechtsverkehr auftritt, als wäre er Kaufmann. Er muss in zurechenbarer Weise einen Rechtsschein gesetzt haben, dass er Kaufmann sei. Zudem muss das Handeln eines Dritten ursächlich auf diesem gesetzten Rechtsschein beruhen. Wenn der Dritte hinsichtlich des Rechtsscheins gutgläubig war, muss sich der Scheinkaufmann diesem gutgläubigen Dritten gegenüber wie ein Kaufmann behandeln lassen. Wer in zurechenbarer Weise einen Rechtsschein veranlasst hat, ist weniger schutzwürdig als der auf den Schein redlich vertrauende Dritte.

> **Frage:** Nach § 6 HGB sind Handelsgesellschaften immer auch Kaufleute. Welche Gesellschaftsarten sind hierunter zu subsumieren?

Antwort: Es sind die OHG, die KG, die GmbH, die AG, die SE, die KGaA und die EWIV.

> **Frage:** Welche der Handelsgesellschaften sind Formkaufleute? Was versteht man darunter?

Antwort: Formkaufleute sind Handelsgesellschaften, die ohne Rücksicht auf den Gegenstand des Unternehmens Kaufleute sind, selbst wenn die Voraussetzungen des § 1 Abs. 2 HGB nicht (mehr) vorliegen. Unabhängig davon, ob ein Handelsgewerbe betrieben wird oder nicht, sind sie kraft einschlägiger Gesetze allein aufgrund ihrer Rechtsform Kaufleute. Ohne Rücksicht auf den Gegenstand des Unternehmens wird nach § 6 Abs. 2 HGB der GmbH (§ 13 Abs. 3 GmbHG), der AG (§ 3 Abs. 1 AktG), der KGaA (§ 278 Abs. 3 AktG), der eingetragenen Genossenschaft (§ 17 Abs. 2 GenG) und der EWIV (§ 1 EWIVAG) die Eigenschaft eines Kaufmanns beigelegt. Unter „Verein" i.S.d. § 6 Abs. 2 HGB ist eine korporative Vereinigung zu verstehen. Keine Vereine im Sinne von § 6 Abs. 2 HGB sind die OHG und die KG.

> **Frage:** Was können Sie zur Kaufmannseigenschaft von Vorstandsmitgliedern bzw. Aktionären einer AG sowie von Geschäftsführern bzw. Gesellschaftern einer GmbH sagen? Und wie steht es um die Kaufmannseigenschaft der Gesellschafter einer OHG und KG?

Antwort: Keine Kaufleute sind die Organe der Kapitalgesellschaften. Weder die Vorstandsmitglieder bzw. Geschäftsführer noch die Aktionäre bzw. Gesellschafter bei AG und GmbH sind Kaufleute. Ob allerdings auch die Gesellschafter einer Personenhandelsgesellschaft Kaufmänner sind, ist umstritten. Nach der höchstrichterlichen Rechtsprechung ist der persönlich haftende Gesellschafter (Komplementär) einer OHG oder KG Kaufmann, weil er das Unternehmen als Gesellschafter und auf eigenes Risiko betreibt. Der Kommanditist hingegen ist nach § 164 HGB von der Geschäftsführung kraft Gesetzes ausgeschlossen. Er führt die Gesellschaft nicht als Gesellschafter und haftet zudem für die Verbindlichkeiten der KG nur mit seiner Einlage. Ihm kommt keine Kaufmannseigenschaft zu.

Problembereich 2: Das Handelsregister

> **Frage:** Erklären Sie kurz Begriff und Bedeutung des Handelsregisters!

Antwort: Bei dem Handelsregister handelt es sich um ein öffentliches Verzeichnis, das Auskunft über die Rechtsverhältnisse von Kaufleuten gibt. Es soll die Sicherheit im Handelsverkehr durch Offenlegung der Rechtsverhältnisse der Kaufleute gewährleisten. Entsprechende Vorschriften finden sich in den §§ 8 bis 16 HGB.

> **Frage:** Wer darf denn in das Handelsregister überhaupt Einsicht nehmen?

Antwort: Die Einsichtnahme in das Handelsregister ist jedem gestattet (§ 9 Abs. 1 HGB).

> **Frage:** Aus wie vielen Abteilungen besteht das Handelsregister und welche Regelungen finden sich darin jeweils?

Antwort: Das Handelsregister besteht aus zwei Abteilungen. Zum Einen aus der Abteilung HR A, in der die Tatsachen über die Einzelkaufleute, die juristischen Personen des öffentlichen Rechts und die Personengesellschaften aufgenommen werden und zum Anderen aus der Abteilung HR B, aus der die Informationen (Tatsachen) über die Kapitalgesellschaften zu entnehmen sind.

> **Frage:** Bisher war immer die Rede davon, dass Tatsachen von bestimmten Personen und Gesellschaften in das Handelsregister eingetragen werden. Um welche Tatsachen handelt es sich hierbei? Und welche Tatsachen sind konkret einzutragen? Geben Sie hierzu einige Beispiele.

Antwort: In das Handelsregister sind einige für den Rechtsverkehr besonders erhebliche Tatsachen einzutragen. Eintragungspflichtige Tatsachen sind z.B. die Firma nach § 29 HGB oder die Erteilung bzw. das Erlöschen der Prokura nach § 53 HGB. Eine eintragungsfähige Tatsache ist auch der Ausschluss der Haftung des Erwerbers bei Firmenfortführung nach § 25 Abs. 2 HGB. Alle anderen Tatsachen, für die das Gesetz keine Eintragungsmöglichkeit vorsieht, sind nicht eintragungsfähige Tatsachen. Hier sind beispielhaft die Handlungsvollmacht oder das Geschäftskapital einer Personengesellschaft zu nennen.

> **Frage:** Welche Vorschrift im HGB regelt die Publizität des Handelsregisters und welche Publizitätswirkungen kennt das Handelsregister?

Antwort: Die Publizitätswirkungen des Handelsregisters finden sich in § 15 HGB. In § 15 Abs. 1 HGB ist die negative Publizität geregelt. Solange eine einzutragende Tatsache nicht eingetragen ist, kann sie gutgläubigen Dritten nicht entgegengehalten werden. Ein gutgläubiger Dritter muss also auch eine wahre Tatsache nicht gegen sich gelten lassen, solange Sie nicht eingetragen und bekannt gemacht wurde.

> **Tipp!** Dem Schweigen des Handelsregisters kann man trauen.

§ 15 Abs. 2 HGB regelt hingegen den Normalfall. Ist danach eine Tatsache eingetragen und bekannt gemacht worden, muss ein Dritter sie grundsätzlich gegen sich gelten lassen. Eine Ausnahme gilt nur innerhalb einer Übergangsfrist von 15 Tagen, vgl. § 15 Abs. 2 S. 2 HGB.

> **Tipp!** Den Inhalt des Handelsregisters muss man kennen. Denn auf einen gegenteiligen Rechtsschein kann man sich grundsätzlich nicht berufen.

In § 15 Abs. 3 HGB ist eine positive Publizität geregelt. Ist eine einzutragende Tatsache unrichtig bekannt gemacht, kann ein gutgläubiger Dritter sich darauf berufen.

> **Tipp!** Der Dritte kann also auf das, was bekannt gemacht worden ist, vertrauen.

(Der Betroffene, der die Berichtigung der Bekanntmachung unterlassen hat, hat damit einen zurechenbaren Rechtsschein gesetzt.)

> **Frage:** Muss auch die Veränderung einer nicht eingetragenen aber eintragungspflichtigen Tatsache eingetragen werden (z.B. Widerruf einer entgegen § 53 Abs. 1 HGB nicht eingetragenen Prokura)?

Antwort: Ja. Nach ganz herrschender Meinung. Dafür spricht schon, dass sonst ein einmaliger Verstoß gegen die Anmeldepflicht alle weiteren Verstöße legitimieren würde.

> **Frage:** Welche Informationen sind dem Unternehmensregister zu entnehmen?

Antwort: Das Unternehmensregister beinhaltet nach § 8b Abs. 2 HGB unter anderem Registerbekanntmachungen, eingereichte Unterlagen, Rechnungslegungsdokumente aus dem elektronischen Bundesanzeiger, Mitteilungen z.B. aus dem WpHG, dem WpÜG, dem Investmentgesetz und Insolvenzbekanntmachungen.

Problembereich 3: Die Prokura und die Handlungsvollmacht

> **Frage:** Das HGB unterscheidet zwischen selbständigen und unselbständigen Hilfspersonen des Kaufmanns. Was versteht man darunter? Unter welche Gruppe ist der Prokurist zu subsumieren?

Antwort: Unselbständige Hilfspersonen sind alle Handlungsgehilfen (§ 59 HGB), wenn diese (dem Kaufmann) kaufmännische Dienste leisten. Es werden drei Arten von unselbständigen Hilfspersonen (= Handlungsgehilfen) unterschieden. Es sind dies der Prokurist, der Handlungsbevollmächtigte und der Ladenangestellte. Die jeweilige Einteilung ist abhängig vom Umfang der erteilten Vertretungsmacht. Die §§ 59 ff. HGB regeln das Innenverhältnis zwischen dem (unselbständigen) Handlungsgehilfen und dem Kaufmann als Dienstherrn. Die Kompetenzen der (unselbständigen) Handlungsgehilfen im Außenverhältnis regeln die §§ 48 ff. HGB.

Selbständige Hilfspersonen des Kaufmanns sind solche Personen, die zwar für den Kaufmann Dienste leisten, die aber für ihn nicht im Rahmen eines Angestellten- bzw. Arbeitsverhältnisses tätig sind. Zu nennen sind hier der Handelsvertreter (§§ 84 ff. HGB) oder der Handelsmakler (§§ 93 ff. HGB).

> **Frage:** Wer darf einen Prokuristen bestellen und wie ist die Prokuraerteilung vorzunehmen? Wäre eine Prokuraerteilung durch einen Prokuristen wirksam?

Antwort: Die Erteilung der Prokura darf nur von dem Inhaber des Handelsgeschäfts oder seinem gesetzlichen Vertreter und nur mittels ausdrücklicher und persönlicher Erklärung erteilt werden (§ 48 Abs. 1 HGB). Demnach muss der Erklärende immer Kaufmann sein. Eine Vertretung durch einen rechtsgeschäftlich bestellten Vertreter scheidet aus. Die Prokuraerteilung durch einen Prokuristen ist mithin nicht möglich. Der Kaufmann muss die Willenserklärung persönlich abgeben.

> **Frage:** Welche Wirkung hat die Eintragung der Prokuraerteilung?

Antwort: Die Eintragung der Prokura hat lediglich deklaratorische (rechtsbekundende) Wirkung. Der Geschäftsinhaber ist allerdings nach § 53 Abs. 1 bzw. Abs. 2 HGB verpflichtet, die Erteilung und das Erlöschen der Prokura zum Handelsregister anzumelden.

> **Frage:** Zu welchen Geschäften ermächtigt die erteilte Prokura? Kann man eine nach außen wirksame Beschränkung der Prokura vornehmen?

Antwort: Die Prokura ermächtigt zu allen Geschäften, die der Betrieb „irgendeines" Handelsgewerbes mit sich bringt (§ 49 Abs. 1 HGB). Etwaige Beschränkungen sind nach außen, d.h. Dritten gegenüber, unwirksam (§ 50 Abs. 1 HGB).

> **Frage:** Der Prokurist Paule Panther erwirbt ein aus seiner Sicht sehr günstiges Grundstück für die Handelsgesellschaft zu einem Kaufpreis i.H.v. 1,5 Mio. €. Den Kaufpreis will er bei der ortsansässigen Sparkasse finanzieren, die jedoch das Darlehen nur nach entsprechender Absicherung durch die Eintragung einer Grundschuld auszahlen möchte. Herr Panther ist zwar mit dieser Auflage einverstanden, er ist sich aber nicht sicher, ob er dieses Geschäft und hier insbesondere die Grundstücksbelastung mit einer Grundschuld vornehmen kann. Was meinen Sie?

Antwort: Aus § 49 Abs. 2 HGB geht zwar zunächst hervor, dass ein Prokurist zur Veräußerung und zur Belastung von Grundstücken nur dann befugt ist, wenn er dazu von dem Inhaber des Handelsgewerbes besonders bevollmächtigt ist. Nicht unter diese Beschränkung fällt damit der Erwerb eines Grundstücks. Im vorliegenden Fall will der Prokurist Panther das Grundstück belasten. Dazu ist er nach § 49 Abs. 2 HGB nur ermächtigt, wenn ihm diese Befugnis besonders erteilt wurde. Steht allerdings die Belastung im Zusammenhang mit dem Erwerb, kommt § 49 Abs. 2 HGB nicht zur Anwendung. Es handelt sich hierbei um eine bloße Erwerbsmodalität. § 49 Abs. 2 HGB erfasst nur die Belastung von Grundstücken, die bereits im Eigentum des Handelsgewerbes stehen. Herr Panther ist damit zur Vornahme der beabsichtigten Grundschuldbestellung ermächtigt.

> **Tipp!** Die Prokura ist eine in ihrem Umfang gesetzlich geregelte Vertretungsmacht (dennoch handelt es sich nicht um eine gesetzliche Vertretungsmacht, da die Erteilung rechtsgeschäftlich erfolgt). Sie ermöglicht dem Prokuristen, im Außenverhältnis wirksam bestimmte Rechtshandlungen für den Geschäftsinhaber vorzunehmen. Im Fallaufbau ist auch die Prokura unter dem gewohnten Prüfungspunkt der „Vertretungsmacht" zu erörtern.

> **Frage:** Was versteht man unter einer Handlungsvollmacht?

Antwort: Eine Handlungsvollmacht ist jede im Betrieb eines Handelsgewerbes erteilte Vollmacht, die keine Prokura ist. Auf die Handlungsvollmacht sind die §§ 164 ff. BGB anwendbar, soweit nicht § 54 HGB entgegensteht. Auch die Handlungsvollmacht betrifft – wie die Prokura auch – das Außenverhältnis zwischen dem Geschäftsinhaber und dem Dritten.

> **Frage:** Beschreiben Sie kurz die wesentlichen Unterschiede zwischen Prokura und Handlungsvollmacht!

Antwort: Die Prokura ist eine rechtsgeschäftliche Vertretungsmacht, die zu Rechtsgeschäften ermächtigt, die der Betrieb „irgendeines" Handelsgewerbes mit sich bringt. Die Handlungsvollmacht ermächtigt hingegen zu Rechtsgeschäften, die der Betrieb eines derartigen (konkreten) Handelsgewerbes mit sich bringt. Der Umfang der Handlungsvollmacht kann im Gegensatz zur Prokura sehr verschieden sein. Er wird bei der Handlungsvollmacht vom Vollmachtgeber bestimmt. Insoweit darf der Dritte sich auch nicht darauf verlassen, dass die Vollmacht des Handlungsbevollmächtigten auch das betreffende Geschäft umfasst. Anders bei der Prokura. Hier wird der Umfang in § 49 HGB und damit durch das Gesetz festgelegt. Die Handlungsvollmacht erfordert – anders als die Prokura (§ 48 Abs. 1 HGB) – keine ausdrückliche Erklärung. Es genügt sogar eine stillschweigende oder konkludente Erteilung, sodass auch eine Duldungs- oder Anscheinsvollmacht in Betracht kommt. Weiterer Unterschied ist, dass die Erteilung und das Erlöschen der Prokura eintragungspflichtige Tatsachen darstellen (§ 53 HGB). Die Handlungsvollmacht kann nicht in das Handelsregister eingetragen werden. Des Weiteren braucht die Handlungsvollmacht nicht persönlich von dem Geschäftsinhaber erteilt werden. Sie kann auch zum Beispiel von einem Prokuristen erteilt werden.

> **Frage:** Können eine einmal erteilte Prokura oder eine Handlungsvollmacht auf Dritte übertragen werden?

Antwort: Die Prokura kann weder vom Prokuristen selbst noch vom Inhaber des Handelsgeschäftes auf einen Dritten übertragen werden. Die Prokura ist nicht übertragbar (§ 52 Abs. 2 HGB). Die Handlungsvollmacht ist grundsätzlich übertragbar. Allerdings kann sie nur mit Zustimmung des Inhabers des Handelsgeschäftes auf einen Dritten übertragen werden (§ 58 HGB).

> **Frage:** Wie viele Arten der Handlungsvollmacht kennt das Gesetz und welche sind dies?

Antwort: § 54 Abs. 1 HGB kennt drei Arten der Handlungsvollmacht. Sie richten sich nach dem Umfang der gewährten Vollmacht. Es sind die Generalhandlungsvollmacht mit der Ermächtigung zu allen Geschäften, die der Betrieb des Vollmachtgebers gewöhnlich mit sich bringt. Die Arthandlungsvollmacht ermächtigt den Bevollmächtigten zur Vornahme einer bestimmten Art von Rechtsgeschäften, die der Betrieb eines derartigen Handelsgewerbes mit sich bringt. Und als dritte Art ist die Spezialhandlungsvollmacht zu nennen, die eine Ermächtigung zu einem bestimmten einzelnen Geschäft beinhaltet.

> **Frage:** Welche Geschäfte können Angestellte in einem Laden mit Wirkung für und gegen den Ladeninhaber abschließen? Wo findet sich die einschlägige Regelung im Gesetz?

Antwort: Als einschlägige Regelung kann hier § 56 HGB genannt werden. Danach gilt derjenige, der in einem Laden oder offenen Warenlager angestellt ist, zu Verkäufen und Empfangnahmen als bevollmächtigt, die in einem derartigen Laden oder Warenlager gewöhnlich vorkommen. Das Anstellungsverhältnis begründet eine Vermutung für eine Innenvollmacht. § 56 HGB eröffnet eine Rechtsscheinvollmacht (Scheinhandlungsvollmacht). Selbst wenn ein Laden- oder Lagerangestellter nicht bevollmächtigt sein sollte, kann er den Inhaber rechtsgeschäftlich verpflichten und berechtigen. Weitere Voraussetzung ist jedoch, dass die Vertragspartner gutgläubig sind, d.h., sie dürfen nicht wissen, dass der Angestellte keine Vollmacht hat.

> **Frage:** Was bedeutet „angestellt" im Sinne des § 56 HGB? Ist damit gemeint, dass ein wirksames Arbeitsverhältnis vorliegen muss?

Antwort: Angestellt sind Personen, die mit Wissen und Wollen des Geschäftsinhabers in dem Laden oder offenen Warenlager tätig sind. Ein wirksames Arbeitsverhältnis braucht nicht vorzuliegen. Es kann demnach auch z.B. ein Freund, ein Familienangehöriger oder eine Aushilfe von § 56 HGB erfasst sein.

Problembereich 4: Der Kaufmann als Absatzmittler

> **Frage:** Hersteller von Waren lassen sich häufig durch sogenannte Absatzmittler beim Vertrieb der Waren an die Endkunden unterstützen. Welche Hilfspersonen fallen gemeinhin hierunter?

Antwort: Zu nennen sind hier der Handelsvertreter (§ 84 HGB), der Handelsmakler (§ 93 Abs. 1 HGB) und die weiteren Absatzvermittler wie zum Beispiel die Vertragshändler oder die Franchisenehmer.

> **Frage: Was versteht man unter einem Handelsvertreter? Welche Rechte und Pflichten hat ein Handelsvertreter?**

Antwort: Eine Definition, wer Handelsvertreter ist, ist § 84 Abs. 1 HGB zu entnehmen. Danach ist Handelsvertreter, wer als selbständiger Gewerbetreibender ständig damit betraut ist, für einen anderen Unternehmer Geschäfte zu vermitteln oder in dessen Namen abzuschließen. „Ständig" bedeutet, dass der Handelsvertretervertrag auf eine unbestimmte Vielzahl von Vertragsabschlüssen gerichtet ist. Der Handelsvertreter ist gemäß § 86 Abs. 1 HGB verpflichtet, sich um die Vermittlung oder den Abschluss von Geschäften zu bemühen. Er hat die Interessen des Unternehmers zu wahren und er muss sich an dessen Weisungen halten. Er hat die ihm anvertrauten Gegenstände sorgfältig zu behandeln. Daneben treffen ihn nach § 86 Abs. 2 HGB verschiedene Mitteilungs- und Berichterstattungspflichten und er ist nach § 90 HGB bezüglich etwaiger Geschäfts- und Betriebsgeheimnisse zur Verschwiegenheit verpflichtet. Im Gegenzug für seine Tätigkeit steht ihm ein Provisionsanspruch zu. Dieser wird in der Regel nach einem bestimmten Prozentsatz des Wertes des jeweils getätigten Geschäfts bestimmt.

> **Frage: Was versteht man unter einem Bezirksvertreter und welche Provisionsansprüche stehen diesem zu?**

Antwort: Ein Bezirksvertreter ist ein Alleinvertreter für einen bestimmten Bezirk. Ihm steht auch für Geschäfte, die der Unternehmer ohne seine Mitwirkung mit Personen seines Bezirks oder seines Kundenkreises abschließt, nach § 87 Abs. 2 HGB eine Provision zu. Auch wenn der Handelsvertreter als Bezirksvertreter außerhalb seines durch den Handelsvertretervertrag bezeichneten Bezirks tätig wird, kann ihm ein Provisionsanspruch zustehen. Ob dies der Fall ist, muss durch eine Vertragsauslegung ermittelt werden. Nach Ansicht des BGH schließt eine Vereinbarung, die einem Handelsvertreter ein Alleinvertretungsrecht für einen bestimmten Bezirk einräumt, die Vermittlung von Geschäften außerhalb dieses Bereichs oder Kundenkreises jedenfalls nicht per se aus.

> **Frage: Wie nennt man den Absatzmittler, der nicht ständig damit betraut ist, für einen anderen Unternehmer Geschäfte zu vermitteln?**

Antwort: Es handelt sich dabei um einen Handelsmakler nach § 93 Abs. 1 HGB. Beispielhaft sind die Vermittlung von Verträgen über die Anschaffung oder Veräußerung von Waren (Warenmakler), über Wertpapiere (Effektenmakler, Börsenmakler), Versicherungen (Versicherungsmakler) oder Güterbeförderungen zu nennen. Der Handelsmakler schließt keine Geschäfte im Namen des Auftraggebers ab, sondern vermittelt nur. Vermittlung bedeutet dabei die Vorbereitung von Vertragsschlüssen durch das unmittelbare oder mittelbare Einwirken auf einen Dritten, damit dieser sich zum Abschluss des Geschäfts entschließt.

> **Frage: Wie unterscheidet sich der Handelsvertreter vom Kommissionär?**

Antwort: Der Kommissionär übernimmt es gewerbsmäßig, Waren oder Wertpapiere für Rechnung eines anderen im eigenen Namen zu kaufen oder zu verkaufen (§ 383 Abs. 1 HGB). Er hat mit dem Handelsvertreter gemeinsam, dass beide selbständig sind. Jedoch unterscheidet er sich vom Abschlussvertreter dadurch, dass er die Verträge im eigenen und nicht in fremdem Namen abschließt.

> **Frage: Erklären Sie nun noch kurz, was man unter einem Vertragshändler und unter einem Franchisenehmer versteht!**

Antwort: Ein Vertragshändler ist ein Kaufmann, dessen Unternehmen in die Verkaufsorganisation des Herstellers eingegliedert und der dem Hersteller gegenüber verpflichtet ist, die Waren im eigenen Namen und auf eigene Rechnung zu verkaufen. Der Franchisegeber überlässt sein Erzeugnis oder seinen Service einer großen Zahl von anderen Unternehmen (= Franchisenehmer) unter Verwendung eines gemeinsamen Vertriebssystems, Namens, Auftretens nach außen durch Symbole oder Markenzeichen sowie einer einheitlichen Ausstattung zum Vertrieb. Der Franchisenehmer zahlt Gebühren für die Verwendung des gewerblichen Know-how und des Vertriebskonzepts des Franchisegebers.

Problembereich 5: Die Haftung des Erwerbers bei Firmenfortführung, die Haftung des Erben bei Geschäftsfortführung und die Haftung bei Eintritt in das Geschäft eines Einzelkaufmanns

Frage: Zur Haftung des Erwerbers bei Firmenfortführung möchte ich Ihnen kurz den nachfolgenden Fall schildern: Johnny Herbert (JH) stand in ständiger Geschäftsbeziehung mit dem Einzelunternehmen „Delikatessen Mampfred Mampfer, e. Kfm. (MM)". JH hat im Laufe des Jahres 2013 die unterschiedlichsten Spirituosen und kalorienarme Gänseleberpastete im Wert von 12.000 € an das Einzelunternehmen MM geliefert. Einige Zeit später verpachtet MM sein Unternehmen an Albert Schlankheimer (AS) um mehr Zeit zum Reisen zu haben. Als JH feststellt, dass aus dem Geschäftsverhältnis zu MM noch Kaufpreisforderungen offen sind und er MM, der mittlerweile in Südamerika weilt, nicht erreichen kann, überlegt JH, ob er auch Ansprüche gegen AS geltend machen kann. Wie beurteilen Sie seine Aussichten?

Tipp! Wenn Sie in der mündlichen Examenssituation – wie hier – einen längeren Sachverhalt von Ihrem Prüfer vorgetragen bekommen, sollten Sie sich diesen unbedingt mitschreiben und zumindest eine kleine Skizze fertigen. So laufen Sie nicht Gefahr, dass Sie im Verlauf der Prüfung die Namen der Personen und dergleichen verwechseln. Bevor Sie allerdings mit dem Aufnotieren beginnen, fragen Sie zuerst Ihren Prüfer um kurze Erlaubnis. In der Regel wird dieser nichts dagegen einzuwenden haben. Und scheuen Sie sich nicht, falls Sie den Sachverhalt nicht verstanden haben sollten oder Ihnen dieser zu schnell vorgetragen wird, nochmals nachzuhaken und um Klarstellung zu bitten.

Antwort: Da ein Kaufvertrag zwischen JH und AS nicht geschlossen wurde, ergibt sich ein Anspruch nicht allein aus § 433 Abs. 2 BGB. Allerdings bestimmt § 25 Abs. 1 HGB dass derjenige, der ein unter Lebenden erworbenes Handelsgeschäft unter der bisherigen Firma fortführt, auch für die Verbindlichkeiten des früheren Inhabers haftet. Hier hat AS die Firma von MM gepachtet, sodass eine Haftung des AS für die Kaufpreisschuld des MM in Betracht kommt.

Frage: Was setzt eine Firmenfortführung bei Inhaberwechsel im Einzelnen voraus?

Antwort: Der Inhaberwechsel muss zunächst das Unternehmen im Ganzen betreffen, also zumindest den nach außen in Erscheinung tretenden Unternehmenskern. Der Erwerb des einzelkaufmännischen Geschäfts muss wirksam sein. Außerdem ist die Einwilligung des bisherigen Inhabers erforderlich, vgl. § 22 Abs. 1 HGB.

Frage: Ist eine Fortführung der Firma auch dann noch gegeben, wenn für jeden erkennbar die Nachfolge durch einen Namenszusatz deutlich gemacht wird? Wenn also etwa im obigen Fall AS unter dem Namen „Delikatessen Mampfred Mampfer, Inhaber Albert Schlankheimer, e. Kfm." firmiert?

Antwort: Ja. Ausdrücklich ergibt sich das aus § 25 Abs. 1 S. 1 HGB. Danach liegt eine Fortführung auch noch mit Beifügung eines das Nachfolgeverhältnis andeutenden Zusatzes vor.

Frage: Kann auch nur die Firma (= der Name unter dem das Geschäft betrieben wird, vgl. § 17 Abs. 1 HGB) übertragen werden?

Antwort: Nein. Es gilt das Verbot der Leerübertragung nach § 23 HGB. Danach kann die Firma nur gemeinsam mit dem Handelsgewerbe übertragen werden.

Frage: Sind die Voraussetzungen der Haftung bei Firmenfortführung auch bei fortgeführter Nutzung der bloßen Geschäfts- oder Etablissementbezeichnung erfüllt?

Antwort: Nein. Die allgemeine Geschäfts- oder Etablissementbezeichnung, die nur die Art des Betriebes bezeichnet, aber nicht geeignet ist, den tatsächlichen Inhaber zu individualisieren, reicht nicht aus. Eine solche Bezeichnung ist nicht der Name i.S.d. § 17 Abs. 1 HGB, unter dem der Kaufmann seine Geschäfte betreibt und seine Unterschrift abgibt.

Frage: Welchen weiteren Fall eines Inhaberwechsels kennen Sie?

Antwort: Auch der Erbe kann die Firma von Todes wegen erwerben und dann fortführen, vgl. § 22 Abs. 1 Alt. 2 HGB.

Tipp! Die Frage der Haftung des Erwerbers einer Firma stellt sich immer nur dann, wenn Verbindlichkeiten gegenüber der Firma zu dieser Zeit bereits begründet waren. Bei diesen Verbindlichkeiten handelt es sich regelmäßig um vertragliche privatrechtliche Ansprüche, die ihren Ursprung im BGB haben.

Frage: Das ist soweit richtig. Aber steigen wir noch etwas tiefer in den § 25 HGB ein. Sie sagten, dass es sich um ein „erworbenes" Handelsgeschäft handeln muss. Ist das denn hier hier bei einer lediglichen Verpachtung auch der Fall?

Antwort: Bei dem Delikatessenladen handelt es sich um ein Handelsgewerbe und damit um ein Handelsgeschäft i.S.v. § 25 HGB. Des Weiteren genügt es für einen „Erwerb" i.S.v. § 25 HGB, dass die Firma nur zur vorübergehenden Nutzung übernommen wird. Es ergibt sich unmittelbar aus § 22 Abs. 2 HGB, dass die Fortführungshaftung bei Erwerb eines Handelsgeschäftes auch bei Pacht, Nießbrauch und ähnlichen Verhältnissen Anwendung findet. Ein Eigentumsübergang muss nicht stattfinden. Neuer Inhaber der Firma ist damit AS als Pächter.

Frage: Haftet neben dem neuen auch der alte Inhaber weiter?

Antwort: Ja. Nach der Rechtsprechung handelt es sich bei § 25 Abs. 1 S. 1 HGB um einen gesetzlichen Schuldbeitritt. Alter und neuer Inhaber haften als Gesamtschuldner i.S.d. §§ 421 ff. BGB. Die Nachhaftung des vorherigen Inhabers ist nur zeitlich gem. § 26 Abs. 1 HGB auf Forderungen begrenzt, die innerhalb von fünf Jahren nach Übergang des Unternehmens fällig werden.

Frage: Kann die Haftung des alten Inhabers für Verbindlichkeiten beschränkt werden?

Antwort: Ja. Es kann gem. § 25 Abs. 2 HGB eine Haftungsbeschränkung in das Handelsregister eingetragen oder durch den Erwerber oder Veräußerer Dritten gegenüber bekannt gemacht werden. Dies muss aber nach der Rechtsprechung unverzüglich geschehen.

> **Frage:** Wie ist der Fall zu beurteilen, wenn nicht JH an MM, sondern MM an JH Forderungen hat und JH diese an AS gezahlt hat? Kann MM noch einmal Zahlung an sich verlangen?

Antwort: Nein. Zwar wird der Erwerber des Handelsgeschäfts nur dann Gläubiger der im Betrieb begründeten Forderungen, wenn ihm diese vom bisherigen Inhaber auch übertragen worden sind. Dies ist für den Schuldner aber in der Regel nicht erkennbar, sodass nach § 25 Abs. 1 S. 2 HGB die Forderungen den Schuldnern gegenüber als auf den Erwerber übergegangen gelten. JH muss nicht nochmals bezahlen, sondern wurde von seiner Verbindlichkeit frei.

> **Frage:** Kennen Sie einen Fall, bei dem der Erwerber eines Handelsgeschäftes nicht nach § 25 Abs. 1 HGB für die Verbindlichkeiten des früheren Inhabers des Handelsgeschäftes haftet?

Antwort: Ja, nach der höchstrichterlichen Rechtsprechung findet § 25 Abs. 1 HGB dann keine Anwendung, wenn ein Käufer ein (insolventes) Handelsgeschäft nach Eröffnung des Insolvenzverfahrens vom Insolvenzverwalter erwirbt. Denn die Fortführungshaftung nach § 25 Abs. 1 HGB hindert den Insolvenzverwalter an seiner gesetzlichen Verpflichtung, nach § 159 InsO das zur Insolvenzmasse gehörende Vermögen zu verwerten. Denn wäre § 25 Abs. 1 HGB auch auf Veräußerungen des Insolvenzverwalters anwendbar, wäre die Veräußerung eines insolventen Handelsgeschäftes und damit die Verwertung der Insolvenzmasse nahezu unmöglich. Die Privilegierung ist jedoch ausschließlich an das Amt und die Aufgabe eines Insolvenzverwalters im eröffneten Insolvenzverfahren geknüpft.

> **Frage:** Nachdem § 25 HGB die einschlägige Vorschrift zur Haftung des Erwerbers bei rechtsgeschäftlichem Erwerb ist, möchte ich von Ihnen wissen, welche Norm im HGB die Haftung des Erwerbs eines Handelsgeschäfts durch Erbschaft regelt.

Antwort: Einschlägige Norm zur Haftung des Erben eines Handelsgeschäfts ist § 27 HGB (neben den ohnehin bestehenden erbrechtlichen Vorschriften).

> **Frage:** Wie kann die Haftung des Erben ausgeschlossen werden?

Antwort: Zunächst kann die Haftung dadurch ausgeschlossen werden, dass der Erbe die Erbschaft ausschlägt. In diesem Fall ist er niemals Erbe geworden (§ 1953 Abs. 1 BGB). Aus diesem Grund kann dann auch § 27 Abs. 1 HGB nicht eingreifen.

Die unbeschränkte Haftung nach § 27 Abs. 1 HGB kann gemäß § 27 Abs. 2 HGB dadurch ausgeschlossen werden, dass der Erbe innerhalb einer Frist von drei Monaten nach Kenntnis vom Anfall der Erbschaft (und nicht vor Ablauf der Ausschlagungsfrist) den Geschäftsbetrieb einstellt.

Die unbeschränkte Haftung nach § 27 Abs. 1 HGB tritt auch dann nicht ein, wenn der Erbe die Haftungsbeschränkung in das Handelsregister eintragen und bekannt machen lässt oder sie den Dritten mitteilt.

> **Frage:** Was regelt § 28 HGB?

Antwort: § 28 HGB regelt die Haftung der Gesellschaft und den Forderungsübergang für den Fall, dass ein Einzelkaufmann einen Teilhaber in sein Handelsgeschäft aufnimmt, wodurch ein Gesellschaftsverhältnis begründet wird. Es entsteht automatisch eine OHG oder ggf. sogar eine KG. Eine GbR kann nicht entstehen, weil das Einzelunternehmen bereits Kaufmann i.S.d. § 1 HGB war.

> **Frage:** Welche Rechtsfolgen begründet § 28 Abs. 1 S. 1 HGB? Wer haftet für welche Verbindlichkeiten?

Antwort: Aus § 28 Abs. 1 S. 1 HGB folgt, dass nunmehr die Gesellschaft für die Verbindlichkeiten des vormaligen Einzelunternehmers haftet. Wenn aber die Gesellschaft haftet, haftet auch der Eingetretene persönlich (entweder als Vollhafter oder nur beschränkt als Kommanditist). Der bisherige Alleininhaber haftet ebenfalls als Gesellschafter. Auch hier ist wie bei dem Eintretenden entscheidend, ob er als Vollhafter (Komplementär) oder als Kommanditist die Gesellschafterstellung einnimmt.

> **Frage:** Kann die Haftung der Gesellschaft in irgendeiner Form vermieden werden?

Antwort: Ja. Und zwar dann, wenn die abweichende Vereinbarung zwischen der Gesellschaft und dem Einzelkaufmann oder zwischen den Gesellschaftern in das Handelsregister eingetragen und bekannt gemacht oder von einem Gesellschafter dem Dritten gegenüber mitgeteilt worden ist (§ 28 Abs. 2 HGB).

Problembereich 6: Der Handelsbrauch und die Handelsgeschäfte

> **Frage:** Was versteht man unter Handelsbräuchen und wo findet sich im HGB eine Regelung?

Antwort: Eine Vorschrift zu den Handelsbräuchen findet sich in § 346 HGB. Danach ist unter Kaufleuten in Ansehung der Bedeutung und Wirkung von Handlungen und Unterlassungen auf die im Handelsverkehr geltenden Gewohnheiten und Gebräuche Rücksicht zu nehmen. Unter Handelsbräuchen versteht man demnach kaufmännische Verkehrssitten, die für die Kaufleute verbindlich sind und sogar von der Rechtsprechung berücksichtigt werden müssen. Zu den wohl bekanntesten Handelsbräuchen gehören die internationalen Klauseln „Incoterms".

> **Tipp!** Die Incoterms wurden von der Internationalen Handelskammer mit Wirkung ab dem 01.01.2011 geändert. Die nunmehr aktuelle Fassung (Incoterms 2010 – 7. Revision) beinhaltet nur noch 11 Klauseln; zuvor waren es noch 13.

> **Frage:** Wo im Gesetz finden sich Vorschriften zu den Handelsgeschäften. Was versteht man unter einem Handelsgeschäft und welche Voraussetzungen hat es?

Antwort: Vorschriften zu den Handelsgeschäften finden sich in den §§ 343 ff. HGB. Man versteht darunter alle Geschäfte eines Kaufmanns, die zum Betrieb seines Handelsgewerbes gehören (§ 343 HGB). Zu den Voraussetzungen eines Handelsgeschäfts gehören danach das Vorliegen eines Rechtsgeschäfts, die Beteiligung (mindestens) eines Kaufmanns und die Zugehörigkeit des Rechtsgeschäfts zum Betrieb des Handelsgewerbes.

> **Frage:** Wovon wird das Handelsgeschäft durch das Merkmal „Zugehörigkeit des Rechtsgeschäfts zum Betrieb eines Handelsgewerbes" abgegrenzt?

Antwort: Von den Privatgeschäften des Kaufmanns. Jedoch hilft dem Dritten gegebenenfalls die Vermutungsregelung des § 344 Abs. 1 HGB. Danach gelten die von einem Kaufmann vorgenommenen Rechtsgeschäfte im Zweifel als zum Betrieb seines Handelsgewerbes gehörig.

> **Frage:** Welche Arten von Handelsgeschäften kann man unterscheiden? Geben Sie jeweils ein Beispiel.

Antwort: Man kann die Handelsgeschäfte in einseitige und zweiseitige unterteilen. Bei einem einseitigen Handelsgeschäft muss nur ein Vertragsteil Kaufmann sein, damit die Vorschriften zur Anwendung kommen können. Auf ein Rechtsgeschäft kommen grundsätzlich die Vorschriften über die Handelsgeschäfte schon dann zur Anwendung, wenn nur ein Beteiligter Kaufmann ist (§ 345 HGB). Bei einem zweiseitigen Handelsgeschäft müssen beide Vertragsteile Kaufmann sein. Das muss allerdings ausdrücklich im Gesetz verlangt werden. Als Beispiele für solche zweiseitigen Handelsgeschäfte dürfen im HGB die §§ 369 (kaufmännisches Zurückbehaltungsrecht) und 377 (Untersuchungs- und Rügepflicht) genannt werden.

> **Frage: Nennen Sie einige, der nach Ihrer Meinung wichtigsten allgemeinen Vorschriften zu den Handelsgeschäften.**

Antwort: Zu den wichtigsten Vorschriften gehören die §§ 362, 366 und 369 HGB. § 362 HGB besagt, dass das Schweigen auf einen Antrag eine zustimmende Willenserklärung sein kann und nach § 366 HGB ist beim gutgläubigen Erwerb von beweglichen Sachen auch der gute Glauben an die Verfügungsbefugnis (Vertretungsbefugnis) geschützt. § 369 HGB regelt das kaufmännische Zurückbehaltungsrecht.

> **Frage: Haben Sie auch schon einmal etwas von einem kaufmännischen Bestätigungsschreiben gehört? Was sind dessen Voraussetzungen und Rechtsfolgen?**

Antwort: Ja. Zunächst setzt ein kaufmännisches Bestätigungsschreiben voraus, dass beide Parteien zumindest über eine einem Kaufmann ähnliche Geschäftserfahrung verfügen. Dem kaufmännischen Bestätigungsschreiben müssen Vertragsverhandlungen vorausgegangen sein, die soweit gediehen waren, dass zumindest der Bestätigende (ggf. irrtümlich) bereits von einem Vertragsschluss ausgegangen ist. Das Bestätigungsschreiben muss den behaupteten Inhalt des Vertragsschlusses wiedergeben und dem anderen Teil unmittelbar nach den Verhandlungen zugestellt werden. Der Vertrag kommt dann, wenn der andere Teil nicht unverzüglich widerspricht, mit dem Inhalt des Schreibens zustande. Dies gilt aber nicht, wenn der Bestätigende nicht schutzwürdig ist, etwa, weil er bewusst in nicht unwesentlichen Punkten von den Vertragsverhandlungen abgewichen ist.

> **Beispiel:** R bestellt telefonisch für sein Restaurant bei Weinhändler W eine umfangreiche Lieferung verschiedener Weine. W sagt die Lieferung zu. Daraufhin sendet R ein Bestätigungsschreiben mit einer üblichen Skontoklausel. Will W den Skontoabzug vermeiden, so muss er unverzüglich widersprechen. Hätte W ein Bestätigungsschreiben gesandt und darin bewusst den Kaufpreis erhöht, so käme der Vertrag mit diesem Inhalt aber mangels Schutzwürdigkeit des W nicht zustande.

> **Frage: Was versteht man unter AGB?**

Antwort: Nach der Legaldefinition des § 305 Abs. 1 BGB sind Allgemeine Geschäftsbedingungen alle für eine Vielzahl von Verträgen vorformulierten Vertragsbedingungen, die eine Vertragspartei (Verwender) der anderen Vertragspartei bei Abschluss eines Vertrages stellt.

> **Frage: Welche Besonderheiten gelten unter Kaufleuten bezüglich der Verwendung von AGB?**

Antwort: Zunächst gelten für die Einbeziehung von AGB in den Vertrag erleichterte Voraussetzungen. Für die Einbeziehung der AGB genügt nach § 310 Abs. 1 S. 1 BGB, der die Anwendung des § 305 Abs. 2 BGB ausschließt, auch eine stillschweigende Willensübereinstimmung der Parteien. Zum anderen ist die Inhaltskontrolle der AGB wesentlich eingeschränkt. Es gilt nur die Generalklausel des § 307 BGB, während die Klauselverbote der §§ 308 und 309 BGB gem. § 310 Abs. 1 BGB keine Anwendung finden.

Frage: Gelten diese Besonderheiten auch, wenn ein Unternehmer die AGB gegenüber einem Verbraucher verwendet?

Antwort: Nein. Ganz im Gegenteil. Dann gelten Verschärfungen für den Unternehmer. Nach § 310 Abs. 3 BGB sind z.B. die AGB-Regelungen auch schon dann anwendbar, wenn der Unternehmer die Bedingungen nur für eine einmalige Verwendung konzipiert hat und soweit der Verbraucher aufgrund der Vorformulierung auf ihren Inhalt keinen Einfluss nehmen konnte. AGB werden bei Verträgen mit Verbrauchern nur dann Bestandteil eines Vertrages, wenn der Verwender bei Vertragsschluss den Verbraucher ausdrücklich auf die Geltung der Allgemeinen Geschäftsbedingungen hinweist (§ 305 Abs. 2 Nr. 1 BGB) und dem Verbraucher die Möglichkeit verschafft, vom Inhalt der AGB Kenntnis zu nehmen (§ 305 Abs. 2 Nr. 2 BGB).

Frage: Welche weiteren Verschärfungen gelten etwa für die Haftung des Kaufmanns bei Handelsgeschäften?

Antwort: Nach § 347 Abs. 1 HGB gilt für die Erfüllung von Handelsgeschäften der Sorgfaltsmaßstab eines ordentlichen Kaufmanns. Aufgrund der größeren Geschäftserfahrenheit und Sachkunde eines Kaufmanns stellt dies in aller Regel einen strengeren Haftungsmaßstab dar.

Frage: Welche Besonderheiten gelten für die kaufmännische Bürgschaft?

Antwort: Die von einem Kaufmann abgegebene Bürgschaft bedarf gem. § 350 HGB nicht der Schriftform des § 766 BGB.

Frage: Sie hatten gerade ausgeführt, dass die Bürgschaftserklärung eines Kaufmanns nicht nach § 350 HGB der Schriftform bedarf. Trifft das tatsächlich auf alle Bürgschaftserklärungen des Kaufmanns zu?

Antwort: Nein. Ich muss meine Ausführungen natürlich dahingehend einschränken, dass § 350 HGB nur dann Anwendung findet, wenn die Bürgschaftserklärung zum Betrieb des Handelsgewerbes des Kaufmanns zählt. Nach § 344 Abs. 1 HGB wird zwar widerlegbar vermutet, dass alle Handlungen des Kaufmanns und damit auch eine mündliche Bürgschaftserklärung im Zweifel als zum Betriebe seines Handelsgewerbes gehören. Diese Vermutung kann der Kaufmann jedoch widerlegen, wenn er nachweisen kann, dass die Bürgschaftserklärung nicht im Zusammenhang mit seinem Handelsgewerbe steht (z.B. private Bürgschaftserklärungen für Darlehen eines Familienangehörigen). In diesem Falle findet § 350 HGB keine Anwendung.

Frage: Nehmen wir an, der Kaufmann B hat eine Bürgschaft, die eindeutig zu seinem Handelsgewerbe gehört, gegenüber C für ein Darlehen des A übernommen. Nachdem A das Darlehen nicht zurückgezahlt hat, wird B von dem Gläubiger C in Anspruch genommen. B weigert sich jedoch zu zahlen, weil C keine (erfolglose) Zwangsvollstreckung vor seiner Inanspruchnahme gegenüber A versucht hat. Zu Recht?

Antwort: Nein, dem Kaufmann steht als Bürge nicht die Einrede der Vorausklage nach § 771 BGB zu, wenn die Bürgschaft für ihn ein Handelsgeschäft gem. § 349 HGB ist. Die „kaufmännische Bürgschaft" ist stets eine selbstschuldnerische Bürgschaft i.S.d. § 773 Nr. 1 BGB.

Problembereich 6: Der Handelsbrauch und die Handelsgeschäfte

Frage: Wodurch kann der Zahlungsverkehr innerhalb einer auf Dauer angelegten kaufmännischen Geschäftsbeziehung erheblich vereinfacht werden?

Antwort: Durch ein handelsgeschäftliches Kontokorrent i.S.d. § 355 Abs. 1 HGB. Beispiel: Verrechnungskonto zwischen Groß- und Einzelhändler.

Frage: In den §§ 373 ff. HGB finden sich Regelungen zum Handelskauf. Was besagt hier insbesondere die Vorschrift des § 377 HGB?

Antwort: § 377 HGB regelt die Untersuchungs- und Rügepflicht des Kaufmanns nach dem Erhalt von mangelhaften Waren. Nur bei unverzüglicher Untersuchung nach Anlieferung der Ware kann der Käufer später noch Gewährleistungsansprüche geltend machen. Stellt sich bei der Untersuchung ein Mangel heraus, so hat der Käufer dem Verkäufer dies unverzüglich anzuzeigen. Nur bei unverzüglicher Rüge stehen einem Kaufmann gegenüber dem anderen Kaufmann, dem Verkäufer, die sich aus dem BGB ergebenden Gewährleistungsrechte nach den §§ 437 ff. BGB zu. Rügt der Käufer nicht rechtzeitig, gilt die Lieferung der Ware als genehmigt, es sei denn, es handelt sich um einen Mangel, der bei der Untersuchung nicht erkennbar war (§ 377 Abs. 2 HGB).

Tipp! Grundlage für die Beurteilung eines Kaufvertrages sind zunächst die §§ 433 ff. BGB. Ist eine Vertragspartei Kaufmann, so eröffnet § 345 HGB grundsätzlich eine Anwendung der handelsrechtlichen Vorschriften. Sind die Tatbestandsvoraussetzungen der Regelungen des HGB nicht erfüllt, kauft beispielsweise ein Kaufmann von einem Verbraucher Waren und untersucht der Kaufmann diese nicht, bleibt es bei den Regelungen des BGB. Der Kaufmann kann auch ohne Untersuchung und Rüge Mängelansprüche noch innerhalb der Verjährungsfrist der Mängelansprüche geltend machen.

Themenbereich Gesellschaftsrecht

Problembereich 1: Gründung, Beiträge, Haftung und Vertretung bei GbR, OHG und KG

Frage: Was unterscheidet die GbR von der OHG und der KG?

Antwort: Die GbR ist eine auf Gesellschaftsvertrag beruhende Vereinigung mehrerer Personen zur Erreichung eines beliebigen gemeinsamen Zwecks. Auch die OHG und die KG setzen eine vertragliche Vereinigung mehrerer Personen voraus. Es kommt allerdings hinzu, dass der Zweck der Gesellschaften zum einen auf den Betrieb eines Handelsgewerbes gerichtet sein und dieses Handelsgewerbe zum anderen unter gemeinschaftlicher Firma betrieben werden muss (§§ 105 Abs. 1, 161 Abs. 1 HGB). Für die OHG-Gesellschafter besteht dabei eine unbeschränkte Haftung, wohingegen bei der KG bei einem oder bei mehreren Gesellschaftern die Haftung gegenüber den Gesellschaftsgläubigern auf den Betrag einer bestimmten Vermögenseinlage beschränkt ist (Kommanditisten), während bei dem anderen Teil der Gesellschafter eine Beschränkung der Haftung nicht stattfindet (Komplementäre).

Frage: Von der Gründung der Gesellschaft – mit dem Abschluss des Gesellschaftsvertrags – unterscheidet sich die Entstehung der Gesellschaft. Worin?

Antwort: Bei der GbR fallen Gründung und Entstehung regelmäßig zusammen. Anders hingegen bei der OHG und der KG. Für die Entstehung der beiden Gesellschaften ist von entscheidender Bedeutung, ob bzw. ab wann diese ein (vollkaufmännisches) Handelsgewerbe i.S.d. § 1 Abs. 2 HGB betreiben. Ab diesem Zeitpunkt entsteht die Gesellschaft. In allen anderen Fällen entsteht die Gesellschaft erst mit Eintragung in das Handelsregister. Eine Eintragung hat in jedem Fall zu erfolgen. Sowohl OHG als auch KG müssen in das Handelsregister eingetragen werden (§§ 106 Abs. 1, 161 Abs. 2, 162 HGB). Betreibt die Gesellschaft bereits ein (vollkaufmännisches) Handelsgewerbe hat die Eintragung nur deklaratorische Wirkung und die OHG entsteht unabhängig von der Eintragung bereits mit Aufnahme der Geschäfte. Betreibt die Gesellschaft ein Gewerbe i.S.d. § 2 HGB oder verwaltet sie eigenes Vermögen, so ist die Eintragung konstitutiv und die Gesellschaft (OHG) entsteht erst mit Eintragung. Bis zur Eintragung ist die Gesellschaft dann eine GbR.

Frage: Welche Beiträge haben die Gesellschafter zu leisten und woraus ergibt sich diese Verpflichtung?

Antwort: Welche Beiträge die Gesellschafter – egal ob bei der GbR, der OHG oder der KG – zu leisten haben, ergibt sich aus dem Gesellschaftsvertrag (§§ 705, 706 BGB, 105 Abs. 3, 161 Abs. 2 HGB). Aus dem Gesellschaftsvertrag ergibt sich auch, was genau die Gesellschafter als Beitrag an die Gesellschaft zu leisten haben. Beiträge können z.B. das Einzahlen von Geldeinlagen, die Erbringung von Dienstleistungen oder die Einbringung von Sachen und Rechten sein. So ist es denkbar, dass ein Gesellschafter z.B. ein Patent in die Gesellschaft einbringt oder entsprechendes Know-how offenlegt. Soweit nichts Anderweitiges vereinbart ist, haben die Gesellschafter allerdings gleiche Beiträge zu leisten (§ 706 Abs. 1 BGB).

Frage: Wie stellt sich die Haftungssituation bei der GbR dar? Kann diese ggf. beschränkt werden?

Problembereich 1: Gründung, Beiträge, Haftung und Vertretung bei GbR, OHG und KG

Antwort: Für die Verbindlichkeiten der GbR haften neben dieser selbst auch die Gesellschafter, und zwar nach § 128 HGB in analoger Anwendung. Dies geht sogar soweit, dass die Gesellschafter für unerlaubte Handlungen eines Mitgesellschafters haften müssen. Auf diese Fälle ist § 31 BGB entsprechend anzuwenden, sodass die GbR für den Schaden ihres Gesellschafters/Geschäftsführers verantwortlich ist und die Mitgesellschafter für die so begründeten Schulden der GbR analog § 128 HGB haften.

Eine Beschränkung der Haftung kann sich nur aufgrund einer entsprechenden Vereinbarung mit dem Vertragspartner ergeben. Für die Annahme einer (konkludenten) Haftungsbeschränkung reicht es jedenfalls nicht aus, dass die Gesellschafter in den Gesellschaftsvertrag aufnehmen, nicht persönlich haften zu wollen oder dass die GbR einen entsprechenden Namen mit dem Zusatz „mbH" (mit beschränkter Haftung) führt.

> **Tipp!** Im Bereich der Haftung sollte man sich unbedingt den Unterschied des Begriffs der Haftung im Zivil- bzw. Gesellschaftsrecht und dem Steuerrecht (wieder) klar machen. Das Zivil- bzw. Gesellschaftsrecht unterscheidet nicht zwischen haften und schulden. Anders im Steuerrecht. Im Steuerrecht kann man nur für fremde Schulden haften.

Frage: Wie haften der Komplementär und der Kommanditist bei der KG?

Antwort: Für die Schulden der KG haftet diese selbst mit ihrem gesamten Gesellschaftsvermögen. Daneben haften die Komplementäre unbeschränkt für die Gesellschaftsschulden wie ein OHG-Gesellschafter (§§ 161 Abs. 1 und 2, 128 HGB). Der Kommanditist haftet den Gesellschaftsgläubigern – wie der Komplementär – zwar auch unmittelbar und persönlich, seine Haftung ist aber beschränkt auf die Höhe seiner in das Handelsregister eingetragenen Hafteinlage (§§ 171 Abs. 1, 172 Abs. 1 HGB). Hat der Kommanditist seine Einlage bereits erbracht, ist seine Haftung ausgeschlossen.

Frage: In welchen Fällen lebt die Haftung des Kommanditisten wieder auf?

Antwort: In folgenden Fällen lebt die Haftung des Kommanditisten wieder auf:
- Rückzahlung der Einlage (§ 172 Abs. 4 S. 1 HGB),
- Gewinnentnahme, wenn durch die Entnahmen seine Hafteinlage nicht mehr gedeckt ist (§ 172 Abs. 4 S. 2 HGB),
- Geschäftsbeginn vor Eintragung, soweit der Kommanditist dem zugestimmt hat (§ 176 Abs. 1 HGB).

> **Tipp!** Da die GbR die Grundform aller Gesellschaften ist und die Vorschriften des OHG- und KG-Rechts darüber hinaus gehende Besonderheiten dieser Gesellschaftsformen betreffen, empfiehlt sich eine zwei- bzw. dreistufige Prüfung in der Reihenfolge GbR-, OHG- und KG-Recht.

Frage: Wo liegen denn die haftungsrechtlichen Probleme, wenn eine KG fälschlicherweise in das Handelsregister eingetragen wird?

Antwort: Das hat eine unter Umständen sehr große Auswirkung. Konsequenz ist, dass die (Schein-)Kommanditisten ihr Haftungsprivileg verlieren. Sie haften dann wie GbR-Gesellschafter in vollem Umfang. Auch können Sie sich nicht auf eine etwaige Registerpublizität berufen; diese Regelungen – insbesondere § 15 Abs. 3 HGB – dienen dem Verkehrs- und Gläubigerschutz und gerade nicht dem Schutz der Gesellschafter.

Frage: Was ist der Unterschied zwischen einer Pflicht- und einer Hafteinlage bei der KG?

Antwort: Als Pflichteinlage wird der Betrag bezeichnet, der im Innenverhältnis vertraglich festgesetzt wurde. Die Hafteinlage ist der Betrag, der im Handelsregister eingetragen ist und bezeichnet den Haftungsumfang des Kommanditisten im Außenverhältnis. Will ein Gläubiger der KG den Kommanditisten selbst in Anspruch nehmen, so kann er dies nur, soweit die Hafteinlage noch nicht vollständig geleistet ist. Ist jedoch die Hafteinlage bereits erbracht worden, hat sich der Kommanditist aber im Innenverhältnis – z.B. im Gesellschaftsvertrag – zur Zahlung weiterer Beträge verpflichtet, kann ein KG-Gläubiger nicht unmittelbar den Kommanditisten in Anspruch nehmen. Er hat zunächst den Anspruch der KG gegen den Kommanditisten zu pfänden und sich überweisen zu lassen.

> **Frage:** Nehmen Sie an, es beteiligt sich jemand nicht als Kommanditist an einer KG, sondern als atypisch stiller Gesellschafter. Im Gesellschaftsvertrag ist vorgesehen, dass atypisch stille Gesellschafter „dieselben Rechte und Pflichten wie Kommanditisten" haben. Kann der Gesellschafter nach § 171 Abs. 1, 2 HGB in Anspruch genommen werden?

Antwort: Nein. Ein atypisch stiller Gesellschafter, der im Gesellschaftsvertrag hinsichtlich seiner Rechte und Pflichten einem Kommanditisten gleichgestellt ist, haftet allein deswegen noch nicht für die Verbindlichkeiten des Inhabers des Handelsgeschäfts nach §§ 128, 171 HGB; eine solche Außenhaftung erfordert einen darüber hinausgehenden besonderen Haftungsgrund, zum Beispiel in Form eines Schuldbeitritts. Im Übrigen richtet sich auch bei einer treuhänderischen Kommanditbeteiligung ein Anspruch aus §§ 171, 172 Abs. 4 HGB nur gegen den Kommanditisten, also gegen den Treuhänder, und nicht gegen den Treugeber.

> **Frage:** Sehr gut! Ich möchte nun zur Vertretung kommen. Was ist denn der Unterschied zwischen Vertretung und Geschäftsführung?

Antwort: Unter Geschäftsführung versteht man das tatsächliche Handeln für die Gesellschaft. Die Geschäftsführung regelt das Innenverhältnis und damit das Verhältnis der Gesellschafter untereinander. Die Vertretung regelt das Tätigwerden nach außen, d.h. Dritten gegenüber. Sie regelt damit das rechtsgeschäftliche Handeln.

> **Frage:** Wenn ein Geschäftsführer einer Handelsgesellschaft mit einem Bewerber einen Arbeitsvertrag abschließt, handelt es sich dabei um eine Vertretungs- oder um eine Geschäftsführungsmaßnahme?

Antwort: Es handelt sich in diesem Fall sowohl um eine Geschäftsführungs- als auch um eine Vertretungshandlung. Die Geschäftsführungsmaßnahme ist in der Abgabe der Unterschrift unter den Arbeitsvertrag (Tätigwerden für die Gesellschaft) zu sehen. Die Vertretungshandlung führt zum Wirksamwerden des Arbeitsvertrages (rechtsgeschäftliches Handeln) mit dem neuen Arbeitnehmer als Dritten.

> **Frage:** Wer darf bei der GbR, der OHG und bei der KG die Gesellschaft jeweils wirksam verpflichten? Wer ist vertretungsberechtigt?

Antwort: Bei der GbR folgt die Vertretung grundsätzlich der Regelung des § 714 BGB. Die Vertretung ist demnach in gleicher Weise geregelt wie die Geschäftsführung. Danach hat derjenige, der als Geschäftsführer tätig ist gleichzeitig auch Vertretungsbefugnis und die Geschäftsführungsbefugnis steht nach der gesetzlichen Regelung allen Gesellschaftern gemeinschaftlich zu (§ 709 Abs. 1 BGB). Bei der OHG findet sich in § 125 HGB eine Vertretungsregelung. Dort ist der Grundsatz der Einzelvertretung geregelt.

Zur Vertretung der KG sind die Komplementäre jeweils einzeln berechtigt (§§ 161 Abs. 2, 125 HGB). Die Kommanditisten sind von der Vertretung gemäß § 170 HGB ausgeschlossen.

Problembereich 1: Gründung, Beiträge, Haftung und Vertretung bei GbR, OHG und KG

> **Frage:** Nehmen Sie an, in einer GbR (bestehend aus 4 Gesellschaftern) verstirbt der allein mit der Geschäftsführung betraute Gesellschafter. Die 3 übrigen Gesellschafter können sich nicht auf einen Gesellschafter einigen, der zukünftig die Geschäftsführung übernehmen soll. Ist in diesem Fall, eine gerichtliche Bestellung eines Notgeschäftsführers gemäß § 29 BGB analog, wie beispielsweise bei einer führungslosen GmbH, möglich?

Antwort: Der BGH lehnt die Bestellung eines Notgeschäftsführers für eine GbR, wenn es sich nicht um eine Publikumsgesellschaft handelt, ab. Eine analoge Anwendung kommt nur dann in Betracht, wenn das Gesetz eine planwidrige Lücke enthalten würde. Eine solche liegt jedoch nicht vor. Ein Notgeschäftsführer überbrückt bei der juristischen Person eine vorübergehende Handlungsunfähigkeit. Wenn jedoch bei einer GbR der geschäftsführende Gesellschafter wegfällt, wird die GbR nicht handlungsunfähig. Denn in diesem Fall sind die verbliebenen Gesellschafter nach § 709 Abs. 1 BGB zur Gesamtgeschäftsführung befugt. Die Wahrscheinlichkeit, dass sich die Gesellschafter untereinander in der Geschäftsführung uneins sind, ist quasi in der gesetzlich für die GbR vorgesehenen Gesamtgeschäftsführungsbefugnis angelegt. Bei Gefahr für die Gesellschaft, hat jeder Gesellschafter nach Maßgabe des § 744 Abs. 2 BGB die Möglichkeit, Maßnahmen, die zur Erhaltung des Gesellschaftsvermögens oder einzelner Gegenstände der Gesellschaft notwendig sind, ohne Zustimmung der übrigen Gesellschafter zu treffen. Die Bestellung eines Notgeschäftsführers ist deshalb nicht möglich.

> **Frage:** Wie würden Sie folgenden Fall entscheiden: Eine aus drei Personen bestehende GbR schloss im Jahre 2012 einen Mietvertrag über Büroräume mit einer festen Laufzeit von fünf Jahren bis 2017 ab. Unterzeichnet wurde der Mietvertrag aufseiten der GbR als Mieterin nur von einem Gesellschafter. Seiner Unterschrift hat der Gesellschafter noch den Stempel der GbR hinzugefügt. Kann der Mietvertrag vor Ablauf der vereinbarten Festmietzeit im Jahre 2017 von einem der Vertragsparteien wegen des Verstoßes gegen das Schriftformerfordernisses §§ 550 BGB i.V.m. 126 BGB aufgekündigt werden?

Antwort: Ein ähnlich gelagerter Fall lag dem BGH erst zur Entscheidung vor. In seinem Urteil hat der BGH festgestellt, dass das Schriftformerfordernis bei einem Mietvertrag mit einer GbR zwar grundsätzlich nur dann eingehalten ist, wenn alle Gesellschafter aufseiten der GbR den Mietvertrag unterzeichnen. Lässt sich die GbR allerdings, wie im vorliegenden Fall, von nur einem Gesellschafter gem. § 164 BGB vertreten, so genügt die Unterschrift eines einzelnen Gesellschafters dann der Schriftform, wenn sie mit einem das Vertretungsverhältnis anzeigenden Zusatz versehen ist. Denn eine solche Erklärung erweckt im Gegensatz zur Unterschrift eines einzelnen Gesellschafters ohne Vertretungszusatz nicht den äußeren Anschein, es könnten Unterschriften der übrigen Gesellschafter fehlen. Nach dem BGH ist ein vom Geschäftsinhaber autorisierter Firmen- und/oder Betriebsstempel ein solcher ausreichender Vertretungszusatz. Denn das Hinzufügen eines Stempels zu einer Unterschrift weist denjenigen, der die Unterschrift geleistet hat, als unterschriftsberechtigt für den Stempelaussteller aus. Damit bestehen auch keine Zweifel mehr an der Vollständigkeit der Urkunde, und die Schriftform ist in diesem Falle gewahrt. Eine vorzeitige Kündigung ist deshalb wegen Verstoßes gegen das Schriftformerfordernis nicht möglich.

> **Frage:** Ist der Kommanditist – wie sich aus dem Wortlaut des § 170 HGB ergibt – von jeglicher Vertretung der Gesellschaft ausgeschlossen?

Antwort: Nein. Der Kommanditist ist zwingend nur von der organschaftlichen Vertretungsmacht (§§ 125, 126 ff. HGB) ausgeschlossen. Jede andere Form der Vertretungsmacht kann dem Kommanditisten erteilt werden. Dies gilt insbesondere für die Prokura.

Problembereich 2: Die richtige Rechtsformwahl für Steuerberater

> **Frage:** In welchen Rechtsformen oder besser Gesellschaftsformen können sich Steuerberater beispielsweise zusammenschließen?

Antwort: Die wohl häufigste Form des Zusammenschlusses von Freiberuflern und damit auch von Steuerberatern ist die Gesellschaft bürgerlichen Rechts (GbR). Eine weitere in Betracht kommende Form ist die Partnerschaftsgesellschaft (PartG). Ebenso kommen auch die Kommanditgesellschaft (KG) und die offene Handelsgesellschaft (OHG) infrage. Dies wären die wichtigsten Personengesellschaften. Eine weitere Alternative wäre der Zusammenschluss in einer Kapitalgesellschaft und hier insbesondere in einer GmbH oder einer Aktiengesellschaft (AG).

> **Frage:** Was sind für Sie die wichtigsten Kriterien, die bei der Wahl der (richtigen) Rechtsform zu beachten sind?

Antwort: Die in meinen Augen wichtigsten Auswahlkriterien sind die Haftungsbeschränkung, die steuerliche Behandlung, die Kosten – zum Beispiel bei der Gründung –, der Buchführungs- und Bilanzierungsaufwand, die Gewinnverwendung, die Kapitalbeschaffung und die Mitspracherechte. Bei Zusammenschlüssen von Steuerberatern sicherlich nicht von allergrößter Bedeutung ist aufgrund der berufsrechtlichen Beschränkungen die Unternehmensnachfolge.

> **Frage:** Ein befreundeter Steuerberater, der sich mit Kollegen in der Rechtsform einer KG zusammenschließen will, fragt ob Sie aus handelsrechtlichen Gründen Bedenken gegen die Eintragungsfähigkeit der KG mit dem Gesellschaftszweck „geschäftsmäßige Hilfeleistung in Steuersachen einschließlich der Treuhandtätigkeit" hätten. Was antworten Sie? Die Treuhandtätigkeit soll nicht schwerpunktmäßig ausgeführt werden.

Antwort: Unter ausschließlicher Berücksichtigung der Bestimmungen des HGB handelt es sich bei der KG (wie auch bei der OHG) um Personengesellschaften, die per Definition den Betrieb eines Handelsgewerbes voraussetzen. Eine Eintragung wäre deshalb nur dann möglich, wenn die gewerbliche Tätigkeit (Treuhandtätigkeit) auch schwerpunktmäßig betrieben wird. Dies ist jedoch vorliegend nicht der Fall. Auch eine Eintragung nach § 105 Abs. 2 HGB scheidet aus, sodass aus handelsrechtlichen Gründen eine Eintragung nicht möglich wäre. Nach den berufsrechtlichen Bestimmungen des § 49 Abs. 2 StBerG ist jedoch eine Eintragung möglich, wenn die KG neben der sie prägenden geschäftsmäßigen Hilfeleistung in Steuersachen auch eine (nicht schwerpunktmäßige) Treuhandtätigkeit ausübt. Fraglich war in der Vergangenheit, ob diese berufsrechtliche Regelung nur eine untergeordnete Rolle spielt und ausschließlich die handelsrechtlichen Grundsätze Anwendung finden, die dazu führen, dass nur bei einer schwerpunktmäßigen Treuhandtätigkeit (d.h. über 50 %) eine Eintragungsfähigkeit vorliegt.

Der BGH hat nunmehr entschieden, dass es sich bei § 49 Abs. 2 StBerG um eine spezialgesetzliche Norm handelt. Dies begründet er mit der Gesetzgebungsgeschichte. Denn zunächst waren für die Steuerberatungsgesellschaft die möglichen Rechtsformen auf GmbH, AG, KGaA beschränkt, im Gegensatz zu Wirtschaftsprüfungsgesellschaften. Diese hatten bereits ab 1961 die Möglichkeit, selbst bei untergeordneter Treuhandtätigkeit sich in einer Personengesellschaft zusammenzuschließen. Danach wurde auch Steuerberatern die Möglichkeit eingeräumt, sich als Personengesellschaften zusammenzuschließen. Nachdem es 2007 Wirtschaftsprüfern und ein Jahr danach auch Steuerberatern möglich war, die Rechtsform der GmbH & Co. KG zu wählen, kommt der BGH zu dem Schluss, dass es für die Eintragungsfähigkeit der KG nicht auf die schwerpunktmäßige Treuhandtätigkeit ankommen kann, sondern auch eine lediglich untergeordnete Treuhandtätigkeit genügen muss.

Sonst hätte der Gesetzgeber mit § 49 Abs. 2 StBerG eine inhaltslose Regelung geschaffen. Denn es gab und gibt nur eine äußerst geringe Anzahl von Steuerberatern, die schwerpunktmäßig Treuhandtätigkeiten ausüben. Deshalb darf die Eintragung nicht allein aus handelsrechtlichen Gründen abgelehnt werden.

> **Frage: Was sind nach Ihrer Meinung die Hauptvor- und -nachteile bei der GbR bzw. Sozietät als in Betracht kommende Rechtsform?**

Antwort: Zu den Vorteilen der GbR gehört sicherlich der niedrige Gründungsaufwand. Es ist keine Eintragung ins Handelsregister erforderlich; ebenso wenig fallen im Grundsatz Kosten für eine notarielle Beurkundung an. Auch benötigt man bei der GbR kein Mindestkapital. Steuerlich ist von Bedeutung, dass die GbR selbst nicht einkommensteuer- oder körperschaftsteuerpflichtig ist; auch unterliegt sie nicht der Gewerbesteuer. Im GbR-Recht handelt es sich in starkem Maße um dispositives Recht und eröffnet insoweit den Gesellschaftern eine große Flexibilität. Ein weiterer Vorteil ist die unbeschränkte, persönliche und gesamtschuldnerische Haftung der Gesellschafter, wenn es zum Beispiel um die Kreditwürdigkeit der GbR geht. Dieser Vorteil ist zugleich aber auch einer der größten Nachteile der GbR. Die GbR-Gesellschafter haften nach der höchstrichterlichen Rechtsprechung nach § 128 HGB analog wie OHG-Gesellschafter. Auch wird § 130 HGB auf in eine GbR eintretende Gesellschafter angewandt.

> **Frage: Es bleiben im Wesentlichen noch die Partnerschaftsgesellschaft (PartG) und die GmbH als klassische Rechtsformen für Zusammenschlüsse von Steuerberatern. Was sind die Unterschiede der PartG gegenüber der GbR?**

Antwort: Die PartG ist speziell für Angehörige der Freien Berufe eingeführt worden und ist sehr stark an die OHG angenähert. Im PartGG wird auf die Vorschriften im HGB zur OHG verwiesen. Die PartG hat in der Praxis – insbesondere auf Grund der Eintragung im Partnerschaftsregister – ein besseres Image als die GbR. Zwar entstehen durch das Eintragungserfordernis bei der PartG geringe Mehrkosten, da die Eintragung ins Partnerschaftsregister notariell beglaubigt sein muss. Steuerlich ergeben sich zur GbR keine Unterschiede; es fällt auch bei der PartG keine Gewerbe- und Körperschaftsteuer an. Auch bei der PartG haften die Gesellschafter bzw. Partner persönlich; es besteht aber die Möglichkeit nach § 8 Abs. 2 PartGG, die persönliche Haftung aller Partner durch die Handelndenhaftung zu begrenzen, bei der nur die Partner haften, die mit der Bearbeitung des Mandats zu tun haben bzw. hatten. Dies gilt für alle Partner, die bei der Bearbeitung eines Mandats mitgewirkt haben, auch wenn diese keinen Einfluss auf die Handlungen eines anderen Partners hat und den Schaden nicht beeinflusst hat.

> **Frage: Insbesondere die bestehenden Nachteile der vorhandenen Rechtsformen in Deutschland veranlassten viele Freiberufler, in die englische Rechtsform der Limited Liability Partnership (LLP) zu flüchten. Wie hat der deutsche Gesetzgeber darauf reagiert? Und was sind die wesentlichen Regelungen?**

Antwort: Der deutsche Gesetzgeber reagierte darauf mit der Einführung der sogenannten Partnerschaftsgesellschaft mit beschränkter Berufshaftung (PartGmbB). Für berufliche Fehler haftet nur das Gesellschaftsvermögen. Einbezogen sind dabei alle Verbindlichkeiten aus mandatsbezogenen Vertragsverhältnissen sowie vertraglichen Pflichtverletzungen; andere Verbindlichkeiten wie zum Beispiel Mieten oder Löhne sind davon allerdings nicht betroffen.

Die PartGmbB steht neben der PartG. Es ist im PartGG § 8 Abs. 4 PartGG neu eingefügt worden. Eine Begrenzung der Haftung auf das Gesellschaftsvermögen bei fehlerhafter Berufsausübung besteht nur dann, wenn die Partnerschaft eine vorgeschriebene Berufshaftpflichtversicherung unterhält und im Namen der Zusatz „mit beschränkter Berufshaftung" bzw. die Abkürzung „mbB" enthalten ist.

> **Frage: Wie hoch ist denn die Mindestversicherungssumme für Steuerberater?**

Antwort: Bei Zusammenschlüssen von Steuerberatern haben diese eine angemessene Versicherung abzuschließen. Eine genaue Höhe ist damit nicht definiert. Nach § 52 Abs. 1 DVStB beträgt die Mindestversicherungssumme 250 T€; die Jahreshöchstleistung beträgt nach § 52 Abs. 3 DVStB mindestens 1 Mio. €.

> **Frage: Gelten diese Mindestversicherungssummen auch für Partnerschaftsgesellschaften mit beschränkter Berufshaftung (PartGmbB)?**

Antwort: Nein. Nach § 52 Abs. 4 DVStB beträgt die Mindestversicherungssumme für PartGmbB für den einzelnen Versicherungsfall 1 Million € und die Jahreshöchstleistung muss mindestens 4 Millionen € betragen.

> **Frage: Können sich Steuerberater auch in der Rechtsform einer GmbH zusammenschließen?**

Antwort: Ja. Dies ist seit Langem von der höchstrichterlichen Rechtsprechung festgestellt worden. Die GmbH und auch die AG wurden in § 49 Abs. 1 StBerG durch den Gesetzgeber als Rechtsformalternativen zur Verfügung gestellt.

Problembereich 3: Vertretung und Haftung bei GmbH und AG

> **Frage: Wer ist bei der GmbH bzw. bei der AG geschäftsführungs- und vertretungsbefugt? Bitte nennen Sie bei Ihren Erläuterungen auch die entsprechenden Normen.**

Antwort: Zunächst ist festzuhalten, dass es im GmbH-Recht keine Norm gibt, die die Geschäftsführungsbefugnis der Geschäftsführer festlegt. Es ist aber unzweifelhaft, dass dies den Geschäftsführern bei der GmbH zusteht. Die Befugnis des Geschäftsführers, die Gesellschaft gerichtlich und außergerichtlich zu vertreten, ist in § 35 Abs. 1 S. 1 GmbHG geregelt. Die Vertretungsbefugnis ist gem. § 37 Abs. 1 GmbHG beschränkt durch die Bestimmungen des Gesellschaftsvertrages oder durch die Beschlüsse der Gesellschafter in der Gesellschafterversammlung (als maßgebliches Organ bei der GmbH). Anders sieht dies bei der AG aus. Dort leitet der Vorstand die Gesellschaft unter eigener Verantwortung. Das bedeutet, dass er seine Entscheidungen weisungsfrei zu treffen hat. Maßgebliche Norm ist hier § 76 Abs. 1 AktG. Sowohl bei der AG als auch bei der GmbH ist bei mehreren Personen eine Gesamtgeschäftsführungskompetenz anzunehmen. Dies legt das Gesetz für die AG in § 77 Abs. 1 AktG fest. Für die GmbH fehlt eine derartige Regelung; man kann jedoch von der in § 35 Abs. 2 Satz 2 GmbHG vorgesehenen Gesamtvertretungsregel auf eine entsprechende Gesamtgeschäftsführungsbefugnis schließen.

> **Frage: Was versteht man bei AG und GmbH unter dem Trennungsprinzip?**

Antwort: Das Trennungsprinzip ist bei der AG in § 1 Abs. 1 Satz 1 AktG und bei der GmbH in § 13 Abs. 2 GmbHG verankert. Es besagt, dass für die Verbindlichkeiten der Gesellschaft den Gläubigern derselben nur das Gesellschaftsvermögen haftet. Eine Haftungsinanspruchnahme der Gesellschafter und Geschäftsführer bzw. der Aktionäre und Vorstände ist nach dem Gesetz grundsätzlich nicht vorgesehen. Das Gesetz trennt demnach die Ebene der Gesellschaft und die der Gesellschafter. Gesellschaftsgläubiger können nur die Gesellschaft in Anspruch nehmen.

> **Frage: Wie ist eine in der Schweiz gegründete Aktiengesellschaft mit Verwaltungssitz im Inland (Deutschland) zu behandeln?**

Antwort: Sie ist aufgrund des deutschen Verwaltungssitzes nicht als AG, sondern als Personengesellschaft (GbR oder OHG) deutschen Rechts zu behandeln und als solche rechts- und parteifähig. Der BGH hält im Verhältnis zur Schweiz die „Sitztheorie" für anwendbar, wonach sich die Rechtsfähigkeit einer Gesellschaft nach dem Recht des Ortes beurteilt, an dem sie ihren Verwaltungssitz hat.

> **Frage: Wo im Gesetz ist die Haftung für eine fehlerhafte Geschäftsführung gegenüber der GmbH bzw. gegenüber der AG geregelt und wie ist sie jeweils ausgestaltet?**

Antwort: Bei der GmbH findet sich hierzu eine Regelung in § 43 Abs. 1 GmbHG. Danach haben die Geschäftsführer in Angelegenheiten der GmbH die Sorgfalt eines ordentlichen Geschäftsmanns anzuwenden. Tun sie dies nicht, haften sie der GmbH gemäß § 43 Abs. 2 GmbHG solidarisch für den entstandenen Schaden. Ob ein entstandener Schadensersatzanspruch geltend gemacht werden soll, entscheidet die Gesellschafterversammlung durch Beschluss (§ 46 Nr. 8 GmbHG).

Auch bei der AG haben die Vorstände bei der Geschäftsführung die Sorgfalt eines ordentlichen und gewissenhaften Geschäftsleiters anzuwenden (§ 93 Abs. 1 AktG). Bei Pflichtverletzung sind die Vorstandsmitglieder der AG gegenüber zum Ersatz des daraus entstandenen Schadens verantwortlich (§ 93 Abs. 2 AktG).

> **Frage: Können auch Gläubiger der Gesellschaften die Ersatzansprüche geltend machen?**

Antwort: Bei der GmbH ist dies ausgeschlossen. Dort können die Gläubiger derartige Ersatzansprüche nicht geltend machen. Ihnen bleibt nur, einen etwaigen Anspruch zu pfänden und sich überweisen zu lassen.

Anders bei der AG. Dort haben die Aktionäre sehr wohl das Recht, den Anspruch gegen den Vorstand selbst geltend zu machen. Allerdings nur, wenn sie von der AG keine Befriedigung erlangen können (§ 93 Abs. 5 AktG).

> **Frage: Wie können bei der AG diese zum Teil nicht unerheblichen Haftungsrisiken für die Vorstände abgedeckt werden?**

Antwort: Es besteht für diese die Möglichkeit, eine D & O-Versicherung (Directors & Officers) abzuschließen.

> **Frage: Welche weiteren Haftungsnormen kommen für eine Haftungsinanspruchnahme der Vorstände und Geschäftsführer in Betracht? Zählen Sie einige davon beispielhaft kurz auf.**

Antwort: In Betracht kommen u.a. deliktische Ansprüche z.B. aus § 823 Abs. 1 BGB für unerlaubte Handlungen oder aus § 823 Abs. 2 BGB i.V.m. § 15a InsO bei Verletzung der Pflicht zur Insolvenzantragstellung. Außerdem ist eine Haftung nach § 826 BGB bei sittenwidriger Schädigung denkbar. Auch sieht § 31 Abs. 6 GmbHG eine Erstattungspflicht des Geschäftsführers bei Verstoß gegen § 30 GmbHG vor.

> **Frage: In § 43a GmbHG ist die Kreditgewährung an einen Geschäftsführer geregelt. Nach dieser Vorschrift darf einem Geschäftsführer ein Kredit nicht aus dem zur Erhaltung des Stammkapitals erforderlichen Vermögens der Gesellschaft gewährt werden. Wie ist § 43a GmbHG zu erklären? Wie kann bei einer Kreditvergabe das Stammkapital angegriffen werden, wenn es sich doch lediglich um einen Aktivtausch handelt?**

Antwort: § 43a GmbHG zielt darauf ab, das Stammkapital zu erhalten. Es ist grundsätzlich zutreffend, dass im Falle der reinen Kreditgewährung ein Aktivtausch vorliegt und demnach das Stammkapital eigentlich nicht angegriffen werden kann. Oft sind allerdings Kredite an Geschäftsführer nicht werthaltig. Dies kann zu einer unbemerkten Aushöhlung des Stammkapitals führen. In § 43a GmbHG wird unterstellt, dass die Forderung gegen den Geschäftsführer nicht werthaltig ist. Sie wird fiktiv als uneinbringlich behandelt.

> **Frage:** Welches Informationsrecht des Gesellschafters der GmbH kennen Sie? Nennen Sie die Vorschrift im GmbHG.

Antwort: Jedem einzelnen Gesellschafter steht ein Auskunftsrecht über die Angelegenheiten der Gesellschaft zu und ein Anspruch auf Einsicht in die Bücher der Gesellschaft gem. § 51a Abs. 1 GmbHG. Das Informationsrecht richtet sich gegen die Gesellschaft, vertreten durch den Geschäftsführer. Ein Informationsinteresse bzw. -bedürfnis muss der Gesellschafter nicht nachweisen. Allerdings kann der Geschäftsführer die begehrte Auskunft nach § 51a Abs. 2 GmbHG verweigern, wenn zu befürchten ist, dass der Gesellschafter die erteilte Auskunft zu gesellschaftsfremden Zwecken verwendet und dadurch der Gesellschaft oder einem verbundenen Unternehmen einen nicht unerheblichen Nachteil zufügt (beispielsweise Gesellschafter leitet die erhaltenen Informationen an ein Konkurrenzunternehmen weiter).

> **Frage:** Kann der Geschäftsführer über die Auskunftsverweigerung allein entscheiden?

Antwort: Nein, die Verweigerung bedarf eines Gesellschafterbeschlusses nach § 51a Abs. 2 Satz 2 GmbHG.

Problembereich 4: Die Gründung(-sphasen) einer GmbH

> **Frage:** Stellen Sie sich vor, Sie sind nach Ablegung des mündlichen Steuerberaterexamens ganz frisch zum Steuerberater bestellt worden und es kommen Antonio Alpha (A) und Bertram Bugatti (B) in Ihr Büro und wünschen eine umfassende Beratung von Ihnen. Diese beabsichtigen einen Handel mit Kraftfahrzeugen zu eröffnen. Sie wollen dabei ihr persönliches Haftungsrisiko minimieren und wollen die AB-GmbH gründen. Zunächst fragen diese, welche Schritte zur Gründung der GmbH überhaupt erforderlich seien. Was antworten Sie ihnen?

Antwort: Für die Gründung einer GmbH ist der Abschluss eines Gesellschaftsvertrages in notariell beurkundeter Form erforderlich (§ 2 Abs. 1 GmbHG). Mit Beurkundung des Gesellschaftsvertrages ist die Gesellschaft gegründet. Die Gesellschafter müssen ihre Einlage erbringen, wobei das Stammkapital, also die Summe aller Einlagen, mindestens 25.000 € betragen muss (§ 5 Abs. 1 GmbHG). Die Gesellschaft ist zur Eintragung in das Handelsregister anzumelden und wird, sofern alle Formalien eingehalten worden sind, in das Handelsregister eingetragen. Mit der Eintragung ist die GmbH dann (wirksam) entstanden.

> **Frage:** Auf wie viel Euro muss ein GmbH-Geschäftsanteil seit dem Inkrafttreten des MoMiG (Gesetz zur Modernisierung des GmbH-Rechts und zur Bekämpfung von Missbräuchen) mindestens lauten? Wie viel müssen die beiden Existenzgründer im obigen Beispielsfall mindestens einzahlen? Und würde es einen Unterschied machen, wenn die GmbH von nur einem Gesellschafter gegründet werden würde?

Antwort: Bisher musste der Geschäftsanteil mindestens 100 € betragen und zudem durch 50 teilbar sein (§ 5 Abs. 3 GmbHG a.F.). Dies ist nach der neuen Rechtslage nicht mehr der Fall. Es reicht nunmehr nach dem neuen § 5 Abs. 2 GmbHG aus, dass jeder Geschäftsanteil nur noch auf mindestens einen Euro lautet. Auf jede Stammeinlage müsste im vorliegenden Fall mindestens ¼ eingezahlt werden, insgesamt jedoch die Hälfte des Mindeststammkapitals (§ 7 Abs. 2 GmbHG). Damit müssten die beiden Gesellschafter Alpha und Bugatti bei einem Mindeststammkapital von 25.000 € mindestens 12.500 € einzahlen, was für jeden der beiden 6.250 € ausmachen würde.

Durch das MoMiG wurde zudem eine neue Form der GmbH geschaffen, bei der auf ein Mindeststammkapital (zunächst) ganz verzichtet wird. Es handelt sich hierbei um die sog. Unternehmergesellschaft (UG), die zwingend den Zusatz „haftungsbeschränkt" führen muss. Das bei der UG zu Beginn fehlende Eigenkapital soll durch künftige Gewinne aufgefüllt werden. Aus diesem Grund schreibt § 5a Abs. 3 GmbHG vor, dass in der Bilanz der UG eine gesetzliche Rücklage zu bilden ist, in die zukünftig jeweils ein Viertel des Jahresüberschusses eingestellt werden muss. Und zwar solange, bis das Mindeststammkapital in Höhe von 25 T€ erreicht ist.

Bei Gründung der Gesellschaft durch nur eine Person war es bisher so, dass mindestens die Hälfte des Stammkapitals einzuzahlen und über die zweite Hälfte eine werthaltige Sicherheit zu leisten war (§ 7 Abs. 2 Satz 3 GmbHG a.F.). Das neue GmbH-Recht sieht eine Sicherheitsstellung bei Ein-Personen-Gründungen nicht mehr vor.

> **Frage:** Die Herren A und B sind sich schnell einig geworden. Sie wollen eine GmbH im herkömmlichen Sinne gründen und keine UG. Sie finden die „normale" GmbH seriöser und erhoffen sich dadurch eine größere Akzeptanz bei ihren Geschäftspartnern. Sie möchten nun von Ihnen wissen, zu welchem Zeitpunkt das Stammkapital zu erbringen ist?

Antwort: Das Stammkapital bzw. die Stammeinlagen sind grundsätzlich nach Gründung der Gesellschaft und vor der Anmeldung zum Handelsregister zu erbringen, da der Geschäftsführer versichern muss, dass sich die Einlage zum Zeitpunkt der Anmeldung in seiner freien Verfügung befunden hat (§ 8 Abs. 2 GmbHG).

> **Frage:** A und B haben das Stammkapital auf 25.000 € festgelegt, jeder eine Stammeinlage von 12.500 € übernommen und darüber hinaus bestimmt, dass die Einlagen in bar zu erbringen sind. Beide Gesellschafter erbringen ihre Einlage in bar. Die GmbH wird in das Handelsregister eingetragen. Zwei Wochen nach der Eintragung verkauft B der Gesellschaft einen BMW zu einem realistischen Kaufpreis von 12.500 €. Ist das Kapital bzw. die Einlage des B ordnungsgemäß erbracht worden? Gehen Sie bei der Beantwortung auf die Rechtslage vor und nach dem Inkrafttreten des MoMiG ein.

Antwort: Bis zum Inkrafttreten des MoMiG handelte es sich in derart gelagerten Sachverhalten um eine sogenannte verschleierte oder auch verdeckte Sachgründung. Dies hatte zur Folge, dass die Stammeinlage als nicht erbracht zu behandeln war, da es an der endgültigen freien Verfügbarkeit der Geschäftsführer i.S.v. § 8 Abs. 2 GmbHG a.F. fehlte. Die verdeckte Sacheinlage führte in entsprechender Anwendung des § 19 Abs. 5 GmbHG a.F. sowohl zur Unwirksamkeit des schuldrechtlichen als auch des dinglichen Erfüllungsgeschäfts.

Die Voraussetzung eines unmittelbaren zeitlichen und sachlichen Zusammenhangs zwischen Gründung, Erbringung der Stammeinlage und dem Veräußerungsgeschäft des BMW an die Gesellschaft musste vorliegen. Von einem zeitlichen Zusammenhang konnte in der Regel dann ausgegangen werden, wenn es nach der Gründung der Gesellschaft innerhalb von ca. sechs Monaten bis zu einem Jahr (hier gingen die Ansichten etwas auseinander) zu einem „Hin- und Herzahlen" wie im vorliegenden Fall gekommen war. Ein sachlicher Zusammenhang bestand immer dann, wenn die

Leistung des Gesellschafters bereits zum Zeitpunkt der Begründung der Einlageforderung (Gründung der Gesellschaft) zum Gegenstand einer Sacheinlage hätte gemacht werden können. Dies ist hier der Fall, denn der B hätte damals (bei Gründung) bereits seinen Pkw als Sacheinlage einbringen können.

Mit Inkrafttreten des MoMiG wird künftig nach der sog. Anrechnungslösung die verdeckt eingebrachte Sacheinlage von Gesetzes wegen auf die Geldeinlagepflicht des Gesellschafters angerechnet. Er läuft dann nicht mehr Gefahr, seine Einlage – in der Insolvenz – zweimal leisten zu müssen.

> **Tipp!** Auch nach Verabschiedung des MoMiG ist es wichtig, die bisherigen Regelungen zur verdeckten Sacheinlage zu kennen. Gesetzesänderungen sind stets prüfungsrelevant. Hinzu kommt, dass die verdeckte Sachgründung in der Vergangenheit gerne in den gesellschaftsrechtlichen Fragerunden geprüft worden ist und dies wohl auch weiterhin der Fall sein dürfte.

> **Frage:** Was sollte ein Geschäftsführer der GmbH nach neuem Recht allerdings beachten, wenn er bereits bei Gründung von der geplanten verdeckten Sacheinlage weiß?

Antwort: Weiß der Geschäftsführer von der geplanten verdeckten Sacheinlage bereits bei Gründung der Gesellschaft darf er bei der Handelsregisteranmeldung nicht versichern, dass die Bareinlage erfüllt sei und sich endgültig in dessen freien Verfügung befindet (§ 8 Abs. 2 GmbHG). Ansonsten hätte er hier vorsätzlich eine falsche Versicherung abgegeben, die nicht unerhebliche strafrechtliche und/oder zivilrechtliche Folgen haben kann.

> **Frage:** Die Gründung der GmbH wird in drei Phasen/Schritte unterteilt. Was ist damit gemeint bzw. wie setzen diese sich zusammen?

Antwort: Die drei Phasen bei der Gründung einer GmbH setzen sich zusammen aus der Vorgründungsgesellschaft, der Vorgesellschaft und der Vollgesellschaft. Vor der Eintragung der Gesellschaft in das Handelsregister besteht die GmbH als solche noch nicht. Die rechtliche Existenz der GmbH ist an die Eintragung in das Handelsregister geknüpft. Mit dem Entschluss der Gesellschafter, eine GmbH gründen zu wollen, entsteht eine Vorgründungsgesellschaft (Phase 1). Bei dieser handelt es sich regelmäßig um eine GbR. Sollte in diesem Stadium von den Gründern bereits ein Unternehmen gemeinsam betrieben werden, das bereits einen in kaufmännischer Weise eingerichteten Geschäftsbetrieb erfordert – mithin Handelsgewerbe ist – und später von der GmbH geführt werden soll, handelt es sich nicht um eine GbR sondern um eine OHG. Damit ist das Haftungsrisiko für die Gründer in diesem Stadium immens. Der Zweck der Vorgründungsgesellschaft ist auf die Gründung der GmbH und damit auf die Herbeiführung des notariellen Abschlusses des GmbH-Gesellschaftsvertrages gerichtet. Zu diesem Zeitpunkt ist die Vorgründungsgesellschaft schließlich wegen Zweckerreichung aufzulösen und es beginnt eine neue – die zweite Phase. Denn mit Abschluss des notariell beurkundeten Vertrages beginnt die Vor-Gesellschaft (Phase 2). Deren Zweck liegt in der Herbeiführung der Eintragung in das Handelsregister. Bei der Vor-Gesellschaft handelt es sich um eine Gesellschaft eigener Art, um eine Gesellschaft sui generis. Mit der Eintragung in das Handelsregister ist die dritte und zugleich letzte Phase der GmbH-Gründung erreicht – die Vollgesellschaft (Phase 3).

> **Frage:** Es wurden soeben sehr schön die verschiedenen Gründungsphasen einer GmbH erläutert. Nehmen Sie nun an, dass die beiden Gesellschafter A und B in unserem Beispiel vor Abschluss des notariell zu beurkundenden Gesellschaftsvertrags mit dem An- und Verkauf von Automobilen begonnen haben. Sie haben bereits ein Darlehen i.H.v. 150 T€ aufgenommen und damit mehrere Pkw erworben, die sie zum Teil auch schon wieder weiterverkauft haben. Eines dieser weiterverkauften Autos wurde von dem Käufer noch nicht bezahlt,

Problembereich 4: Die Gründung(-sphasen) einer GmbH

> sodass eine Forderung i.H.v. 15 T€ besteht. Was geschieht nun mit dem Vermögen (Verbindlichkeiten und Forderungen sowie Anlage- bzw. Umlaufvermögen) der Vorgründungsgesellschaft, wenn zwischenzeitlich der Gesellschaftsvertrag notariell beurkundet und später die Gesellschaft sogar bereits in das Handelsregister eingetragen worden ist?

Antwort: Mit Abschluss des notariellen Gesellschaftsvertrags ist die Vorgründungsgesellschaft aufgelöst – jedoch noch nicht beendet – und die Vor-Gesellschaft entstanden. An der Vermögenszuordnung ändert sich insoweit allerdings nichts. Es findet kein automatischer Vermögensübergang statt. Die Gesellschafter haben eine Vereinbarung zu treffen, nach der das Vermögen von der Vorgründungsgesellschaft auf die Vor-Gesellschaft übergehen soll. Dies wird in der Regel dadurch geschehen, dass das Anlage- bzw. Umlaufvermögen nach sachenrechtlichen Grundsätzen zu übertragen ist, die Verbindlichkeiten im Wege der Schuldübernahme gemäß §§ 414 ff. BGB übernommen und die Forderungen gemäß §§ 398 ff. BGB abgetreten werden.

Anders ist die Rechtslage beim Übergang von der Vor-Gesellschaft auf die Voll-Gesellschaft. Dort geht alles Vermögen der Vor-Gesellschaft im Wege der Gesamtrechtsnachfolge und damit automatisch auf die Voll-Gesellschaft über.

> **Frage:** Haben Sie schon einmal etwas von „Überseering" und „Inspire Art" gehört? Um was geht es hierbei und inwiefern konnte in diesem Zusammenhang durch das MoMiG ein Wettbewerbsnachteil der GmbH beseitigt werden?

Antwort: Der EuGH hat sich in seinen Urteilen „Überseering" und „Inspire Art" der Gründungstheorie angeschlossen. Danach konnten bzw. können EU-Auslandsgesellschaften ihren Verwaltungssitz in einem anderen Staat – also auch in Deutschland – haben. Diese Auslandsgesellschaften waren und sind in Deutschland anzuerkennen. Umgekehrt hatten deutsche Gesellschaften diese Möglichkeit bislang nicht. Und darin wurde auch der Wettbewerbsnachteil der GmbH gesehen. Dieser wurde aber jetzt beseitigt. Mit Änderung des § 4a GmbHG kann eine deutsche GmbH nunmehr ihren Verwaltungssitz derart wählen, dass dieser nicht mehr notwendig mit dem Satzungssitz übereinstimmen muss und der Verwaltungssitz auch im Ausland liegen kann.

> **Frage:** Um nochmals auf den Beispielsfall zurückzukommen. A und B haben bereits einen Notartermin für die Beurkundung des Gesellschaftsvertrages vereinbart. Einen Tag vor dem Termin bekommen Sie einen Anruf von B, dass er auf eine dringende Geschäftsreise müsse und den Notartermin leider nicht wahrnehmen könne. Er fragt Sie, ob es denn möglich sei, einen Bevollmächtigten zu schicken. Was antworten Sie ihm?

Antwort: Es ist zwar grundsätzlich möglich, dass der Gesellschaftsvertrag auch durch einen Bevollmächtigten abgeschlossen werden kann. Das GmbH-Recht sieht aber in § 2 Abs. 2 GmbHG vor, dass die Unterzeichnung durch Bevollmächtigte nur aufgrund einer notariell errichteten oder beglaubigten Vollmacht zulässig ist. Die Vorschrift des § 2 Abs. 2 GmbHG stellt insoweit eine Ausnahme des § 167 Abs. 2 BGB dar. B wird den Notartermin wohl verschieben müssen.

> **Frage:** Zum Ende der Fragerunde nochmals kurz zurück zur Unternehmergesellschaft (haftungsbeschränkt). Nehmen Sie an, Alpha und Bugatti hätten eine UG (haftungsbeschränkt) mit einem Stammkapital von 500 € gegründet. Auch die Eintragung war erfolgt. Jetzt wollen diese eine Stammkapitalerhöhung um 24.500 € auf 25.000 € beschließen. Das erhöhte Kapital soll durch eine Sacheinlage erbracht werden. An welcher Vorschrift könnte die Eintragung scheitern? Und meinen Sie, die Kapitalerhöhung wird eingetragen?

Antwort: Man könnte zunächst daran denken, eine Eintragung an dem Sacheinlageverbot des § 5a Abs. 2 Satz 2 GmbHG scheitern zu lassen. Solange die Gesellschaft nicht über ein Stammkapital von mindestens 25.000 € verfügt, könnte sie von dem Sacheinlageverbot erfasst sein. Die höchstrichterliche Rechtsprechung ist dieser Ansicht jedoch nicht gefolgt. Nach dem BGH ist eine Kapitalerhöhung bei der UG (haftungsbeschränkt) nicht nach § 5a Abs. 2 Satz 2 GmbHG von der vorherigen Volleinzahlung der Mindestsumme des Stammkapitals gem. § 5 Abs. 1 GmbHG abhängig. Das Erfordernis entfalle vielmehr gem. § 5a Abs. 5 GmbHG bereits für die Kapitalerhöhung, mit der ein satzungsmäßiges Mindestkapital von 25.000 € erreicht wird. Der BGH stützt seine Auffassung dabei auf den Wortlaut des § 5a Abs. 5 GmbHG. Die Kapitalerhöhung wird demnach eingetragen werden.

Problembereich 5: Die Übertragung und Vererbung von Gesellschafts- bzw. Geschäftsanteilen

Frage: Können Geschäftsanteile einer GmbH veräußert und vererbt werden?

Antwort: Ja. Die freie Vererbbarkeit und Veräußerbarkeit von Geschäftsanteilen einer GmbH ergibt sich aus § 15 Abs. 1 GmbHG.

Frage: Was ist bei einem Gesellschafterwechsel in einer Personengesellschaft (GbR, OHG oder KG) zu beachten? Welche Möglichkeiten der Übertragung gibt es?

Antwort: Anders als bei der GmbH sind Gesellschaftsanteile einer Personengesellschaft nicht ohne Weiteres veräußerbar. Ein Gesellschafterwechsel erfordert, da es sich um eine Änderung des Gesellschaftsvertrages handelt, immer die Zustimmung der Vertragspartner, d.h. aller Gesellschafter. Will ein Gesellschafter aus der Gesellschaft ausscheiden und ein anderer dafür eintreten, so kann dies durch den Austritt des einen und den Eintritt eines anderen nach dem An- und Abwachsungsprinzip gemäß § 738 BGB geschehen. Sofern der neue Gesellschafter in die Gesellschaft eintritt, „wächst" diesem – ohne sein Zutun – die vertraglich für ihn vorgesehene Quote an. In entsprechender Weise findet bei den übrigen Gesellschaftern eine „Abwachsung" statt. Umgekehrt verliert der ausscheidende Gesellschafter seinen Anteil am Gesellschaftsvermögen. Dieser wächst den verbleibenden Gesellschaftern an. Andererseits ist auch die Übertragung bzw. Abtretung der Mitgliedschaft gemäß § 398 BGB möglich. In diesen Fällen nimmt der neue Gesellschafter – sofern nichts anderes geregelt ist – dieselbe Rechtsstellung, wie sie der ausscheidende Gesellschafter innehatte, ein.

Frage: Ein Kollege von Ihnen hat ein neues Mandat übernommen. Da er im Gesellschaftsrecht allerdings nicht gerade auf dem aktuellsten Kenntnisstand ist, bittet er Sie um Ihre Mithilfe bei der Bearbeitung des Mandats. In dem von Ihrem Kollegen berichteten Fall geht es darum, dass an einer GmbH zwei Gesellschafter beteiligt waren – der A zu 60 % und der B zu 40 %. In den Gesellschaftsvertrag wurden nur die Mindestbestandteile nach § 3 Abs. 1 GmbHG aufgenommen. Der A verstirbt und hinterlässt seine Ehefrau und zwei kleine Kinder. Zur Abfassung eines Testaments ist A aufgrund eines plötzlichen tödlich verlaufenden Verkehrsunfalls leider nicht mehr gekommen. Wer sind die Gesellschafter der GmbH?

Antwort: Die Anteile des A fallen in die Erbengemeinschaft. Diese wird Gesellschafterin der GmbH. Nach dem Ableben des A sind danach die Erbengemeinschaft zu 60 % und der B zu 40 % Gesellschafter der GmbH.

Problembereich 5: Die Übertragung und Vererbung von Gesellschafts- bzw. Geschäftsanteilen

> **Frage:** Worin liegt der wesentliche Unterschied bei der Vererbung von Anteilen an einer Personengesellschaft und von Anteilen an einer Kapitalgesellschaft?

Antwort: Im Personengesellschaftsrecht führt der Tod eines Gesellschafters grundsätzlich zum Ausscheiden des Gesellschafters. Bei der GbR wird die Gesellschaft durch den Tod des Gesellschafters sogar aufgelöst (§ 727 Abs. 1 BGB). Daher wird in den Gesellschaftsverträgen regelmäßig bestimmt, dass die Gesellschaft fortgeführt oder fortgesetzt werden soll. Im Personengesellschaftsrecht kommt es auch nicht, wie z.B. bei der Vererbung von GmbH-Anteilen, zu einer Gesamtrechtsnachfolge. Es herrscht der Grundsatz der Sondererbfolge bzw. Sonderrechtsnachfolge. Dies bedeutet, dass die Erben gemäß ihrer Erbquote in die Gesellschaft einrücken und Gesellschafter werden und nicht die Erbengemeinschaft wie bei der Kapitalgesellschaft.

> **Frage:** Was müssten Gesellschafter einer OHG regeln, um eine Fortsetzung der Gesellschaft mit den Erben zu ermöglichen?

Antwort: Sie müssten eine entsprechende Bestimmung in den Gesellschaftsvertrag aufnehmen, dass die Gesellschaft mit dem oder den Erben fortgesetzt werden soll.

> **Frage:** Als Möglichkeiten kommen z.B. die Aufnahme einer einfachen oder qualifizierten Nachfolgeklausel, einer Fortsetzungsklausel oder einer Eintrittsklausel in Betracht. Was versteht man jeweils unter diesen Klauseln und wie ist die Rechtslage beim Tod des Gesellschafters?

Antwort: Bei der einfachen Nachfolgeklausel rücken alle Erben in die Gesellschaft ein. Zu einem automatischen Einrücken kommt es aber nur, wenn der Gesellschaftsvertrag mit der erbrechtlichen Rechtslage übereinstimmt, mithin die gedachten Nachfolger auch Erben im technischen Sinne werden. Dies kann zu einer großen Gesellschafterzahl führen, sodass die Aufnahme einer Vertreterklausel oftmals sinnvoll sein wird. Bei der qualifizierten Nachfolgeklausel rückt nur einer der Erben bzw. es rücken jedenfalls nicht alle Erben des Erblassers in die gesellschaftsrechtliche Position nach. Es spielt dabei keine Rolle, wenn der Sondernachfolger erbrechtlich zu einer niedrigeren Quote Erbe geworden ist. Es hat dann allerdings ein erbrechtlicher Wertausgleich stattzufinden. Bei einer Fortsetzungsklausel soll die Gesellschaft von den verbleibenden Gesellschaftern weitergeführt werden. In diesen Fällen scheidet der verstorbene Gesellschafter aus der Gesellschaft aus, die Mitgliedschaft erlischt und bei den verbleibenden Gesellschaftern kommt es zu einer Anwachsung der Gesellschaftsanteile. Die Auseinandersetzungsansprüche fallen dabei in den Nachlass. Bei einer Eintrittsklausel soll nicht der Erbe Nachfolger des Geschäftsanteils werden sondern ein Dritter. Im Gesellschaftsvertrag muss für diese Fälle vereinbart sein, dass eine ganz bestimmte Person ein Recht auf Eintritt in die Gesellschaft haben soll. Der Abfindungsanspruch fällt in den Nachlass, sodass der Dritte, wenn er die Position einnehmen will, den Abfindungsbetrag an die Erben bezahlen muss.

> **Frage:** Wer wäre in obigem Beispiel in welcher Höhe an der Gesellschaft beteiligt, wenn der A vor seinem Ableben nicht an einer GmbH sondern
> a) als Komplementär oder
> b) als Kommanditist an einer KG beteiligt gewesen wäre?
> Es ist jeweils davon auszugehen, dass die Eheleute in gesetzlichem Güterstand lebten und der Gesellschaftsvertrag für den Tod des Komplementärs vorsieht, dass die Erben als Gesellschafter in die Gesellschaft einrücken. Für den Tod des Kommanditisten wurde keine Regelung in den Gesellschaftsvertrag aufgenommen.

Antwort: Da die Eheleute im gesetzlichen Güterstand gelebt hatten, steht der Ehefrau gemäß § 1931 Abs. 1 BGB ein Viertel und zusätzlich ein weiteres Viertel gemäß §§ 1931 Abs. 3, 1371 Abs. 1 BGB als pauschaler Zugewinnausgleich zu, mithin die Hälfte des Vermögens. Die beiden Kinder erben jeweils zu einem Viertel.

a) Der A war Komplementär: Aufgrund der im Gesellschaftsvertrag enthaltenen einfachen Nachfolgeklausel werden die Ehefrau mit einem Anteil von 30 % ($1/2$ von 60 %) und die beiden Kinder jeweils mit einem Anteil von 15 % Komplementäre und damit Gesellschafter der OHG.

b) Der A war Kommanditist: Es findet sich zwar keine Regelung im Gesellschaftsvertrag für den Tod eines Kommanditisten. Die Ehefrau wird jedoch auch in diesem Fall Kommanditistin mit einer Quote von 30 % und die Kinder zu jeweils 15 %. Das ergibt sich aus der gesetzlichen Regelung des § 177 HGB, wonach beim Tod eines Kommanditisten die Gesellschaft mangels abweichender vertraglicher Bestimmung mit den Erben fortgesetzt wird. Da im Personengesellschaftsrecht der Grundsatz der Sondererbfolge bzw. Sonderrechtsnachfolge gilt, führt die gesetzliche Regelung beim Tod eines Kommanditisten zu derselben Rechtsfolge wie eine einfache Nachfolgeklausel beim Komplementär.

Problembereich 6: Der gutgläubige Erwerb von Beteiligungen

> **Frage:** Was sind die wohl wichtigsten Gutglaubensvorschriften, die das BGB und das HGB kennen?

Antwort: Der gute Glauben wird im Rechtsverkehr in vielfacher Hinsicht geschützt. Insoweit mag u.a. nur auf die einschlägigen Bestimmungen der §§ 892, 932 ff., 1032, 1207, 2211, 2365 BGB und der §§ 5, 15, 56, 366 HGB verwiesen werden. Diese Vorschriften zeigen, dass der Gesetzgeber nicht nur den guten Glauben an das Eigentum an einer Sache oder an die Inhaberschaft an einem Recht schützenswert erachtet. Der gute Glaube kann vielmehr auch entscheidend sein, wenn die Vertretungsmacht fehlt (z.B. bei §§ 56 Abs. 1, 366 HGB), wenn ein Geschäftsunfähiger handelt (z.B. bei § 15 Abs. 1 HGB) oder wenn es um die Lastenfreiheit einer Sache geht (z.B. §§ 892, 936 BGB).

> **Frage:** Nach der Reform des GmbH-Gesetzes durch das MoMiG ist nunmehr auch ein gutgläubiger Erwerb von GmbH-Geschäftsanteilen möglich. Wo findet sich die Regelung im Gesetz und an welche Voraussetzungen wird der Gutglaubenserwerb geknüpft?

Antwort: Nach § 16 Abs. 3 GmbHG kann der (gutgläubige) Erwerber einen Geschäftsanteil oder ein Recht daran durch Rechtsgeschäft wirksam vom Nichtberechtigten erwerben, wenn der Veräußerer als Inhaber des Geschäftsanteils in der im Handelsregister aufgenommenen Gesellschafterliste eingetragen ist. Dies gilt nicht, wenn die Liste zum Zeitpunkt des Erwerbs hinsichtlich des Geschäftsanteils weniger als drei Jahre unrichtig und die Unrichtigkeit dem Berechtigten nicht zuzurechnen ist. Die doppelte Verneinung ist sprachlich zwar etwas uneben formuliert. Sie bewirkt aber, dass die Beweislast nicht dem Erwerber auferlegt wird. Der neue § 16 Abs. 3 GmbHG ermöglicht dem Grunde nach den gutgläubigen Erwerb eines GmbH-Anteils vom Nichtberechtigten, wenn fünf Voraussetzungen vorliegen:

- Veräußerer muss als Inhaber des Geschäftsanteiles in der im Handelsregister aufgenommenen Gesellschafterliste eingetragen sein.
- Erwerb eines GmbH-Anteils oder eines Rechts daran durch Rechtsgeschäft.
- Zurechenbare unrichtige Eintragung in der Gesellschafterliste und dreijährige unrichtige Eintragung in der Gesellschafterliste.

Problembereich 6: Der gutgläubige Erwerb von Beteiligungen

- Der Gesellschafterliste darf kein Widerspruch zugeordnet sein.
- Guter Glaube.

Frage: Ist nach der Neuregelung des § 16 Abs. 3 GmbHG auch ein gutgläubiger Erwerb von nichtexistenten Geschäftsanteilen möglich? In welchen Fällen könnte die Problematik der (gutgläubigen) Übertragung nichtexistenter Geschäftsanteile relevant werden?

Antwort: Wer einen Geschäftsanteil erwirbt, soll nach der Gesetzesbegründung darauf vertrauen können, dass die in der Gesellschafterliste verzeichnete Person auch wirklich Inhaber des Geschäftsanteiles ist. Nichtexistente Geschäftsanteile können auch in Zukunft nicht erworben werden, was aber dem Wortlaut des neuen § 16 Abs. 3 GmbH nicht ohne Weiteres entnommen werden kann. Diese Einschränkung erscheint auch nicht sachgerecht. Nicht existente Geschäftsanteile können z.B. dann Ziel eines Erwerbsgeschäfts sein, wenn ein eingezogener Anteil, zur Übertragung ansteht oder wenn aus einer nichtigen Kapitalerhöhung ein neuer Geschäftsanteil zur Disposition gestellt wird. Denkbar ist auch, dass ein Geschäftsführer eine falsche Gesellschafterliste zum Handelsregister einreicht und einen (weiteren) Geschäftsanteil „erfindet".

Frage: Ist ein gutgläubiger lastenfreier Erwerb durch § 16 Abs. 3 GmbHG möglich?

Antwort: Nein. Die Rechtsscheinwirkung des § 16 Abs. 3 GmbHG bezieht sich ausschließlich auf die Gesellschafterstellung. Die Gesellschafterliste trifft nach dem Wortlaut des BGH lediglich eine Aussage über die Gesellschafterstellung, nicht aber über die Belastung des Gesellschaftsanteiles oder etwaige Verfügungsbeschränkungen. Deshalb kann sich der Gutglaubensschutz nicht auf die Lastenfreiheit oder auf sonstige Verfügungsbeschränkungen beziehen. Der gute Glauben kann sich auch nicht darauf beziehen, ob der in der Gesellschafterliste ausgewiesene Inhaber seine Einlagen vollständig erbracht hat.

Frage: Ist auch ein gutgläubiger Erwerb von Anteilen an Personen(handels)gesellschaften möglich?

Antwort: Nein. Ein gutgläubiger (lastenfreier) Erwerb eines Rechts oder einer Sache ist nach geltendem Recht nur dann möglich, wenn dies eine gesetzliche Regelung ausdrücklich vorsieht oder zulässt. Nach aktueller Rechtslage ist ein gutgläubiger Erwerb von Anteilen an Personen(handels)gesellschaften jedoch nicht möglich. Damit kann es keinen gutgläubigen Erwerb von Gesellschaftsanteilen an Personen(handels)gesellschaften geben.

Themenbereich Europarecht

Problembereich 1: Europarecht, die EU und ihre Entstehung

> **Frage:** Was verstehen Sie unter Europarecht?

Antwort: Das Europarecht wird unterschieden zwischen Europarecht im weiteren und im engeren Sinne.

Unter Europarecht im weiteren Sinne wird allgemein das Recht aller europäischen internationalen Organisationen und Pakte wie zum Beispiel: Europäische-Menschenrechts-Konvention (EMRK), Organisation für Economic Co-operation and Development (OECD) und Organisation für Sicherheit durch Zusammenarbeit in Europa (OSZE) verstanden.

Unter Europarecht im engeren Sinne wird das Recht der Europäischen Union (EU) verstanden. Davon umfasst sind insbesondere der EU-Vertrag (EUV), der Vertrag über die Arbeitsweise der Europäischen Union (AEUV), die Europäische Grundrechtecharta (EGRCh), die völkerrechtlichen Verträge der Union und das Recht, das die Organe der EU erlassen (sog. Sekundärrecht).

> **Frage:** Erläutern Sie die Entstehung und die Entwicklung der europäischen Integration bis zur EU in kurzen Stichpunkten!

Antwort:
- Nach Ende des zweiten Weltkriegs wurde durch den sog. Schumann-Plan der Grundgedanke aufgegriffen, die deutsche Produktion von Kohle und Stahl international zu kontrollieren. Infolge dessen wurde zur Friedenssicherung Deutschland gemeinsam mit anderen europäischen Staaten in ein supranationales System eingegliedert und am 18.04.1951 die Europäische Gemeinschaft für Kohle und Stahl (EGKS, sog. Montanunion) zwischen Deutschland, Frankreich, Italien und den Benelux-Staaten gegründet.
- In der weiteren Integration wurde am 25.03.1957 die Europäische Wirtschaftsgemeinschaft (EWG) und die Europäische Atomgemeinschaft (EAG) geschlossen.
- In der Folgezeit wurden die wichtigsten Ziele der EWG umgesetzt (gemeinsamer Zolltarif, gemeinsamer Markt).
- 08.04.1965 „Fusionsvertrag" und damit Zusammenführung der noch getrennten Organe der Gemeinschaften (EWG, EAG und EGKS) zu einem gemeinsamen Rat und einer gemeinsamen Kommission.
- 01.01.1973: Erweiterung der Gemeinschaft: Aufnahme von Großbritannien, Irland und Dänemark (Europa der Neun).
- 01.01.1981: Süderweiterung durch Aufnahme von Griechenland.
- 01.01.1986: Aufnahme von Spanien und Portugal (Europa der Zwölf).
- 01.01.1987: Inkrafttreten der sog. europäischen Akte (EEA) zur Verwirklichung eines europäischen Binnenmarktes.
- 07.02.1992: Unterzeichnung des Vertrages über die Europäische Union (EU, sog. Maastricht-Vertrag).
- 01.01.1993: Inkrafttreten des europäischen Binnenmarktes.
- 01.01.1993: Inkrafttreten des Vertrags zur Gründung der Europäischen Gemeinschaften (EGV).
- 01.01.1995: Erweiterung der EU; Beitritt von Schweden, Finnland und Österreich (Europa der Fünfzehn).
- 02.10.1997: Unterzeichnung des „Amsterdamer Vertrags" mit den Zielen der „Vergemeinschaftung, Flexibilität und verstärkte Zusammenarbeit.

- 26.02.2001: Vertrag von Nizza mit den Zielen wesentlicher institutioneller Reformen und Erweiterungen der EU.
- 01.05.2004: Erweiterung der EU auf 27 Mitgliedstaaten.
- 13.12.2007: Verabschiedung des Vertrags von Lissabon.

> **Frage: Was verstehen Sie unter der „EU"?**

Antwort: Mit dem Inkrafttreten des Vertrages von Lissabon verlor die EG ihre Bedeutung. Bis dahin bedeutete der Begriff EG Europäische Gemeinschaft und umfasste die Europäische Gemeinschaft für Kohle und Stahl (EGKS, sog. Montanunion, die Europäische Wirtschaftsgemeinschaft (EWG) und die Europäische Atomgemeinschaft (EAG).

Der **Begriff „Europäische Union"** bezeichnete bis zum 01.12.2009 die drei Ursprungsgemeinschaften (EGKS, EAG und EWG = 1. Säule) sowie die neu durch den Maastrichter Vertrag eingeführten intergouvernementalen Bereiche der gemeinsamen Außen- und Sicherheitspolitik (GASP = 2. Säule) und die Zusammenarbeit in den Bereichen Justiz und Inneres (ZBJI = 3. Säule). Durch den Maastrichter Vertrag wurde die EWG in EG umbenannt. Der EGKS lief am 23.07.2002 aus. Die Europäischen Gemeinschaften, besaßen anders als die EU Rechtspersönlichkeit. Durch den Vertrag von Lissabon wurden die „drei Säulen" aufgelöst, indem die Europäische Gemeinschaft (EG) in Europäische Union umbenannt wird. Der frühere EG-Vertrag heißt aktuell Vertrag über die Arbeitsweise der Europäischen Union. Die EU übernimmt die Rechtspersönlichkeit der EG und handelt nunmehr als eigenständiges Völkerrechtssubjekt.

Problembereich 2: Organe der EU und deren Funktionen

> **Frage: Welche Organe der EU gibt es?**

Antwort: Die **Organe der EU** sind in Art. 13 ff. EUV abschließend geregelt.
Die Organe der Union sind
- das Europäische Parlament (Art. 14 EUV, Art. 223 ff. AEUV),
- der Europäische Rat (Art. 15 EUV, Art. 235 f. AEUV),
- der Rat (Art. 16 EUV, Art. 237 ff. AEUV),
- die Europäische Kommission (im Folgenden „Kommission") (Art. 17 EUV, Art. 244 AEUV),
- der Gerichtshof der Europäischen Union (Art. 19 EUV, Art. 251 ff. AEUV),
- die Europäische Zentralbank (Art. 282 ff. AEUV),
- der Rechnungshof (Art. 285 ff. AEUV).

> **Frage: Wer sitzt im Europäischen Parlament und welche wesentlichen Funktionen hat das Europäische Parlament?**

Antwort: Das Europäische Parlament setzt sich aus Vertretern der Unionsbürger zusammen und hat bis zu 750 Mitglieder.
Die Aufgaben und Befugnisse des Europäischen Parlaments wurden durch den Vertrag von Lissabon wesentlich weiter gefasst, sodass es nunmehr fast nahezu im gleichen Umfang an der Rechtsetzung beteiligt ist wie der Rat.
In Art. 14 Abs. 1 EUV sind die fünf wesentlichen Aufgabengebiete aufgezählt, nämlich:
- Gesetzgebung,
- Haushalt,
- politische Kontrolle (insbesondere gegenüber der Kommission),

- Beratungsfunktion,
- Wahl des Präsidenten der Europäischen Kommission.

Das Parlament erlässt überwiegend zusammen mit dem Rat nach dem ordentlichen Gesetzgebungsverfahren die Rechtsakte der EU, wie: Verordnungen, Richtlinien und Beschlüsse. Es hat aber kein eigenes Gesetzesinitiativrecht. Neben der Kontrolle des Haushalts ist die stärkste Kontrollfunktion des Europäischen Parlaments der Misstrauensantrag gegen die Kommission. Darüber hinaus kann das Europäische Parlament Untersuchungsausschüsse wegen Verstößen von Mitgliedstaaten gegen Gemeinschaftsrecht einsetzen. Abschließend hat das Europäische Parlament die Möglichkeit gegen Rechtsakte anderer Unionsorgane Nichtigkeits- oder Untätigkeitsklage beim Gerichtshof der Europäischen Union einzulegen.

Frage: Was ist der Europäische Rat und welche Aufgaben hat er?

Antwort: Der **Europäische Rat** besteht gem. Art. 15 EUV grundsätzlich aus den Staats- und Regierungschefs sowie dem Präsidenten des Europäischen Rats und dem Präsidenten der Kommission. Er tagt zweimal pro Halbjahr und gibt der EU „die für ihre Entwicklung erforderlichen Impulse und legt die allgemeinen politischen Zielvorstellungen und Prioritäten hierfür fest". Etwaige Beschlüsse erfolgen grundsätzlich konsensual.

Frage: Wer ist Mitglied des Rats der Europäischen Union? Welche Aufgaben hat der Rat der Europäischen Union?

Antwort: Im **Rat der Europäischen Union** kommen die von den Mitgliedstaaten entsandten Minister der jeweiligen Ressorts (z.B. Finanzminister, Außenminister) zusammen und nicht die Staats- und Regierungschefs (vgl. Art. 16 Abs. 2 EUV) der jeweiligen Mitgliedsstaaten.

Der Rat ist zusammen mit dem Europäischen Parlament Hauptgesetzgeber und hat zusammen mit dem Parlament die Haushaltsbefugnisse inne. Eine Beschlussfassung im Rat erfolgt grundsätzlich mit einer qualifizierten Mehrheit (vgl. Art. 16 Abs. 3 EUV).

Frage: Was ist die Kommission und warum wird die Kommission auch als Hüterin der Verfassung bezeichnet?

Antwort: Die **Kommission** wird nicht durch die Unionsbürger gewählt, sondern vom Europäischen Rat. Die Aufgaben der Kommission sind in Art. 17 EUV geregelt und dort insbesondere das Gesetzesinitiativrecht. Als „Hüterin der Verträge" sorgt die Kommission weiter für die einheitliche und genaue Anwendung des Unionsrechts. In diesem Zusammenhang ist sie klagebefugt und kann Aufsichtsklage wegen Vertragsverstößen gegen Mitgliedsstaaten erheben. Sie führt zudem den Haushaltsplan aus und übt Koordinierungs-, Exekutiv- und Verwaltungsfunktionen aus. Damit vertritt sie die EU nach außen. Darüber hinaus kann die Kommission Geldbußen und Zwangsgelder gegen Gemeinschaftsbürger insbesondere im Wettbewerbs- und Kartellrecht festsetzen.

Problembereich 3: Rechtsquellen des Gemeinschaftsrechts – Rechtssetzung, Geltung, Anwendung, Haftung und Verhältnis zum nationalen Recht

Frage: Welche Rechtsquellen des Unionsrechts gibt es?

Problembereich 3: Rechtsquellen des Gemeinschaftsrechts – Rechtssetzung, Geltung ...

Antwort: Die Rechtsquellen des Unionsrechts lassen sich in geschriebenes und ungeschriebenes primäres und geschriebenes sekundäres Gemeinschaftsrecht unterteilen.

Das **primäre Gemeinschafsrecht** bildet die Spitze der Normenhierarchie und ist in erster Linie die Gründungsverträge der Einzelgemeinschaften einschließlich ihrer Anhänge und Protokolle [Vertrag zur Gründung der Europäischen Gemeinschaft (EGV), einheitliche europäische Akte (EEA), der Maastrichter Vertrag (sog. Unionsvertrag; (EUV)), der Amsterdamer Vertrag, der Vertrag von Nizza und der Vertrag von Lissabon]. Weiterhin gelten die allgemeinen Rechtsgrundsätze (z.B. Grundsätze des Vertrauensschutzes oder der Rechtssicherheit), die durch den EuGH entwickelt worden sind, als ungeschriebenes Recht.

Unter **sekundärem Gemeinschaftsrecht** wird das von den Organen der EU nach Maßgabe der Vorschriften des AEUV geschaffene Recht verstanden. Es handelt sich somit um abgeleitetes Recht, welches im Rang dem primären Gemeinschaftsrecht nachgeht. Die maßgeblichen Handlungsformen des sekundären Gemeinschaftsrechts sind in Art. 28 EUV genannt (Verordnungen, Entscheidungen, Richtlinien, Empfehlungen und Stellungnahmen sowie weitere ungekennzeichnete Rechtsakte).

Frage: Was versteht man unter einer europarechtlichen Verordnung?

Antwort: Verordnungen sind nach Art. 288 II AEUV die „Gesetze der Union". Die europarechtliche Verordnung hat damit Gesetzescharakter in Form einer allgemeinen Geltung (sog. abstrakte und generelle Wirkung) und bedarf grundsätzlich keiner Transformation oder Inkorporation in das Rechtssystem der Mitgliedstaaten. Damit ist sie in allen ihren Teilen verbindlich und gilt unmittelbar in jedem Mitgliedsstaat. Gegebenenfalls sind von den Mitgliedstaaten allerdings noch Durchführungsakte zu erlassen, die allerdings nicht zu einer materiellen Änderung oder Erweiterung der Vorschriften der Verordnung führen dürfen.

Frage: Was verstehen Sie unter einer Richtlinie im europarechtlichen Sinne?

Antwort: Die Richtlinie verpflichtet die Mitgliedstaaten, sämtliche notwendigen Maßnahmen zu treffen, um das in der Richtlinie festgelegte Ziel zu verwirklichen. Die Form und die Mittel der Umsetzung der Richtlinie sind dem Mitgliedstaat selbst überlassen. Im Gegensatz zu einer Verordnung ist die Richtlinie zunächst nur für die Mitgliedstaaten verbindlich. Nach erfolgter Umsetzung ist die Richtlinie für den einzelnen Gemeinschaftsbürger verbindlich. Im Gegensatz zu einer Verordnung besteht damit bei der Umsetzung einer Richtlinie ein sog. zweistufiges Rechtssetzungsverfahren, da die Richtlinie zwar grundsätzlich keine unmittelbare Wirkung zu Lasten Einzelner oder im Verhältnis der Einzelnen zueinander entfaltet. Allerdings können Richtlinien zugunsten oder zuungunsten auf die Rechtsbeziehungen Privater Auswirkungen haben, in dem mitgliedstaatliches Recht, das den von einer Richtlinie geregelten Sachbereich direkt oder indirekt betrifft, richtlinienkonform auszulegen ist.

Frage: Wie ist die europarechtliche Entscheidung einzuordnen?

Antwort: Die europarechtliche Entscheidung gleicht grundsätzlich der Verordnung. Anders als bei der Verordnung ist der Adressatenkreis aber nicht generell, sondern individuell zu bestimmen. Als Adressaten kommen daher natürliche und juristische Personen sowie die Mitgliedstaaten in Betracht. Die europarechtliche Entscheidung trifft für den konkreten Einzelfall eine Regelung und ist damit dem Verwaltungsakt vergleichbar.

Frage: Wer hat in der EU die Zuständigkeit für den Erlass einer europarechtlichen Entscheidung?

Antwort: Die **Zuständigkeit zum Erlass von Verordnungen und Entscheidungen** ist abhängig von der jeweiligen Befugnisnorm und liegt entweder beim Rat oder bei der Kommission. Der Rat als Gesetzgeber ist grundsätzlich für den Erlass von Verordnungen zuständig. Die Kommission als ausführende Gewalt ist überwiegend für den Erlass von Verordnungen als Durchführungsverordnung sowie für den Erlass von Entscheidungen zuständig.

> **Frage:** Was verstehen Sie unter „Kompetenzen" der EU?

Antwort: Es gibt die sog. Rechtssetzungskompetenz und die Organkompetenz.

Die sog. **Rechtssetzungskompetenz** der EU ist nicht umfassend und uneingeschränkt, sondern die EU hat nur dann die Zuständigkeit für die Rechtssetzung, wenn die Verträge dies ausdrücklich so bestimmen. Ansonsten ist eine Rechtssetzung der EU ausgeschlossen. Die hierfür maßgeblichen Ermächtigungsnormen lassen sich in zwingende Ermächtigungsnormen sowie Ermessens-Ermächtigungsnormen teilen.

Die sog. **Organkompetenz** bestimmt, welches Organ befugt ist, rechtssetzend tätig zu werden. Auch dies ist in den einzelnen Ermächtigungsgrundlagen geregelt. In der Regel sind der Rat und das Europäische Parlament das Hauptrechtssetzungsorgan im Mitentscheidungsverfahren (Art. 289, 294), während die Kommission das Gesetzesinitiativrecht hat.

> **Frage:** Welches Recht ist vorrangig? (EU Recht oder nationales Recht?)

Antwort: Nach der Rechtsprechung des EuGH geht dieser von einem absoluten Vorrang des Unionsrechts vor jeder innerstaatlichen Rechtsnorm aus, sodass nationale Rechtsvorschriften, wenn sie dem EU-Recht entgegenstehen, keine Anwendung finden. Aus deutscher Sicht wird dies in Bezug auf sog. „einfaches" Recht (allgemeine Gesetze) grundsätzlich auch so gesehen, allerdings bestehen seitens des Bundesverfassungsgerichts Vorbehalte gegenüber einem absoluten Vorrang des EU-Rechts vor dem Grundgesetz.

> **Frage:** Können Mitgliedstaaten bei Verstoß gegen EU Recht haften?

Antwort: Innerhalb der einzelnen Arten von Unionsrechtsverstößen ist zu differenzieren zwischen einem Verstoß gegen legislatives, administratives oder judikatives Unrecht.
Für alle Arten der Verstöße kann eine Haftung unter engen Voraussetzungen nach Ansicht des EuGH in Betracht kommen.

Problembereich 4: Rechtsschutz in der EU

> **Frage:** Auf welche Weise ist es möglich im Rechtsweg vom Finanzamt oder Finanzgericht zum BVerfG zu gelangen?

Antwort: Für den Bürger ist es möglich mit einer **Verfassungsbeschwerde zum BVerfG zu gelangen**. Nach der Rechtswegerschöpfung kann der Steuerpflichtige eine Verfassungsbeschwerde erheben und diese damit begründen, dass er in seinen Grundrechten verletzt sei (Art. 93 Abs. 1 Nr. 4 GG). Demgegenüber kann mit Hilfe eines konkreten Normenkontrollverfahrens, ein Gericht, das ein Gesetz für verfassungswidrig hält, auf das es aber bei seiner Entscheidung ankommt, die Entscheidung des BVerfG einholen (vgl. Art. 100 Abs. 1 GG).

> **Frage:** Wer hat die Möglichkeit den EuGH anzurufen?

Antwort: Die nationalen Gerichte haben die Verpflichtung dem EuGH eine Vorschrift vorzulegen, wenn fraglich ist, ob die nationale Norm im Einklang mit dem Gemeinschaftsrecht steht. Anders als beim BVerfG muss das nationale Gericht aber nicht selbst prüfen, ob es die Norm für gemeinschaftsrechtswidrig hält. Aber auch Prozessparteien dürfen das europäische Gericht 1. Instanz nach Rechtswegerschöpfung anrufen.

Frage: Welche Verfahrensarten sind Ihnen im Rechtsschutzsystem des AEUV bekannt?

Antwort: Im Rechtsschutzsystem sind als weitere wichtige Verfahrensarten vor dem EuGH insbesondere das Vertragsverletzungsverfahren, die Nichtigkeitsklage und das Vorabentscheidungsverfahren zu nennen.

Hierbei können Mitgliedstaaten und die Kommission Verstöße eines Mitgliedstaates gegen das EU-Recht geltend machen. Klageberechtigt ist entweder die Europäische Kommission oder ein Mitgliedstaat.

Das **Vertragsverletzungsverfahren** ist in Art. 258, 259 AEUV geregelt und kann entweder durch die Kommission oder von einem anderen Mitgliedsstaat angestrengt werden, damit ein anderer gegen das Unionsrecht verstoßende Mitgliedstaat die Vertragsverletzung beseitigt. Zuständig für die Entscheidung im Vertragsverletzungsverfahren ist ausschließlich der EuGH (vgl. Art. 256 Abs. 1 AEUV).

Die sog. **Nichtigkeitsklage** (vgl. Art. 263 AEUV) dient der Überprüfung von Rechtsakten der Unionsorgane (sekundäres Gemeinschaftsrecht, s.o.). Hiermit können die Gemeinschaftsorgane überwacht werden. Mitgliedstaaten, Organe der EU und natürliche und juristische Personen können durch Klage feststellen lassen, dass ein Rechtsakt rechtswidrig ist. Anders als Mitgliedstaaten und Organe der EU müssen Individualpersonen unmittelbar, individuell und gegenwärtig betroffen sein, um Klagebefugnis zu erlangen.

Durch ein sog. **Vorabentscheidungsverfahren** (Art. 267 AEUV) kann die Wahrung der einheitlichen Anwendung und die Geltung des Gemeinschaftsrechts sichergestellt werden. Hierbei können nationale Gerichte dabei Vorfragen über die Auslegung des Gemeinschaftsrechts oder die Gültigkeit des sekundären Gemeinschaftsrechts dem Europäischen Gerichtshof vorlegen. Entscheidet das nationale Gericht in letzter Instanz, so ist es zur Vorlage an den EuGH verpflichtet. Im Übrigen kann auch der Einzelne in einem Verfahren vor den mitgliedstaatlichen Gerichten die Vorlage an den EuGH anregen.

Weitere Verfahren im Rechtsschutzsystem der EU sind die sog. **Untätigkeitsklage** (Art. 265 AEUV) und die sog. Schadenersatzklage (Art. 268 AEUV i.V.m. Art. 340 Abs. 2 AEUV).

Problembereich 5: Die Grundfreiheiten des EU-Vertrags

Frage: Welche Grundfreiheiten sind im EU-Recht wesentlich?

Antwort: Es werden die sog. **vier Grundfreiheiten** als wesentliche Bestandteile des Binnenmarktes (vgl. Art. 26 AEUV), nämlich der freie Warenverkehr (vgl. Art. 28 ff., 34 ff. AEUV), der freie Personenverkehr (vgl. Art. 45 ff., 49 ff. AEUV; der sich wiederum in Arbeitnehmerfreizügigkeit (vgl. Art. 45 bis 48 AEUV) und Niederlassungsfreiheit (vgl. Art. 49 bis 55 AEUV) unterscheiden lässt, die Dienstleistungsfreiheit (vgl. Art. 56 AEUV) sowie die Kapital- und Zahlungsverkehrsfreiheit (vgl. Art. 63 Abs. 1 ff. AEUV). Als sog. Hilfsfreiheit wird die Freiheit des Zahlungsverkehrs (Art. 63 Abs. 3, 64 ff. AEUV) bezeichnet.

Frage: Was bedeutet freier Warenverkehr?

Antwort: Zur Erreichung eines freien Warenverkehrs innerhalb der Grenzen der EU sieht der AEUV das Verbot von Ein- und Ausführzöllen (Art. 30 AEUV) sowie die Abschaffung aller mengenmäßigen Ein- und Ausfuhrbeschränkungen (Art. 34 AEUV) im Handelsverkehr innerhalb der EU vor.

> **Frage:** Welche Rechte beinhaltet im Rahmen der Freiheit des Personenverkehrs die Arbeitnehmerfreizügigkeit und die Niederlassungsfreiheit?

Antwort: Die **Arbeitnehmerfreizügigkeit** (Art. 45–48 AEUV) steht nur den Staatsangehörigen der Mitgliedstaaten zu (sog. Wanderarbeitnehmer). Als Arbeitnehmer in diesem Sinne gilt, wer während einer bestimmten Zeit für einen anderen, nach dessen Weisungen Leistungen erbringt, für die er als Gegenleistung eine Vergütung erhält. Als Arbeitnehmer in diesem Sinne gilt auch der derjenige, der tatsächlich eine Arbeit sucht. Die Arbeitnehmerfreizügigkeit umfasst gem. Art. 39 Abs. 3 EGV das Einreise-, Aufenthalts- und Verbleiberecht im Beschäftigungsstaat sowie das Diskriminierungsverbot gegenüber den Staatsangehörigen des Beschäftigungsstaates.

Die **Niederlassungsfreiheit** (Art. 49–55 AEUV) bestimmt im Wesentlichen das Recht, in einem anderen Mitgliedstaat nach dessen Rechtsvorschriften einer selbstständigen Erwerbstätigkeit nachzugehen und Unternehmen einschließlich Zweigniederlassungen zu gründen. Die Regelung enthält ein umfassendes Diskriminierungsverbot und damit das Gebot der sog. Inländergleichbehandlung.

> **Frage:** Was ist in diesem Zusammenhang unter dem Problem der Inländerdiskriminierung zu verstehen?

Antwort: Für Inländer gilt zunächst grundsätzlich das nationale Recht. Infolge dessen können Staatsangehörige anderer Mitgliedstaaten, für die der EUV anwendbar ist, besser gestellt werden als Inländer. Der EuGH geht deshalb von einer Anwendbarkeit gemeinschaftsrechtlicher Regelungen auch für den Inländer aus, um eine sog. Inländerdiskriminierung zu unterbinden.

> **Frage:** Welchen Schutzbereich beinhalten die Freiheit des Dienstleistungsverkehrs und die Freiheit des Kapitalverkehrs?

Antwort: Die Dienstleistungsfreiheit enthält im Wesentlichen das Recht, in einem anderen Mitgliedstaat eine selbstständige Tätigkeit ausüben zu können, während durch die Freiheit des Kapitalverkehrs alle Beschränkungen des Kapitalverkehrs zwischen den Mitgliedstaaten verboten sind.

Themenbereich Insolvenzrecht

Problembereich 1: Die Voraussetzungen für die Eröffnung eines Insolvenzverfahrens

Frage: Welche Ziele hat ein Insolvenzverfahren? Was versprechen sich die Beteiligten davon?

Antwort: Wenn ein Schuldner seine Verbindlichkeiten nicht mehr oder nicht mehr vollständig erfüllen kann, dann dient das Insolvenzverfahren dazu, dessen Gläubiger (Insolvenzgläubiger) gleichmäßig und gemeinsam zu befriedigen. Es soll gewährleistet sein, dass es in einer solchen Situation zu einer geordneten und gerechten Verteilung des Schuldnervermögens auf die Gläubiger kommt und dass keine Gläubiger bevorzugt befriedigt werden (§ 1 Insolvenzordnung – fortan InsO).

Es ist die Aufgabe des Insolvenzverwalters, das Vermögen des in Insolvenz geratenen Schuldners (Gemeinschuldner) bestmöglichst zu verwerten und mit dem Erlös die Gläubiger zu befriedigen. Das kann durch die Verwertung (Verkauf) einzelner Vermögensgegenstände oder die Verwertung des Vermögens im Ganzen erfolgen. Dem Insolvenzverwalter ist aber auch die Möglichkeit eröffnet, im Rahmen eines Insolvenzplans davon abweichende Sanierungs-Regelungen zum Erhalt des Unternehmens zu erarbeiten und diese durchzusetzen.

Frage: Welche Wirkung hat die Eröffnung eines Insolvenzverfahrens?

Antwort: Durch die Eröffnung des Insolvenzverfahrens verliert der Schuldner nach § 80 InsO das Recht, sein zur Insolvenzmasse gehörendes Vermögen zu verwalten und darüber zu verfügen. Alle Rechtshandlungen, die dem Schuldner gegenüber vorgenommen werden oder die dieser vornimmt, sind unwirksam. Veräußert (verfügt) der Schuldner z.B. nach Eröffnung des Insolvenzverfahrens über einen Gegenstand der Insolvenzmasse, so ist diese Verfügung unwirksam (vgl. § 81 InsO).

Frage: Über wessen Vermögen kann ein Insolvenzverfahren eröffnet werden?

Antwort: Ein Insolvenzverfahren kann nach § 11 InsO über das Vermögen jeder unternehmerisch tätigen natürlichen Person und jeder juristischen Person eröffnet werden – aber auch über das Vermögen von Personenzusammenschlüssen. Dazu gehören die OHG, die KG, die Partnerschaftsgesellschaft, die GbR und die EWiV (Europäische wirtschaftliche Interessengemeinschaft = grenzüberschreitender Zusammenschluss von Freiberuflern). Ist der Schuldner eine natürliche Person, die keine selbständige wirtschaftliche Tätigkeit ausübt, so gelten die Besonderheiten des Verbraucherinsolvenzverfahrens nach den §§ 304 ff. InsO.

Frage: Welche Voraussetzungen bzw. welche Gründe müssen gegeben sein, damit ein Insolvenzverfahren eröffnet werden kann?

Antwort: Es muss ein Eröffnungsgrund vorliegen. Der klassische Eröffnungsgrund ist nach § 17 InsO die Zahlungsunfähigkeit. Der Schuldner ist zahlungsunfähig, wenn er nicht (mehr) in der Lage ist, die fälligen Zahlungsverpflichtungen zu erfüllen. Das ist jedenfalls dann der Fall, wenn er seine Zahlungen einstellt.

Nach § 18 InsO ist auch die drohende Zahlungsunfähigkeit ein Insolvenzgrund. Diese liegt vor, wenn der Schuldner voraussichtlich nicht in der Lage sein wird, die bestehenden Zahlungspflichten im Zeitpunkt der Fälligkeit zu erfüllen.

Bei juristischen Personen, bei nicht rechtsfähigen Vereinen und bei Gesellschaften ohne Rechtspersönlichkeit, die keine natürliche Person als persönlich haftenden Gesellschafter haben (z.B. GmbH &

Co. KG), ist auch die Überschuldung ein Insolvenzgrund (§ 19 InsO). Überschuldung liegt vor, wenn das Vermögen des Schuldners die bestehenden Verbindlichkeiten nicht mehr deckt. Bei der Bewertung des Schuldnervermögens ist die Fortführung des Unternehmens zugrunde zu legen, wenn dies überwiegend wahrscheinlich ist (Bewertung im Überschuldungsstatus nach Fortführungswerten und nicht nach Liquidationswerten).

Das Insolvenzverfahren wird nur auf Antrag eröffnet. Den Antrag kann der Gemeinschuldner selbst stellen (Eigenantrag) oder auch jeder einzelne Gläubiger (Drittantrag). Der Gläubiger muss seine Forderung gegenüber dem Schuldner belegen können – in der Regel durch unbestrittene oder rechtskräftig festgestellte Forderungen.

> **Frage:** Was hat sich hinsichtlich des Eigenantrags durch das ESUG geändert?

Antwort: Am 07.12.2011 ist das Gesetz zur weiteren Erleichterung der Sanierung von Unternehmen (ESUG) verkündet worden. Es ist am 01.03.2012 in Kraft getreten. Die Änderungen gelten für Unternehmen, bei denen das Insolvenzverfahren nach dem 29.02.2012 beantragt worden ist. Das ESUG hat u.a. in § 13 Abs. 1 S. 3 InsO Neuerungen gebracht. Danach muss der Schuldner bei einem von ihm selbst gestellten Insolvenzantrag (Eigenantrag) ein Verzeichnis der Gläubiger beilegen, und er muss deren Forderungen nach bestimmten Gruppen auflisten (§ 13 Abs. 1 S. 4 Nr. 1 bis 5 InsO). Nach dieser Gesetzesänderung können sich die Gerichte, Gläubiger und letztendlich der (vorläufige) Insolvenzverwalter schneller ein Bild über die Lage des Unternehmens verschaffen. So wird der Weg zur Sanierung des Unternehmens beschleunigt und erleichtert.

> **Frage:** In 2008 ist die InsO durch das FMStG und das MoMiG bezüglich der Überschuldungsprüfung geändert worden. Wissen Sie, was sich hier geändert hat?

Antwort: Das Finanzmarktstabilisierungsgesetz (FMStG) vom 17.12.2008 hat § 19 Abs. 1 InsO geändert. Danach ist eine Überschuldung zu bejahen, wenn das Vermögen die bestehenden Verbindlichkeiten nicht mehr deckt, **es sei denn, die Fortführung des Unternehmens ist nach den Umständen dennoch wahrscheinlich**. Das bedeutet eine Rückkehr zum alten Überschuldungsbegriff der Konkursordnung vor Inkrafttreten der InsO im Jahr 1999. Entscheidend und alles überragend ist die positive Prognose. Mit dem „Es-Sei-Denn-Zusatz" in § 19 Abs. 1 S. 1 InsO wollte man Unternehmen helfen, die durch hohe Wertberichtigungen nominell Überschuldungsprobleme bekommen könnten, obwohl die Existenz und die Fortführung des Unternehmens nicht gefährdet ist. Dieser Zusatz sollte ursprünglich aber nur für eine begrenzte Zeit bis zur Überwindung der Finanz- und Bankenkrise gelten. Die Übergangsdefinition wollte der Gesetzgeber zunächst bis längstens 31.12.2013 beibehalten. Mittlerweile gilt diese Definition der Überschuldung unbefristet über den 31.12.2013 hinaus und bis heute noch.

Am 23.10.2008 ist das Gesetz zur Modernisierung des GmbH-Rechts und zur Bekämpfung von Missbräuchen (MoMiG) erlassen worden. Im Zuge dieses (Artikel-)Gesetzes bekam § 19 Abs. 2 InsO einen neuen Satz 2. Danach sind Kapital ersetzende Gesellschafterdarlehen mit Rangrücktritt beim Überprüfen der Überschuldung nicht bei den Verbindlichkeiten anzusetzen. Andererseits sind alle Gesellschafterdarlehen im Konkurs nachrangig (§ 39 Abs. 1 Nr. 4, Abs. 4 InsO). Eine Gewährung in der Krise ist nicht mehr erforderlich.

> **Frage:** Der im Handelsregister eingetragene Einzelunternehmer U ist überschuldet. Er bespricht seine finanzielle Situation mit seinem Steuerberater S. Dieser ist der Auffassung, U müsse bei Überschuldung unverzüglich Insolvenzantrag stellen; das ergebe sich aus der Insolvenzordnung. Wie sehen Sie das?

Antwort: Die Insolvenzgründe nennen die §§ 17 bis 19 InsO. Bei Überschuldung, Zahlungsunfähigkeit und drohender Zahlungsunfähigkeit kann ein Insolvenzverfahren eröffnet werden. In der Insolvenzordnung ist indes nicht geregelt, ob oder wann von den betreffenden Personen ein solcher Antrag gestellt werden muss. Das ergab sich bis zum 31.10.2008 aus den Einzelgesetzen. Nach Inkrafttreten des MoMiG mit Wirkung zum 01.11.2008 ist die Antragspflicht bei Überschuldung und Zahlungsunfähigkeit von Kapitalgesellschaften und bei Personengesellschaften, bei denen keine natürliche Person persönlich voll haftet, in § 15a Abs. 1 InsO geregelt. Die Antragspflicht trifft die organschaftlichen Vertreter (natürliche Personen) und bei Führungslosigkeit die Gesellschafter – § 15a Abs. 1, 3 InsO. So sind z.B. die Geschäftsführer einer GmbH nach § 15a Abs. 1 InsO **verpflichtet**, Insolvenzantrag zu stellen, wenn ihre GmbH zahlungsunfähig oder überschuldet ist.

Eine insolvenzrechtliche Antragspflicht besteht indes für U als Einzelunternehmer weder bei Überschuldung, noch bei Zahlungsunfähigkeit.

> **Frage:** G ist als Geschäftsführer der A-GmbH im Handelsregister eingetragen. Die Geschicke der Gesellschaft bestimmt und leitet jedoch der Gesellschafter A. Die Gesellschaft ist überschuldet. Welche Verpflichtungen ergeben sich daraus für G und A?

Antwort: Nach § 15a Abs. 1 InsO ist bei der GmbH auch die Überschuldung Grund für die Eröffnung des Insolvenzverfahrens. Hierzu sind die Geschäftsführer verpflichtet. Nach § 15a Abs. 4 InsO wird mit Freiheitsstrafe bestraft, wer als Geschäftsführer im Falle der Überschuldung den Insolvenzantrag nicht richtig oder nicht rechtzeitig stellt (spätestens drei Wochen nach Eintritt der Überschuldung – § 15a Abs. 1 InsO). Diese Verpflichtung trifft auf jeden Fall den im Handelsregister eingetragenen Geschäftsführer G. Nach dem Inkrafttreten des MoMiG war in der Literatur umstritten, ob diese (auch strafrechtlich relevante) Verpflichtung einen faktischen Geschäftsführer treffen kann, wie im Ausgangsfall den A. Das hat der BGH mittlerweile mit der Aussage bejaht (BGH vom 18.12.2014, NJW 2015, 712), dass sich der faktische Geschäftsführer bei Verletzung dieser Pflicht sowohl schadensersatzpflichtig machen kann als auch strafbar.

Problembereich 2: Insolvenzmasse und Insolvenzbeteiligte

> **Frage:** Was versteht man unter dem Begriff Insolvenzmasse?

Antwort: Die Insolvenzmasse ist das Vermögen, das dem Schuldner zum Zeitpunkt der Eröffnung des Verfahrens gehört und das er während des Verfahrens hinzu erwirbt. Das Recht, darüber zu verfügen, steht grundsätzlich nur dem Insolvenzverwalter zu.

> **Frage:** Werden im Insolvenzverfahren alle Gläubiger des Schuldners gleich behandelt oder gibt es Unterschiede?

Antwort: Es gibt Unterschiede. Das Insolvenzverfahren kennt fünf Gläubigerkategorien: die aussonderungsberechtigten Insolvenzgläubiger, die absonderungsberechtigten Insolvenzgläubiger, die Massegläubiger, die „normalen" Insolvenzgläubiger und die nachrangigen Insolvenzgläubiger.

> **Frage:** G hat dem Unternehmer S am 15.05.2015 einen Pkw unter Eigentumsvorbehalt geliefert. Der Kaufpreis sollte bis zum 19.06.2015 gezahlt werden. S zahlt trotz wiederholten Anmahnens nicht. Am 07.08.2015 wird über das Vermögen des S das Insolvenzverfahren eröffnet. Wie kommt G zu seinem Geld?

Antwort: Nachdem G unter Eigentumsvorbehalt geliefert hat, und nachdem S den Kaufpreis noch nicht gezahlt hat, ist G noch Eigentümer des Pkw. Nach § 985 BGB hat der Eigentümer gegen den Besitzer einen Herausgabeanspruch. Danach muss S (für ihn handelnd der Insolvenzverwalter) den Pkw an G herausgeben. G hat einen dinglichen Herausgabeanspruch; er ist aussonderungsberechtigt. Solche Gläubiger können ihre Rechte außerhalb des Insolvenzverfahrens geltend machen (§ 47 InsO). Sie nehmen am Insolvenzverfahren nicht teil. G bekommt danach zwar nicht sein Geld; er erhält aber den gelieferten Pkw wieder zurück.

Nach § 103 Abs. 1 InsO kann allerdings der Insolvenzverwalter von G Erfüllung (Übereignung) verlangen. In diesem Fall muss er aber auch an G den vollen Kaufpreis bzw. Restkaufpreis zahlen.

Kommt es zu keinem Vollzug des Kaufvertrages bzw. lehnt der Verwalter die Erfüllung ab, so kann G den ihm verbleibenden Schaden (vereinbarter Kaufpreis abzüglich Wert des zurückgenommenen Pkw) nur als normaler Insolvenzgläubiger im Insolvenzverfahren geltend machen. Er nimmt dann insoweit am Insolvenzverfahren teil.

> **Frage:** Was sind absonderungsberechtigte Insolvenzgläubiger? Welche (Sonder-) Rechte haben sie?

Antwort: Absonderungsberechtigte Insolvenzgläubiger sind Gläubiger, denen ein Recht auf Befriedigung aus Gegenständen der Insolvenzmasse zusteht (§§ 49–52 InsO). Darunter fallen Gläubiger, die ein Pfandrecht an einem Massegegenstand haben (z.B. Hypotheken an einem Grundstück). Den Pfandrechtsgläubigern sind nach § 51 Nr. 1 InsO die Gläubiger gleichgestellt, die ihre Forderungen gegen den insolventen Schuldner mit einer Sicherungsübereignung oder Sicherungsabtretung abgesichert haben. Das ist der Regelfall in der Praxis; Pfandrechte an beweglichen Gegenständen des Schuldnervermögens oder aus Forderungen gibt es so gut wie nicht mehr.

Das Pfand- oder Sicherungsgut wird im Insolvenzverfahren nach § 165 InsO vom Insolvenzverwalter verwertet. Dieser erhält 9 % der erzielten Erlöse (4 % Feststellungspauschale und 5 % Verwertungspauschale). Ist die Verwertung umsatzsteuerbar und umsatzsteuerpflichtig, verbleibt der Masse auch die vom Insolvenzverwalter abzuführende Umsatzsteuer. Der danach verbleibende Verwertungserlös wird an den absonderungsberechtigten Gläubiger ausgekehrt.

> **Frage:** Welche Rechtsstellung haben die Massegläubiger? Was sind Massekosten und Masseverbindlichkeiten? Was ist Massearmut?

Antwort: Die Massegläubiger sind aus dem Vermögen des Schuldners, das nach der Befriedigung der aus- und absonderungsberechtigten Gläubiger verbleibt, vorweg zu befriedigen. Darunter fallen an erster Stelle die Kosten des Insolvenzverfahrens, das sind die Gerichtskosten sowie die Vergütung und die Auslagen des Verwalters (Massekosten). Danach und an zweiter Stelle kommen die Verbindlichkeiten, die der Insolvenzverwalter begründet hat (Massenverbindlichkeiten nach §§ 53–55; 209 InsO). Wenn nicht genügend Insolvenzmasse vorhanden ist, um die Kosten des Insolvenzverfahrens abzudecken (Massearmut), dann wird das Verfahren nicht eröffnet (§ 26 InsO). Stellt sich dies erst nach der Eröffnung des Insolvenzverfahrens heraus, dann wird das Verfahren nachträglich eingestellt (§ 207 InsO).

> **Frage:** Was ist der Unterschied zwischen „normalen" Insolvenzgläubigern und nachrangigen Insolvenzgläubigern?

Antwort: Die Ansprüche der Insolvenzgläubiger (normale Insolvenzgläubiger) können aus dem Vermögen des Schuldners bedient werden, das nach Befriedigung der absonderungsberechtigten Gläubiger und nach Befriedigung der Massegläubiger übrig bleibt. Daraus errechnet sich die Insolvenzquote. Insolvenzverbindlichkeiten sind die Verbindlichkeiten aus Lieferungen und Leistungen, ungesicherte Darlehensverbindlichkeiten, die Verbindlichkeiten gegenüber den Arbeitnehmern und alle sonstigen Verbindlichkeiten aus dem Geschäfts- oder Lebensbereich des Gemeinschuldners. Erst wenn diese „normalen" Insolvenzgläubiger befriedigt sind, können die „nachrangigen Insolvenzgläubiger" bedient werden (§§ 38, 39 InsO). Darunter fällt u.a. die Forderung auf Rückgewähr eines Gesellschafterdarlehens nach § 39 Abs. 1 Nr. 5, Abs. 4 InsO. In aller Regel ist für die Befriedigung nachrangiger Insolvenzgläubiger keine Insolvenzmasse mehr vorhanden.

> **Frage: Welche Aufgaben hat der Insolvenzverwalter?**

Antwort: Nach Eröffnung des Verfahrens geht die Befugnis, über das Vermögen des Schuldners zu verfügen, gem. § 80 InsO auf den Insolvenzverwalter über. Er hat das Massevermögen zu erhalten und zu verwalten und er muss daraus die Gläubigergruppen befriedigen. Verletzt der Insolvenzverwalter seine Verwalterpflichten, kann er sich den Beteiligten gegenüber schadenersatzpflichtig machen (§ 60 InsO).

> **Frage: Welche Aufgaben hat der vorläufige Insolvenzverwalter?**

Antwort: Vor Eröffnung des Verfahrens kann ein „vorläufiger Insolvenzverwalter" bestellt werden (§ 21 ff. InsO). Das ist eine Maßnahme des Gerichts, um bis zur Entscheidung über den Insolvenzantrag (Eröffnung des Verfahrens oder Ablehnung mangels Masse) nachteilige Veränderungen in der Vermögenslage des Schuldners zu verhindern. Nach § 21 Abs. 2 Nr. 1 InsO kann das Insolvenzgericht dem Schuldner ein allgemeines Verfügungsverbot auferlegen oder anordnen, sodass Verfügungen des Schuldners nur mit Zustimmung des vorläufigen Insolvenzverwalters wirksam sind. Auf den vorläufigen Insolvenzverwalter geht die Verwaltungs- und Verfügungsbefugnis über das Schuldnervermögen über. Der vorläufige Insolvenzverwalter hat die Aufgabe, das Vermögen zu sichern und zu erhalten. Zu diesem Zweck kann das Insolvenzgericht nach § 21 Abs. 2 Nr. 5 InsO anordnen, dass in der Zeit der vorläufigen Insolvenzverwaltung Gegenstände, mit denen ein Insolvenzgläubiger ab- oder aussonderungsberechtigt ist, zur Fortführung des Unternehmens eingesetzt werden können. Voraussetzung ist jedoch, dass diese hierfür von erheblicher Bedeutung sind. Das steht einer (zumindest vorläufigen) Verwertungssperre gleich.

Der vorläufige Insolvenzverwalter muss vor allem prüfen, ob das Vermögen des Schuldners die Kosten des Verfahrens deckt. Wenn er dies dem Insolvenzgericht gegenüber bejaht, wird das Verfahren eröffnet. In der Regel bestellt das Insolvenzgericht den vorläufigen Insolvenzverwalter dann auch zum Insolvenzverwalter.

> **Frage: Welche Aufgaben haben die Gläubigerversammlung und der Gläubigerausschuss?**

Antwort: Der Insolvenzverwalter hat die Interessen der Gesamtheit der Gläubiger zu wahren. Die Versammlung der Gläubiger wird vom Insolvenzgericht einberufen. In den Aufgabenbereich der Gläubigerversammlung fällt vor allem die Bestätigung des vom Gericht bestellten Insolvenzverwalters oder dessen Abwahl – § 57 InsO. Der Insolvenzverwalter ist gegenüber der Gläubigerversammlung zur Rechnungslegung verpflichtet – § 66 InsO.

Das Gericht kann nach § 67 Abs. 1 InsO bereits vor der ersten Gläubigerversammlung einen Gläubigerausschuss bestellen. Der Gläubigerausschuss soll den Insolvenzverwalter bei seiner Geschäftsführung unterstützen und überwachen. Die Mitglieder des Gläubigerausschusses sind vom Insolvenzverwalter über den Gang der Geschäfte zu unterrichten. Sie können u.a. die Bücher und Geschäftspapiere einsehen und den Geldverkehr und Geldbestand prüfen (lassen) – § 69 InsO.

> **Frage:** Was hat sich hinsichtlich des Gläubigerausschusses durch das ESUG geändert?

Antwort: Nach § 21 InsO hat das Gericht jetzt die Möglichkeit, einen vorläufigen Gläubigerausschuss einzusetzen. Das muss sein, wenn es sich um eine mittelgroße Gesellschaft nach § 22a Abs. 1 InsO handelt. Mitglieder des vorläufigen Gläubigerausschusses können nur Gläubiger sein. Das Amt der Ausschussmitglieder endet mit der Eröffnung des Verfahrens. Im eröffneten Verfahren gelten die §§ 67 ff. InsO. Der Gläubigerausschuss im eröffneten Verfahren ist ein anderer als der vorläufige Gläubigerausschuss nach §§ 21 Abs. 2 Nr. 1a, 22, 22a InsO.

> **Frage:** Welche Aufgaben hat der vorläufige Gläubigerausschuss?

Antwort: Der vorläufige Gläubigerausschuss hat die Aufgabe, die Arbeit des vorläufigen Insolvenzverwalters zu überwachen. Er hat vor allem aber großen Einfluss auf die Bestellung des vorläufigen Insolvenzverwalters. Im Übrigen gelten die Gläubigerausschussvorschriften im eröffneten Verfahren für den vorläufigen Gläubigerausschuss entsprechend (§§ 21 Abs. 2 Nr. 1a HS 1, 69 bis 73 InsO).

Problembereich 3: Die Insolvenzanfechtung

> **Frage:** Was versteht man unter Insolvenzanfechtung? Können Sie ein Beispiel nennen?

Antwort: Bestimmte im zeitlichen Zusammenhang mit der Eröffnung des Insolvenzverfahrens stehende Rechtshandlungen können nach §§ 129 ff. InsO angefochten werden. Das Schuldnervermögen, das durch eine anfechtbare Handlung veräußert, weggegeben oder aufgegeben worden ist, muss zur Insolvenzmasse zurückgewährt werden (§ 143 InsO).

Ein klassischer Anfechtungsfall ist gegeben, wenn der Schuldner z.B. innerhalb von vier Jahren vor Verfahrenseröffnung wesentliches (und unbelastetes) Grundvermögen an seine Ehegattin oder seine Kinder verschenkt hat. Dieses Vermögen ist an die Insolvenzmasse nach §§ 134, 143 InsO zurückzuübertragen.

> **Frage:** X ist mit 30 % an der G-GmbH beteiligt. Die G-GmbH bekommt im Frühjahr 2011 wirtschaftliche Probleme und gerät in eine Finanzkrise. Daraufhin gewährt X der G-GmbH am 30.06.2011 ein Darlehen über 100.000 €. Dieses Darlehen wird an X am 22.08.2013 wieder zurückgezahlt. Am 15.06.2014 stellt G, der Geschäftsführer der G-GmbH, Insolvenzantrag. Das Insolvenzverfahren wird am 12.07.2014 eröffnet. Der Insolvenzverwalter fordert am 20.08.2015 den X auf, die an ihn am 22.08.2013 gezahlten 100.000 € an die Masse zu erstatten. Wie ist die Rechtslage?

Antwort: Das der GmbH gewährte Darlehen ist ein Darlehen i.S.d. § 39 Abs. 1 Nr. 5 InsO. Wird ein solches Darlehen im letzten Jahr vor der Insolvenzeröffnung zurückgezahlt, ist das eine Situation, der sich die Insolvenzordnung in § 135 Abs. 1 Nr. 2 InsO annimmt. Diese Rechtshandlung ist danach anfechtbar. Der Insolvenzverwalter kann die Anfechtung erklären und X muss die 100.000 € an die Insolvenzmasse nach § 143 InsO zurückzahlen.

Das Anfechtungsrecht kann nach § 146 InsO verjähren. Die Verjährung richtet sich nach den Regelungen über die regelmäßige Verjährung nach dem BGB. Danach verjährt der Anfechtungsanspruch binnen drei Jahren. Die Frist beginnt mit dem Schluss des Jahres zu laufen, in dem der Insolvenzverwalter vom Anfechtungsgrund erfährt – §§ 195, 199 BGB. Verjährung ist noch nicht eingetreten.

Problembereich 3: Die Insolvenzanfechtung

Frage: Das MoMiG hat Änderungen hinsichtlich der (Kapital ersetzenden) Gesellschafterdarlehen gebracht. Können Sie dazu etwas sagen?

Antwort: Die §§ 32a, 32b GmbHG 1980 (a.F. bis 31.10.2008) wurden im MoMiG (Gesetz zur Modernisierung des GmbH-Rechts und zur Bekämpfung von Missbräuchen vom 23.10.2008, BGBl I 2008, 2026) ersatzlos gestrichen. Der Regelungsbereich der „Kapital ersetzenden Gesellschafterdarlehen" ist mit dem MoMiG ab dem 01.11.2008 in die Insolvenzordnung verlagert worden. Nach Eröffnung des Insolvenzverfahrens behandelt § 39 Abs. 1 Nr. 5 InsO jedes Darlehen eines Gesellschafters als eine nachrangige Verbindlichkeit der GmbH. Was hierzu bisher in § 32a Abs. 1 und Abs. 3 GmbHG 1980 stand, findet sich jetzt in § 39 Abs. 1 Nr. 5, Abs. 4 und Abs. 5 InsO wieder. Der alte § 32a Abs. 2 GmbHG 1980 wurde zu § 44a Abs. 1 InsO. Die bisherigen Privilegierungen, die sich aus § 32a Abs. 3 S. 2 GmbHG 1980 (Kleinbeteiligungsprivileg) und aus § 32a Abs. 3 S. 3 GmbHG 1980 (Sanierungsprivileg) ergaben, bleiben aber erhalten – §§ 39 Abs. 4 S. 2 und Abs. 5, 44a Abs. 3 InsO.

Nach § 135 InsO ist eine Rechtshandlung der GmbH anfechtbar, die für die Forderung eines Gesellschafters auf Rückgewähr eines Darlehens in den letzten zehn Jahren vor Insolvenzeröffnung Sicherheit oder im letzten Jahr vor Insolvenzeröffnung Befriedigung gewährt. Nach § 135 Abs. 2 InsO kann der Insolvenzverwalter auch eine Rechtshandlung anfechten, in der einem Dritten ein Darlehen innerhalb eines Jahres vor Eröffnung des Insolvenzverfahrens zurückgezahlt wurde, wenn dafür ein Gesellschafter eine Sicherheit gestellt oder sich verbürgt hatte (vormals § 32b GmbHG 1980).

Frage: Wie werden kapitalersetzenden Nutzungsüberlassungen behandelt?

Antwort: Kapitalersetzende Nutzungsüberlassungen waren nach altem Recht nicht gesondert geregelt – weder im GmbHG noch in der InsO. Nach der Rechtsprechung des BGH waren kapitalersetzende Nutzungsüberlassungen Rechtshandlungen, die einer Darlehensgewährung i.S.d. § 32a Abs. 3 S. 1 GmbHG 1980 entsprachen. Mit dem MoMiG wurde § 135 InsO um einen Abs. 3 erweitert. Hat danach ein Gesellschafter seiner GmbH Gegenstände zur Nutzung überlassen, kann ein bestehender Aussonderungs- und Rückgabeanspruch während der Dauer des Verfahrens höchstens aber für die Zeit von einem Jahr nicht geltend gemacht werden. Voraussetzung ist aber, dass der überlassene Gegenstand für die Fortführung des Unternehmens von erheblicher Bedeutung ist. Im Gegensatz zum alten Recht gebührt dem Gesellschafter ein Ausgleich für die fortbestehende Gebrauchsüberlassung in Höhe der zuletzt gezahlten Vergütung (Pacht, Miete etc.).

Frage: Was versteht man bei der Insolvenzanfechtung unter den Begriffen „kongruente Deckung" und „inkongruente Deckung"?

Antwort: Wird ein Insolvenzgläubiger zu einer Zeit befriedigt oder erhält er zu einer Zeit eine Sicherheit, zu der er darauf einen konkreten Anspruch hatte, so spricht man von einer kongruenten Deckung. Wird einem Insolvenzgläubiger eine Sicherheit oder Befriedigung gewährt, die er nicht, nicht in der Art oder nicht zu der Zeit zu beanspruchen hatte, so spricht man von einer inkongruenten Deckung.

Nach § 130 Abs. 1 InsO ist bei kongruenter Deckung die Sicherstellung oder Befriedigung eines Insolvenzgläubigers anfechtbar, wenn eine solche Rechtshandlung in den letzten drei Monaten vor Insolvenzeröffnung erfolgte, wenn der Schuldner zahlungsunfähig war und wenn dies der Insolvenzgläubiger wusste. Bei nahestehenden Personen wird die Kenntnis vermutet (§§ 130 Abs. 3, 138 InsO).

Die Anfechtung ist bei inkongruenter Deckung nach § 131 InsO bereits dann möglich, wenn die Rechtshandlung im letzten Monat vor dem Antrag auf Eröffnung des Insolvenzverfahrens erfolgte. Der Insolvenzverwalter kann bei inkongruenter Deckung die Rechtshandlung auch dann anfechten, wenn sie innerhalb des zweiten oder des dritten Monats vor dem Eröffnungsantrag lag, und wenn der Schuldner zahlungsunfähig war oder dadurch die Insolvenzgläubiger benachteiligt werden. Auf die Kenntnis des Gläubigers von der Zahlungsunfähigkeit des Schuldners kommt es in beiden Fällen nicht an.

> **Frage:** Mit der Anfechtung von Rechtshandlungen gelingt es dem Insolvenzverwalter, Vermögen an die Masse zu ziehen und so die Befriedigungsquote der Insolvenzgläubiger zu erhöhen. Eröffnen sich nach der InsO für den Insolvenzverwalter noch andere Möglichkeiten zugunsten der Masse?

Antwort: Nach § 88 InsO werden durch Zwangsvollstreckung erlangte Pfändungspfandrechte ohne Anfechtung unwirksam, die im letzten Monat vor dem Insolvenzantrag dem Gläubiger eine Sicherheit gewährt haben (sog. Rückschlagsperre). Nach § 112 InsO kann ein Vermieter oder Verpächter das Miet- oder Pachtverhältnis wegen rückständiger Miete oder Pacht nicht kündigen. Ein Dienstverhältnis kann nach § 113 InsO mit einer Frist von höchstens drei Monaten gekündigt werden, selbst wenn die arbeitsvertraglichen oder gesetzlichen Kündigungsfristen länger sind. Zudem erhält der Insolvenzverwalter bei der Befriedigung absonderungsberechtigter Insolvenzgläubiger 9 % des Erlöses aus der Verwertung des Sicherungsguts zuzüglich der abzuführenden Umsatzsteuer (§§ 165 ff. InsO).

Das sind Möglichkeiten, die einem geordneten Insolvenzverfahren zugutekommen und die sich in der Regel vorteilhaft auf das Massevermögen auswirken.

Problembereich 4: Insolvenzplan und Eigenverwaltung

> **Frage:** Welche Alternativen hat der Insolvenzverwalter, wenn es um die Verwertung des Schuldnervermögens geht?

Antwort: Die klassische Verwertung besteht darin, das Schuldnervermögen (einzeln) in freien Verkäufen oder in Versteigerungen etc. zu liquidieren. Häufig eröffnet sich dem Insolvenzverwalter aber auch die Möglichkeit, das Schuldnervermögen im Ganzen (Betrieb) oder in einem Teilbereich (Teilbetrieb) auf Dritte zu übertragen, die das bisherige Unternehmen des Schuldners ganz oder zum Teil fortführen. Oftmals sind die Erwerber Mitarbeiter des Insolvenzunternehmens, die zur Fortführung des Unternehmens oder von Unternehmensteilen sog. Auffanggesellschaften gegründet haben. Bei dieser Art der Verwertung des Schuldnervermögens spricht man von einer übertragenden Sanierung.

> **Frage:** Die Insolvenzordnung hatte sich zum Ziel gesetzt, dass der Insolvenzverwalter weniger das Schuldnervermögen liquidiert. Er sollte vielmehr sein Augenmerk darauf richten, das Unternehmen des Schuldners zu sanieren. Ein Mittel dazu ist das Insolvenzplanverfahren. Was ist das?

Antwort: Die Insolvenzordnung gibt in den §§ 217 ff. InsO dem Insolvenzverwalter die Möglichkeit, die Befriedigung der Insolvenzgläubiger in einem Insolvenzplan zu regeln. Der Insolvenzverwalter stellt in diesem Plan die Lage des Unternehmens dar und unterbreitet ggf. einen Vorschlag, wie bei Erlass, Stundung und Teilbefriedigung von Forderungen das Unternehmen gerettet werden kann. Der Plan kann aber auch andere Maßnahmen als die Sanierung des Unternehmens im Auge haben. Er muss von den in Gruppen eingeteilten Gläubigern genehmigt werden; diese müssen in einem Insolvenzplanverfahren oftmals Opfer erbringen, die aber weniger gravierend sein können, als wenn das Schuldnervermögen zerschlagen wird.

Das Insolvenzplanverfahren hat das alte Vergleichsverfahren nach der Vergleichsordnung ersetzt, wobei allerdings die Mitwirkungs- und Mitspracherechte der Gläubiger wesentlich erweitert worden sind. Andererseits gibt es keine Mindestquote für die Gläubiger.

> **Frage: Was hat sich beim Insolvenzplanverfahren durch das ESUG geändert?**

Antwort: Das ESUG hat das Insolvenzplanverfahren effektiver gestaltet. In der Praxis hatte sich das Insolvenzplanverfahren nicht in dem erwarteten Maße durchgesetzt. Bei Sanierungen sind die Anteilseigner mit einzubeziehen. Diese konnten vor Inkrafttreten des ESUG Sanierungsalternativen leicht verhindern. Nach § 217 S. 2 InsO können die Anteilseigner jetzt in den Insolvenzplan mit einbezogen werden. § 222 Abs. 1 S. 4 InsO erleichtert positive Abstimmungsergebnisse unter den Gesellschaftern, weil auch unter diesen verschiedene (Abstimmungs-) Gruppen gebildet werden können (§ 222 Abs. 3 S. 2 InsO). Eine Besonderheit bietet der neue § 225a InsO. Danach besteht für die Insolvenzgläubiger die Möglichkeit, ihre Forderungen ganz oder teilweise in Eigenkapital umzuwandeln (Debt-Equity-Swap gem. § 225a Abs. 2 S. 1 InsO).

> **Frage: Was versteht man im Insolvenzrecht unter dem Begriff „Eigenverwaltung"?**

Antwort: Nach § 80 Abs. 1 InsO verliert der Schuldner durch die Eröffnung des Insolvenzverfahrens grundsätzlich das Verwaltungs- und Verfügungsrecht über das Schuldnervermögen. Eine Ausnahme gilt dann, wenn das Insolvenzgericht nach § 270 InsO die Eigenverwaltung anordnet. Dann ist der Schuldner berechtigt, unter Aufsicht eines Sachwalters nach wie vor die Insolvenzmasse zu verwalten und über sie zu verfügen. Nach Anordnung der Eigenverwaltung muss sich der Schuldner um die Vorlage eines Insolvenzplans bemühen, in dem aussichtsreiche Sanierungsbemühungen aufgezeigt werden. Der Insolvenzplan muss gem. § 270b Abs. 1 S. 2 InsO innerhalb von drei Monaten dem Gericht vorliegen.

> **Frage: Welche Neuregelungen hat das ESUG hinsichtlich der Eigenverwaltung verwirklicht?**

Antwort: Das ESUG hat die Eigenverwaltung gestärkt. So ist z.B. § 270 Abs. 2 Nr. 2 InsO a.F. gestrichen worden. Fortan kann auch die Eigenverwaltung ohne Zustimmung des den Insolvenzantrag stellenden Gläubigers angeordnet werden. Ist ein vorläufiger Gläubigerausschuss bestellt und stimmt dieser einstimmig der Eigenverwaltung zu, muss das Gericht sie anordnen (§ 270 Abs. 3 S. 2 InsO). Besondere Bedeutung hat bei der Eigenverwaltung das sog. Schutzschirmverfahren. Nach § 270b Abs. 2 S. 3 InsO kann das Gericht vorläufige Maßnahmen i.S.d. § 21 Abs. 2 Nr. 3 InsO anordnen und insbesondere Zwangsvollstreckungsmaßnahmen untersagen. Mit Vorlage des Insolvenzplans muss der Schuldner gem. § 270b Abs. 1 S. 1 und 2 InsO dem Gericht die Bescheinigung eines Steuerberaters oder Wirtschaftsprüfers vorlegen, aus der sich die Erfolgsaussichten der angestrebten Sanierung ergeben.

Problembereich 5: Restschuldbefreiung und Verbraucherinsolvenz

> **Frage: M ist als Hilfsarbeiter bei der H + T Bau-GmbH angestellt. Ihm sind seine finanziellen Angelegenheiten über den Kopf gewachsen. Er kann seine Schulden nicht mehr überblicken und erhält einen Mahn- und Vollstreckungsbescheid nach dem anderen. Was ist ihm zu raten?**

Antwort: In dieser Situation sollte M überlegen, ein Insolvenzverfahren nach §§ 304 ff. InsO zu beantragen. Im Gegensatz zur alten Konkursordnung eröffnet die Insolvenzordnung auch Privatpersonen die Möglichkeit, über ihr Vermögen ein Insolvenzverfahren eröffnen zu lassen (Verbraucherinsolvenzverfahren). Mit dem Antrag auf Eröffnung eines solchen Verfahrens ist ein Schuldenbereinigungsplan einzureichen, der unter Berücksichtigung der Gläubigerinteressen sowie der Vermögens-, Einkommens- und Familienverhältnisse des Schuldners eine angemessene Schuldenbereinigung aufzeigt. Wird dieser Schuldenbereinigungsplan von den Gläubigern nicht angenommen, so kommt es nach §§ 311 ff. InsO zu einem vereinfachten Insolvenzverfahren, dem Verbraucherinsolvenzverfahren.

> **Frage:** In die Insolvenzordnung ist die Möglichkeit einer Restschuldbefreiung aufgenommen worden. Was versteht man darunter?

Antwort: Ist der Schuldner eine natürliche Person, so kann diese von den im Insolvenzverfahren nicht erfüllten Verbindlichkeiten gegenüber den Insolvenzgläubigern in einem Restschuldbefreiungsverfahren nach §§ 286 ff. InsO befreit werden. Voraussetzung ist, dass der Schuldner für die Zeitdauer von sechs Jahren nach Verfahrenseröffnung seine pfändbaren Bezüge aus Dienstverhältnissen oder die an deren Stelle tretenden laufenden Bezüge an einen vom Gericht zu bestimmenden Treuhänder abtritt. Gibt es keine pfändbaren Bezüge, kann der Treuhänder auch nicht bedient werden. Gleichwohl läuft die Frist des § 287 Abs. 2 InsO und dem Schuldner kann nach Ablauf von sechs Jahren Restschuldbefreiung gewährt werden.

Ein Restschuldbefreiungsverfahren setzt voraus, dass ein Insolvenzverfahren eröffnet worden ist (Regelinsolvenzverfahren nach § 1 InsO oder Verbraucherinsolvenzverfahren nach § 304 InsO). Die Restschuldbefreiung kann nach § 290 InsO versagt werden, wenn der Schuldner wegen einer Insolvenzstraftat (§§ 283–283c StGB) verurteilt worden ist, unrichtige oder unvollständige Angaben zu seinen Vermögensverhältnissen gemacht hat, wenn ihm eine Restschuldbefreiung in den letzten zehn Jahren schon einmal versagt worden ist oder wenn er sein Vermögen verschwendet oder zu spät das Insolvenzverfahren angemeldet und dadurch die Insolvenzgläubiger geschädigt hat. Von der Restschuldbefreiung ausgenommen sind nach § 302 InsO Verbindlichkeiten aus vorsätzlich begangener unerlaubter Handlung, aus Geldstrafen und aus zinslosen Darlehen, die dem Schuldner zur Begleichung der Kosten des Insolvenzverfahrens gewährt wurden.

> **Frage:** In dem ESUG sieht man die 1. Stufe der Insolvenzrechtsreform. Was will der Gesetzgeber in der 2. Stufe der Insolvenzrechtsreform regeln?

Antwort: Einen weiteren Schritt zur Reformierung des Insolvenzrechts verwirklicht der Gesetzgeber in dem Gesetz zur Verkürzung des Restschuldbefreiungsverfahrens und zur Stärkung der Gläubigerrechte. Dieser Gesetzesteil ist am 01.07.2014 in Kraft getreten.

Die InsO gibt natürlichen Personen die Möglichkeit, sich von den Insolvenzschulden zu befreien. Nach § 300 Abs. 1 InsO n.F. soll das Restschuldbefreiungsverfahren auf fünf Jahre verkürzt werden. Gelingt es dem Gemeinschuldner innerhalb von drei Jahren 35 % der Gläubigerforderungen und die Gerichtskosten zu befriedigen, verkürzt sich das Restschuldbefreiungsverfahren sogar auf drei Jahre. Ein weiterer Vorteil für die Gemeinschuldner ist die ab dem 01.07.2014 gegebene Möglichkeit, die Insolvenz mit einem Verbraucher-Insolvenzplanverfahren zu beenden. Das war bisher in der Verbraucherinsolvenz nicht möglich.

Andererseits bringt das neue Gesetz auch Nachteile für den Gemeinschuldner. So entfallen zum einen die in § 292 Abs. 1 S. 4 InsO gewährten „Rabatte". Zum anderen werden die Versagungsgründe verschärft und die von der Restschuldbefreiung ausgenommenen Forderungen werden um rückständigen Unterhalt und um Steuerverbindlichkeiten wegen Steuerhinterziehung erweitert.

Stichwortverzeichnis

§ 8c KStG
- Sachverhalte, die einer Übertragung vergleichbar sind 72

A

Abbruchkosten 182
Abgabenordnung 135
- Haftungsnormen der 138

Abgeltungsteuer
- Sparbriefe 34
- Veräußerungsgewinn 34

Abgrenzung zwischen Werklieferung und Werkleistung 93
Abhollieferung 106
Ablauf der Verjährungsfrist 303
Ablaufhemmung 144
Ablehnende Widerspruchsentscheidung
- Klage gegen 145

Ablehnung des Insolvenzantrags mangels Masse 28
Abmahnung 320
Abrechnung von Vermittlungsprovisionen 111
Absatzmittler 352
Abschluss eines Gesellschaftsvertrages 368
Abschlussstichtag 209
Abschreibung
- degressive 198

Abschreibungsaufwand
- Teilabzugsverbot 32

Absonderungsberechtigte Insolvenzgläubiger 386
Abstraktionsprinzip 326
Abtretung einer Gebührenforderung
- an Honorarverrechnungsstellen 287

Abtretung, Verpfändung und Pfändung von Steuererstattungsansprüchen 137
Additive Gesamtbilanz 196
Adoptivkind 337
AdV-Beschlüsse 151
AfA Siehe Abschreibung
AG
- Geschäftsführung des Vorstands 366
- und GmbH, Trennungsprinzip 366
- Verwaltungssitz im Inland 367

AGB 357
- Einbeziehung 293
- gegenüber Privatkunden 293
- -Klausel 293

Aktive latente Steuern 54
Aktive Steuerabgrenzung 206

Aktivierungs- und Passivierungswahlrechte
- handelsrechtliche 172

Allgemeine Geschäftsbedingungen 293, 357. Siehe AGB
Allgemeine Leistungsklage 148
Allgemeine Volkswirtschaftslehre 258
Alterseinkünftegesetz 36
Altersversorgung bei Arbeitgeberwechsel 40
Amortisationsvergleichsrechnung 243
Amsterdamer Vertrag 376
Amtliche Ausfuhrbescheinigung 103
Anderskosten 248
Änderung des Einkommensteuerbescheides 152
Änderung von Verwaltungsakten 143
Aneignung herrenloser Sachen 329
Anerkennung eines Verlustes
- gem. § 17 EStG 29

Anfechtung
- bei inkongruenter Deckung 389
- durch den Insolvenzverwalter 390
- eines Rechtsgeschäfts 297, 298
- steuerliche Folgen 299
- von Rechtshandlungen
- wegen arglistiger Täuschung oder rechtswidriger Drohung 299
- Zulässigkeit 148

Anfechtungserklärung 298
Anfechtungsklage 148
- Erhebung 148
- oder Verpflichtungsklage beim Finanzgericht

Anforderung einer Anzahlung 115
Angabe des Kündigungsgrundes 321
Angebotskurve 258
Angebotsorientierte Finanzpolitik 263
Angehörige
- stets nahestehende Personen 35

Angestellt im Sinne des § 56 HGB 351
Anhang der Muttergesellschaft 208
Anlagenintensität 256
Anlagevermögen 121
Anrechnungsverfahren 74
Ansatz eines Zwischenwertes 91
Ansatzgebot für passive latente Steuern 205
Anschaffungskosten 175
- Definition 170
- des Gesellschafters 87
- für den Ewerb einer Maschine 180
- steuerliche für einen Lkw 180

Anschaffungspreisminderungen 179

Anschaffungs- und Herstellungsvorgang
- Unterscheidung voneinander 178

Anschaffungszeitpunkt 179

Anspruch
- auf Schadensersatz 309, 318
- auf Übereignung des Grundstücks 300
- auf Übergabe und Übereignung 292
- auf Weiterbeschäftigung 320
- auf Zahlung der Gegenleistung nach § 433 Abs. 2 BGB 309
- auf Zahlung des Kaufpreises 315

Anspruchsgrundlagen für den Vorsteuerabzug 118
Anteil des kurzfristigen Fremdkapitals 256
Anteile an einer Komplementär-GmbH 23

Antrag
- auf Anwendung des regulären Steuertarifs 26
- auf Aussetzung der Vollziehung nach §§ 361 AO, 69 FGO 141
- auf Erlass eines Mahnbescheides 302
- nach § 361 Abs. 2 S. 2 AO 149

An- und Abwachsungsprinzip 372

Anteile an der Komplementär-GmbH
- Sonderbetriebsvermögen 22
- Veräußerung 22

Anteile an einer GmbH & Co. KG
- Veräußerung 22

Antragspflicht bei Überschuldung und Zahlungsunfähigkeit 385
Anwaltsgebührenrecht 287
Anwendung der Sanierungsklausel 73
Anwendung des Verbrauchsfolgeverfahrens in der Steuerbilanz 172
Anwendungserlass zur AO 135
Anzahlung 183
Äquivalenzziffernkalkulation 249
Arbeitnehmerfreizügigkeit 382
Arbeitslosenquote 262
Arbeitsmarkt 263

Arbeitsverhältnis
- Arten der Beendigung 320

Archivierungs-CD 164
Arten der Vollmacht 304
Arthandlungsvollmacht 351
Ärztliche Leistungen 112
Asset Backed Securities 241
ATLAS-Verfahren der Finanzverwaltung 103
Atypisch stille Beteiligung 17, 37
Atypisch stille Personengesellschaft 37

Aufbewahrungsfristen
- für steuerliche Zwecke 163
- i.S.d. § 257 Abs. 4 HGB 162

Aufdeckung der stillen Reserven in der GbR 34

Aufgabe
- des Eurosystems 266
- des Insolvenzverwalters 383
- des Rechnungswesens 245

Aufhebung
- der Vollziehung 149

Auflassung 328
Auflösung einer GmbH 28
Auflösungsverlust 28
Aufrechnung 311

Aufstellung des Jahresabschlusses
- Fristen 161

Aufstockung eines Investitionsabzugsbetrags 204
Aufwands- und Ertragskonsolidierung 209

Aufwand und Kosten
- Abgrenzung 247

Aufwendungen
- aus dem Bau des Hauses 128
- für die soziale Altersversorgung 181
- für ein Studium 43

Ausbildungsfreibetrag 42
Auseinandersetzung der Erbengemeinschaft 338
Ausfuhrlieferung 103
Ausgabe 247
Ausgleich unter den Gesamtschuldnern 136

Ausländischer Abnehmer
- Voraussetzungen 103

Ausnahmen vom Verbot einer gewerblichen Tätigkeit 279
Ausschluss von der gesetzlichen Erbfolge 341

Ausschüttung
- aus dem Einlagekonto 27
- Belastung 74

Außenfinanzierung 237

Außenprüfung
- Kosten 192

Außenvollmacht 304
Außenwirtschaftliches Gleichgewicht 261
Außerordentlicher Aufwand 248
Außerplanmäßige Abschreibung auf den niedrigeren Zeitwert 215
Aussetzung der Vollziehung 149

Aussetzungsantrag nach § 69 Abs. 2 S. 1 FGO
- Ablehnung 150

Ausweis eines Aktivpostens nach § 274 Abs. 2 HGB 207

Ausweisgebote
- handelsrechtliche 171

Auswertung der Kapitalstruktur 256
Auszahlung 247
- der Kapitallebensversicherung in Form von Rentenzahlungen 36

Stichwortverzeichnis

B

B2B
- Grundregelung des § 3a Abs. 2 UStG 99

Barwertabbau 187
Barwert-Konzept 244
Basel II 240
Basel III 240
Beendigung von Berufsausbildungsverhältnissen durch Kündigung 320
Beförderungsleistung 101
- die ausschließlich im Drittlandsgebiet ausgeführt wird 101

Beförderungslieferung in Deutschland 94
Befreiung
- von der Beschränkung des § 181 BGB 305
- von Inventur-, Buchführungs- und Abschlusserstellungspflichten 157

Befriedigungsquote der Insolvenzgläubiger 390
Befristetes Arbeitsverhältnis 322
Befristung eines Arbeitsverhältnisses 321
Beginn der Festsetzungsverjährung bei Schenkungsteuer 144
Begrenzung der Haftung auf das Gesellschaftsvermögen bei fehlerhafter Berufsausübung 365
Begünstigung nach § 13b Abs. 2 S. 1 ErbStG 231
Behandlung selbst geschaffener immaterieller Vermögensgegenstände 181
Beherrschung der Besitzgesellschaft durch die Gesellschafter 31
Beihilfe zur Insolvenzverschleppung 280
Beiträge
- Definition 135

Beitreibungsrichtlinie-Umsetzungsgesetz 225
Bekanntgabe des Bescheides 145
Beratungsfehler 276
Beratungspflichten in der Krise 280
Bereicherung der Erwerbers 234
Bereicherungsrecht 323
Bereicherungsrechtlicher Anspruch 324
Bereicherungsrechtlicher Ausgleich 296
Berichtigung
- der Gesamthandsbilanz 201
- der Steuererklärung 153
- der Umsatzsteuer-Jahreserklärung 147

Berliner (Ehegatten)Testament 223
Berliner Testament 223, 340
Berufsgerichtliche Maßnahme 284
- Berufung 284
- nach Erteilung einer Rüge 285

Berufsgerichtliches Verfahren 284
Berufshaftpflichtversicherung 366
Beschaffungspolitik 249

Beschränkte Hilfeleistung in Steuersachen
- Befugnis zur 271

Beschränkt geschäftsfähig 294
Beschränkt Steuerpflichtige
- Grundfreibetrag 20

Beschränkung der Prokura 349
Besitz 326
- Definition 326

Besitzkonstitut 326
Besitzmittlungsverhältnis 326
Besitzübertragung
- an einem Haus 328

Besitzunternehmen 33
- Gewährung eines Darlehens 204
- im Rahmen einer Betriebsaufspaltung 17

Bestellung eines Notgeschäftsführers 363
Besteuerung
- beim Erwerb von Betriebsvermögen und Grundvermögen 227
- der offenen Rücklagen 83
- des Erwerbs von Betriebsvermögen 230, 231
- des Erwerbs von Grundvermögen 233
- grenzüberschreitender Lieferungen 106
- in der Liquidationsphase 75
- von elektronischen Dienstleistungen innerhalb der Europäischen Union 100

Besteuerungsgrundlagen
- Schätzung 141

Besteuerung von Grundvermögen
- nach dem 30.06.2016 234

Bestimmte Zeit
- Definition 183

Bestimmung des Orts der sonstigen Leistung im Zusammenhang mit künstlerischen, kulturellen, wissenschaftlichen Leistungen 99
Bestimmungslandprinzip 100, 106
- Durchbrechung des 106

Bestrittene Steuererstattungsansprüche 169
Beteiligung
- an einer englischen Limited mit Sitz in Deutschland 27
- an einer Kapitalgesellschaft, notwendiges Betriebsvermögen 56
- von unter 10 % 30

Betrieb eines Altenheims 68
Betriebliche Renten 41
Betriebsaufgabe 26
- ausdrücklich erklärt 26
- stille Reserven 23

Betriebsaufspaltung 16
- Voraussetzungen und Folgen 31

Betriebsergebniskonto 250
Betriebsfremder Aufwand 248

Betriebsgewinn 250
Betriebsstätte 38, 51
- Belgien 51
- Definition 51
- Verluste 51

Betriebsstättenerlass 50
Betriebsübergang
- Kündigung 321

Betriebsübertragung nach § 20 UmwStG 85
Betriebsunterbrechung 25
Betriebsverlust 250
Betriebsvermögen
- Bewertung 228
- Erbschaftsteuerreform 233

Betriebsvermögensvergleich nach § 4 Abs. 1 Satz 1 EStG 171
Betriebsverpachtung 25
Betriebsveräußerung
- beschränkt steuerpflichtige Einkünfte 20

Betriebsvorrichtungen 174, 178
Beurkundung des Gesellschaftsvertrages
- notarielle 371

Bevollmächtigte und Beistände 151
Bewegliche Sachen 328
Bewertung
- der Rentenverbindlichkeit 187
- des sonstigen Grundvermögens 230
- verdeckter Einlagen 58
- von Ein- und Zweifamilienhäusern, Sachwertverfahren 229
- von Nutzungen 236
- von Vermögensgegenständen oder Schulden in fremder Währung 162

Bewertungsstetigkeit 170
Bewertungsvereinfachungsverfahren 167
Bewertungsverfahren nach Ertragswertgesichtspunkten 228
Bezirksvertreter 352
- Provisionsansprüche 352

BGB 289
- Formvorschriften 300

Bilanzanalyse 255
Bilanzänderung 201
Bilanz des Kapitalverkehrs 261
Bilanzeid 166
Bilanzenzusammenhang
- Definition 168
- Durchbrechung 168

Bilanzierungsunterschiede 205
Bilanzierungswahlrechte 195
Bilanzlifting 165
Bilanzpolitik
- Definition 165

Bildung einer Pensionsrückstellung 18
BilRUG 158, 206
Blockheizkraftwerk 202
Bodenrichtwert 229
Börsennotierte Aktien des Anlagevermögens 213
Boten 304
Bringschuld 311
Brutto-Cash-flow 242
Bruttoinlandsprodukt 262
- zu Marktpreisen 259

Bruttoproduktionswert 259
Buchführung
- Betriebsstätten 164
- Elektronische Bücher 164
- im Ausland 164

Buchführungshelfer 273
Buchgeld 265
Buchhaltungsarbeiten und Lohnsteueranmeldungen
- Vorbehaltsaufgaben 273

Buchwertübertragung nach § 6 Abs. 5 EStG 60
Bundessteuerberaterkammer
- Aufgaben der 283
- Aufsicht über 283
- Sitz der 283

Bundeszentralamt für Steuern 110
Bürgerentlastungsgesetz 73
Bürgerliches Gesetzbuch siehe BGB
Bürgschaft 331
- aufschiebend bedingte 165
- Handelsgeschäft gem. § 349 HGB 358

Bürgschaftserklärung eines Kaufmanns 358
Bürokratieentlastungsgesetz 157, 181
Bußgeldsachen 151

C

Cash-flow 242
Cash-Pooling 323
Control-Konzept 207

D

Darlehen 184
- Ansprüche
- Abschreibung 70
- Aufnahme 333
- Drittvergleich 35
- notleidend 204
- partiarisches 323
- Unterschied zur Leihe 323
- Vertrag 322
- Zuschreibung nach einer vorhergehenden Teilwertberichtigung 71

Darlehensvertrag 322

- Kreditnebenkosten 183
Dauerfristverlängerung 122
Dauernde Wertminderung 211
DBA
- Frankreich 69
- Italien 41
- USA 6

Deckungsgrad 256
- A 257
- B 257

Degressive AfA 198
Dept-Equity-Swap 391
Derivate 241
Dienstbarkeit 330
- beschränkt persönliche 330

Dienstleistungsbilanz 261
Dienstvertrag 317
Direct Costing 252
Dividende 38
- gewerbesteuerliche Erfassung 68

Doppelbelastung
- bei der Besteuerung von Auslandsvermögen 220

Doppelbesteuerungsabkommen siehe DBA
D & O-Versicherung 367
Direktzusage 39
Disagio 184
Dividende
- Doppelbesteuerungsabkommen 66
- Gewerbesteuerpflicht 68

Doppelstöckige Personengesellschaft 18
Dreißigsten 344
Drittlandsgrenzüberschreitende Güterbeförderung 101
Drohende Zahlungsunfähigkeit 383
Drohverlustrückstellungen 53
- aus schwebenden Geschäften 53

Durchführung der Besteuerung 140
Dynamische Investitionsentscheidung 244

E

E-Bilanz 215, 216
- ausländische Unternehmen mit inländischen Betriebsstätten 217
- Ausnahmen von der Verpflichtung der elektronischen Übermittlung 216
- Besonderheiten 217
- gesetzliche Regelungen 216
- inländische Unternehmen mit ausländischen Betriebsstätten 217
- Verstoß gegen gesetzliche Verpflichtung zur elektronischen Übermittlung 217

EBITDA 64
EFSF 268

Ehegatte des Erblassers 221
EHUG 82
Eigenantrag
- ESUG 384

Eigenkapital 239
- handelsrechtlicher Ausweis 197

Eigenkapitalausstattung 238
Eigenkapitalersetzende Darlehen
- bei AG 30

Eigenkapitalquote 256
Eigenschaftsirrtum 298, 299
Eigentum
- an Grundstücken 328
- Definition 326

Eigentümer einer vermieteten Immobilie
- Totalüberschusserzielung 16

Eigentumsvorbehalt 315, 332
Eigenverwaltung 391
- Anordnung 391

Einbringung
- eines Betriebs, Teilbetriebs oder Mitunternehmeranteils, Ansatz des gemeinen Werts 82
- nach §§ 24 UmwStG 46

Einbringung des Betriebs
- zum Buchwert 88

Einbringungsgewinn gem. § 24 Abs. 3 UmwStG 89
Einheitliche Leistung 93
Einigung 327
Einkommen
- Ermittlung 50

Einkünfte
- aus Kapitalvermögen 34, 35, 37

Einlage
- einer Beteiligung in eine Kapitalgesellschaft 27
- einer wertgeminderten Beteiligung 56
- eines Wirtschaftsguts 11

Einlagerungsinventur 160
Einnahme 247
Einräumung eines unentgeltlichen Wohnrechts 234
Einrede 301
- und Einwendung 301

Einschaltung eines Ergänzungspflegers 35
Einseitig verpflichtender Vertrag 290
Einspruch
- Beschwerde 145
- Einhaltung der Einspruchsfrist 145
- finanzgerichtliche Klage 147
- gegen den Steuerbescheid nach §§ 347 ff. AO 141
- gegen einen belasteten Verwaltungsakt 146
- gegen einen Feststellungsbescheid 146
- gegen geänderten Einkommensteuerbescheid 147

- Rechtsbehelf bei einer unzuständigen Behörde 146
- rechtswidriger Bescheid 149
- Wiedereinsetzung in den vorigen Stand 146
- Zulässigkeitsvoraussetzungen 145

Einspruchsfrist 145
Einspruchsverfahren 147
Eintragung
- der Prokuraerteilung 349
- der Rechtsänderung im Grundbuch 328
- des Kannkaufmanns 346

Eintragungsfähigkeit der KG 364
Eintritt der Verjährung 301
Eintrittsklausel 373
Einzahlung 247
Einzelunternehmer
- Einbringung des Betriebs in eine GmbH 88
- Einbringung des Betriebs in eine neue GmbH & Co. KG 91

Einzelveranlagung 43
Elektronische Aufbewahrung 163
- steuerliche Besonderheiten 163

Elektronische Dienstleistungen 100
Ende der Betriebsunterbrechung 26
Endsaldo 261
Englische Limited 50
Entstehung eines privaten Veräußerungsgewinnes 11
Entstehung von Arbeitslosigkeit 263
Erbauseinandersetzung 47
Erbeinsetzung 341
Erben
- der ersten Ordnung 336
- der zweiten Ordnung 337

Erbengemeinschaft 337, 338
Erbfolge nach Stämmen 336
Erbordnung 336
Erbrecht 289
Erbringung der Stammeinlage 369
Erbschaft
- Ausschlagung 221, 338

Erbschaftsteuer
- Aktienerwerb 235
- ausländischer Erwerb 235
- Berechnung der 234
- Doppelbesteuerungsabkommen 220
- Freibetrag 220, 234
- frühere Erwerbe 235
- Renten, Nutzungen und Leistungen 236

Erbschaftsteuergesetz
- Verfassungswidrigkeit 226
- wichtige darunterfallende Vorgänge 219

Erbvertrag 340, 343
- Form 341

Erfüllung von Deklarationspflichten 173
Ergänzungsbilanz 22, 196
- bei entgeltlichem Wechsel sämtlicher Gesellschafter einer Personengesellschaft 197
- Beispiele für die Erstellung einer 197

Ergänzungspfleger 35
Ergebnisabweichungen in der Handelsbilanz 205
Erhebungsverfahren 140
Erhöhung des Rentenbarwerts 187
Erklärung des Rücktritts 312
Erklärungsirrtum 298
Eröffnung eines Insolvenzverfahrens 385
- Wirkung 383

Errichtung
- eines eigenhändigen Testaments 339
- eines Rohbaus 115

Ersatzansprüche
- des Gläubigers der Gesellschaft 367

Ertrag 247
- aus Lebensversicherungen 36

Ertragswertverfahren 253, 254
Erwerb
- des Vermögens im Zeitpunkt des Todes des Erblassers 337
- eines Familienheims 234

Erwerbsschwellenregelung 110
Erwerb von Todes wegen 219
- Steuerpflicht bei 219
- Steuerschuldner 219
- Wertermittlung 227

Escape-Klausel 64
ESM 268
ESUG 384
EuGH
- Nichtigkeitsklage 381
- Vertragsverletzungsverfahren 381
- Vorabentscheidungsverfahren 381
- Vorlage an den 380

Europäische Kommission 377
Europäische Wirtschaftsgemeinschaft 376
Europäische Zentralbank 377
Europäischer Rat 377, 378
Europäisches Parlament 377
Europarecht 376
- Definition 376

Europarechtliche Entscheidung 379
Europarechtliche Verordnung 379
EU und ihre Entstehung 376
Externes Rechnungswesen 245

F

Factoring 241
Fahrlässigkeit 325

Fahrzeuglieferungs-Meldepflichtverordnung 124
Faktischer Vertrag 293
Faktisches Vertragsverhältnis 293
Familienleistungsausgleich 41
Familienrecht 289
Fehlerhaftigkeit bei Erstellung des Jahresabschlusses 79
Fehlmaßnahme 212
Feinsteuerungsoperationen 268
Fensterputzer
- Rechnungsstellung 133

Fernabsatzrecht 316
Festsetzungsverjährung 144
Feststellung der Überschuldung 384
Feststellungsklage 148
Festwert 166
Finanzgericht
- Entscheidung ohne mündliche Verhandlung 150
- mündliche Verhandlung 150

Finanzgerichtsordnung 135
- Klagearten der 148

Finanzierung
- aus Abschreibungen 240
- durch Abschreibungsgegenwerte 238
- durch Gewinngegenwerte 238
- durch Rückstellungsgegenwerte 238, 240
- von Unternehmen 237

Finanzierungsformen 237
Finanzmarktstabilisierungsgesetz 384
Finanzwirtschaft
- Aufgabe 237

Firmenfortführung bei Inhaberwechsel 353
Firmenwert
- Aktivierung 22

Fixkostenproportionalisierung 251
Forderungsabtretung 312
Forderungsquote 256
Forfaitierung 241
Formerfordernisse 301
Formmangel
- Folgen 301
- Nichtigkeit eines Rechtsgeschäfts 300

Formular (USt 1 TG) 117
Forschungsaufwendungen 181
Fortführungshaftung nach § 25 Abs. 1 HGB 355
Fortsetzung der Gesellschaft mit den Erben 373
Fortsetzungsklausel 48, 373
Franchisenehmer 352
Französische Ertragsteuer 67
Freibetrag
- für Betreuung, Erziehung und Ausbildung 41
- für Pflegeleistungen 235

Freier Warenverkehr 381
Freihafen 105
Freiheit
- des Dienstleistungsverkehrs 382
- des Kapitalverkehrs 382

Fremdkapital 239
Fremdkapitalquote 256
Fremd- und Eigenkapital 239
Fremdwährungsverbindlichkeiten 186
Fristlose Kündigung 320
Funktionen von Geld 264

G
Gebäude 173, 176, 177
- -teile 173
- im Betriebsvermögen
- Abschreibung 12
- Nutzung
- sowohl für unternehmerische als auch für nichtunternehmerische Zwecke 125

Gebot zur außerplanmäßigen Abschreibung auf den beizulegenden Wert 211
Gebühren
- Definition 135
- für die Lohnbuchhaltung 288
- für Hilfeleistungen in Steuersachen 286

Gebührenrecht 287
Gefährdungshaftung 325
Gegenseitiger Vertrag 290
Gegenstand 139
- wird von dem Leistungsempfänger selbst ins Drittlandsgebiet befördert 103

Gegenstandsbegriff 139
Gehalt als Mitunternehmer gemäß § 15 Abs. 1 Nr. 2 EStG 18
Gehaltsumwandlung nach § 3 Nr. 63 EStG 39
Gelangensbestätigung 107
Geld
- Tauschmittelfunktion 264
- und Währung 264
- Wertaufbewahrungsfunktion 264

Geldformen 264
Geldmengenbegriffe
- Geldmenge M1 265
- Geldmenge M2 266
- Geldmenge M3 266

Geldmengendefinitionen der EZB 265
Geldpolitische Operationen der EZB 267
Geldwertstabilität 261
Gemeinkostenschlüsselung 251
Gemeinnützige Stiftung
- Einbringung des Vermögens in eine – 49

Gemeinschaftliches Testament 340

– Testament von Ehegatten 340
Gemeinschuldner 383
Gemischte Schenkung
– Definition 224
Generalhandlungsvollmacht 351
Genussschein 239
Gepäckschein 330
Gerätenummer 132
Geregelte Gesamtrechtsnachfolge 136
Gerichtliche Bestellung eines Notgeschäftsführers 363
Gerichtlicher Rechtsschutz des Steuerpflichtigen 145
Gerichtliches Mahnverfahren 302
Gerichtliches Rechtsbehelfsverfahren 144
Gerichtshof der Europäischen Union 377
Gesamtkostenverfahren 250
Gesamtplanrechtsprechung 25
Gesamtrechtsnachfolge 7, 312, 337, 338
Gesamtschuldner nach § 44 AO 136
Geschäfte von Angestellten in einem Laden mit Wirkung für und gegen den Ladeninhaber 351
Geschäftsanteile einer GmbH
– Veräußerung 372
– Vererbung 372
Geschäftsbetrieb
– in kaufmännischer Weise eingerichteter 156, 346
Geschäftsfähigkeit 294
– beschränkte 296
Geschäftsführer
– Auskunftsverweigerung 368
– der KG 15
– Gehalt 17
Geschäftsführungsbefugnis 362
– bei der GbR 362
Geschäftsunfähig 294
Gesellschaft
– Überschuldung 385
Gesellschaft bürgerlichen Rechts (GbR)
– Haftung 360
– Unterscheidung von OHG und KG 360
– Vertretung 362
Gesellschafter
– Tantieme 63
Gesellschafterhaftung nach § 171 Abs. 1, 2 HGB 362
Gesellschafterwechsel in einer Personengesellschaft 372
Gesetze und Verordnungen
– für Steuerberater 270
Gesetzliche Erbfolge 220, 336
Gesetzliches Erbrecht 336
Gesetz zur Änderung der Abgabenordnung und des Einführungsgesetzes 155

Gesetz zur Verkürzung des Restschuldbefreiungsverfahrens und zur Stärkung der Gläubigerrechte 392
Gesetz zur weiteren Erleichterung der Sanierung von Unternehmen 384
Gesonderte Übermittlung von Sonder- und Ergänzungsbilanzen 216
Gewerbebetrieb
– Definition 345
Gewerbesteuer
– Finanzierungsaufwendungen 65
– in der Steuerbilanz, Rückstellung 14
– Verlustvortrag 9
Gewerbesteuerrückstellung 14, 54, 200
Gewerbliche Mitunternehmerschaft
– Tatbestandsmerkmale 194
Gewerblich geprägte Personengesellschaft 16
Gewerblichkeit der Betriebsaufspaltung 17
Gewillkürtes Sonderbetriebsvermögen II 56
Gewinn
– aus der Veräußerung eines Anteils 23
– aus Betriebsstätten 6
– aus dem Filmfonds 8
– aus Sonderbetriebsvermögen 13
– -hinzurechnung nach § 15a Abs. 3 EStG 9
Gewinnabführungsvertrag 79
Gewinnvergleichsrechnung 243
Gläubiger 331
Gläubigerausschuss 388
– Aufgaben 388
Gläubigerausschussvorschriften im eröffneten Verfahren 388
Gläubigerversammlung
– Aufgaben der 387
Gliederungsgrundsätze für den Jahresabschluss von Kapitalgesellschaften 161
GmbH
– Abschluss des notariellen Gesellschaftsvertrags 371
– Anwachsung beim Ausscheiden eines Gesellschafters 232
– Beteiligung als stiller Gesellschafter 37
– Bilanzgewinn 52
– Darlehen von der Hausbank 65
– Eintragung in das Handelsregister 370
– Geschäftsführungsbefugnis 366
– im Wege der Bargründung 87
– laufende Verluste 71
– Sachgründung 87
– Unterschied zwischen Jahresüberschuss und Einkommen 52
– Verlustvortrag 73
– Vollgesellschaft 370

- Vorgesellschaft 370, 371
- Vorgründungsgesellschaft 370

GmbH & atypisch Still 17
- Besteuerung 17

GmbH & Co. KG 24, 195

GmbH-Anteile
- Ermittlung des gemeinen Werts 228

GmbHG
- Informationsrecht 368

GoBD 163
Grenzplankostenrechnung 253
Größenklassen für Kapitalgesellschaften 158

Grundbuchamt
- Eintragung von Eigentümern 294

Grundbuchblatt 330
Grunddienstbarkeit 330
Grundfreiheiten des EG-Vertrags 381
Grundpfandrechte 331
Grundsatz der Darstellungsstetigkeit 161
Grundsatz der Maßgeblichkeit 171
Grundsatz der Sondererbfolge bzw. Sonderrechtsnachfolge 373
Grundsatz der umgekehrten Maßgeblichkeit 14
Grundsatz der Vorjahresbetragsangabe 161
Grundsätze ordnungsmäßiger Buchführung 164
Grundschuld 331
Grundstück 173, 176, 177
Grund und Boden 175, 177

Gründung
- der Gesellschaft 360
- einer GmbH 368, 370
- einer Personengesellschaft 10
- einer UG 86

Grundvermögen
- Bewertung für die ErbSt 228

Gütergemeinschaft 334

Güterrechtsschaukel
- Definition 222

Güterstand 334
- der Zugewinngemeinschaft 221
- gesetzlicher 374

Gütertrennung 222, 334
Gutglaubensvorschriften 374

Gutgläubiger Erwerb 327
- an unbeweglichen Sachen 328
- von Beteiligungen 374

Gutschrift 119, 131

H

Haftung
- bei Organschaft 138
- bei Veräußerung eines Unternehmens im Ganzen 139
- Definition 137
- der Gesellschaft und Forderungsübergang 355
- der Vertreter 138
- des Betriebsübernehmers 138
- des Eigentümers von Gegenständen 138
- des Erben 355
- des Erwerbers bei Firmenfortführung 353
- des Kaufmanns bei Handelsgeschäften 358
- des Kommanditisten, Wiederaufleben 361
- des Steuerhinterziehers 138
- einer Gesellschaft für die Verbindlichkeiten des vormaligen Einzelunternehmers 356
- für eine fehlerhafte Geschäftsführung bei AG und GmbH 367
- für eine Steuerschuld 137
- für nachgewiesenes Verschulden 325
- für Umsatzsteuerschulden 139
- für vermutetes Verschulden 325
- nach § 69 AO 138
- ohne Verschulden 325
- von Gesellschaftern einer GmbH, OHG, KG und GbR 140

Haftungsausfüllende Kausalität 325
Haftungsbegründende Kausalität 325

Haftungsbescheid 137, 149
- Einspruch 149
- Erlass 149

Haftungsbeschränkung für Verbindlichkeiten 354
Haftungsgegenstand 139

Haftungsinanspruchnahme der Vorstände und Geschäftsführer
- Haftungsnormen 367

Haftungsschuldner 137
Haftungstatbestände 325
Handelndenhaftung 365
Handeln in fremdem Namen 304

Handelsbilanz 261
- II 209

Handelsbräuche 356
Handelsbücher und Jahresabschluss 162

Handelsgeschäft 356
- Arten von 356
- gemäß §§ 343, 344 HGB 314

Handelsgeschäftliches Kontokorrent 359

Handelsgesellschaften 347
- als Formkaufleute 347

Handelsgewerbe 156
Handelsrechtliche Aktivierungsgebote und Aktivierungswahlrechte 171
Handelsrechtliche Passivierungsgebote 172
Handelsrechtlicher Ausweis des Eigenkapitals 197

Handelsregister 164, 347
- Abteilungen des 348

- Einsichtnahme ins 347
- Eintragung rechtserheblicher Tatsachen 348

Handelsregistereintragung
- falsche 361

Handelsvertreter
- Definition 352
- Unterschied zum Kommissionär 352

Handlungsgehilfen 349

Handlungsvollmacht 350
- Arten der 351
- Übertragung 351

Handschriftliches Testament 338
Hauptpflicht des Verkäufers 313
Hauptrefinanzierungsgeschäfte 267
Herstellung der Ausschüttungsbelastung 74

Herstellungskosten
- Prämie für Ausfuhrversicherung 181

Hilfeleistung in Steuersachen 271
- Ausnahmen 271
- wer darf - leisten 271
- Wertgebühr 286

Hilfsmittel 2
Holschuld 311
Hybride Finanzierungsarten 240
Hypothek 331

I

Imparitätsprinzip 211
Inflationsrate 262
Informationsrecht des Gesellschafters der GmbH 368
Inhaberpapiere 330
Inhaltsirrtum 298
Inkongruente Deckung 389
Inländerdiskriminierung 382
Inlandsprodukte 260
Innenfinanzierung 237
Innenvollmacht 304

Innergemeinschaftliche Lieferung
- steuerfreie 106

Insichgeschäft 305

Insolvenz
- Anfechtung 388, 389
- kapitalersetzendes Darlehen 388

Insolvenzantrag 384

Insolvenzgläubiger
- Ansprüche des 386

Insolvenzmasse
- Definition 385

Insolvenzplanverfahren 390
- ESUG 391

Insolvenzquote 387

Insolvenzrechtsreform
- 2. Stufe 392

Insolvenzverfahren
- auf Antrag 384
- Eröffnung des Verfahrens 383
- Gläubigerkategorien 385
- Voraussetzungen für die Eröffnung 383
- Voraussetzungen und Gründe 383

Insolvenzverwalter
- Aufgaben des 387

Inspire Art 371
Instrumente der Geldpolitik der EZB 266
Internationale Zahlungsbilanz 261
International Portable Equipment Identifier 132
Internes Rechnungswesen 246
Inventur 160
Inventurvereinfachungsverfahren 160
Investition 242
Investitionsabzugsbetrag 202, 203
Investitionsarten 243
Investitionsentscheidungen 242
Investitionszulage 179
Invitatio ad offerendum 291
IPEI-Nr. 132
Istkaufmann 345

Ist-, Normal- und Plankostenrechnung
- Unterschiede 251

J

Jahresabschlussanalyse 255
- Kennzahlen 255

Jahressteuergesetz 2010 225
Jährlich fallende Zinssätze 184

Jastrow'sche Formel/Klausel 223
- Besonderheiten 223

K

Kalkulationszinsfuß 244
Kalkulatorische Abschreibungen 248
Kalkulatorische Eigenkapitalzinsen 248
Kalkulatorische Kosten 248
Kalkulatorische Miete 248
Kalkulatorischer Unternehmerlohn 248
Kalkulatorische Wagnisse 249
Kalkulatorische Zinsen 248
Kannkaufmann 346
Kapazitätserweiterungseffekt 238
KapCoRiLiG 195

Kapitalerhöhung
- aus Gesellschaftsmitteln 77
- bei der UG (haftungsbeschränkt) 372

Kapitalersetzende Darlehen 389

Kapitalforderungen und Schulden
- Bewertung mit dem Nennwert 227

Kapitalfreisetzungseffekt 238

Stichwortverzeichnis

Kapitalgesellschaft
- Anlagespiegel 166
- Einlagen 59

Kapitalkonsolidierung 209
Kapitalrücklage 193
Kaskadeneffekt 66, 67

Kauf eines Fahrzeugs
- durch Handelsvertreter 113
- durch Versicherungsvertreter 112

Kaufleute und AGB 357

Kaufmann
- als Absatzmittler 351
- Eintragung ins Handelsregister 345

Kaufmännische Gutschrift 131
Kaufmännisches Bestätigungsschreiben 357
Kaufmännisches Zurückbehaltungsrecht 357

Kaufmannsbegriff 345
- des HGB 156

Kaufmannseigenschaft 345
- von Vorstandsmitgliedern 347

Kaufvertrag
- Anfechtungsgrund 292
- Hauptleistungspflichten 313
- Wirksamkeit 295
- Zustandekommen 291

Kausalgeschäft 326
Keynes 263

KG
- Gewährung einer Pensionszusage 18
- Haftung 361
- Organträger 19
- vermögensverwaltend tätige 16
- Vertretung 362

KGaA 23

Kinderfreibetrag 41, 42
- für Kinder > 25 Jahre 43
- Übertragung 41

Kleinbetragsrechnung 130
- falscher Steuerbetrag 130

Kleingewerbetreibende 346
Kombinationswertverfahren 254
Kommanditaktionäre 23

Kommanditist
- Hafteinlage 9
- Haftung im Fall einer Insolvenz 10
- organschaftliche Vertretungsmacht 363
- Totalüberschuss 7

Kommission 378
Kompetenzen 380
Komponentenansatz nach den IAS bzw. IFRS 178
Kongruente Deckung 389

Konsolidierung 209
- -skreis 209

Kontoform 162

Konzernabschluss
- Bekanntmachung im Bundesanzeiger 210
- Bestandteile des 208
- MicroBilG 208
- Prüfungspflicht 210
- Sprache und Währung 208
- Stichtag der Erstellung 209
- Wertansatz bei Vermögensgegenständen und Schulden 210
- Zeitraum der Aufstellung 208

Konzernanhang 208
Konzernbilanzierung 207
Konzessionen für Personenbeförderungsleistungen 199
Körperschaftsteuererhöhung des § 38 KStG 74
Körperschaftsteuerguthaben des § 37 KStG 74

Körperschaftsteuersatz
- Höhe des 74
- Vergleich zum Thesaurierungssatz 74

Korrektur von Verwaltungsakten 142
Korrespondenzprinzip 33

Kosten 247
- der allgemeinen Verwaltung 180
- der Kindertagesstätte 42

Kostenartenrechnung 249
Kostenkurve 259
Kostenstellenrechnung 249
Kostenträgerrechnung 249
Kosten- und Leistungsrechnung 245
Kostenvergleichsrechnung 243
Kostenvoranschlag 319
Kreditkündigung 322
Kreditnebenkosten 183
Kreditsicherheiten 331

Kreditvergabe
- Erhaltung des Stammkapitals 367

Kündigung
- des Bestellers 318
- unwirksame 320
- von Arbeitsverhältnissen 319
- zwecks Verhinderung des Arbeitsverhältnisübergangs 321

Kürzungsvorschrift des § 9 Nr. 2a GewStG 68

Kurzvortrag 5
- Themen 1
- Vorbereitung auf den 1
- wichtige Leitlinien 4

L

Lagebericht 166
- Prüfung und Offenlegung 166

Längerfristige Refinanzierungsgeschäfte 268

Lastenfreier Erwerb durch § 16 Abs. 3 GmbHG 375
Latente Steuern 54, 205
Leasing 239
Leichtfertige Steuerverkürzung 144
Leihe
– und Schenkung, Unterschied 323
Leistung 247
– an Erfüllungs Statt 311
– eines Gerüstbauers 117
– erfüllungshalber 311
Leistungskommission 98
Leistungskondiktion 323
Leistung zur Verwendung für eine unentgeltliche Wertabgabe 97
Liebhaberei 16, 279
Lieferbegriff 92
– Übertragung von Vertragsbündeln 92
Lieferschwellenregelung 110
Lieferung 102
– Definition 92
– eines Gegenstands auf Probe 94
– im Umsatzsteuerrecht 92
Lifo-Methode 167
– Anwendung 168
Limited 365
– Erstellung von Bilanzen in Deutschland 50
– in Deutschland beschränkt steuerpflichtig? 50
– Liability Partnership 365
– Organgesellschaft 51
Liquidation 75
– Auflösungsbeschluss 75
– Auflösungsgründe 75
– besonderer Steuersatz des § 34 Abs. 2 Nr. 4 EStG 76
– Löschung 75
– Teilwert des Pensionsanspruchs 75
Liquidationsanfangsbilanz 75
– Rückstellung für Pensionszusage 75
Liquidationsendbilanz 75
Liquidationsgewinn 75
Liquidationsschlussbilanz 75
Liquidationswert 254
Liquidationswertverfahren 253
LLP 365
Lohmann-Ruchti-Effekt 238
Lohnsteuerhilfeverein
– Aufsichtsbehörde 272
– Definition 272
– Einkünfte von Mitgliedern des 272
– Pflichten des 272

M
Maastricht-Vertrag 376

Magisches Viereck des Stabilitätsgesetzes 260
Mahnbescheid
– rechtskräftiger 302
– Widerspruch 303
Mahnung 302
– Entbehrlichkeit 308
Mahnverfahren 302
Makroökonomie und Wirtschaftspolitik 259
Makroökonomische Theorie 258
Mängelansprüche
– des Käufers 313
– Werkvertrag 317
Mangelfolgeschäden 314
Mangelfreie Lieferung 314
Mangelschaden 314
Mantelkauf 71
Massearmut 386
Massegläubiger 386
Massekosten 386
Masseverbindlichkeiten 386
Maßgeblichkeitsgrundsatz 14, 69
– Definition 171
Mehrfamilienhaus 329
– und Eigentumswohnung, Unterschiede 329
Mehrstufige Deckungsbeitragsrechnung 252
Mentale und körperliche Prüfungsvorbereitung 1
Methode nach IDW S 1 228
Mezzanine-Kapital 240
MicroBilG 157
– Änderungen durch das 158
– Inkrafttreten 159
– Konzernabschluss 208
– Offenlegungspflicht 159
Micro-Hedge 170
Mietereinbauten oder Mieterumbauten 174
Mikroökonomische Theorie 258
Minderjährige 294
– Abschluss eines Kaufvertrags 294
– Übereignung 294
– unerlaubte Handlung 325
Mindestbemessungsgrundlage 134
Mindestreservepolitik 268
Mindestversicherungssumme für Steuerberater 366
Mindestversicherungssummen
– Partnerschaftsgesellschaften 366
Mittelwertmethode 254
Mitunternehmer
– -initiative 16, 194
– -risiko 16, 194
– Definition 194
– einer gewerblich tätigen Personengesellschaft
– Ermittlung der Einkünfte 194
– im Ausland ansässiger 13

Mitunternehmerschaft 16
Mobiliarsicherheiten 331
Modifizierte Zugewinngemeinschaft 335
Möglichkeiten der Kapitalerhöhung nach dem GmbHG 76
MoMiG
– Anrechnungslösung 370
Motivirrtum 299
Multiplikatormethode 254
Mündliche Bürgschaftserklärung 358
Mündliche Vollmacht 305
Münzen 265

N
Nacherbe 223
Nachfolgeklausel 48
– einfache 373
– einfache oder qualifizierte 373
Nachfragekurve 258
Nachfrageorientierte Finanzpolitik 263
Nachgelagerte Versteuerung 40
Nachlassgegenstand 338
Nachlassverbindlichkeiten
– latente Steuern 225
Nachrangige Insolvenzgläubiger 387
Nachträgliche Anschaffungskosten auf die Beteiligung 29
Nachvermächtnis 223
Nachversteuerungsgefahr 231
Nachweise über das tatsächliche Gelangen des Gegenstands in den anderen Mitgliedstaat 107
Negativer Progressionsvorbehalt 6
Negatives Kapitalkonto des Kommanditisten 8
Nettoinlandsprodukt
– zu Faktorkosten 259
– zu Marktpreisen 259
Neues Fahrzeug nach § 1b UStG 119
Nicht ausgenutzte Verluste des Erblassers 7
Nichtigkeit eines Rechtsgeschäfts
– Gründe für 297
Nichtigkeit eines Vertrages 297
Nichtigkeitsklage 381
Nichtleistungskondiktion 323
Nicht steuerbare Geschäftsveräußerung 130
Nichtzulassung der Revision
– Beschwerde 151
Nichtzulassungsbeschwerde 150, 151
– gegen die Nichtzulassung der Beschwerde 150
Niederstwertprinzip
– gemildertes 211
Noch nicht fällige Ansprüche aus Lebensversicherungen
– Bewertung von 227

Notarielle Beurkundung und öffentliche Beglaubigung
– Unterschiede 329
Notarielles Testament 339
Notwendiges Sonderbetriebsvermögen II 56

O
OECD-Musterabkommen 38, 52
Offene Einlage 28, 59
Offener Kalkulationsirrtum 298
Offenkundigkeitsgrundsatz 304
– Ausnahmen 304
Offenlegungspflichten
– von Kleinstkapitalgesellschaften 159
Offenmarktgeschäfte 267
Öffentliche Beglaubigung 301, 329
OHG
– Vertretung 362
Ordentliche Kündigung 320
Ordnungsgemäße Erfüllung einer Schuld 310
Ordnungswidrigkeit 109
– nach § 379 Abs. 1 AO 154
Organe der EU 377
Organgesellschaft
– Betriebsprüfung 79
– fehlerhafter Jahresabschluss 79
– Limited 51
Organkompetenz
– der EU 380
Organschaft 52, 77
– Ausgleichszahlung 78
– Definition 77
– Dividende im Organkreis 77
– fiktives Einkommen 78
– Gewinnabführungsverpflichtung 78
– Gewinnabführungsvertrag 78
– GmbH & Co. KG 77
– Mehr- oder Minderabführungen 79
Organträger
– Einkommen 78
– mit Sitz im Ausland 80
– Sitz im Ausland 52
Ort der Lieferung 95, 102
Ort der sonstigen Leistung nach § 3a Abs. 1 UStG 100
– Grundregelungen 98

P
Parentelen 220
PartGmbB 365
Partielle Verfassungswidrigkeit des § 17 EStG 29
Partnerschaftsgesellschaft 275
– anerkannte 276

– Gründe für eine Nichtanerkennung als Steuerberatungsgesellschaft 276
– mit beschränkter Berufshaftung 365
– nicht anerkannte 276
Partnerschaftsregister 365
Passive latente Steuern 54
Passive Steuerabgrenzungen 207
Passivierungsverbote und Passivierungswahlrechte in der Handelsbilanz 172
Pensionsfonds 39
Pensionskasse 39
Pensionsrückstellung 193
– Erhöhung um den jährlichen Teilwertzuwachs 18
Periodenfremder Aufwand 248
Perioden-LiFo-Verfahren 167
Permanent differences 206
Permanente Inventur 160
Permanentes LiFo-Verfahren 167
Personalsicherheiten 331
Personelle Verflechtung 16
Personengesellschaft
– aktiviert Wirtschaftsgüter mit gemeinem Wert 89
– Aufnahme eines weiteren Gesellschafters 91
Pfand- oder Sicherungsgut 386
Pfandrecht 332
Pfandrechtsgläubiger 386
Pfändung 142
– Einspruch gegen 142
Pflegeleistungen
– Freibetrag 235
– zugunsten des Schenkers oder des Erblasser 235
Pflichten für Bilanzvermerke
– bei Verbindlichkeiten von Kapitalgesellschaften 187
Pflichtteil 341, 342
– -srecht 222, 342
Pflichtteilsanspruch
– Vermeidung von 342
Pflichtteilsberechtigter 341
Pflichtteilsergänzungsanspruch 342
Pflichtverletzungen des Beraters
– Sanktionen 283
Photovoltaikanlage 202
Positives Kapitalkonto 8
Preispolitik 249
Primäres Gemeinschafsrecht 379
Privatautonomie 289
Private Bürgschaftserklärungen für Darlehen eines Familienangehörigen 358
Private Rentenversicherung 40

Privatnutzung eines Fahrzeugs 96
Privilegierung des Erwerbs von Betriebsvermögen 232
Produktionskonto 259
Programmpolitik 249
Progressionsvorbehalt 6
Prokura 349
– -erteilung 349
– Übertragung 351
Pro-Rata-Temporis-Regelung 232
Prüfungsgespräch 5
Prüfungstag 2
Prüfungsthemen 2
– richtige Themenwahl 2

Q
Qualifizierte Nachfolgeklausel 48, 373
Quasi-permanente Differenzen 206
Quellensteuer 66, 67
– Anrechnung ausländischer 67
Quotale Übertragung 46

R
Rangrücktritt 53
Rat der Europäischen Union 378
Realisationsprinzip 169
Realoptionsansätze 254
Realsicherheiten 331
Realteilung 23
– des Betriebs nach § 16 Abs. 3 Satz 2 EStG 47
– ohne Ausgleichszahlung 47
Realvermögen 265
Rechnung 119
– Archivierungs-CD 163
– korrigierte 132
– per E-Mail-Anhang 133
– unvollständig 132
Rechnungsabgrenzungsposten
– Arten von 182
– für Umsatzsteuerbeträge 184
– im HGB und EStG 182
Rechnungshof 377
Rechnung und Rechnungsinhalte 130
Recht der Europäischen Union 376
Recht der Schuldverhältnisse 289
Rechtsdienstleistungen 272
Rechtsdienstleistungsgesetz 272
Rechtsfähigkeit 289
– Beginn und Ende 289
– Begriff 289
Rechtsfolgen des § 20 UmwStG 85
Rechtsformwahl 364
Rechtsgeschäft 290

Stichwortverzeichnis

- Arten von 290
- mit Minderjährigen 295

Rechtshindernde Einwendungen 301

Rechtsmittel
- bei Entscheidungen des Finanzgerichts 150

Rechtsquellen des Unionsrechts 378
Rechtsscheinwirkung des § 16 Abs. 3 GmbHG 375
Rechtsschutz in der EU 380
Rechtsschutzsystem des AEUV 381
Rechtssetzungskompetenz der EU 380
Rechtsvernichtende Einwendungen 301

Rechtsweg
- vom Finanzamt zum BVerfG 380

Regelbesteuerung 115
Register 164
Reihengeschäft 95
Reinigung von Gebäuden und Gebäudeteilen 117
Reiseleistung nach § 25 UStG 98
Rektapapiere 330
Rentabilitätsvergleichsrechnung 243

Rente
- als Versorgungsleistung 38

Rentenbarwert 186
Rentenvereinbarung 179
Reparaturarbeiten an Gebäuden 122

Restschuldbefreiung 392
- -sverfahren 392
- Versagung der 392

Return on investment 257
Reverse-Charge-Verfahren 117
Revision an den BFH 150
Rhetorikkurs 1
Richtlinie 2005/36/EG über die Anerkennung von Berufsqualifikationen 271
Richtlinie im europarechtlichen Sinne 379

Rückgaberecht
- des Käufers 314
- im Kaufrecht 314

Rücklage 193
- für Ersatzbeschaffung 201
- gesetzliche 193
- nach § 6b EStG 19, 91

Rückschlagsperre 390
Rückständige Steuern 138

Rückstellung
- bei Vereinbarungen zur Altersteilzeit 191
- Bewertung von 188
- für die Aufbewahrung von Geschäftsunterlagen 191
- für drohende Verluste 79
- für drohende Verluste aus schwebenden Geschäften 185
- für Kosten einer Außenprüfung 192
- für nicht genommenen Urlaub eines Arbeitnehmers 191
- für ungewisse Verbindlichkeiten 189
- in der Steuerbilanz 188
- nach Handelsrecht 187
- unterlassene 190
- wegen Asbestverunreinigung 189
- wegen Schadensersatzzahlungen 190

Rücktritt 312

Rügerecht des Vorstandes
- Beispiel für das rügefähige Verhalten eines Steuerberaters 284
- Verjährung 285

Rürup-Rente 40

Rürup-Vertrag
- Zertifizierung 41

S

Sache
- Definition 326

Sacheinlage 371
Sacheinlageverbot 372
Sachenrecht 289
Sachgründung 86
- offene Sacheinlage 60

Sachliche Verflechtung 16
Sachmangel 313
- Beweislast 313

Sachwertabfindung 23
Sachwertverfahren 230
Sale and Lease Back-Verfahren 92
Sammelposten 200
Sanierungsklausel 73
Schäden an anderen Rechtsgütern des Käufers 314
Schadenersatzanspruch 307
- durch unerlaubte Handlung nach § 823 BGB 324
- gegen den Steuerberater, Verjährung 281
- wegen Verzug 307, 308

Schaufensteranlage 173, 174
Scheidung
- und Testament 340
- Zerrüttungsprinzip 335

Scheingeschäft 300
Scheinhandlungen 300
Scheinkaufmann 346
Schenkung
- Definition 219
- eines Fahrzeugs 93
- eines Geldbetrags 35
- eines Mietwohngrundstückes 220
- Steuerpflicht bei 219
- Steuerschuldner 219

- unter Auflage 224
- unter Lebenden
- Wertermittlung 227
Schenkungsvertrag 290, 335
Schickschuld 311
Schlusserbe 223
Schönheitsoperationen 112
Schriftform 301
Schuldbeitritt 331
Schulden
- und Haften für Steuerverbindlichkeiten 137
Schuldenbereinigungsplan 392
Schuldenkonsolidierung 209
Schuldrecht
- AT 306
- BT 306
Schuldrechtliches Verpflichtungsgeschäft 325
Schuldübernahme 312, 313
- Genehmigung des Gläubigers 312
Schuldverhältnis
- Erlöschen von 311
Schumann-Plan 376
Schutzschirmverfahren 391
Schwarzgeldbekämpfungsgesetz 154, 155
Schwebendes Geschäft
- Beginn und Ende 185
- Definition 184
Schwellenwerte im HGB 157
Sekundäres Gemeinschaftsrecht 379
Selbständige und unselbständige Gebäudeteile 173
Selbständige und unselbständige Hilfspersonen des Kaufmanns
- Unterschiede 349
Selbstanzeige 154, 155
- bei Steuerhinterziehung 153
- strafbefreiende Wirkung 154
Selbstfinanzierung 238
Selbst geschaffene immaterielle Vermögensgegenstände
- Bewertung in der Handelsbilanz 181
Selbstkontrahierungsverbot des § 181 BGB 335
Sicherungsabtretung 332
Sicherungsübereignung 332
Sittenwidrigkeit 297
Sitz einer GmbH 30
Sitztheorie 50, 367
Sitzverlegung einer SE in ein Land außerhalb der EU 31
Societas Europaea 30
Sonderbetriebsvermögen 22
- Bilanzierungspflicht 195
- steuerliches 195
Sondergut 334

- Einkünfte aus 334
Sonstige Leistung
- Abgrenzung von der Lieferung 96
- im Umsatzsteuerrecht 96
Sozialprodukte 260
Sozietät
- und deren Mitglieder 275
- und Steuerberatungsgesellschaft 275
Spareinlagen 265
Speisen 102
- Zubereitung 102
Sperrfristverhaftete Anteile nach § 22 UmwStG 88
Spezialhandlungsvollmacht 351
Stabilitätsgesetz 260
Stammaktie 238
Stammkapital
- Zeitpunkt der Erbringung 369
Stammkapitalerhöhung 371
Stand-alone-Klausel 64
Ständige Fazilitäten 267
Statische Investitionsentscheidung 243
StBVV 285
Stellvertreter
- Geschäftsfähigkeit 304
- und Bote 303
Stellvertretung 303
- Unzulässigkeit 303
Step-down-Gelder 183
Steuerbefreite innergemeinschaftliche Lieferung nach § 4 Nr. 1 Buchst. b i.V.m. § 6a Abs. 1 UStG 113
Steuerbefreite Umsätze
- eines Arztes 111
Steuerbefreiung 110
- echte 110
- echte oder unechte? 110
- für ärztliche Leistungen 111
- nach § 4 Nr. 28 UStG
- bei Entnahme eines Gegenstands für unternehmensfremde Zwecke 114
Steuerberater
- Abrechnung entstandener Auslagen 286
- Berufsordnung Steuer 277
- Berufspflichten 277
- Entwurf eines GmbH-Vertrags 272
- Fehler eines 280
- Kooperation mit einem Bilanzbuchhalter 277
- Möglichkeiten der Kooperation 276
- -Partnerschaftsgesellschaft, Haftung 276
- Pflichten durch das Steuerberatungsgesetz 277
- Rechtsmittel gegen Rüge des Vorstands 283
- Regressansprüche gegen Vorberater 281
- Schadensersatz bei Fehlern eines 280
- Tätigkeiten des 274

Stichwortverzeichnis

- und Werbung 279
- versagte Tätigkeiten 279

Steuerberatergebührenordnung 285
- Angemessenheit 286
- Höhe der Gebühr 285
- höhere Gebühren 286

Steuerberaterkammer 282
- Aufgaben der 282
- Geschäftsführungsorgan der 282
- Rügerecht des Vorstands der 283

Steuerberatervergütungsverordnung 285, 287

Steuerberatungsänderungsgesetz
- Definition 270

Steuerberatungsgesellschaft
- Gesellschafter einer 275
- Leistung von Hilfe in Steuersachen 274
- Rechte und Pflichten 281
- Voraussetzungen für die Anerkennung 274

Steuerberatungsgesellschaft in Form einer KG oder GmbH & Co
- Handelsregistereintragung 275

Steuerberatungsgesetz
- Regelungen des 270

Steuerberatungsvertrag 318

Steuerbescheid
- Änderung 143
- Erlass von 141
- Festsetzungsfrist 143
- unlautere Mittel 144

Steuerbevollmächtigter
- Tätigkeiten der 274

Steuerbürokratieabbaugesetz 216
Steuererhebung 141

Steuererklärung
- Abgabepflicht 140

Steuererstattungsanspruch 169

Steuerforderungen
- Ansprüche 135

Steuerfreie Lieferung nach § 4 Nr. 28 UStG 114

Steuerfreiheit
- des Verkaufsumsatzes 129
- Verzicht auf 130

Steuergeheimnis
- Verletzung des 136
- Wahrung des 136

Steuerhinterziehung 153, 155
- Teilberichtigung 155
- Verjährung 152

Steuerlatenzen 206
- Geschäfts- und Firmenwert 206

Steuerliche Nebenleistungen 135

Steuerlicher Rückstellungsbetrag
- einer Pensionsverpflichtung 193

Steuerliches Verfahrensrecht und Steuerstrafrecht 135

Steuern
- Definition 135

Steuernachzahlungen 169
Steuerrückstellungen 53
Steuerschuldrecht 136
Steuertarif ab dem Veranlagungszeitraum 2008 13

Steuervereinfachungsgesetz
- 2011 225

Stiftung & Co. KG 18
Stille Beteiligung 37
Stille Reserven 24
Strafbefreiende Wirkung der Selbstanzeige 154
Strafrechtliche Verfolgungsverjährung 154
Strukturelle Operationen 268
Stuttgarter Verfahren 228
Substanzerhaltungsverpflichtung 33
Substanzwert 254
Substanzwertverfahren 253
Surrogat 139

Syndikussteuerberater 278
- gesetzliche Rentenversicherungspflicht 278

Systeme der Teilkostenrechnung 252

T

Taschengeldparagraf 295
Tätigkeit als Rechtsreferendar 279
Tätigkeit als Vorstandmitglied einer Genossenschaftsbank 279

Taxifahrer
- ermäßigter Umsatzsteuersatz 114
- Fahrten im In- und Ausland 114

Taxi-Konzession 199
Taxonomie 217

Teilabzugsverbot 32
- des § 3c Abs. 2 EStG 61

Teilbetrieb 21
Teileinkünfteverfahren 32

Teilkostenrechnung
- auf Basis relativer Einzelkosten 253
- auf Basis relevanter Einzelkosten 252
- auf Basis variabler Kosten 252

Teilleistung 115
Teilrechnungen 131
Teilschuldverschreibungen 35
Teilungsanordnung 343
Teilungserklärung 329
Teilwert 211, 212

Teilwertabschreibung 172, 211, 213, 214
- bei abnutzbaren Wirtschaftsgütern des Anlagevermögens 215

- bei börsennotierten Wertpapieren des Anlagevermögens 213

Teilwertberichtigung
- nach § 253 Abs. 2 HGB 69
- von Beteiligungen 69

Termingelder 265

Testament
- Form 339
- gemeinschaftliches 343
- Widerruf 339
- Widerrufsmöglichkeiten 339

Thesaurierungssteuer nach § 34a EStG 15
Tierarzturteil des BFH 21
Tochterunternehmen
- Definition 207

Tod
- des Rentenberechtigten 187
- eines Gesellschafters in der Personengesellschaft 373

Trennungsprinzip 297, 324, 327
Trennungstheorie 12, 44
Treuhandtätigkeit 364
Typenzwang 326

U

Übereignung
- des Geldes 296

Überentnahme 15
Übergabesurrogate 327
Übergabevertrag 38
Übergang eines Arbeitsverhältnisses 321
Überlassung
- von Wohnraum 32

Überlassungsverpflichtung 295
Übermittlung von Kapitalkontenentwicklungen bei Personengesellschaften 216
Übernachtungsleistung 118
Überquotale Übertragung 46
Überschuldung 280, 384, 385
- des Nachlasses 338

Überschuldungsbegriff 384
Überschuldungsprüfung 280, 384
Überseering 371
Übertragung
- auf eine Personengesellschaft mit Sitz in einem Mitgliedstaat der EU 13
- der Steuerschuldnerschaft auf den Leistungsempfänger 117
- der Steuerschuldnerschaft auf den Leistungsempfänger bei Bauleistungen 116
- des Kinderfreibetrags 41
- einer Freiberuflerpraxis 46

- eines Betriebs 12, 60
- eines Grundstücks 329
- im Betriebsvermögen des Einzelunternehmens 60
- eines Mitunternehmeranteils 45
- einzelner Wirtschaftsgüter zum Buchwert 44
- für Ersatzbeschaffung 202
- nach § 21 UmwStG 28
- von Anteilen an einer Kapitalgesellschaft
- Verluste 72
- von Verpflichtungen 201
- von Wirtschaftsgütern 10
- zwischen den Sonderbetriebsvermögen verschiedener Mitunternehmer 45

Übertragungsbilanz 261
Umgestaltung wesentlicher Betriebsgrundlagen 26
Umlaufintensität 256
Umlaufvermögen 214
Umsatzkostenverfahren 250
Umsatzsteuer
- im Drittlandsverkehr 102
- im Gemeinschaftsgebiet 106
- -Sonderprüfung 105
- Sondervorauszahlung 123
- Übernachtungsleistung 118
- -Voranmeldung 108

Umsatzsteuerliche Meldepflichten 122
Umsatzsteuer-Voranmeldung
- Zeitpunkt der Abgabe 122

Umspannwerk 177
Umwandlung
- Anteilstausch 88
- Aufdeckung der stillen Reserven 83
- Betriebsübergang 81
- Buchwertansatz 83
- Buchwertfortführung 83
- bei negativem Kapital 86
- die nicht unter das UmwG, aber unter das UmwStG fällt 81
- Einbringender Einzelunternehmer hat ausschließlichen Wohnsitz in der Schweiz, Einzelunternehmen eine Betriebsstätte in Deutschland 86
- Einbringung als Einzel- oder Gesamtrechtsnachfolge 90
- Einbringung eines Betriebs 89
- einer GmbH in eine KG 83
- einer Kapitalgesellschaft in eine Personengesellschaft 82
- Einzelrechtsnachfolge 85
- Einzelunternehmen in eine GmbH 86
- fiktive Veräußerung von GmbH-Anteilen 84

- gemäß § 20 UmwStG, Bilanzierungswahlrecht 81
- negative Ergänzungsbilanz 90
- Publizitätspflicht 82
- qualifizierter Anteilstausch 88
- Rücklage nach § 6b EStG 85
- Übernahmegewinn 84
- Veräußerungsgewinn 84
- Zwischenwertansatz 85

Umwandlungsgesetz 81
Umwandlungssteuergesetz 81
Unbebautes Grundstück
- Erwerb 128
- Rentenverpflichtung 186

Unbefugte Hilfeleistung in Steuersachen
- Maßnahmen bei 273
- Ordnungswidrigkeit 273

Unbeschränkte oder beschränkte Hilfeleistung in Steuersachen
- Ausnahmen 272

Unbewegliche Sachen 328
Unechte Steuerbefreiung 110
Unentgeltliche sonstige Leistung 96
Unentgeltliche Überlassung
- eines Gebäudes, Aufwendungen 61

Unentgeltliche Übertragung
- eines Betriebs 45

Unentgeltliche Wertabgabe nach § 3 Abs. 1b oder § 3 Abs. 9a UStG
- Vorsteuerabzug 120

Unerlaubte Handlung
- Schadensersatz 325

Universalsukzession 337, 342
Unmöglichkeit 307
- der Leistung nach § 275 BGB 309

Untätigkeitseinspruch 146
Unterhaltsrente 39
Unterlagen des Kaufmanns
- Aufbewahrungspflicht 162

Unternehmensanleihe 34, 35
Unternehmensbewertung 253
- Anlässe 253
- -sverfahren 253

Unternehmensregister 349
Unternehmenswert nach dem vereinfachten Ertragswertverfahren 228
Unternehmergesellschaft
- Stammkapital durch Übertragung eines Pkw 61

Unterschied
- bei der Vererbung von Anteilen an einer Personengesellschaft und von Anteilen an einer Kapitalgesellschaft 373
- zwischen Eigentum und Besitz 326
- zwischen einer Pflicht- und einer Hafteinlage bei der KG 361
- zwischen einer Realteilung einer Personengesellschaft und dem Ausscheiden eines Mitunternehmers gegen Sachwertabfindung 23
- zwischen Grundschuld und Hypothek 332
- zwischen Prokura und Handlungsvollmacht 350
- zwischen Vertretung und Geschäftsführung 362

Unterstützungskasse 39
Untersuchungs- und Rügepflicht des Kaufmanns 359
Unverzinsliche Forderungen und Schulden
- Abzinsung von 227

USt-IdNr. 108

V

Veranlagung des Organträgers 79
Veranstaltungsleistung an einen Unternehmer für dessen Unternehmen mit Sitz in Deutschland ausschließlich im Drittlandsgebiet 100
Verarbeitung 329
Veräußerung
- der Anteile an einer GmbH 21
- des Einzelunternehmens 24
- einer Beteiligung an einer KG 22
- eines Betriebs 20
- eines Mitunternehmeranteils 21
- nach § 17 Abs. 1 Nr. 1 EStG 27

Veräußerungsgewinn 27
- aus der Veräußerung von Beteiligungen 27
- Rücklage gem. § 6b EStG 20

Verbindlichkeiten
- Definition 185
- unverzinsliche 185

Verbot der Leerübertragung nach § 23 HGB 354
Verbrauchergeschäft 323
Verbraucher-Insolvenzplanverfahren 392
Verbraucherpreisindex 262
Verbrauchsfolgeverfahren 172
Verbrauchsgüterkauf 313, 315
Verdeckte Arbeitslosigkeit 262
Verdeckte Einlage 28, 198
- Ausbuchung über eine Kapitalrücklage 62
- Gehaltsverzicht des beherrschenden Gesellschafter-Geschäftsführers 62
- Minderung des Einkommens eines Gesellschafters 63
- Veräußerungsgewinn nach § 23 EStG 11

Verdeckte Entnahme 197

Verdeckte Gewinnansprüche 58
Verdeckte Gewinnausschüttung 54, 56
- Abgeltungsteuer 36, 55
- an Muttergesellschaft 67
- Beteiligung einer Kapitalgesellschaft im Betriebsvermögen 55
- Betriebsprüfung 57
- für im Ausland ansässige Gesellschafter 59
- im Verhältnis Mutter- zu Tochtergesellschaft 59
- Organschaft 59
- Pensionszusage 57
- typische Problemfelder 56
- Verzicht auf Pensionsansprüche durch Gesellschafter 58

Verdeckter Kalkulationsirrtum 299
Verdeckte Sacheinlage 370
Verfolgung einer Pflichtverletzung
- Verjährung 285

Verfügung
- über einen Gegenstand 327
- von Todes wegen 343

Vergütung
- für die Tätigkeit der Gesellschafter 196
- wird bei der Abnahme des Werkes fällig 317

Verjährung 301, 303
- Hemmung 302
- Neubeginn 302
- Unterschied zivilrechtliche von steuerlicher 301

Verjährungsfrist
- von Ansprüchen 302

Verkäufe über die Theke 104
Verkaufsprospekt
- einheitlicher 7

Verkürzung von Steuern 152
Verlagerung ins Ausland 24
Verlängerter Eigentumsvorbehalt 332
Verlegung des Sitzes oder der Geschäftsleitung 30
Verlustabzug bei Körperschaften 71
Verluste
- aus Betriebsstätten 6
- aus Gewerbebetrieb 7
- bei Erbschaft 7
- Einlagen 8
- gemäß § 8c KStG
- im Fall einer Erbschaft 72
- Splitterverkäufe 72
- gemäß § 8c KStG, nahestehe Dritte 72
- im Rahmen der Gewerbesteuer 9
- in Deutschland 6
- nach § 15a EStG 8
- verrechenbare 8

Verlustrücktrag
- bei Kapitalgesellschaften 71
- nach § 10d Abs. 1 EStG 15

Verlustvortrag 10, 71, 73
- gemäß § 8c KStG 71

Vermächtnis 48, 341, 342
- Definition 222

Vermächtnisnehmer 342
Vermietung
- an eine Versicherungsgesellschaft 127
- von Wohnungen 127
- zu Beherbergungszwecken
- kurzfristige 97

Vermischung 329
Vermittlung der kurzfristigen Vermietung von Zimmern in Hotels, Pensionen oder Ferienwohnungen 98
Vermögensverwaltende Personengesellschaft 16
Verpflichtungen
- entgeltliche Übertragung von 201

Verpflichtungsgeschäft 296
Verpflichtungsklage 148
Verschaffung der Verfügungsmacht 92
Verschmelzung eines Einzelunternehmens auf eine Personengesellschaft 90
Verschulden 307
Verstoß
- gegen die guten Sitten 297
- gegen die Offenlegungspflichten 210
- gegen EU Recht 380

Vertrag
- Definition 290
- einseitig verpflichtender 290
- mit Minderjährigen 44
- von Lissabon 377
- von Nizza 377
- zur Gründung der Europäischen Gemeinschaften 376
- zweiseitig verpflichtender 290

Vertragshändler 352
Vertragsschluss 289
- Einwilligung, Genehmigung und Zustimmung 296

Vertragsverletzungsverfahren 381
Vertrauensschutz 105
- bei innergemeinschaftlicher Lieferung 108

Vertreter
- eines Minderjährigen 296
- ohne Vertretungsmacht 304

Vertretungshandlung 362
Verwaltungsakt
- Berichtigung 143
- Rücknahme 143

Stichwortverzeichnis

- unanfechtbarer 143
- Widerruf 143
- Widerspruch gegen einen belastenden 144

Verwandte
- der ersten Ordnung 221

Verwertung des Schuldnervermögens 390

Verzicht
- auf die Anwendung der Erwerbsschwellenregelung 110
- eines beherrschenden Gesellschafter-Geschäftsführers auf eine Gehaltsforderung 62

Verzug 307

Verzugsschaden
- Voraussetzungen 308

vGA 198

Volkseinkommen 260

Vollbeschäftigung 260

Vollkostenrechnung
- Mängel 251

Vollmacht 304
- Form 305

Vollständigkeitsgebot 169

Vollstreckung
- von Verwaltungsakten 141
- Voraussetzungen 142

Vollstreckungsbescheid 302
- Einspruch 303

Voll- und Teilkostenrechnung
- Unterschiede 251

Vollziehung des Steuerbescheides
- Hemmung 149

Vorabentscheidungsverfahren 381

Vorabgewinn 196

Vorabvergütungen 196

Vorbehaltsgut 334

Vorbehalt der Nachprüfung 141

Vorbehaltsnießbrauch 330

Vorbereitung
- richtige auf die Prüfung 3

Vorlage eines Insolvenzplans 391

Vorläufiger Gläubigerausschuss 388

Vorläufiger Insolvenzverwalter
- Aufgaben des 387

Vorratsquote 256

Vorsatz 325

Vorsteuer
- Aufteilung von 127
- und Vorsteuerberichtigung 118

Vorsteuerabzug
- aus dem Ankauf des Grundstücks 129
- Berechtigung 120
- Instandsetzungsmaßnahmen während der Zeit des Leerstands 129

- Vereinfachungsregelungen 121

Vorsteueraufteilung nach § 15 Abs. 4 UStG 127

Vorsteuerausschluss nach § 15 Abs. 1a UStG 114

Vorsteuerberichtigung
- auch bei Reparatur- oder Instandsetzungsarbeiten an einem Gebäude 129
- Instandsetzungsarbeiten an Gebäuden 129
- nach § 15a UStG 120
- Zeitraum 121

Vorsteuerberichtigungszeitraum
- bei Anlagevermögen 121

Vorteile der Finanzierung 240

Vorteile der GbR 365

Vortragsfähige Verluste nach § 10d EStG 7

Vor- und Nachteile der Substanz- und Liquidationsmethode 254

Vorweggenommene Erbfolge 44

Vorweggewinn 196

Vorzugsaktien 239

W

Wachstum 260

Wachstumsbeschleunigungsgesetz 225

Wahl der (richtigen) Rechtsform 364

Warenlieferung in Freihäfen 105

Wechselkurserhöhung im Zusammenhang mit einer Verbindlichkeit des laufenden Geschäftsverkehrs 186

Wechselkursschwankungen 186

Wechsel zur Definitivbesteuerung 66

Wegzug in ein Mitgliedsland der EU 30

Welteinkommen 6

Werbung eines Steuerfachgehilfen 273

Werklieferung 116

Werkvertrag 317
- Beendigung 318
- Vergütung 317

Wertaufhellung 171

Wert der Vermittlungsleistung 111

Werterhöhung bei einer Fremdwährungsverbindlichkeit 186

Wertpapier 330

Wertpapiere und Anteile an Kapitalgesellschaften
- Bewertung mit dem Kurswert 227

Wertschöpfung 259

Wertsicherungsklausel 179

Wesentliche Bestandteile einer Sache 329

Widerruf
- einer nicht eingetragenen Prokura 348
- von Fernabsatzverträgen 316

Widerrufsrecht 316
- für den Online-Handel 316

Widerrufstestament 339

Wiederaufnahme des Betriebs 25
Wiederbeschaffungskosten für ein Wirtschaftsgut 212
Wiederkehrende Nutzungen und Leistungen
- Bewertung 227

Willenserklärung 290
- eines Geschäftsunfähigen 294
- eines Minderjährigen 295
- nicht ernstlich gemeint 300
- Wirksamkeit von 290
- Zugang von 290

Windkraftanlage 178
Window dressing 165
Windpark 177
Windparkverkabelung 177
Wirksame Anfechtung 299
Wirksame Eigentumsübertragung nach § 929 BGB 326
Wirtschaftliches Eigentum 92
Wirtschaftsgut 175
- Ansatz mit dem Zwischenwert 89
- des Unternehmens, Bewertung mit dem Teilwert 227
- oder Vermögensgegenstände, Bewertung mit dem gemeinen Wert 227
- wird ins Ausland verbracht 13

Wirtschaftspolitik 258
Wohnort
- Definition 104

Wohnsitz im Ausland 45
Wohnungseigentum 329
Wucher 297

X
XBRL-Standard 218

Z
Zahlungsunfähigkeit 383
Zeitverschobene Inventur 160
Zentralbankgeldmenge 265
Zinseinkünfte 154
Zinsschaden 308
Zinsschranke 63, 64
ZollkodexAnpG 203, 204
Zugewinnausgleichsanspruch 221
Zugewinngemeinschaft 334, 336
Zulässigkeit einer Werbung bei konkretem Beratungsbedarf 279
Zusammenfassende Meldung 108, 123
- monatliche Abgabe, Ausnahmen von der 124
- Zweck der 108

Zusammenhang zwischen der Steuerschuldnerschaft und dem Zeitpunkt der Steuerentstehung 117
Zusammenschluss von Freiberuflern 364
Zusammenschluss von Steuerberatern
- GmbH 365
- Partnerschaftsgesellschaft 365
- Versicherung 366

Zusammenveranlagung 43
Zusatzkosten 248
Zuständigkeit zum Erlass von Verordnungen und Entscheidungen 380
Zustellung des Mahnbescheides 303
Zuwendung eines Vermächtnisses 341
Zuzahlung in die Kapitalrücklage 224
Zweckaufwand 248
Zweiseitig verpflichtender Vertrag 290
Zweitausbildung 42
Zwischenergebniseliminierung 209